ABOLIÇÃO

FUNDAÇÃO EDITORA DA UNESP

Presidente do Conselho Curador
Mário Sérgio Vasconcelos

Diretor-Presidente
Jézio Hernani Bomfim Gutierre

Superintendente Administrativo e Financeiro
William de Souza Agostinho

Conselho Editorial Acadêmico
Danilo Rothberg
Luis Fernando Ayerbe
Marcelo Takeshi Yamashita
Maria Cristina Pereira Lima
Milton Terumitsu Sogabe
Newton La Scala Júnior
Pedro Angelo Pagni
Renata Junqueira de Souza
Sandra Aparecida Ferreira
Valéria dos Santos Guimarães

Editores-Adjuntos
Anderson Nobara
Leandro Rodrigues

ABOLIÇÃO
UMA HISTÓRIA DA ESCRAVIDÃO E DO ANTIESCRAVISMO

Seymour Drescher

Tradução
Antonio Penalves Rocha

© 2009 by Seymour Drescher
Cambridge University Press

© 2010 da tradução brasileira

Título original: *Abolition; a history of slavery and antislavery*

Direitos de pulicação reservados à:

Fundação Editora da UNESP (FEU)
Praça da Sé, 108
01001-900 – São Paulo – SP
Tel.: (0xx11) 3242-7171
Fax: (0xx11) 3242-7172
www.editoraunesp.com.br
www.livrariaunesp.com.br
atendimento.editora@unesp.br

CIP – Brasil. Catalogação na fonte
Sindicato Nacional dos Editores de Livros, RJ

D326a

Drescher, Seymour
    Abolição: uma história da escravidão e do antiescravismo / Seymour Drescher; tradução Antonio Penalves Rocha. – São Paulo: Editora Unesp, 2011.
    736p.

    Tradução de: Abolition
    ISBN 978-85-393-0184-3

    1. Escravidão – História. 2. Movimentos antiescravagistas – História. I. Título.

11-6897.   CDD: 326.09
CDU: 326.3

Editoras afiliadas

Asociación de Editoriales Universitarias de América Latina y el Caribe

Associação Brasileira de Editoras Universitárias

Para Abiona, Samuel e Jesse

Sumário

APRESENTAÇÃO À EDIÇÃO BRASILEIRA, ix
PREFÁCIO, xiii

Parte 1: A extensão

1. Uma instituição perene, 3
2. A escravidão em expansão, 35
3. Extensão e tensão, 83

Parte 2: A crise

4. Conflitos de fronteira, 125
5. A era da Revolução Norte-Americana, da década de 1770 à de 1820, 161
6. As revoluções franco-americanas, da década de 1780 à de 1820, 205

7. Revoluções latino-americanas,
   da década de 1810 à de 1820,   255
8. Abolicionismo sem revolução: a Grã-Bretanha
   da década de 1770 à de 1820,   291

PARTE 3: A CONTRAÇÃO

9. A emancipação britânica,   345
10. Da emancipação colonial à abolição global,   377
11. O fim da escravidão na América inglesa,   417
12. A abolição da escravidão do Novo
    Mundo – a América Latina,   475
13. A Emancipação no Velho Mundo,
    da década de 1880 à de 1920,   533

PARTE 4: A REVERSÃO

14. A reversão na Europa,   593
15. Os ciclos fatuais e contrafatuais,   655

REFERÊNCIAS,   663
ÍNDICE,   701

Apresentação à edição brasileira

A iniciativa da Grã-Bretanha de abolir a escravidão nas suas colônias caribenhas na década de 1830 tornou-se objeto de controvérsias na historiografia do século XX. Em linhas gerais, ao longo do século, os estudos sobre esse assunto orbitaram sucessivamente em torno de três eixos explicativos.

O primeiro deles passou para o campo da disciplina histórica a visão dos próprios abolicionistas britânicos sobre o caráter filantrópico do movimento pela libertação dos escravos. Nos fins da década de 1860, William Edward Hartpole Lecky sintetizou essa visão em uma célebre passagem da sua *History of European Morals from Augustus to Charlemagne* [História da moralidade europeia de Augusto a Carlos Magno]:

Provavelmente a cruzada perseverante, simples e inglória da Inglaterra contra a escravidão pode ser considerada como uma das três ou quatro páginas perfeitamente virtuosas da história das nações.[1]

---

1   Lecky, William Edward Hartpole. *History of European Morals from Augustus to Charlemagne*. 2v. London: Longmans, Green, and Co., 1869, v.1, p.161.

O principal expoente da adoção dessa perspectiva no século XX foi Reginald Coupland, que, aliás, citou essa passagem de Lecky no último parágrafo de um dos seus principais trabalhos – *The British Anti-Slavery Movement* [O movimento antiescravista britânico].[2]

O segundo eixo foi formulado na tese de doutorado de Eric Williams, que, em 1944, tornou-se um livro intitulado *Capitalismo e escravidão*.[3] Para Williams, a chave da abolição britânica estava no determinismo econômico e não na filantropia. De fato, na sua chamada "tese do declínio", Williams destacou a perda do valor da produção escravista e das próprias colônias caribenhas com o avanço do capitalismo britânico. Essa tese foi entusiasticamente acolhida no Brasil dos anos 1960 e ocupou uma posição teórica de destaque nas pesquisas acadêmicas brasileiras sobre a escravidão e a abolição. Contudo, a primeira edição brasileira do livro data de 1975; trocando em miúdos, aqui ele só foi publicado 31 anos depois da sua primeira edição em inglês.

O terceiro eixo foi construído nos meados da década de 1970 pelas pesquisas de três historiadores norte-americanos. Como se verá a seguir, os dois primeiros não dialogaram diretamente com Williams, mas, mesmo assim, minaram seriamente o determinismo econômico com os diferentes resultados das suas pesquisas.

Em 1974, veio a lume o *Time on the Cross: the Economics of American Negro Slavery* [Tempo na cruz: a economia da escravidão negra norte-americana],[4] nascido da parceria de Stanley Engerman com Robert Fogel, que apresenta o resultado de uma pesquisa colossal que examina os aspectos fulcrais da economia da escravidão norte-americana. Assim, o livro não só propõe um novo método quantitativo para a pesquisa histórica – o da Cliometria, isto é, o da "medida na história" – como também evidencia que, em termos econômicos, a escravidão norte-americana ha-

---

2 Coupland, Sir Reginald. *The British Anti-Slavery Movement*. Oxford: Oxford University Press, 1930.
3 Williams, Eric. *Capitalism and Slavery*. Chapel Hill: The University of North Carolina Press, 1944. [Ed. bras.: *Capitalismo e escravidão*. Rio de Janeiro: Companhia Editora Americana, 1975.].
4 Fogel, Robert William; Engerman, Stanley L. *Time on the Cross*: The Economics of American Negro Slavery. Boston: Little, Brown and Company, 1974.

via sido eficiente e progressista. O impacto desse estudo foi de tal ordem que deu a Robert Fogel um Prêmio Nobel de Economia.

No ano seguinte, foi lançado *The Problem of Slavery in the Age of Revolution, 1779-1823* [O problema da escravidão na era da revolução, 1770-1823][5] de David Brion Davis que, ao mesmo tempo, recusa a visão da abolição britânica como consequência do liberalismo e do capitalismo e argumenta que o movimento abolicionista contribuiu para manter a estrutura da sociedade da Grã-Bretanha em uma era de rápidas mudanças políticas e econômicas.

Depois, na segunda metade da década de 1970, Seymour Drescher entrou em cena. Seu batismo de fogo no campo da historiografia da escravidão, que assinalou o início da sua dedicação quase que exclusiva às pesquisas neste campo, ocorreu com a publicação, em 1976, de um artigo – "Le 'déclin' du système esclavagiste britannique et l'abolition de la traite" ["O 'declínio' do sistema escravista britânico e a abolição do tráfico"] – na seção Débats et Combats do prestigioso periódico francês *Annales. Histoire, Sciences Sociales*, porta-voz da "Nova História".[6]

O artigo apresenta os resultados de uma pesquisa que desmonta a "tese do declínio" de Eric Williams. Depois de examinar as mesmas fontes históricas que haviam sido usadas por esse historiador, Drescher apontou os equívocos da sua análise e comprovou com essas mesmas fontes que as colônias caribenhas britânicas esbanjavam vitalidade econômica na época da abolição.

No ano seguinte, foi possível saber que o artigo dos *Annales* prenunciara a publicação de um livro – *Econocide: British Slavery in the Era of Abolition* [Econocídio: a escravidão britânica na era da abolição].[7] Por sinal, o próprio neologismo do título, cujo significado é "extermínio econômico", sugere que a chave explicativa da abolição da escravidão não

---

5 Davis, David Brion. *The Problem of Slavery in the Age of Revolution, 1779-1823*. Ithaca: Cornell University Press, 1975.
6 Drescher, Seymour. "Le 'déclin' du système esclavagiste britannique et l'abolition de la traite". *Annales. Histoire, Sciences Sociales*, 31e Année, n.2, mar.-abr., 1976, p. 414-35.
7 Drescher, Seymour. *Econocide*: British Slavery in the Era of Abolition. Pittsburgh: The University of Pittsburgh Press, 1977.

está na ineficácia sistêmica da economia escravista. Nesses termos, o livro indica a necessidade de uma revisão da historiografia da escravidão para enfrentar um novo problema histórico: o dos porquês do abolicionismo.

Desde então, Drescher dedicou-se aos seus debates e combates nos terrenos da escravidão, do antiescravismo e das abolições. E examinou esses objetos nos campos da História Econômica, ou Social, ou Política, ou das Ideologias, ou das Mentalidades. Assim, como se vê nas referências deste livro, produziu uma obra vultosa que procura mostrar o papel da sociedade civil e dos movimentos populares nas abolições.

Em certo aspecto, seu mais recente trabalho, o *Abolição*: uma história da escravidão e do antiescravismo, destoa do conjunto da obra, pois nele não se encontra a análise do resultado de uma pesquisa pontual à luz dos métodos de um campo específico da História. Com efeito, o que o historiador oferece neste livro é uma monumental síntese histórica dos objetos estampados no título, que são examinados dos fins do século XIV aos meados do século XX. Isso quer dizer que, em primeiro lugar, esses objetos são examinados como fatos de longa duração e, em segundo, o trabalho se baseia tanto nas fontes pesquisadas pelo próprio autor durante meio século quanto nos resultados das pesquisas ponta de outros historiadores.

Resta saudar a decisão da Editora Unesp de publicar esta tradução. Assim, ela dá um passo largo para a divulgação dos avanços da historiografia internacional da escravidão e das abolições, uma vez que, passados cerca de 35 anos, quase nada dos trabalhos de vanguarda dos historiadores norte-americanos foi traduzido e publicado no Brasil. Concomitantemente, a publicação do livro abre caminho para a revisão das mecânicas economicistas que imperam nas explicações sobre as abolições tanto nas pesquisas quanto no ensino universitário e escolar, que, na maioria de vezes, são meras extrapolações do *Capitalismo e escravidão* de Eric Williams.

Antonio Penalves Rocha
Professor do Departamento de História da FFLCH-USP

Prefácio

A ascensão e a queda da fortuna da escravidão como uma instituição de proporções globais ocorreram durante o curso de meio milênio. Este livro examina a interação intercontinental da violência, dos sistemas econômicos e da sociedade civil com o fluxo e o refluxo da escravidão e do antiescravismo. Por milhares de anos antes da metade do século XV, houve várias formas de escravidão em todo o mundo, e ela vicejou em regiões econômica e culturalmente desenvolvidas.[1] A instituição foi considerada indispensável para o funcionamento contínuo das mais elevadas formas políticas e religiosas de existência e impôs limites ao modo como a ordem social poderia ser imaginada.

Além da organização da sociedade, a escravização foi frequentemente concebida como modelo para a estrutura hierárquica do universo físico e da ordem divina. Dessa perspectiva, em um cosmos convenientemente ordenado, a instituição foi, em última análise, benéfica tanto para os escravizados quanto para seus senhores. Quaisquer que fossem os escrúpulos morais ou as racionalizações que pudessem estar

---

1 Para uma lúcida visão geral desses temas, ver *Slavery and Human Progress*, de D. B. Davis, Parte 1, e id., *Inhuman Bondage: The Rise and Fall of Slavery in the New World*, cap.2.

ligados a qualquer uma de suas dimensões, a escravidão parecia fazer parte da ordem natural. Ela estava tão profundamente embutida nas relações humanas quanto a guerra e a miséria.

No século XVI, no entanto, alguns europeus do noroeste começaram a identificar uma anomalia na evolução das sociedades em que viviam. Juristas dos reinos da Inglaterra e da França notaram que a escravidão havia desaparecido de seus reinos e declararam que nenhum habitante nativo estava submetido a esse *status*. Embora a escravidão pudesse ser reconhecida em qualquer outro lugar como um dos fatos normais das relações sociais, as leis de seus reinos haviam deixado de sancioná-la. Agora estava em vigor um "princípio de liberdade", pois deixavam de ser escravos não só seus próprios habitantes nativos como até mesmo os escravos estrangeiros que estavam em suas jurisdições legais.[2] Inevitavelmente, esses juristas consideraram seus enclaves de emancipados como uma instituição peculiar. Fora desse "ar livre" ou desse "solo livre", a escravidão era mantida como um *status* legal reconhecido, tanto que não se questionava a possibilidade de os súditos desses reinos serem reduzidos ao *status* de propriedade[3] se entrassem nas zonas de escravização.

Por mais de três séculos depois de 1450, europeus, asiáticos e africanos contribuíram para manter e expandir a escravidão. Os europeus ocidentais fizeram-no muito além de suas fronteiras. Por volta de 1750, algumas de suas extensões imperiais eram demograficamente dominadas por escravos em um grau sem precedentes em lugar nenhum da Terra.

---

2 Para algumas sínteses do "princípio de liberdade", ver Peabody, "*There Are no Slaves in France*": *the Political Culture of Race and Slavery in the Ancien Régime*; e Drescher, *Capitalism and Antislavery: British Mobilization in Comparative Perspectives*, cap.1-2. Para visões gerais recentes da *long durée* [longa duração] da escravidão, ver Campbell, Miers e Miller (Eds.), *Women and Slavery*; e Dal Lago e Katsari (Eds.), *Slave Systems Ancient and Modern*.

3 No original *chattel*, que significa "propriedade pessoal", sobretudo de um bem móvel. O *Oxford English Dictionary* (2009) registra os usos "retóricos" da palavra desde o século XVII para designar também "escravo ou servo", como, por exemplo, na locução *chattel slavery*, comumente usada desde então no sul dos Estados Unidos. De qualquer maneira, a locução designa a variante da escravidão que prevaleceu do mundo atlântico dos séculos XVI ao XIX, uma vez que ela foi estruturada a partir do princípio da redução de seres humanos à condição de propriedade, razão pela qual os senhores podiam exercer sobre seus escravos os direitos de propriedade, tais como compra, venda etc. Em vista disso tudo, a palavra *chattel* será traduzida por "propriedade". (N. T.)

Suas colônias eram locais de exploração sistemática sem paralelo em produtividade e em proporções de expansão.

No fim do século XVIII, esse robusto sistema transoceânico entrou em uma nova era de desafio, inaugurada pela emergência de outra criação do noroeste da Europa: o antiescravismo organizado. Em ambos os lados do Atlântico, habitantes dos sistemas de trabalho mais dinâmicos e eficientes do mundo estavam também entre os mais comprometidos com a expansão e a consolidação do princípio de liberdade. No curso de pouco menos de um século, entre as décadas de 1770 e de 1880, foi desmantelada essa vasta extensão transoceânica da escravidão criada depois de 1450. O tráfico negreiro transatlântico, que outrora havia transportado mais de 100 mil africanos por ano, foi abolido. Na década de 1880, a instituição da escravidão foi abolida em todo o Novo Mundo.

Em seguida, em uma segunda onda da expansão europeia, que se estendeu da década de 1880 à de 1930, a dominação imperial operou sob a bandeira do antiescravismo e não da escravidão. No início do século XX, foi revisto o *status* anterior quase universal de uma instituição que era tida como um elemento normal da vida humana, e ela foi considerada uma instituição inexoravelmente fadada à extinção. Um mundo sem escravos era agora calmamente aceito como premissa do progresso humano.

Esse seria quase o fim da história, se, contudo, durante o segundo quarto do século XX, a escravidão não tivesse reaparecido dramaticamente no mesmo continente que se orgulhava de ser a máquina de emancipação da humanidade por se opor a um "crime contra a humanidade". Assim, durante um breve momento, a Europa alojou o maior império escravista do mundo dos cinco séculos da história moderna.

Ao observar esses séculos de escravidão, este livro propõe diversas questões. Como as sociedades menos envolvidas com a escravidão "em casa" conseguiram criar prolongamentos ultramarinos com as mais altas porcentagens de propriedades legais absolutas de seres humanos da história mundial? Como as novas formações civis e políticas dentro e fora da Europa viraram a maré dos assuntos humanos contra o sistema escravista precisamente no ponto mais alto de seu desempenho? Como uma segunda era de edificação dos impérios do Velho Mundo construiu uma estratégia de emancipação mais ambígua sob a bandeira do antiescravismo imperial? E como a vanguarda antiescravista do continente reedificou a escravidão no século XX?

O exame de qualquer processo complexo que se estende por um período tão vasto da história mundial produz uma consciência plena das limitações do trabalho de qualquer historiador solitário. Neste projeto, tive de perambular além da minha zona de conforto e das áreas principais de minha própria pesquisa anterior. É quase impossível dominar a cachoeira formada pela produção acadêmica que tem inundado os campos da escravidão e da abolição durante os últimos cinquenta anos da historiografia.[4] Como nunca antes, fui obrigado a depender de colegas que são meus vizinhos de trabalho. Por seus comentários e advertências, agradeço profundamente a diversos membros da comunidade muito unida de nosso Departamento de História: Reid Andrews; William Chase; Alejandro de la Fuente; Christian Gerlach; Van Beck Hall e Patrick Manning, que leram partes deste estudo relacionadas com suas áreas de conhecimento. Meu reitor, John Cooper, generosamente me proporcionou um ingrediente valioso em um momento crítico – tempo livre. Minha secretária, Patty Landon, fez eficientemente o manuscrito passar pelos inevitáveis estágios de afinação. Alguns dos nossos alunos de pesquisa da pós-graduação ofereceram-me pesquisa substancial e assistência bibliográfica: Karsten Voss, Delmarshae Sledge, Bayete Henderson e Jacob Pollock. Margaret Rencewicz ajudou a compilar o índice.

As marcas dos que auxiliaram este estudo são abundantemente evidentes nas notas de rodapé. Devo, no entanto, dar destaque a duas pessoas. Como tem invariavelmente feito desde meu primeiro rascunho, desde minha primeira aventura na história da escravidão, meu querido amigo e crítico, Stanley Engerman, da Universidade de Rochester, leu

---

4   Prestei menos atenção à escravidão do leste asiático neste estudo dos ritmos globais da escravidão e do antiescravismo. A China, a Coreia e o Japão exibiram suas próprias variantes da instituição. Na maior parte, suas instituições seguiram ciclos internos, independentemente dos desenvolvimentos exteriores à região. Onde encontrei congruências entre eles, tentei incorporá-las a esta narrativa.

todo o manuscrito na forma de rascunho inicial (e bruto). Ele foi generosamente secundado por Frank Smith, da Cambridge University Press, na versão final do manuscrito.

Como me refiro muito frequentemente a segmentos de cinquenta anos da mudança histórica neste estudo, parece apropriado observar que sua publicação assinala meio século de pesquisa acadêmica. Aproveito esta oportunidade para relembrar os que partiram e que determinaram a direção de minha trajetória para a escrita da história: Hans Kohn, do City College, de Nova York, e George L. Mosse, da Universidade de Wisconsin. Entre os que estão vivos, não posso omitir David Brion Davis, da Universidade Yale, com quem tenho mantido um diálogo contínuo por quatro décadas.

Finalmente, agradeço a Ruth, como sempre e para sempre.

Parte 1: A extensão

1
Uma instituição perene

Em março de 1844, um viajante inglês que estava no Marrocos se apresentou ao governador de Mogador. James Richardson anunciou que era agente de uma "Sociedade" que visava a promover "a abolição da escravidão e do tráfico de escravos em todas as partes do mundo". Sua missão era peticionar ao imperador do Marrocos, pedindo que ele se juntasse aos homens do mundo inteiro a fim de abolir um tráfico "contrário aos direitos do homem e às Leis de Deus". O governador respondeu que a missão de Richardson era "contra a nossa religião; eu não posso levá-la em consideração, tratar do assunto e intrometer-me nisso de modo algum". A aquisição e a venda de escravos eram autorizadas pelo próprio profeta. Se o governador aceitasse o pedido, como ele disse a Richardson, o sultão ordenaria que a sua "língua fosse cortada". Além do mais, lembrou ao inglês que, se o imperador do Marrocos concordasse com a Sociedade e abolisse o tráfico de escravos em seus domínios, todo o povo se sublevaria contra ele, o qual seria o primeiro a ter a cabeça cortada. Em conclusão, o governador afirmou que "polidamente se recusava a receber a petição".[1]

---

[1] PRO Fo84 540, *Slave Trade*, fols. 103-4. [PRO é a sigla do *Public Record Office*, da Grã-Bretanha. Trata-se de um arquivo público que mantém os documentos do governo central do Reino Unido,

Em março de 1844, o governador de Mogador não era o único a se recusar a receber petições a favor da abolição do comércio de escravos ou da escravidão. Em 1840, a *House of Representatives* dos Estados Unidos, depois de anos de debates insultuosos, promulgara um regulamento que a impedia de "receber e menos ainda levar em consideração petições antiescravistas".[2] Em 1842, o governante marroquino havia rejeitado um pedido bem mais modesto do cônsul-geral britânico. O governo britânico requisitara informações sobre quaisquer medidas que o sultão tivesse tomado a respeito do comércio de escravos africanos. O sultão respondeu que o tráfico era uma "questão sobre a qual todas as seitas e nações concordavam desde o tempo de Adão"... E, porque "nenhuma seita ou nação tinha discordâncias sobre o assunto, a sua aceitabilidade não exigia 'mais demonstração do que a luz do dia'".[3] Tampouco alguém poderia sonhar, enquanto James Richardson conversava com o governador de Mogador, que precisamente um século depois haveria mais escravos labutando no continente civilizado do inglês do que em todas as sociedades de grandes propriedades escravistas das Américas.

Ninguém teria desafiado o sultão sobre a antiguidade da escravidão na primeira metade do século XIX. Na década de 1850, escritores e políticos norte-americanos do sul afirmavam categoricamente e com precisão que as sociedades de trabalho livre ainda eram uma "pequena experiência", que emanava de "uma região da Europa Ocidental" e que, àquela altura, eram um "fracasso cruel". Até a década de 1790, os abolicionistas ingleses ainda eram desconsiderados (ou tratados com descaso) no parlamento porque eram tidos como sonhadores quixotescos pelo descaramento de propor a abolição do comércio de escravos ao longo de

---

inclusive, como no caso citado, os do *Colonial Office* e do *Foreign Office*, respectivamente Ministério Colonial e Ministério do Exterior. (N. T.)]

2   Freehling, *The Reintegration of American History*, p.199-200. Essa *"gag rule"* perdurou até a sessão de 1844. ["*Gag rule*" ("lei da mordaça") foi o nome dado a um procedimento dos deputados federais norte-americanos, ou seja, os membros da *House of Representatives*, em relação às petições populares para abolir a escravidão: entre 1836 e 1844, os deputados não leram as petições no plenário nem as imprimiram, tampouco as enviaram a um comitê, contrariando o que a Primeira Emenda da Constituição dos Estados Unidos estipulava sobre "o direito do povo" à petição. (N. T.)]

3   Ver Lewis, *Race and Slavery in the Middle East*, p.3.

uma grande parte da costa da África. Um lorde nobre sarcasticamente declarou que os proponentes da proibição eram "imperadores do mundo" megalomaníacos, pois imaginavam que extensas linhas de demarcação poderiam ser traçadas em um mapa da terra para proibir um comércio tão velho quanto a humanidade.[4]

Poucas décadas antes, essa atitude era comum até mesmo entre os reformadores ilustrados. Adam Smith advertia seus estudantes escoceses que não cometessem o erro de tomar a sociedade em que viviam como modelo na questão da escravidão. Dizia que a própria pequena região do mundo em que eles viviam era a única área em que a escravidão havia lentamente desaparecido. Menos de um milênio antes, a Europa havia sido a maior fornecedora de escravos para o mundo muçulmano. Os homens, as mulheres e as crianças que foram levados como cativos através dos Alpes e do Mediterrâneo eram então as mais valiosas mercadorias que a Europa subdesenvolvida podia oferecer à África e à Ásia islâmicas.

A pesquisa moderna cada vez mais detalha as nuances, as complexidades e as variações de uma instituição em cujo nome comunidades adquiriram, mantiveram e reproduziram pessoas privadas das proteções de parentesco e do *status* legal que eram acessíveis aos outros membros da comunidade. No momento da aquisição, e frequentemente pelo resto de suas vidas, elas eram pessoas subordinadas com direitos limitados nas sociedades em que viviam e morriam. Seus corpos, seus tempos, seus serviços e, muitas vezes, seus filhos estavam disponíveis aos outros como fontes de trabalho, prazer e controle, ou como objetos de violência.

Há muito tempo os historiadores têm reconhecido um grande grupo de instituições e de relações análogas espalhadas pelo globo há milênios como variações de uma condição denominada escravidão. O aspecto da condição mais crucial e frequentemente mais utilizado é o direito comunitariamente reconhecido por algumas pessoas de possuir, comprar, vender, disciplinar, transportar, libertar ou, em outros termos, dispor dos

---

4   Sobre os sulistas, ver Nye, *Fettered Freedom*, p.304, 305, 309, apud Fogel, *Without Consent or Contract*, p.343; Eltis, *The Rise of African Slavery in Americas*, p.4. Sobre a rejeição inglesa às pretensões abolicionistas nos fins do século XIX, ver Drescher, *Capitalism and Antislavery*, n.13, p.268.

corpos e do comportamento de outras pessoas. Dentro dessa definição estariam pessoas que poderiam ser agentes do poder político supremo, como os eunucos da corte de um imperador. Elas poderiam ser incorporadas a um grupo de elite de guerreiros como o pilar da autoridade imperial e da expansão militar. Materialmente, suas vidas poderiam ser abundantes ou miseráveis. Poderiam ser mimadas servidoras sexuais do homem rico. Poderiam ser cativos temporários, cujo principal valor era o de ser objeto de um sacrifício ritual preparado cuidadosamente ou candidatos a experiências médicas mortais. Poderiam estar submetidas a administradores, a instituições corporativas ou a membros individuais de uma sociedade. Poderiam servir para fins econômicos, sexuais, reprodutivos ou religiosos. Pelo menos inicialmente, essas pessoas estavam sem a proteção dos laços da comunidade. Os escravos eram usualmente tidos como forasteiros, tanto quando eram diretamente escravizados, adquiridos, como quando herdavam esse *status*.

A saída do *status* de dependência poderia sujeitar-se à escolha dos senhores ou ser imposta pela mais alta autoridade e por sanções comunitárias. Em sociedades pequenas e relativamente isoladas, a escravizibilidade[5] potencial poderia ser atribuída a quase todos os que não fossem seus membros.[6] De acordo com suas áreas específicas de interesse, historiadores e cientistas sociais podem se concentrar em qualquer um dos diversos critérios que marcaram significativamente a instituição. David Brion Davis, preocupado com a escravidão no Novo Mundo, enfatiza o *status* crucial dos escravos como propriedades. Outros estudiosos têm destacado aspectos da escravidão nos quais os direitos de propriedade são

---

5   No original, *enslavability* – um neologismo que ainda não está registrado nos dicionários da língua inglesa nem conta com uma palavra correspondente em português. De qualquer maneira, aqui ela terá como correspondente "escravizibilidade", uma tradução que parece lícita porque segue o padrão de sufixação de ambas as línguas. Entre as palavras formadas a partir do radical *slave* ("escravo"), acha-se *enslavable* ("escravizável", ou seja, "passível de ser escravizado"), outro neologismo também não dicionarizado e igualmente usado neste livro; com a substantivação do adjetivo *enslavable*, tem-se *enslavability* ("escravizibilidade", ou seja, "qualidade ou estado do que é escravizável"). (N. T.)

6   Sobre a variedade de relações, ver *inter alia* Patterson, *Slavery and Social Death* e *Freedom in the Making of Western Culture*; Davis, *Inhuman Bondage*, especialmente o cap.2; Engerman, *Slavery, Emancipation and Freedom*, primeira parte, sec.III; Miers e Kopytoff (Eds.), *Slavery in Africa*; Toledano, *As if Silent and Absent*; Dal Lago e Katsari (Eds.), *Slave Systems* parte 1, p.1-102.

indicadores menos importantes do *status*. Para comparação, aproveitarei algumas ocasiões para examinar brevemente exemplos de escravidão em que os direitos de propriedade para o controle coercitivo de outras pessoas esteve ausente. No sistema do Gulag soviético, por exemplo, a servidão pela vida inteira não era um componente da sujeição ao trabalho forçado. Prazos de detenção eram atribuídos a cativos não condenados à morte.[7]

Muitos historiadores da escravidão tomaram como ponto de partida a distinção entre *sociedades com escravos* e *sociedades escravistas* como crucial para a compreensão da emergência e da evolução da escravidão. Essas categorias teóricas foram desenvolvidas ao longo de décadas de pesquisa e interpretação dos vários tipos ou estágios da instituição. Elas têm sido aplicadas às suas variantes do Novo e do Velho Mundo. Nessa divisão da instituição, o termo "sociedades com escravos" é aplicado a sociedades em que os escravos eram geralmente mantidos em aglomerados menores, frequentemente em unidades domésticas. O escravizado estava à margem das atividades que aumentavam o valor econômico dos bens. Nas sociedades com escravos, a distinção entre escravos e outros grupos subordinados é retratada como mais porosa e ambígua que nas sociedades escravistas. Sociedades escravistas são, portanto, consideradas como as que têm taxas mais baixas de saída da escravização pela via da manumissão individual. Nessas sociedades, os escravos estariam possivelmente menos presos às unidades domésticas ou às famílias. A proporção mais baixa de escravos que a de não escravos requereria sistemas de policiamento não tão altamente organizados. E, nos mais feminizados sistemas domésticos das sociedades escravistas, a resistência coletiva em larga escala seria menos frequente.

Nas sociedades escravistas, os grupos sociais dominantes dependem muito mais da riqueza gerada pelo trabalho escravo. Em suas unidades de produção de grande escala, era mais difícil para os escravizados conseguirem a liberdade, e mais ainda entrarem na classe dos donos de

---

7   Ver Klevniuk, *The History of the Gulag*, p.290-1. Incluo o Gulag como exemplar da grande expansão da coerção no Hemisfério Oriental durante o segundo quartel do século XX.

escravos. Acima de tudo, nas sociedades escravistas, a escravidão, por estar no centro da produção econômica, tornou-se o modelo normativo das relações sociais. Para Moses Finley, que inicialmente formulou as características distintivas das sociedades escravistas, era a *posição* dual dos escravos, no centro tanto da produção como do poder, que oferecia a chave para a compreensão da emergência e da manutenção de uma sociedade escravista.[8] Na perspectiva inicial de Finley, afora as antigas Atenas e Itália romana, as sociedades escravistas estiveram limitadas a certas partes das Américas do século XVI ao XIX.

A cronologia das sucessivas expansões e abolições da escravidão poderia nos indicar outra direção. Para os que se interessam pela expansão e pelas proibições da instituição em uma perspectiva global, a escravidão e o tráfico de escravos de longa distância perduraram durante muito tempo e não tiveram interrupções nas partes do mundo em que a escravidão teve presumivelmente menor impacto que nas partes usualmente chamadas sociedades escravistas. Estabelecida em áreas normalmente denominadas sociedades escravistas ou sociedades com escravos, a instituição entrincheirou-se no Velho Mundo por muito mais tempo que em suas variantes no Novo Mundo. A escravidão difundiu-se amplamente por toda a África, a Ásia e o Mediterrâneo até o século XX. Durante o milênio que se seguiu à queda do Império Romano do ocidente, os Estados que estavam dentro de sua antiga órbita sancionaram a escravidão. As fontes do abolicionismo do Velho Mundo no século XVIII apareceram

---

8   Ver Finley, Slavery, *International Encyclopedia of the Social Sciences*; e *Ancient Slavery and Modern Ideology*, p.80-2, 79-82; sobre a extensão do modelo dual para o Novo Mundo, ver Berlin, *Many Thousands Gone*, p.8-9. Muitas regiões da África, onde os escravos representavam de um quarto à metade da população, qualificariam claramente o que Finley chama de sociedades escravistas. Aquelas que estavam mais envolvidas com a agricultura comercial tinham proporções de escravos que se igualavam ou excediam às da antiga Itália romana ou às dos estados norte-americanos do extremo sul de antes da Guerra Civil. Sociedades muçulmanas do norte da África e da Ásia, nas quais os escravos eram pelo menos 10% da população, não experimentaram pressão interna para abolir a instituição antes da metade do século XIX. Para a mais recente e cuidadosa discussão das abordagens comparativas dos sistemas escravistas na história mundial, ver Dal Lago e Katsari, The Study of Ancient and Modern Slave Systems: Setting an Agenda for Comparison, *Slave Systems*, p.3-31. Para uma perspectiva comparativa sistemática sobre os processos de libertação da escravidão, ver sobretudo Pétré-Grenouilleau, Processes of Exiting the Slave Systems: A Typology, ibid., p.233-64.

principalmente em áreas que se diferenciavam por não serem centros de uma instituição onipresente fora delas.

Em outras palavras, o valor heurístico da distinção entre sociedades escravistas e sociedades com escravos pode ser mais útil para o exame de relações e de comportamento entre as zonas de escravidão do que para a explicação da ascensão e queda da própria instituição. Em cada sociedade com um sistema de escravidão, deve-se devotar igual atenção ao processo de escravização e reprodução e à facilidade de desaparecimento da instituição por meio da fuga ou da resistência armada. Um sistema com proporções extremamente altas de manumissão logicamente prescreve uma alta demanda de novos cativos, com as consequências necessárias correspondentes a esse processo: mortalidade, morbidade, desintegração familiar, trauma psicológico individual, miséria material e insegurança. Assim, o que pode parecer sujeição relativamente branda para um escravizado de qualquer sociedade, pode aproximar-se mais de um mergulho na desorientação, na miséria e na degradação para os recém-recrutados de fora. Neste trabalho, os sistemas escravistas serão abordados principalmente em termos do grau com que retardam ou facilitam o crescimento ou a destruição da instituição ou de seus componentes.

Historicamente, três aspectos da escravidão destacam-se como pontos de partida em qualquer descrição intercontinental da escravidão e da abolição. O primeiro é a óbvia antiguidade, ubiquidade e durabilidade da escravidão. Certas características da instituição duraram muito tempo na maioria das áreas do mundo. Elas persistiram apesar das mudanças de curto prazo – crises econômicas e demográficas ou convulsões políticas, sociais e culturais. Outra importante característica da escravidão foi sua notável transmissibilidade no tempo e no espaço. A legislação romana sobre a escravidão deixou sua marca em todos os lugares por onde as principais civilizações mediterrâneas se espalharam. Ela seria reconstituída em toda a América colonial, no sul da África, no mundo do Oceano Índico e na Eurásia. Seria reproduzida em zonas de guerras devastadoras, em movimentadas cidades portuárias ou em fronteiras agrícolas em expansão. Durante o primeiro milênio da Era Cristã, a instituição da escravidão era claramente compartilhada em todas as regiões ligadas por afiliação cultural à tradição monoteísta e à lei civil romana. Assim, o judaísmo, o cristianismo e o islamismo consideravam a escravidão tão imutável quanto o casamento e a guerra. E essas tradições, por sua vez, inspiraram-se em outras mais antigas, herdadas da Mesopotâmia e do Mediterrâneo. Todos os seus herdeiros sancionaram a escravização decorrente do conflito, da aquisição ou do nascimento. Todos procuraram regular e delimitar seu escopo. Todos desenvolveram códigos para o recrutamento, a execução e a saída.

Desde muito tempo, Brion Davis tem averiguado os sucessivos estágios da rede de crenças e racionalizações da escravidão herdada dos mundos do antigo Mediterrâneo e do Oriente Médio. Aristóteles forneceu a justificativa filosófica da escravidão a estadistas e teólogos por dois milênios. Os Pais da Igreja, especialmente Santo Agostinho, ligaram o cativeiro à herança da pena imposta ao pecado. O que há de mais notável a respeito dos comentários remanescentes sobre a escravidão do mundo antigo é que eles são relativamente breves e raros. O comentário de Aristóteles é o único remanescente da Antiguidade que tenta justificar formalmente a escravidão. Pouco importando se os seres humanos eram injustamente escravizados ou não, Aristóteles imaginava que havia somente uma condição para o desaparecimento da instituição: os senhores só poderiam fazer algo sem escravos quando "cada instrumento produzisse por conta própria [...] como se um tear tecesse por si mesmo ou como se um plectro tocasse a lira por si mesmo".[9] A maioria dos comentários visava a melhorar, mitigar ou até mesmo glorificar a escravidão. Um exemplo bem conhecido foi a inserção de metáforas da escravidão na doutrina religiosa, que a impregnaram. São Paulo e os primeiros líderes cristãos valeram-se das tradições judaicas e levantinas para se designarem e a seus seguidores como escravos de Deus ou de Cristo. Os cristãos e os muçulmanos consideraram suas relações com uma divindade todo-poderosa as mesmas relações de sujeição impotente do escravo a seu dono. Como até mesmo

---

9   Ver Davis, *The Problem of Slavery in Western Culture*, cap.3. Sobre a raridade de uma ampla análise da escravidão antiga, ver Finley, *Ancient Slavery*, p.117-8. A citação de Aristóteles está em *The Politics of Aristotle*, p.12.

os escravos que ocupavam as mais altas posições nunca estiveram livres da degradação física e simbólica, eles confiavam na metáfora: "apoiavam a aceitabilidade da escravidão no mundo real e davam mais munição aos que desejavam vê-la como uma instituição natural".[10]

Em lugar algum da cristandade, de Bizâncio à Grã-Bretanha, houve uma diminuição do valor salvacionista atribuído à escravização espiritual a Cristo, ou à escravidão mundana como uma penitência com potencial salvacionista. Bem depois de 1500, os que visitaram a Rússia ainda se lembravam de seus habitantes, que se descreviam como servos e escravos. Magnatas moscovitas declaravam seus direitos exclusivos de serem escravos do soberano. Ao mesmo tempo, as verdadeiras degradações da escravização eram "flagelos de Deus". Evidentemente, ao lado da narrativa da escravização gloriosa corriam as narrativas paralelas da glória da emancipação e da liberdade. Italianos ou britânicos do século XVIII, "salvos" dos corsários muçulmanos, eram celebridades em rituais públicos cuidadosamente preparados que reencenavam a salvação dessas pessoas desde a morte social até a restauração do *status* de cristãos livres.[11]

As fórmulas das antigas leis romanas de reconhecimento da liberdade natural do homem estavam igualmente ligadas às mensagens mais tardias de libertação física e espiritual extraídas de narrativas bíblicas. A proclamação análoga do *Qur'na's* sobre a liberdade como *status* natural do homem poderia ser igualada às declamações da escolástica cristã, que ligavam textos dos Evangelhos com a teoria da lei natural para demonstrar a "lei perfeita da liberdade" de Cristo e a "liberdade natural pela qual

---

10 Bradley, *Slavery and Society at Rome*, p.153. O vínculo entre o senhor e o escravo poderia significar uma relação amorosa suprema tanto quanto uma forma de degradação. Para Isaías, a escravidão em termos bíblicos estava ligada a seu poder profético: "Eis o escravo, que eu sustento, o meu eleito, em quem tenho prazer. Pus sobre ele o meu espírito". Isaías 42:1, apud Hezser, *Jewish Slavery in Antiquity*, p.328. A escravidão era um caminho para a salvação. Os bispos cristãos e os funcionários bizantinos usavam as palavras *servus* ou *doulos*, respectivamente do latim e do grego antigos, para se referirem ao *status* elevado que ocupavam na Igreja e no Estado. Embora outros termos, especialmente "prisioneiros" (cativos), tenham passado a designar os recém-escravizados na condição de propriedade, os termos tradicionais do conceito honorífico de escravidão não foram abandonados.

11 Bradley, *Slavery and Society at Rome*, p.89; Hellie, *Slavery in Russia 1450-1725*, passim; Poe, *A People Born to Slavery*, p.216-9; Pelteret, *Slavery in Early Medieval England*, p.89; Davis, *Christian Slaves, Muslim Masters*, p.176; Colley, *Captives*, p.78-9.

os homens são naturalmente livres, e não escravos". Essas extrapolações, tanto da escravidão quanto da liberdade sagrada, eram claramente compatíveis com a continuidade da escravidão como uma instituição mesmo onde ela havia virtualmente desaparecido como relação social real. Escritores medievais pareciam "cegos no que diz respeito às implicações de suas próprias psicologias cristãs quando relacionavam problemas de servidão com a libertação religiosa". Até mesmo o Direito Consuetudinário inglês deixou em aberto a questão da escravidão muito tempo depois de não haver mais escravos legalmente identificáveis na Inglaterra.[12]

Os europeus ocidentais começaram a mudar suas autopercepções para o lado libertário da equação nos fins da Idade Média. Em todas as partes de uma grande extensão da Europa Ocidental, as populações rurais instauraram a liberdade gradualmente, e algumas vezes violentamente, em lugar da servidão consuetudinária e hereditária. As tradições legais europeias do início do mundo moderno passaram os direitos de propriedade, tanto dos bens quanto os do trabalho, para o indivíduo, reconhecendo-o como um agente contratual independente. Os camponeses, tanto quanto as elites, eliminaram a avaliação positiva da escravidão e basearam suas reivindicações de libertação em ensinamentos cristãos e afirmações categóricas de dignidade humana, liberdade e igualdade. Na Catalunha do século XV, os camponeses usaram argumentos baseados em uma noção de libertação cristã quando se mobilizaram para exigir o fim dos "maus costumes" da servidão. O sacrifício de Cristo não só libertou a humanidade do pecado original, mas também restituiu a ela sua liberdade original. Usando a analogia do Direito Romano: os seres humanos naturalmente livres não teriam sido escravizados por causa do pecado original, mas pela lei das nações. Na Espanha, a servidão havia sido o resultado da guerra santa cristã. Durante a reconquista da Espanha, os governantes supostamente teriam imposto a servidão aos habitantes muçulmanos resistentes para induzi-los à conversão. De acordo com a tese dos camponeses, o que havia sido somente um estímulo temporário se tornara abusivamente uma violação

---

12 Tierney, Freedom and Medieval Church, *The Origins of Modern Freedom in the West*, p.94-5; Baker, Personal Liberty under the Common Law, p.190.

prolongada do direito natural e do preceito divino que atava a liberdade humana ao cristianismo.[13] Assim, os camponeses catalães ofereceram uma glosa histórica e cristã ao famoso princípio abstrato do Direito Romano: o homem era livre por natureza, e a escravidão era legitimada somente pelas leis das nações. Nessas narrativas, elaboradas pela elite de escribas e invocadas por camponeses dos fins da Idade Média, o cristianismo era dissociado da servidão.

As exigências de liberdade dos camponeses catalães, fundamentadas na liberdade natural e cristã, não constituíam um assalto direto à instituição da escravidão em si mesma. O argumento dos camponeses estava imbuído na história específica da reconquista cristã da Ibéria. A narrativa da conquista sustentava a ideia de que a escravidão é apropriada aos infiéis. A servidão foi consequência não do pecado em geral, mas de uma descrença específica. Para os camponeses, assim como para os guerreiros cruzados, a premissa de uma fronteira com inimigos que podiam ser mutuamente escravizados legitimava a escravidão e racionalizava sua reprodução por meio de uma "guerra justa" de conquista; os camponeses fizeram suas tentativas de adquirir o mesmo *status* de liberdade dos demais fiéis, que eram seus semelhantes. Seus senhores reconheceram que as exações servis eram "maus costumes" e, no fim das contas, aceitaram a premissa de que os camponeses cristãos não eram escravos.

O impulso geral do desenvolvimento institucional e ideológico da Europa Ocidental antes de 1500 avançou em direção ao reconhecimento do campesinato como parte da comunidade de homens livres. "Os rústicos, pouco importa quão desprezíveis fossem aos olhos da elite, não poderiam ser vistos constantemente como forasteiros no mesmo sentido que os infiéis" ou os hereges. Na luta para redefinir as fronteiras da servidão, os antagonistas não tinham motivo nem necessidade de recorrer a argumentos mais universais. Suas respectivas narrativas se assentavam na premissa consensual de que alguns eram livres e outros, escravos.[14]

---

13 Freedman, *The Origins of Peasant Servitude in Medieval Catalonia*, p.191-2.
14 Id., *Servitude*, p.217. Comparar com Verlinden, Orthodoxie et esclavage au bas moyen age, *Melanges Eugène Tisserant*, v.2, p.427-56.

Mais ao norte, na Inglaterra, um consenso similar entre os habitantes nativos sustentava que "o contrato está no coração da relação entre o servo dos fins da Inglaterra medieval e seu empregador ou empregadora". Todos os serviços estavam dentro de um espectro de coação, que ia da escravidão e da servidão até a atuação livre. De qualquer maneira, a liberdade poderia implicar sanções penais com o contrato. Os servos estavam sujeitos à autoridade do senhor e poderiam ser punidos por não completarem os serviços com os quais haviam livremente concordado.[15]

A enchente de estatutos ingleses do século XV, decretados para reduzir os níveis dos salários, para diminuir a mobilidade do trabalhador e para impor contratos desfavoráveis aos empregados, podia ter promovido o fim da servidão com vantagens e desvantagens para os trabalhadores no curto prazo. Os senhores podiam invocar a sanção pública pelo não cumprimento do serviço desde o Estatuto dos Trabalhadores,[16] de 1349, até a revogação das Leis dos Patrões e Empregados,[17] em 1875.[18] De qualquer maneira, trabalho "não livre" não era uma forma de escravidão. Tanto a escravidão quanto a servidão na Inglaterra foram revogadas, e não abolidas. O fato de escravos não poderem mais ser identificados na Inglaterra nos fins do século XVI seria mais significativo para o final da escravidão ocidental do que o fato de os senhores continuarem a constranger homens livres a trabalhar.[19]

Essa visão geral do Mediterrâneo islâmico e da cristandade ocidental no início da era da exploração e da expansão transoceânica europeia já revela a existência de zonas diferenciadas no que diz respeito à escravidão. Em ambos os lados da linha religiosa, a premissa geral era de que os seguidores de Cristo e de Maomé não escravizavam seus próprios crentes. Esse princípio, desenvolvido em um ponto inicial da lei islâmi-

---

15 Ver Steinfeld, *The Invention of Free Labor*. No que diz respeito ao contrato, o servo e o senhor compartilhavam uma posição de consentimento voluntário. Goldberg, What Was a Servant, *Concepts and Patterns of Service in the Later Middle Ages*, p.9-10.
16 *Statute of Labourers*. (N. T.)
17 *Masters and Servants Act*. (N. T.)
18 Ver Steinfeld, op. cit.; id., *Coercion, Contract, and Free Labor in the Nineteenth Century*.
19 Para um desaparecimento similar de escravos, exceto nas galés, na França antes dos meados do século XVII, ver Peabody, *There Are No Slaves in France*, cap.1.

ca, tornou-se grosseiramente articulado durante cerca de um milênio de conflitos de fronteira através e ao redor do Mediterrâneo e do Mar Negro. Contudo, a fronteira religiosa continuava sendo uma fronteira porosa. As diretrizes normativas para o recrutamento, a manutenção e a manumissão de escravos eram frequentemente desobedecidas.

Nas áreas de domínio muçulmano, o princípio da guerra santa (*jihad*) além da linha islamizada e da não escravização dentro da linha de dominação islâmica delimitava e encorajava a escravização. Além da fronteira da Dar Al-Islam,[20] os não muçulmanos eram objetos legítimos de escravização. O cumprimento da advertência corânica de abrir caminhos para a manumissão determinava uma demanda estável de novos cativos. Do outro lado da linha religiosa, observavam-se inibições análogas e similarmente desiguais, que haviam sido desenvolvidas dentro das áreas dominadas pelos cristãos. Séculos de conflitos e reconquistas tornaram mais nítida a linha de falha.[21] Sejam elas entendidas como sociedades escravistas ou como sociedades com escravos, o complexo de leis sobre a escravidão, os mercados de escravos e os lucros relativos dos donos de escravos ofereciam um amplo incentivo para perpetuar e estender a escravização.

Muçulmanos eram escravizados por outros muçulmanos no norte da África. Muçulmanos também eram oferecidos como escravos a cristãos por muçulmanos. Na Ibéria, o código legal do reino valenciano previa a escravização como pena para mudéjares (muçulmanos) livres considerados culpados por crimes que iam desde a tentativa de movimento não autorizado no reino até o descumprimento de um contrato civil pelo não pagamento de uma dívida. Os muçulmanos tinham permissão para penhorar seus filhos como garantia adicional, e as consequências do não cumprimento do contrato eram óbvias. O juiz era muitas vezes um *qadi* (juiz) muçulmano. Os que violavam o código da *shari'a* (lei sagrada) por ofensas que determinavam a pena de morte poderiam ter suas sentenças comutadas para a escravidão pelas cortes. Muitos conde-

---

20 Terra do Islã. (N. T.)
21 Quenum, *Les Églises chrétiennes et la traite atlantique du XVe au XIXe siècle*, p.51.

nados eram remidos pelos religiosos locais. Os que seriam escravizados por terem cometido ofensas graves contra os costumes mudejar, como o roubo e o adultério, não o eram.[22]

No começo do período moderno, o que mais distinguia a Ibéria do noroeste da Europa era a presença real da escravidão e a vigência de uma legislação escravista. A esse respeito, a Espanha assemelhava-se mais com outras sociedades escravistas mediterrâneas e atlânticas posteriores do que com as sociedades cristãs da região noroeste da Europa. O Direito Espanhol, *Las Siete Partidas*, baseado nos códigos escravistas romano e de Justiniano, reconhecia que o nascimento, a autoalienação e, especialmente, a guerra eram fundamentos válidos para a escravização. Como os seus antecessores, *Las Siete Partidas* reconheciam a liberdade natural dos seres humanos. Além disso, protegiam o laço matrimonial, permitiam apelos contra os seviciadores, tratavam da punição de assassinos de escravos e julgavam apelações de escravos para mudar de senhores. Elas estabeleceram limites legais e morais gerais à instituição e estipularam procedimentos legais para a saída da escravidão pela via da manumissão. O princípio do Direito Romano de que os seres humanos eram "naturalmente" livres foi interpretado pelos juristas para exprimir que, sendo as demais coisas iguais, os juízes favoreceriam a liberdade.[23] Sendo assim, o principal objetivo do código era racionalizar, e não abolir a escravidão. Como em qualquer outro lugar, altas taxas de manumissão significavam incentivos adicionais ao tráfico de escravos.

O impacto universal da instituição pode ser avaliado por dois incidentes. Nos fins do século XV, os europeus ainda eram escravizados por outros europeus. Essa situação perdurou com frequência decrescente por mais dois séculos. No que diz respeito à escravizibilidade, a Europa não era uma unidade, nem seus habitantes formavam um único povo isento da escravização. Em 1370, no coração da cristandade latina, o papa Clemente V proclamou que inimigos venezianos seriam vendidos como escravos.

---

22 Ibid., p.59.
23 Fuente, Slave Law, *Law and History Review*, p.356.

Mais para o leste, os escravizadores europeus encontravam alternativas sempre que uma fonte de cativos se esgotava por razões religiosas ou militares. Quando a escravizibilidade dos gregos ortodoxos pelos europeus ocidentais se tornou mais incerta, os comerciantes voltaram-se para os muçulmanos albaneses, bosnianos e bogomilistas.[24] Bem dentro do século XVII, russos cristãos, moscovitas, lituanos e poloneses ainda estavam escravizando cativos de guerras uns dos outros. A troca de prisioneiros dos russos com os poloneses e lituanos tornou-se uma regra somente no segundo quartel do século XVII. Dentro da rápida expansão do império moscovita, a autoescravização voluntária permitia aos senhores a posse e a venda de cristãos ortodoxos sem colocar em risco as almas dos seus escravos. A escravidão russa dividia características com as de seus vizinhos muçulmanos do sul e do leste. Soldados escravos no modelo dos muçulmanos foram recrutados até os meados do século XVI.[25]

O conceito segundo o qual os cristãos ortodoxos orientais eram mais suscetíveis à servidão vigorou entre os europeus até o período em que a colonização transatlântica estava bem avançada. Durante a ocupação inglesa de Tânger, na década de 1670, a Marinha inglesa capturou uma embarcação moura. O comandante vendeu os cativos negros que estavam a bordo e manteve os gregos para serem usados como remadores de galeras inglesas.[26] Nesse mesmo momento, Jean-Baptiste Colbert estava lançando instruções em nome de Luís XIV para transferir escravos gregos capturados, que haviam sido condenados às galés, para embarcações francesas. Na visão do ministro francês, os cativos eram súditos cismáticos do governante otomano.

Dentro da própria Europa Ocidental, a possibilidade de escravizar heréticos aumentou com a emergência do protestantismo. Em resposta à insurreição holandesa contra Filipe II, Balthazar de Ayala, jurista do Direito Internacional, advogou a transferência dos rebeldes para fora da

---

24 Nome dado aos membros de uma seita cristã. O bogomilianismo difundiu-se no antigo império búlgaro no século X, fez oposição à Igreja e ao Estado e foi classificado como uma heresia pela Inquisição. (N. T.)
25 Hellie, op. cit., p.39.
26 Aylmer, Slavery under Charles II, *English Historical Review*, v.114, n.456, 1999, p.381.

região de liberdade cristã. No *De jure et officiis bellicis*, publicado nos Países Baixos em 1582, ele invocou injunções bíblicas para lançar os rebeldes na órbita das penalidades da guerra santa. A heresia não merecia misericórdia. Os que não fossem consumidos em "fogo e sangue" poderiam ser privados de suas posses e escravizados.[27]

Sessenta anos mais tarde, a Guerra Civil inglesa estimulou reações similares. O conde de Stamford propôs que os prisioneiros militares realistas, que se recusavam a aderir às forças do parlamento, fossem vendidos aos piratas berberes como escravos. O próprio Oliver Cromwell ameaçou escravizar escoceses e irlandeses se eles continuassem a resistir. Nem Filipe II ou Cromwell jamais reduziram seus oponentes a propriedades, mas o discurso intermitente de tempo de guerra sobre a escravizibilidade sugere que os europeus ocidentais dos séculos XVI e XVII de modo algum haviam aderido à noção de que todos os seus semelhantes europeus e cristãos estavam isentos da escravização.

Na avaliação dos limites do início da escravização moderna na Europa, a diáspora judaica oferece uma interessante perspectiva sobre as fronteiras culturais e geográficas da instituição. Em todo o Mediterrâneo, os judeus eram no máximo minorias toleradas em um mundo definido principalmente pela religião. O momento mais significativo da história da judiaria europeia moderna aconteceu perto do fim do século XV. Em 1492, os judeus espanhóis, que constituíam a maior população judaica da Europa, receberam uma oferta para escolher entre a conversão ao cristianismo, a expulsão e a morte. Significativamente, as opções consideradas pelos governantes espanhóis não incluíam a escravização porque os judeus eram igualmente residentes europeus. Os muçulmanos da Espanha ainda faziam parte da população legalmente escravizada dentro de seus domínios. Os monarcas espanhóis não optaram pela escravização violenta dos judeus pela mesma razão básica que os havia levado a decidir pela expulsão. Eles temiam que um grande número de "conversos" (judeus já convertidos ao cristianismo) seria tentado pelos não convertidos a manter

---

27 Apud Parker, *Sucess Is Never Final*, p.139-40.

suas práticas e afiliações judaicas. Mais escravizações só exacerbariam a contaminação religiosa e a poluição de "o sangue".[28]

De qualquer maneira, a escravização massiva permanecia claramente dentro do alcance da política dos monarcas ibéricos nos fins do século XV. Isso foi demonstrado quase imediatamente após a expulsão dos judeus pelos espanhóis. O rei de Portugal estabeleceu um preço para cada judeu refugiado que estivesse fugindo da Espanha. Um grande número de refugiados, no entanto, muito pobre para pagar a quantia estipulada, cruzou ilegalmente a fronteira. Então, o rei João declarou que os judeus que não cumprissem suas obrigações legais seriam seus escravos. Em Valência, sua vizinha espanhola, a escravização pelo não cumprimento de obrigações já era uma prática em curso entre os não cristãos. A escravização dos judeus migrantes pelo rei português não foi simbólica. Milhares de crianças judaicas foram rapidamente confiscadas de seus pais e enviadas para fundar uma nova colônia em São Tomé, ao largo da costa africana. Cinco anos mais tarde, sob pressão espanhola, os refugiados remanescentes que estavam em Portugal foram obrigados a se converter. As crianças foram novamente confiscadas em massa e usadas como reféns do processo coercitivo.

Os próprios textos judaicos dizem muito a respeito do alcance e dos limites da escravidão mediterrânea fora da Ibéria. No início do século XVII, o livro de Leone da Modena sobre as práticas religiosas, *Historici dei riti Ebraice*, devota um breve capítulo à escravidão. No "Levante ou Berbéria", ele observou que os judeus mantêm e vendem escravos "de acordo com o costume do lugar em que vivem".[29] Essa era uma extensão tradicional do princípio do Halachic, segundo o qual "a lei da terra é a lei" em todas as matérias não religiosas. Ele não faz menção à instituição entre os pequenos grupos isolados de judeus na Europa.

Igualmente úteis a esse respeito são os textos analisados por Jonathan Schorsch para descrever as práticas institucionais depois da ex-

---

28 Carlton, *Going to the Wars*, p.253.
29 Modena, *History of the Present Jews Throughout the World*. Ver também Schorsch, *Jews and Blacks in the Early Modern World*, p.174-5.

pulsão dos judeus sefarditas e dos "cristãos novos" posteriores, quando retornaram ao sul da Europa. Nas áreas em que a instituição da escravidão funcionava claramente, os judeus sefarditas negociaram o direito de entrar nos territórios com seus escravos e de que eles fossem mantidos. Isso ocorreu principalmente porque os códigos italianos sobre escravos faziam restrições à propriedade de escravos por muçulmanos e judeus.[30] As concessões do direito de residência punham explicitamente de lado suas proibições sobre a propriedade de escravos por judeus. Pactos comunais em Ferrara, Florença, Saboia, Pisa e Livorno continham essas isenções.

No norte dos Alpes, tanto sob o domínio católico quanto protestante, alguns alvarás endereçados aos judeus mencionavam o direito que eles tinham de trazer ou de possuir escravos. Contudo, quando os ingleses permitiram a volta dos judeus, nos anos de 1650, os regulamentos sobre empregados continham somente a proibição de contratar cristãos como domésticos. No norte da Alemanha, a cidade de Glückstadt concedeu-lhes permissão para contratar apenas empregados livres.[31]

Como nada proibia a propriedade de escravos na lei judaica do século XVII, as variações regionais devem ser atribuídas às diferenças na "lei da terra" dominante. Não era permitido aos judeus manter a propriedade escrava em qualquer Estado onde ela não mais existia. Assim, as distinções norte/sul da propriedade de escravos entre os judeus coincidiam com presença real ou ausência da legislação escravista em uma dada constituição política europeia. Na época da expulsão da Espanha – fins do século XV –, as zonas mediterrâneas e do noroeste da Europa haviam tomado caminhos claramente divergentes.

Durante períodos de crises violentas e de revoluções, até mesmo os governantes e juristas do noroeste da Europa ainda imaginavam a escravização como uma ameaça potencial contra rebeldes e inimigos. De qualquer maneira, na prática eles não voltaram atrás a ponto de reinstalar a escravidão hereditária em seus reinos. Espanha e Portugal mantiveram a

---

30 Epstein, *Speaking of Slavery*, p.174-5.
31 Schorsch, op. cit., p.53-63.

escravidão em casa e no ultramar por quase dois séculos antes do começo da colonização feita pelos países do noroeste da Europa. Como veremos, essa divisão europeia se tornaria uma fonte de tensão quando os senhores cristãos do ultramar trouxessem seus escravos pessoais para a Europa. Todas as metrópoles colonizadoras que não sancionavam explicitamente a escravidão em casa experimentaram alguma tensão entre a escravidão no estrangeiro e a não escravidão em casa.

Isso prediz o significado da presença ou da ausência das leis da escravidão, das instituições e das pessoas escravizadas no destino de longa duração da instituição da escravidão. Os Estados colonizadores do norte da Europa tiveram de se adaptar às novas variações externas da instituição. Ao longo do Mediterrâneo, estenderam-se os equivalentes tradicionais da escravidão cristã e muçulmana. As doutrinas da *jihad* e da guerra santa, com suas justificativas incontestáveis de escravização do infiel, contribuíram para uma ligação institucional inquebrável da escravizibilidade. Por isso, em um aspecto, a escravidão esteve mais ubiquamente imbricada no tecido das sociedades muçulmanas do que no das sociedades do noroeste da Europa do início do século XVI.

Aqui pode ser usada a ênfase analítica dada por Moses Finley ao papel decisivo da localização dos escravos em uma determinada sociedade. A escravidão mediterrânea do início dos tempos modernos foi mais importante para os centros de poder e riqueza do Magrebe e do Império Otomano do que para os governantes e para a elite da Europa. O Império Otomano do século XVI, como muitos de seus antecessores, recrutou soldados, administradores, parceiros sexuais e sucessores entre os infiéis cativos. No Mediterrâneo ocidental, os governantes muçulmanos e os comerciantes contavam com os escravos como as principais fontes de riqueza e de poder.[32] Na orla ocidental do Islã, cativos cristãos desempenharam um papel vital nas economias e sociedades dos Estados do norte da África. A maioria de sua população escravizada era formada por militares cativos da África subsaariana ou da Europa Oriental. Outros eram

---

32 Erdem, *Slavery in the Ottoman Empire and its Demise*, cap.1-2.

vítimas da pirataria e de invasões nas costas das terras habitadas pelos europeus. Desse modo, os escravos deram uma contribuição de peso ao trabalho e ao capital nas terras magrebinas e otomanas. Muitos eram mantidos para revenda e resgate. Outros eram instalados em diversos nichos da economia local e em atividades domésticas. Os governantes e as camadas mais altas da sociedade da Berbéria parecem ter-se tornado até mesmo mais dependentes da escravidão como fonte de renda do que os europeus e os otomanos que estavam nessas mesmas posições.

Como um empreendimento gerador de riqueza e poder, as frotas corsárias do norte da África, como as ulteriores grandes propriedades escravistas do Novo Mundo, requisitavam reabastecimento contínuo. Os corsários precisavam de remadores para movimentar suas frotas e de cativos para obter os resgates de seus familiares, de suas comunidades ou de seus governantes. Como o pagamento de resgates se tornou mais importante para a economia magrebina que o valor dos que eram permanentemente mantidos como escravos, seus governantes eram especialmente ávidos por obter resgates de cativos de elite. Os portos do Magrebe eram culturalmente mais cosmopolitas que os da costa norte do Mediterrâneo. Quarenta por cento dos magrebinos nativos de Algiers estavam fincados em um grande corte de escravos, famílias refugiadas, janízaros, renegados e mestiços, e essa diversidade provavelmente não teria correspondente em nenhum porto europeu dos séculos XVI e XVII. No mundo muçulmano, os escravos eram obtidos em todas as fronteiras do Islã: na África subsaariana; no Oeste Europeu da costa do Mediterrâneo; nos Balcãs; no interior não muçulmano, além do Mar Negro; na região caucasiana e na Ásia Central. A proporção de escravos que iam e vinham de cada área variava de acordo com a situação militar do Islã relativa ao *Dar Al-Harb* – a casa da guerra. Se as estimativas de Ralph Austen sobre as importações de escravos da Líbia e do Egito forem extrapoladas, no início do período moderno as fileiras norte-africanas do Islã recebiam provavelmente 6 mil africanos por ano através do Saara. Durante períodos de rápida expansão, como a dos otomanos nos séculos XV e XVI, a conquista trouxe enormes ondas de cativos diretamente para dentro dos mercados de escravos do império. Em 1534, o saque de Mahon na

Minorca produziu 6 mil escravos. Depois de sua queda, toda a população de Lipari, perfazendo 12 mil almas, foi embarcada para os mercados de escravos. No meio desse fluxo extraordinário, uma corrente estável de cativos escravizados foi deslocada da África subsaariana para o norte.[33]

Quaisquer que sejam as proporções relativas de escravos distribuídos dentro da ampla gama de serviços no mundo muçulmano – domésticos, artesãos, trabalhadores rurais, concubinas, soldados e eunucos –, é evidente que a escravidão estava tão encravada no Islã em 1500 como havia estado nos três quartos do milênio anterior. Quaisquer que fossem as declarações do *Qur'ran* sobre o bom tratamento, a escravizibilidade de infiéis, particularmente de pagãos (*mushrikun*), era uma suposição implícita para a maioria dos comentadores islâmicos.[34] Muçulmanos eram frequentemente escravizados por outros muçulmanos e levados aos mercados de escravos. Alguns dos pensamentos mais angustiantes da literatura islâmica foram estimulados pela escravização frequente de outros muçulmanos. Essa perspectiva não se restringiu aos cativos de dentro das fronteiras islâmicas. Embora os escravos da Anatólia do século XVI fossem usualmente russos ou ucranianos, o principal conselho legal durante as guerras otomano-iranianas de Süleyman, o Magnificente, declarou que os xiitas não poderiam ser considerados muçulmanos. Os denunciados eram frequentemente escravizados, e os escravizados eram denunciados como infiéis no momento da captura.[35]

Evidentemente, os escravos poderiam ser e eram mais que "propriedade com uma voz" (*mal-it-natik*).

Um humilde funcionário do governo que se tornou vizir narrou sua metamorfose depois de uma noite de sono; sem possuir coisa algu-

---

33 Heirs, *The Barbary Corsairs*, p.196; Hunwick, Black Slaves in the Mediterranean World, *Slavery and Abolition*.
34 Ver Austen, The Mediterranean Islamic Slave Trade out of Africa: A Tentative Census, *Slavery and Abolition*, p.214-48; The 19th Century Islamic Trade from East Africa (Swahili and Red Sea Coasts): A Tentative Census, ibid, p.21-44.
35 Clarence-Smith, *Islam and the Abolition of Slavery*, p.42-5; Fisher, *Slavery in the History of Muslim Black Africa*, cap.I, p.29; Faroghi, *Subjects of the Sultan*, p.63.

ma no dia anterior, despertou como dono de cavalos, mulas, camelos, posses (*mal*) e escravos (*mamálik*).[36]

Mas no mundo social e legal do Islã todos compartilhavam a vulnerabilidade de uma condição liminar. Diferentemente dos residentes livres que poderiam recorrer a redes de família, de localidade ou de comunidade, os escravos tinham somente a lei para reforçar suas reclamações. Os libertos que prosperaram como donos de escravos inevitavelmente perpetuavam a instituição que abrira caminho para a mobilidade deles mesmos. Em todos os mais importantes centros de poder no Islã, a elite era a principal, mas não a única proprietária de escravos de seu meio.[37] Por consequência, a instituição era sancionada consensualmente pela s*hari'a* do Islã, tal como pelo Direito Romano de todas as nações. Onde quer que os Estados muçulmanos sejam colocados, em um espectro que abranja de sociedades escravistas a sociedades com escravos, nunca emergiu neles uma sociedade sem escravos antes dos meados do século XIX.[38]

Na África subsaariana, a instituição era distinta de outro modo. Quando os europeus entraram pela primeira vez em contato direto e contínuo com as sociedades subsaarianas durante o século XV, imediatamente compreenderam a importância da *Dar al-Islam*. A caracterização do lugar da escravidão no mundo greco-romano antigo feita por Finley mantém-se igualmente verdadeira para a África tropical "não havia ação ou crença ou instituição que não fosse afetada pela possibilidade de alguém envolvido ser um escravo". John Thornton conclui que a característica distintiva das tradições legais africanas é crucial para analisar as relações euro-africanas. Em contraste com a Europa, "os escravos eram a única forma de propriedade privada produtora de rendimentos reco-

---

36 Marmon, Domestic Slavery, *Slavery in the Islamic Middle East*, p.10.
37 Seng, A Liminal State, em Marmon, op. cit., p.25-42.
38 Hunwick, Black Slaves in the Mediterranean World: Introduction to a Neglected Aspect of the African Diaspora, op. cit., p.5-8; Lewis, op. cit., cap.8; Willis, *Slaves and Slavery in Muslin Society*, v.I, p.27-46.

nhecida na lei africana".³⁹ Em contraste, no início da Europa moderna a principal forma de propriedade produtora de rendimentos era a terra.

Lauren Benton, em uma ampla pesquisa sobre os sistemas legais do mundo, replicou que Thornton exagera as diferenças e não presta atenção às similaridades entre os dois sistemas legais. Em sua perspectiva, "não fica claro que o *conceito* de direito de propriedade em muitos reinos africanos é radicalmente diferente do que era em *Las Siete Partidas*, na Ibéria". Se, em última análise, os nobres africanos derivavam seus direitos e riquezas de suas posições no Estado, "detentores de capitanias e *encomenderos* das ilhas do Atlântico e das Américas derivavam seus poderes sobre os trabalhadores nativos do mesmo modo".⁴⁰

Se o conceito de propriedade era análogo ou não, o argumento de Benton não dá atenção ao fato de que o sistema de *encomienda* foi introduzido pela monarquia espanhola como uma alternativa para permitir que os colonos europeus tratassem legalmente os nativos do Novo Mundo como propriedades. O argumento de Thornton, ao enfocar o valor relativo da propriedade africana de pessoas em relação à propriedade de terras, tenta dar conta da "notável velocidade do continente para começar a exportar escravos" assim que ocorreu o primeiro contato marítimo entre os europeus e a África subsaariana atlântica. Os europeus tiveram acesso direto ao duradouro comércio transaariano e desviaram uma parte do comércio interno da África para o Atlântico.⁴¹ O inverso certamente não ocorreu regularmente. Apesar da deportação de crianças para São Tomé, em 1490, e de condenados para outras áreas ultramarinas nos quatro séculos subsequentes, os europeus e os norte-africanos não repetiram esse padrão.

O ponto fundamental de Thornton está imbuído de ponderações. A escravidão estava enraizada na estrutura legal, institucional e econômica de muitas sociedades. Na África subsaariana, no entanto, os escravos

---

39 Finley, op. cit., p.65; Thornton, *Africa and the Africans in the Making of the Atlantic World*, p.74.
40 Comparar Benton, *Law and Colonial Cultures*: Legal Regimes in World History, p.49-52; Thornton, op. cit., p.72-88.
41 Thornton, op. cit., p.95-6.

eram a principal forma de capital. A escravização e o comércio de escravos estavam ligados aos segmentos mais dinâmicos da economia africana.[42] A posse desses cativos era, como em muitas sociedades muçulmanas, um modo eficiente de aumentar o poder e o *status*. Os escravos poderiam ser adquiridos nas guerras ou nos raides que não visavam à ocupação permanente do território. Dentro da África, eles eram colocados em todos os setores da economia: como trabalhadores agrícolas, como soldados e como carregadores de mercadorias nas rotas comerciais. Os Estados guerreiros contavam muito com exércitos de escravizados e com administradores escravos para manter as aristocracias regionais sob controle e fluxos de renda pela criação de lealdades livres dos laços de parentescos centrados nos tronos imperiais. Como uma instituição, a escravidão pode muito bem ter sido tão importante nos sistemas políticos e econômicos subsaarianos quanto era nas sociedades muçulmanas do norte.[43]

De qualquer modo, Benton, de modo perspicaz, chama atenção para as similaridades institucionais da escravidão na África e na Europa mediterrânea. Como foi indicado antes, a escravização de cativos foi uma característica comum dos raides em cruz no Mediterrâneo durante séculos antes e depois de 1500. Independentemente de quais sejam as diferenças proporcionais das fontes de riqueza e das rendas humanas e não humanas, os mecanismos africanos e ibéricos de escravização judicial coexistiram durante séculos de contatos euro-mediterrâneos e euro-africanos.[44] A magnitude e a amplitude da escravidão como uma instituição que se estendia de Aragão até Angola e da Madeira até Malaca foi aumentada na imaginação europeia pela exploração global empreendida por eles mesmos.

---

42 Ibid., p.74-86; 107.
43 Ibid., p.90; 108.
44 Benton, op. cit., p.58.

Fronteiras e oportunidades por volta de 1500

Gerações de historiadores têm identificado a escravidão como uma perda de *status* e de identidade, não como uma perda de humanidade. A perda sempre envolvia uma remoção dramática das proteções dadas pela família, parentela, comunidade e nação.[45] A compreensão das fronteiras e limitações da escravização, como David Eltis e outros mostraram, é crucial para a análise da evolução comparativa do início da escravidão moderna. Em todas as sociedades com escravos, foi necessário distinguir entre os que eram comumente qualificados para a escravização e os que não eram.[46] Até mesmo na Europa, residentes "de dentro" podiam ser escravizados em 1500. Senhores russos do século XVI desenvolveram o mito da diferença espúria entre eles próprios e seus escravos, mas a lei russa também reconhecia claramente que escravos do reino moscovita eram membros residentes da comunidade de fiéis do cristianismo ortodoxo que haviam voluntariamente entrado no *status*. Do outro lado da Europa, na Valência do século XV, a legitimidade de uma escravização estava vinculada a um reconhecimento formal, por parte dos escravos, de que eles tinham sido obtidos pela captura ou haviam se colocado voluntariamente em uma situação de insolvência, o que deixava tanto eles próprios quanto seus filhos disponíveis à escravização. Na África do Sul, a escravização voluntária também era comum. Em algumas sociedades africanas, etnicidade e cultura "podiam significar até uma aceitabilidade crescente da escravização, dado o foco nos grupos de parentesco e a expansão deles pela absorção de forasteiros".[47]

Apesar disso, durante o milênio anterior a 1500, a tendência à não escravização dos que pertenciam a uma mesma religião prolongou-se com a expansão dos mundos cristão e muçulmano. Ao longo do tempo, objetivos religiosos com aspirações universais e demandas de igualdade

---

45 Miers e Kopytoff (Eds.), op. cit.; Meillassoux, *The Anthropology of Slavery:* The Womb of Iron and Gold.
46 Eltis, op. cit., p.59.
47 Ibid., p.89. Ver também a ênfase de Miers e Kopytoff, African Slavery as an Institution of Marginality, *Slavery in Africa*, cap.I.

espiritual expandiram a comunidade de fiéis que não podiam ser escravizados. Nas áreas de maior diversidade cultural e religiosa, na Eurásia central e na África subsaariana, não houve uma redução da vulnerabilidade à escravização.

Por volta de 1500, as populações mais enraizadas do noroeste da Europa não eram mais legalmente escravizáveis dentro de suas próprias regiões. Em qualquer outro lugar, os forasteiros corriam um risco maior em situações de convulsão social, conflito ou catástrofe. Mesmo os cristãos europeus do noroeste que viviam na costa também poderiam ser transformados em escravos. No estrangeiro, os europeus compartilhavam a condição de vulnerabilidade com os afro-asiáticos. Ex-cristãos berberes ("renegados") até se especializavam na escravização de seus próprios compatriotas. Se esses renegados literalmente retornassem aos lugares de seus nascimentos e onde tinham parentescos, muitos dos mais bem-sucedidos renegados *re'is* trariam não só seus conhecimentos de navegação como também a familiaridade com a geografia local para influenciar seus parceiros cristãos.

O fato de que esses corsários consumiam suas vidas cruzando as fronteiras entre a civilização e a lei demonstra a incompletude dos limites da escravização em 1500. A saída da escravidão por meio da fuga para casa ou assimilação e manumissão eram apenas dois pontos em um espectro de reações à imposição abrupta do *status* degradado e da extrema vulnerabilidade. Alguns que começavam como homens livres escravizados acabavam como escravizadores. Quando corsários renegados atacavam navios cristãos, uma parte dos cativos robustos era recrutada para se juntar a seus captores. A instabilidade de lealdades era uma característica cultural comum aos marinheiros e aos corsários. Desse modo, se um recapturado voltasse a cair nas mãos das autoridades cristãs, poderia declarar que havia sido convertido sob coação. Os riscos eram altos. Os que não conseguiam convencer seus juízes (frequentemente a Inquisição) sobre a falsidade da inversão de suas lealdades a seus captores anteriores provavelmente seriam outra vez acorrentados aos remos de uma galé.

Não se deve dar grande importância a essas transgressões e mudanças de *status*. É pouco provável que mais que uma porção muito pequena dos capturados e escravizados pudesse fazer duas ou três travessias da escravidão para a liberdade. Usando as estimativas dos europeus levados ao cativeiro na Berbéria, a taxa de 3 a 4% de resgate e fuga fica ofuscada diante da taxa de 17% de mortalidade dos escravizados, mesmo deixando de lado as fatalidades ocorridas durante capturas violentas. Entre os cativos que foram enviados para mais longe – através do Atlântico, do Saara ou do Oceano Índico – provavelmente apenas um número pequeno retornou a suas casas.[48]

No mundo muçulmano, africanos negros que viviam na extensa região fronteiriça entre as casas de paz e de guerra também corriam o risco de escravização ou de reescravização. Seus destinos frequentemente chamavam a atenção das autoridades legais da *shari'a*. Se houvesse conhecimento de que um grupo tinha se convertido ao Islã, seria explicitamente proibido transformar seus membros em cativos. Se, no entanto, houvesse dúvidas sobre a legitimidade da escravização, alguns intérpretes dariam o benefício ao traficante. Outros insistiam que o fardo da prova recaísse nos comerciantes. Os governantes muçulmanos continuaram a expressar insatisfação sobre os abusos da *jihad* contra seus súditos. O problema persistiu até depois de 1500.[49]

A Europa do noroeste

Longe do norte, das terras da Europa cristã, "a venda ilícita de muçulmanos negros aos cristãos, feita por muçulmanos brancos, foi uma prática comum na costa magrebina nos fins do século XV".[50] Em contraste, a Europa do noroeste era uma anomalia. Por volta do início do século XVI, as obrigações servis, que haviam sucedido à escravidão, tinham dado lugar a sistemas contratuais de trabalho. A presunção de direitos

---

48   Davis, *Christian Slaves, Muslim Masters*, p.20-1.
49   Lewis, op. cit., p.57-9; Ennaji, *Serving the Master*, cap.6-7.
50   Blumenthal, *Implements of Labor, Instruments of Honor:* Muslim, Eastern and Black African Slaves in Fifteenth-Century Valencia, PhD thesis, p.421.

pessoais era assumida com muita clareza pelos europeus.⁵¹ À medida que os europeus do noroeste reconheciam a anomalia, continuavam, no entanto, a pensar que a situação era peculiar à região onde viviam. Embora em meados do século XVI um parlamento inglês não tivesse tido êxito ao tentar legislar sobre o uso do ferrete para marcar trabalhadores vagabundos, havia uma consciência difundida entre os ingleses de que a servidão voluntária fora reduzida a sua inexistência virtual.⁵² A escravidão como propriedade havia desaparecido amplamente da maior parte da região do norte e do oeste dos Alpes. Por volta dos meados do século XVI, Sir Thomas Smith observou que até mesmo os vilãos da Inglaterra "são tão poucos que o assunto quase não vale a pena". Em 1539, William Harrison não só negava a existência de servos e escravos ingleses como também declarava que "é um *privilégio* de nosso país, pela *especial* graça de Deus e pela generosidade de nossos príncipes, que qualquer um que vem de outros reinos, logo que põe os pés na terra se torna tão livre de condição como seus senhores, pelo que todos notam que estão totalmente isentos da sujeição servil".⁵³ A maioria dos escritores que fizeram observações similares apenas notaram isso de passagem. Ainda nos fins do século XVIII, Adam Smith comentaria apenas que "o tempo e o modo, contudo, dentro dos quais ocorreu uma revolução tão importante, é um dos pontos mais obscuros da história". Esse conceito de "solo livre" refletiu no autorretrato dos ingleses nos séculos XVII e XVIII. Ele é juridicamente uma extensão às áreas rurais de um princípio formulado pelas comunas medievais, de acordo com o qual o "ar livre" das cidades era considerado incompatível com a servidão.

---

51 Eltis, op. cit., cap.I e p.61-83; e Eltis, Europeans and the Rise and Fall of African Slavery in the Americas: an Interpretation, *American Historical Review*, p.1399-1423, esp.1422-3.
52 Davies, Slavery and Protector Somerset: The Vagrancy Act of 1547, *Economic History Review*, v.1-3, 1966, p.533-49.
53 Ver *Origins of Modern Freedom*, p.13. Para os especialistas ingleses dos fins da Idade Média, era fácil imaginar homens livres em um lugar e escravos em outro, ou servis em relação a uma pessoa e livres em relação a todas as outras. "Um homem pode ser nobre e não nobre ao mesmo tempo [...] o caso é testemunhado por cavalheiros ingleses presos no reino da França, que eram escravos e cativos enquanto estavam nas mãos dos inimigos; na Inglaterra continuam a ser livres e nobres como eram antes." Upton, *De Officio Militari*, p.3-4.

Do outro lado do canal, o "princípio da liberdade" foi invocado com igual presunção pelos juristas do Continente.[54] Mais ao sul, podem ser indicadas ilhas de liberdade até mesmo dentro de reinos nos quais as leis da escravidão ainda estavam consolidadas. De acordo com os termos de certas capitulações do século XIII na Ibéria, escravos muçulmanos fugitivos do Vall de Uxó (*moros de la Vall*) não podiam ser mantidos cativos uma vez que houvessem chegado às suas comunidades nativas na Espanha. Outros muçulmanos da Espanha fugiram do sul para Granada antes de 1492 e, depois disso, com mais dificuldade, para o norte da África. Contudo, para os escravos africanos negros não muçulmanos da Espanha dos fins do século XV, o caminho mais fácil para fugir para a França e para Navarra era pelos Pireneus. Em 1495, um escravo negro recapturado contou a seus captores que ele havia sido convencido por outros escravos de que obteria a liberdade em uns poucos dias de residência se alcançasse o território francês. Ele ofereceu seu testemunho a uma corte espanhola porque havia sido informado de que essa liberdade era irreversível, mesmo se retornasse à Espanha.[55]

Os Países Baixos nortistas gabavam-se de ter tradições legais similares. Quando um navio português com 130 escravos a bordo entrou no porto de Middleburg, em 1596, o conselho da cidade decidiu proibir que eles fossem vendidos e mandou soltar os cativos "na liberdade natural". Pieter Emmer especula que isso poderia não ter feito muito bem à maioria dos escravos. Eles "teriam sido indubitavelmente levados para o mercado em Antuérpia, nos Países Baixos espanhóis, poucas milhas ao sul, onde os escravos eram comprados e vendidos regularmente". De qualquer maneira, dez anos depois, quando outro navio holandês capturou um negreiro

---

54 Ver ibid., p.191; Drescher, op. cit., n.31, p.15, 172-3. Sobre a criação da dupla fronteira espaçotemporal entre a Europa e o resto do mundo, ver Davis, Sovereign Subjects, Feudal Law, and the Writing of History, *Journal of Medieval and Early Modern Studies*, p.223-61. Por volta do início do século XVIII, parece que os Países Baixos espanhóis se alinharam com a zona do "princípio de liberdade" de seus vizinhos: "Os escravos que os *espanhóis* trazem com eles para *Flandres* são libertados ao chegarem, como foi declarado judicialmente pelo Grande Conselho do Estado em Mechlin". Apud *After Baptizatus:* or, the Negro Turn'd Christian, p.44.
55 Emmer, *The Dutch Slave Trade, 1500-1850*; Drescher, op. cit., n.31, p.172-3; Blumenthal, op. cit., v.42, p.404-5.

português, o captor vendeu sua carga a uma embarcação de outra nação porque era impossível vender escravos nos Países Baixos. Os Estados Gerais holandeses pareciam concordar com isso. Instruíram todos os marinheiros holandeses que adquiriam cativos muçulmanos berberes a descarregá-los nos portos mediterrâneos.[56]

Mais cedo, por volta de 1500, a tradição jurídica francesa e as cortes francesas haviam nacionalizado os princípios da liberdade urbana. A França também não podia ter escravos. Jean Bodin, o jurista francês, tratou o fato de que os escravos eram libertados quando chegavam a seu país como um assunto de registro histórico. Bodin traçou uma linha entre o escravo e o solo livre. A escravidão existia em todas as partes do mundo, "exceto em certos países da Europa". A fronteira era histórica tanto quanto geográfica. Na Europa, ele declarou, especialmente na França, a escravidão havia existido uma vez e depois desapareceu. Foi o século XVI português e espanhol que ameaçou erodir a linha da característica distintiva ao expandir a instituição de uma só vez no ultramar e dentro da própria Europa.[57]

A escravidão teve a rédea um pouco mais solta por um ditame da razão de Estado. O princípio do solo livre foi aparado para acomodar escravos muçulmanos nas galeras francesas. "Qualquer homem que alguma vez tenha tocado as terras deste reino é livre", escreveu um oficial da Marinha Real francesa. No entanto, o serviço nas galeras estava isento desse princípio, "porque eles (os escravos) são comprados em países estrangeiros, onde esse tipo de comércio é praticado". Outro oficial sugeriu a Colbert, o ministro francês, um plano de ação de aquisição de uma abundante variedade de gregos, albaneses e russos em Istambul. Isso era considerado permitido porque os tártaros do outro lado do Mar Negro

---

56 Ver Peabody, op. cit., p.4-5; Drescher, The Long Goodbye: Dutch Capitalism and Antislavery in Comparative Perspective, *From Slavery to Freedom*: Comparative Studies in the Rise and Fall of Atlantic Slavery, p.196-224, esp. 204-5; Blakely, *Blacks in the Dutch World*: The Evolution of Racial Imagery in a Modern Society, p.226. Para as ligações do antiescravismo popular com os desenvolvimentos pré-modernos das lutas religiosas e civis do europeu ocidental, ver Blackburn, *The Overthrow of Colonial Slavery 1776-1848*, p.36-41.

57 Peabody, op. cit., cap.1.

os haviam vendido aos turcos.[58] Implicitamente, a escravidão, embora tivesse deixado de existir na metrópole, não havia sido abolida na linha da costa e além dela, onde muitos escravos galés consumiriam o grosso de suas vidas acorrentados aos remos em um meio do caminho[59] sem fim. Entre as linhas desses memorandos burocráticos, sente-se facilmente que os europeus do norte estavam tentando chegar a um acordo com o mundo intrusivo da escravidão, com o qual estavam acidentalmente envolvidos.

Em 1500, a maior parte do mundo estava ainda profundamente envolvida na instituição da escravidão, mas nem todas as partes do mesmo modo. A África, a Eurásia e o Mediterrâneo, todos eles saqueados por agentes ativos da escravização, eram também dependentes da escravidão. Se a brutalidade e degradação dos escravizadores e a resistência do escravizado tivessem sido a causa principal do antagonismo à instituição, essas áreas teriam sido o terreno da criação do antiescravismo nascente. Ao contrário disso, elas estavam presas em um sistema institucional de raides e de comércio. Houve fluxos e refluxos da magnitude da prática de captura e comércio de escravos, mas não houve perspectiva alguma de suprimi-la. A universalidade do sistema também delimitava a imaginação dos habitantes. Até mesmo na região europeia, onde a escravidão não era mais um fato da vida cotidiana, a ausência da instituição se inscrevia como uma exceção à regra. Especialmente para os europeus que se aventuravam além de suas fronteiras e para os administradores e comerciantes que se lançavam em aventuras ultramarinas, o mundo além da Europa parecia um mundo predatório, exacerbado por um conflito interminável.

---

58   Zysberg, *Les Galériens: vies et destinés de 60.000 forçats sur les galères de France, 1680-1748*, p.59.
59   No original, *Middle Passage* ("meio do caminho") – uma expressão que começou a ser usada no início do movimento abolicionista britânico (fins do século XVIII) para designar o transporte dos escravos africanos através do Atlântico; assim sendo, a expressão diz respeito ao caminho percorrido pelos escravos negros: o início era a escravização na África, o meio era a travessia do Atlântico no porão de um negreiro e o fim, a escravidão na América. (N. T.)

2
A escravidão em expansão

Em 1516, às vésperas da Reforma, o futuro pai do movimento batista viajou pela Itália. Como Martinho Lutero, Andreas Karlstad ficou desanimado com muita coisa que viu. Em Roma, ele encontrou uma instituição que, de qualquer maneira, parecia não ter atraído a atenção de seu colega clérigo alemão – a compra e a venda de escravos:

> Agora ouçam como esse tipo de venda ocorre. Aquele povo estava habituado a poder vender uns aos outros, e permitir que seus corpos pertencessem ao comprador. E o comprador podia revender o escravo que havia comprado de outra pessoa exatamente como alguém que, ao vender um boi, admite que o comprador possua o corpo do animal. Até hoje, isso ainda não é incomum ou estranho em Nápoles ou em Roma. Essas pessoas são vendidas junto com seus filhos e são chamadas de escravos.

A reação de Karlstad ao mercado de escravos em 1516 era indicativa de distanciamento, bem como de desaprovação. Ele encontrou uma instituição que era existencialmente estranha e biblicamente familiar. "Nosso texto fala desses escravos", ele refletiu. E invocou o Deuteronômio,

15:11-12, para exortar os vendedores de seres humanos a não reprimirem os escravos, a libertá-los sem terem a liberdade de reconduzi-los posteriormente à servidão. "Pois senão, provocam a ira de Deus e maculam a aliança com Ele e o nome Dele [...]". Lutero poderia ter respondido apropriadamente a Karlstad, como respondera às demandas de liberdade dos camponeses uma década antes, quando recorreu ao exemplo dos patriarcas ou a outros versos do Deuteronômio. Logo, o próprio Karlstad participaria das sublevações religiosas e políticas da Alemanha. Em todo o caso, suas observações refletem seu desconhecimento de que a escravidão já desfrutava de uma vigorosa expansão além da Europa. E os próprios europeus não ficariam insulados em relação às repercussões predatórias desse renascimento.[1]

O Mediterrâneo: um mar de comércio de escravos

Durante um século depois de 1500, ainda era possível para os europeus do noroeste considerar a escravidão como insignificante nessa pequena região do mundo. Era até mesmo possível para seus habitantes se vangloriarem da ausência da escravidão dentro dos confins da região. Apesar disso, era igualmente claro a todos os membros das sociedades do noroeste da Europa que o princípio não se aplicava a eles mesmos fora das jurisdições de seus próprios sistemas legais e políticos. Como se não bastasse, a vulnerabilidade dos europeus ocidentais à escravização aumentou durante os séculos em que eles institucionalizavam novos sistemas de escravidão. Por aproximadamente duzentos anos após 1500, a consciência europeia quanto à escravidão foi enquadrada mais pelas condições do Mediterrâneo que pelas dos oceanos Atlântico, Pacífico e Índico.

---

1 Pater, *Karlstadt as the Father of the Baptist Movements:* The Emergence of Lay Protestantism, p.73. O próprio Martinho Lutero invocaria a diretiva de São Paulo de que escravos e senhores deviam aceitar as suas posições para que o reino terrestre sobrevivesse. Nem Lutero tampouco Calvino questionaram a legitimidade da propriedade dos escravos. Ver Davis, *The Problem of Slavery in Western Culture*, p.106; Blackburn, *The Overthrow of Colonial Slavery, 1776-1848*, p.35.

A escravização por meio da "guerra justa" avançou com o andamento crescente do conflito entre cristãos e muçulmanos durante o século XVI. Os portugueses e espanhóis estenderam suas reconquistas da Ibéria para o norte da África. Suas aquisições não se igualavam à rápida expansão do poder terrestre e naval otomano em um grande arco que ia da Argélia à Rússia. Acompanhando as grandes campanhas do século XVI, houve uma intensificação do corso e dos raides mútuos. Os habitantes das bacias do Mediterrâneo e do Mar Negro e os que viajavam por esses mares formavam os grandes reservatórios de escravização do século XVI.

Karlstad havia vislumbrado apenas um resíduo da violência e do tráfico de escravos entre muçulmanos e cristãos, que nunca fora completamente suspenso em cada um dos lados das fronteiras. Com a mesma intensidade da penetração comercial dos europeus do noroeste nos fins do século XVI, os corsários berberes ampliaram suas atividades no Atlântico. Durante a primeira metade do século XVII, houve raides de corsários nas costas de Portugal, Espanha, França, Inglaterra e Islândia. Em algumas ocasiões, eles remaram até as águas costeiras brasileiras e norte-americanas. Durante o curso de três séculos, cativos islandeses, irlandeses, escoceses, galeses, ingleses, alemães e escandinavos vindos do noroeste da Europa juntaram-se aos gregos, albaneses, armênios, húngaros, poloneses e russos das partes orientais da Europa.[2] Evidentemente, os raides e a pirataria eram ruas de mão-dupla. Habitantes do Marrocos, da Argélia, da Tunísia, de Trípoli – tanto os que falavam árabe quanto os que falavam turco – eram encontrados como cativos nos mercados das ilhas e nas cidades costeiras do norte do Mediterrâneo governadas por cristãos ou nos remos das galeras lançadas ao mar pelos cristãos. Apesar de as tradições do ar livre/solo livre terem sido desenvolvidas antes de 1500, o potencial de escravização estendeu-se sobre toda a Europa e sobre as extensões coloniais europeias. Os que viviam nas proximidades do Mediterrâneo ou os que nele navegavam estavam mais vulneráveis. Por volta dos meados do século XVIII, os que viviam em áreas distantes do

---

2   Bennassar e Benassar, *Les Chrétiennes d'Allah*.

domínio muçulmano ou os que eram súditos dos governantes dos Estados mais fortes do noroeste da Europa experimentavam uma segurança crescente, se não total, em relação à possibilidade de escravização. Os que corriam o maior risco eram os que não podiam contar com poderosos ou ricos administradores dos Estados ou, ainda, com a mobilização de seus correligionários para intercederem em favor deles. Embora o rei de Portugal pretendesse escravizar todos os judeus espanhóis inadimplentes, os que fugiram para o norte da África foram capturados e presos para serem escravizados até que fossem resgatados por seus correligionários.[3]

Os europeus do noroeste também se tornaram mais vulneráveis à escravização na primeira metade do século XVII. O pico da escravização ao longo do litoral mediterrâneo coincidiu com um período de estabelecimento de muitas das principais colônias escravistas do Novo Mundo. No que diz respeito ao centro e ao oeste do Mediterrâneo, Robert C. Davis estima que o número de cristãos escravizados era de 1 milhão ou mais. O período em que os europeus correram o maior risco foi de 1580 a 1680. Em média, 7 mil cristãos cativos eram escravizados por ano no Magrebe, e este número exclui os cativos trazidos da Europa Oriental para o centro do Império Otomano. Durante o século do pico da escravização de europeus ocidentais, Richard Hellie calcula uma média anual de chegada de 4 mil moscovitas escravizados, e possivelmente um número mais alto de cativos poloneses entravam no reino otomano. Centenas de milhares de pessoas da Europa Oriental foram capturadas e vendidas nos mercados da Ásia, da Crimeia e dos arredores do Mediterrâneo e incorporadas às forças militares muçulmanas como soldados escravos ou como galés. Foi estimado que mais de 10 mil escravos por ano passaram pelo mercado de escravos crimeiano em Kefe.[4]

---

3 Ver Usque, *Consolation for the Tribulations of Israel*, p.200-1.
4 Hellie, *Slavery in Russia 1450-1725*, p.23; id., Migration in Early Modern Russia, 1480-1780, *Coerced and Free Migration*: Global Perspectives, p.307. Fisher, *A Precarious Balance*: Conflict, Trade and Diplomacy on the Russian-Ottoman Frontier, p.31-4, oferece uma longa lista de estimativas dos eslavos entre os fins do século XV e os fins do século XVII. Cumulativamente, elas indicam totais na altura de centenas de milhares; Fisher, no entanto, alerta que os registros otomanos não dão suporte a essas estimativas muito altas. Mais tarde, nos fins do século XVII, os cativos otomanos foram postos para trabalhar em turmas de construção no sul da Alemanha. Ver Varga, Ransoming

Da Europa Atlântica, pelo menos 20 mil britânicos e irlandeses foram mantidos como escravos no norte da África entre 1600 e a metade do século XVIII. Oito mil deles foram capturados na primeira metade do século XVII, precisamente quando a Inglaterra estava iniciando um negócio de risco ao estabelecer suas próprias colônias escravistas. Os números precisos para algumas dessas imigrações sob coerção são elusivos, mas os cálculos aproximados recentes oferecem-nos uma estimativa bruta das magnitudes relativas. Quando os ibéricos estavam estabelecendo suas colônias no século seguinte ao das viagens exploratórias dos portugueses na costa subsaariana da África (aproximadamente entre 1440 e 1540), mais europeus foram escravizados no norte da África que africanos no conjunto formado pela Europa, ilhas do Atlântico e Américas. Durante o século XVII, o número de africanos que desembarcaram nas Américas não excedeu ao número de europeus escravizados que desembarcaram na África.[5]

Uma coisa era clara para os europeus quando eles lançaram suas embarcações em direção ao "mundo dos escravos", fora de suas próprias terras. Os europeus transportados por via marítima "além da linha" podiam facilmente passar tanto para a condição de escravizados como para a de escravizadores. Havia mais escravos britânicos no norte da África até 1640 do que escravos africanos nas colônias britânicas.[6] Os 7 mil franceses mantidos nas áreas argelinas, tunisianas e tripolitanas do norte da África certamente ultrapassavam em número os escravos africanos nas colônias francesas, mesmo nos fins do século XVII. Somente durante a segunda metade desse século, mais africanos cativos foram embarcados para as Américas do que os europeus que eram cativos na África. De uma perspectiva mais ampla, durante todo o século XVII houve provavelmente mais pessoas escravizadas e levadas para dentro da órbita muçulmana do que para dentro de sua correlata cristã. Ao longo

---

Ottoman Slaves from Munich (1688), *Ransom Slavery Along the Ottoman Borders:* Early Fifteenth to Early Eighteenth Centuries, p.169-182.
5   Para números comparativos, comparar Davis, *Christian Slaves* e Eltis et al., segunda edição do *Transatlantic Slave Trade Database* (doravante TSTD).
6   Eltis, *Rise of African Slavery*, p.57. Ver também Colley, *Captives*, p.50-6.

desse século, os europeus importaram para a América em média 19 mil africanos por ano. Durante o mesmo período, cerca de 9 mil africanos foram anualmente forçados a atravessar o Saara, o Mar Vermelho e o Oceano Índico para entrar nas terras dominadas pelos muçulmanos.[7] A esses escravos poderiam ser adicionados os que estavam retidos nas áreas de dominação muçulmana abaixo do Saara e no leste da África.[8]

Dois outros continentes contribuíam substancialmente para o suprimento muçulmano de escravos. Alguns números dispersos da Crimeia sugerem que cerca de 10 mil cativos por ano eram importados pelas áreas muçulmanas durante o século XVII. A guerra produziu ondas de escravização e um número total desconhecido de cativos. Os otomanos capturaram 80 mil pessoas em uma única campanha, que culminou com o cerco de Viena, em 1683. E supostamente 20 mil rebeldes foram transportados para o Irã para serem vendidos em 1619-1620. Na orla oriental, do início do mundo moderno muçulmano, o sul e o sudeste da Ásia foram as principais fontes de 2 milhões de escravos nos dois séculos depois de 1565. No sudeste asiático, Bali exportou 100 mil escravos hindus entre 1620 e 1830. Até mesmo no centro do mundo islâmico, a escravização de "hereges" iranianos pelos governantes sunitas otomanos foi "um tra-

---

7 Comparar TSTD com Lovejoy, *Transformations in Slavery*, p.60, Table 3.7. Para uma discussão do tráfico de escravos "oriental" da África ver, sobretudo, Pétré-Grenouilleau, *Les Traites négrières*, p.144-9; Austen, *African Economic History*, p.275.

8 Manning sugere que milhões de africanos foram exportados da savana e do Chifre da África nos séculos XVI e XVII. *Slavery and African Life*, p.84. Os proprietários teriam absorvido um número considerável de escravos que teriam sido apreendidos a caminho do curso da deportação. Por aproximadamente dois séculos depois do início da expansão europeia para as Américas (1500-1680), o fluxo combinado de europeus escravizados (3 milhões) e de africanos (1 milhão) para o norte da África muçulmano e para o Oriente Médio estava perto do triplo dos 1,5 milhão de africanos transportados para o Novo Mundo. A situação mudou dramaticamente entre os anos 1680 e o fim do século XVIII em um sentido. Os europeus importaram cinco vezes mais escravos para suas colônias transatlânticas (7,2 milhões) do que os que foram enviados para as terras muçulmanas do norte da África e para o oeste da Ásia. Não obstante, deve-se ter em mente que na comparação do Novo com o Velho Mundo os impérios euro-atlânticos do século XVIII se distinguiram somente na taxa da expansão. As populações escravas e as do Hemisfério Oriental eclipsaram enormemente as das Américas em magnitude. Mesmo na África Ocidental, o reservatório de trabalho da escravidão transatlântica, havia provavelmente mais escravos dentro de suas próprias fronteiras do que em todas as Américas no fim do século XVIII. Fui beneficiado pela consulta ao manuscrito de David Richardson "Involuntary Migration in the Early Modern World, 1500-1800".

ço regular das intermináveis guerras otomano-iranianas". O valor da mobilidade dentro da instituição tendia a exacerbar o apresamento pela pilhagem. A ênfase dada pelo Islã à manumissão pela concubinagem, pelo casamento e por caridade exerceu uma pressão ascendente sobre a demanda de novos escravos, com suas características de alta mortalidade, brutalidade e dissolução familiar.[9]

Os hábitos de indiferença e insensibilidade desenvolvidos pelos escravizadores na brutalidade dos vários negócios punham de lado a significativa diferença regional. No Mediterrâneo da segunda metade do século XVII, os cativos europeus do ocidente seriam provavelmente muito mais resgatados por seus compatriotas que os africanos. No comércio transatlântico, os europeus ocidentais deviam estar menos envolvidos que os europeus orientais no recrutamento inicial do escravizado. Geralmente, eles adquiririam pessoas já escravizadas ou capturadas pelos africanos. As vítimas europeias tinham alguma esperança de retornar para suas famílias. Os africanos, homens, mulheres e crianças que se tornavam carga, não tinham esperança alguma de retornar a suas comunidades de origem.

No Mediterrâneo, cristãos e muçulmanos lançaram-se em processos simétricos de apresamento violento, transporte e distribuição. Desempenhavam papéis de predadores e de vítimas. Suas áreas costeiras eram terras de devastação mútua. Mulheres e crianças mediterrâneas de ambos os lados estavam rotineiramente sujeitas à mesma predação sexual inicialmente reservada aos africanos no sistema atlântico.

Não obstante, houve algumas distinções dentro dos sistemas escravistas do Mediterrâneo que podem ter tido impacto sobre sua ulterior receptividade ao abolicionismo. A economia política do Magrebe parece ter estado mais dependente da captura e do comércio de escravos que a do Mediterrâneo dominado pelos cristãos. Na "idade do ouro" dos raides em cruz (por volta de 1550 a 1660), os portos do Magrebe foram desproporcionalmente dependentes dos lucros gerados pelo corso.[10] Poder e

---
9   Ver Clarence-Smith, *Islam*, p.11-6; Erdem, *Slavery*, p.29-33.
10 Bennassars, *Les Chrétiens d'Allah*, p.384-5.

riqueza provinham do influxo contínuo de cativos. A dependência de escravos das galeras de transporte sob propulsão humana demandava uma reprodução constante de adultos fortes escravizados. No Magrebe, as cidades portuárias poderiam ser adequadamente caracterizadas como sociedades escravistas. Suas economias estavam diretamente baseadas na riqueza gerada pelo corso. A sobrevivência dos governantes dependia das receitas do saque, das quais ficavam com a quinta ou a décima parte.[11] As autoridade magrebinas tinham de se equilibrar sobre uma corda fina. Em contraste com os governantes do norte da Europa, o que mais ameaçava os cofres do Estado era a paz e o muito frágil mandato não hereditário de seus governantes. Quando, sob pressão naval, o dei de Trípoli negociou simultaneamente uma suspensão dos ataques corsários aos navios franceses e holandeses, ele foi imediatamente deposto. Para os corsários de Trípoli, era evidente por si só que a cidade não se sustentaria com a cessação das hostilidades contra todas as principais potências navais europeias. Em contrapartida, um conflito simultâneo com todas as potências comerciais ameaçava interromper o fornecimento de produtos vitais ao próprio processo do corso.[12]

Embora o corso mediterrâneo tivesse um papel de pequena importância nas economias políticas mais ricas e mais diversificadas dos europeus do norte, é importante notar que nos dois séculos que se seguiram a 1500, seus governantes mostraram pouca hesitação em participar de atividades escravistas quando surgia uma oportunidade. As galeras precisavam de remadores. Elas rotineiramente usavam combinações de muçulmanos, norte-africanos, cristãos e, ocasionalmente, africanos subsaarianos e ameríndios. Com a queda da necessidade de remadores, um almirante instruiu seus oficiais a obter alguns turcos, mouros e negros capturados a bordo de embarcações magrebinas e vendê-los ao melhor preço no Mediterrâneo ocidental.[13]

---

11 Davis, op. cit., p.58.
12 Pennell, *Piracy and Diplomacy in Seventeenth-Century North Africa*.
13 Aylmer, Slavery Under Charles II: The Mediterranean and Tangier, *English Historical Review*, v.144, n.456, 1999, p.378-88.

Se os europeus participavam da captura e do comércio de escravos tão livremente quanto os muçulmanos, quais eram os limites culturais e legais da escravização durante os dois séculos de aumento da captura e do comércio dos fins do século XV aos fins do século XVII? A religião justificava de uma só vez a expansão e a mudança da escravizibilidade.[14] Embora os moscovitas tivessem suspendido a venda de escravos para o Islã depois dos meados do século XVI, Kazonis ainda podia comprar meninas russas em Novgorod no começo do século XVII.[15] Ocorrida a escravização, o *status* legal do escravo não era alterado pela conversão. No Novo Mundo, supunha-se que ateus constituíam a maioria esmagadora dos africanos transportados. No Mediterrâneo, a situação era mais complicada. Escravos que retornavam à jurisdição cristã poderiam ser corsários renegados, capturados quando em ação. Eles poderiam ser rebeldes cristãos escravizados que se apoderaram da embarcação e retornavam à cristandade com cativos que lhes pertenciam. Alguns escravos eram recapturados mais de uma vez. Todos esses casos criavam problemas complexos sobre o *status* de um número considerável de cativos. Nos países católicos, essas questões provocavam naturalmente a interferência da Inquisição. As coisas eram igualmente complexas da perspectiva do escravo. Muitas vezes, mulheres escravas capturadas recusavam-se a reconhecer suas origens cristãs, seja por temor ao processo inquisitorial, seja pela esperança de que seus maridos muçulmanos as encontrassem e as libertassem.[16]

O cruzamento de fronteiras era abundante. Durante o século XVII, os cristãos nascidos em Salônica, na Hungria, na Rússia, na Albânia e em Ragusia não eram rotineiramente libertados. Quando um comandante inglês apresou um navio argelino com 94 africanos e 24 gregos a bordo,

---

14 Até os fins do século XV, escravos ainda eram importados para a Europa Ocidental das áreas cristãs orientais (Ver Blumenthal, *Implements*, p.42) e da própria Europa Ocidental. Antes da conquista espanhola de 1492, os cristãos ainda estavam apresando pescadores mouros de Granada. Os argumentos cristãos/muçulmanos da escravização pela guerra justa e pela *jihad* eram facilmente acomodados à empresa privada.
15 Blumenthal, op. cit., p.21; Hellie, op. cit., p.73.
16 Bennassars, op. cit., p.427.

criou uma demarcação por conta própria. Ele relatou que havia vendido os negros (inclusive mulheres e crianças) e reservado os gregos cativos para o serviço das galeras. Essa ação foi aprovada pelo Conselho da Marinha Real, mas os gregos apelaram da decisão e solicitaram a libertação com base no argumento de que eram cristãos; porém, a apelação foi recusada. O governo só se tornou menos severo quando a galera para a qual eles haviam sido destinados foi considerada inadequada para ir ao mar. Durante todo o processo, a identidade dos gregos como cristãos e europeus foi claramente recusada como prova *prima facie* do direito à liberdade.

Católicos recapturados poderiam recorrer à adjudicação papal. Os cavaleiros de Malta, pesadamente envolvidos na guerra corsária, requereram uma opinião formal da Congregação da Inquisição Suprema e Universal criada por Paulo III, em 1542. A resposta foi formal e comedida. Os renegados armados deveriam continuar escravos mesmo depois de terem se reconciliado com a Igreja. Exceções poderiam ser feitas às conversões dos muito jovens induzidos pelo temor. Os inquisidores ibéricos eram aparentemente menos indulgentes que os romanos. Seus tribunais limitavam-se a ouvir confissões, oferecer trégua e reconciliação e levar o prisioneiro de volta a seu banco nas galeras.[17]

É importante lembrar que o início do período moderno foi o momento de uma dissensão sectária amarga e algumas vezes mortal na Europa Ocidental. No alto-mar, as tripulações foram tentadas a não levar muito a sério a identidade de seus semelhantes cristãos e europeus. Quando um navio flamengo subjugou uma caravela portuguesa, vendeu a tripulação no Marrocos. Durante o cerco franco-católico da franco-protestante La Rochelle, no século XVII, navios ingleses e mouros combinaram capturar uma embarcação mercante francesa. Os ingleses ficaram com o navio, e os mouros levaram a tripulação para Algiers.[18]

Rivalidades intraeuropeias muitas vezes levavam cristãos a agir contra inimigos cristãos. Em negociações de resgate com norte-africanos, mercedários e trinitarianos católicos favoreciam um grupo étnico em

---

17 Bennassars, op. cit., p.353-4.
18 Davis (2003), op. cit., p.112; Bennassars, op. cit., p.171, 208.

detrimento do outro. Em alguns momentos, eles até mesmo sabotavam negociações dos outros. Os súditos dos governantes europeus mais fracos e pobres eram, frequentemente, deixados à própria sorte. O quase contínuo estado de guerra entre os Estados europeus dos meados do século XVI até início do século XVIII colaborou para perpetuar o corso muçulmano. Um tratado de paz entre um governante de um porto magrebino e um governo europeu garantiu maior atividade predatória contra outras nações e assegurou um fluxo de suprimentos para os governantes muçulmanos que tinham boas relações com um ou outro Estado europeu.[19] A mais clara demonstração da fragilidade das inibições baseadas na fé contra a captura e o comércio de escravos europeus por europeus está no destino dos capitães corsários renegados. Eles eram virulentamente odiados por usarem as técnicas europeias em náutica oceânica para facilitar a expansão da predação moura no Atlântico. Renegados que estavam familiarizados com as áreas costeiras acrescentaram dezenas de milhares de cristãos à lista de cativos. Eles demonstravam aos cristãos cativos qualificados as oportunidades de riqueza e poder que aguardavam os potenciais convertidos que poderiam se tornar empreendedores capitalistas nos negócios com escravos. Havia algumas analogias entre os renegados e os mais notáveis piratas do Atlântico, mas eles tinham uma influência política ímpar por serem modelos em uma sociedade de negócios com escravos. Também ofereciam a mais clara evidência da fragilidade da cultura "europeia" ou "cristã" na criação de inibições à escravização "por conta própria". Na verdade, é precisamente no período do *take-off* do tráfico de escravos transatlântico dos meados do século XVI aos fins do século XVII que a pirataria berbere foi dominada pelos nascidos e criados como cristãos renegados. Assim, de um terço à metade dos corsários do Magrebe eram de origem europeia.[20]

Essa zona mediterrânea de mudança de fortunas teve sucessivamente um impacto tanto sobre as vítimas quanto sobre os predadores, que muitas vezes estavam em ambas as condições. Anos nos remos, em vez

---
19 Davis (2003), op. cit., p.47, 112.
20 Davis (2001), Counting European Slaves on the Barbary Coast, *Past and Present*, p.87-124, esp. 121.

de os colocarem contra a escravidão, frequentemente os preparavam para o processo de escravização. Como seus equivalentes entre os *re'is* do Magrebe, uma vez restaurada a liberdade, eles voltavam como cristãos a exercer ao avesso a única habilidade que tinham – a atividade corsária. Jean Bonnet, nascido perto de Marseille, foi ao mar quando era jovem, e os piratas da Berbéria capturaram-no. Quatro anos depois, ele e outros europeus vindos desde os Países Baixos até a Grécia remaram da Tunísia até Malta em um bote roubado. Então, atravessando a Sicília e a Itália, fizeram o caminho de volta à França. Lá, Bonnet comprou uma embarcação e voltou ao mar "para vingar as crueldades que sofri na minha escravidão".[21] Essas atividades também podiam ser diretamente transferidas para o comércio de escravos transatlântico na África Ocidental.

A visão geral da escravidão mediterrânea durante os dois séculos depois de 1500 revela diversas de suas características significativas. Os fundamentos religiosos para a averiguação dos limites da escravidão do lado europeu do mar não se alterou durante o início do período moderno. As penas para a heresia poderiam chegar à execução pela tortura ou pela escravidão por toda a vida nas galés, mas os governantes europeus abstiveram-se de escravizar europeus dentro de suas próprias jurisdições legais. Contudo, a característica mais saliente do sistema do corso durante esses dois séculos é que ele coincidiu com os anos de fundação da escravidão euroatlântica. Os europeus nunca se sentiram mais vulneráveis à escravização do que quando estavam criando a nova variante da instituição no Novo Mundo. Os europeus ocidentais, em particular, foram reintroduzidos em um mundo maior, onde a escravização era parte de uma série de riscos de viagem. Nada poderia ter fortalecido mais intensamente a visão de que a escravidão era o sistema prevalente na maior parte do globo do que a ideia de que eles eram suas vítimas, bem como seus agentes.

---

21 Galland, *Histoire de l'esclavage d'un marchand de la ville de Cassis, à Tunis*, p.134-5; ver também Weiss, *Back from Barbary*: Captivity, Redemption and French Identity in the Seventeenth and Eighteenth-Century Mediterranean, Ph.D. thesis, passim.

Até o século XVIII, a escravizibilidade também se manteve dentro de um relicário nas visões de mundo religiosas dos que viviam nessa imensa zona de vulnerabilidade. O verdadeiro processo de salvação e de redenção foi formulado em termos simbólicos, que aceitavam a escravidão como parte da ordem divina. Esses ritos de passagem foram crescentemente formalizados durante o século XVII. Robert Davis de maneira competente deu ao capítulo de seu livro que trata da libertação das pessoas resgatadas o título de "Celebração da escravidão".[22] A escravidão continuava impregnada da noção de que os cristãos escravizados eram pecadores, que mereciam a punição divina e eram testados por Deus. Quanto mais vulnerável a sociedade, mais elaborado o ritual do retorno. Significativamente, na Itália, o processo de reintegração era literalmente representado por uma série de estágios: a escravidão na África, a travessia marítima para a Europa e, em procissões terrestres, a chegada ao lugar derradeiro da redenção religiosa. Muitas vezes, as ordens religiosas redentoras obtinham dotes e finalmente pagavam o resgate. Como qualquer negociante de escravos, elas adquiriam seus cativos ao disputarem preços no mercado de escravos com os comerciantes muçulmanos.[23] O contexto era claro. A escravidão continuava a ser um fato do cosmos, tão permanente quanto a fome, a doença, a guerra e a pobreza. Ela continuaria assim até um momento messiânico no qual desapareceria, juntamente com todas as outras formas de sofrimento humano e de injustiça. Enquanto isso, como nas advertências das escrituras estudadas pelos equivalentes muçulmanos no Magrebe, a emancipação era uma abençoada ação de caridade em um mundo de males.

Aqui novamente temos indicações de que as coisas já eram diferentes no norte da Europa. No século XVIII, as nações mediterrâneas

---

22 Davis (2003), op. cit., cap.6. O legado da Antiguidade ainda "dava certa dignidade moral à escravidão". Ver também Davis (1958), op. cit., p.85-90.
23 A libertação de escravos continuava a ser uma forma de caridade: "livrar alguém das cadeias da escravidão é o mesmo que alimentar o que tem fome, dar água ao que tem sede, vestir o que está nu, curar o que está doente, consolar o aflito, ajudar o que está em perigo e, finalmente, é trazer o cidadão de volta à terra natal, o súdito ao príncipe, o pai a seus filhos, o filho a seus pais, o fiel à sua Igreja". Davis (1958), op. cit., p.185.

continuavam a empregar cativos em suas galeras de forma específica e parcialmente simétrica. Até mesmo a França suspendeu seu "princípio de liberdade" distintivamente norte-europeu para os escravos galés. Estes continuavam escravos no sentido legal pleno e eram retidos nesse *status* em solo francês, assim como a bordo das embarcações francesas. Os holandeses não tiveram necessidade nem desejo de acumular cativos muçulmanos nos Países Baixos ou no ultramar. A república holandesa ordenou a suas forças navais que todos os corsários capturados fossem enviados ao Mediterrâneo, onde havia mercado para eles.[24]

Nos fins do século XVI, o governo inglês também estava mais ansioso para suprimir do que para encorajar a imigração servil, e se esforçou energicamente para expulsar os poucos negros que já haviam sido introduzidos no reino. Quando a Inglaterra começou a aprisionar magrebinos para retaliação, há indicações de que os corsários ou eram vendidos no Mediterrâneo ou levados para a Inglaterra para serem julgados como piratas. Como no Magrebe, algumas vidas de cativos mais jovens eram poupadas para que eles servissem como recrutas potenciais da cristandade; de qualquer forma, eles não eram mantidos como escravos.[25] No início da dominação de Tânger pela Inglaterra (1661-1684), seus agentes tentaram brevemente seguir o padrão mediterrâneo. Em alguns aspectos, Tânger pode ter sido o protótipo das outras cidadelas mediterrâneas dos britânicos, tais como Gibraltar, Minorca e Malta. Essas ilhas contavam com as sociedades islâmicas para fornecer suprimentos nos conflitos da Inglaterra com outros Estados europeus. De todo modo, não há indicação de que alguma vez esses suprimentos incluíssem escravos. Ao contrário, por volta do início do século XVIII, "Londres havia-se tornado o centro dos comerciantes magrebinos", e os marroquinos contavam com a Inglaterra para obter a reparação dos prejuízos causados por navios estrangeiros.[26] Nos fins da última metade do século XVIII, o Islã foi

---

24 Ver Bynkershoek, *Quaestionum Juris Publici*, Libre Duo, p.28; Drescher, *Capitalism and Antislavery*, p.173.
25 Ver Matar, Muslims in Seventeenth-Century England, *Journal of Islamic Studies*, p.63-82.
26 Id., The Last Moors: Maghariba in Early Eighteenth-Century England, *Journal of Islamic Studies*, p.37-58.

afastado até mesmo da imaginação popular britânica como uma zona de escravização de britânicos.[27]

As relações entre os europeus e o Mediterrâneo muçulmano mostram como predadores e vítimas certamente não encorajavam os europeus a associarem escravidão exclusivamente com raça. Mesmo nos fins do século XVIII, o Mediterrâneo era um lugar onde a instituição era ainda firmemente multirreligiosa, multiétnica e multicolorida.

O que era verdadeiro para o Mediterrâneo era igualmente verdadeiro para a terra como um todo. Como as geografias do mundo europeu do fim do século XVIII observavam, os escravos ainda eram abundantemente empregados em todos os continentes.[28] Além do mais, no que diz respeito à abolição, o impulso para o abolicionismo não emergiria nas sociedades mediterrâneas ainda envolvidas com as práticas da escravização. A zona fronteiriça islâmico-cristã continuava tendo um papel essencial na normatização da escravidão do Velho Mundo, por estar conceitualmente impregnada das tradições dos patriarcas, profetas e legisladores da raça humana. Apesar do declínio gradual do número de europeus capturados durante o século XVIII, os sofrimentos dos cativos mediterrâneos nunca sugeriram a suas vítimas ou a seus redentores, e muito menos a seus governos, que a própria escravidão era uma condição à qual ninguém deveria ser submetido. Essa dramática proposição emergiria fora do mundo euro-islâmico do mar interior.

A escravidão transoceânica

Durante o curso do século XV, os navegadores europeus dramaticamente abriram vias de circulação marítima entre os oceanos Atlântico, Índico e Pacífico. Perto dos fins desse século, os habitantes dos cinco continentes, pela primeira vez desde que o *homo sapiens* dispersou da

---

27 O último conjunto de vulto de escritos britânicos sobre cativeiro no norte da África foi provocado por acidente em 1756. Ver Colley, op. cit., p.126.
28 Drescher (1987), op. cit., p.12-24.

África pré-histórica, entraram irregularmente em contato contínuo uns com os outros. Visto que o movimento de escravos controlado pelos muçulmanos dentro e para fora da África, da Ásia e da Europa prosseguia sem parar, o acesso interoceânico abriu o caminho para novas dimensões de desenvolvimento da instituição. Durante os três séculos seguintes, os europeus deslocaram aproximadamente 13 milhões de africanos escravizados através do Atlântico para a Europa, para as ilhas africanas, para a bacia do Oceano Índico e, acima de tudo, para as Américas. Os africanos constituíram a esmagadora maioria da nova grande onda de migrantes. Por três séculos e meio depois de 1500, mais de 12 milhões de africanos foram transportados através do Atlântico. Eles representaram até quatro de cada cinco migrantes atlânticos.[29] A expansão da atividade econômica que abriu caminho para a transferência da atividade transoceânica do Velho para o Novo Mundo foi, no entanto, um processo lento e progressivo. Por quase dois séculos depois que os portugueses fizeram contato direto com os povos da costa do Atlântico africano, a África subsaariana era somente uma fonte de escravização entre muitas. Como vimos, só no fim do século XVII as Américas puderam efetivamente ultrapassar a área euro-muçulmana como o principal empório do mundo para seres humanos recém-escravizados. Até mesmo dentro das Américas havia provavelmente muito mais nativos americanos escravizados que africanos por europeus durante o século precedente ao XVII.

A sucessão de expansões pelo mar ao longo das costas africanas e americanas pôs os portugueses em contato com terras parcamente povoadas, nas quais o tráfico de escravos e a escravidão eram soluções lógicas para a mudança do ambiente no curto prazo. Elas se incorporaram ao complexo maior de latifúndios escravistas atlânticos. As Canárias, o primeiro arquipélago encontrado em mar aberto pelos ibéricos, eram

---

29 Eltis, Free and Coerced Migrations from the Old World to the New, id. (Ed.), *Coerced and Free Migration:* Global Perspectives, p.33-93, Table 1; modificada por Eltis, [reavaliação], Table 4. Para os totais transatlânticos, acrescento os movimentos dos africanos para as ilhas do Atlântico e para a Europa como em Curtin, *The Atlantic Slave Trade*, p.116, 119.

habitadas por não cristãos. Essas ilhas proporcionaram ampla oportunidade para experiências que combinavam comércio e saques de itens exportados, que incluíam seres humanos. Ao que parece, os raides para escravizar prevaleceram por quase meio século antes do início da colonização. Em complexos de ilhas inabitadas, escravos importados principalmente das Canárias proporcionavam mão de obra para produções rurais lucrativas, especialmente para o açúcar, na Madeira.[30]

No curso dos saltos de uma ilha para outra, os portugueses assumiram claramente que, tendo a superioridade marítima sobre os habitantes locais, era-lhes permitido fazer comércio, raides ou colonizar áreas quando as circunstâncias permitissem. Mas, ao entrarem no Senegal, os portugueses encontraram condições em que suas próprias vulnerabilidades relativas os levaram decisivamente a adquirir escravos por meio de negociações, e não pela força. Em 1441, um pouco além do Cabo Bojador, eles capturaram vários berberes muçulmanos juntamente com um escravo negro. Dois anos depois, voltaram à mesma área e lhes ofereceram ouro e mais dez escravos negros em troca de dois de seus cativos berberes. Daí em diante, mais expedições retornaram a Portugal com escravos adquiridos por comércio.

Mais ao sul, a transição do raide para a aquisição comercial foi igualmente rápida. Em terra, as expedições portuguesas não se igualavam ao poderio militar que encontraram. Todos os europeus que seguiram os portugueses na África acharam-se na mesma posição relativa, e fizeram o mesmo na maioria das zonas densamente povoadas do mundo do Oceano Índico. Em terra, eles eram convidados a fazer o comércio com o consentimento dos governantes, aos quais podiam oferecer tributos e mercadorias. Essas mercadorias poderiam incluir escravos negros lucrativamente transportados de uma área à outra pelo mesmo modo de transporte das cargas oceânicas.

Durante os fins do século XV, cerca de um terço dos africanos adquiridos pelos portugueses foram renegociados por ouro, que ainda era

---
30 Thornton, *Africa and the Africans in the Making of the Atlantic World*, p.28-30.

a principal forma de riqueza africana desejada pelos europeus. Os outros dois terços foram levados para as ilhas do Atlântico ou para Portugal, onde eram adicionados à variedade de escravos removidos dessas ilhas e do mundo mediterrâneo.

Quando os portugueses avançaram mais abaixo na costa africana, descobriram um excelente local para produzir açúcar e um ambiente de doenças mortais para os europeus.[31] Nada ilustra melhor a combinação da superioridade com a vulnerabilidade dos europeus do que o desenvolvimento da inabitada São Tomé nos fins do século XV. São Tomé tornou-se um verdadeiro laboratório humano e econômico, e a escravidão foi a instituição que facilitou seu desenvolvimento.[32] Ela foi o primeiro "túmulo do homem branco" na África. O início de sua colonização, no começo da década de 1490, demandou a primeira emigração europeia em larga escala, de europeus bem como de africanos. Além das crianças judias refugiadas da Espanha, condenados portugueses foram enviados para a ilha. Para garantir a próxima geração de colonos, foi inaugurado um programa de procriação de euro-africanos. Escravas africanas foram transportadas do continente e oferecidas como cônjuges aos deportados europeus. Dentro de duas décadas, as parceiras africanas e suas proles seriam emancipadas. Importações ulteriores de escravos assegurariam a expansão contínua da força de trabalho para a produção do açúcar.

A curva de aprendizagem funcionou tanto para os portugueses quanto para os africanos. Por volta de 1500, africanos da Senegâmbia já estavam empregando escravos submetidos a um regime de trabalho idêntico ao usado pelos portugueses em São Tomé. Foi igualmente significativa a rápida extensão do mercado de escravos de São Tomé em direção ao sul, para o reino do Congo. O rei de Portugal concedeu privilégios aos colonos de São Tomé para que efetuassem o tráfico de escravos a partir do início da colonização, em 1493, ou seja, apenas uns poucos

---

31 Curtin, Epidemiology and the Slave Trade, *Political Science Quarterly*, p.190-216.
32 Mota, *Some Aspects of Portuguese Colonisation and Sea Trade in West Africa in the 15th and 16th Centuries*, p.11.

anos depois da abertura das relações comerciais luso-congolesas.[33] Em pouco menos de uma década depois de 1493, havia de 5 a 6 mil africanos, principalmente da África Central, aguardando a reexportação em São Tomé, assim como 2 mil escravos trabalhando nas lavouras de cana da ilha. São Tomé tornou-se o centro de uma rede intercontinental do comércio atlântico que duraria séculos.

Não só cada expansão da exploração portuguesa na direção sul produzia uma nova fonte de escravos, como também, dentro do espaço de tempo de uma geração desde o primeiro contato europeu, a África Central foi capaz de fornecer escravos para a exportação em quantidade igual à de toda a África Ocidental em conjunto. John Thornton conclui que o tráfico de escravos pelo Atlântico, desde seu início efetivo, contava com sistemas escravistas plenamente estabelecidos ao longo de toda a costa africana; dentro da África, a instituição estava legalmente, socialmente e politicamente preparada para "a compra dos capturados, transporte e venda dos escravos", mesmo antes do aparecimento dos portugueses. Pouco antes do fim do século XV, as sociedades africanas abaixo da zona de dominação muçulmana e antes da era do contato europeu estavam disponíveis, em seus próprios termos, para participar da nova extensão das rotas do Velho Mundo para a escravidão.[34]

Tão expressiva quanto o rápido desenvolvimento do mercado foi a aparente facilidade com que a instituição, como era separadamente compreendida pelos cristãos, muçulmanos e africanos subsaarianos, integrou-se em um nível. Seus sistemas legais e econômicos eram suficientemente compatíveis para permitir a formação de um mercado de longa duração. No início do século XVII, os governantes africanos estavam conscientes do fato de que a soberania estava fragmentada entre os europeus tanto quanto entre os africanos, e faziam uso disso. Ao que parece, já nos fins dos anos de 1500 o fluxo anual de escravos africanos

---

33 Ibid., p.12; Thornton, op. cit., p.95-6.
34 Ibid., cap.3. Para uma descrição geral da compatibilidade funcional do tráfico de escravos com as estruturas institucional e econômica precedentes da África Oriental, Ocidental e subsaariana, ver também Pétré-Grenouilleau (2004), op. cit., p.18-184.

para o sistema escravista atlântico igualava o fluxo do tráfico de escravos saariano de 700 anos de idade.[35]

Os navegantes europeus iniciaram um desenvolvimento nas Américas sem precedentes ainda na história da escravidão. As fragilidades e os fracassos das colonizações europeias transatlânticas durante os séculos que vão das colonizações nórdicas às viagens de Colombo oferecem uma indicação do significado da principal vantagem marítima da Europa no novo "mundo oceânico". A mestria a respeito do vento e das correntes pelos europeus, que capacitou Colombo a cruzar o Atlântico de Cádis ao Caribe e a retornar, foi posteriormente evidenciada nas descobertas europeias de novas áreas de pesca fora da costa de Newfoundland e no encontro do Brasil de um navio português da rota da Índia, em 1500.

Na América, no entanto, os europeus não enfrentaram um sério obstáculo epidemiológico que severamente limitou o papel deles na África. Na África, os europeus descobriram rapidamente diversas vulnerabilidades desconhecidas, especialmente a suscetibilidade às doenças tropicais. Nas Américas encontraram um ambiente epidemiológico diferente. Os europeus trouxeram consigo doenças que eram mais devastadoras às populações do Novo Mundo do que as do "túmulo do homem branco" eram para os europeus na África tropical. Epidemias massivas, disseminadas pela população indígena, muitas vezes antecediam a chegada dos europeus na região.

Inicialmente, as epidemias poderiam facilitar o curso da dominação europeia. Isso foi mais impressionantemente ilustrado na conquista dos domínios astecas no México e do império inca na América do Sul. No longo prazo, no entanto, a devastação demográfica das populações indígenas de até 80 ou 90% de seu número anterior ao contato criou uma

---

35 Comparar os números anuais da Base de Dados do Tráfico de Escravos com Lovejoy, op. cit., p.59-60, e as estimativas de Pétré-Grenouilleau dos "tráficos orientais" nos séculos XVI e XVII, p.148-9. Manning, op. cit., p.18. Os números da Figure 1.1 indicam que o comércio transatlântico de escravos não excedeu ao tráfico de escravos oriental até a segunda metade do século XVII. Ver também os censos de Ralph Austen, citados no cap.1, nota 34. Esses cálculos para o tráfico de escravos da África obviamente não incluem o envio de escravos para o mundo muçulmano da Eurásia. Os tráficos de escravos afro-eurasianos em conjunto excedem muito a magnitude do transatlântico sob coerção durante os dois primeiros séculos depois das viagens de Colombo.

enorme escassez de trabalho. A combinação da dominação europeia da terra e dos recursos, somada à alta mortalidade nas zonas de conquista levariam à dramática expansão da escravidão e do tráfico de escravos.[36]

A escravização de nativos americanos

No desenvolvimento da instituição da escravidão na América, o procedimento dos europeus foi tão experimental como havia sido nas costas da África. As novas condições apresentavam problemas de desenvolvimento institucional que eram diferentes dos problemas enfrentados pelos portugueses em seus movimentos ao longo das ilhas atlânticas e da costa africana. Em consequência do ritmo progressivo da exploração no curso de todo um século, foi possível aos portugueses explorar seletivamente todo o conjunto de atividades e racionalizações desenvolvido durante os encontros com o Islã, nos oito séculos precedentes. O repertório de raides, comércio e resgate, e de conversão, salvação e civilização pôde ser reconfigurado no curso do século para que se ajustasse às novas oportunidades e coações. Na África, bastou aprender e manipular as regras do jogo para obter e comercializar um fluxo constante de cativos suficiente para ampliar uma série de mercados sempre em expansão na Europa mediterrânea, nas ilhas atlânticas, na Ásia e, finalmente, nas Américas.

Nas Américas, os europeus descobriram grupos sociais indígenas que eram análogos aos que os europeus haviam encontrado na África e na Ásia. Inicialmente, um meio de acumular trabalho foi fazer uso dos que eram designados como cativos pelas elites nativas. Em qualquer outra parte, os europeus muitas vezes eliminavam a rede de estruturas sociais para identificar os escravizáveis, especialmente nas condições

---

36 Denevan (Ed.), *The Native Population of the Americas in 1492*, p.X. Há uma controvérsia considerável sobre as estimativas da população nativa americana às vésperas das viagens de Colombo. De qualquer maneira, parece haver um consenso geral de que houve um declínio claramente abrupto depois da chegada de Colombo. Esse fenômeno deve ser incorporado à análise do desenvolvimento da escravidão nas Américas. Ver Henige, *Numbers From Nowhere:* The American Indian Contact Population Debate, p.306.

de rápidas expansões de dominação política e militar e, mais ainda, de rápidos decréscimos do número de nativos.

Não há indicação de que em qualquer lugar os europeus tenham preferido a escravidão no sentido mediterrâneo como o único ou até mesmo o melhor modo de dominação e de controle de trabalho. O desenraizamento, a alienação natal[37] e a designação dos indivíduos como propriedades não eram necessariamente apropriados a pessoas que, no contato inicial, eram observadas como se estivessem em um estado de submissão voluntária universal. A primeira expedição de Colombo não enfrentou a mesma recepção mortal que os nórdicos enfrentaram séculos antes na costa da América do Norte. Tampouco os membros da expedição tiveram de aprender a lição que os portugueses aprenderam a respeito dos benefícios do comércio ao longo da costa africana. A *Primeira Carta da América*, de Colombo, amplamente divulgada pelos monarcas espanhóis, descrevia a ilha como uma grande fonte de riqueza potencial. A disposição dócil dos nativos e seus armamentos rudimentares eram a garantia de que seria necessário um mínimo de força para manter seu incalculável número sob controle. Além do mais, Colombo os descreveu como dispostos a aceitar gentilmente a soberania espanhola e o cristianismo.

Quando Colombo retornou a Hispaniola, ao verificar que os europeus deixados para trás tinham sido assassinados pelos nativos taínos, retrocedeu e defendeu a tradição da "guerra justa" de escravização dos nativos, tidos dessa vez como inimigos rebeldes e canibais selvagens. Sem ter encontrado ouro ou sociedades ricas com as quais pudesse trocar mercadorias, ele enviou 500 cativos nativos à Europa para serem vendidos. Embora 40% dos nativos tivessem morrido na viagem para a Espanha, os monarcas católicos inicialmente aprovaram a venda. Contudo, tornaram a venda provisória, aguardando uma decisão que legalizasse a escravização de pessoas que Colombo originalmente descrevera como

---

37 No original, *natal alienation*; trata de uma expressão usada por Orlando Patterson para designar a "alienação forçada do escravo", ligada "à perda dos laços de nascimento tanto das gerações ascendentes quanto descendentes", o que o torna uma "não pessoa", um instrumento que não pertence a nenhuma ordem social. (N. T.)

nativos gentis e inclinados a se converterem. Passados cinco anos, foi determinado que esses nativos americanos deviam ser libertados.[38]

Ao contrário da quase invariável aquisição de africanos como escravos, os nativos americanos não eram rotineiramente tratados como escravos. Na expansão anterior para as Ilhas Canárias, durante o século XV, os castelhanos já haviam estabelecido um precedente diferente. Depois da conquista, os habitantes locais foram divididos em grupos e entregues aos colonos notáveis (*encomienda*).[39]

Esse foi também o principal modo de distribuição do trabalho na Hispaniola. Usando as redes de autoridade dos indígenas locais, foi dada ao *encomendero* uma garantia inalienável de trabalho nativo. Para todas as áreas designadas como já conquistadas, as pessoas mantiveram sua autoridade sobre um grupo de trabalhadores que não eram escravos. O mesmo sistema foi subsequentemente adotado nos centros de concentração populacional do Peru e do México, que foram rapidamente conquistados.

Nas áreas onde as populações indígenas estavam mais dispersas ou em rápido declínio, foi iniciado um segundo sistema, chamado de "a congregação". Os índios foram reunidos em unidades de estilo urbano ("redução"), para que assimilassem as normas culturais europeias de conversão religiosa e de trabalho. Instituições paralelas (*aldeias*) foram fundadas no Brasil. Os monarcas julgaram que a escravização era inadequada para que os nativos se tornassem súditos da Coroa e assimilassem com mais facilidade as normas europeias sem os adicionais traumas causados pela desorganização da família e pelo deslocamento físico.[40]

Esses sistemas de organização eram alternativos à coexistente instituição da escravidão. A escravização de americanos nativos continuou a integrar o arsenal de controle de trabalho colonial ibérico por 250 anos. Ele permaneceu quase legalizado até o fim da era colonial. Embora os escravos e os índios livres ocupassem um lugar em uma hierarquia de

---

38 Nader, Desperate Men, Questionable Acts: The Moral Dilemma of Italian Merchants in the Spanish Slave Trade, *Sixteenth Century Journal*, p.401-2.
39 Lockhart e Schwartz, *Early Latin America*: A History of Colonial Spanish America and Brazil, p.19-23, 71-2.
40 Ibid., p.72-3, 196-7.

dependência, os escravos eram propriedade privada plena.⁴¹ Mesmo que fosse dificultada, a escravização de índios era racionalizada em toda a América por alguns argumentos tradicionais, tais como: punição por alianças com inimigos; mecanismo de conversão; punição pela selvageria e um modo de resgate e de deslocamento de uma região para outra. Como no Mediterrâneo, o sucesso do processo dependia das divisões étnicas e tribais entre os "escravizáveis".⁴²

Da mesma forma que a escravização dos muçulmanos do norte da África, a dos índios foi principalmente um fenômeno das zonas fronteiriças, onde a autoridade pública imperial ou colonial era fracamente exercida. Ela poderia preceder, suceder ou coexistir com outros modos de controle do trabalho e de comportamento dos índios, um problema constante para as fracas elites estabelecidas.⁴³ Especialmente no início da colonização, quedas acentuadas da população acarretaram mudanças experimentais dramáticas a essas instituições. Em São Domingos, o sistema inicial de *encomienda* deteriorou-se rapidamente com a redução da população nativa. O monarca espanhol sancionou um raide para obtenção de escravos nas ilhas caribenhas da vizinhança. Os colonizadores de São Domingos agruparam mais de 10 mil escravos em cinco anos.⁴⁴ Essa ilha logo absorveu toda a população das ilhas circundantes. Esses agrupamentos contribuíram para a eliminação das populações nativas caribenhas por doenças. Logo elas foram substituídas por escravos africanos comprados dos portugueses. Os africanos eram mais caros do que os cativos nativos iniciais, mas menos difíceis de se obter que os guerreiros caribes das Antilhas Menores e das costas da América do Sul.⁴⁵

---

41 Wright e Cunha, Southern, Coastal and Northern Brazil (1580-1890), *The Cambridge History of the Native Peoples of the Americas*, v.3, parte 2, p.302-12. Ver também o decreto do Conselho Real da França de 1745, apud Wheeler, *Indian Slavery in Colonial Times*, p.64.
42 Para a história da escravização nas zonas fronteiriças da América do Sul, ver o ensaio de Wright e Cunha, op. cit., 315 ff.
43 Lockhart e Schwartz, op. cit., p.68-72, 92-6.
44 Morel, The Sugar Economy in the Sixteenth Century, *Tropical Babylons: Sugar and the Making of the Atlantic World, 1450-1680*, p.103.
45 Kiple e Evans, After the Encounter: Disease and Demographics in the Lesser Antilles, *The Lesser Antilles in the Age of European Expansion*, p.50-67.

Como a fronteira colonial se movia para o sul e para dentro da América Central, houve uma aceleração da procura por trabalho para as minas e para o transporte. Ao que parece, o segundo quartel do século XVI assinalou o apogeu da escravidão ameríndia. A Nicarágua tornou-se uma vasta zona de escravização. Lá, o espectro da aniquilação total dá a impressão de ter tido mais impacto para suscitar o derradeiro constrangimento imperial sobre a escravização do que os apelos de Las Casas e de outras vozes humanitárias. Em 1533, o governador da Nicarágua comunicou à Coroa Espanhola que 6 mil índios foram mortos em uma única epidemia de sarampo, que índios livres estavam sendo ilegalmente transportados por embarcações sem licença e que a reserva de nativos mal duraria quatro anos se fosse mantida a taxa corrente de redução da população. Três anos mais tarde, o comércio foi oficialmente proibido.[46]

Os colonizadores portugueses também fizeram dos índios os alvos de seus esforços de escravização nas Américas na maior parte do século seguinte a 1492. O que se iniciara no Brasil como um comércio de itens tropicais de pouca importância, feito com os nativos americanos, como o pau-brasil, foi transformado com o descobrimento de que a costa brasileira era um lugar excepcional para a produção de açúcar.[47] A população nativa ofereceu resistência ao trabalho nas áreas de plantação da cana-de-açúcar, e os colonizadores recorreram à escravização para recrutar o trabalho suficiente a suas grandes lavouras. Os colonizadores começaram a obter trabalhadores por meio de raides. As missões organizadas pelos jesuítas também procuraram congregar trabalho livre suficiente como uma alternativa ao trabalho sob coerção. Em certas áreas, os missionários

---

46 Ver Radell, The Indian Slave Trade and Population of Nicaragua during the Sixteenth Century, *The Native Population of the Americas in 1492*, p.73-5. Sherman, *Forced Native Labor in Sixteenth-Century Central America*, oferece uma estimativa muito mais conservadora, de 50 mil. Com estimativas de escravização que variam de 50 mil a 450 mil, Murdo Macleod conclui que "um total de 200 mil índios para todo o período da captura e escravização na Nicarágua parece ser conservador". De acordo com os números de Macleod, a América Central seria provavelmente considerada a zona da maior escala de escravização no mundo do século XVI. Até mesmo a estimativa de Sherman representaria a América Central com um volume quase igual ao do tráfico de escravos do Atlântico antes de 1550. Macleod, *Spanish Central America*: A Socioeconomic History, *1520-1720*, p.52.

47 Ver Schwartz, *Sugar Plantations in the Formation of Brazilian Society*: Bahia, 1550-1835; *Cambridge History*, v.III, n.2, p.318-9, 363.

jesuítas entraram em conflito com os escravizadores portugueses. Em outras, os jesuítas participaram do comércio.[48]

Ambos os sistemas de concentração provaram ser demograficamente desastrosos, estimulando raides ulteriores e a mudança dos colonizadores para a força de trabalho do escravo africano. Não obstante essa transição e as crescentes coações legislativas imperiais portuguesas depois de 1550, a escravização no Brasil esteve ligada a ciclos de conflitos, crescimento econômico e conversão racionalizada por noções de guerra justa, salvação e civilização. Nas zonas hispânicas que experimentaram declínio econômico severo, ela pode ter sido a única instituição que impediu os senhores empobrecidos de adotar os costumes nativos e viver como eles. No Brasil, milhares de índios estavam sendo escravizados dentro do século XVIII, quando sucessivos monarcas alternativamente constrangeram, aboliram e toleraram os renascimentos da instituição. Nos rios tributários do Amazonas, a escravidão alcançou o zênite somente nos meados do século XVIII.[49]

Na América do Norte, os escravos indígenas raramente desempenharam um papel significativo nas economias coloniais como acontecia nas partes das Américas dominadas pelos ibéricos. Na primeira fase da colonização britânica, a escravização de nativos americanos frequentemente precedeu o estabelecimento da escravidão africana ou coexistiu com ela.[50] De qualquer maneira, vale a pena notar que em 1775 os nativos americanos constituíam a esmagadora maioria dos escravos no Canadá, nas colônias britânicas mais ao norte. A escravidão de índios desempenhou um papel-chave pelo menos no começo de uma povoação colonial britânica. Nos anos de 1670 e 1680, a força de trabalho na

---

48 Ver Taylor, Amazonian Western Margins (1500-1800), *The Cambridge History of the Native Peoples of the Americas*, v.3, parte 2, p.215. Sobre a "notável persistência do tráfico de escravos na *montāna*: 'Esta insignificante economia escravista gerava muito pouca riqueza [...]'".
49 Ibid., p.215.
50 Wood, *The Origins of American Slavery:* Freedom and Bondage in the English Colonies; Gallay, *The Indian Slave Trade:* The Rise of the English Empire in the American South, 1670-1717; Olwell e Tully (Eds.), *Culture and Identities in Colonial British America*, esp. cap.1-2.

Carolina consistia principalmente de empregados contratados.⁵¹ Quando o suprimento de empregados contratados declinou e os fazendeiros não conseguiram adquirir escravos africanos, os colonizadores voltaram-se para os nativos americanos. Por volta de 1770, os índios escravos compunham um quarto dos trabalhadores servis da colônia. Daí em diante, o número de índios escravos e a participação deles na força de trabalho declinaram de uma só vez.⁵²

O que surge mais claramente de uma visão geral do início da escravidão moderna nas Américas é que os nativos americanos nunca de-

---

51 No original, *indentured servants*. Apesar dos diversos significados da palavra *"servant"* – "escravo" (nos séculos XVII e XVIII nas colônias inglesas da América do Norte, segundo o *Oxford Dictionary*), "servo", "criado", "empregado" etc. –, parece mais apropriado traduzi-la por "empregado", ou seja, doravante a expressão *indentured servant* terá aqui como sua correspondente "empregado contratado". Essa escolha se deve ao lugar específico que o trabalho contratado ocupou no espectro da servidão nas duas circunstâncias históricas em que sua utilização foi mais intensa. A partir do século XVII, "empregados contratados" britânicos e alemães foram usados nas colônias inglesas da América do Norte e, em menor escala, nas do Caribe britânico. Eram pessoas raptadas em seus países de origem, ou condenadas por crimes comuns ou religiosos e, sobretudo, por pessoas que aceitavam se submeter às imposições de um "contrato" de trabalho para escapar da miséria. A rigor, não se tratava de um contrato uma vez que os termos da prestação de serviço eram impostos pelo contratante, e não o resultado de um acordo consensual; ou seja, de uma forma ou de outra, ao contratado não restava outra opção senão aceitá-lo. De todo modo, o acordo era legalmente reconhecido e seu descumprimento estava sujeito a sanções. Assim, em regra, os "empregados" eram obrigados a prestar de quatro a sete anos de serviço sem remuneração para o pagamento da viagem e da própria manutenção no período de vigência do contrato, durante o qual teriam de cumprir a carga de trabalho fixada e só poderiam se casar com o consentimento do contratante. Mas, o "empregado" e seus eventuais filhos não pertenciam ao contratador, ainda que este último pudesse vender o contrato a um terceiro. Findo o prazo do contrato, os que sobreviviam ao rigor dos serviços prestados recebiam roupas, ferramentas, alguns barris de cereais e uns poucos acres de terra. Nas primeiras décadas do século XIX, o trabalho contratado começou declinar nos Estados Unidos ao mesmo tempo que passou a ser requisitado em toda a região caribenha em consequência da escassez de mão de obra provocada pelo fim do tráfico e pelas abolições. As linhas gerais do trabalho contratado no século XIX seguiram muito de perto as da experiência anterior. Mas, dessa vez, os trabalhadores contratados eram asiáticos, principalmente indianos, que foram empregados praticamente em toda a região. Além disso, durante o século XIX, essa mesma variante da servidão foi empregada na África, em regiões do Oceano Pacífico (ver Capítulo 13), e na Austrália (ver Capítulo 14). No Brasil, o emprego do trabalho contratado de chineses foi tão somente um projeto de 1879 do Gabinete Sinimbu, recusado pela Câmara de Deputados. (N. T.)

52 No caso do Canadá francês, foi aberto um mercado para *pawnees* escravizados por outros índios e vendidos aos franceses nos fins do século XVII. As condições de mercado asseguraram que os nativos americanos desempenhassem um papel maior na variante canadense da instituição que os africanos. Ver Trudel, *L'Esclavage au Canada français*, 41 ff.; Davis, *The Problem of Slavery in Western Culture* (ed. rev.), p.179.

sapareceram do plano da escala de serviço daqueles que eram publicamente reconhecidos como escravos. Com a lenta consolidação do poder do Estado e o término da resistência em grande escala, a escravização de índios declinou lentamente na órbita ibérica. A proibição de escravização pela Coroa Espanhola em 1652 foi amplamente observada, exceto nas fronteiras em litígio. Na região amazônica portuguesa, contudo, a escravização continuou e cresceu em algumas áreas porque o preço dos escravos africanos ficou além dos meios da maioria dos colonizadores ao longo das bacias hidrográficas do Amazonas e do Orenoco.

As alternativas: asiáticos e europeus

Durante os séculos que se seguiram às viagens de Colombo, a escravização de nativos americanos por europeus coloniais ilustra diversos pontos importantes sobre a globalização da escravidão durante o início da era moderna. Na agitação das experiências que se seguiram à abertura do Atlântico, o primeiro recurso dos europeus foi a coerção de pessoas já estabelecidas nas redondezas de seus habitats originais. O apetite pela experimentação de trabalho dos aventureiros europeus se estendeu por todas as partes do mundo. Suas construções institucionais eram tão experimentais e pragmáticas quanto suas oportunidades. O apetite dos empregadores de trabalho no Novo Mundo aumentou ainda mais na esteira do árduo feito da circunavegação de Magalhães no início do século XVI.

Já nos fins do século XVI, a profunda crise demográfica na América espanhola estimulou uma procura por um trabalho que pudesse ser deslocado da Ásia. Em 1573, Diego de Artieda propôs a criação de um tráfico de escravos filipinos para atender às demandas de trabalho da Nova Espanha. Em 1601, os proprietários de minas no México requereram trabalhadores "chineses, japoneses e javaneses" por via das Filipinas.[53]

---

53 Menard e Schwartz, Why African Slavery? Labor Force Transitions in Brazil, Mexico, and Carolina Lowcountry, *Slavery in the Americas*, p.89-110. Os colonizadores do mundo do Oceano Índico não tiveram dificuldade para organizar as novas zonas de escravidão. O tráfico português de escravos

Sob a rubrica de *chinos*, escravos do leste da Ásia eram importados via Manila para o México. Quando a escravização de filipinos foi proibida (com a usual cláusula de escape), escravos da China, da Índia, da Indonésia e de Madagascar foram transferidos para a Nova Espanha via Manila. Com o movimento de escravos no Oceano Índico e no leste da Ásia, o sol nunca se punha no Império escravista de Filipe II. Em 1700, a proibição de novos carregamentos de escravos das Filipinas coincidiu com a revitalização demográfica da Nova Espanha. O aumento do trabalho livre de afro-mexicanos e de *mestizos* reduziu a demanda espanhola de escravos asiáticos e africanos.

Até mesmo onde os escravos ainda eram desejados em grande número, o custo do transporte marítimo do oriente, dos mundos dos Oceanos Índico e Pacífico, não competia com o tráfico de escravos transatlântico.[54] Cerca de dois terços dos 10 milhões de africanos que sobreviveram à travessia do Atlântico foram desembarcados nas colônias de açúcar da

---

para a Manila espanhola incluía cativos da China, Japão, Índia, Indonésia e África. O mercado desses traficantes estendia-se à América espanhola, e os "asiáticos eram uma parte significativa de suas cargas de escravos [...]". Ver Seijas, The Portuguese Slave Trade to Spanish Manila: 1580-1640, *Itinerario*, p.19-38. Sobre o comércio holandês, ver Vink, 'The World's Oldest Trade', Dutch Slavery and the Slave Trade in the Indian Ocean in the Seventeenth Century, *Journal of World History*, p.131-77. Os escravizadores europeus podiam ficar profundamente emaranhados na complexidade dos limites da escravização no leste da Ásia. Nos fins do século XVI, comerciantes de escravos japoneses enfrentavam desafios em três frentes. Os jesuítas procuravam a ajuda da autoridade imperial para impor limites aos escravizadores portugueses de japoneses porque eles interfeririam no processo de conversão. Cristãos japoneses protestavam contra a venda de fiéis a não cristãos. As autoridades chinesas ameaçavam decapitar os comerciantes portugueses se os escravizados japoneses fossem levados ao porto de Macau. Por temerem que os japoneses representassem uma ameaça subversiva, os chineses pressionavam os portugueses para que eles se limitassem àquela que por ora era sua presa tradicional: "Vocês são ocidentais e, sendo assim, que uso os japoneses têm para vocês quando vocês [podem] usar negros?" Dando unidade à fragmentada forma do governo japonês, um *shogun* japonês também se opôs à exportação de japoneses pelos portugueses, mesmo enquanto ele próprio empreendia a escravização de coreanos depois da invasão da vizinha Coreia. Ver Thomas, Slavery in Medieval Japan, *Monumenta Nipponica*, p.463-94. Os mongóis da Índia também expulsaram os comerciantes portugueses de um porto de Bengala quando suas atividades ameaçaram contribuir para que houvesse uma diminuição dos agricultores da região. Ver Subrahmanyam, Slaves and Tyrants: Dutch Tribulations in Seventeenth-Century Mrauk-U, *Journal of Early Modern History*, p.209. Na Ásia, assim como na África, os comerciantes europeus tinham de fazer manobras entre governantes poderosos.

54 Eltis, Free and Coerced Transatlantic Migrations: Some Comparisons, *American Historical Review*, p.252-80; e Eltis (2002), op. cit., p.33-74, esp. figures 1-2 e Table 1.

Europa. De 1580 a 1820, entre 60 e 85% de todos os migrantes transatlânticos foram escravos africanos. Dos fins do século XVII em diante, o complexo de grandes lavouras escravistas europeias recrutou escravos da África em uma taxa mais rápida e em um número maior do que a do mundo muçulmano. O número de nações europeias que entraram no sistema aumentou dramaticamente, alcançando um pico por volta de 1700. Mais de dois terços dos africanos que chegaram ao Novo Mundo durante a existência do tráfico de escravos transatlântico foram entregues durante o século, e metade entre as últimas guerras de Luís XIV e o período posterior à derrota de Napoleão Bonaparte.

Esse recurso massivo de trabalho escravo africano foi a única alternativa factível para o desenvolvimento do sistema atlântico? Até recentemente, a historiografia da ascensão da escravidão no Novo Mundo concentrava-se amplamente em uma explicação em termos dos fatores de base econômica:[55] terra em abundância na América; um suprimento de trabalho abundante na África e capital, tecnologia e demanda de consumo na Europa. Muitas vezes se supõe que a Europa não podia ter suprido força de trabalho em número competitivo para as grandes lavouras. Exceto por um breve período durante os meados do século XVII, os trabalhadores europeus livres e contratados eram muito custosos por causa do transporte e não estavam dispostos a oferecer o trabalho árduo necessário à produção das mais rentáveis mercadorias das Américas. A África era excepcional por oferecer uma fonte mais ampla, mais estável e mais elástica do trabalho cativo vitalício que era o mais confiável do mundo atlântico. E, por volta do fim do século XVII, os africanos escravizados tornaram-se a mercadoria comercial escolhida pelos comerciantes europeus e africanos da costa ocidental da África subsaariana.

Alguns historiadores enfatizaram que os africanos não eram, evidentemente, a única fonte potencial de trabalho do Velho Mundo para a

---

55 Ver, inter alia, Menard, From Servants to Slaves: The Transformation of the Chesapeake Labor System, *Southern Studies*, p.355-90; Galenson, *White Servitude in Colonial America*; Beckles e Downes, The Economics of Transition to the Black Labor System in Barbados, 1630-1680, *Journal of Interdisciplinary History*.

colonização das planícies do Novo Mundo. Como David Eltis observa, os europeus ocidentais eram pelo menos tão abundantes e estavam tão disponíveis para a migração transoceânica quanto os africanos ocidentais. A servidão contratada foi brevemente rentável para dois Estados colonizadores – Inglaterra e França. Portugal, o iniciador do tráfico de escravos atlântico, embarcou um grande número de condenados nos estágios iniciais de seu império ultramarino. Nos meados do século XVII, migrantes partiram da Inglaterra em maior quantidade e em uma taxa maior do que em qualquer ponto entre 1500 e 1800.[56] Além do mais, afirma Eltis, embarques transatlânticos de europeus do norte, carregados a bordo tão comprimidamente quanto eram os africanos, teriam chegado mais depressa e com custo menor porque as viagens euro-americanas eram mais curtas. A mortalidade da tripulação e dos passageiros teria sido mais baixa que a ocorrida nos comércios africanos. Os custos dos carregamentos nas docas dos europeus do noroeste eram sempre mais baixos que os de seus correspondentes africanos. Os condenados de uma boa parte da Europa já formavam a tripulação das galeras no Mediterrâneo e serviam nas fortificações militares em todo o mundo.[57]

Um sistema que acolhesse todos os condenados, prisioneiros e vagabundos europeus no Novo Mundo "podia facilmente prover 15 mil migrantes forçados por ano sem uma disrupção da paz internacional ou das instituições sociais existentes que geravam e supervisionavam essas vítimas europeias potenciais". Isso não foi feito, conclui Eltis, por causa de uma "barreira quase inatingível" para uma política "inconcebível". Essa barreira cultural, que já era inquebrável às vésperas da colonização transatlântica, tornou possível aos europeus matar outros europeus em

---

56 Sobre as estimativas da migração inglesa, ver Wrigley e Schofield, *The Population History of England 1541-1871*, p.528-9. Apesar da migração líquida de 2,7 milhões, durante toda a era da participação da Inglaterra no sistema escravista do Atlântico a população do país cresceu por volta de 700%. Ver Eltis (2002), op. cit., p.33-74, para a discussão dos fluxos comparativos entre africanos e europeus. Outros historiadores que consideraram os europeus como alternativas potenciais para os africanos como força de trabalho são: Blackburn, *The Making of New World Slavery*: From the Baroque to the Modern 1492-1800, p.350-63; Menard, Transitions to African Slavery in British America, 1630-1730: Barbados, Virginia and South Carolina, *Indian Historical Review*, p.33-49.
57 Eltis, *The Rise of African Slavery in the Americas*, p.64-80.

batalhas, queimá-los como bruxos e heréticos, executá-los como ladrões, acorrentá-los aos bancos das galeras, embarcá-los para o ultramar como condenados, mas nunca transportá-los para uma vida inteira de trabalhos forçados, muito menos como propriedades.[58]

Essa hipótese tem implicações importantes para qualquer análise da emergência do abolicionismo nos fins do século XVIII. De fato, por volta de 1500, as barreiras contra a servidão de europeus a europeus pela vida inteira eram altas, mas não insuperáveis. Já vimos que alguns europeus se sentiam com permissão para vender outros europeus como escravos, e até mesmo para vendê-los a não europeus. Os governantes europeus, especialmente os que estavam à frente do comércio transoceânico e da colonização, invocavam publicamente o direito de tratar outros europeus como escravos dentro de seus próprios reinos. Lembremos que, em 1493, o rei de Portugal não hesitou em escravizar refugiados da Espanha para fundar a colônia de São Tomé. Seus correspondentes espanhóis, Fernando de Aragão e Isabela, escravizavam mais despreocupadamente europeus. Depois do cerco de Málaga em Granada, entre 1487 e 1502, mercadores italianos, atuando como corretores de escravos do rei, efetuaram o resgate ou venderam 450 judeus e 6 mil muçulmanos.[59] A fundamentação lógica da tradicional "guerra justa" ainda garantia que era perfeitamente irrepreensível dispor de seus cativos no mercado. Os governantes da Europa Ocidental tinham receios mais sérios a respeito da escravização de outros cristãos, mas dentro da Europa Oriental os cristãos continuavam a ser escravos de muçulmanos no século XVIII.

Dentro da Europa Ocidental, no entanto, até o europeu mais desprezível estava livre da degradação de ocupar o *status* de propriedade, e a barreira contra a escravização de europeus por europeus foi geralmente mantida nas colônias europeias ocidentais.[60] Mesmo assim, não era ab-

---

58 Ibid., 70 ff.
59 Nader, op. cit., p.401-22, esp. 407-8.
60 Eltis (2000), op. cit., p.70. Ver também Eltis (1993), op. cit., p.1399-426, em que Eltis, de modo competente, combina a propriedade plena do escravo como bem móvel com a servidão vitalícia para analisar a substituição potencial de condenados europeus por escravos africanos como a força de trabalho escolhida pelas grandes lavouras das Américas. Dos dois critérios diferenciadores entre o

solutamente "inconcebível" converter um *pool* de trabalho potencial da Europa, formado por condenados, prisioneiros de guerra e vagabundos, em escravos como propriedades ou em trabalhadores forçados vitalícios. Vale a pena relembrar a sugestão de que os prisioneiros militares realistas ingleses que se recusaram a aderir ao exército do parlamento deveriam ser vendidos aos piratas da Berbéria como escravos. O próprio Cromwell ameaçou embarcar "como escravos em Barbados todos os resistentes capturados".[61]

Ainda mais significativo foi o fato de que os governos europeus reservaram as galeras mediterrâneas, um local tradicional de escravização europeia, para que os europeus cumprissem a penúltima das penas, a servidão vitalícia. Na França, os transgressores punidos dessa forma pertenciam aos grupos de desertores militares e dissidentes religiosos. Por que esses trabalhadores potenciais, que estavam sujeitos a prestar serviços até a morte, não eram mandados para o oeste a fim de satisfazer a interminável demanda por trabalho sob coerção? Comecemos com os portugueses. A primeira escolha dos portugueses por trabalhadores rurais para as grandes lavouras exportadoras sempre foi a de pessoas da região, pois isso dispensava o transporte de longa distância. No começo do século XVI, os africanos já se haviam tornado a força de trabalho escolhida para São Tomé. O impacto epidemiológico de patógenos em São Tomé foi tão decisivo para a escolha portuguesa como foi o impacto dos patógenos euro-africanos sobre as populações ameríndias do Brasil, que levou os grandes proprietários do Brasil a mudarem do americano nativo para os escravos africanos a fim de produzir açúcar. O mais surpreendente, no entanto, é que na época dessa mudança os escravos africanos já eram uma fonte de suprimento de trabalho havia um século. Simplesmente, o *pool*

---

trabalho dos condenados e o dos escravos (serviço vitalício e hereditariedade de *status*), o primeiro obviamente não era afetado por qualquer inibição cultural ou psicológica contra a aceitabilidade do *status* de propriedade. Em termos de custo e de produtividade, não fica claro que uma distribuição constante de europeus adultos às Américas em taxas muito mais baixas de mortalidade do que a que ocorria no tráfico de escravos africano não teria sido também mais barata do que a criação de escravos desde a infância nas colônias tropicais. Ver Drescher, White Atlantic? The Choice for African Slave Labor in the Plantation Americas, *Slavery in the Development of the Americas*, p.31-69.
61 Carlton, *Going to the Wars*, p.327-8.

de trabalho potencial sob coerção em casa era insuficiente, sobretudo para exercer o trabalho intensivo no ultramar. O governo português teve de recrutar escravos negros não só para trabalhar em casa, mas também no alto-mar. Os escravos africanos atenderam à escassez de mão de obra no Oceano Índico, e até mesmo a dos negreiros portugueses. Em vista dessas demandas simultâneas, o soberano português esteve à beira de entrar em conflito com suas próprias elites de proprietários de terra por prender e empregar um grande número de seus próprios súditos em ilhas mortais do Atlântico ou em grandes propriedades do Brasil. Até mesmo os criminosos (*degredados*), exilados para várias partes do império português, assim que partiam da Europa eram imediatamente promovidos às forças de policiamento da ordem.[62] A chegada dos escravos africanos na metrópole totalizou apenas entre um terço e metade dos trabalhadores portugueses que haviam partido para suprir as necessidades do império marítimo. Somente no século XVII a demanda por escravos na economia brasileira do açúcar diminuiu o ritmo das importações de africanos para a Europa.[63] Finalmente, as prioridades imperiais do Velho Mundo – galeras, cidades fortificadas do norte da África e enclaves ao longo das costas dos oceanos Atlântico e Índico – tornaram inconcebível que os portugueses pudessem fornecer o trabalho sob coerção escolhido para o desenvolvimento das grandes lavouras do Brasil.[64]

Para os portugueses, o uso de prisioneiros de guerra de outros países europeus nunca esteve disponível como uma alternativa aos africanos por razões que não eram peculiarmente "europeias". A expansão da escravizibilidade teria requerido uma revisão do conceito de "guerra justa". Não era necessário, contudo, considerar apenas os obstáculos religiosos ou pigmentários para criar um fluxo de trabalho escravo para as Américas. Consideremos a vulnerabilidade dos próprios colonizadores europeus que estavam além da linha. Dentro de seus próprios impérios,

---

62 Coates, *Convicts and Orphans:* Forced and State-Sponsored Colonizers in the Portuguese Empire 1550-1775.
63 Ver Godinho, Portuguese Emigration, *European Expansion and Migration:* Essays on the Intercontinental Migration – Africa, Asia and Europe, p.19.
64 Ibid., p.24.

a última coisa que os monarcas ibéricos podiam imaginar era efetuar o povoamento do império do Novo Mundo com infiéis expulsos. Seria até militarmente absurdo usar como escravos os que haviam sido recentemente classificados como "cristãos-novos" ou como protestantes, porque eles eram hereges. Nos fins do século XV, os governantes ibéricos haviam feito esforços vigorosos para depurar os seus reinos de judeus. Quando a Inquisição ibérica diligentemente identificava descendentes dos judeus convertidos ("cristãos-novos") como "judaizantes", eles eram despachados para as galeras mediterrâneas, mas não para as grandes lavouras do Novo Mundo. Os monarcas católicos da França, tanto quanto os da Ibéria, fizeram sérios esforços para manter a pureza religiosa de suas colônias ultramarinas. Como na Nova Espanha do século XVI, nas colônias em que o número de descendentes de africanos ultrapassava o de europeus em todas as principais vilas, pareceria o auge do disparate estratégico se houvesse uma preponderância adicional dos novos protestantes cristãos sobre os velhos cristãos católicos.

Os problemas imperiais portugueses não eram meramente demográficos e religiosos. Era preciso contar com todo o capital, econômico e humano, disponível para empreender o complexo transatlântico de grandes lavouras.[65] Os portugueses tinham de procurar capital econômico e humano bem além de suas próprias fronteiras. Qualquer tentativa de Portugal, um dos menores Estados do oeste da Europa, de atacar outros Estados europeus a fim de obter prisioneiros de guerra, em vez de escravizar africanos, seria simplesmente um convite desastroso à retaliação massiva. É difícil conceber, dentro de algum cenário razoável, que seria até mesmo permitido a qualquer Estado europeu mais poderoso converter prisioneiros de guerra europeus em uma corrente anual de migração forçada de centenas ou de milhares sem que ocorresse uma séria disrupção da segurança internacional.

No caso português, temos evidentemente uma demonstração empírica, baseada somente em princípios de poder, da razão pela qual Portugal

---

65 Por volta dos anos de 1540, a Coroa estava tão preocupada com a redução de sua população que as saídas do reino tinham de ser autorizadas. Coates, op. cit., p.10.

não podia pôr em prática essa política. Retornemos à década do pioneirismo português, um ano antes de Vasco da Gama ter cruzado o Cabo da Boa Esperança e ter aberto o Oceano Índico ao comércio europeu, e dois anos antes de os portugueses descobrirem o Brasil. Vale a pena lembrar que, em 1497, o rei dom Manuel ordenou que todas as crianças judias cujos pais se recusavam à conversão fossem arregimentadas e recolhidas. A respeito desse evento um cronista português comentou:

> Hora é que se poderá reputar a descuido não dizermos que causa houve para o rei mandar tomar os filhos dos judeus e não dos mouros, pois assim uns como os outros se saíam do Reino por não quererem receber a água do Batismo e crer no que crê a Igreja Católica cristã. A causa foi porque de tomarem os filhos aos judeus, senão podia recrescer nenhum dano aos cristãos, que andam espalhados pelo mundo, no qual os judeus por seus pecados não têm reinos nem senhorios, cidades nem vilas, mas antes em toda parte onde vivem são peregrinos e tributários sem terem poder, nem autoridade para executar as suas vontades contra as injúrias e males que lhes fazem. Mas aos mouros por nossos pecados e castigo permite Deus terem ocupado a maior parte da Ásia e da África e boa da Europa, onde têm Impérios, Reinos e grandes senhorios, nos quais vivem muitos cristãos debaixo dos seus tributos além dos muitos que têm cativos e a todos estes, fora muito prejudicial tomarem-se os filhos dos mouros porque aos que este agravo fizera, é claro que senão houveram de esquecer de pedir vingança aos cristãos, que habitam nas terras de outros mouros, depois que se lá acharão e sobretudo dos portugueses, de quem particularmente nesta parte se podiam queixar. E esta foi a causa porque os deixaram sair do Reino com seus filhos e aos judeus não, aos quais todos Deus por sua misericórdia permita conhecerem o caminho da verdade, para se nela salvarem.[66]

---

66 De Gois, Cronica do felicissimo Rei Don Manuel, p.53-6, traduzido em Edwards, *The Jews in Western Europe 1400-1600*, p.61-7. [Para evitar a retradução, reproduzo a mesma citação, submetida à atualização ortográfica, extraída de uma edição fac-símile da *Chronica do serenissimo senhor rei Dom Manuel*. Lisboa: Officina de Miguel Manescal da Costa, 1749, p.19-20. (N. T.)]

O ponto de partida de qualquer análise sobre a criação da escravidão transatlântica deve também levar em conta o papel da resistência dos africanos à escravidão. O navio negreiro era um contêiner explosivo de brutalidade e desespero. O miasma do desespero produzia muitas formas de resistência – greves de fome, suicídio e insurreição, a maior ameaça de cada viagem. Agora conhecemos bastante sobre a frequência e a distribuição das revoltas escravas. É claro que não se pode falar simplesmente de resistência "africana". As revoltas eram muito mais possíveis nos negreiros de uma região particular. Mais de 40% de todas as insurreições aconteceram com os escravos embarcados no setor costeiro da Alta Guiné.

O possível tráfico de escravos europeus, feito por europeus, deve ser abordado da mesma perspectiva. Essa empresa foi criada não por "europeus", mas por Estados nacionais ou imperiais. Por dois séculos, o número médio de exilados portugueses deportados anualmente foi de 250, ou menos do que os 5% do número de africanos transportados para o Brasil. Os primeiros dois séculos dos sistemas transatlânticos de escravos foram também os mais belicosos da história moderna europeia, se o cálculo levar em conta os anos, a frequência, a duração média e a magnitude das guerras. Na época em que os portugueses começaram a substituir os escravos indígenas pelos africanos nas Américas (1580-1640), os oceanos não estavam mais sob a dominação da monarquia ibérica unida. Os europeus do norte agora consideravam que os impérios marítimos portugueses e espanhóis eram mais perigosos que os corsários do Magrebe. Até mesmo quando Filipe II estava concentrado em escoltar a frota com os tesouros da América para a Espanha, a carreira da Índia dos portugueses sofria interrupções e as frotas pesqueiras ibéricas na Newfoundland eram destruídas.

A situação não era muito melhor para as nações marítimas emergentes do norte da Europa. Por volta de 1650, elas se tornaram igualmente ameaçadoras umas às outras. Quando fundaram seus impérios coloniais, no século XVII, os estados holandês, inglês e francês estavam em um equilíbrio naval irregular. Pelo menos dois dos três estiveram quase sempre em guerra um com o outro depois de 1650. Nessa situação, a possibilidade de escravização mútua de seus cidadãos podia somente ter acrescentado uma camada de ferocidade a suas batalhas navais. Mesmo sem a escravização de europeus por europeus, o corso e a resistência escrava africana causavam desordem ao fluxo de escravos africanos.[67] À brutalidade dos enfrentamentos navais habituais teria de ser acrescentada a possibilidade de os europeus cativos, que estavam abaixo dos deques, se insurgirem e se unirem a seus compatriotas e libertadores.

Mais significativos ainda que os custos da vigilância a bordo no mar seriam os custos ocasionados pelo policiamento das colônias escravistas. Os africanos recém-chegados se achavam isolados, sem qualquer possibilidade de serem resgatados por forças amigas da África Ocidental. O oposto teria ocorrido com os europeus como cativos. Cada ilha escravista se tornaria alvo de uma oportunidade para os resgatadores estrangeiros. As combinações constantemente mutáveis dos antagonistas na Europa assinalariam combinações instáveis dos potenciais inimigos libertadores e escravizadores. Quando o conflito entre ingleses e franceses irrompeu em 1666, os franceses dominaram a parte inglesa da ilha dividida de Saint Christopher. Apropriaram-se de 400 escravos negros e deportaram seus 5 mil colonos brancos. Em um mundo de escravização sem limites, os vitoriosos teriam multiplicado suas presas humanas em 1.200%. As taxas sem paralelo de oito ou nove escravos africanos para cada ilhéu branco livre nunca se reproduziriam sob condições nas quais cada capitalista também tivesse de se considerar como capital potencial.

Finalmente, devem ser consideradas as implicações de larga escala da escravização de europeus por europeus na própria Europa. O estabelecimento de colônias tinha uma prioridade mais baixa para os metropolitanos que sua própria sobrevivência. Como no caso dos portugueses, os criminosos domésticos comuns eram muito poucos em número para suprir os números suficientes a todos os esquemas imperiais e aventuras militares. Para os ibéricos, a necessidade de galeras de guerra no Mediter-

---

[67] Ver Eltis et al., *Transatlantic Slave Trade Database*; Drescher (2004), op. cit., p.56. Para uma análise detalhada das revoltas escravas, ver Behrendt, Eltis e Richardson, The Costs of Coercion: African Agency in the Pre-modern Atlantic World, *Economic History Review*, p.454-76, esp. 457, Figure 1. Para um admirável estudo do navio negreiro como lugar de resistência, ver Rediker, *The Slave Ship*, passim.

râneo, tropas no norte da África e nos impérios marítimos orientais prevaleceu sobre a do Atlântico durante a primeira metade do século XVII.

A observação do comportamento das últimas potências coloniais do início da era moderna demonstra as mesmas prioridades. Mais do que qualquer outro país colonizador do noroeste, a Holanda precisava de marinheiros e soldados no Velho Mundo muito mais do que de escravos no campo no Novo Mundo. A Companhia das Índias Orientais holandesa promoveu o deslocamento voluntário e predominantemente estrangeiro para o ultramar de mais de 1 milhão de europeus. Isso equivalia ao dobro do número de africanos transportados pelos comerciantes de escravos holandeses. Igualmente vital para a sobrevivência eram as forças armadas das repúblicas na Europa. Em alguns momentos, 60% de seus soldados eram estrangeiros. Durante o século em que estabeleceram colônias no Brasil e no Caribe, os Países Baixos estavam muitas vezes lutando para sua efetiva existência contra as mais formidáveis forças armadas da Europa: a espanhola em Flandres, no início do século XVII, e a francesa de Luís XIV, nos fins desse século.

Na França, os crimes que sentenciavam os súditos de Luís XIV à servidão perpétua demonstram amplamente as prioridades dos monarcas: protestantes recalcitrantes eram enviados para as galeras mediterrâneas, purificando a França católica sem poluir religiosamente a Nova França e o Caribe. Outra sentença severa foi imposta à deserção militar. Luís XIV expandiu seus 20 mil homens em armas em 1660 para 300 mil por volta de 1710, formando o maior exército da Europa. Esse número era seis vezes maior que o total da migração francesa para o Novo Mundo durante seu longo reinado. Em uma era de mobilizações sem precedente de franceses para o serviço militar, o que se podia esperar dos empreendimentos coloniais? Havia uma carestia de "súditos excedentes e inúteis na velha França para povoar a nova",[68] como escreveu o primeiro intendente da Nova França para seu soberano, em 1666.

---

68 Choquette, *Frenchmen into Peasants*, p.248. Sobre o significado da exclusão religiosa, ver ibid., p.282. Como Peter Moogk conclui: "mesmo se fosse possível achar os registros notariais de todos os portos franceses que serviam as Américas, e se cada documento para um trabalhador por con-

Durante o estabelecimento de colônias europeias, a Inglaterra oferecia, em termos demográficos, o melhor potencial para uma alternativa ao trabalho escravo não africano. Até os anos de 1650, houve somente um escravo africano para cada três migrantes que entraram nas Américas inglesas. Até bem depois dos meados do século, o trabalho inglês, que em grande parte era involuntário, ainda estava disponível para o contrato duradouro, e havia crédito suficiente e facilidades infraestruturais para que ele fosse lucrativamente enviado às colônias. Mais que quaisquer outros colonizadores, os investidores britânicos fundaram, a princípio, a economia de grandes lavouras principalmente com força de trabalho europeia. O êxodo da Inglaterra no século XVII alcançou de fato seu ponto mais alto pouco antes da viragem para o trabalho escravo africano, quando mais de 100 mil pessoas partiram da Inglaterra para o Novo Mundo.[69]

Nos anos de 1640 e 1650, a Inglaterra produziu uma ampla série de outras fontes possíveis de trabalho servil e sob coerção, formadas por prisioneiros de guerra, indesejáveis sociais, prostitutas, mendigos profissionais e vagabundos. Decerto é preciso concordar com Eltis: se os condenados e prisioneiros de guerra fossem sentenciados ao serviço vitalício ou reduzidos a escravos na condição de propriedade, os proprietários de terra teriam pagado um preço alto por eles, o que possivelmente era competitivo em relação ao que estava sendo oferecido para a aquisição de africanos. Com a grande procura, "o governo britânico e os comerciantes deveriam encontrar meios para providenciar mais condenados – presumivelmente meios suficientes para elevar o número anual de cativos vitalícios para a cota de 10 mil trabalhadores, atendendo à demanda dos grandes proprietários coloniais no início do século XVIII. Todos poderiam ter sido embarcados a preço mais baixo que o dos africanos efetivamente desembarcados nas Américas inglesas. Nos anos de 1640 e

---

trato representasse uma partida real, o número total de trabalhadores por contrato enviados dessa forma [ao Canadá] não excederia a 35 mil [...] cerca da metade do número dos migrantes alemães que foram para a Filadélfia do século XVIII antes da Revolução americana" (*La Nouvelle France*, p.104). Por volta de 1666, mais de dois terços dos *engagés* do rei tinham voltado para casa.

69 Eltis (2000), op. cit., p.83.

1650, a Guerra Civil inglesa produziu uma onda de prisioneiros de guerra domésticos e estrangeiros que coincidiu quase precisamente com o pico da migração forçada para a América inglesa.

O que impediu os ingleses de dar esse passo a mais para sujeitar muitos habitantes das ilhas britânicas à condição de servidão vitalícia? Duas situações suscitavam uma questão crucial: de um lado estavam as tentações de fazer cativos, provocadas pela guerra e pelo ódio incitado pela religião; de outro, estava a crescente demanda dos grandes proprietários. Eltis localiza a incapacidade de dar o passo final em uma poderosa barreira cultural europeia internalizada. De acordo com sua hipótese, a linha para a escravidão não foi cruzada por causa de uma inibição europeia fundamentalmente psicológica para cruzá-la ou (*com o devido respeito* ao conde de Stamford) até mesmo para considerar a hipótese de cruzá-la.

A resposta pode estar em outro lugar. A história do recrutamento forçado na marinha inglesa revela um indício de que teria ocorrido uma decisão política para formar um sistema de trabalho coercitivo de larga escala nas novas colônias. O recrutamento forçado era uma extensão extraordinária do mercado de trabalho voluntário. Nos anos de 1650, muito poucos voluntários da marinha de Cromwell estiveram dispostos a se inscrever na principal campanha de colonização do Caribe, uma vez que as notícias sobre as taxas de mortalidade na região chegavam pouco a pouco à Inglaterra. Fora da capital, a "pressão" enfrentava enormes dificuldades. Os principais administradores das paróquias muitas vezes temiam executar as ordens de recrutamento. É possível vislumbrar o custo nitidamente crescente da execução dessa ordem, até mesmo em uma emergência de guerra nacional, quando se sabe que um governo tinha de ameaçar os administradores recalcitrantes por não terem preenchido suas cotas de recrutamento obrigatório. Se os grandes proprietários tivessem simplesmente oferecido preços mais altos por trabalhadores sob coerção, enquanto os realistas e parlamentaristas estavam competindo desesperadamente pela lealdade popular, a coerção massiva teria possibilidade de trazer a taxa de retorno privado para perto da taxa de retorno social?

De fato, o recrutamento obrigatório ficou quase paralisado em muitas partes da Inglaterra. Deliberadamente, os magistrados não conseguiram pressionar um homem sequer para a marinha de Cromwell. Se o fracasso de Carlos I para cobrar o "*Ship Money*" gerou detenções, e os detentos foram considerados mártires da liberdade, o que as detenções pelo fracasso para obter condenados em massa para os grandes proprietários de Barbados não teriam gerado? O governo pressionava gangues, formadas por pessoas em busca de sucesso ou reconhecimento, a deterem autores de pequenos furtos para destiná-los às turmas de trabalho da produção de açúcar; essas gangues viam suas presas escaparem, e elas próprias fugiam sob uma saraivada de pedras. Foi precisamente a força estável da autonomia local, uma característica distintiva da administração inglesa, que tornou a conversão da Inglaterra em uma zona de escravização de seus próprios cidadãos mais cara do que em qualquer outro lugar da Europa.[70]

Dentro das maiores ilhas britânicas, a guerra ofereceria um caminho mais promissor para a migração transatlântica sob coerção do que a detenção de ingleses.[71] As batalhas geram prisioneiros. Talvez, no total, 12 mil realistas irlandeses, ingleses e escoceses tenham sido transportados nessa condição. Isso não era, de qualquer maneira, um modo viável de recrutamento. Os exércitos criados na Guerra Civil foram planejados para ser temporários e eram mobilizações humanas caras. A deportação quase sempre foi usada como uma força de dissuasão, ou como uma tática temporária de terror, não como estratégia duradoura de suprimento de trabalho. A ameaça de deportação realizou seu objetivo político de pacificação, bem como efetuou sua implementação. Uma longa e cara guerra de desgaste na Escócia chegou ao fim apenas com a ameaça de enviar "todos os revoltosos capturados para Barbados como escravos". A guerra efetivamente gerou um fluxo de prisioneiros para as Índias Ocidentais. Mas os lucros dos grandes proprietários mal foram proporcionais aos custos de acumulação. A Inglaterra perdeu uma porcentagem mais alta

---

70 Ver Wrigley e Schofield, op. cit., p.528-9.
71 Capp, *Cromwell's Navy*, cap.8.

de sua população entre 1640 e 1660 do que em cada uma das duas guerras mundiais do século XX. A Escócia pode ter perdido 6% e a Irlanda, 41%.[72]

Parecem claras as implicações da escolha do uso da escravização como implementação de uma política destinada a garantir um fluxo adequado de prisioneiros para o Caribe, e não como uma ameaça para induzir à pacificação. A Irlanda e a Escócia se tornariam terras ocupadas por escravos rebeldes, aguardando perpetuamente – como ocorreu no período posterior ao da Revolução Inglesa de 1689 – a chegada dos exércitos franceses e a dos Stuart pretendentes ao trono para avivar a insurreição em uma escala ainda mais virulenta. Uma região rural turbulenta na Irlanda representava uma oposição às necessidades de trabalho agrícola dos proprietários de terra em um país devastado e despovoado. Estariam as necessidades da adjacente Irlanda subordinadas às necessidades de grandes proprietários distantes?

Devemos acrescentar a esses custos os da reprodução do trabalho sob coerção do inglês no exterior. O problema do crescimento negativo da população escrava do Caribe teria de ser levado em conta. Se houvesse um fluxo transatlântico real de condenados durante o século XVIII, a taxa de mulheres em relação à de homens seria pouco menor que a dos africanos escravizados durante o mesmo período. O déficit reprodutivo dos potenciais europeus cativos no Caribe seria, portanto, pior que o dos africanos. A alternativa mais fácil de imaginar, o serviço perpétuo, ofereceria uma taxa de reprodução zero, o que requereria ainda maiores importações das ilhas britânicas do que no caso dos africanos.

Em consequência, pode-se supor que para garantir a mesma população de trabalhadores cativos em 1750 ou 1800 seria preciso um fluxo líquido de europeus para as Américas muito maior que a população formada por seus equivalentes africanos. Esse não seria o único custo da colonização europeia das Américas. A escravidão por contrato de ingleses na América teria quase certamente sido extinta, e o sistema de resgate de estrangeiros teria sido natimorto. A variável mais negligenciada

---

72 Carlton, op. cit., p.327-42.

nesse exercício contrafatual⁷³ tem sido a falta de atenção à distribuição do poder político na sociedade civil inglesa. Ao determinar as barreiras que tornaram o trabalho involuntário da Inglaterra indisponível para o desenvolvimento do sistema de grandes lavouras, deve-se, portanto, considerar mais que a ideologia e a cultura.

De um lado, os governantes ingleses tinham dois incentivos especiais para insistir no trabalho inglês sob coerção em grande escala no Caribe. Mais ingleses dos meados do século XVII estavam capacitados e dispostos a migrar para o ultramar do que os de qualquer outra nação. Entre 1640 e 1700, mais bretões partiram para as Américas que o total formado pelos migrantes espanhóis, portugueses, franceses e holandeses. Em termos de migração *per capita*, a disparidade é ainda mais impressionante. Em segundo lugar, depois de 1650, as Índias Ocidentais inglesas experimentaram uma onda de expansão econômica e de produtividade gerada pelo trabalho sob coerção, o que é quase "obsceno" de uma perspectiva moderna.⁷⁴ Em face desse duplo incentivo econômico, o trabalho inglês não sofreu uma grande interrupção em sua trajetória em direção à liberdade individual e ao trabalho livre. Com efeito, "foi durante o século XVII que a tradição inglesa de invocar as 'antigas liberdades nativas' e os 'direitos de livre nascença' se tornou pela primeira vez uma característica importante do cenário anglo-saxão [...] Nos fins do século, o inglês 'nascido como pessoa livre' havia triunfado tão completamente na linguagem que começou a definir para os ingleses o que era exclusivo da cultura nacional".⁷⁵ Tudo isso ocorreu sem entrar em conflito com a tradição do serviço voluntário em casa. Para incorporar as despesas adicionais do transporte transatlântico, os contratos de trabalho eram

---

73 No original, "*counterfactual*"; uma palavra que começou a ser empregada no mundo acadêmico anglo-saxão nos fins da década de 1940. Os dicionários da língua portuguesa não registram as suas correspondentes: "contrafatual" ou "contrafactual". Seu significado, de acordo com o *Oxford English Dictionary* (2009), diz respeito "ao que pertence ou expressa o que de fato não ocorreu, mas seria possível, conseguiria ou poderia ter acontecido em condições diferentes". (N. T.)
74 Eltis (2000), op. cit., cap.8.
75 Steinfeld, *The Invention of Free Labor*, p.95.

prolongados. Tempo é dinheiro. Mas o fundamento do consentimento prévio não era quebrado.

Por isso, embora os europeus fossem hipoteticamente alternativas aos africanos na criação do complexo atlântico de grandes lavouras, dois aspectos do desenvolvimento europeu e africano devem ser comparados. O primeiro diz respeito à distinção fundamental entre a base predominante da riqueza metropolitana europeia comparada com a de muitas outras partes do mundo nos anos seguintes a 1500. As pessoas eram a principal forma de capital produtor de renda reconhecida pelo Direito Africano. Na África, guerras e raides por escravos eram equivalentes a guerras de conquista. No sistema legal europeu, a terra era a principal forma de riqueza produtora de renda.[76] Na Ibéria, os escravos europeus permaneciam como uma forma inferior de propriedade. Mais ao norte, os escravos não eram parte dos sistemas metropolitanos legais ou de propriedade prevalecentes. Desse modo, o controle do trabalho europeu era exercido pelos direitos de propriedade sobre outros fatores, em terras ou em capital fixo.

A despeito de a guerra ser endêmica no continente europeu durante os séculos XVI e XVII, os governantes europeus presumiam que os ganhos com a conquista podiam ser mais bem auferidos se os camponeses e artesãos fossem mantidos no local em que já estavam e fizessem seus negócios como de costume. Quando Luís XIV, o preeminente senhor da guerra da Europa da segunda metade do século XVII, invadiu a República Holandesa, em 1672, distribuiu uma mensagem a todas as comunidades que podia alcançar: "Sua Majestade foi obrigada, com desgosto, a fazer a guerra dentro das terras possuídas pelos holandeses, e seu plano é punir apenas os governantes, e não arruinar a multidão [...]". Sua Majestade prometeu posteriormente "pagar os seus soldados pontualmente, mantê-los em ordem, tê-los alimentados por eles mesmos, permitir a civis e suas mercadorias passagem livre nas cidades, dar às vilas proteção de custo baixo contra os saqueadores".[77]

---

76 Thornton, op. cit., p.74.
77 Drescher (2004), op. cit., p.63-4.

Vista da perspectiva do desenvolvimento econômico institucional europeu, a introdução do direito de escravidão ou da massiva servidão vitalícia no noroeste da Europa teria sido nociva ao desenvolvimento por razões de economia política e eficiência institucional. Os custos da escravização não começavam nos barracões de Benguela, e os custos da servidão vitalícia não se limitariam às despesas de manutenção dos escravos nos barracões de Bristol.

Por quase dois séculos, os governantes europeus ocidentais foram capazes de dissociar suas trajetórias metropolitanas e coloniais. Enquanto o tráfico de escravos durou, as sociedades de grandes lavouras escravistas puderam permanecer entre as áreas mais ricas e mais produtivas do mundo. A consequência foi que essa divisão excepcionalmente favorável do trabalho levou à africanização das grandes lavouras nas Américas. Até mesmo dentro da própria Europa, as coações políticas e econômicas para estender essa inovação eram absolutamente claras. A balança de poder internacional e a retaliação atuaram como outro impeditivo à aplicação do cativeiro para europeus, mesmo nas zonas de grandes lavouras. Nenhuma potência europeia tinha onipotência suficiente para cair na tentação de ignorar os riscos da criação de zonas de servidão europeia em suas próprias colônias. Desse modo, os governantes europeus ocidentais do século XVII tomaram uma decisão econômica muito judiciosa ao não converter nem seus territórios domésticos nem os de outros Estados europeus em reservatórios de servidão involuntária para propósitos coloniais. O estabelecimento de uma zona de escravidão em massa em toda a Europa Ocidental teria elevado os custos de transação, quebrado a lei e a ordem, reduzido os direitos de propriedade da própria pessoa sobre si mesma e criado um reino de terror para uma minoria significativa dos habitantes da Europa Ocidental, ou para todos eles.

Desde o início, os governantes da Europa preservaram uma distância legal entre as áreas coloniais e a Europa. A consequência foi uma divisão do trabalho formal e formidável no mundo atlântico. No lado da África, o tráfico funcionava com uma eficiência crescente. Ele dependia, em primeira instância, de um sistema social africano que estava bem adaptado para levar cativos até a costa. A fragmentação cultural da África subsaariana estimulou novas redes comerciais para deslocar escravos do interior para a costa em uma base mais firme. Na Europa e em suas colônias, a organização do tráfico de escravos estava associada com o desenvolvimento de um dos mais complexos empreendimentos econômicos do mundo pré--industrial. A autoridade e os recursos do Estado, que seriam utilizados para desenvolver sistemas europeus de trabalho sob coerção com enormes custos, foram usados para subsidiar o estabelecimento de um tráfico de escravos transatlântico da África para as Américas. Os custos relativamente modestos da organização, inicialmente fundada por companhias que tinham autorização para exercer o monopólio, gradualmente deram lugar a sistemas que permitiam, de alguma forma, a participação de números crescentes de grupos nacionais do tráfico e da produção.[78]

No lado americano do Atlântico, os números do trabalho escravo africano em grandes lavouras, cuja produção se destinava à Europa, e dos seus colonizadores eram cada vez mais impressionantes. As exportações caribenhas foram 2,5 vezes maiores do que as exportações da América do Norte. As exportações foram de 74 libras para cada habitante branco do Caribe e apenas de 1,6 libra por habitante branco do continente. Causa pouca surpresa que um "matemático político" bem informado como Arthur Young usasse esses números para demonstrar a vantagem relativa da Grã-Bretanha na utilização de capital para a compra de africanos destinados às grandes lavouras de produtos primários, em vez de encorajar agricultores livres e negociantes a se estabelecerem nas colônias setentrionais do continente. Todas as colônias, do Brasil à Jamaica, tinham uma exportação *per capita* maior que as das colônias do norte, com menores porcentagens de escravos ou de cultivo de outros produtos primários e não de açúcar. Nas Américas, gerações de europeus tiveram a vida material melhorada com a migração, e os de mais alta renda residiam no Caribe, não na América do Norte continental.[79]

---

[78] Ver Klein, *The Atlantic Slave Trade*, cap.4.
[79] Eltis, Introduction, *Slavery in the Development of the Americas*, p.11-2; Young, *Political Essays Concerning the Present State of the British Empire*, 326 ff.; e Burnard, Prodigious Riches: The Wealth of Jamaica Before the American Revolution, *Economic History Review*, p.506-22.

3
Extensão e tensão

A descrição da primeira importação ultramarina massiva de africanos para a Península Ibérica legou uma memória abrasadora. O cronista real Gomes Eannes de Azurara descreveu o profundo desconforto causado pela divisão das famílias das vítimas que chegavam a Lagos:

> Mas qual seria o coração, por duro que pudesse ser, que não fosse pungido de piedoso sentimento, vendo assim aquela companhia; pois uns tinham as caras baixas e rostos lavados com lágrimas, olhando uns contra os outros, outros estavam gemendo muito dolorosamente, esguardando a altura dos céus, firmando os olhos neles, bradando altamente, como se pedissem acorro ao padre da natureza, outros feriam seu rosto com suas palmas, lançando-se tendidos em meio do chão, outros faziam suas lamentações em maneira de canto, segundo o costume da terra, nas quais posto que as palavras da linguagem aos nossos não pudesse ser entendida, bem correspondia ao grau de tristeza. Mas para sua dor ser mais acrescentada, sobrevieram aqueles que tinham carrego da partilha e começaram de os apartarem uns dos outros, a fim de porem seus quinhões em igualeza; onde convinha de necessidade de se apartarem os filhos dos pais, e as mulheres dos maridos, e uns irmãos

dos outros. A amigos nem a parentes não se guardava nenhuma lei, somente cada um caía onde a sorte levava! [...] E assim trabalhosamente os acabaram de partir, porque a além do trabalho que tinham os cativos, o campo era todo cheio de gente, assim do lugar, como das aldeias e comarcas derredor, os quais deixavam em aquele dia folgar suas mãos, em que estava a força do seu ganho, somente por ver aquela novidade. E com estas coisas que viam, uns chorando, outros departindo, faziam tamanho alvoroço que punham em torvação os governadores daquela partilha.[1]

Depois disso, a comoção deu lugar à indiferença rotineira e aos negócios como de costume.

Entre meados do século XV e os fins do século XVIII, a instituição da escravidão expandiu-se por todas as costas atlânticas e intensificou-se. Por quatro séculos, governantes e comerciantes de cada centro comercial da Europa procuraram participar do novo sistema transoceânico. Aos inovadores políticos e mercantis originais das penínsulas Ibérica e Italiana nos séculos XV e XVI, uniram-se os europeus do noroeste, do norte e do centro nos dois séculos seguintes. De uma forma ou de outra, todos os grandes e pequenos Estados do litoral Atlântico tentaram tornar-se membros do complexo escravista do Atlântico. Governantes e comerciantes da África também abriram novas fontes para os intermediários europeus. Ao longo de ambas as costas do Novo Mundo, a escravidão tornou-se uma instituição estabelecida em todos os povoamentos, do Canadá ao Rio da Prata e das Ilhas Aleutas ao Chile. Ao mesmo tempo, o fluxo de africanos para dentro do mundo muçulmano continuou constante.

No curso desses quatro séculos, os europeus limitaram suas experiências a diferentes grupos para atender a suas necessidades de trabalho.

---

[1] *Children of God's Fire:* A Documentary History of Slavery in Brazil, p.9-10. [Para evitar a retradução, reproduzo a mesma citação, submetida à atualização ortográfica, extraída de uma edição fac-símile da *Chronica do descobrimento e conquista de Guiné* de Gomes Eannes de Azurara (Paris: J. P. Aillaud, 1841, p.133-4. (N. T.)]

Por volta dos meados do século XVIII, os africanos e seus descendentes constituíam a esmagadora maioria dos escravos do Novo Mundo. O número médio de africanos transportados no "meio do caminho" atlântico atingiu quase de 30 mil por ano nos fins do século XVII, 50 mil por ano na metade do século XVIII e excedeu os 75 mil por ano em sua segunda metade.[2] Essa nova expansão da instituição exigiu a participação de pessoas de todos os continentes. Produtores, transportadores, comerciantes e consumidores de escravos e da produção escrava habitavam o mundo dos oceanos Índico e Pacífico tanto quanto o mundo do Atlântico.

A Ibéria

O alargamento do sistema atlântico requeria a participação de habitantes da Escandinávia ao Chile e do Canadá ao mundo do Oceano Índico. No entanto, eram os europeus e seus descendentes que desempenhavam o papel de pioneiros na globalização tanto da expansão quanto da abolição da instituição. Entre os veículos institucionais acessíveis para controlar o trabalho estavam as tradições das leis escravistas romanas, modificadas durante séculos de lutas intermitentes com os muçulmanos. A partir do momento em que os europeus se movimentaram ao longo da costa atlântica da África, encontraram situações que exigiram a alteração das racionalizações tradicionais para adquirir e possuir escravos. Os encontros iniciais com os africanos subsaarianos nos anos de 1440 traduziram-se em violência contra os muçulmanos do sul do Marrocos. Um cronista real das explorações portuguesas registrou que por volta dos fins dessa década "as ações naquelas partes envolviam comércio e relações mercantis mais do que a força das armas".[3] A despeito disso, os portugueses preferiam representar as relações luso-africanas como se

---

2 Eltis, *The Transatlantic Slave Trade: A Reassessment Based on the Second Edition of the Transatlantic Slave Trade Database*; meus agradecimentos ao autor por me permitir consultar esse manuscrito.
3 Citado em Saunders, The Depiction of Trade as War as a Reflection of Portuguese Ideology and Diplomatic Strategy in West Africa, 1441-1556, em *Canadian Journal of History*, p.219-34; esp. 220.

fossem iguais a de um estado de guerra. Isso servia a uma série de propósitos. Um princípio fundamental do Direito Romano assegurava que os cativos de uma guerra justa ofereciam uma base legal *prima facie* para a escravização. A continuação dos conflitos entre cristãos e muçulmanos sustentava o princípio de que uma guerra santa permitia aos combatentes reduzir os infiéis cativos à servidão perpétua.

Em 1452, os portugueses solicitaram ao papa uma bula que aprovasse seus direitos de adquirir as áreas recém-exploradas. E apresentaram suas ações como uma extensão da Guerra Santa contra o Islã. A resposta papal, provavelmente uma transcrição virtual da solicitação original dos portugueses, dava-lhes

> permissão plena e livre para invadir, procurar até encontrar, capturar e subjugar os sarracenos e pagãos e quaisquer outros infiéis e inimigos de Cristo onde quer que eles estejam, e também seus reinos, ducados, províncias, principados e outras propriedades [...] e a reduzi-los pessoalmente à escravidão perpétua

para convertê-los.[4] Uma única sentença ligava ininterruptamente inimigos pagãos e religiosos, terras e habitantes, comércio e conversão. O direito de apresar os habitantes como escravos fundiu-se com a sanção para adquiri-los pela compra. Nessa conjuntura, os portugueses estavam mais preocupados em estabelecer seus direitos de dominação sobre novos territórios contra seus rivais europeus potenciais do que com a obtenção do direito de adquirir escravos. Os ibéricos escravizavam ilhéus das Canárias há mais de um século sem sentirem a necessidade de qualquer sanção religiosa prévia de Roma.[5] Dois anos depois, o papa Nicolau V reconfirmou suas sanções. Ao reconhecer que os escravos negros seriam obtidos pela força e por escambos legais e também convertidos à fé cató-

---

4   Maxwell, *Slavery and the Catholic Church*, p.53.
5   Thornton, *Africa and the Africans in the Making of the Atlantic World*, p.28.

lica, ele estendeu sua sanção a todos os territórios que seriam doravante adquiridos.[6]

Quatro décadas mais tarde, assim que Colombo relatou seu primeiro sucesso, em 1493, Fernando e Isabel de Espanha solicitaram ao papa Alexandre VI que lhes concedesse uma autoridade similar para quaisquer aquisições transatlânticas futuras. O papa estendeu o favor idêntico aos monarcas da Espanha no Novo Mundo e a Portugal na África e nos pontos orientais. Ambas as coroas receberam "permissão plena e ampla" para reduzir as pessoas das terras "sarracenas e pagãs" à servidão perpétua. Em 1494, essas bulas papais foram confirmadas pelo Tratado de Tordesilhas. O tratado fixava uma linha de demarcação precisa, e cada país recebia o direito à metade não convertida do globo. Depois da longitude de 100 léguas a oeste das Ilhas Canárias, as terras foram atribuídas à Espanha. Tudo que estivesse a leste dessa linha pertenceria aos portugueses. Em 1506, o papa Julius II reafirmou os termos do tratado.

O que estava em jogo em todas essas negociações e demarcações entre os soberanos e papas era o direito de ocupar terras, não de escravizar ou adquirir os que não eram cristãos.[7] O tráfico de escravos foi aprovado como outro meio aceitável de levar infiéis a Cristo. Algumas bulas papais que aprovavam o comércio como honrado por si mesmo também garantiam a essa atividade um fundamento racional para a aquisição de escravos. Sob a influência benigna do comércio: "uma tribo selvagem e bárbara, dedicada à luxúria e à preguiça, desprovida de caridade e vivendo como gado, está no presente começando a se distinguir na religião". Nesse aspecto, cada comerciante equivalia a um missionário civilizador.[8]

Essa racionalização podia igualmente ser aplicada à Guiné e a todos os pontos além da linha da dominação muçulmana. Na África, pouco podia fazer o poder português, ao passo que o comércio podia fazer muito. De fato, durante o século seguinte a Guiné foi requalificada como "zona de paz", para ajudar um império português crescentemente marca-

---

6 Maxwell, op. cit., p.54.
7 Saunders, op. cit., p.229.
8 Ibid., p.227; 232.

do por conflitos com infiéis ultramarinos. Um breve pontifício de 1552 notava com satisfação que os ganhos do comércio com a Guiné eram capazes de cobrir os custos dos conflitos na Índia portuguesa, no norte da África e no Brasil.[9] A justificação moral era igualmente utilizável no plano nacional. Um canonista português, consultado pelo rei, concluiu que onde não havia motivo para a guerra os comerciantes se dedicavam somente ao comércio de uma forma equitativa e legal. Listas de mercadorias oficialmente proibidas incluíam produtos primários úteis aos inimigos (metais e munições), mas não escravos. Autoridades religiosas também estavam mais preocupadas com os comerciantes portugueses que vendiam escravos aos infiéis ou aos hereges do que com aqueles que os compravam para incorporá-los à órbita do catolicismo.[10]

Por conseguinte, no curso das relações estabelecidas com os africanos, o português desenvolveu um conjunto de mecanismos institucionais para lidar com as situações de guerra e de paz. Esses fundamentos racionais foram aplicados à expansão colonial dentro do Brasil. Os mais extensos debates sobre a "escravidão natural" dos índios nos impérios ibéricos envolveram apenas uma parte dos argumentos usados para a escravização. Muitos dos que argumentavam contra o reconhecimento dos índios como escravos naturais não se incomodavam em questionar as justificativas da escravidão africana. As poucas vozes levantadas a favor dos africanos possivelmente visavam mais a atacar os horríveis abusos infligidos aos cativos do que a necessidade de limitar a instituição ou abolir inteiramente o tráfico. Até mesmo Bartolomé de las Casas, nas colônias espanholas, e Jean-Baptiste du Tertre, na França, aceitavam a

---

9 Ibid., p.230.
10 Ver Costa, The Portuguese African Slave Trade: A Lesson in Colonialism, *Latin American Perspectives*, p.41-61; 55. Os portugueses estiveram envolvidos na parte africana do tráfico transatlântico de escravos bem mais cedo e mais profundamente que seus competidores subsequentes. Na África Central, a colônia de Angola e o reino do Congo desenvolveram uma troca cultural bilateral que incluía o compartilhamento do catolicismo com os costumes locais. De sua base em Angola, os luso-africanos tiveram frequentemente um papel direto nas guerras e nos raides que alimentavam o tráfico atlântico de escravos. Milhares dos vendidos já eram cristãos. A instituição da escravidão estava, portanto, bem integrada com todos os quatro componentes continentais do império português. Ver Heywood e Thornton, *Central Africans, Atlantic Creoles, and the Foundations of the Americas, 1585-1660*, p.60-79, 123-68.

ideia de que alguns povos – especialmente os africanos – poderiam ser "escravos naturais".[11]

Diversas conclusões podem ser extraídas da experiência dos pioneiros portugueses na transmissão através do Atlântico das variantes da escravidão mediterrânea e africana. As propostas de modificação, ou mesmo de abolição de uma forma ou de um aspecto da instituição deixaram intacto o conceito referente à legitimidade genérica da instituição. Os textos da Sagrada Escritura e do Direito Romano eram tratados com deferência. Bem além da Ibéria, o peso das tradições do Direito Canônico e do Direito Civil Romano dava mais força à autoridade milenar nas passagens escriturais e nas anotações escolásticas. A escravidão estava literalmente entrelaçada com o Direito Civil na maior parte da Europa. Não causa surpresa que, dois séculos depois de 1500, os juristas do Direito Civil do norte da Europa, sem qualquer interesse material ou intelectual na escravidão ultramarina, repetiriam rotineiramente a designação jurídica romana da escravidão embutida no *ius gentium* – a lei de todos os povos. Esses mesmos juristas do Direito Civil, que viviam na zona da Europa sem o direito da escravidão, poderiam despreocupadamente, e até mesmo orgulhosamente, referir-se ao desenvolvimento da não escravização mútua entre os combatentes europeus. Para esses letrados, a escravidão mal era um problema cultural. Em retrospecto, nada impressiona mais em suas obras que a indiferença geral desses escritos às implicações da instituição transatlântica emergente.[12]

Uma conclusão a ser extraída do caso ibérico concerne à raridade das preocupações portuguesas com os novos aspectos do tráfico de escravos atlântico. Os portugueses não requisitaram uma aprovação papal específica aos modos de aquisição de escravos ou às formas institucionais de escravidão que eles estabeleceram sucessivamente nas ilhas do Atlântico, na África subsaariana, na Ásia e no Brasil. Em 1593, o teólogo jesuíta espanhol Luis de Molina (1536-1600) observou que os monarcas

---

11 Eltis, *The Rise of African Slavery in the Americas*, p.15.
12 Eisenberg, Cultural Encounters, Theoretical Adventures: The Jesuit Missions to the New World and the Justification of Voluntary Slavery, *History of Political Thought*, p.375-91; Eltis, loc. cit.

espanhóis encorajavam os debates sobre a condição dos ameríndios. Os reis portugueses não haviam convocado uma discussão similar sobre o tráfico de escravos africano.[13] A maioria dos teólogos espanhóis estabeleceu uma distinção entre "fazer" dos índios escravos e "ter" escravos africanos provenientes de um continente grandemente fora do alcance do poder deles. Dentro da África, os africanos eram raramente súditos de uma coroa. A supressão da escravidão indígena possivelmente seria capaz de acelerar a conversão em massa ao catolicismo na América. Muitos africanos transportados recebiam o batismo somente depois de se tornarem propriedade dos europeus.[14]

O que Molina não notou foi que os monarcas espanhóis também não expandiram o debate teológico à escravização africana quando iniciaram a discussão sobre os ameríndios. Filipe II da Espanha consultou os teólogos a respeito da legalidade moral da licença (*asientos*) para transportar 23 mil africanos para a América. Sua preocupação, contudo, era com a justeza de um monopólio estatal e com a taxa de lucro dos negociantes de escravos, não com a justiça da sanção dos carregamentos de escravizados. Falando em nome do rei português, os jesuítas da África Ocidental e do Brasil responderam à crítica de um jesuíta espanhol que a Mesa de Consciência de Lisboa havia sancionado o tráfico – e não apenas o sancionava, como também participava dele. Os raros protestos e os manuscritos que não foram publicados ou tiveram pequenas edições para as audiências teológicas eram amplamente ignorados.[15]

Talvez a mais significativa de todas as restrições institucionais ao desenvolvimento de um poderoso e sustentável movimento coletivo ibérico contra a escravidão tenha sido a persistência da escravidão na própria metrópole. Ela sobreviveu em termos humanos reais, em códigos legais, nas tradições religiosas e civis e nos mitos fundadores da *Recon-*

---

[13] Watson, Seventeenth-Century Jurists, Roman Law, and the Law of Slavery, *Slavery and the Law*, p.367-77.
[14] Russell-Wood, Iberian Expansion and the Issue of Black Slavery: Changing Portuguese Attitudes, 1440-1770, *American Historical Review*, p.16-42, 35.
[15] Ver Añoveros, *El pensamiento y los argumentos sobre la esclavitud en Europa en el siglo XVI y su aplicación a los indios americanos y a los negros africanos*, p.215-6; Maxwell, op. cit., p.67.

quista como cruzada. Lisboa e Madri legislaram sobre a instituição da escravidão em Portugal e na Espanha tanto quanto sobre qualquer outra parte de seus extensos impérios. Quer constrangessem ou encorajassem a escravidão, novas leis eram discutidas dentro do contexto amplo do império e de uma tradição homogênea.

Os decretos reais portugueses estavam apensados aos princípios jurídicos dos Direitos Romano e Visigótico. O Direito Escravista Espanhol, *Las Siete Partidas,* era herdeiro do *Corpus juris civilis* romano. Elas eram consideradas a suprema realização legal dos reis medievais espanhóis. No Novo Mundo, as *Siete Partidas* tornaram-se uma fonte substitutiva do Direito Escravista nas ocasiões em que uma provisão relevante não podia ser encontrada nos decretos reais anteriores. Nenhuma atualização abrangente foi publicada pela Coroa Espanhola até 1789, três séculos depois da viagem de Colombo.[16] Elas se mantiveram como uma fonte do orgulho imperial, como um código mais humano que as provisões do Direito Romano ou que os severos códigos escravistas de algumas colônias dos europeus do norte. No século XIX, as *Siete Partidas* atraíram a atenção dos abolicionistas ingleses quando eles procuravam melhorar os sistemas escravistas ultramarinos britânicos. Entrelaçada como estava com restrições humanitárias, jurídicas e religiosas, a variante ibérica da escravidão ofereceu muitas camadas de racionalização de orgulho que ocuparam um lugar entre a imaginação e a mobilização antiescravista.

Além da linha

No norte da Ibéria, a base institucional e existencial da escravidão tinha praticamente desaparecido nos fins do século XV. Como vimos, um negreiro holandês não pôde colocar sua carga à venda em Middleburg. Quando um comerciante normando tentou vender um carregamento de escravos em Bordeaux, em 1571, o *Parlement* da Guyenne libertou-os sob

---

16 Russell-Wood, op. cit., p.36.

a alegação de que "a França, a mãe da liberdade, não permite quaisquer escravos".[17] Ao que parece, escravos negros fugitivos da Espanha estavam plenamente conscientes de que não seriam levados de volta se cruzassem com êxito os Pireneus.

Não há indicação de que essas decisões envolvessem quer a posse de escravos, quer os negócios com escravos além das fronteiras políticas das jurisdições locais ou das cortes metropolitanas. Se a questão dos negócios em grande escala com escravos parecia estar estabelecida dentro do noroeste europeu, a prática e a autorização de escravização além das fronteiras das metrópoles estavam resolvidas em direção contrária. No ultramar, da mesma forma que suas antecessoras ibéricas, as autoridades políticas e religiosas da Europa setentrional não ofereciam oposição constante aos negócios com escravos e à posse de escravos. Os monarcas franceses não se sentiram obrigados a procurar a sanção papal, nem o Vaticano reclamou a jurisdição sobre o estabelecimento da escravidão francesa ultramarina. Até mesmo dentro da metrópole, juristas e *parlements* reiteraram o ideal do princípio de liberdade em todo o século XVII, mas, durante muito tempo, os letrados do direito mantiveram-se em silêncio sobre o *status* dos norte-africanos capturados ou adquiridos nos mercados de escravos mediterrâneos. O rei Henrique III reafirmou o princípio da liberdade ao libertar alguns turcos de uma galera espanhola que havia encalhado perto de Calais. Um século mais tarde, no entanto, Luís XIV suspendeu o princípio que obrigava cativos apreendidos ou adquiridos a prestarem serviço nas galeras da marinha francesa. O argumento que permitia a aquisição de escravos foi reforçado por uma fundamentação lógica mais antiga: a guerra justa e sagrada. Uma estratégia para suprir essa ausência foi simplesmente a reiteração da inaplicabilidade do princípio da liberdade para adquirir escravos das terras muçulmanas. Como argumentava um administrador naval francês: "todo homem que tocou uma vez o solo deste reino é livre, [exceto os] turcos e mouros enviados a Marselha para prestar serviços

---

17   Peabody, *There Are No Slaves in France*, p.29.

nas galeras, porque, antes de chegarem, eles haviam sido comprados em países estrangeiros onde esse tipo de comércio está estabelecido".[18]

O princípio da liberdade era até mais facilmente desconsiderado nas possessões transoceânicas da França. Em 1648, Luís XIII sancionou formalmente o tráfico atlântico a seus súditos, visto que os negreiros faziam arranjos para trazer os escravos à cristandade.[19] Da mesma forma que Portugal, a monarquia francesa recebeu a sanção religiosa da "Corte de Consciência" da Sorbonne. Em 1698, Germain Fromageau deliberou que nada na Bíblia, na Lei Canônica ou no *ius gentium* do Direito Romano proibia a posse de escravos adquiridos por meios legítimos. Os combatentes cristãos não podiam escravizar seus semelhantes que se tornavam prisioneiros de guerra, mas tinham todo o direito de escravizar não cristãos. Coleções francesas de "casos de consciência e comentários legais" continuavam a reiterar esse princípio nos fins do século XVIII.[20]

Quando as leis escravistas foram criadas para as colônias francesas, elas tinham sido plenamente desenvolvidas nos *Códigos Negros* pelo Conselho Real. Ao contrário de seus predecessores ibéricos, supunha-se que os códigos seriam aplicados somente nas colônias, deixando intacto o princípio metropolitano da liberdade. As complicações criadas por escravos que eram levados das colônias à França serão discutidas no capítulo seguinte, mas o princípio geral da separação entre a metrópole sem escravos e as possessões ultramarinas governadas pelos *ius gentium* estava firmemente embutido no império francês.

Não foi só a França católica que fez sua paz institucional com a escravidão além da linha. Quando, no fim do século XVIII, o tráfico de escravos foi submetido a um ataque contínuo na Grã-Bretanha, antiabolicionistas dedicados descobriram dois decretos de sínodos protestantes que ocorreram em Rouen e em Alençon em 1637. Reproduzindo os juristas civis e canônicos, eles decidiram que "a escravidão sempre foi reconhecida por ser coerente com a lei das nações [*ius gentium*]; ela não

---

18 Ibid., n.6, p.144-5. Ver também Weiss, *Back From Barbary*, Ph.D. thesis, p.28.
19 Blackburn, *The Making of New World Slavery*, p.281.
20 Ver Weiss, op. cit., p.30-1.

é condenada pela palavra de Deus, nem tem sido abolida pela manifestação da doutrina, mas somente pela prática contrária, insensivelmente introduzida".[21]

Enquanto os europeus do noroeste introduziram práticas escravistas no estrangeiro, reconheceram a excepcionalidade de seus princípios do solo livre nativo. Mesmo antes da formação da República Holandesa, o primeiro contingente de grande porte de africanos nos Países Baixos dos Habsburgos foi o resultado da posição proeminente de Antuérpia como um entreposto para os produtos básicos das colônias portuguesas do início do século XVII. As leis municipais de Antuérpia proibiam a escravização. Elas estipulavam que escravos importados seriam libertados se peticionassem às autoridades. Caso contrário, os senhores não eram obrigados a libertá-los. Parece que alguns escravos mouros foram libertados depois de terem sido batizados, o que provavelmente fortalecia a percepção europeia ocidental amplamente difundida de que o batismo e a manumissão estavam de algum modo relacionados tanto com a assimilação legal quanto com a espiritual. De qualquer maneira, os escravos eram manumitidos somente por vontade do senhor, depois que ele morria.[22]

Nos Países Baixos do norte, a estrutura descentralizada do Estado e a falta de uma autoridade religiosa transnacional ofereciam poucas arenas institucionais para o questionamento do *establishment* da escravidão ultramarina. No início do século XVII, os Estados Gerais da República Holandesa autorizaram a criação de duas companhias de comércio autônomas para desenvolver e coordenar a atividade nas Índias Ocidentais e Orientais. A inclinação institucional de ambas a favor de políticas comerciais pragmáticas virtualmente assegurou a aceitação da escravidão dentro das jurisdições da Companhia das Índias Orientais (VOC – *Vereenigde Oost-Indische Compagnie* –, fundada em 1602) e da Companhia das Índias Ocidentais (WIC – *West-Indische Compagnie* –, fundada em 1621). O poder de voto nessas companhias pesou a favor de

---

21 Franklyn, *An Answer to the Reverend Mr. Clarkson's Essay*, p.xv-xvi.
22 Blakely, *Black in the Dutch World*, p.226.

províncias que tinham os maiores investimentos econômicos. Aparentemente, a VOC não tinha escrúpulos acerca da aceitação da escravidão como condição necessária para o sucesso no mundo do Oceano Índico. Desde o princípio, a VOC considerou a aquisição de escravos como realizável e desejável. Seus sucessos iniciais no arquipélago da Indonésia reforçaram essa inclinação. No início da VOC, um diretor foi categórico: "não podemos existir sem escravos". Ele uniu a sua exortação uma lista que indicava fontes oceânicas de escravos da costa leste da África à Índia e à ilha do Ceilão.[23] A VOC exerceu a posse de escravos em qualquer lugar e sempre que as circunstâncias permitiram.

A princípio, a WIC hesitou em participar do tráfico de escravos. Contudo, quando se engajou, nunca mais voltou atrás. Seu maior empreendimento foi a conquista coordenada da principal zona das grandes lavouras açucareiras portuguesas no Brasil e das feitorias de escravos portuguesas da costa africana.[24] Antes da conquista, os holandeses aparentemente não tinham em vista estabelecer colônias ultramarinas baseadas na escravidão africana. O comerciante William Usselinx, nascido na Antuérpia, que fora advogado da WIC, inicialmente pensou em reproduzir as realizações ultramarinas portuguesas sem o recurso de escravos africanos. Ele queria que as colônias holandesas empregassem índios para trabalhar nas minas e nos campos das Américas tropicais como trabalhadores voluntários. Sua premissa era de que eles podiam simplesmente produzir mercadorias tropicais básicas em troca de manufaturados europeus.[25] No entanto, assim que os holandeses ocuparam

---

23 Ver Masselman, *The Cradle of Colonialism*, p.348-63.
24 Acima de tudo, ver Oostendie (Ed.), *Fifty Years Later*: Antislavery, Capitalism and Modernity in the Dutch Orbit; Emmer, *The Dutch Slave Trade*, p.13-6. Nem Riemersma, *Religious Factors in Early Dutch Capitalism 1550-1650*, tampouco uma recente coleção de estudos acadêmicos holandeses, Postma e Enthoven (Eds.), *Riches from Atlantic Commerce*: Dutch Transatlantic Trade and Shipping 1585-1817, fazem menção à escravidão como um problema na cultura ou na política holandesas. O governador inglês da Jamaica escreveu que os holandeses eram regidos pelo axioma "Jesus Cristo era bom, mas tráfico era melhor". Citado em Goslinga, *The Dutch in the Caribbean and on the Wild Coast 1580-1680*, p.369; ver também Emmer, Jesus Christ Was Good but Trade was Better: An Overview of the Transit Trade in the Dutch Antilles, 1634-1795, *The Lesser Antilles in the Age of European Expansion*, p.206-22.
25 Doal e Heertje, *Economic Thought in the Netherlands*: 1650-1950, p.14-6.

o Brasil, o governador, que era o príncipe Maurício de Nassau, rejeitou como uma fantasia inútil qualquer ideia sobre mudar a escravidão estabelecida. Ele tratou de encorajar o tráfico de escravos transatlântico com amplo apoio da WIC.

No curso de seus empreendimentos comerciais, as companhias de comerciantes dos Países Baixos também estavam livres de algo equivalente às missões religiosas protestantes. Em casa, alguns clérigos apresentavam argumentos morais contra a manutenção do modelo português de colonização, mas não havia paralelo entre eles e as reclamações dos teólogos católicos sobre as condições do tráfico ou sobre o tratamento dos escravizados nas novas colônias. A colonização holandesa foi caracterizada por ter gastos muito menores com a conversão dos povos não cristãos e, associado a isso, ter uma política ampla de imigração de minorias religiosas. As companhias ultramarinas holandesas careciam de números significativos de cidadãos holandeses prontos para empreender viagens transoceânicas de povoamento. Os Países Baixos precisavam de estrangeiros para sustentar tanto a defesa da metrópole como as atividades ultramarinas. Seu reservatório de subemprego e desemprego provavelmente era o menor do mundo, e seu sistema de assistência aos pobres era o melhor do mundo. Quarenta por cento das tripulações navais e dos comerciantes e mais de 60% de seus soldados eram estrangeiros. Quase 1 milhão de europeus foram mobilizados somente nos empreendimentos da VOC. Não admira que um amplo conjunto de estrangeiros tenha sido necessário para os empreendimentos não só nas zonas tropicais do Brasil e do Caribe, mas também para o povoamento das regiões temperadas dos Novos Países Baixos na costa leste da América do Norte e da Colônia do Cabo, na África do Sul.[26]

A relação entre os escravos ultramarinos e a comunidade metropolitana de fiéis foi emblemática da dissociação entre, de um lado, a escravidão e, de outro, a política e as instituições religiosas holandesas. Em 1618, às vésperas da colonização, a República Holandesa patrocinou o Sínodo

---

26 Ver Emmer (1996), op. cit., p.207-8; Drescher, White Atlantic?, p.54-6.

de Dordrecht. Ele foi o último encontro das Igrejas Protestantes Reformadas da Europa. O fato de o Sínodo não expressar preocupações com a legitimidade da escravidão não causa surpresa. Marinheiros protestantes eram apenas intermitentemente engajados no tráfico de escravos, e os governantes protestantes também possuíam territórios ultramarinos com populações escravas. As igrejas, portanto, trataram da questão da escravidão somente dentro de seus velhos quadros de referência. O Sínodo proibiu a venda de escravos cristãos e declarou que esses prisioneiros deviam "gozar de liberdade com os outros cristãos". Foi recomendado aos comungantes que batizassem os escravos nascidos nas casas dos reformados. O batismo, de qualquer maneira, ocasionaria a manumissão? O Sínodo caracteristicamente descentralizava o processo de tomada de decisões. Ele deixou a questão da relação entre o batismo e a liberdade para ser decidida por cada uma das igrejas autônomas. Como nenhuma entidade política dos mundos cristão e muçulmano reconhecia que uma mudança no *status* religioso dos escravos alterava automaticamente seu *status* legal, a legislação protestante conformava-se às tradições do Velho Mundo.

Os protestantes certamente não adotavam uma solução menos ambígua que a dos pioneiros portugueses. Os governantes portugueses rigorosamente impediram a possibilidade da ligação do batismo dos escravos africanos com a liberdade. Antes de serem embarcados na África, os cativos eram reunidos diante dos funcionários da alfândega. Nenhum cativo podia ser embarcado sem um carimbo que certificasse sua incorporação à fé católica. Os padres, que mantinham a água batismal em uma gamela para alimentar porcos, aspergiam-na desdenhosamente sobre o grupo que seria embarcado; em seguida, os escravizados enfrentavam a burocracia imperial: eram marcados no peito e no braço com ferro quente, o que representava a evidente inscrição da propriedade de seus corpos de convertidos. Ao mesmo tempo, o batismo abria a porta da liberdade espiritual e anulava qualquer pretensão legal de liberdade.[27]

---

27 Miller, *Way of Death*: Merchant Capitalism and the Angolan Slave Trade, 1730-1830.

Tanto a WIC holandesa protestante como os colonizadores ingleses do Novo Mundo confirmavam a tradição de que o batismo não emancipava automaticamente os escravos. A separação institucional entre o *status* servil e a filiação religiosa oferece outro *insight* importante à resposta europeia genérica à emergência da escravidão ultramarina. As divisões multiétnicas entre holandeses, franceses, alemães e ingleses nas suas colônias não resultavam em grandes variações da aceitabilidade da instituição. Nem a substancial presença de judeus criava uma variação tangível em relação ao *status* legal do escravo para sua conversão religiosa. Qualquer que fosse a tolerância religiosa relativa da WIC holandesa, ela não seria mais tolerante sobre o questionamento da instituição da escravidão do que as monarquias europeias. Nenhum grupo religioso ou étnico dentro da esfera colonial holandesa se mobilizou para acelerar a manumissão de escravos, muito menos para apressar seus membros a desistirem da instituição.[28]

O sistema legal metropolitano holandês permaneceu tão descomprometido com a escravidão atlântica quanto a Igreja Reformada Holandesa. As tradições do Direito Civil nas Províncias Unidas variavam de uma província para outra, mas nenhuma tinha qualquer lei escravista. Tampouco os Estados Gerais criaram qualquer uma para uso no ultramar. Em um decreto de 1629, uma referência acidental feita pela WIC sugeria sua condição legal de aplicar o Direito Escravista Romano a sua jurisdição. Ela simplesmente se tornaria uma parte morta de um antigo corpo de leis disponível a seus governadores e conselhos coloniais ultramarinos. Em consequência, as práticas legais ultramarinas eram virtualmente ignoradas pelos juristas nos Países Baixos. Essa instituição do Novo Mundo nunca esteve tão afastada do olhar fixo imperial da Europa Ocidental quanto nos escritos dos juristas holandeses do século XVII.[29] Os juristas holandeses não estavam sozinhos nessa desatenção.

---

28 Schorsch, *Jews and Blacks in the Early Modern World*, p.248-50; 287-91.
29 Watson, op. cit., p.236-377. Sobre a falta de atenção dada pelos filósofos do século XVII à escravidão ultramarina, ver também Israel, *Radical Enlightenment*: Philosophy and the Making of Modernity, 1650-1750, passim.

Até mesmo em 1758, o levantamento do Direito Civil feito pelo jurista suíço Emmerich de Vattel o fez voltar à justificativa tradicional da escravização como preservação da vida dos cativos. Sua reação foi quase de expressar aversão a essas vítimas por aceitarem a vida a esse preço:

> Se alguém considera a vida como um favor quando ela é oferecida somente com grilhões, que aproveite, que aceite a gentileza, que se submeta às condições e que cumpra seus deveres! Mas isso tudo não é o que lhe ensinarei: ele pode encontrar muito do que foi dito sobre isso em outros autores: eu não me deterei mais no assunto; na verdade essa desgraça da humanidade está felizmente extinta na Europa.[30]

Fora da metrópole, fora da mentalidade.

Da mesma forma que os holandeses, os planejadores iniciais da colonização inglesa não estavam particularmente interessados nos escravos africanos como uma fonte de trabalho. Eles imaginavam diferentes combinações de nativos americanos e empregados contratados europeus como a força de trabalho a ser usada. Os insucessos iniciais da Inglaterra para recrutar os índios disponíveis foram inicialmente rejeitados pelos críticos como má gestão. Como o comerciante holandês Usselinx, um prospecto inglês para uma colônia na costa da América do Sul supôs que os índios da Guiana poderiam "trabalhar um mês ou mais pelo preço de um machado de dezoito ou vinte centavos". O prospecto rejeitava desdenhosamente a experiência portuguesa. Somente o mau manejo das

---

[30] Vattel, *Le droit des gens, ou principles de la loi naturelle*, seção II, p.152: Q: "Se é possível escravizar prisioneiros de guerra". Pode valer a pena explorar a única experiência colonial holandesa que abortou na América do Norte e que foi expressamente planejada para excluir escravos da nova colônia. Sua constituição, rascunhada por Franciscus van den Enden, um ex-jesuíta, tentava ser um empreendimento baseado na igualdade social. Suas provisões radicais incluíam a habitação em comunidade e a propriedade comum de bens, bem como a exclusão de escravos. As exclusões de Van den Enden iam muito além dos escravos. Católicos, judeus, luteranos, quacres etc. deveriam também ser banidos. Os escravos eram apenas um dos grupos de uma multidão de forasteiros a ser banidos da comunidade. Ver Israel, op. cit., p.179.

relações com os nativos forçou os virginianos e os colonos da Nova Inglaterra "a transportar homens para fazerem o trabalho para eles, a menos, em caso contrário, que eles próprios trabalhassem".[31]

Quaisquer que fossem os planos de alguma comunidade religiosa puritana na Nova Inglaterra que a diferenciassem dos outros empreendimentos iniciais ingleses, a proibição da escravidão não estava entre eles. Na colônia puritana caribenha da Ilha da Providência, a servidão era a chaveta do sistema de trabalho. Assim que o trabalho contratado ficou abaixo das expectativas, a Companhia voltou-se para o trabalho africano. A colônia tornou-se a primeira povoação inglesa nas Américas a reconhecer a escravidão de africanos como o trabalho escolhido. Na época em que os espanhóis extinguiram a colônia, em 1641, os escravos já eram a maioria de seus habitantes. A própria Barbados alcançou essa condição duas décadas mais tarde. A América do Norte puritana não foi mais escrupulosa. Em 1640, os 150 afro-americanos de Massachusetts eram iguais em número e proporção aos da Virgínia.[32]

Os fundadores das colônias ultramarinas davam as devidas licenças para as atividades dos comerciantes e colonizadores que as visitavam. Seus manuais supunham universalmente que as condições estavam muito além do controle dos europeus no que diz respeito à necessidade de alguma forma de trabalho cativo. Nos meados do século XVII, essa suposição estava firmemente impregnada na consciência geográfica da Europa. A geografia mundial de Richard Blome axiomaticamente alertava qualquer jovem que embarcasse para realizar um empreendimento comercial de longa distância sobre a suspensão temporária das normas domésticas. Os comerciantes eram aconselhados a praticar a circunspeção, a observar as práticas religiosas, as virtudes, os vícios e o modo de vida dos outros, a não participar de disputas religiosas, a *"concordar com as alfândegas, subsídios, tributos e pedágios de cada país estrangeiro e prestar atenção em todas as mercadorias"*. Também nessas diásporas, a lei da terra era a

---

31 *Publication of Guiana's Plantation... with an Answer to Objections of Feare of the Enemie*, p.15.
32 Kupperman, *Providence Island, 1630-1641*, p.151-69; *Historical Statistics of the United States of America*, v.II, Table Z, p.1-19.

lei. A geografia de Blome coloca a compra de escravos de maneira muito simples dentro de sua enumeração das mercadorias comercializadas pela Companhia Real Africana inglesa. A companhia transportava "outras boas mercadorias, além de grandes quantidades de *negros*, a fim de abastecer as *lavouras americanas de Sua Majestade* para o grande proveito dos *habitantes* [...] [e] 3 mil *negros* para os espanhóis [...]".[33]

De todas essas perspectivas, por meio das quais os ingleses do século XVII eram encorajados a ver o mundo além do oceano, dominava a econômica. Empreender novas atividades comerciais e povoamentos era caro, e as empresas eram de risco. Negociar com escravos e possuir escravos abriam novos caminhos na consciência mercantil apenas vagarosa e discretamente. O livro de Lewes Roberts, *O mapa do comércio para mercadores*, foi publicado em repetidas edições entre os anos de 1630 e o começo do século XVIII. O relato sobre a África de 1638 não menciona os escravos entre as exportações significativas a seus leitores. O autor apenas deu destaque à obrigação de pagar pedágios como parte do complexo de alfândegas de comércio, e alertou futuros comerciantes de que os africanos eram tão espertos quanto os europeus. Sua única referência ao tráfico de escravos foi a 30 mil escravos vendidos "aos de Portugal", transportados ao "Brasile".[34]

Obras posteriores começaram a se ajustar ao desenvolvimento das colônias da Índia Ocidental inglesa. Como a taxa de migração inglesa

---

33 Blome, *A Geographical Description of the Four Parts of the World, Taken from ...the Famous Monsieur Sanson ...also a Treatise of Travel*.
34 *The Merchants Mappe of Commerce*, p.79. A obra foi republicada como *The Merchants Map of Commerce... The Natural and Artificial Commodities of all Countries... in 1671, 1677 and 1700)* [*O mapa de comércio dos mercadores... as mercadorias naturais e artificiais de todos os países... em 1671, 1677 e 1700*]. Um século depois da geografia de Blome, quando findavam as aquisições britânicas de mais ilhas no Caribe, o autor de *Some Observations which May Contribute to Afford a Just Idea of the Nature, Importance and Settlement of our New West India Colonies* [*Algumas observações que podem contribuir para formar uma ideia justa da natureza, importância e assentamento de nossas novas colônias na Índia Ocidental*], lamentou que "os da alta sociedade" na Inglaterra ainda olhavam para a América "como se ela estivesse na Lua". Muitos dos pobres ingleses em sua parte da Inglaterra temiam "aventuras" ultramarinas. As partes mais pobres da Irlanda e da Escócia poderiam ser uma fonte de novos recrutas, mas "muitos morrerão". "Para os pobres, as ilhas não eram a terra prometida na qual correm leite e mel." A experiência mostra que em benefício de um desenvolvimento bem-sucedido, os traficantes voluntários e os escravos eram adequados.

caiu a seu nível mais baixo em um século, foram destacadas as vantagens demográficas do emprego de escravos africanos no Caribe. Visto que os empregadores metropolitanos temiam uma drenagem de músculos, cada pessoa com capital para ser aplicado no estrangeiro podia empregar oito ou dez negros para cada empregado branco. Com a alternativa do escravo africano, a demanda por "provisões, roupas, bens de consumo, marinheiros e todos os outros empregados [na produção] de materiais para construção, equipagem e abastecimento de navios [significava que] cada inglês em Barbados ou na Jamaica criava emprego para quatro homens em casa".[35] Essa linha de argumento mantinha-se em plena força nos fins do século XVII, porque as ilhas caribenhas se tornaram, então, a mais produtiva das economias do mundo *per capita*. De fato, por volta do início do século XVIII, "a região caribenha provavelmente tinha uma renda *per capita* mais alta do que a da Grã-Bretanha [...] e a Grã-Bretanha tinha a mais alta renda de todas as potências coloniais do século XVIII".[36]

Um século e meio depois da fundação de Jamestown, em 1607, a escravidão parecia ter emergido triunfantemente em uma larga faixa das Américas como o trabalho escolhido. No século XVII, a única tentativa britânica de estabelecer uma colônia imperial sem escravos parecia ter encerrado a discussão sobre esse argumento. No início dos anos de 1730, os patrocinadores da colônia da Geórgia proibiram a importação de escravos africanos para torná-la menos vulnerável às ameaças espanholas ao sul. Eles também esperavam que a colônia funcionasse principalmente como asilo para transformar as classes improdutivas da Grã-Bretanha e os refugiados da Europa em soldados pequenos proprietários.[37] Dentro

---

35 Ver Thomas, *An Historical Account of the Rise and Growth of the West-India Colonies and of the Great Advantages they are to England*.
36 Eltis, The Slave Economies of the Caribbean: Structure, Performance, Evolution and Significance, *General History of the Caribbean, III, The Slave Societies of the Caribbean*, p.105-37, esp. 123. Para uma avaliação contemporânea similar, ver Young, *Political Essays Concerning the Present State of the British Empire*, p.359-60. Acerca da rentabilidade, Adam Smith chegou à mesma conclusão comparativa com respeito à rentabilidade relativa de cultivo de milho, tabaco e açúcar no Novo Mundo. Ver *Wealth of Nations*, p.173-4.
37 Ver Davis, *The Problem of Slavery in Western Culture*, p.144-50; e Child, *A New Discourse of Trade*, p.180-91. O *Discurso* de Child foi republicado pelo menos sete vezes entre 1696 e 1800.

de poucos anos, foi amplamente reconhecido que os donos de escravos da Carolina podiam vender mais barato o arroz e o milho cultivados pelos recém-chegados georgianos. O primeiro relatório da colônia enviado aos administradores de Londres observava que os colonos da Carolina tinham a vantagem de usar o trabalho dos negros noite e dia e até mesmo aos domingos com péssimos suprimentos para a subsistência. O relator concluiu que "nestas terras, se um homem branco não puder comprar um escravo, ele próprio deve trabalhar como um escravo".

Um grupo de refugiados alemães se opôs à introdução de escravos no Novo Mundo sob a alegação de que seria uma ameaça à segurança, à moralidade e à vida cristã. Johann Martin Boltzius, o principal porta-voz dos oponentes da escravidão, concordava com os que defendiam sua legalidade porque os negros eram "preguiçosos, ladrões e rebeldes". No entanto, ele sustentava que esse comportamento era o resultado da escravização, e não um argumento a favor dela. Apesar disso, o argumento econômico de Boltzius baseava-se na premissa de que o trabalho escravo era muito competitivo, e afastaria o trabalho livre.[38]

A única questão que colidiu com a forma do sistema escravista afro-atlântico de uma perspectiva econômica foi a percepção do subdesenvolvimento africano, enquanto o Atlântico ocidental se desenvolvia prodigiosamente no século XVIII. Alguns observadores ficaram chocados com o forte contraste entre a enorme riqueza gerada pelo trabalho escravo em umas poucas ilhas tropicais das Américas e o subdesenvolvimento econômico de um vasto continente que representava "um quarto do globo". Afinal, a África fornecia o mesmo trabalho escravo que era embarcado na África Ocidental a alto custo em termos de tempo, de dinheiro e de mortalidade. Já em 1728, a obra de Nathaniel Cutler, *Atlas maritimus and commercialis*, tratou detalhadamente da questão. A lista dos produtos

---

38 Jones, *The Georgia Dutch:* from the Rhine and Danube to the Savannah, 1733-1783, n.54, p.266; 324. A oposição inicial dos alemães à escravidão tanto na Geórgia como em Germantown, na Pensilvânia (1688), foi provavelmente condicionada pelo choque de seus primeiros encontros com escravos africanos. Um século depois, os "alemães da Pensilvânia", tanto luteranos como reformados, opuseram-se à abolição da escravidão. Ireland, Germans Against Abolition: A Minority's View in Revolutionary Pennsylvania, em *Journal of Interdisciplinary History*, p.685-706.

tropicais cultivados nas feitorias inglesas na Costa do Ouro ultrapassava toda a lista de produtos básicos transportados das Américas. Por que esses cultivos experimentais, que tinham "despertado admiração", não transformavam o continente? O *Atlas* culpou apenas as populações do lado da oferta. Se elas pertenciam ou não à "raça amaldiçoada do velho Cam e de seu filho Canaã" era irrelevante; mas, seguramente, tratava-se de "uma raça vil abominável", com os piores cultivadores da terra. Tampouco os norte-africanos eram "todos eles ladrões", diferentes de alguma forma dos negros da parte ocidental. O Egito, a mais civil nação deles, tinha uma raça tão "pérfida, desonesta e assassina... quanto se pode esperar de uma mistura de *sarracenos, turcos, mamelucos, judeus, negros e árabes*".[39]

Uma geração depois, Malachy Postlethwayt, escrevendo de uma perspectiva diferente, reiterou a mesma frustração. A África não havia melhorado depois de séculos de contato. Deixando de lado a suposta selvageria e indolência africanas, ele se concentrou na igualdade potencial: "as faculdades racionais do povo negro não são, em geral, iguais às das espécies humanas?" Postlethwayt secundou a observação do *Atlas Maritimus* de que todos os produtos da Ásia ou das Índias Ocidentais podiam ser produzidos tão fácil e rentavelmente na África quanto no Novo Mundo. Contudo, agora, ele culpava o tráfico de escravos, e não os habitantes, apontando-os como o grande obstáculo para o processo civilizatório. Mesmo assim, por mais que meditasse profundamente sobre as possibilidades alternativas, Postlethwayt era claro sobre o ponto principal: "O tráfico [de escravos], como ele é, é tão *bom* como qualquer um que temos". Todas as edições de seu *Dicionário*, entre 1751 e 1774, reproduziram o mesmo julgamento.[40]

---

39 *Atlas maritimus and commercialis, or, a general view of the world...*, p.237-371.
40 Ver Postlethwayt, *The Universal Dictionary of Trade and Commerce*; verbete "África". Ver também as "Introduções" às edições de 1766 e 1774, que se concentram nas possibilidades do Caribe. Os críticos reiteraram o foco no "negócio, tal como ele é". *The Monthly Review*, p.311-2.

O refinamento da linha: lei, clima e raça

Durante o estabelecimento dos sistemas escravistas coloniais ingleses, a tensão entre a necessidade de mudança do sistema legal inglês e o desejo de apelar a essa tradição foram reconhecidos desde o início dos empreendimentos transoceânicos da nação. As descontinuidades entre o que era apropriado à Inglaterra e às áreas ultramarinas foram axiomaticamente aceitas. A primeira patente da rainha Elizabeth para a colonização, concedida a sir Walter Raleigh, em 1584, referiu-se a colônias situadas em "terras remotas, pagãs e bárbaras", que requereriam direitos para estabelecer leis particulares e estatutos. Havia, porém, uma advertência: as leis deveriam ser "concordáveis com as leis da Inglaterra, e não ser contrárias à fé cristã, a fim de fazer que o dito povo permaneça súdito da Coroa da Inglaterra".[41] "Concordabilidade", evidentemente, não implicaria nem representação parlamentar tampouco aplicação do princípio de liberdade do Direito Consuetudinário a todos os residentes além da linha.

Um tratado sobre o Direito Marítimo do fim do século XVII tentou enfrentar as questões que surgiram da tentativa de estabelecer um "princípio da servidão" apropriado ao mundo além da Europa. Como Postlethwayt, analisando o mundo "como ele é", Charles Molloy supunha com segurança que a escravidão era uma instituição geral, se não universal. Assim, sob certas condições, a escravização não era repugnante à "justiça natural por pacto [rendição voluntária] ou por *transgressão* [imposição]". Molloy observou apropriadamente que "agora a escravidão se tornou obsoleta na cristandade", como se "os príncipes e os Estados tivessem concordado universalmente em considerar as palavras *escravo*, *cativo* e *vilão* como bárbaras [...]" Os prisioneiros de guerra não podiam ser "submetidos a condições servis", a menos que, com um aceno de cabeça para expressar aprovação ao Mediterrâneo, eles fossem "renegados".[42]

---

41 A patente foi concedida em 1584.
42 Molloy, *De jure maritimo et navale: or, a Treatise of Affaires Maritime and of Commerce*. O *De Jure Maritimo* teve seis edições entre 1676 e 1769.

Na própria Inglaterra, de fato, a escravidão e a servidão "foram tão erradicadas" que "não houve como defender a restituição da propriedade ilegalmente retida" até mesmo de um "mouro ou de outro índio".

Tendo-se aventurado até esse ponto, Molloy restringiu-se à inadmissibilidade da servidão, mesmo na Inglaterra. Todas as pessoas nascidas lá, tanto quanto seus descendentes nascidos na Virgínia, na Jamaica etc. eram homens livres. Além disso, a lei inglesa não excluía explicitamente uma servidão "justificável", que poderia igualar essa condição à dos cativos. Tendo admitido isso tudo, Molloy registrou em uma nota de rodapé sua aversão à instituição, tal como ela era posta em prática no ultramar: "Os mercadores *ingleses* e outros nas *Canárias* efetivamente defendem esse costume inatural: igualmente na *Virgínia* e em outras grandes lavouras". Pelo menos na Inglaterra não havia contrato que obrigasse a prestação hereditária de serviço. Os magistrados eram até mesmo obrigados a anular contratos voluntários e a prescrever indenizações aos senhores que punissem com rigor extraordinário. As observações de Molloy concernentes à aplicabilidade das leis relativas à servidão eram invariavelmente modificadas pelos tropos de fluidez e pela geografia: "a simples razão nos mostra que as leis naturais e matemáticas são muito mais seguras que a civil [...]". As ações humanas estavam "submetidas a diferentes circunstâncias" e latitudes.[43] Nas colônias inglesas, um novo regime de trabalho, surpreendentemente ligado a um *status* repudiado em casa, estava sendo idolatrado em um processo de acomodação legal passivo, quase furtivo.

Em contraste com as outras principais monarquias europeias, a Coroa Britânica nunca desenvolveu um código escravista. Nas terras sob a soberania do rei, não as do parlamento, a Coroa permitia práticas locais

---

43 Ibid., p.335-6, cap.IX. Para os juristas ingleses, seus conterrâneos desfrutavam de uma vantagem única sobre os continentais. A tradição das leis escravistas romanas não tinha poder na Inglaterra. Até um devotado aluno inglês de lei civil alegremente a dispensaria por sua irrelevância. Na escravidão, a lei municipal inglesa e o Direito Consuetudinário tinham precedência em casos de conflitos entre as duas tradições. A legislação escravista era particularmente "incongruente, imprópria e inadaptada às acentuadas diferenças entre as diversas nações e, posso dizer, opõe-se diretamente ao Direito Romano". Ver Wiseman, *The Law of Laws, on the Excellency of the Civil Law Above all other Humane Laws Whatever, Showing of How Great Use and Necessity the Civil Law is to this Nation*.

que divergiam das tradições do Direito Consuetudinário. Dentro dessa moldura, a instituição da escravidão desenvolvia-se com a máxima proteção legal e com mínimas barreiras legais para os donos de escravos. Barbados inverteu o princípio *in favorum libertas* do Direito Consuetudinário. A colônia decretou que "negros e índios que chegarem aqui para serem vendidos devem prestar serviço por toda a vida, a não ser que um contrato que se oponha a isso tenha sido feito anteriormente".[44] Até 1652, uma lei de Rhode Island refere-se de passagem não ao Direito Consuetudinário, mas ao "rumo comum [...] seguido pelos homens ingleses para comprar negros como prestadores de serviços ou como escravos para sempre". As *Constituições Coloniais* da Carolina colonial, de forma mais elaborada, incluíam (e depois ignoravam) uma provisão contra a escravização de índios. Para atrair a imigração europeia, elas excluíam a idolatria ou a ignorância como bases da escravização. E o mais importante: garantiam que "todo homem livre da Carolina terá poder e autoridade absolutos sobre seus escravos negros, qualquer que fosse sua opinião ou sua religião".[45]

As *Constituições Coloniais* da Carolina oferecem uma evidência extraordinária da aceitação casual dessas diferentes provisões. Os primeiros legisladores tinham permitido uma extraordinária margem de variação para introduzir a instituição ao darem muito pouca atenção à explicitação de sua justificação. Nada exemplifica tão bem a falta de comprometimento da filosofia política e jurídica inglesa com o estabelecimento de colônias como os *Dois Tratados do Governo* e *As Constituições da Carolina*, de John Locke. Os *Tratados* são abertos com uma declaração vibrante: "A escravidão é um estado do homem muito vil e miserável e muito diretamente contrário ao temperamento generoso e à coragem de nossa nação; por isso, é difícil conceber que um *inglês*, muito menos

---

44 Ver Bush, The British Constitution and the Creation of American Slavery, *Slavery and the Law*, p.379-418.
45 Sobre Barbados, ver Dunn, *Sugar and Slaves:* The Rise of the Planter Class in the English West Indies 1624-1714. Sobre Rhode Island, ver Jordan, *White over Black:* American Attitudes Toward the Negro, 1550-1812, p.70; sobre a Carolina do Sul, ver Armitage, *John Locke, Carolina, and the Two Treatises of Government*, Political Theory, p.602-27.

ainda um cavalheiro, recorra a ela".[46] Os mesmos *Tratados* referem-se casualmente ao poder legítimo de um proprietário da Índia Ocidental sobre os escravos que ele comprou com seu próprio dinheiro.[47] Essa declaração inequívoca está muito aquém da ulterior descrição da escravidão dos *Tratados* como "nada mais se não o estado de *guerra contínua entre o legítimo conquistador e um cativo*".[48] Pode-se imaginar qualquer investidor da Companhia Real Africana, inclusive o próprio Locke, preterindo a mais inequívoca autoridade cedida pela aquisição no *Primeiro Tratado*? A Carta Régia da Companhia autorizava-a a fazer comércio "com os negros e *por* negros". A Coroa legitimava simultaneamente os compradores e vendedores de produtos básicos humanos. Doravante, os escravos seriam enumerados apenas pelo valor em dinheiro nos registros das alfândegas imperiais.

De qualquer maneira, mais uma vez os registros deixavam uma lacuna inexplicável entre a clara delineação dos escravos como propriedades ultramarinas e o silêncio sobre o *status* deles na própria Inglaterra. Nenhuma das coleções de regulamentações alfandegárias jamais publicou na metrópole os impostos arrecadados pela entrada e saída de escravos, como era feito nos portos coloniais.[49] Para Locke, e para os administradores reais, os africanos e seus descendentes adquiridos no ultramar por traficantes ou por colonos da Carolina e das Índias Ocidentais eram escravos no estrito senso da lei. O esboço inicial do relevante artigo das *Constituições Fundamentais* diz apenas que "todo homem livre da Carolina terá autoridade absoluta sobre seus escravos negros, seja qual for sua opinião ou religião (artigo 109)". De punho próprio, Locke alterou o artigo para que se lesse "*poder* absoluto *e* autoridade". Poder absoluto definiria o amplo alcance da autoridade do senhor.[50]

---

46 Locke, *Two Treatises of Government*; *The First Treatise*, cap.I, seção I.
47 Ibid., cap. XI, seções 130 e 131. O poder do senhor sobre seu escravo, em contraste com o que tem sobre os membros da própria família, é o absoluto "poder de vida e morte" (*Second Treatise*, cap.6, seção 86).
48 Id., *Second Treatise*, cap.4, seção 24.
49 Drescher, *Capitalism and Antislavery*, n.8, p.27; 185.
50 Armitage, op. cit., p.609.

A *Constituição Fundamental* da Carolina era similarmente bastante latitudinária em relação à religião dos senhores. Ela acolhia como membros da comunidade os adeptos de qualquer fé que professasse uma crença em Deus, inclusive judeus, pagãos e dissidentes da Igreja Anglicana. Mas a inserção de Locke pôs de lado qualquer apelo, "seja qual for", feito por um escravo para ter na fé o abrigo contra um senhor. O artigo efetivamente desobrigava o senhor de trazer os escravos para dentro da comunidade de fiéis.

A discussão, no mundo que falava inglês, sobre as bases legais da escravidão africana era também notavelmente abreviada. Problemas práticos sobre a propriedade, transferência e demandas de policiamento eram solucionados em cada colônia. De todo modo, em lugar algum – nas leis coloniais, nas leis do parlamento e nas decisões da Coroa – foi desenvolvido algo remotamente parecido com uma jurisprudência da escravidão. A instituição não era discutida nos tratados sobre o Direito Consuetudinário. Eles elidiram-na do Direito Civil. Nenhum código escravista imperial foi desenvolvido para preencher a lacuna, tampouco foi desenvolvido um grande corpo de precedentes judiciários das cortes da Inglaterra. Um século antes do caso marcante de Somerset contra Stewart, em 1772, havia apenas uma dúzia de decisões que consideravam as implicações da escravidão colonial. Tampouco "o Direito Consuetudinário jamais intervém, ratifica, rejeita ou de qualquer outra forma se dirige diretamente à escravidão nas colônias", a não ser para aceitá-la como de costume, a exemplo da declaração de Rhode Island de 1652.[51] O resultado, como Jonathan Bush enfatiza, foi que a relação da escravidão com a liberdade, especialmente na própria Inglaterra, permaneceu inconclusa e duvidosa. O *status* da escravidão ultramarina foi assegurado pelas leis ou constituições coloniais.

As leis parlamentares inglesas efetivamente asseguravam e regulavam o movimento de escravos como produtos básicos provenientes da África. Mas o governo interferia diretamente apenas nos aspectos

---

51 Bush, op. cit., p.388.

da instituição relativos ao comércio imperial e à defesa. Ele sancionava apenas indiretamente a escravidão do Novo Mundo como produtora de riqueza e como instituição social. Tratados legais, principalmente os escritos na Inglaterra, quase nada diziam sobre a escravidão dentro do império. Até mesmo os pequenos escritos se referiam aos precedentes antigos e medievais.

À medida que a jurisprudência inglesa foi tomando conhecimento da escravidão na América, afirmou que a instituição estava além da linha da Grã-Bretanha e de seu Direito Consuetudinário. No fim do século XVII, o chefe de Justiça Holt, ao rejeitar um pleito de um dono de escravo, usou um argumento que se tornou famoso: "o Direito (Consuetudinário) não faz caso de um negro". Mas a mesma decisão também advertiu o queixoso de que ele havia declarado "que a venda do negro foi na Virgínia, e pelas leis daquele país os negros são vendáveis; *como as leis da Inglaterra não se aplicam à Virgínia, que é um país conquistado, a lei é o que agrada ao Rei*".[52] Enquanto os governantes britânicos estiveram satisfeitos com essa situação bifurcada, nem as cortes inglesas nem o parlamento britânico tiveram incentivo ou ocasião para interferir.

Os bretões que cruzaram o oceano evidentemente procuraram clareza a respeito do *status* de suas propriedades e de seus direitos pessoais além da linha. Os colonos livres, os empregados contratados e os metropolitanos solicitavam que o Direito Consuetudinário fosse estendido aos colonizadores que estavam no estrangeiro. Enquanto somente as vozes dos ingleses livres de nascença puderam ser ouvidas nos círculos judiciais e parlamentares, os colonizadores europeus, os servos contratados e os condenados eram beneficiários relativos da garantia de que suas vidas nunca seriam, nas palavras de James Knight, "tão baratas quanto as vidas dos negros". O *habeas corpus* era muito importante para os ingleses nas colônias "remotas", onde a saúde e a vida poderiam estar em perigo pelo tempo que ficariam na "prisão em um clima quente", antes que pudessem obter a libertação por uma ordem real.[53]

---

52 Ibid., p.396.
53 Knight, *The State of the Island of Jamaica*, p.35.

A alusão de James Knight ao clima evoca outra justificação da escravidão além da linha, que é um lugar-comum. É claro que o clima não poderia ter sido a única racionalização da escravidão durante o início da expansão global da escravidão europeia. Por volta do último quartel do século XVIII, a escravidão estava estabelecida em cada latitude das Américas povoadas pelos europeus. Dificilmente ele teria sido o principal componente das justificações dos pioneiros espanhóis, cujos monarcas procuravam limitar a escravização mesmo em áreas tropicais sob a estrita autoridade real. Os ibéricos possuíam escravos nas zonas temperadas da Europa, nos platôs do México e nos planaltos do Peru. Em todo o início do período moderno, europeus ocidentais, especialmente os bretões, viam a Europa temperada oriental como um alojamento de uma massa de escravos e de servos. Uma geografia mundial depois da outra informavam seus leitores de que os camponeses poloneses e russos eram "meros escravos", que os cristãos gregos e dos Balcãs eram rotineiramente escravizados pelos turcos. Ocasionalmente, elas mencionavam o comércio de escravos de cristãos caucasianos, no qual "belas mulheres brancas" e seus filhos "eram expostos como animais ao melhor lance dos licitantes para satisfazer a avareza".[54] Tampouco os europeus estavam dispostos a esquecer o Magrebe. Em um mundo em que Adam Smith relegou a África, a Ásia, grande partes das Américas e a Europa (incluindo as minas escocesas) à escravidão, a instituição não estava claramente confinada a uma zona climática ou aos habitantes de um continente. Os europeus, os euro-americanos, os norte-africanos, os ameríndios não eram geralmente imaginados como "climaticamente" propensos ao *status* servil.

No Caribe, no entanto, os europeus do noroeste tiveram de explicar não só a existência da escravidão atlântica como também os respectivos papéis dos europeus e dos africanos nesse novo complexo social. Aqui, o clima tornara-se a principal alternativa para capturar e para justificar a escravização de africanos.[55] Ironicamente, os efeitos dos primeiros

---

54 Drescher (1987), op. cit., p.16-7, 175-7.
55 Ver Wheeler, *The Complexion of Race:* Categories of Difference in Eighteenth-Century British Culture, p.21-8, 179-81, 183-8.

impactos do ambiente levaram os colonizadores a reconhecer a relativa fraqueza dos europeus. O resultado mortal da entrada dos europeus no ambiente mórbido da África tropical transformou-a no "túmulo do homem branco". Para os primeiros migrantes europeus, as Índias Ocidentais também ganharam a reputação de ser uma região que colocava a vida em perigo. Quando as notícias sobre as taxas de mortalidade chegaram em gotas à Inglaterra, na década de 1650, poucos voluntários da marinha de Cromwell quiseram servir no Caribe. Os primeiros povoadores de Barbados também foram representados como uma multidão à beira da morte. Somente a esperança de um grande ganho monetário induzia os migrantes voluntários a correr o risco de morrer nessas "vinhas tórridas".[56]

Na maioria das ilhas caribenhas, a rápida ascensão da produção do açúcar ocorreu junto com a dramática transição para a força de trabalho escrava africana entre 1650 e 1700. As proporções sem precedentes de oito ou nove africanos para cada europeu na ilha logo provocaram explicações e justificações ambientais e raciais. Retrospectivamente, julgava-se como um erro a mera tentativa de povoar as ilhas com trabalhadores rurais europeus. Por volta do fim da Guerra dos Sete Anos, em 1763, a maioria dos que procuravam o desenvolvimento das recém-adquiridas ilhas francesas aceitava axiomaticamente a necessidade de novas importações de escravos africanos. Um escritor britânico começou sua discussão com a observação de que o primeiro grande erro dos franceses no Caribe fora a dependência demasiada de recrutas militares como trabalhadores, em vez de se acumular um número suficiente de negros.[57] Era largamente compartilhada a crença de que somente os africanos podiam trabalhar e sobreviver nas planícies tropicais.

Até escritores muito hostis à escravidão supunham que havia uma ligação entre clima e trabalho. O famoso capítulo de Montesquieu que zomba das justificações usuais da escravidão no *Espírito das leis* (1748)

---

56 Ver Capp, *Cromwell's Navy*, cap.8. Os "Filhos da violência" de Cromwell foram derrotados por inimigos invisíveis: a diarreia, a febre e a doença (Ibid., p.212-4). As expedições para as Índias Ocidentais no fim do século tiveram um custo de vidas estimado de 40 mil marujos.
57 Campbell, *Candid and Impartial Considerations on the Nature of the Sugar Trade*, p.11.

tornou-se a principal fonte para quem quer que desejasse atacar a instituição. Significantemente, no entanto, o capítulo estava localizado em sua obra na seção sobre o clima, não na relativa ao tráfico ou à liberdade. A única concessão de Montesquieu à instituição da escravidão foi sua afirmação de que o bem público e a produção econômica nos trópicos requeriam o trabalho sob coerção. Mas, como cada vez mais argumentavam os escritores abolicionistas, o clima tropical não justificava trabalho escravo brutalizado. Em 1772, um ensaio anônimo publicado oferecia uma experiência de emancipação, "concreta, embora quixotesca", para a colonização britânica da recém-adquirida província da West Florida. Ela propunha a aquisição de escravos na costa africana, o treino deles na Inglaterra e, por fim, sua transferência para a Flórida como escravos libertados. O resultado poderia ser a primeira colônia de africanos livres na América, iniciando a eliminação gradual da instituição nas Américas.[58]

De qualquer modo, afora a doença, o clima tropical, ou, como Philip Curtin o denomina, a exuberância tropical era mais facilmente incriminada como uma maldição do que como um incentivo ao trabalho livre. Como o economista escocês James Steuart supunha em 1767: "Se o solo for extremamente rico, situado em um clima quente, e naturalmente irrigado, as produções da terra serão quase espontâneas: isso tornará os habitantes preguiçosos. A preguiça é o maior de todos os obstáculos ao trabalho e à indústria". Para os europeus, ao lado da "maldição" das doenças tropicais, o emprego de não europeus na produção tropical parecia ser, na pior das hipóteses, um mal necessário combinado com grandes ganhos.[59] O clima era o trunfo da moralidade. A grande *Enciclopédia* de Diderot contém dois artigos antiescravistas inflexíveis, intitulados

---

58 Montesquieu, *De l'Esprit des lois*, livro 15, cap.7-8, p.222-3, 416; [Morgann], *Plan for the Abolition of Slavery in the West Indies*. Talvez não seja por coincidência que o *Plano* de Morgann, esboçado originariamente em 1763, tenha sido publicado ao mesmo tempo em que o amplamente divulgado Caso Sommerset. Para uma contextualização criteriosa do *Plano*, ver Brown, *Moral Capital*: Foundations of British Abolitionism, cap.4.

59 Curtin, *The Image of Africa*: British Ideas and Actions, 1780-1850, p.61-2. Para uma perspectiva análoga do impacto climatológico sobre o trabalho, ver Landes, *The Wealth and Poverty of Nations*: Why Some Are so Rich and Some so Poor, cap.I. Barker, *The African Link*: British Attitudes to the Negro in the Era of the Atlantic Slave Trade, p.165.

"Escravidão" e "Tráfico de escravos". Ao lado deles, contudo, o artigo denominado "Zona tórrida" reconhece que "o próprio Sol parece tiranizar este mundo de escravos".[60]

As famosas palavras de censura de Adam Smith sobre a inferioridade do trabalho escravo em *A riqueza das nações* não desafiaram a inferioridade evidente do trabalho europeu nos trópicos: "Em todas as colônias europeias a cultura da cana-de-açúcar é sustentada pelos escravos negros. Presume-se que a constituição dos que nasceram no clima temperado da Europa não poderia suportar o trabalho de cavar a terra sob o sol ardente das Índias Ocidentais".[61] Por suas próprias razões, Anthony Benezet, o primeiro ativista eficaz contra a escravidão e o tráfico negreiro, confirmou, até mesmo quando atacava de modo inflexível a escravidão africana, que o africano era adequado aos trópicos:

> Embora o extremo calor na maioria das partes da Guiné não seja agradável ou saudável aos *europeus,* ainda assim é bem adequado à constituição dos *negros*; e é por causa desse calor que eles estão em débito com a fertilidade de suas terras, a qual é tão grande na maioria dos lugares que os grãos e frutos crescerão na mais completa abundância com pouco trabalho.[62]

Como o *status* da escravidão do Novo Mundo se aproximava de seu apogeu de inevitabilidade econômica nos fins do século XVIII, pensadores alemães estenderam o argumento climatológico às discussões da emancipação e da integração dos judeus à sociedade civil europeia. Nos fins dos anos de 1770, um jornal alemão publicou uma série de cartas que avaliavam o impacto do açúcar, agora trazido "aos montes" das Índias Ocidentais para os europeus. Insaciáveis consumidores "acostumaram-se a esse sal sedutor a tal ponto que acreditam ser incapazes de viver sem ele". O problema para os europeus continuava a ser que a parte do Novo

---

60 Drescher (1987), op. cit., p.179.
61 Smith, op. cit., p.586.
62 Ver Benezet, *A Short Account of that Part of Africa Inhabited by the Negroes*, p.12-3.

Mundo em que ele era produzido tinha muito pouca similaridade com o Velho Mundo. Seu "calor cruel" criou um clima para o qual "não foi feito um corpo alemão". Johann David Michaelis, um orientalista alemão, propôs uma engenhosa solução faraônica para o insaciável desejo dos europeus por açúcar, e também para o "problema judeu" dos alemães. Os judeus podiam prestar serviços tanto para a dieta alemã como para os problemas imperiais de uma forma mais direta que pela integração civil e igualização dos direitos. O transporte deles para os trópicos seria uma solução mais barata e mais rápida do que "dez gerações" de regeneração na Europa. Os judeus, de acordo com Michaelis, podiam tornar-se "até mesmo mais úteis se tivéssemos ilhas açucareiras que de tempos em tempos poderiam despovoar a terra pátria europeia, ilhas açucareiras que, com a riqueza que produzem, têm, todavia, um clima insalubre". Visto que os judeus eram de "uma raça sem mistura, originária do sul", estavam bem aclimatados para cultivar a cana com os escravos africanos.[63]

Assim, mesmo no pico da migração forçada de africanos para as Américas, os europeus propunham-se a utilizar outros europeus no Caribe com o objetivo de expandir o cultivo por meio de turmas de trabalho sob coerção. As barreiras culturais à escravização de europeus permaneciam menos absolutas do que alguns imaginavam.

As discussões abertas pelos mitos emergentes da exuberância tropical e dos perigos tropicais leva-nos, finalmente, ao papel da raça na emergência e na manutenção da escravidão atlântica nos três séculos que se seguiram a 1450. Por volta dos meados do século XVIII, estava claro para a maioria dos europeus que viviam em ambos os lados do oceano que os africanos e seus descendentes constituíam a esmagadora maioria dos escravos das Américas. Como David Brion Davis resume com precisão, os escravos africanos tinham se tornado parte integral, intrínseca e indispensável da história do Novo Mundo. De todo modo, apesar da congruência entre os africanos e os escravos nas Américas dos fins do século

---

63 Hess, *Germans, Jews and the Claims of Modernity*, p.81-4. A proposta mais famosa de integração veio de Dohm, com seu livro *On the Civic Improvement of the Jews*.

XVIII, é menos claro que "escravidão e negritude" eram virtualmente sinônimas nas mentes dos europeus do lado leste do Atlântico.[64]

Já observamos que a instituição ainda prosperava, como tinha prosperado durante séculos, em todas as "quatro partes do mundo". Em um sentido importante, a escravidão dentro das Américas se tornava menos sinônima de descendente africano nos fins do século XVIII do que fora um século antes. Na América Latina, afro-latino-americanos livres ultrapassavam quase em dobro o número de escravos. Só no Brasil e em Cuba a população escrava efetivamente excedia a de negros livres. Mesmo nessas duas áreas, os negros livres formavam 40% ou mais de suas populações afro-latino-americanas. As áreas em que a identificação entre negro e escravo era mais aparente estavam nas colônias dos europeus do norte.[65]

Fora das Américas, os europeus estavam menos dispostos ainda a identificar africanos como sinônimos de escravos. Em seus relatos sobre a África Ocidental, os traficantes invariavelmente detalhavam uma diversidade de sistemas sociais, políticos e culturais. Esses comerciantes necessariamente faziam contato com africanos que eram governantes, comerciantes e senhores. Na costa da África, a relação não era a de senhores europeus e subordinados africanos. Os leitores europeus eram lembrados repetidamente da acuidade econômica dos comerciantes de escravos africanos e do poder dos governantes africanos. A imagem que os europeus fizeram dos africanos era composta de uma ampla gama de situações na África, na América e na Europa.

O fato de a maioria dos escravos do Atlântico ser descendente de africanos de forma alguma esgotava a visão europeia sobre a população escrava mundial dos fins do século XVIII. Tampouco a escravidão era sinônima de negros africanos aos olhos de outras sociedades do Velho Mundo. Por certo, o estereótipo racial era possível em um mundo de muitas nuances de escravos. Séculos antes das aventuras europeias pelo

---

64 Davis (2006), op. cit., cap.4; e Barker, op. cit., p.60.
65 Ver Andrews, *Afro-Latin America 1800-2000*, Table 1.1, p.41; e Engerman e Higman, The Demographic Structure of the Caribbean, *Slave Societies of the Caribbean*, Table 2.1 (1), p.45-104.

Atlântico, os árabes haviam acumulado um grande número de escravos europeus, africanos e asiáticos. Eles rotularam as características de inferioridade e de servilismo dos negros, e associaram-nos a formas degradadas de trabalho. Isso é especialmente verdadeiro em relação ao assim chamado *Zanj*, um termo que abarcava os cativos de fala banto da África Oriental.[66] Seja como for, as áreas dominadas por muçulmanos e por cristãos, que tinham grupos multiétnicos ou multipigmentados como fontes de seus escravos, não impediram os muçulmanos, os cristãos e os judeus de formarem estereótipos análogos que atribuíam aos negros incapacidade e servilismo, que lhes seriam inerentes. É também provável que os ibéricos tivessem recebido um corpo de imagens negativas da cultura e dos escritos muçulmanos pronto para ser usado.

Além do mais, como vimos, durante três séculos depois do desenvolvimento dos fluxos em larga escala de africanos através do Atlântico, as racionalizações da escravidão eram principalmente religiosas e legalistas, em vez de naturalistas e científicas.[67] A história bíblica da "maldição de Cam" como fundamentação lógica de uma escravidão negra realizada por ordem divina efetivamente reverberou durante os séculos de contato intensivo dos europeus com os africanos depois de 1450. A maldição, no entanto, desempenhava um papel insignificante na sustentação da escravidão e do tráfico. Apesar de sua aceitação historiográfica recente, a maldição de Cam não parece ter tido um grande significado na formulação dos documentos legais e teológicos que sancionaram a instituição. Nem as bulas papais, tampouco os conselhos de consciência, as cortes reais, ou as legislaturas coloniais apelaram para a maldição para racionalizar suas resoluções e leis. O fato de os africanos serem comerciantes,

---

66 Davis (2006), op. cit., p.62-4; ver também Lewis, *Race and Color in Islam*, p.15-8; Lewis, *Race and Slavery in the Middle East*, p.59-61.
67 Fredrickson, *Racism: A Short History*, p.44-6. Ver também Sweet, The Iberian Roots of American Racist Thought, em *William and Mary Quarterly*, p.143-66. Frutta, Purity of Blood and Nobility in Colonial Mexico: The Formation of a Noble Lore, 1571-1700, em *Jahrbuch für Geschichte Lateinamerikas*, p.217-35; Martinez, The Black Blood of New Spain: *Limpieza de Sangre*, Racial Violence, and Gendered Power in Early Colonial Mexico, em *William and Mary Quarterly*, p.479-520. Para um sumário sucinto, ver Davis (2006), op. cit., cap.3; sobre o crescente interesse literário britânico sobre raça desde a década de 1770, ver Wheeler (2000), op. cit., cap.4-5.

governantes e infiéis na África tinha maior relevância na expansão, na sanção da aquisição dos próprios africanos como escravos e no *status* do que dentro da cristandade. A maldição de Cam desempenhou seu mais importante papel tardio ao consolidar o argumento pró-escravista no sul dos Estados Unidos do século XIX. Parece provável, evidentemente, que a maldição encorajou a aquisição de mais africanos do que os que teriam sido, caso contrário, transportados para as Américas e para o mundo muçulmano. Antes do século XIX, fosse na forma dos regimes ibéricos de *castas*, fosse na recusa euro-americana de igualdade civil, o racismo institucionalizado visou mais aos não brancos livres que aos escravos.[68] Embora a escravidão fosse virtualmente incontestada como uma instituição necessária, seus beneficiários e seus críticos limitaram-se a dar pouca atenção ao interesse científico pelas raças.

De uma perspectiva global, os governantes da terra pareciam tão comprometidos com a perpetuação da servidão como tinham estado quando os portugueses adquiriram seus primeiros escravos na costa africana, três séculos antes.[69]

Em 1772, Arthur Young ofereceu uma visão aérea da servidão em todo o globo, que faz a zona da liberdade parecer efetivamente estrei-

---

68 De forma notável, em 1843, em Albany, New York, Cam foi retratado como um homem com uma cor distintiva pela primeira vez na história da iconografia judaica, cristã e muçulmana. Ver Braude, Michelangelo and the Curse of Ham: From Typology of Jew-Hatred to a Genealogy of Racism, em *Writing Race Across the Atlantic World*, p.79-92. Sobre as origens separadas e diferentes das maldições da escravidão e da negritude nas escrituras, e suas interpretações, ver, ibid. Isaac, Genesis, Judaism and the "Sons of Ham", em *Slavery and Abolition*, p.3-17; Goldenberg, *The Curse of Ham: Race and Slavery in Early Judaism, Christianity and Islam*. A importância desse estudo acadêmico está resumida de forma brilhante por Davis, Blacks: Damned by the Bible, *New York Review of Books*, p.37-40. Sobre a amplitude comparativa e a permeabilidade do sistema de *castas* na América ibérica, ver Mörner, *Race Mixture in the History of Latin America*; Andrews, op. cit., p.40-51.

69 De uma perspectiva global, a ênfase excessiva no discurso ideológico do sul dos Estados Unidos do século XIX tende a distorcer o grau de identificação entre a escravidão e os africanos. No mundo do Oceano Índico, até as concepções portuguesas e os usos da escravização divergiram aguçadamente da ligação ocidental do século XIX entre os escravos e a "raça africana". Na Goa portuguesa, escravos da Índia, da China, da Malásia e de herança afro-europeia, afro-asiática oriental, afro-indiana e afro-indo-europeia prestaram serviços ao lado de africanos orientais. Isso não significava que pessoas com esse tipo de herança tivessem acesso aos círculos dos mandantes portugueses. Significava, no entanto, que a identificação de escravização com um continente ou uma cor ainda não era fundamental. Ver Walker, Slaves or Soldiers? African Conscripts in Portuguese India, 1857-1860, *Slavery and South Asian History*, p.234-61.

ta. Impregnado no novo entusiasmo do século pelos números, Young estimou que dos 775 milhões de habitantes da Terra, todos, exceto 33 milhões, poderiam ser classificados como não livres. Se os leitores britânicos pudessem se orgulhar da estatística de que um em cada três seres humanos livres era súdito da Sua Majestade britânica, as proporções não encorajariam otimismo acerca das perspectivas imediatas da humanidade como um todo.[70] Exatamente no mesmo ano em que Young estava avaliando as estatísticas da liberdade e da servidão, um caso, que foi um divisor de águas em favor da liberdade, estava sendo apresentado a lorde Mansfield, o chefe da Justiça na Inglaterra. Francis Hargrave, que representava no tribunal o escravo negro James Somerset, iniciou sua exposição com a descrição de um quadro, idêntico ao de Young, sobre a preponderância das pessoas em cativeiro. Se o direito da escravidão, ele alertou a corte e os seus compatriotas,

> for aqui reconhecido, a escravidão doméstica, com seu horrível séquito de males, pode ser legalmente importada para este país [...] Ela não virá somente de nossas colônias ou das colônias de outras nações europeias, mas da Polônia, da Rússia, da Espanha e da Turquia, da Berbéria, das costas orientais e ocidentais da África, de todas as partes do mundo onde ela ainda continua a atormentar e desonrar as espécies humanas.[71]

Essa não seria nenhuma estimativa extravagante da balança de poder entre a escravidão e a liberdade às vésperas da era da abolição.

Do outro lado do canal, até mesmo a repulsa à escravidão tinha de levar em conta a absoluta solidez da instituição. Em 1770, a *História das duas Índias*, do padre G.-T Raynal, foi publicada em Amsterdã. O relato da *História* da predação global europeia infundia sentimentos antiescravistas. Para o padre profundamente incomodado, o mundo fora da Europa fora completamente desenvolvido no sentido contrário ao do processo civilizatório evidente dentro da própria Europa. Um continen-

---

70 Young, op. cit., p.20-1.
71 *Howell's State Trials*; Caso de Somerset v. Stewart (1772), col.24.

te havia gradualmente evoluído em direção à liberdade, combinando o progresso econômico com o material. Já, em qualquer outra parte, os europeus pareciam ter transformado o suave mecanismo civilizatório do comércio em brutalidade avarenta. À sede de ouro se combinava a sede de sangue.

A contradição parecia tão bizarra que sua explicação só poderia ser procurada a apalpadelas. Como a escravidão no ultramar precedera os europeus em séculos, Raynal retomou o principal recurso de Montesquieu – o clima. O clima tropical era uma fonte para o crescimento dos "vícios e virtudes da escravidão". No oriente tropical, encontra-se uma antiga combinação de escravidão política e civil. Para as despovoadas Américas, os europeus escolheram trazer africanos "acostumados ao jugo". Registrando a grande população livre afro-latino-americana nas Américas ibéricas, Raynal creditou aos espanhóis a criação de um sistema no qual o africano era, pelo menos alternativamente, escravo e senhor.

De qualquer maneira, o vasto mundo não livre do ultramar deixava Raynal frustrado pela tirania do clima e da distância. O comércio degradava o mundo em vez de o melhorar. Dificilmente se poderia contar com o espírito da religião para reverter a crescente onda da servidão. A *História* rejeita a narrativa da influência libertadora do cristianismo como um mito, mesmo dentro da Europa. Uma passada de olhos no leste – na Alemanha, Boêmia e Polônia – permite ver que principados católicos eclesiásticos administram propriedades trabalhadas por servos sem qualquer protesto da Igreja.

A única esperança de destruir o poder em permanente expansão da escravidão parece demandar um apelo que ultrapasse os mecanismos mercantis e civis da Europa. Raynal vislumbrava apenas duas fontes de redenção possíveis – uma de cima e outra de baixo. A primeira era um apelo aos grandes monarcas que governavam o mundo: "Reis da terra, somente vós podeis fazer sozinhos esta revolução". Se a voz da humanidade não conseguisse mobilizar os poderosos, a humanidade só contaria com outro recurso. Um novo Espártaco surgiria entre os escravos fugitivos, cujas fileiras aumentavam constantemente nas ilhas escravistas do Caribe. Como melancolicamente escreveu no prefácio de sua investigação sobre quatro séculos de expansão europeia: "O esplendor futuro dessas colônias não é um sonho, e não seria a felicidade dessas regiões um fenômeno mais extraordinário ainda que as suas devastações originais?"[72]

Os quinze anos seguintes ofereceriam ao mundo mais esplendor, mais destruição e mais sonhos de felicidade que qualquer leitor da *História* de Raynal poderia imaginar. O meio século seguinte testemunharia a era da revolução e a era da abolição.[73]

---

72 Sobre os parágrafos antecedentes, ver Raynal, *Histoire philosophique et politique des etablissements et du commerce des Européens dans les deux Indes*, v.I, p.14-5; 687-8; v.II, p.3; 294; 358. A introdução de Peter Jamack a uma seleção traduzida da *History of the Two Indies*, p.xxv, salienta que a visão implícita da *História* "é claramente a de que as colônias de grandes lavouras, e especialmente as colônias produtoras de açúcar, não podem prosperar sem escravos negros".

73 Estou de acordo com Davis em *The Problem of Slavery in the Age of Revolution*, p.21-2, no que diz respeito a usar "abolicionismo" como uma expressão mais ativista do que "antiescravismo" no sentido político. Aqui também abolicionismo denota não somente uma variação da antipatia a senhores e escravos, ou até mesmo a resistência a eles, pois ambas antecederam em muito a emergência da hostilidade política à instituição, mas também uma mobilização coletiva que visava a enfraquecer ou destruir a escravidão onde quer que ela tenha se tornado um projeto politicamente factível.

Parte 2: A crise

4
Conflitos de fronteira

Apesar de sua aparente solidez e dinamismo, o sistema atlântico de escravidão não podia se manter em equilíbrio. Nunca haviam sido criados tantos povoamentos nos quais seres humanos na condição de propriedades constituíam de metade a nove décimos da população. Nunca a escravização havia sido tão rigorosamente confinada a grupos tão distintos fisicamente uns dos outros. E, acima de tudo, nunca antes a assimetria entre a legalidade da instituição em uma parte do império e sua ilegalidade em outra haviam sido justapostas tão incompativelmente. No Velho Mundo, a instituição não fora dominada pelas demandas de produtos básicos feitos em massa. Homens escravizados na Afro-Ásia também continuavam a exercer não só funções políticas e militares nas cortes como também funções domésticas. Além de administradores dos domínios domésticos, os escravos eram destinados às necessidades de trabalhos de pequena escala e aos serviços sexuais e reprodutivos. As mulheres representavam uma porcentagem muito maior do total da população escrava do que na população escrava do Novo Mundo. Em toda a Afro-Ásia, os escravos permaneceram profundamente enraizados nas estruturas legais e institucionais da sociedade. Por outro lado, na África subsaariana, os escravos eram a única forma de propriedade privada reconhecida pela lei. Na África do Norte, sob dominação muçulmana, a instituição era consensualmente sancionada pela doutrina e pela tradição islâmicas. Por isso, fora do alcance do poder europeu e dos incentivos econômicos, a escravidão não exibia o crescente desequilíbrio institucional do mundo euro-atlântico.

No Novo Mundo, as ameaças potenciais ao equilíbrio da instituição não foram todas análogas em um hemisfério onde a escravidão, do Alasca até a Baía de Hudson e do Chile até o Rio da Prata, era uma instituição sancionada pelo Estado. Nas Américas, a resistência escrava, em suas mais diversas formas, persistiu ao longo de toda a duração da instituição. Suas formas individuais iam desde a sabotagem e o roubo até a retaliação física e o suicídio. Suas formas coletivas incluíam conspirações e rebeliões. As fugas do cativeiro foram, no entanto, mais frequentes que as insurreições. As mais sérias tomavam a forma de refúgio permanente em florestas escassamente habitadas ou em lugares inacessíveis. Em áreas que tinham essas vantagens geográficas, existiram comunidades de fugitivos[1] (*quilombos*) durante toda a duração da escravidão. Alguns desses povoados ameaçavam frequentemente a estabilidade dos sistemas escravistas da vizinhança local. Algumas das mais duráveis comunidades negociaram tratados formais com os regimes escravistas, que garantiam a liberdade dos fugitivos e a autonomia de suas comunidades. Em troca da liberdade, os fugitivos concordavam em mandar de volta às grandes lavouras ou às áreas de população escrava aqueles que fugissem no futuro. Em tais situações, laços firmes de interdependência conectavam o complexo das grandes lavouras com as comunidades de fugitivos. Na maioria dos casos, a sobrevivência de longo prazo das comunidades de fugitivos dependia de negociação ha-

---

[1] No original, "*maroon*". No início da ocupação do Caribe, os espanhóis usaram a palavra *cimarrón* para designar o gado que fugia das áreas de pastagem e, em seguida, usaram-na para designar índios ou negros rebeldes e fugitivos. Por derivação, esses últimos foram chamados de "*marron*" nas colônias francesas e de "*maroon*" nas inglesas. No fim das contas, a palavra equivale ao que denominamos "quilombolas"; a propósito, "*quilombos*" também está no original. (N. T.)

bilidosa com o mundo externo. Algumas desenvolveram suas próprias instituições de trabalho sob coerção.[2]

As principais ameaças estruturais à escravidão racial das Américas permaneceram latentes, mas, nesta condição, sempre se expandiram. Nas colônias ibéricas, a principal ameaça à instituição resultou principalmente de consequências não intencionais das populações livres afro-latino-americanas. Na própria Ibéria, a presença de escravos em geral e de escravos africanos em particular antecedera durante muito tempo a criação das colônias ibéricas transatlânticas. Não havia uma zona especial de escravidão nos impérios português e espanhol. Seus códigos escravistas medievais foram constantemente transferidos para suas possessões ultramarinas. As linhas de diferença e as trajetórias de emancipação somente emergiriam mais tarde, durante a metade do século da chamada "era das revoluções" – dos anos 1770 aos anos 1820.

As fontes futuras de tensão dentro da órbita ibérica nasceram quase literalmente na América. Enquanto os negros livres e os mulatos totalizavam 5% ou menos da população das colônias francesas, holandesas e inglesas dos fins do século XVIII, constituíam, ao mesmo tempo, de 20 a 50% das populações da América Latina. Apenas no Brasil português e no Caribe espanhol a população escrava ultrapassou a população afro-latino-americana livre. Em todas as colônias espanholas continentais, a população de negros livres era maior do que a população de negros escravos por volta de 1770. Na maior parte da América espanhola, essa população também ultrapassava numericamente a população branca.

---

2   Sobre as relações complexas entre os fugitivos e a resistência à escravidão nas sociedades vizinhas, que incluíam as de nativos americanos, ver, inter alia, Genovese, *From Rebellion to Revolution:* Afro-American Slave Revolts in the Making of the New World; Craton, *Testing the Chains:* Resistance to Slavery in the British West Indies; Price (Ed.), *Maroon Societies:* Rebel Slave Communities in the Americas; Medina, Caught Between Rivals: The Spanish-American Maroon Competition for Captive Indian Labor in the Region of Esmeraldas During the Late Sixteenth and Early Seventeenth Centuries, *Americas*, p.113-36; Thompson, *Flight to Freedom:* African Runaways and Maroons in the Americas, esp. cap.10, Maroons and Revolutionary Struggle. O ponto principal em termos de desafios à instituição permanece no fato de que "poucas das comunidades de fugitivos, se é que houve alguma, assumiram a posição de travar uma luta geral antiescravista ou anticolonial. Há indicações da participação de alguns fugitivos no crescimento da consciência revolucionária somente a partir dos fins do século XVIII".

Nas partes espanholas do continente em que não havia essa vantagem, a população de *mestizos* e indígenas também ultrapassava muito a população branca.³ O Brasil sempre foi, e continuaria a ser, o maior importador de escravos da América Latina. Ao lado do Brasil, Cuba e Porto Rico se tornariam, durante a era das revoluções, os herdeiros dos declinantes sistemas escravistas caribenhos dos impérios europeus do norte.

Os afro-latino-americanos formaram uma parte muito grande da população de descendentes de africanos porque a taxa de escravos libertados fora mais alta do que em qualquer outro lugar das Américas durante séculos. Até mesmo nas mais dinâmicas zonas escravistas – Cuba e Brasil – os negros livres e os mulatos compunham 40% ou mais das pessoas de descendência africana. Isso significa que a fronteira entre a liberdade legal e a escravidão na América ibérica ocorria antes dentro da América Afro-Latina que entre as diferentes áreas geográficas dos impérios coloniais:

> Enquanto os escravos fossem mais provavelmente africanos que afro-latino-americanos, fossem mais provavelmente negros que racialmente mesclados e houvesse mais provavelmente homens que mulheres, a população livre de cor seria o reverso: mais americana que africana, mais misturada racialmente que negra e com números iguais de homens e mulheres.

Essa proporção equilibrada entre gêneros, somada à liberdade, garantiria o crescimento natural de negros livres. Por outro lado, os escravos ibero-americanos sofriam um aumento constante de mortes em relação aos nascimentos.⁴

A descendência africana não equivalia ao *status* de escravo. Dentro da população livre, as divisões legais do regime de casta eram ao mesmo tempo abundantes, menos rigorosas, mais ambíguas e mais exasperadoras para os africanos livres do que as que existiam entre homens livres e

---

3 Andrews, *Afro-Latin America*, p.40.
4 Ibid., p.40-51; citação na p.41.

escravos. Além do mais, por volta do fim do século XVIII, as reformas feitas pela Coroa Espanhola começaram a oferecer maiores oportunidades para os escravos livres nos trabalhos artesanais e nos negócios, bem como nas alianças conjugais, alargando a linha de falha racial dentro da comunidade livre. Nos fins do século, as pessoas de descendência africana formavam as populações negras de maior número no Novo Mundo. Na América Latina, os homens livres que não eram brancos se tornariam decisivos no desmantelamento da instituição da escravidão.

Embora os escravos das colônias que pertenciam aos Estados do noroeste da Europa experimentassem uma taxa de manumissão muito mais baixa, eles teriam alguma chance de sair da escravidão se fossem levados à Europa. Ao longo do século XVIII, um crescente fluxo de escravos para a Europa demandou a atenção metropolitana a uma anomalia: a presença de escravos no "solo livre" europeu. Os negros que chegavam à metrópole levantariam sérias questões sobre o *status* pessoal deles próprios e sobre o da própria instituição da escravidão. As legislações inglesa, holandesa e francesa não ofereciam um princípio orientador sobre o efeito da situação.[5] Como foi indicado no *Capítulo 2*, a reação inicial à chegada de escravos na metrópole parecia ser a de libertá-los. O número de negociantes de escravos e fazendeiros que retornavam à Europa aumentou, o que criou sérios problemas sociais e econômicos com os escravos fugitivos que deixavam seus senhores e se recusavam a voltar.

Na França, inicialmente, os tribunais tenderam a preservar as diferenças espaciais e legais entre a zona da escravidão e a terra da liberdade. Os tribunais provinciais, sem contarem com uma legislação formal sobre o assunto, dependiam dos costumes locais e rotineiramente determinavam a libertação dos escravos. Conforme foi crescendo o número de senhores que retornavam à França com seus escravos, o governo tentou providenciar uma suspensão da aplicação do "princípio da liberdade" a esses casos. Em 1716, um edito real determinou que os proprietários po-

---

5 Sobre a ausência de legislação na França do século XVII, ver Peabody, *There are No Slaves in France*, p.11. Sobre os Países Baixos, ver Drescher, The Long Goodbye: Dutch Capitalism and Antislavery in Comparative Perspective, p.50, n.47.

deriam manter os direitos de regressar à França com seus escravos caso houvesse um acordo prévio de que a intenção do dono era a de mantê--los na metrópole apenas temporariamente. Contudo, qualquer falha no cumprimento do acordo dava aos escravos o direito legal de contestar as exigências do senhor. Como a França do antigo regime estava judiciariamente dividida em 12 cortes supremas (*Parlements*), qualquer um deles poderia registrar (ou se recusar a registrar) um decreto real dentro de sua própria jurisdição.[6] O maior parlamento (o de Paris) recusou-se a registrar o decreto de 1716. Dessa forma, ele abriu um limbo legal e geográfico que durou quase até a Revolução Francesa. Por um lado, a recusa em registrar o edito serviu para perpetuar a tradição retórica do solo livre da França. Os advogados que representavam os donos de escravos quase invariavelmente respeitavam a máxima geral de que o solo livre da França libertava os escravos que entravam no reino. Eles só insistiam que o edito real criava uma exceção à regra. Os que desejavam suspender o fluxo de escravos coloniais para dentro da França e limitar a "liberdade" por razões raciais admitiam que tinha de ser eliminada qualquer ambiguidade sobre o *status* dos negros que chegavam com os colonos.[7]

As vitórias dos escravos coloniais nas cortes francesas estimularam outras tentativas da monarquia de pôr fim às ambiguidades e eliminar os subterfúgios judiciários, mas a torrente de libertações prosseguia. A questão foi envolvida pelo crescente protesto contra a autoridade monárquica. Alguns *Parlements* sustentavam que a França monárquica se tornaria despótica se a escravidão fosse tolerada. O vínculo entre a escravidão colonial e a liberdade metropolitana também inspirava contra--argumentos que ligavam as ameaças à liberdade não controlada para os negros na França com a inundação racial.[8] O conflito, portanto, fez surgir ansiedades políticas e raciais. Alguns advogados argumentavam que os negros "contraíam hábitos e espírito de independência" quando estavam

---

6 Peabody, op. cit., p.12-4.
7 Boule, Racial Purity of Legal Clarity? The Status of Black Residents in Eighteenth-Century France, *Journal of the Historical Society*, p.19-46.
8 Peabody, op. cit., p.97-105.

na França e poderiam se tornar agentes potenciais de insubordinação. Assim, eles faziam ecoar do outro lado do Atlântico a crescente ansiedade relacionada à ideia de que a linha de cor era um reforço necessário a um sistema social no qual os negros ultrapassavam os brancos em número em uma proporção de dez para um. Como nas colônias ibéricas, novas barreiras raciais foram levantadas para os descendentes de africanos que haviam sido libertados do *status* da escravidão pela manumissão, ou por ter uma mãe ou um pai branco. Mesmo quando eram feitas exceções temporárias para que negros residissem na França, muitos funcionários rotineiramente reiteravam o princípio de que os negros deveriam ser destinados à servidão e ao cultivo das lavouras da América.[9] Alguns advogados metropolitanos viram tanto a escravidão como os negros como contaminadores da França. Um procurador do rei temia o desenvolvimento, em Paris, de mercados públicos dedicados à compra e à venda de homens. No lado colonial do Atlântico, os fazendeiros estavam elaborando uma ideologia segundo a qual a linha da cor era vista como um suporte essencial do sistema social. Como nos povoamentos latino-americanos, gerações resultantes de relações sexuais inter-raciais estavam criando nitidamente uma classe de indivíduos não contemplada pelas categorias legais do *Code Noir*.[10]

Esse ponto de vista ganhou força perto do fim do século XVIII. Às vésperas da Revolução Francesa, a parcela de homens de cor livres em São Domingos representava apenas 6% da população total. Essa parcela ainda era bem pequena em comparação com a população de cor das colônias latino-americanas. Em uma população que estava perto de ser 90% africana, essa população livre de cor, relativamente pequena, quase se igualava quantitativamente a sua correspondente minoritária de brancos livres. Quanto a seu quinhão na propriedade dos escravos, a população livre de cor de São Domingos pode ser equiparada com a mesma no Brasil. Quanto a seu interesse e sua perspectiva, em qualquer sociedade metropolitana esse grupo já era considerado potencialmente

---

9   Boulle, op. cit.
10 Debbasch, *Couler et liberté:* Le jeu du critère ethnique dans un ordre juridique esclavagiste, cap.2.

mais próximo da elite proprietária do que do trabalhador pobre. Muitos funcionários, governadores coloniais e membros da elite de cor francesa viam com esses olhos seu papel potencial no sistema escravista.[11]

No entanto, a maioria dos donos de terra brancos considerava, cada vez mais, a equivalência da negritude com a servidão como essencial para manter a esmagadora maioria da população em cativeiro. Significantemente, a última legislação pré-revolucionária de importância, em 1777, referente a negros que residiam na metrópole, foi intitulada *Police des Noirs*. Na França, fechada aos negros livres, a luta pessoal dos escravos para se livrarem dos laços coloniais havia provocado um enrijecimento da linha de cor. O fechamento era baseado explícita e exclusivamente em uma linha de cor e não em uma linha legal entre escravos e homens livres. Diferente do que se deu com os decretos monárquicos anteriores, a *Police des Noirs* foi registrada pelo *Parlement* de Paris, que tentou eliminar todas as ambiguidades futuras para libertar os negros.[12] No Caribe, a luta dos negros livres e dos mulatos pela igualdade civil tinha trazido à luz medidas segregacionistas de caráter racial. Até aqueles que rejeitaram a implementação plena dessas medidas defenderam um "segregacionismo moderado".

A *Police des Noirs* foi explicitamente formulada para favorecer os interesses coloniais, que controlavam uma proporção de quase cem trabalhadores ultramarinos negros para cada negro livre residente na França. O título do decreto de 1777 indica a relativa tranquilidade com a qual os *noirs* (negros) podiam ser aceitos muito mais facilmente que os *esclaves* (escravos). "Escravo" era uma palavra-tabu porque colidia diretamente com o princípio tradicional de liberdade. Classificações raciais não causavam colisões. Como argumenta Pierre Boule, a ausência de referências a escravos (doravante, "pessoas que prestavam serviço") tornou-se questão *sine qua non* para o registro do decreto. A exclusão era o meio pelo qual a pureza do solo francês poderia ser reconciliada com a manutenção do sistema colonial no exterior. A linha de cor podia ser tão efetivamente

---

11 Ver Debbash, op. cit., cap.2-3.
12 Peabody, op. cit., p.111-9.

reafirmada por meio da exclusão no exterior como a liberdade em casa. Uma comissão francesa que investigou o problema dos negros na metrópole concluiu que "a raça dos negros será extinta no reino tão logo eles sejam proibidos de ser transportados para cá".[13]

Com a promulgação da *Police des Noirs*, os senhores coloniais que chegavam à França com escravos negros eram obrigados a "depositá--los" em armazéns [*dépots*], onde deveriam permanecer até o retorno às colônias. Desse modo, os negros das colônias seriam tratados de forma parecida com as outras mercadorias desembarcadas unicamente para a reexportação. O governo negociou cuidadosamente cada palavra do projeto do decreto para ter certeza de que não haveria objeções finais do *Parlement* a seu registro. O que sucedeu a sua promulgação foi sua execução irregular, apelações infindáveis dos senhores para obter exceções e mais petições bem-sucedidas feitas aos tribunais para a libertação de negros. De qualquer maneira, por volta dos anos 1780, estava claro que "a noção de pureza racial estava firmemente entrincheirada até mesmo nas mentes dos mais resolutos defensores da liberdade".[14]

As notícias da Declaração de Independência dos Estados Unidos, em 1776, e a subsequente intervenção francesa para defendê-la na guerra de independência não tiveram impacto algum no *status* legal dos negros na França. As elites burocráticas e legais francesas concordavam que a linha entre liberdade e escravidão devia ser mantida. Continuava claro que esses conflitos de fronteira desencadeados pelos movimentos dos escravos estavam sendo disputados em portos franceses e em solo francês. A política da nação em relação ao tráfico no Atlântico de escravos e à escravidão ultramarina permaneceu inalterada. Para cada petição negra de liberdade bem-sucedida, aceita pelo Tribunal da marinha de Paris entre 1777 e o levante da Revolução de São Domingos, em 1791, cerca de 10 mil escravos africanos foram transportados em navios franceses para as colônias francesas. Cada embarque era subsidiado pelo governo

---

13   Ibid., p.116-7.
14   Ibid., p.135.

francês. No fim do antigo regime, os donos de escravos coloniais não previam nenhuma ameaça ao sistema social.

As tensões geradas pelos escravos que cruzavam a linha produziram reafirmações contínuas da linha divisória colonial/metropolitana, a despeito das crescentes publicações antiescravistas na França. Na órbita holandesa, o fluxo transatlântico de poucas centenas de escravos das colônias produziu menos do que uma ondulação nos Países Baixos em comparação com o que produziu na França. Em 1776, o número de africanos na República Holandesa representava um décimo do número dos que residiam na França. Embora a monarquia francesa tivesse negociado com dificuldades o *status* dos negros com o *Parlement* de Paris, os Estados Gerais holandeses decretaram calmamente que a propriedade dos escravos estaria assegurada aos senhores que chegavam aos Países Baixos, desde que adotassem procedimentos parecidos com os que estavam em vigor na França. Na Dinamarca, a linha foi traçada ainda com menor ambiguidade. Em 1802, a Suprema Corte da Dinamarca estabeleceu que o "solo livre da pátria não conferia liberdade ao escravizado". Essa declaração foi feita no momento preciso em que a Dinamarca estava colocando em prática a abolição gradual do tráfico atlântico de escravos africanos. A monarquia da Prússia ofereceu outra variante de clarificação da fronteira. A Prússia, que não tinha colônias ultramarinas, não permitia que seus cidadãos possuíssem escravos. Contudo, os estrangeiros que residiam no reino tinham permissão para exercer todos os direitos sobre seus escravos, desde que não colocassem a vida deles em perigo.[15] Fugas isoladas no plano individual ou até vitórias de rebeldia no plano comunal terminaram como vitórias pírricas no plano imperial. Antes da Revolução Francesa, os desafios às fronteiras da escravidão dos negros residentes ou de seus advogados terminaram quase sempre com uma reafirmação modificada dos direitos da maioria dos donos de escravos na Europa.

---

15 Drescher (1999), op. cit., p.25-66, esp. 30 e nota 13. Sobre Dinamarca e Prússia, ver Hall, *Slave Society in the Danish West Indies:* St. Thomas, St. John, St. Croix, p.33-6.

Na zona anglo-americana, a questão tomou outra direção. Na Inglaterra, como nos Países Baixos, o centro metropolitano manteve a escravidão ao voltar o olho cego do Direito Consuetudinário em direção à instituição. O governo inglês reconhecia plenamente os direitos de propriedade sobre pessoas no Atlântico e a elaboração fragmentada de leis escravistas em cada uma de suas colônias. Ele evitou a criação de um código negro imperial à maneira dos monarcas da Espanha, de Portugal e da França. A primeira decisão, a mais famosa e a mais concisa do chefe da Justiça John Holt, colocou sucintamente o assunto em uma série de processos sobre a liberdade no início da década de 1700. De acordo com sua declaração, o Direito Consuetudinário inglês não tomava "conhecimento de que os negros fossem diferentes dos outros homens. Pelo Direito Consuetudinário, nenhum homem pode ter a propriedade de outro homem, exceto [somente] em casos especiais, como no caso de um vilão, mas [não pode matá-lo] da mesma forma que no caso de cativos aprisionados na guerra o capturador não pode matá-los, mas pode vendê-los por resgate: o escravo não existe na lei da Inglaterra".[16]

A decisão de Holt parecia tão definitiva como a afirmação do "princípio de liberdade" feita do outro lado do canal. Não havia Direito Escravista na Inglaterra. O Direito Consuetudinário não reconhecia nenhum *status* especial para os africanos negros. Tampouco eles pertenciam a uma categoria especial que estivesse ao alcance das leis aplicáveis aos antigos vilões, ou aos modernos empregados contratados. Por outro lado, pela lei da Virgínia, os negros podiam ser seguramente mantidos como propriedade na colônia. Por Carta Régia, eles podiam ser comprados na África por capitães de navios mercantes ingleses e vendidos nas Américas. As linhas inicialmente nítidas começaram a ficar turvadas com a migração. Conforme começaram a ser movimentados através do Atlântico, os escravos chegaram à Inglaterra como a "cota" de um capitão em uma viagem de negócios com escravos. Eles poderiam chegar como criados de funcionários coloniais, de mercadores ou de fazendeiros. Jovens africanos

---

16 Wise, *Though the Heavens May Fall:* The Landmark Trial that Led to the End of Human Slavery, p.29.

poderiam ser adquiridos como troféus exóticos pelos abastados. Seus encarregados agiam rotineiramente, como se negros que estavam sob custódia pudessem ser vendidos à vontade como criados ou pudessem ser enviados ao ultramar.

Os donos de escravos começavam a usar na Inglaterra práticas que lhes eram familiares além da linha, que iam desde o anúncio e a exposição dos negros para vendê-los até o batismo eclesiástico arranjado, que oferecia o reconhecimento público da liberdade de seu cativo. Os cativos negros também faziam da própria fuga para a liberdade um assunto público, e essas ações tornaram-se visíveis em anúncios de jornais que ofereciam recompensas por suas capturas. Se alguns senhores, seguindo uma tradição popular, senão legal, usavam o batismo como reconhecimento público da liberdade, alguns escravos argumentavam que o batismo os tornava livres. Uma pia batismal poderia tornar-se um campo de batalha. Um jornal de Londres de 1760 captou o que estava em questão:

> Na semana passada uma garota negra com cerca de 9 anos de idade, que fugira de sua senhora por causa de maus-tratos, foi levada a uma igreja em Westminster por duas governantas para ser batizada. Mas a proprietária da menina, ao saber disso, foi à igreja e entrou quando o ministro estava fazendo o serviço religioso; em seguida, agarrou a menina na frente de toda a congregação, e violentamente a retirou da igreja, indiferente a seu choro e suas lágrimas; e disse às pessoas que a cercavam que ela era sua escrava, e a usaria como bem lhe agradasse [...] "Agradeceríamos se nos informassem", "primeiro, se um proprietário ou proprietária de uma escrava negra tem poder para impedir que ela seja batizada depois de sua chegada à Inglaterra? Segundo, se neste país livre essa negra ainda continua sendo escrava depois do batismo? Finalmente, com a reclamação de maus-tratos, não está no poder de um Juiz de Paz libertar essa negra da escravidão?"[17]

---

17   Apud Drescher, Manumission in a Society Without Slave Law, em *Slavery and Abolition*, p.85-101.

Alguns donos de escravos ingleses ansiosos evocavam uma opinião legal extrajudicial de 1729, segundo a qual o batismo não alterava o *status* de um escravo; mas ela não tinha validade como um caso legal precedente. A tenuidade do poder de um senhor tanto em relação aos serviços quanto em relação ao valor de seus cativos era obviamente uma prática comum. A maioria dos magistrados recusava pedidos de senhores contra fugitivos com a simples justificativa que de nenhuma lei havia sido quebrada. Tampouco sua fuga constituía uma quebra da paz. Os senhores procuravam validar o acerto de suas reclamações contratando pessoas que aprisionassem os fugitivos e os pusessem a bordo dos navios que se dirigiam às colônias, onde o *status* de escravo deles seria ratificado.[18]

Já no início dos anos 1770, as incertezas e despesas advindas do emprego dessa força privada colocavam um número considerável de propriedades de pessoas em risco. Os contemporâneos estimavam que de 10 mil a 15 mil negros residiam na Inglaterra em 1770 – mais que o dobro do número dos negros que residiam na França, e acima de 20 vezes mais que o número de negros residentes na República Holandesa. Os senhores britânicos alegavam que cada cativo negro correspondia a um capital de 50 libras, o que representava coletivamente a mesma quantia de capital que era anualmente investida no tráfico de escravos no Atlântico britânico.

Os donos de escravos ingleses dificilmente mencionariam que apenas uma porção desses 10 mil ou mais negros pertencia de fato a alguém. Em um banco de dados de 4 mil negros que estavam na Inglaterra durante o período entre 1660 e a abolição do tráfico britânico de escravos, em 1807, Kathy Charter encontrou apenas 15 casos nos quais um negro foi identificado como escravo. Até agora não foi encontrado nenhum exemplo de herança do *status* de escravo na Inglaterra e no País de Gales, tal como existia nas colônias. Na Inglaterra no século XVIII, nenhum dos direitos de propriedade ou dos direitos penais caracteristicamente reclamados pelos senhores ultramarinos – tais como penhora de negros e o uso deles como garantia de um empréstimo, ou a flagelação pública

---

18 Para uma visão geral da literatura, consultar Brown, *Moral Capital*, p.91-4.

com o chicote – aparece nos relatos sobre negros metropolitanos. Os negros não costumavam aparecer em listas das propriedades, como no ultramar. Não vi nenhum relato de negros na Grã-Bretanha onde eles tivessem sido usados como garantia de um empréstimo. Por fim, quanto à proibição do açoitamento público, parece que a decisão fora tomada definitivamente muito antes, com o caso de um senhor russo e seu suposto escravo.[19] Até mesmo a deportação, a arma decisiva da legalidade colonial dos senhores, estava em risco. Os que reclamavam esse direito sobre seus cativos negros não estavam dispostos a testar sua validade nos tribunais, preferindo colocá-los às escondidas a bordo de embarcações com destino às Américas.

A questão chegou a seu ponto mais alto em 1771, quando um escravo, James Somerset, foi capturado por seu senhor e solto por *habeas corpus*, obtido por Granville Sharp, o abolicionista mais ativo da Inglaterra. O caso foi apresentado ao chefe da Justiça da Inglaterra, lorde Mansfield. As audiências estenderam-se de janeiro a junho de 1772. Ninguém contestou o fato de que Charles Steuart havia adquirido legalmente Somerset na Virgínia. O que estava em risco era mais do que o *status* da escravidão ou a perda potencial de Charles Steuart de sua propriedade. Coletivamente, os fazendeiros e os comerciantes da Índia Ocidental cobriram as despesas legais de Steuart. O caso rapidamente se tornou o drama jurídico sobre a escravidão mais largamente difundido e discutido da história da Inglaterra. Além de ter recebido ampla cobertura noticiosa, foram publicados mais ensaios sobre o assunto antes do julgamento do que o país jamais tinha visto. Os ensaios produziram um nível de discussão pública que não seria igualada até 15 anos mais tarde, quando houve a emergência do abolicionismo político.

Os adversários delinearam duas ameaças à sociedade inglesa. Para os que apoiavam Somerset, a sanção à escravidão ameaçava injetar um

---

19 Era extremamente raro na Inglaterra encontrar alguém que tivesse sido registrado nos documentos legais como escravo. Dos 4 mil registros de negros, apenas 15 foram designados dessa forma. Ver Charter, Black People in England, 1660-1807, *The British Slave Trade:* Abolition, Parliament and People, p.66-83; esp. p.72. Sobre a proibição de chicotear um escravo russo, ver Cartwright's Case, reeditado Catterall (Ed.), *Judicial Cases Concerning American Slavery and the Negro*, p.9.

ingrediente letal nas instituições livres da Inglaterra. Para Granville Sharp, uma decisão a favor da escravidão levaria os senhores à tentação de transportar massas de escravos negros para a Inglaterra, empobrecendo os empregados britânicos. Os donos de escravos rebateram com uma ameaça mais acentuadamente racista. Uma decisão clara a favor da libertação atrairia tantos negros para a Grã-Bretanha que mancharia a compleição dos ingleses e degradaria suas mentes.

Ao enfrentarem o mesmo desafio institucional e ideológico dos holandeses e dos franceses, os ingleses reagiram de forma distinta. Os Estados holandês e francês optaram pela clareza legal, pela vigilância e pela reciclagem racial. O mito do solo livre era afirmado pelo registro e pela retenção dos negros na margem da nação. No continente, a decisão tomada ficou isolada da esfera pública, oferecendo grandes oportunidades para a classe de fazendeiros fazer lóbi nos ambientes fechados das instituições burocráticas e judiciais. Os representantes dos fazendeiros tinham oportunidades amplas de expor seus interesses. Na França, a oposição à *Police des Noirs* podia ser encaminhada pelos canais burocráticos, mas a discussão prosseguia a portas fechadas. Com apenas alguns interlúdios breves de publicidade, a história dos negros na França do século XVIII podia ser lida como uma série de tentativas *intra*governamentais de "regular as fronteiras entre negros e brancos". Evidentemente, a execução da lei francesa, como a execução das outras leis do antigo regime, era desigual e fragmentada. Os escravos continuavam a entrar com processos para se libertarem. Eles continuavam a ressuscitar os precedentes que haviam frustrado as tentativas anteriores de policiá-los e excluí-los. Também tinham de enfrentar o novo estigma racial que havia sido adicionado à velha panóplia de restrições a negros, incluindo limitações dos direitos dos não brancos de entrar e sair da França. Os senhores tinham de registrar seus escravos na chegada. E os negros livres foram obrigados a ser registrados até os primeiros anos da Revolução Francesa.[20]

---

20 Peabody, op. cit., p.137; Boule, op. cit., p.38-40.

Em contraste, o caso Somerset recebeu ampla atenção em uma sala de audiências aberta e seguiu o princípio contraditório do Direito Consuetudinário. Nunca uma questão que envolvia a escravidão havia desencadeado tão ampla e contínua cobertura jornalística nem os jornais haviam publicado tantas cartas de leitores sobre o assunto. Grandes especulações sobre o impacto do caso na Inglaterra e no Atlântico afora causaram uma rajada de polêmicas. Eram esses acontecimentos exatamente o que lorde Mansfield temia. Ele deu todos os sinais de que tentaria restringir a questão para diminuir a possibilidade de torná-la o estopim de uma crise. Durante as audiências, sugeriu que os que estavam ligados às Índias Ocidentais deveriam tentar fazer um acordo fora do tribunal, ou uma legislação parlamentar que apoiasse seus proprietários.[21] De forma esmagadora, as cartas publicadas na imprensa exigiam que o chefe da Justiça desse o veredito. Depois de seis meses de protelações, alguém com o pseudônimo de "Emilius" descarregou sua impaciência e raiva em uma carta a um jornal, publicada pouco antes do veredito: "Velho maldoso e miserável! O quanto você se esquivou dessa [magistratura] da qual Holt se orgulhava [...] Meu Deus! Essa é a linguagem de um juiz inglês? *Fiat Justitia, ruat Coelum*[22] [...] – fanfarrão covarde".[23]

Mansfield de fato se esquivou até o fim. Seu veredito evitou um julgamento abrangente, mas não ofereceu nenhum apoio judicial às solicitações dos donos de escravos na Inglaterra. Por outro lado, o veredito foi uma obra-prima de concisão. A versão mais publicada tinha menos de 150 palavras:

> O poder de um senhor sobre seu escravo tem sido diferente nos diferentes países. O estado da escravidão é de tal natureza que não é possível introduzi-lo por quaisquer razões morais ou políticas, exceto pela lei positiva, a qual preserva sua força muito depois que as razões, a

---

21 Wise, op. cit., p.161, 173.
22 "Faça-se justiça, mesmo que os céus desabem." (N. T.)
23 *Public Advertiser*, 13 jun. 1772. Para outros julgamentos similares, ver Drescher, *Capitalism and Antislavery*, n.51, p.193.

ocasião e o próprio tempo no qual ela foi criada estão apagados da memória. É muito odioso que nada possa suportá-la exceto a lei positiva. Por conseguinte, quaisquer que sejam as inconveniências que possam decorrer de uma decisão, não posso dizer que este caso seja reconhecido ou aprovado pelo direito da Inglaterra, e, portanto, o negro deve ser libertado.[24]

A decisão do caso Somerset gerou uma corrente sem fim de brilhantes comentários históricos a respeito de seu papel para pôr fim ou não ao *status* de pessoas escravizadas que residiam na Inglaterra. No entanto, todas as variantes publicadas da decisão original – e houve muitas – expõem alguns poucos princípios comuns: a lei inglesa não permitia que um senhor residente na Inglaterra deportasse alguém a partir do argumento de que ele era legalmente um escravo em alguma outra região. A escravidão era um gênero de dominação que tinha de ser especificamente sancionado pelas leis de cada jurisdição legal. Charles Steuart não teve permissão de deter James Somerset à força dentro da Inglaterra e de transportá-lo de volta a um lugar no qual ele ainda era reconhecido como um escravo. A ausência da lei positiva que permitia a escravidão não poderia ser ultrapassada nem pelas considerações monetárias, tampouco por quaisquer outras considerações dos donos de escravos.

Mansfield teria concluído a sentença com outra frase, que estabeleceu um ponto totalmente distinto da permissibilidade para que o senhor pudesse deportar – "portanto, o negro deve ser libertado". Noutras versões aparece: "portanto, deixem o homem [ou o negro] ser libertado". Ambas as versões eram paráfrases do pronunciamento explícito de Holt, de que o Direito Consuetudinário não tomava conhecimento extraordinário de um negro no que diz respeito à liberdade. O outro aspecto da frase era ainda mais caloroso: *"deve ser libertado"*. Mansfield poderia ter determinado a volta de Somerset ao "serviço ordinário" de Charles Steuart. William Blackstone, que era amigo de Mansfield, na versão de

---

24 Wise, op. cit., p.182.

1770 de seu famoso *Comentários*, havia notado que, a despeito do direito do escravo à liberdade em solo inglês, "o direito do senhor ao serviço do escravo poderia ter continuidade".[25] A decisão de Mansfield omitiu que fosse feita qualquer inferência a partir dessa possibilidade.

Para nossos propósitos, mais importante que a pretensão de Mansfield de minimizar as implicações de sua decisão foi, contudo, o grau com que ela foi quase imediatamente interpretada de forma muito mais geral pelo discurso popular. Quaisquer que fossem os poderes que os senhores tivessem em qualquer outro lugar, eles não tinham o direito de fazer reivindicações pecuniárias ou de exercer poderes penais sobre seus cativos na Inglaterra. As reações de muitos negros na sala do tribunal no dia em que "o negro obteve sua liberdade" percorreram a Grã-Bretanha.

> Todos eles, assim que lorde Mansfield apresentou a opinião da corte, foram à frente e, primeiro, curvaram-se diante dos juízes e, depois, diante dos advogados, dando sinais de abundante júbilo. Quem pode impedir que se admire o gênio daquele governo que assim distribuiu a liberdade para todos a seu redor?[26]

Em seguida, os negros se cumprimentaram e "congratularam-se pela recuperação dos direitos da natureza humana e pelo quinhão feliz que lhes cabia, o de lhes ser permitido respirar o ar livre da Inglaterra".[27]

É claro que a comunidade negra da Grã-Bretanha era especialmente sensível à persistência de quaisquer reivindicações subsequentes dos senhores por direitos residuais de propriedade sobre eles ou de obrigações de serviço involuntário decorrentes do *status* ultramarino que tinham. Contudo, dali em diante, os negros escreveram tão axiomaticamente sobre a ausência de escravidão na Inglaterra quanto os autocongratuladores brancos que enviavam cartas à imprensa popular. Ottobah Cugoano, um

---

25 Ibid., p.39.
26 *New York Journal*, 9 set. 1772, apud Bradley, *Slavery, Propaganda and the American Revolution*, p.74-5.
27 *Morning Chronicle*, 23 jun. 1772, apud Carretta, *Equiano the African: Biography of a Self-Made Man*, p.208.

proeminente ativista negro, saudou o caso Somerset porque ele livrou negros da deportação e os colocou fora do alcance da lei escravista colonial da Inglaterra. Os negros podiam ser furtivamente transportados da Inglaterra por capitães navais que iam para as Américas, mas isso só ocorreria se um senhor quisesse correr o risco de ir para a prisão por deportação ilegal.[28]

Uma segunda decisão judicial britânica, tomada na Escócia, mostra a rapidez com que o caso Somerset foi considerado como libertação plena dentro do Reino Unido. Mesmo antes de o veredito do caso Knight ser apresentado, a impossibilidade da escravidão na Grã-Bretanha já havia sido reafirmada. Lorde Henry Dundas, que era o promotor-geral da justiça na Escócia, em 1776, afirmou em uma audiência dos juízes escoceses que "agora não havia um escravo sequer na Grã-Bretanha, nem possivelmente poderia haver, por sua constituição".[29] Significativamente, Dundas não se sentiu na obrigação de recorrer ao caso Somerset, mas à própria constituição britânica como fonte definitiva da liberdade. Em 1778, Joseph Knight, um escravo nascido na África e que fora levado para a Escócia, abandonou seu senhor. Knight foi detido e sentenciado a "continuar como antes". Uma série de recursos alcançou o ponto mais alto com uma decisão que estabelecia

> a suposta propriedade sobre esse negro (Knight) [...] Como injusta e sem qualquer apoio neste país [...] o réu, portanto, não tinha direito ao serviço do negro em nenhum período de tempo; nem tem o de mandá-lo para fora do país sem que ele consinta [...][30]

---

28 Sobre a crença difundida de que o caso Somerset libertou pessoas negras fora da Inglaterra, ver Bolster, *Black Jacks:* African American Seamen in the Age of Sail, p.19-21, 149; Charter, op. cit., p.68. Ver Shyllon, *Black Slaves in Britain*, apêndice 2, p.209, 212, 267.
29 White, *Scotland and the Abolition of Black Slavery, 1756-1838*, p.32. Dundas não era abolicionista. Nas duas décadas seguintes, sua atuação foi decisiva para o adiamento da proibição do tráfico de escravos britânico no parlamento inglês.
30 Ver Craton et al., *Slavery, Abolition and Emancipation*, p.171.

Assim, os três pontos fundamentais do veredito de Mansfield foram reafirmados: proibição do apoio legal à escravidão; proibição da deportação; proibição da obrigação de serviço residual.

Até seus últimos dias, Mansfield manifestou-se, em geral, contra o recurso da "catilinária popular" para resolver questões legais. No entanto, duas décadas depois de sua decisão ele reconheceu privadamente para seu velho adversário, Granville Sharp, que a lei inglesa havia de fato debilitado a escravidão na Grã-Bretanha.[31] O impacto da decisão de Mansfield para a libertação de escravos dentro da Inglaterra foi abertamente reconhecido nas Índias Ocidentais, embora fosse depreciado o valor material da liberdade para a maioria dos negros que abandonavam seus senhores. "Veritas", um caribenho que escrevia no *St. James's Chronicle* em 1788, perguntou quantas centenas de escravos tinham vindo desde então com seus senhores e que, mesmo sabendo que "estavam em solo *livre* [...] retornavam".[32] A libertação de negros em Londres também podia ser depreciada em virtude da continuidade do tráfico de africanos da Grã-Bretanha no estrangeiro, que alcançava números recordes. Benjamin Franklin, em uma missão na Inglaterra na época em que crescia a tensão nas colônias, depreciava a decisão do caso Somerset para desvalorizar qualquer aumento do capital moral inglês à custa dos donos de escravos norte-americanos. Um dia antes da decisão de Mansfield, ele justapôs a contagem das vítimas do tráfico escravo feita por Anthony Benezet à "libertação de um único negro" na Grã-Bretanha, já que a nação "se vangloriava de sua virtude".[33] Mesmo levando em conta que a decisão não representou um grande ganho para os negros no sistema atlântico, Franklin, de qualquer maneira, ecoou o consenso público sobre a implicação do caso Somerset como uma decisão para a libertação.

A decisão de Mansfield poderia ter sido recebida na América do Norte simplesmente como uma reiteração da rejeição original de Holt à

---

31 Ver Drescher (1987), op. cit., n.60, p.43, 197.
32 Ver *St. James's Chronicle*, 25-27 mar. 1788; ibid., 9-12 fev. 1788.
33 Brookes, *Friend Anthony Benezet*, p.422; Franklin à Benezet, 22 ago. 1772. Sobre o papel pioneiro de Benezet no abolicionismo, ver, sobretudo, Jackson, *Let This Voice Be Heard:* Anthony Benezet, Father of Atlantic Abolitionism.

intrusão da escravidão ultramarina na Inglaterra. O levantamento sobre a imprensa norte-americana feito por Patricia Bradley mostra que os jornais patriotas hostis procuraram efetivamente restringir as informações sobre o caso Somerset. Eles geralmente se limitavam a reportar a notícia resumida da libertação determinada por Mansfield. *The Boston Gazette*, o primeiro órgão de propaganda patriota, observou laconicamente: "um correspondente [que está na Inglaterra] comenta que, como os negros agora são livres neste país, os cavalheiros não gostarão muito de trazê-los para cá como costumavam fazer, calculando que agora há 14 mil negros neste país".[34] Mesmo que não se referisse aos 10 mil ou mais negros metropolitanos e só a James Somerset, a decisão teria tido repercussões no império anglo-americano. De todo modo, por volta de 1772, os jornais coloniais de toda a América do Norte comentavam o impacto de longo alcance da decisão de Mansfield. *The Virginia Gazette* relatou casos de escravos que estavam à busca da terra prometida na Inglaterra. As informações desse jornal sulista faziam seus leitores chegarem à mesma conclusão da opinião popular corrente na Inglaterra. Mansfield havia ilegalizado a escravidão. Nos dois anos seguintes, os anúncios do *Virginia Gazette* para recuperar fugitivos afirmavam que os desertores tinham a impressão de que conseguiriam chegar à Inglaterra. "Uma noção que agora prevalecia entre os negros" era a de que a decisão do caso Somerset lhes prometia a liberdade. Alguns comentaristas expressavam até mesmo temores mais profundos – os de que os princípios libertários prevalecentes na Inglaterra se estenderiam à América.[35]

O aspecto transatlântico mais significativo da decisão foi seu estímulo à discussão de uma ponta à outra das colônias continentais. Por que essa decisão, que afirmou com tanta modéstia, embora com muita clareza, o "princípio da liberdade" apenas dentro da Inglaterra, reverberou por gerações seu pronunciamento inicial? Por que ela não provocou afirma-

---

34 *Boston Gazette*, 21 set. 1772, apud Bradley, op. cit., p.68. Bradley apropriadamente observa que até a notícia lacônica dessa *Gazeta* não indicava outra interpretação, a não ser a de que "os negros agora estão livres nesse país [Inglaterra]", p.73.
35 Carretta, *Equiano, The African:* Biography of a Self-Made Man, p.212-3.

ções similares a respeito do solo livre em outros lugares da Europa? Em 1761, por exemplo, o marquês de Pombal, em Portugal, introduziu uma série de reformas que proibiam a inserção de novos escravos na metrópole e em algumas ilhas do Atlântico. Uma segunda lei, de 1773, tomou providências para emancipar escravos importados e proibiu a entrada de trabalhadores livres de cor.[36] No entanto, essas leis portuguesas – e a segunda delas virtualmente coincidiu com a decisão do caso Somerset – não causaram nenhuma discussão pública em Portugal, nem nas colônias africanas, tampouco no Brasil. A legislação de Portugal, como muitas outras, apelava para os donos de escravos com afirmações sobre a linha, de uma forma destinada a sustentar a instituição e o tráfico de escravos. Também era claramente tranquilo o apoio simultâneo que essa legislação oferecia a seus sistemas coloniais escravistas e raciais.

No mundo anglo-americano, a decisão do caso Somerset não foi simétrica nos dois lados do Atlântico. Ao apresentar sua decisão, Mansfield tinha claramente tomado o partido de Somerset. Em uma versão popular da decisão, vários jornais relataram que o chefe de Justiça havia se referido a "um caso tão odioso quanto a condição dos escravos [...]"[37] Mansfield descartou por meio de seu silêncio qualquer reclamação de indenização pela perda de propriedade envolvida na alegação (muito exagerada) de que a grande quantia de 800 mil libras estava de fato em jogo. Quando os senhores caribenhos finalmente pressionaram para que suas reclamações coloniais valessem dentro da Inglaterra, eles perderam. Os britânicos não fizeram nenhuma tentativa de fortalecer a linha pela criação de um armazém metropolitano para depositar os escravos recém-chegados. Eles não tomaram nenhuma providência, como na França ou em Portugal, para levantar uma barreira racial na metrópole que impediria a entrada de africanos com ou sem seus senhores. Uma pesquisa das cartas enviadas a jornais ingleses de 1771 a 1773 mostra a pouca atenção dada a algo que era evocado pelos interesses da Índia Ocidental: haveria

---

36 Davis, *The Problem of Slavery in Western Culture*, n.20, p.239. Ver também Boxer, *Race Relations in the Portuguese Colonial Empire, 1415-1825*, p.100.

37 Wise, op. cit., p.186.

poluição do sangue ou inundação racial durante ou após as audiências do caso Somerset.

Qualquer que fosse o peso do interesse da Índia Ocidental na política britânica, ele não conseguiu institucionalizar a escravidão na metrópole. Durante as audiências, Mansfield deixou claro que, se os fazendeiros quisessem o cumprimento jurídico de suas alegações na Inglaterra, esse cumprimento teria de advir da legislação nacional. Uma sondagem feita pelos senhores caribenhos para conseguir apoio no parlamento não provocou reação alguma. A única consolação dos senhores caribenhos foi a de que Mansfield deixou intacta a instituição no estrangeiro. Isso parecia ser suficiente. Aparentemente, a decisão do caso Somerset provocou menos ansiedade nas Índias Ocidentais do que na América do Norte. Não há nenhuma indicação de que os senhores caribenhos tenham imaginado que seus governantes imperiais pudessem contemplar uma extensão do princípio da liberdade às colônias, cujo valor resultava tão somente das safras produzidas pelo trabalho escravo. Os colonos que atravessavam o Atlântico foram obrigados a se ajustar ao *status* claramente rebaixado de sua propriedade escrava na Grã-Bretanha. Sete anos após sua decisão, Mansfield foi pessoalmente informado das consequências do caso Somerset para os senhores que cruzavam a linha. Thomas Hutchinson, ex-governador de Massachusetts e um realista exilado dos Estados Unidos, informou ao chefe de Justiça que todos os americanos que costumavam levar negros à Inglaterra "abriram mão, tanto quanto sei, de suas propriedades sobre eles e, em vez disso, concordaram em pagar salários a eles, ou toleraram que se tornassem livres".[38]

As ramificações da decisão de Mansfield foram muito além de seus impactos sobre os viajantes transatlânticos. A discussão do caso rapidamente desembocou no crescente conflito entre as colônias continentais e o governo imperial. Em alguns aspectos, as colônias norte-americanas da Grã-Bretanha já tinham se afastado mais de suas correspondentes latino-americanas e caribenhas do que a Grã-Bretanha tinha se afastado dos

---

38 Carretta, op. cit., p.20.

outros Estados imperiais. O caso Somerset intensificou a reação pública das colônias do norte à escravidão, quando elas poderiam facilmente estar ocupadas com outros conflitos sobre o futuro de suas comunidades.

Desde a fundação das colônias do noroeste europeu no Novo Mundo até as vésperas da Revolução Americana, dez vezes mais europeus partiram para as colônias britânicas do que para as francesas. A brecha entre a migração inglesa e a holandesa alargou-se ainda mais.[39] Em 1770, no entanto, as colônias caribenhas britânicas eram muito parecidas com as outras colônias do noroeste europeu pelo fato de que os escravos constituíam cerca de 90% da população de todas. A maior parte das colônias britânicas do norte do continente estava em uma condição similar à das colônias da América espanhola, uma vez que os não escravos eram majoritários em suas populações. Contudo, os euro-americanos compunham a maioria esmagadora dos homens livres nas colônias norte-americanas.

Algumas colônias inglesas distinguiam-se ainda mais no Hemisfério Ocidental por terem sido fundadas quando a nação da geração dos fundadores estava devastada por um profundo conflito civil. No século XVII, nódulos de resistência ao estabelecimento da escravidão surgiram brevemente em algumas colônias britânicas.[40] Não se deve dar muita ênfase a esse desenrolar de acontecimentos do século XVII, nem aos protestos clericais do século XVI contra a escravidão latino-americana. Todas as colônias concordaram, o mais cedo possível, com a procura por trabalho submisso e contínuo para os novos povoamentos demograficamente esparsos e sem segurança. Até no caso de Rhode Island não há evidência de que a restrição à servidão perpétua fosse reforçada. Muitos anglo-americanos transatlânticos que estabeleceram prolongamentos bem radicais da liberdade inglesa na Nova Inglaterra foram levados pelo entusiasmo ao "Projeto Ocidental", de Cromwell, um esquema para adquirir fronteiras caribenhas para um império inglês tropical pela

---

39 Eltis, *Free and Coerced Migrations from the Old World to the New*, p.62, Table I.
40 Ver Donogue, Radical Republicanism in England, America, and the Imperial Atlantic, 1624-1661, cap.2-3. Para uma pesquisa comparativa de atitudes em relação à escravidão no início da colônia britânica na América do Norte, ver Davis, *Inhuman Bondage*, cap.6.

força militar. O nível da suscetibilidade colonial ao "Projeto Ocidental" é uma testemunha eloquente da contínua fragilidade do sentimento antiescravista mesmo nos momentos em que ideias radicais de igualdade humana e de fraternidade se intensificaram durante a Revolução Inglesa. Só quando a expedição vacilou é que os colonos se resignaram a viver com o "suficiente assegurado pela Nova Inglaterra, em vez da perda da sua 'inglesidade'[41] e possivelmente de sua vida, enquanto perseguiam as alardeadas riquezas dos trópicos".[42]

Contra o fato de que tanto os colonos puritanos como os quacres aceitaram silenciosamente a instituição da escravidão, deve-se notar que eles também providenciaram as esferas públicas iniciais em que o antiescravismo fez suas primeiras incursões *políticas* dentro do sistema escravista atlântico. Em sua precocidade, elas efetivamente precederam a convencional "era da revolução colonial" (entre 1770 e 1820). Suas atividades evidenciam a importância crucial dos caminhos não revolucionários para a abolição durante a era revolucionária. A reação ao caso Somerset dentro da América inglesa foi apenas uma exploração da factibilidade das sociedades euro-atlânticas sem escravidão "além da linha".

Justamente quando saiu vitorioso, depois de seu longo embate com o lorde Mansfield, em 1772, Granville Sharp deleitou-se com a descoberta de um companheiro do outro lado do Atlântico que havia trabalhado em um projeto muito mais ambicioso por quase 20 anos. Nesses anos, Anthony Benezet, da Filadélfia, havia transformado a Sociedade de Amigos local no primeiro grupo dessa denominação a definir o objetivo de interromper sua conexão com a escravidão. Por volta de 1772, ele já havia expandido sua missão para incluir a abolição da escravidão e do tráfico de escravos no Império Britânico. Na busca de um correspondente transatlântico, Benezet encontrou Sharp no mesmo dia em que Mansfield apresentou a sua decisão.[43] O contato abriu uma nova e vasta possibili-

---

41 No original, *"Englishness"*. (N. T.)
42 Ver Kupperman, Errand to the Indies: Puritan Colonization from Providence Island to the Western Design, *William and Mary Quarterly*, p.94-6. Roger Williams, em especial, estava extasiado com a empreitada de Cromwell.
43 Ver York Minster Library, Granville Sharp Letterbook; Benezet to Sharp, 14 maio 1772.

dade para ambos os abolicionistas. Mesmo que pudesse contar com todo o apoio avassalador da imprensa, Sharp temia que ele pudesse ser demasiadamente superficial e transitório. Seu apelo pessoal a dois membros proeminentes do gabinete inglês, inclusive ao primeiro-ministro, lorde North, foi ignorado. O primeiro abolicionista da Grã-Bretanha estava plenamente consciente de que era considerado excêntrico e quixotesco. Em nenhum outro lugar na classe política ele podia contar com incentivo para ações ulteriores. Os negócios coloniais e escravistas estavam alcançando alturas recordes que pareciam infindáveis. Sharp temia que, se os interesses da Índia Ocidental apelassem ao parlamento e conseguissem modificar a decisão do caso Somerset, ele talvez não encontraria "cinquenta homens justos" em Londres que estivessem dispostos a assinar uma petição contra essa possível providência.

Assim, Sharp entusiasmou-se com as notícias de Benezet de que entre 20 mil e 30 mil pessoas de Maryland e da Virgínia poderiam espontaneamente assinar uma petição ao parlamento para suspender importações posteriores de escravos. Uma petição lançada pelas colônias escravistas da América do Norte seguramente "prepararia as bases para a proibição total do mais abominável ramo do comércio africano, a compra e a venda de seres humanos".[44] A única recomendação de Sharp a Benezet foi a de que ele tomasse cuidado para restringir a petição ao tráfico de escravos e a enviasse ao rei para evitar o reconhecimento da autoridade do parlamento sobre as próprias colônias.

Ao conceber esse plano inovador, Sharp estava recorrendo a um repertório antigo de ação coletiva das sociedades civis de ambos os lados do Atlântico. Os súditos britânicos consideravam o direito de petição como um direito fundamental, e o colocavam ao lado das assembleias representativas, de um forte governo local, da pluralidade das comunidades religiosas, das abundantes associações voluntárias e dos jornais. A petição constituía uma arma da esfera pública que o abolicionismo anglo-americano usaria intensamente no século seguinte.

---

44   Ibid., Sharp to Fothergill, 27 out. 1772; Sharp to Benezet, 21 ago. 1772; Brown, op. cit., p.87-91.

A carta de Benezet a Sharp também dava a entender que naquele mesmo momento estavam emergindo algumas correntes independentes do movimento na América, que se sobrepunham a ele. O próprio Benezet era um líder do movimento quacre americano contra a escravidão e contra o tráfico de escravos. Benezet foi um pioneiro ao transformar o desenvolvimento do movimento de uma posição que o limitava às censuras religiosas para outra que tinha uma visão transatlântica mais ampla. A carta de Benezet a Sharp também aludia sutilmente à principal advertência de sua petição política potencialmente poderosa. O povo das colônias escravistas de Chesapeake estava convencido, ele observou, "da inconveniência da iniquidade de alguma importação posterior de negros, senão de toda ela".[45]

A palavra "inconveniência" resumia a ideia-chave das considerações que induziram a Virginia House of Burgesses,[46] completamente independent dos quacres, a exigir repetidamente e, no fim das contas, unanimemente a cessação das importações de escravos. Alguns dos legisladores enfatizavam as considerações de segurança. Outros, a falta de incentivos, causada pelas importações de escravos, para que os brancos diversificassem a economia. Havia também os que estavam incomodados com a dificuldade que uma grande proporção de escravos africanos colocaria ao desenvolvimento de uma comunidade que desejava se construir de acordo com a imagem das sociedades livres inglesas do outro lado do Atlântico. Todos os argumentos convergiam para um ponto que ecoaria na Virgínia durante a era da revolução. Já havia negros em demasia na colônia. Uma interdição das importações ajudaria a diminuir a presença negra na região. Muitos daqueles que se opunham ao tráfico de escravos diferenciavam cuidadosamente suas conveniências vantajosas de algum ataque à propriedade de pessoas.

De fato, algumas iniciativas coloniais similares pré-revolucionárias dos nortistas foram deixadas na mesa porque seus movimentos não eram

---

45 Ver Jackson, op. cit., p.150-2; Brookes, op. cit., p.292.
46 A "Casa dos Burgos da Virgínia", fundada no início do século XVII, foi a primeira casa legislativa das colônias inglesas na América. (N. T.)

suficientemente claros a ponto de fazer uma distinção entre o futuro e os direitos já adquiridos sobre pessoas.

Uma terceira corrente do antiescravismo surgiu ao norte de Chesapeake, onde a escravidão era significativa como componente demográfico da população e econômico da riqueza da área. O clero evangélico pré-revolucionário e alguns luminares seculares de Boston à Filadélfia convertiam os discursos sobre os direitos religiosos e políticos em petições, em sermões e na ação política contra o tráfico de escravos. Antes de 1774, os apelos para a ação política contra o tráfico necessariamente demandavam a proibição de importações posteriores dos escravos por colônias particulares. Na Nova Inglaterra, com a menor presença negra e com as redes mais altamente desenvolvidas de governo local do continente, os habitantes podiam orientar seus representantes para que apoiassem iniciativas antiescravistas em suas respectivas assembleias. Os legisladores de Massachusetts igualavam-se a seus equivalentes da Virgínia nas sucessivas reivindicações para interditar a importação.

Na Nova Inglaterra, os negros iniciaram, pela primeira vez, uma campanha pública coletiva para abolir a escravidão. O significado da decisão de Mansfield como um catalisador é o mais impressionante, visto que a vitória de Somerset parece ter incentivado a primeira petição contra a escravidão. Nos fins dos anos 1760, ele havia sido escravo em Boston, quando seu senhor era o coletor-geral das alfândegas. Não há indicação de que a Nova Inglaterra tenha dado algum apoio para que Somerset tentasse conseguir a liberdade. Em 1773, no entanto, os escravos de Massachusetts tiraram ampla vantagem de sua localização em uma região da América onde sua presença oferecia pouca ameaça à ordem social e lhes dava acesso mais fácil aos meios de ação política. Assim que viram uma abertura, imediatamente empregaram todos os mecanismos e ideias disponíveis: organizaram comitês, petições e recorreram à ideologia da liberdade e dos direitos naturais.[47]

Por volta de 1774, os vetos imperiais às restrições do tráfico de escravos estavam sendo adicionados à longa lista de rancores contra a In-

---

[47] Sobre Somerset em Massachusetts, ver Wise, op. cit., p.4-5. Ver também Brown, op. cit., p.105-7.

glaterra. A ação contra a importação de escravos era suficientemente consensual, a ponto de o primeiro Congresso Continental adicioná-la à lista de suas sanções econômicas contra o comércio britânico. Contudo, a condenação moral do tráfico de escravos era tão carregada de implicações sobre o futuro de toda a instituição que a forte linguagem moral de Jefferson, condenando o encorajamento imperial ao tráfico de escravos, foi excluída da lista de tiranias enumeradas na Declaração de Independência. Como no caso da petição de Benezet, proposta dois anos antes, o Congresso Continental teve bastante liberdade de ação baseada na conveniência para incluir os escravos africanos na lista de boicotes a mercadorias britânicas importadas. Uma dimensão do alcance dessa ação foi especialmente significativa.

Cumulativamente, todas essas correntes pré-revolucionárias da atividade antiescravista produziram um desgaste do conceito que havia relegado o mundo do outro lado do Atlântico à tolerância pública da escravidão. A América inglesa já continha atores que coletivamente se moviam na direção da procura de maior autonomia sob o guarda-chuva das instituições políticas e legais da Grã-Bretanha. Os movimentos contra o tráfico de escravos indicavam um impulso político para apagar a principal anomalia entre os dois lados do Atlântico. Na Grã-Bretanha, as decisões dos casos Somerset e Knight traçaram um limite definitivo à expansão potencial da instituição. No continente norte-americano, a decisão estimulou a ação posterior para limitar o aumento da escravidão em uma zona penetrada pela instituição durante muito tempo.

Qual foi a importação dessa agitação em ambos os lados do Atlântico anglo-americano no período precisamente anterior à Revolução? É tentador dar ênfase a suas realizações muito limitadas, que significaram pouco mais que um prenúncio de uma era de transformação. Talvez, sem as revoluções que a sucederam, essa saraivada de ações não tivesse passado de efusões intermitentes de ultrajes, como as de intelectuais como Las Casas.[48] Elas provavelmente teriam sido ainda menos ameaçadoras

---

48 Vale a pena notar que houve poucas expressões de temor à revolução servil nas discussões sobre a escravidão antes da Revolução Francesa. Apesar de três séculos de conspirações intermitentes, tanto

à instituição da escravidão que as erupções de revolta e as comunidades de escravos fugitivos – os *palenques*[49] na América espanhola e os quilombos no Brasil. Teriam sido, certamente, menos desafiantes que a revolta de escravos em Berbice, na Guiana Holandesa, em 1761.[50] Para nossos

---

a bordo dos navios negreiros como nas grandes lavouras coloniais, não houve indicação de que a fé dos donos de escravos na longevidade do sistema tenha sido abalada ou corroída pela ameaça da insurreição. Alguns escritores que defendiam o tráfico de escravos, como a elite francesa, estavam tranquilos com a ausência de recentes sublevações escravas massivas no Caribe. Nos princípios da primeira campanha abolicionista nacional britânica, o correspondente de um jornal antiabolicionista tinha a certeza de que os escravos africanos jamais poderiam se organizar para uma sublevação duradoura.

49 Na América colonial espanhola, a palavra *"palenque"* tinha um significado corresponde ao de "quilombo" no Brasil, assim como *"palenquero"* correspondia a "quilombola". (N. T.)

50 Por 200 anos, grande parte da historiografia da abolição tem seguido a afirmação de 1808 de Thomas Clarkson sobre o impacto da Revolução Americana: "Enquanto a América pertenceu a nós, não havia chance de que um ministro pudesse cuidar das lamentações dos filhos e filhas da África, embora pudesse compadecer-se de suas aflições [...]" Dessa perspectiva, a cisão do império removeu "um impedimento insuperável para aliviar esse povo desafortunado". (Clarkson, *Essay on the Impolicy of the African Slave Trade*, p.34.) Sua conclusão foi ecoada pelos historiadores, de Williams, em seu clássico *Capitalism and Slavery* a Brown, no *Moral Capital*. Brown monta um cenário contrafatual. Ele imagina uma revolução estritamente evitada e um império anglo-americano unido. Nesse caso, mesmo que tivessem surgido mais tarde do que quando efetivamente ocorreram, o abolicionismo e a emancipação estariam associados com a ameaça de desunião imperial e com o "governo autoritário [britânico] em vez de estarem associados à unidade nacional, ao prestígio moral e ao avanço da liberdade". Nessa história "alternativa" da Revolução Americana, vale notar que a linha de argumento de Brown destaca o significado de curta duração dos eventos, da contingência e da ação na América, na África e na Grã-Bretanha como o *sine qua non* do avanço abolicionista. Consequentemente, ele reduz o impacto da estrutura e da *longue durée* [longa duração] a um papel muito modesto: desenvolvimento econômico, mudança dos padrões de comunicação e de informação e sensibilidade em relação à brutalidade em ambos os lados do Atlântico. O choque violento da Revolução Americana abriu fortuitamente uma oportunidade para o abolicionismo na década de 1780 que, de outra forma, poderia ter aparecido somente muito mais tarde, ou talvez nunca. Nesse cenário, se a unidade do Império Britânico postergasse a emergência do abolicionismo até mesmo por quatro anos, ou seja, para 1791 em vez de 1787, o antiescravismo teria sido associado somente com as sangrentas revoluções da França e de São Domingos e não com o patriotismo britânico e com o cristianismo. Qual, então, "teria sido o destino dos impulsos antiescravistas ao redor do mundo atlântico durante o século XIX sem o apoio ideológico fornecido por movimento antiescravista firmemente estabelecido nas ilhas britânicas, sem sua reputação de excelência moral e sem seu sucesso evidente?" (Brown, op. cit., p.455-61). A oportunidade para o antiescravismo britânico, atlântico e global fora, portanto, fortuita, efêmera e frágil. David Brion Davis também fez uma incursão contrafatual na história do antiescravismo sem a Revolução Americana. Ele nota que no rescaldo da Guerra dos Sete Anos houve um relativo declínio da importação de escravos pela América do Norte e um consequente declínio proporcional dos escravos negros nas colônias continentais do norte. Nota também que os impulsos políticos para constranger ou para pôr fim às importações ulteriores de escravos se valeram tanto do trabalho urbano quanto do racismo colonial: "Mesmo que a Carolina do Sul tivesse se aliado com a Jamaica e com as outras ilhas das Índias Ocidentais", argumenta Davis, "a opinião pública

propósitos, é heuristicamente proveitoso fazer uma pausa e considerar o que a Revolução Americana interrompeu, e, portanto, o que poderia ter acontecido se alguma reconciliação fosse efetuada por uma negociação anglo-americana antes da batalha de Lexington. Comparado com qualquer período anterior, o número de palavras e escritos que questionam o sistema escravista atlântico britânico expandiu-se depois de 1770. A expansão anglo-americana além da Proclamação de 1763 foi descumprida, mas não maciçamente. As condições do estabelecimento futuro das fronteiras certamente ainda não tinham sido determinadas. Como mostraram muitas legislaturas coloniais, a restrição ao tráfico negreiro já era prioritária em relação à maximização da importação posterior de africanos escravizados. No lado oeste do império anglo-americano, o tráfico de escravos já era uma questão altamente politizada antes que o primeiro tiro fosse disparado em Lexington. Alguns americanos estiveram à testa do desafio ao *status quo* da instituição: clérigos e americanos africanos na Nova Inglaterra, quacres e radicais nas colônias do meio e donos de escravos aristocratas em Chesapeake. No lado oriental do Atlântico, a ação pública havia se concentrado na presença negra na

---

britânica teria sido incalculavelmente fortalecida pela divisão entre as colônias escravistas". Além do mais, a alta taxa de aumento natural da população escrava teria valorizado enormemente os argumentos dos oponentes britânicos do tráfico atlântico. (Ver Davis, *Slavery and Freedom in the Age of Revolution*, p.262-82, esp. 266-7.) Davis estende seu argumento contrafatual para bem dentro do século XIX. Ele incorpora as conquistas britânicas subsequentes no Caribe e do outro lado do Mississipi. O cenário de Davis põe fim ao resultado dual. O primeiro é uma conjectura plausível de que a contínua unidade imperial teria *acelerado* a supressão internacional do tráfico de escravos africanos e retardado a expansão da escravidão em direção ao oeste nas Américas. Por outro lado, a unidade teria evitado a emancipação nas Índias Ocidentais britânicas em 1833, eliminado a possibilidade de zonas de "solo livre", segundo o modelo das determinações legais do noroeste, e protelado a emancipação por gerações. Essa segunda predição parece muito menos empolgante. Na ausência da união colonial que deu origem aos Estados Unidos, os nortistas poderiam ter-se tornado iguais ou mais agressivos do que os bretões quando faziam campanha a favor do confinamento territorial da escravidão no continente norte-americano e também no Caribe. Em todo o caso, a especulação temporal sobre os resultados em mais de uma geração além de 1755 parece intrinsecamente arriscada. Se a Guerra Revolucionária Americana nunca tivesse ocorrido, o que seria do *timing* de Brown da Revolução Francesa ou da subsequente erupção da revolução escrava de São Domingos – uma convulsão política tão singular em suas magnitudes como em suas consequências? Nesse sentido, tanto o cenário de Brown quanto o de Davis têm uma conclusão comum. Sem a Revolução Americana, a emancipação no Novo Mundo teria sido atrasada e provavelmente teria ocorrido até mesmo com maior violência.

metrópole. Com a ajuda de Sharp, os negros tinham voltado a atenção pública para o *status* dos escravos coloniais na ilha. De qualquer modo, o interesse público na escravidão permanecia mais alto do que antes da decisão do caso Somerset.

Foi na América do Norte que o tráfico se tornou primeiramente uma questão política. Benezet entrou em contato com Sharp em 1772 e solicitou ao inglês que apresentasse a questão do tráfico negreiro ao governo britânico. Sharp apelou diretamente, e em vão, tanto ao primeiro-ministro quanto ao secretário de Estado, que era evangélico, em favor das colônias americanas. Também foi Benezet quem recorreu em vão a sua própria rede religiosa quacre transatlântica para que fosse aberta uma frente metropolitana contra o tráfico de escravos. Os amigos[51] ingleses respeitosamente reimprimiram uma grande quantidade de exemplares do livro *Advertência à Grã-Bretanha e às suas colônias*, de Benezet, e distribuíram-no a todos os membros do parlamento e aos comerciantes de Londres e de Liverpool. Eles discretamente despacharam uma delegação para a Junta de Comércio Inglesa em apoio às petições coloniais. Mas os amigos ingleses, como Christopher Brown convincentemente observou, não tentaram apresentar uma petição em separado contra o tráfico de escravos nos anos antes de Lexington. Os amigos britânicos não se movimentaram durante quase uma década.

Na troca de correspondência entre Benezet, Sharp e os quacres ingleses, foram os filadelfienses que esquadrinharam as colônias em busca do apoio público que Sharp tão inutilmente ansiava obter. Sharp não via por quais meios ele poderia derrubar o muro de indiferença ao tráfico que parecia impregnar tanto a elite quanto o governo da Inglaterra. É igualmente importante notar que Benezet não dirigiu suas atenções para o norte, para a Nova Inglaterra, à procura de assinaturas potenciais. Em vez disso, voltou-se para o sul, onde a oposição ao tráfico de escravos estava surgindo tanto fora da oposição política à importação de mais africanos como à importação de mais escravos. Daí em diante, o anties-

---

51 No original, "*friends*"; os quacres pertenciam a uma denominação chamada de Sociedade dos Amigos. (N. T.)

cravismo na América teve de firmar inexoravelmente sua conduta entre a antipatia pela servidão como corrosiva de uma comunidade baseada na liberdade individual e a antipatia pelos cativos como uma ameaça alienígena a uma comunidade idealmente formada exclusivamente por euro-americanos.

Para a Grã-Bretanha, a Revolução Americana inicialmente aprofundou a linha entre a liberdade e a escravidão no Império Britânico. O abolicionismo político britânico, quando surgiu, depois da guerra, perdeu aquilo que Sharp tinha prezado muito: todo o peso do apoio político norte-americano para cortar o tráfico de escravos. Em vez de ser, como Clarkson imaginava, uma bênção providencial ao abolicionismo britânico, a perda das colônias continentais depois de 1775 pode muito bem ter sido uma perda para o antiescravismo em ambos os lados do Atlântico. Os norte-americanos que se opunham ao tráfico de escravos perderam o peso potencial inestimável de um poderoso "Estado livre". O surto de hostilidades dramaticamente subordinou a questão da escravidão a outras prioridades. Os americanos e seus aliados britânicos concentraram-se na hipocrisia britânica de sancionar o tráfico de escravos. Os legalistas e apoiadores dos britânicos concentraram atenção polêmica na hipocrisia da confederação americana em proclamar a liberdade, mas sancionar a escravidão. Na Grã-Bretanha, o antiescravismo teve uma redução dramática como questão saliente tanto durante os arrogantes anos iniciais da guerra como em seus desanimados anos finais.[52] Tampouco a escravidão retornou à esfera pública com a assinatura de um tratado de paz.

Isso nos faz voltar às fundações estruturais do abolicionismo em ambos os lados do Atlântico. Para explicar a emergência do abolicionismo nos fins do século XVIII, é importante não se fixar no embate dramático de armas e ideias. Sua base assenta-se menos nas circunstâncias propiciadas por desafios oportunistas do que nas mudanças nas costas americanas do século XV ao XVIII. Por volta de 1750, verifica-se o ponto alto do processo de declínio, iniciado séculos antes, de certos elementos

---

52   Brown, op. cit., p.182-96.

coercitivos no quadrante nordeste do Atlântico. No lado noroeste da Europa, associações tinham opções para agir contra governantes e elites que não existiam para a maioria dos não europeus do mundo ultramarino. Isso se expressou na aceitação geral dos direitos de propriedade de uma pessoa sobre seu próprio trabalho. Ela significava que até mesmo onde a coerção sobre o corpo de uma pessoa e a coação a seus bens eram social e legalmente toleradas sob certas circunstâncias, esses constrangimentos eram considerados como provenientes de um contrato. O sentido do contrato estendia-se às relações sociais e políticas, inclusive às relações entre o povo e o governante. Na maior parte da Europa Ocidental do século XVIII, ser um cidadão pleno significava ter direitos sobre si mesmo em relação ao mercado, à lei, à família e ao Estado.

Três mudanças desencadearam tensão. Dado o rápido crescimento das economias do Novo Mundo, das populações e das sociedades seguras, era inevitável que os habitantes da Europa do Hemisfério Ocidental começassem a contemplar seus povoamentos não só como postos militares excepcionais, mas como comunidades que podiam autonomamente governar seus futuros. Contudo, as que mais desejavam reproduzir, e até mesmo executar e superar as normas das sociedades do Velho Mundo, tinham de se conformar com o que para elas era uma instituição peculiarmente brutal e cognitivamente dissonante. Para as colônias britânicas norte-americanas, imbuídas nas tradições do Direito Consuetudinário que persistiu antes e depois de suas guerras de independência, era inevitável que a decisão do caso Somerset estimulasse a discussão entre os cidadãos e entre os escravos que estava em curso de redefinição de suas relações com a Europa.

As discussões sobre a escravidão e a autonomia e sobre os direitos individuais e políticos, que se intensificaram antes da revolução, teriam permanecido em pauta se a relação entre a Inglaterra e a Nova Inglaterra em particular, e as colônias do norte em geral, resolvessem seus conflitos como domínios autogovernados sem plena independência ou se nada disso ocorresse. As colônias de Chesapeake, preocupadas com a proporção e o futuro dos negros dentro de suas constituições políticas, teriam continuado a levantar questões inevitáveis sobre a disposição de números massivos de africanos que viviam entre elas, fazendo ou não a independência da Grã-Bretanha.

No que diz respeito aos bretões, os norte-americanos provavelmente os fariam enfrentar a questão do tráfico de escravos o mais cedo possível. A guerra de independência americana efetivamente rompeu uma crescente discussão pública sobre a escravidão transatlântica e sobre as obrigações morais do império em geral. Como veremos, o padrão subsequente das reações abolicionistas e antiabolicionistas em todo o Atlântico surgiu em contextos que favoreciam confrontos sobre o tráfico de escravos e a escravidão. O desenvolvimento diferencial da Europa Ocidental e do Hemisfério Ocidental, que se mantivera em equilíbrio por quase três séculos depois das viagens de Colombo, não podia permanecer indiferente para sempre aos impulsos que contrabalanceavam a integração.

5
A era da Revolução Norte--Americana, da década de 1770 à de 1820

O movimento de escravos negros para a Europa ilustra apenas uma das maneiras pelas quais a expressão de longa data do sentimento antiescravista começou a se juntar com as questões legais e políticas em um momento potencialmente explosivo. As mudanças em ambos os lados do Atlântico demandavam atenção crescente às tensões inerentes a um sistema que, simultaneamente, subvertia e sustentava a escravidão europeia no ultramar. Durante o meio século que se seguiu a 1775, o mundo mudou em alguns aspectos que tiveram impacto fundamental no futuro da escravidão. Uma série de mudanças pôs à prova o equilíbrio requerido pela instituição da escravidão nas Américas.

A mudança extraordinária do mundo atlântico durante o meio século seguinte a 1775 deu-se com a exitosa eliminação da divisão assimétrica do poder entre o Velho Mundo e o Novo Mundo, da dominação de um lado e da dependência de outro. Em todo o continente das Américas, a maioria das antigas colônias separou-se de suas fontes originais de proteção e de comando. Ao se constituírem como nações independentes, cada nova formação política teve de levantar questões acerca das fronteiras da cidadania e da liberdade individual.[1] Em ambas as pontas do Atlântico, pessoas exploraram oportunidades para expandir os princípios e as práticas da liberdade civil e das instituições representativas.

Antes de 1770, a maioria das populações europeias tinha estado relativamente separada da governança das povoações ultramarinas de suas nações. Os europeus que se beneficiavam mais diretamente do sistema escravista do Atlântico eram também os que tinham acesso mais privilegiado à atenção dos governantes imperiais. A magnitude e o dinamismo da instituição da escravidão haviam criado grupos abastados profundamente interessados em sua preservação: cortes monárquicas e administradores coloniais; comerciantes metropolitanos e negociantes de escravos; administradores de grandes lavouras e proprietários de terras; seguradores, importadores, exportadores e processadores de produtos tropicais. A escravidão também obteve o consentimento, em ambos os lados do Atlântico, de uma grande quantidade de pessoas que tinham razões para esperar sua continuidade: os envolvidos na produção de mercadorias direcionadas para os empreendimentos econômicos escravistas e os trabalhadores na terra e no mar que transportavam mercadorias ou pessoas através do oceano.

Finalmente, uma ampla rede de negociantes, artesãos, marinheiros e consumidores deram boas-vindas às novas oportunidades que fluíam para a Europa, a África e as Américas. Os governantes europeus permaneciam ideológica e economicamente inseridos em um complexo mercantilista que prometia vantagens para participações bem-sucedidas e desvantagens para os que o ignorassem. Como vimos no caso do orientalista Johann David Michaelis, até mesmo professores alemães discutiam projetos de grandes lavouras escravistas em seus sonhos. Para muitos agentes imperiais menos utópicos, as colônias escravistas eram imaginadas como um viveiro para futura expansão e como bens materiais que

---

1 Blackburn, *The Overthrow of Colonial Slavery, 1776-1848*. Esse reexame não se limitou ao Novo Mundo.

ofereciam ganhos ou perdas no fim dos frequentes conflitos intraeuropeus. Em tempo de guerra, qualquer nação poderia encorajar escravos fugitivos com promessas de liberdade. Não houve precedentes de libertações de escravos inimigos em grande escala antes de 1775.

A segunda mudança fundamental que afetou a escravidão atlântica depois de 1775 foi a intromissão dos conflitos no Atlântico e no Novo Mundo dentro da instituição da escravidão. A conclusão de David Geggus sobre a violência no Caribe entre 1789 e 1815 pode ser aplicada às Américas como um todo durante o meio século anterior a 1825. Além das campanhas empreendidas pelas nações imperiais, ocorreram conflitos principalmente entre três grupos sociais e também dentro deles – "escravos que procuravam a liberdade, homens de cor livres que combatiam a discriminação racial e brancos que procuravam manter um *status* especial ou ganhar autonomia ou independência".[2]

Da perspectiva da ação dos escravos, é claro que a resistência tinha começado séculos antes dos anos 1770, e a rápida expansão da imprensa anglo-americana coincidiu com a frequência crescente de revoltas a bordo de navios negreiros durante o século XVIII. Com efeito, os pesquisadores têm estimado que a resistência africana a bordo de navios negreiros reduziu a magnitude potencial do tráfico de escravos em cerca de 1 milhão de africanos durante o curso de mais de três séculos.[3] Contudo, qualquer que tenha sido seu impacto sobre a consciência euro-americana, a resistência escrava no meio do caminho não diminuiu de forma significativa o incentivo aos negócios com escravos. As revoltas a bordo de navios atingiram um pico na geração que antecedeu 1775 e, em seguida, declinaram constantemente. No primeiro quartel do século XIX, a taxa dessas revoltas tinha alcançado seu nível mais baixo desde o

---

2   Geggus, War and Revolution in the Greater Caribbean, 1789-1815, *A Turbulent Time:* the French Revolution and the Greater Caribbean, p.1-50.
3   Ver Behrendt, Eltis e Richardson, The Costs of Coercion, *Economic History Review*, p.454-76; Richardson, Shipboard Revolts, African Authority, and the Atlantic Slave Trade, *William and Mary Quarterly*, p.69-92. Sobre a resistência escrava comparativa no mundo do Oceano Índico, ver Campbell e Alpers, Introduction: Slavery, Forced Labour and Resistance in Indian Ocean Africa and Asia, *Slavery and Abolition*, p.ix-xxvii.

século XVII.⁴ A expansão do tráfico atlântico de escravos e do complexo das grandes lavouras escravistas foi mantida até mesmo durante o pico de uma relativamente alta resistência a bordo. As insurreições de mestiços a bordo dos negreiros foram virtualmente inexistentes antes de 1775 e durante o século seguinte.

Em toda a América pré-revolucionária, as fugas e as rebeliões de escravos enfrentaram a mesma barreira que evitava que elas tivessem impacto institucional. A revolta de escravos mais bem-sucedida nas Américas antes das revoluções franco-caribenhas da década de 1790 ilustra esse ponto. Em 1763, o levante escravo na Berbice holandesa balançou as fundações reais da colônia. Como na maioria das revoltas a bordo de navios negreiros, a rebelião pretendia aniquilar os escravizadores brancos. Embora os holandeses quase tenham sido arremessados no mar, o tempo esteve a favor deles. Os colonos receberam suprimentos dos Países Baixos e das povoações coloniais vizinhas. Ajudadas pelas divisões dentro das fileiras de insurgentes e por nativos americanos hostis, as autoridades coloniais finalmente esmagaram a revolta. A brutalidade foi extraordinária em ambos os lados. Mulheres e crianças dos fazendeiros brancos foram despedaçadas diante dos olhos de seus maridos e pais. Escravos derrotados foram assados vivos. O padrão horripilante de reciprocidade

---

4   Ibid., p.467, figure 2. Esse quadro mostra a "distribuição relativa das viagens que experimentaram incidentes violentos e de todas as viagens com o passar do tempo". Parece que durante as três gerações anteriores a 1775 (1701-1775), quando a incidência de revoltas atingiu o seu pico, 4,7 milhões de africanos haviam sido embarcados para o meio do caminho. Na geração que se seguiu à "era da revolução", a taxa de revoltas de escravos por viagem atingiu seu nível mais baixo nos dois séculos de tráfico de escravos. As revoltas de escravos, como se pode demonstrar, aumentaram o custo dos negócios com escravos. Elas reduziram significativamente o número de escravos que chegariam ao Novo Mundo. Parece improvável, no entanto, que tenham desempenhado o papel de fazer com que os negociantes de escravos abandonassem o negócio entre 1775 e o fim do tráfico, em 1867. David Eltis situa o pico das revoltas de escravos no período de 1750 a 1794, mas destaca, particularmente dentro desse período, os 12 anos de 1766 a 1777 como os do pico da resistência escrava bem-sucedida (*The Rise of African Slavery in Americas*, p.232). Se o pico esteve entre 1766 e 1777, ou mais extensamente entre 1750 e 1794, houve uma curiosa redução das insurreições no começo da era da revolução. Se as revoltas a bordo de navios aumentaram substancialmente os custos do tráfico, a ameaça de insurreições decresceu com a diminuição das revoltas perto do fim do século XVIII. Essa queda acelerou-se no século XIX.

e a ausência de misericórdia provavelmente refletiram as expectativas limitadas e os temores maximizados que cada lado tinha do outro.

Antes de 1775, a zona da lavoura açucareira caribenha reproduziu parcialmente um navio negreiro ao manter o relativo isolamento dos escravos dentro de uma colônia, impedindo-os de manter contato com a colônia vizinha. Uma conspiração escrava ou um levante em uma ilha normalmente seriam suprimidos antes que chegassem a ser conhecidos em outros lugares. Ao contrário dos escravos, os europeus e aliados de cor livres podiam contar, em geral, com a ameaça da força ou do socorro externo. As similaridades raciais entre os livres e os escravizados geralmente não suplantavam as divisões de *status* e etnicidade. As comunidades de fugitivos raramente representaram uma ameaça significativa à instituição da escravidão antes de 1775.

A perspectiva imperial britânica sobre a escravidão, a guerra e a revolução

O trabalho para erodir a escravidão em uma parte do império anglo-amcricano já havia sido efetuado antes do conflito armado que eclodiu em 1775. Como foi observado no Capítulo 4, os anglo-americanos compartilhavam uma herança civil e política. Nos dois lados do Atlântico, orgulhavam-se de suas instituições políticas representativas e da herança do Direito Consuetudinário, os quais protegiam o direito individual dos súditos nascidos livres da coerção estatal arbitrária. Com uma abundância relativa de jornais, os anglo-americanos também compartilhavam a rede de comunicações mais amplamente difundida e menos censurada do mundo. Eles possuíam uma série de redes voluntárias e religiosas que os colocava na vanguarda de um mundo associativista emergente. Em resumo, os anglo-americanos compartilhavam a esfera pública mais altamente desenvolvida da face da terra.

De qualquer maneira, no que diz respeito à escravidão e ao tráfico de escravos, o império anglo-americano apresentava em 1770 um largo espectro de envolvimento, mais do que um legado compartilhado.⁵ Em um extremo, as economias das colônias britânicas da Índia Ocidental eram praticamente dependentes da escravidão. Com populações com mais de cinco sextos de escravos, as ilhas caribenhas tiveram uma proporção mais alta de escravos para indivíduos livres do que a de qualquer outra sociedade escravista da história humana. Por causa de uma alta taxa de mortalidade entre os escravos, as ilhas eram também inteiramente dependentes de um contínuo suprimento transcontinental de cativos novos para manter e aumentar suas lavouras de açúcar. Só depois da supressão do tráfico de escravos britânico, em 1807, é que os negociantes de escravos e os fazendeiros britânicos mostraram algum interesse político na supressão do tráfico atlântico.

O continente norte-americano também tinha economias administradas por britânicos que eram pesadamente, se não esmagadoramente, dependentes da instituição da escravidão. Nas colônias de Maryland para o sul, pelo menos um terço da população era escravizada. Nas colônias continentais situadas no extremo sul, os escravos representavam cerca da metade, ou mais, dos habitantes (61% na Carolina do Sul e 46% na Geórgia). Comprometidas como estavam com a escravidão, essas colônias diferiam das do Caribe em um importante aspecto demográfico. Os escravos nascidos na América do Norte perfaziam 22% da população escravizada das 13 colônias. O crescimento da instituição dependia mais do crescimento natural da população escrava do que de novos cativos estrangeiros. Já em 1740, os escravos nativos "crioulos" eram a maioria da população escrava. Na véspera da revolução, representavam mais de dois terços da população escrava.⁶

Nas colônias britânicas a norte de Chesapeake, os escravos totalizavam menos de 10% dos 460 mil habitantes das colônias continentais. A porcentagem de escravos nas populações dessas colônias variava de 11% em Nova York a 0,1% em New Hampshire. Nas colônias da Nova Ingla-

---

5   Conto aqui e na nota seguinte com o censo de John James McCusker, em *The Rum Trade and the Balance of Payments of the Thirteen Continental Colonies, 1650-1775*, Ph.D. dissertation, Apêndice B, p.548-716. Ver Brown, *Moral Capital*, p.120-2.
6   Ver Fogel, Revised Estimates of the U. S. Slave Trade and the Native-Born Share of the Black Population, *Without Consent or Contract*, p.53-8; Table 4.3, p.56-7.

terra, a presença de escravos tinha um impacto menor. Mesmo assim, elas estavam profundamente envolvidas com a escravidão nas Índias Ocidentais como fornecedora de mercadorias ao sistema da grande lavoura escravista e também como transportadora, processadora e consumidora de produtos coloniais básicos.

Do outro lado do Atlântico, milhares de negros residiam na Grã-Bretanha em 1770. Eles representavam 0,01% da população, ou um décimo da proporção de New Hampshire, o povoamento com a mais baixa proporção de afro-americanos nas colônias britânicas. De outro lado, os súditos da Grã-Bretanha metropolitana dominavam o tráfico de escravos do império. Na geração anterior à Revolução Norte-Americana, os negociantes britânicos de escravos foram responsáveis pelo transporte de 800 mil cativos, ou 90% da fração anglo-americano do tráfico transatlântico.[7] A vitória esmagadora dos ingleses na Guerra de Sete Anos abriu a porta para conflitos sobre o governo e sobre a expansão dentro dos povoamentos continentais, que cresciam rapidamente. Dos três grupos sociais influenciados pelo desenvolvimento do antiescravismo nas Américas, os homens de cor livres perfaziam o menor número na América do Norte. Alguns negros livres seriam incorporados às forças que lutariam em ambos os lados do conflito, mas tiveram um papel relativamente pequeno para afetar o futuro da instituição da escravidão ou do tráfico de escravos.

Os debates sobre a escravidão variaram nas diferentes partes do império. Na Grã-Bretanha, o interesse despertado pelo caso Somerset e pela agitação colonial a favor da abolição do tráfico de escravos depois de 1772 foi afetado negativamente pela explosão das hostilidades. Os simpatizantes da supressão imperial denegriam os patriotas americanos ao considerá-los hipócritas e solicitavam a redução da opressão britânica para que eles tivessem liberdade de açoitar seus escravos. Nas famosas palavras de Samuel Johnson, os gritos americanos por liberdade eram "berros por liberdade" dos "feitores dos negros".[8] Nos círculos mais al-

---

7   Ver Transatlantic Slave Trade Database – TSTD.
8   Ver Brown, op. cit., p.120-2.

tos da sociedade e da política, os polemistas antiamericanos evitavam qualquer menção aos bretões, que detinham uma propriedade copiosa de seres humanos e tinham dado preeminência ao Império Britânico, como negociantes de escravos ou como proprietários de escravos no mundo atlântico. Por outro lado, os amigos da América tendiam a evitar referências à questão da propriedade de escravos por americanos. Como defensores da autonomia das colônias continentais, eles denunciavam particularmente a hipocrisia dos bretões, que zombavam dos apelos coloniais por liberdade, ao passo que seus concidadãos efetuavam o maior tráfico de escravos do mundo.

Como as questões relativas a escravos estavam embutidas nas polêmicas políticas, os panfletos antiescravistas virtualmente desapareceram da esfera pública. O desafio americano à Grã-Bretanha, incluindo a proibição do Congresso Continental a novas aquisições de escravos nascidos britânicos na África, provocou apenas uma sugestão do parlamento que visava a tirar vantagem das grandes populações escravas das colônias. Em outubro de 1775, William Lyttelton identificou o sul como um elo fraco das colônias revoltosas "por causa do número de negros". O ex-governador da Carolina do Sul e da Jamaica sugeriu que uns poucos regimentos seriam suficientes para provocar o levante dos escravos, "encharcando suas mãos com o sangue dos senhores". O parlamento pôs de lado a sugestão. A proposta dramática de Lyttelton foi dispensada por ser demasiadamente "horrenda" e "perigosa" para ser colocada em prática por qualquer um dos lados.[9]

A "insurreição servil" era mais vigorosamente invocada por aqueles que se opunham à política antiescravista do governo britânico. Bem antes da eclosão de hostilidades, Edmund Burke fizera uma advertência contra qualquer tentação de ir de encontro ao espírito libertário da Virgínia pela declaração da emancipação geral de seus escravos. De acordo com sua observação, medidas britânicas desesperadas desencadeariam contramedidas desesperadas. Os donos de escravos americanos poderiam

---

9 *Cobbet's Parliamentary History*, v.18, 15 out. 1775, colunas 733 e 747. Discursos dos governadores Lytton e Johnstone.

tentar igualar as proclamações britânicas de emancipação com os toques de seus próprios clarins nas Índias Ocidentais.[10] Enquanto a fundamentação lógica para suprimir a revolução visava a reintegrar compatriotas bretões no seio do império, o governo estava embaraçado pelas acusações de que até servos hessenos estavam sendo usados para escravizar outros compatriotas bretões. A emancipação em massa teria sido equivalente a uma política de terra arrasada contra seu tráfico de escravos, bem como contra seus próprios irmãos. Era natural ou necessário "destruir a América para obter uma paz honrosa com este país comercial"? Seria uma "política prudente queimar Liverpool e sua frota marítima por causa de uma tripulação amotinada"?[11]

Mais tarde, durante a guerra revolucionária, Burke voltou ao ataque e viu com escárnio o apelo do governador Dunmore aos escravos da Virgínia para que eles desertassem de seus senhores rebeldes em 1776. Burke agradeceu a Deus por Virgínia e Maryland terem "providencialmente" abandonado essa primeira iniciativa. E caracterizou qualquer ofensiva militar britânica no sul como um esforço "para incitar uma insurreição de escravos negros contra seus senhores". Apelou também para as imagens primitivas da insurreição servil antiga, que eram familiares a todos os bretões instruídos: "as horríveis consequências que adviriam do temperamento de 100 mil bárbaros ferozes, que seriam não só os juízes, mas também os carrascos de seus senhores"; e poriam fim a tudo com "assassinatos, estupros e maldades monstruosas", que eram os objetivos "de todos os negros que tivessem pensado em uma insurreição".[12]

Até mesmo na crise prolongada por uma longa guerra cujo clímax foi uma derrota humilhante, o governo britânico nunca ameaçou usar a insurgência escrava como uma estratégia da política britânica. A oposição britânica também fez raros ataques ao uso *de facto* de soldados negros e

---

10 Ibid., 22 mar. 1775, coluna 502.
11 Ibid., 29 fev. 1776, coluna 1177, Temple Luttrell. Luttrell teria deliberadamente escolhido Liverpool, a capital dos negócios com escravos da Grã-Bretanha, para dar ênfase à sua analogia?
12 Ibid., 16 fev. 1778, v.19, colunas 698-9, 708.

aos apelos a escravos americanos como parte da crítica de uma política mais ampla de coerção imperial ou do emprego militar de índios.

Isso tudo enfatiza a pressuposição corrente da classe política britânica de que o conflito tinha de ser delimitado. Ele era limitado pelo reconhecimento da existência de laços de consanguinidade com os "irmãos americanos"; pela correligiosidade com seus semelhantes protestantes; e pelo fato de que os envolvidos eram co-herdeiros da tradição legal, política e institucional do Direito Consuetudinário e da liberdade inglesa. A premissa da diferenciação entre uma zona de liberdade na metrópole e outra de coerção no ultramar nunca tinha incluído, nem tinha a intenção de incluir, os bretões do outro lado da linha. Tanto no parlamento quanto fora dele, os simpatizantes dos americanos invocaram o parentesco em oposição a qualquer política que pudesse encorajar a violência "selvagem" (i.e., a dos índios ou dos africanos) contra os descendentes de ingleses nascidos livres.

Essa pretensão impôs limites retóricos aos debates no parlamento. Em seu relato sobre a iniciativa de Dunmore, o *Registrador Anual*[13] de 1776 reportou sem ambiguidade o episódio como uma "medida para emancipar os negros". Observou também que a proclamação fora "recebida com profundo horror em todas as colônias e tem sido severamente condenada em todos os outros lugares".[14] A rapidez da mobilização contra Dunmore e a ausência virtual de apoio à iniciativa indicaram a reação que qualquer oferta de emancipação colonial teria no futuro. Havia, é claro, a outra peça do mosaico imperial, a qual os legisladores britânicos nunca perderam de vista durante a guerra na América do Norte. Em 1775, o Caribe britânico continha cerca de metade dos escravos do império atlântico britânico. As riquezas da instituição eram distribuídas igualmente entre britânicos e americanos.

Houve um momento entre 1775 e 1783 em que o parlamento foi convocado para considerar um elemento do sistema de escravos relati-

---

13 *Annual Register.* (N. T.)
14 Ver *Annual Register*, também citado em Frey, *Water From the Rock:* Black Resistance in a Revolutionary Age, p.71.

vamente independente de sua política em relação aos Estados Unidos. Quando a condição do tráfico de escravos africanos foi à discussão, em maio de 1777, a melhoria dos mecanismos do tráfico foi o único objeto de atenção. A premissa inquestionável da discussão de que o tráfico africano era não só essencial à economia caribenha, mas também que sua importância havia aumentado à luz do "declínio de nosso comércio com todas as outras partes do globo" foi tomada como ponto de partida.[15]

Quando a questão da moralidade do tráfico foi levantada pelo membro do parlamento David Hartley, outro membro interrompeu-o para defender a empreitada. Sabedor do fato de que "alguns cavalheiros podem, de fato, objetar que o tráfico escravo é desumano e ímpio", seu argumento era uma destilação de um século de lugares-comuns. As colônias de açúcar requeriam cultivo. O cultivo requeria africanos. Sem novas importações, a população trabalhadora declinaria. Outras potências estão a postos para atender às necessidades britânicas, bem como a suas próprias necessidades. Ninguém se levantou para questionar o argumento. A intervenção de Hartley restringia-se ao detalhamento das inacreditáveis crueldades da escravidão. Ele simplesmente instava o Ministério do Comércio a encontrar algum meio de mitigá-la. Os membros encaminharam sua ratificação sem votá-la.[16]

Tendo em vista a politização da escravidão no início da década de 1770, ainda que simplesmente sob o disfarce de pontos a serem debatidos, a escravidão recebeu uma extraordinária rejeição sumária nos debates públicos durante a guerra anglo-americana. O momento poderia ter sido oportuno.[17] Entre 1778 e 1781, o volume do tráfico de escravos britânico

---

15 Ibid., 28 maio 1777, v.19, coluna 209, Temple Lutrell. No momento em que a questão veio à tona, o próprio tráfico de escravos britânico chegou à metade de seu volume anterior à guerra.
16 Ibid., 23 e 28 maio 1777, v.19, colunas 305 e 315, Temple Luttrell e David Hartley. Não há indicação de que, mesmo já na década de 1770, os comitês parlamentares que tratavam do tráfico africano tivessem qualquer conhecimento da moralidade do tráfico escravo ou da brutalidade dos navios negreiros. Ver Brown, The British Government and the Slave Trade: Early Parliamentary Enquiries, 1713-1783, *British Slave Trade*, p.27-41.
17 Ver Conway, *The British Isles and the War of American Independence*; Christie, *Wilkes, Wyvell and Reform: The Parliamentary Reform Movement in British Politics, 1760-1785*; Black, *The Association*: British Extraparliamentary Political Organization, 1769-1793. Harling, *The Waning of Old Corruption*: The Politics of Economical Reform in Britain, 1779-1846; Bradley, *Religion, Revolution and*

caiu a seu ponto mais baixo desde o século XVII. Quando ocorreu a rendição em Yorktown, ele estava reduzido a um quinto de sua magnitude anterior à guerra. Os lucros das lavouras também despencaram, chegando a seu ponto mais baixo no século XVIII. Corsários e frotas inimigas ameaçavam tanto o bem-estar econômico quanto a segurança externa das possessões britânicas, dando aos fazendeiros a sensação de que estavam desprotegidos. Enquanto as forças militares britânicas estavam dispersas em campanhas no continente norte-americano, as populações francófonas das ilhas conquistadas pelos britânicos foram agentes importantes na perda de Granada, St. Vincent e Dominica para os franceses. Em outras ilhas, as fugas e os rumores sobre conspirações de escravos aumentavam a ansiedade no Caribe britânico.[18]

Ainda assim, nesse nadir do Caribe britânico e das fortunas africanas, nem o público britânico nem a oposição parlamentar pediram uma investigação sobre qualquer aspecto do sistema. Tem-se a impressão de que a razão era aparente. Com a perda das colônias norte-americanas, "não há dúvida de que o Caribe britânico se destacou claramente como o maior investimento ultramarino de capital, não mais simplesmente como a joia da Coroa do Império Britânico, mas, a partir de agora, virtualmente como a própria Coroa".[19] O Caribe permaneceu como a maior fonte singular de importação da Grã-Bretanha fora da Europa, e o açúcar permaneceu como o mais valioso produto básico ultramarino importado pela Grã-Bretanha. Com o fim do conflito na América do Norte, as preocupações estratégicas da Grã-Bretanha voltaram-se para o Caribe britânico. Sua vulnerabilidade militar e seu valor econômico tinham sido

---

English Radicalism. Brown (2006), op. cit., p.182-95, formulou a hipótese de que os anos de 1778-1781 foram o "momento ideal" para a emergência do abolicionismo da perspectiva da derrota e da humilhação britânicas.

18 Ver O'Shaughnessy, *An Empire Divided:* The American Revolution and the British Caribbean, cap.7; Ward, The Profitability of Sugar Planting in the British West Indies, 1650-1834, *Economic History Review*, p.197-209; Carrington, *The British Caribbean during the American Revolution* e *The Sugar Industry and the Abolition of the Slave Trade, 1775-1810.*

19 Ver Duffy, The French Revolution and British Attitudes to the West Indian Colonies, *A Turbulent Time:* The French Revolution and the Greater Caribbean, p.78-101; Duffy, *Soldiers, Sugars and Sea-power:* The British Expeditions to the West Indies and the War Against Revolutionary France, cap.1; e Drescher, *Econocide:* British Slavery in the Era of Abolition, cap.2.

revelados pela guerra anglo-americana. Uma década depois das hostilidades, o Caribe chegou a responder por mais da metade do valor das despesas da Grã-Bretanha na defesa de suas colônias.

Em 1783, os fazendeiros britânicos perderam a batalha para dar continuidade a suas velhas conexões de livre-comércio com a América do Norte, mas nem o valor econômico de suas produções para o império nem o sistema escravista que empregavam estiveram sob severo escrutínio. Às vésperas da Revolução Norte-Americana, as elites caribenhas estavam preocupadas com a segurança. Uma conspiração de escravos jamaicanos em 1776 foi uma consequência direta do conflito na América.[20] Os escravos desenvolveram uma conspiração *in tandem* com a partida das tropas britânicas para o continente e com a dos navios de guerra que escoltariam os navios mercantes para fora da área de ação dos corsários americanos. Os conspiradores estavam cientes de que a presença militar britânica na ilha estava mais fraca "do que em qualquer outro momento de que eles pudessem se lembrar".[21]

De qualquer maneira, embora a deserção e a rebeldia também aumentassem onde quer que as forças militares francesas se encontrassem com fazendeiros francófonos e com pessoas de cor das Ilhas Windward, os eventos da Jamaica representaram efetivamente o último grande levante de escravos nas colônias caribenhas predominantemente anglófonas dos 40 anos seguintes. A despeito da relutância dos fazendeiros em ver tropas negras armadas, a crise militar caribenha levou o governador e a assembleia colonial da Jamaica a autorizar a formação de regimentos de negros livres e o alistamento de mais de 5 mil escravos. Barbados armou escravos da colônia e também outros embarcados na América do Norte e na África para prestar serviço militar no Caribe.[22] Em resumo, quaisquer que fossem as dificuldades surgidas no Caribe, as Índias Ocidentais britânicas e seus representantes em Londres permaneceram unidos para

---

20 O'Shaughnessy, op. cit., p.151-4.
21 Ibid., p.153.
22 Ibid., op. cit., p.172-81; Craton, *Testing the Chains*, cap.14.

apoiar lealmente os britânicos durante as campanhas norte-americanas e contribuíram efetivamente para defendê-los.

Durante a guerra revolucionária americana, os britânicos tiveram de levar em conta o impacto de qualquer ação potencial em suas possessões insulares. Um governo metropolitano muito vulnerável fez concessões políticas preventivas aos insulares que não haviam sido solicitadas por seus agentes em Londres. Nos anos imediatos do pós-guerra, as ilhas foram beneficiadas pela conclusão imperial de que a interferência política britânica em arranjos coloniais ultramarinos tinha provocado a separação de suas colônias continentais anglo-americanas. A notícia sobre a "salvação" do Caribe foi recebida na Grã-Bretanha com alívio geral.[23] A decisão britânica de tratar economicamente os americanos como uma nação estrangeira em 1783 não implicava qualquer enfraquecimento do compromisso britânico de nutrir seu império escravista. Em resumo, não há indicação de que o sentimento antiescravista ainda fora de foco da Grã-Bretanha e a resistência escrava no Caribe tenham sido fortalecidos imediatamente pela independência norte-americana.

Perspectivas norte-americanas

O que dizer da América do Norte, a terceira dimensão do império transatlântico britânico? A ideologia e a cultura da própria revolução foram elaboradas a partir dos apelos da ilustração, dos ideais de liberdade e igualdade, dos reavivamentos religiosos anglo-norte-americanos e das instituições inglesas.[24] Precisamente quando a agitação libertária pré-revolucionária gerou uma crescente atenção aos problemas da escravidão, o documento fundador da América britânica revolucionária explicitamente defendeu uma forma universalizada de libertação ideológica. A Declaração de Independência dos Estados Unidos não fez nenhuma

---

23 Ibid., p.237.
24 Ver a magistral visão de conjunto de Davis, *The Problem of Slavery in Western Culture* [ed. rev.], p.291-493.

referência direta à escravidão africana. No entanto, ela inequivocamente adotou os princípios dos direitos individuais à igualdade e à liberdade que eram implicitamente subversivos à instituição da escravidão. O esboço inicial da Declaração de Thomas Jefferson incorporou a percepção virginiana, em vigor havia muito tempo, de que a Inglaterra era a responsável pela introdução da escravidão nas colônias americanas. E escoriou o monarca britânico por intensificar a maldição original com o impiedoso tráfico de escravos da África.

O rei (George III), escreveu Jefferson,

> tem travado uma guerra cruel contra a própria natureza humana, violando os mais sagrados direitos de vida e de liberdade de pessoas de um povo distante que nunca o ofendeu ao torná-las cativas e levá-las como escravos para outro hemisfério, ou para terem uma morte miserável ao serem transportadas para lá [...] Determinado a manter aberto um mercado no qual seres humanos seriam comprados e vendidos, ele tem prostituído sua negativa para suprimir todas as tentativas legislativas de proibir ou reprimir esse comércio execrável.[25]

John Adams ficou ao mesmo tempo surpreso e satisfeito com a acusação de Jefferson, mas acertadamente previu que o Congresso Continental a omitiria no documento final. Todas as colônias já haviam concordado em incluir a proibição à entrada de escravos britânicos em um item referente ao tráfico, mas ele foi apagado por conta das implicações políticas e morais do artigo de Jefferson. Essa exclusão, em si mesma, foi um arauto do destino do problema da escravidão nos Estados Unidos no meio século seguinte. Durante o tempo de uma geração depois da Declaração, as leis relativas ao tráfico de escravos permaneceriam exclusivamente dentro do domínio de cada Estado norte-americano.

O próprio conflito abriu novas portas para os negros livres e para os escravos. Em 1775, eles tiveram presença nas batalhas que deram iní-

---

25 Ver Fehrenbacher, *The Slaveholding Republic:* An Account of the United States Government's Relation to Slavery, p.17.

cio à revolução em Lexington, Concord e Bunker Hill. Inicialmente, no entanto, os sulistas e o próprio George Washington proibiram o recrutamento de negros pelo Exército Continental. Em novembro de 1775, a oferta de liberdade do lorde Dunmore aos escravos desejosos de portar armas pelo rei fez Washington voltar atrás e permitir o alistamento de negros livres em seu próprio exército por temer que eles se bandeassem para os britânicos.

A luta prolongada pela independência fez do alistamento dos negros uma possibilidade recorrente. Em 1775, as oportunidades de liberdade por meio do serviço militar foram ampliadas pelos dois lados envolvidos no conflito. Da Virgínia para o norte, os negros livres começaram a entrar no Exército dos Estados Unidos. Os escravos também estavam sendo admitidos no exército dos Estados Unidos como substitutos de seus senhores. No sul, os norte-americanos reagiram a uma grande campanha britânica ao autorizar a incorporação de negros a seus exércitos para prover a força de trabalho necessária a eles. O Congresso ofereceu um pagamento para cada senhor que alistasse escravos e prometeu emancipação no fim da guerra aos soldados recrutados, mas a maioria dos sulistas viu o plano como um precedente demasiadamente radical para ser adotado.

No extremo sul, os britânicos de fato recrutaram negros para suas campanhas. Seguindo o apelo anterior de Dunmore, o general Henry Clinton acolheu os rebeldes desertores em suas fileiras. Contudo, os escravos que eram capturados enquanto estavam a serviço dos rebeldes seriam mantidos para serem vendidos como contrabando de guerra. Como Sylvia Frey observa, os britânicos receberam mais do que esperavam. Milhares de escravos converteram a proclamação em um êxodo. Alguns proprietários de escravos simularam um contraêxodo ao fugirem para o norte com seus escravos a fim de escapar das forças britânicas. Os legalistas tentaram fazer o mesmo na direção oposta, movendo seus escravos em direção às fileiras inglesas. Em um tumulto caótico, autoridades britânicas tentaram separar os escravos que pertenciam aos rebeldes capturados dos que haviam fugido de seus proprietários legalistas. Os cálculos cuidadosos dos registros existentes permitiram que Cassandra Pybus fizesse uma estimativa conservadora: 20 mil escravos fugitivos escaparam para as linhas britânicas entre 1775 e 1782. Desses, cerca de 12 mil afro-americanos sobreviveram ao conflito e entre 8 e 10 mil deixaram os Estados Unidos como homens livres ou como escravos. Além disso, vários milhares de fugitivos podem ter escapado para a liberdade sem deixar a América. Mesmo com as deserções, o número de evadidos foi relativamente pequeno.[26]

O destino dos escravos foi tão diverso quanto suas situações individuais. Alguns forçaram o novo governo americano a iniciar a formulação de uma política nacional sobre os escravos. Entre os que partiram com as forças britânicas e os que sobreviveram no fim da luta, o grupo de soldados mais afortunado foi para Nova York. Os termos preliminares da paz requeriam que os britânicos retirassem suas forças "sem causar nenhuma destruição ou levar nenhum dos negros ou qualquer outra propriedade dos habitantes americanos". No tratado que pôs fim à guerra, o novo governo americano comprometeu-se a tratar os escravos simplesmente como uma forma de propriedade. O general comandante britânico, sir Guy Carleton, teve amplos poderes discricionários. Carleton informou ao vitorioso general Washington que os 2,7 mil escravos libertados sob sua proteção, inclusive os do próprio Washington, não seriam devolvidos. Como eles já haviam sido libertados pelas proclamações britânicas antes do fim das hostilidades, não poderiam mais ser considerados como propriedades. Sob a égide da Coroa Britânica, seriam destinados à Nova Scotia, que estava fora da jurisdição legal dos Estados Unidos.[27]

Ao apoiar essa decisão de seu general, o governo britânico criou um pomo da discórdia diplomática entre ingleses e americanos que durou por mais uma década e que seria retomado na segunda guerra anglo-norte-americana de 1812. Ao se recusar a repatriar a maioria dos negros evadidos, Carleton também contribuiu inadvertidamente para inaugurar

---

26 Comparar com Frey, op. cit., p.87-9, com Pybus, Jefferson's Faulty Math: The Question of Slave Defections in the American Revolution, *William and Mary Quarterly*, p.243-64. Sobre os que escaparam, mas permaneceram nos Estados Unidos, ver Berlin, *Many Thousands Gone*, p.263.

27 Ver Pybus, *Epic Journeys of Freedom:* Runaway Slaves of the American Revolution and Their Global Quest for Liberty, p.66-71; Schama, *Rough Crossings:* Britain, and the Slaves of the American Revolution, p.127-32; Brown (2006), op. cit., p.298-9.

uma nova zona de liberdade no Velho Mundo. Alguns negros que foram diretamente para Londres no fim da guerra foram também os primeiros povoadores na "Província da Liberdade", fundada em 1787 na região costeira da Serra Leoa. Uma segunda e maior onda de americanos seguiu a dos povoadores até Serra Leoa em 1792, depois de uma estada na Nova Scotia. Uma terceira onda, formada por rebeldes exilados jamaicanos, chegou a Serra Leoa no fim da década de 1790. Finalmente, depois da abolição do tráfico de escravos britânico, em 1807, Serra Leoa tornou-se o maior depósito de africanos recapturados a bordo de navios negreiros.[28]

A despeito da revolta, os ganhos do antiescravismo no plano nacional foram pequenos. As deserções dos evadidos durante a guerra representaram apenas uma pequena fração dos que permaneceram escravizados. A taxa natural de nascimentos, singularmente alta na América, também garantiu uma recuperação rápida dos números perdidos com a fuga e com a morte. Os arranjos institucionais da escravidão, que sempre foram administrados no plano de cada colônia, permaneceram dentro da jurisdição de cada Estado depois da independência. No entanto, por consenso, o Primeiro Congresso Continental suspendeu pragmaticamente o tráfico de escravos em 1774 e novamente em 1776.

Com o restabelecimento da paz e com a independência, o controle da questão da escravidão foi revertido para o arbítrio de cada Estado, e o tráfico de escravos reviveu. Apesar das proibições determinadas por todos os Estados, com exceção da Carolina do Sul, os Estados Unidos importaram muito mais africanos recém-escravizados entre 1783 e 1808 do que a perda bruta estimada dos escravos evadidos e emancipados durante o conflito revolucionário. Isso não inclui os escravos adicionados pela expansão territorial (Louisiana) ou pelo aumento natural da taxa de nascimento, a fonte mais importante de crescimento da população escrava nos Estados Unidos.[29]

---

28 Ver Curtin, *The Image of Africa*, cap.4-5; Pybus (2006), op. cit., cap.5, 7, 9, 11; Schama, op. cit., cap. 7.

29 Frey, op. cit., p.170. Frey estima o número de "exilados" em 100 mil; Davis, *Inhuman Bandage*, p.150, define a perda bruta de 80 mil a 100 mil. Kulikoff, Uprooted Peoples: Black Migrantes in the Age of the American Revolution, em *Slavery and Freedom in the Age of the American Revolution*, p.143-71,

Os escravos que foram embarcados pelos britânicos para o Caribe, no fim da guerra, também contribuíram para reparar o déficit criado pela diminuição do tráfico de escravos no Caribe britânico durante a guerra. Esses exilados escravizados impulsionaram a expansão da cultura do algodão na década de 1780. No fim das contas, o aumento líquido de africanos importados para ambos os segmentos da América inglesa entre 1803 e 1807 parece ter excedido todas as perdas resultantes da fuga, da deportação e da manumissão privada da geração revolucionária norte-americana.

De qualquer maneira, rapidamente começaram a aparecer fissuras em partes significativas da ampla aceitação legal da escravidão que existia antes da Revolução Norte-Americana. No rastro da Guerra de Independência Americana, Vermont, New Hampshire, Massachusetts, Connecticut e Rhode Island, os Estados com a menor porcentagem de escravos, tornaram-se pioneiros ao fazer leis que destruíam a instituição fosse por artigos constitucionais, fosse por decisões judiciais baseadas em suas novas constituições. Em 1780, a Pensilvânia tornou-se o primeiro Estado do mundo a abolir a escravidão racial por um ato legislativo devidamente deliberado após uma prolongada discussão pública. Sua legislação libertou todos os escravos nascidos depois de certa data. Nova York e Nova Jersey seguiram o processo mais devagar, respectivamente em 1799 e 1804. Projetos similares de emancipação gradual fracassaram em Delaware e Maryland, estabelecendo uma fronteira latitudinal às emancipações legisladas até a Guerra Civil norte-americana.[30]

De todos os Estados do norte, Nova York oferece o melhor vislumbre das preocupações dos nortistas nos debates sobre o futuro da escravidão na América pós-revolucionária. Lá, a instituição sobreviveu ao impulso que tinha levado outros Estados à emancipação imediata ou gradual.

---

esp. 144, estima o número de fugitivos em cerca de 5% de todos os negros nas colônias do sul, ou cerca de 30 mil em 1780. Acima de tudo, ver Pybus (2005), op. cit., p.262-4.

30 Zilversmit, *The First Emancipation:* The Abolition of Slavery in the North. Para uma bem pesquisada análise das forças políticas que tanto estimularam como delimitaram a discussão da escravidão nos Estados Unidos, ver Mason, *Slavery and Politics in the Early American Republic*, esp. p.4, 25-7, 39, 80-2, 148-9, 214.

Quaisquer que fossem as características distintivas do Estado, os nova-iorquinos compartilhavam com seus vizinhos uma ideologia revolucionária. Eles também compartilhavam tradições religiosas, legais e institucionais com os demais anglo-americanos: instituições representativas, uma sociedade civil vigorosa e uma cultura impressa vibrante. Como em outros lugares, os jornais eram os principais lugares de discussão política fora das legislaturas.[31] Embora a escravidão ainda estivesse se expandindo em números absolutos em 1780, os escravos constituíam apenas 6% da população do Estado em 1790.

A modesta organização antiescravista de Nova York, da mesma forma que a maioria de suas correspondentes no norte, considerava-se intensamente internacionalista, ou seja, via-se como elemento constitutivo de um amplo movimento atlântico. Para os atores do antiescravismo americano, a Grã-Bretanha permanecia no centro de seu mundo político e cultural como fulcro de sua rede de informações. O abolicionismo emergente na Inglaterra no fim da década de 1780 ajudou a enquadrar o debate em Nova York. Os abolicionistas nova-iorquinos compartilhavam um forte respeito pela liberdade civil e pela propriedade, além de uma aversão pronunciada pela crueldade e pelo poder arbitrário dos donos de escravos. Em todos os comitês iniciais dos fundadores dessas sociedades de ambos os lados do Atlântico, a Sociedade dos Amigos estava esmagadoramente super-representada. Todos estavam comprometidos estrategicamente com a conversão da opinião pública e com a diminuição e eliminação da escravidão de forma organizada.[32]

Os movimentos também variaram taticamente de formas significativas. A Sociedade pela Manumissão de Nova York, que se dedicava a efetuar a emancipação em uma batalha muito mais longa que a da Pensilvânia ou da Nova Inglaterra, julgou necessário contar mais pesadamente com a imprensa. Contudo, ela não tentou recorrer aos métodos

---

31 Gellman, *Emancipating New York:* The Politics of Slavery and Freedom 1777-1827. Sobre a emancipação na Pensilvânia, ver Nash e Soderlund, *Freedom by Degrees:* Emancipation in Pennsylvania and its Aftermath, cap.4, p.123. Neste e nos parágrafos seguintes, sigo o relato de Gellman.
32 Davis, *The Problem of Slavery in the Age of Revolution*, cap.5; Brown (2006), op. cit., cap.7.

de mobilização das massas e à petição em massa, à moda de sua equivalente inglesa. A Sociedade pela Manumissão foi formada na esteira de um projeto de lei para abolição gradual, rejeitado em 1785. Sua atividade subsequente baseou-se na percepção de que o Estado e seu eleitorado estavam profundamente divididos pelas atitudes que envolviam questões transversais relacionadas com a escravidão, a raça e a cidadania.

Nos anos de 1791 e 1792, não houve petições e reuniões em massa nem foi feita qualquer tentativa em Nova York de seguir o exemplo do movimento britânico de boicote ao consumo do açúcar cultivado por escravos.[33] Havia outras diferenças entre os movimentos antiescravistas nas duas regiões costeiras do Atlântico Norte. Em 1785, o primeiro projeto de lei de emancipação gradual de Nova York fracassou por causa da preocupação generalizada com suas potenciais implicações nas relações de raça. A legislação proposta para a emancipação ficou rapidamente atolada em emendas infames. Na legislatura de Nova York, a assembleia recusou-se a estender os direitos políticos aos negros livres ou a remover as emendas infames que puniam casamentos inter-raciais com multas pesadas. No fim, a alta câmara vetou o projeto de lei porque suas provisões racialmente codificadas criariam uma "classe de destituídos de direitos políticos e de cidadãos descontentes" que poderia comprometer o sistema político republicano. Em 1799, a desigualdade racial continuou a ser o preço pedido pela legislatura para a aprovação do decreto de emancipação gradual em Nova York. Esse preço foi novamente reafirmado pelos termos desiguais dos direitos políticos quando a legislatura de Nova York votou a abolição da escravidão, em 1827.[34]

Houve uma terceira diferença importante entre o que os antiescravistas bretões e os americanos tiveram de enfrentar durante a era da revolução. Os abolicionistas britânicos tinham de confrontar apenas duas Câmaras de autoridade legislativa. Os antiescravistas nova-iorquinos

---

33 Gellman, op. cit., p.85-91; e Drescher (1977), op. cit., p.114-9. Os abolicionistas ingleses tinham a esperança de que houvesse um triunfo similar do açúcar produzido pelo trabalho livre em sua colonização renovada de Serra Leoa. Ver Drescher, *The Mighty Experiment*: Free Labor versus Slavery in British Slave Emancipation, p.90-4.
34 Gellman, op. cit., p.50, cap.5-6.

achavam-se enredados em uma federação complexa, na qual a maioria das decisões sobre a instituição era conscientemente colocada fora da competência constitucional do governo nacional.

A partir da Declaração de Independência Americana, foi feito um acordo universal entre os líderes revolucionários segundo o qual cabia a cada Estado determinar o *status* da escravidão e regular o tráfico de escravos em seu interior ou em suas jurisdições. Essa medida afetou profundamente o modo como a escravidão foi abordada em relação às finanças públicas do governo. Cada Estado tinha um voto no Congresso Continental (1774/1776) e nos Artigos da Confederação (1781). No que diz respeito ao tráfico de escravos atlântico-norte-americano, as restrições do tempo de guerra às importações foram apenas uma suspensão e não a supressão do tráfico de escravos. Com o restabelecimento da paz, o tráfico de escravos africanos foi retomado pelos comerciantes de ambos os lados do Atlântico. A americanos dos Estados Unidos, mais uma vez a Nova Inglaterra forneceu a maioria das embarcações. A Geórgia e a Carolina novamente importaram a maioria dos escravos. O Congresso da Confederação da década de 1780 recusou-se até mesmo a resolver se deveria ser requerido que cada Estado aprovasse leis de proibição ao tráfico. Os Estados que ilegalizaram a importação de escravos no meio da década de 1780 foram aqueles cujos cidadãos não eram nem os principais transportadores, nem os principais importadores de escravos. Em 1784, a legislatura da Geórgia deixou bem claro que o poder da nova Confederação sobre o tráfico estrangeiro não se "estendia à proibição da importação de negros".[35]

A princípio, a escravidão tornou-se uma questão financeira significativa para o cômputo da distribuição dos impostos destinados a financiar o governo nacional. Os Estados com grandes populações escravas estavam ansiosos por evitar que essa fosse a única forma de riqueza computada desproporcionalmente para fins de cálculo dos impostos, uma vez que todas as demais formas não eram computadas. Nos debates sobre os

---

35 Fehrenbacher, op. cit., p.18, 21-2, 25.

Artigos da Confederação, John Adams, de Massachusetts, concluiu que, se os trabalhadores fossem tomados como indicador de riqueza, todos seriam igualmente produtivos. Um representante da Virgínia contra-atacou ao afirmar que o trabalho escravo era menos produtivo, e que "dois escravos deveriam valer um homem livre". Entre essas duas estimativas de produtividade e riqueza reside o germe do famoso acordo dos três quintos, isto é, o de que um escravo representava três quintos de um homem livre. Evidentemente, essas estimativas originais foram feitas em outro contexto.

A gama de estimativas casuais mostra o quão pouco o debate dos três quintos tinha a ver com a produtividade relativa do trabalho escravo e do livre. Tinha menos ainda a ver com a raça ou a humanidade dos escravos. Para fins de taxação, o dado mais acessível – número de pessoas – era simplesmente o índice mais acessível de riqueza do Estado. Os escravos eram uma fonte de riqueza distribuída de maneira desigual. Enquanto os Estados fossem representados como unidades de um único voto, os escravos tinham mais implicações na distribuição dos impostos do que na instituição da escravidão.[36]

Quando a Convenção Constitucional de 1787 deslocou a questão dos impostos para a da representação, os interesses de ambos os lados subitamente se inverteram. Se os escravos fossem considerados riqueza sem representação, a delegação da Virgínia na nova Câmara dos Representantes diminuíra em 30%. Como havia muita coisa em jogo, Pierce Butler, da Carolina do Sul, quis riscar a proporção de 5:3 dos impostos e simplesmente computar o número total de escravos como pessoas e como propriedade. Assim, Butler revertia a posição do sul e concordava com a estimativa original de John Adams sobre a produtividade dos escravos. Os escravos eram iguais aos homens livres como produtores de riqueza. Eles deveriam ser representados como tais em um governo instituído "principalmente para proteger a propriedade". O governador Morris, da Pensilvânia, contra-argumentou que qualquer representação de escravos,

---
36 Ver Einhorn, *American Taxation American Slavery*, p.120-99.

por mínima que fosse, seria inaceitável para seus constituintes. Quando Morris sugeriu representação proporcional baseada unicamente na população livre, a moção foi recusada por dez a um. Quando a representação escrava foi aceita, não apareceu o argumento sobre a proporção dos três quintos, a barganha sobre os impostos que havia sido feita cinco anos antes.

Por contraste, a discussão sobre o tráfico atlântico de escravos demonstrou os limites nacionais de tolerância à instituição. Os representantes do extremo sul argumentavam a favor das limitações divididas em seções do poder congressual para controlar o tráfico estrangeiro, de modo a evitar o controle federal sobre o tráfico de escravos. Significativamente, as posições sobre a questão mantiveram as linhas de falha já desenvolvidas antes da revolução. A parte setentrional do sul alinhou-se com os Estados do norte para hostilizar o tráfico. Um delegado de Maryland, Martin Luther, sugeriu que a ausência de controle nacional sobre o tráfico de escravos seria "inconsistente com os princípios da Revolução e desonrosa ao caráter norte-americano".[37] A denúncia jefersoniana do tráfico de escravos, suprimida com tato da Declaração de Independência em 1776, não havia sido esquecida.

As delegações da Geórgia e da Carolina deixaram claro que seus Estados não ratificariam um documento que sujeitasse o tráfico de escravos à autoridade legislativa nacional. De novo, a alta prioridade dada para se conseguir uma união mais completa, senão perfeita, admitia um acordo: uma cláusula de isenção do governo federal. Apesar de a conclusão de James Madison ecoar a insistência de Luther de que até mesmo uma isenção temporária mancharia o caráter nacional, o hiato no tráfico de escravos foi aceito com outra provisão, que exigia o retorno dos escravos fugitivos que cruzassem as fronteiras dos Estados. Dessa forma, deu-se poder à legislatura nacional para restringir e proteger aspectos da instituição fora dos limites de cada Estado. Aqui, a Constituição explicitamente delimitava um aspecto do princípio do caso Somerset: nos Estados Unidos

---

37 Fehrenbacher, op. cit., p.32-4.

os escravos poderiam ser perseguidos legalmente dentro das jurisdições onde seu *status* fosse determinado pela lei positiva.

Como Fehrenbacher convincentemente argumenta, as discussões sobre a escravidão colidiam com muitas das deliberações da Convenção Constitucional, mas, além dos debates sobre o tráfico de escravos, os delegados não fizeram nenhum esforço em conjunto para exercer influência no futuro da própria instituição. Como a escravidão ainda tinha uma presença legalizada em muitos Estados, o antiescravismo permaneceu como um sentimento difuso entre grupos espalhados, muitos dos quais só desejavam garantir a diminuição futura da instituição. Os defensores da escravidão estavam muito mais preocupados do que os que se opunham a sua existência e se mobilizaram para garantir sua segurança. A omissão da palavra "escravo" na Constituição representou uma concessão simbólica de grande importância ao sentimento antiescravista. Fora isso, com exceção da cláusula sobre o tráfico de escravos, que permitia a ação eventual contra ele, todas as cláusulas implicitamente referentes à escravidão pareciam favorecer a instituição.

Pelo menos tão importante quanto essa omissão foi a falta de publicidade que envolveu o debate sobre a escravidão. Todas as discussões da Convenção ocorreram atrás de portas fechadas. Os delegados evitaram qualquer compromisso nacional explícito com a instituição ou contra ela, exceto para obrigar o retorno de escravos fugitivos da jurisdição de um Estado para a de outro. Essa evasiva abrangeu até mesmo os que pertenciam às sociedades abolicionistas. Em 1787, a Sociedade pela Abolição da Pensilvânia requisitou que seu presidente, Benjamin Franklin, apresentasse um memorial à Convenção, na qual ele atuava como representante. O memorial instava a Convenção a considerar a abolição do tráfico de escravos africanos. Franklin nem apresentou o memorial, tampouco fez qualquer discurso sobre o assunto que tivesse sido registrado durante os eventos da Convenção. O sentimento antiescravista era demasiadamente difuso, e a prioridade era uma união suficientemente forte para engendrar uma maioria com apoio a fim de que fosse constituído um poder federal imediato sobre o tráfico de escravos estrangeiros.

Os acontecimentos no plano dos Estados indicam o porquê de a abolição imediata do tráfico escravo ter sido retirada da agenda nacional por um amplo consenso. No processo de ratificação, a cláusula do tráfico de escravos foi usada *tanto* pelos apoiadores *como* pelos oponentes da ratificação. Nesse ínterim, algumas alternativas estavam disponíveis. As reações legislativas de cada Estado indicam que a grande maioria dos eleitores de muitos Estados estava disposta a avançar em direção à abolição formal. Entre 1787 e 1789, o tráfico de escravos fora proibido ou interrompido parcialmente em outros sete Estados. Contudo, fora do corpo legislativo dos Estados houve apenas iniciativas hesitantes da sociedade civil para levantar a questão no plano nacional.

A primeira intervenção dos peticionários abolicionistas no plano nacional revelou tanto o caráter potencialmente explosivo da questão como a relutância de quase todos os legisladores em discutir assuntos relativos à escravidão. No primeiro congresso federal de 1790, a Sociedade dos Amigos da Pensilvânia e de Nova York, com o apoio do apelo (assinado por Benjamin Franklin) da Sociedade pela Abolição da Pensilvânia, fez uma petição ao Congresso que requeria a contenção do tráfico de escravos e a consideração da condição dos que estavam em cativeiro perpétuo. A reação dos Estados sulistas foi tão virulenta que os quacres se colocaram na defensiva. Os Estados do extremo sul encararam as petições como convites à guerra civil. Acima de tudo, reagiram contra a insinuação de que a escravidão era em si mesma moralmente errada. Foi igualmente revelador que nenhum representante proeminente do norte tenha feito a defesa dos peticionários. A reação congressual claramente desencorajou a apresentação de tais petições. O Congresso não respondeu às petições seguintes, de 1791 e 1792, sobre a contenção do tráfico de escravos. Em 1793, a Sociedade dos Amigos da Pensilvânia decidiu suspender novas petições à legislatura até que tivesse certeza de que obteria uma recepção melhor.

Na América, uma iniciativa ultracuidadosa teve sucesso em alguns avanços legais simbólicos contra a parte do tráfico de escravos que estava constitucionalmente dentro da competência da legislatura nacional. Em 1794, um novo Congresso Norte-Americano de Sociedades Abolicionistas decidiu solicitar ao Congresso uma lei que proibisse a participação de cidadãos americanos no tráfico de escravos entre a África e as nações estrangeiras. Para evitar outro desastre provocado pela reação de congressistas hostis, os abolicionistas não se aventurariam a fazer outra petição até que tivessem certeza de que ela seria integralmente considerada. Em consequência disso, os abolicionistas fizeram uma promessa explícita de se abster de atividades que pudessem ter impacto sobre a instituição ou sobre "os direitos da propriedade privada" dentro dos Estados Unidos.[38]

Assim, os abolicionistas americanos miraram exitosamente no único aspecto do tráfico escravo que era inaceitável a todo o país. Daí em diante, a atividade abolicionista americana declinou abruptamente. Até a literatura política antiescravista declinou dentro das várias sociedades estaduais. O Congresso Norte-Americano de Sociedades Abolicionistas não fez nenhuma nova tentativa de lóbi no Congresso durante o resto da década de 1790. Os nortistas continuaram mais divididos do que os sulistas acerca da intenção da Constituição no que dizia respeito à escravidão.

Em 1787, a sequência de decisões da Filadélfia aos debates legislativos do primeiro Congresso indica que a mais alta prioridade dos fundadores era a criação de um governo nacional forte, destinado a manter um consenso entre todos os Estados que haviam participado da Revolução Norte-Americana. Mesmo assim, o potencial antiescravista da Constituição foi maior que o dos Artigos da Confederação. O novo governo federal ainda parecia dedicado à independência e à ideologia política mais igualitária no mundo. Ele também parecia estabilizado para eventualmente conter um dos sistemas escravistas do mundo que se expandia com mais rapidez.

No plano internacional, os principais agentes diplomáticos da nação – John Adams, governador Morris, John Jay e Thomas Jefferson – exprimiam sentimentos antiescravistas, mas acompanhavam de perto na arena internacional as reivindicações de propriedade dos donos de escravos. No fim das duas guerras com a Grã-Bretanha, John Adams e

---

38 Ohline, *Politics and Slavery:* The Issue of Slavery in National Politics, Ph.D. thesis, p.241-2.

John Quincy Adams, os únicos nortistas que assumiram a presidência entre 1789 e 1830, afirmaram vigorosamente ao governo britânico que o *status* dos escravos como propriedade em ambas as nações era um trunfo contra o *status* que eles tinham como seres humanos. Quatro décadas depois da Declaração da Independência, John Quincy Adams teve de suportar um discurso do lorde Liverpool em defesa do princípio de que, em outras palavras, os que haviam recebido a liberdade não podiam ser reescravizados "em sã consciência".[39]

A Constituição dos Estados Unidos criou uma nova fronteira dentro da América inglesa. As leis inglesas e norte-americanas então se confrontavam diretamente quando escravos fugiam por terra para o Canadá. Em 1819, John Quincy Adams, agora como secretário de Estado, continuava a pressionar para atender às reivindicações dos donos de escravos, que queriam recuperar seus fugitivos. A resposta britânica reiterou e expandiu o alcance da decisão do caso Somerset:

> Tendo a legislatura do [...] Alto Canadá adotado a lei da Inglaterra como regra de decisão em todas as questões relativas à propriedade e aos direitos civis, os negros que residem no Canadá se tornaram livres [...] e, caso qualquer tentativa seja feita para infringir o direito à liberdade [...], o governo executivo não poderia restringir ou direcionar de maneira alguma os juízes no exercício do dever.[40]

A decisão atormentou como uma praga todas as tentativas norte-americanas seguintes de recuperar os fugitivos ou seus descendentes até a Guerra Civil. Apesar da persistência da escravidão em suas próprias colônias tropicais até 1833, os funcionários britânicos mantiveram a extensão do princípio britânico de liberdade dentro de todas as colônias que tinham adotado a premissa da decisão de Mansfield contra a deportação involuntária. Antes do fim da era da revolução, a decisão do caso

---

39 Fehrenbacher, op. cit., p.94.
40 Ibid., p.102.

Somerset usurpou a legitimidade da escravidão na América do Norte do mesmo modo como a havia usurpado na Inglaterra.[41]

Enquanto a legislatura nacional proibia (sem eficácia) os cidadãos norte-americanos de participarem do tráfico transatlântico de escravos em países estrangeiros, os Estados Unidos, de forma ainda mais dramática, expandiram sua fronteira escravista nos anos anteriores a 1807. Em 1804, a nação adquiriu 826 mil milhas quadradas de território que pertencera aos franceses, o que ficou conhecido como a Compra da Louisiana. Nessa vasta área subdesenvolvida, a escravidão já estava estabelecida entre o Golfo do México e o Rio Missouri. As preocupações norte-americanas a respeito das implicações dessa aquisição foram dominadas por duas prioridades. Pouco antes da Compra da Louisiana, o governo federal demonstrou determinação tanto para restringir a expansão da presença negra nos Estados Unidos como para reforçar quaisquer leis contra o tráfico estrangeiro de escravos. Em 1802-1803, durante a luta final de Napoleão para reescravizar os negros das colônias do Caribe francês, uma onda de medo varreu partes do sul. O Congresso reagiu com um projeto de lei que proibia qualquer capitão de navio de trazer qualquer "negro, mulato ou outra pessoa para qualquer porto ou lugar dos Estados Unidos" em que o governo estadual já tivesse proibido tais importações. O consenso implícito nacional e racial contra novos migrantes de ascendência africana – escravos ou livres – parece ter sido aceito sem dissensão.

A única objeção à proibição abrangente do projeto de lei original de importação africana veio de um representante da marinha mercante nortista. Ele foi bem-sucedido ao se opor à extensão do veto a norte-americanos negros que trabalhavam como marinheiros na marinha mercante costeira. Em 1803, essa proibição parecia ter efetivamente abolido o tráfico transatlântico de escravos para os Estados Unidos. No começo de 1803, todos os estados tinham proibido importações ulteriores de escravos negros. Assim, a abolição estava misturada com uma lei

---

41 Wiecek, *Somerset:* Lord Mansfield and the Legitimacy of Slavery in the Anglo-American World, *University of Chicago Law Review*, p.86-146, esp. 88.

contra todos os negros estrangeiros. Para muitos legisladores, essa seria a razão primeira para os Estados Unidos aprovarem a Lei de Abolição do Tráfico de Escravos, em 1807.[42]

Contudo, em vez disso, em 1803 as tentativas de agentes federais para aplicar a Lei da Abolição em Charleston incitaram a Carolina do Sul a reabrir o tráfico de escravos. A aquisição da Louisiana no ano seguinte adicionou um novo mercado à demanda por escravos nos Estados Unidos, o que sobrepujou a lei de exclusão de negros estrangeiros por um curto período. A ameaça da aplicação federal iminente da lei estimulou de fato novas importações em uma escala sem precedentes. Em 1807, pela primeira vez na história do tráfico atlântico, os escravos que desembarcaram nos Estados Unidos excederam o número dos que foram descarregados no Caribe britânico.

Ao mesmo tempo, o governo Jefferson estava determinado a fechar o novo território da Louisiana ao tráfico de escravos africanos. A pressão popular local para reter a instituição foi vitoriosa em graus diferentes na organização das partes povoadas do novo território, tanto na parte baixa (Orleans) como na alta (Missouri). Não obstante a proibição de Jefferson à entrada direta de africanos na própria Louisiana, o fluxo de escravos, tanto africanos como afro-americanos dos outros Estados mais antigos, garantiu a continuação do crescimento da escravidão dentro daquele território. A única petição do Congresso Abolicionista Americano que requereu a proibição de todas as novas importações de escravos para a Louisiana foi ignorada pelo Congresso.

Os habitantes da Louisiana foram bem-sucedidos ao fazer lóbi no Congresso para que não houvesse inibição à escravidão no território. O governador, um forte defensor da exclusão baseada na raça, por sua vez, não foi bem-sucedido ao tentar bloquear o tráfico. No espírito da lei de exclusão de 1803, ele não queria ver "outros daquela miserável raça colocarem os pés nas terras da América". Por volta da metade de 1804, quase todos os navios que chegavam a Nova Orleans tinham escravos a bordo.

---

42 Ohline, op. cit., p.343-8.

Um acordo final fechou o novo território à importação direta de escravos estrangeiros, mas não impôs impedimentos à importação doméstica. Até os escravos nascidos no estrangeiro continuaram a entrar no território legalmente via Charleston e ilegalmente pelos outros portos do Golfo.[43]

Em termos de mobilização popular, a aprovação final e o significado das leis britânicas e norte-americanas de 1807 diferiram consideravelmente. No Congresso dos Estados Unidos, o debate sobre a Lei de Abolição do Tráfico de Escravos foi emoldurado por um contexto moral que estava muito longe de ser consensual. Durante a geração anterior, não ocorrera nenhum debate geral sobre a moralidade do tráfico de escravos ou da própria escravidão, seja na esfera pública, seja na legislatura nacional. Durante o debate sobre a Lei da Abolição, um representante da Carolina do Sul colocou a questão sem rodeios. Muitos sulistas não consideravam em absoluto a escravidão como crime: "Vou dizer a verdade. A maioria das pessoas nos Estados sulistas não considera a escravidão nem como um mal". Ele advertiu que cativos africanos, soltos em solo sulista, não poderiam sobreviver: "Nós precisamos nos livrar deles ou eles de nós. Nem mesmo um deles ficaria vivo durante um ano".[44] No meio século que se seguiu à Revolução Norte-Americana, parecia que uma dimensão da escravidão poderia ser tratada sob a coordenação articulada de ingleses e norte-americanos – o fim do tráfico africano de escravos. Como foi observado, antes da Guerra de Independência muitas colônias estiveram na vanguarda da agitação contra importações ulteriores. Em dezembro de 1806, 30 anos depois de sua sonora acusação contra o tráfico transatlântico de escravos ter sido riscada da Declaração de Independência, o presidente Jefferson anunciou ao Congresso que agora os Estados Unidos podiam afastar seus cidadãos "de qualquer envolvimento futuro

---

43 Ibid., p.382-90. Enquanto o Congresso discutia o futuro da escravidão na Louisiana, o Senado considerou um projeto de emancipação gradual de todo escravo que fosse levado para o território. O projeto foi derrotado com a anuência dos federalistas do norte, Timothy Pickering e John Quincy Adams, ambos de Massachusetts, e do republicano John Smith, de Ohio. Hammond, *Slavery, Freedom and Expansion in the Early American West*, p.39. Mais uma vez, poderia parecer que esses senadores eram livres para agir sem pressão abolicionista prolongada de seus constituintes.
44 Davis (1975), op. cit., p.135-6.

com as violações dos direitos humanos que têm sido praticadas há muito tempo sobre habitantes inofensivos da África".⁴⁵

A votação desequilibrada a favor da abolição do tráfico de escravos demonstrara que a nação como um todo estava esmagadoramente contra novas importações de africanos. No entanto, mesmo nesse ponto em que havia quase unanimidade, qualquer emenda ou discussão do tráfico que tendesse a representar uma condenação moral da instituição provocaria uma nova explosão de ameaças de separação dos Estados do extremo sul. As implicações racialmente excludentes da Lei da Abolição não provocaram qualquer protesto dos legisladores nacionais.

Tanto antes como depois da aprovação da Lei da Abolição, a sociedade civil americana foi igualmente prudente. Alguns governos estaduais encorajaram uma ação congressual no início da preparação da legislação, mas parece não ter havido quase nenhuma pressão das sociedades antiescravistas ou da imprensa. A reunião do Congresso para a Abolição Americana, no começo de 1806, encorajou a propaganda nas localidades e solicitou petições nos Estados. O Congresso, no entanto, ilegalizou a importação de africanos antes que houvesse qualquer campanha de petições, se é que alguma tivesse sido planejada. A despeito das prolongadas disputas sobre os detalhes da aplicação da lei, não houve tentativa alguma de recorrer à pressão popular sobre os representantes da nação durante os longos debates legislativos. As deliberações do Senado, como sempre, não foram publicadas.

Tampouco houve muita celebração depois da aprovação de uma Lei da Abolição que havia sido esperada por 20 anos. Muitos congressistas estavam inseguros acerca do alcance real da legislação federal. Alguns nem mencionaram o decreto a seus eleitores. O Congresso Norte-Americano de Sociedades Abolicionistas presenteou o Congresso com uma cópia dos dois volumes da *História da abolição do tráfico britânico de escravos*, publicada por Thomas Clarkson em 1808. Nenhum relato contemporâneo da abolição do tráfico norte-americano de escravos jamais seria publicado. O presente

---

45 Fehrenbacher, op. cit., p.144.

da obra de Clarkson, que enfatizava a abolição britânica como uma cruzada moral, foi aceito pelo Congresso, apesar da objeção de 16 representantes.⁴⁶

As comunidades afro-americanas demonstraram a mais visível de todas as reações públicas à aprovação do decreto. Significantemente, suas reações tenderam a ligar a legislação norte-americana à britânica. As comemorações afro-americanas foram contundentemente abafadas pela ansiedade dos abolicionistas brancos, para os quais os afro-americanos não deveriam esperar muita coisa da Lei da Abolição. Depois da comemoração de tal lei em Nova York, a sociedade estadual para a abolição advertiu a comunidade de negros livres que o "método usado para celebrar a abolição era impróprio, [e tendia a prejudicar] eles mesmos e a danificar a reputação da sociedade de Nova York".⁴⁷

A mensagem aos celebrantes negros de Boston em 1808 foi ainda mais contundente. Embora os afro-americanos tivessem tomado a iniciativa, a cerimônia só foi permitida depois que o governador e os membros do conselho municipal da cidade a aprovaram. O sermão, feito pelo ministro calvinista Jedediah Morse, destacou a necessidade de cautela, e não de esperança. Os celebrantes foram avisados de que a doutrina da igualdade não devia ser entendida como uma subversão da ordem e da subordinação; que eles não pensassem que a escravidão africana era pior que o pecado moral; que o tráfico de escravos tinha beneficiado "multidões [...] retiradas da escuridão do paganismo, para uma terra cristã" e que eles não esperassem uma mudança da instituição doméstica no sul.⁴⁸ Cautela, expectativas mínimas e gratidão prudente foram as palavras de ordem dadas à sociedade civil negra. O muro para evitar as importações estrangeiras de escravos foi fortalecido, ao passo que o caminho para a participação norte-americana na expansão interna da escravidão foi alargado. Depois

---

46 Como Matthew Mason resume a importância da discussão pública da abolição, "o que impressiona o leitor da cobertura jornalística do decreto do tráfico escravo de 1806-1807 é sua relativa escassez". Slavery Overshadowed: Congress Debates Prohibiting the Atlantic Slave Trade to the United States, 1806-1807, *Journal of the Early Republic*, p.59-81. A citação está na página 77. Ver também Ohline, op. cit., p.410-1, 429-30. "O fracasso em registrar debates antagônicos sobre a escravidão desde 1790 tinha sido uma maneira muito usada para esconder a questão política da escravidão." Ibid., p.425.
47 Ibid., p.432-3.
48 Ibid., p.432-5.

do restabelecimento do comércio dos tempos de paz, em 1815, o governo americano preocupou-se, principalmente, com a prevenção ao contrabando de escravos das Índias Ocidentais para as áreas costeiras do Golfo do México. A Flórida, outra zona norte-americana potencial de escravos, era um centro do contrabando de africanos para os Estados Unidos.[49]

Os políticos norte-americanos estavam, então, simultaneamente interessados em proibir as futuras importações de escravos africanos e em resistir à pressão britânica para que os Estados Unidos participassem de um sistema multinacional para pôr fim ao tráfico transatlântico de escravos. Em 1818, o Congresso propôs uma moção para reduzir as penalidades contra os negociantes de escravos norte-americanos na esperança de garantir a execução da lei. Mais uma vez, ela guardava as características reveladoras do abolicionismo dos Estados Unidos – nenhuma evidência de pressão de fora da legislatura e nenhum registro do debate congressual que antecedeu a aprovação da lei. No ano seguinte, uma revisão da Lei da Abolição, patrocinada pelo sul, requeria que o governo federal criasse uma patrulha naval e providenciasse o retorno dos escravos que estivessem a bordo de quaisquer embarcações capturadas ao retornarem da África.

Na década de 1820, sucessivas providências do Legislativo colocaram as penalidades norte-americanas à importação de africanos entre as mais duras do mundo. O Senado recusou-se a examinar qualquer tratado com os britânicos que sujeitasse as embarcações norte-americanas ao mútuo direito de busca. Assim, sob pressão da opinião pública, os ministros britânicos rejeitaram a extradição de escravos do Canadá. O presidente Adams replicou que a "repugnância universal" da opinião pública norte-americana não aceitaria considerar um tratado que permitisse a um oficial naval estrangeiro fazer uma busca por escravos em uma embarcação americana "em circunstância alguma, qualquer que fosse". Como os britânicos passaram do ataque ao tráfico de escravos para a promessa de emancipação dos escravos em meados da década de 1820, a legislação americana tornou-se arredia a cooperações posteriores. No Senado dos

---

49 Blaufarb, The Geopolitics of Latin American Independence, *American Historical Review*, p.742-63.

Estados Unidos, as propostas britânicas para formar *joint ventures* contra o tráfico de escravos despertaram muitas suspeitas de que elas visavam a forçar o fim da própria escravidão.[50]

Em si mesmos, os Estados Unidos estavam cada vez mais delimitados internamente em zonas de estados escravistas e de estados livres. Às vésperas da Convenção Constitucional, em 1787, o velho Congresso da Confederação silenciosamente incorporou um artigo antiescravista em um regulamento que organizava o Território Noroeste, a subdesenvolvida fronteira norte do Rio Ohio. Embora a finalidade da proibição fosse questionada em Illinois, só em 1824, por volta do fim da era da revolução, a escravidão foi definidamente excluída nos Estados que se situavam ao norte do Rio Ohio. De modo correspondente, quando o território ao sul do Rio Ohio foi criado, em 1790, nenhum veto à escravidão foi incluído. Em consequência, os estados a oeste dos Apalaches foram, portanto, também divididos em estados escravistas e estados livres.

A Compra da Louisiana em 1804 abriu o território além do Mississipi para o desenvolvimento sob os auspícios dos Estados Unidos. Conforme foi observado, a escravidão não fora excluída de nenhuma área envolvida na compra. Por não ter sido cumprido, o regulamento que excluía os escravos do Território do Noroeste tornou-se a exceção, e não a regra nas terras desorganizadas controladas pelo governo federal. As prolongadas discussões sobre a organização da Louisiana não estimularam uma polarização aguda da legislatura nacional nem um movimento popular para reservar uma linha territorial de solo livre a oeste do Rio Ohio. Até mesmo a maior revolta de escravos da história dos Estados Unidos, que ocorreu nas proximidades de Nova Orleans em 1811, não criou qualquer empecilho para a continuidade da instituição no território da Louisiana. Em 1812, a parte mais ao sul do território depois do Mississipi entrou na união como o estado escravista da Louisiana. No que diz respeito ao território do Missouri no norte da Louisiana, uma moção para proibir a admissão ulterior de escravos foi regularmente derrotada no Congresso.[51]

---

50 Fehrenbacher, op. cit., p.150-8.
51 Ibid., p.260-1.

Mudanças dramáticas no mundo atlântico nas quatro décadas depois das ratificações da Constituição dos Estados Unidos deram cabo do equilíbrio tácito entre as áreas escravistas e as não escravistas em um momento de expansão dos Estados Unidos. Nem as guerras estrangeiras, as revoluções externas de escravos ou a resistência escrava na Louisiana desencadearam a primeira grande crise pós-revolucionária da escravidão no país. Em vez disso, foi o padrão pacífico do povoamento ao longo do Rio Missouri em 1819 que levou à explosão da retórica mais apaixonada da legislatura nacional desde a reação sulista à petição quacre inicial, durante o primeiro Congresso federal. Em 1819, quando o Missouri solicitou sua entrada na união como um estado escravista, sua localização no norte parecia violar a divisão latitudinal, traçada pelo Rio Ohio, entre zonas escravistas e zonas livres. Ele se tornaria o segundo estado escravista criado a oeste do Mississipi, com outro território escravista sendo organizado (o Arkansas), e nenhum território livre estava à vista dentro da Compra da Louisiana. Além disso, o destino da Constituição antiescravista de Illinois, de 1818, ainda estava sendo questionado.[52]

O Congresso estava amargamente dividido sobre uma emenda, proposta por James Tallmadge, que admitiria o Missouri na condição provisória de estado desde que fosse proibida a introdução futura de escravos e implementada a abolição gradual da instituição por meio do princípio do ventre livre. Os congressistas sulistas vociferaram novamente, e fizeram ameaças de separação. A emenda de Tallmadge suscitou debates durante semanas e paralisou os trabalhos legislativos. Pela primeira vez, uma questão relacionada com a escravidão estimulou a mobilização nacional fora do Congresso. Os congressistas do norte, que haviam feito oposição à emenda de Tallmadge, ficaram sob a pressão de reuniões públicas de massa desde Boston até a Filadélfia. Os mobilizadores dessas reuniões evocavam o imaginado "caráter futuro de nossa nação e o peso e a influência futuros dos estados livres, que, se forem perdidos agora, estarão perdidos para sempre". As legislaturas estaduais do noroeste reagiram

---

52 Forbes, *The Missouri Compromise and its Aftermath*: Slavery and the Meaning of America, cap.2.

instituindo seus representantes congressuais para barrarem a entrada de futuros estados escravistas. Nunca o norte tinha se mostrado tão agitado. Houve um temor generalizado de que a região escravista, "já dominante no executivo", se tornasse "para sempre nossos senhores".[53]

Como resposta a esse ataque setorizado, alguns Pais Fundadores sulistas que ainda estavam vivos intervieram para enfatizar que a Convenção Constitucional não tinha autorizado o controle da escravidão pelo Congresso. Jefferson recorreu ao argumento de que uma difusão dos escravos no oeste não aumentaria o número deles e facilitaria a eventual emancipação. A crise do Missouri atemorizou profundamente os líderes políticos que estavam interessados na sobrevivência da união. Eventualmente, as ameaças dos sulistas levariam um número suficiente de nortistas a aceitar a divisão da Compra da Louisiana a 36° 30' de latitude, proibindo a escravidão em todas as terras ao oeste e ao norte do Missouri. Em 1820, a questão imediata do equilíbrio político foi preservada com a admissão tanto do Missouri quanto do Maine na condição de estado. Com a decisão de estabelecer um limite à futura expansão da escravidão ao longo da linha de 36° 30' de latitude, houve uma redução na legislatura nacional dos ataques manifestos dos nortistas à escravidão.[54]

A crise reforçou a hesitação anterior dos líderes políticos em tratar o problema da escravidão no plano nacional. Ela não chegou nem perto de encerrar a discussão sobre o futuro da instituição em várias partes do sul. O furor sobre a conspiração de Denmark Vesey na Carolina do Sul inspirou representantes a declararem que a legislatura nacional não tinha autoridade alguma para discutir ou interferir na escravidão nos demais territórios federais. Entre os nortistas, os argumentos antiescravistas continuaram a reverberar, mas os congressistas nortistas pareciam tacitamente dispostos a aceitar um novo acordo com o sul reconhecendo que a Declaração de Independência não havia criado uma ordem legislativa e moral em relação à instituição da escravidão e ao *status* dos negros livres. Em outra ação legislativa, o Missouri alinhou-se com uma tendência nacional, não setorial. Na

---

53   Ibid., p.56.
54   Ibid., p.260-1.

admissão à União, o Missouri barrou a entrada de negros livres no estado. No que diz respeito ao governo nacional, os direitos humanos de liberdade e de igualdade civil aplicavam-se apenas aos brancos.[55]

O resultado imediato do acordo do Missouri aparentemente reafirmou uma tendência duradoura. A restrição à escravidão não tinha um destaque maior na agenda nacional americana quando Jefferson morreu, em 4 de julho de 1826, do que quando ele rascunhara a Declaração de Independência, 50 anos antes. Meio século depois de 1775, o processo da abolição nos Estados Unidos tinha aparentemente chegado a um impasse. Ao norte de Chesapeake e Ohio, os representantes políticos dos estados tinham começado a se referir a eles como Estados "livres". Cinquenta anos depois da Revolução Norte-Americana, os norte-americanos de ambos os lados da Linha Mason-Dixon ainda pareciam estar esmagadoramente unidos para prevenir um novo influxo de escravos na nação. O sonho de um Novo Mundo "embranquecido" não era exclusivo dos norte-americanos, mas os Estados Unidos se distinguiram por produzirem um movimento coletivo de longo prazo que preferia a reversão do fluxo de africanos no Novo Mundo. A Sociedade de Colonização Norte-Americana (SCA),[56] fundada em 1817, dedicava-se a enviar os negros de volta à África, acima de tudo os que já eram livres e os que poderiam obter a condição de homens livres com a partida.[57]

A SCA esperava levantar apoio financeiro tanto do governo federal como de cada estado. Seus planos também estavam ligados ao compromisso dos Estados Unidos de suprimir o escravismo atlântico-americano. Em 1819, um dia depois da aprovação de uma lei que autorizava a pre-

---

55 Fehrenbacher, op. cit., p.264-5. William W. Freehling tem mostrado o quanto o sul estava profundamente dividido na discussão sobre a possibilidade de acabar com a escravidão. Na turbulência das resoluções, imperava a irresolução. (Ver Freehling, *The Road to Disunion*, cap.9-11.) Durante a crise do Missouri, Thomas Jefferson previu que o endurecimento de uma "linha geográfica, coincidente com um princípio moral e político marcante, uma vez concebida e tendo sobrevivido às paixões raivosas dos homens, nunca será obliterada e cada nova irritação vai marcá-la cada vez mais profundamente" (Ibid., p.155).

56 No original, "American Colonization Society (ACS)". (N. T.)

57 Sobre a Sociedade de Colonização Norte-Americana, ver Burin, *Slavery and the Peculiar Solution: A History of the American Colonization Society*; e Yarema, *American Colonization Society*: An Avenue to Freedom?.

sença de cruzadores ao longo da costa da África, a SCA requereu que a subvenção de 100 mil do Congresso para custear a patrulha também fosse usada para estabelecer uma colônia africana. Como sua antecessora colonial britânica em Serra Leoa, a colônia poderia servir de local de destino aos escravos contrabandeados capturados no mar. A SCA, contando com um número substancial de donos de escravos como patrocinadores proeminentes, exigia a expatriação voluntária dos negros livres e dos libertos.

Em seus primeiros anos de vida, a Sociedade provocou a maior mobilização da população livre afro-americana antes da emergência do abolicionismo radical. Contudo, precisamente no momento da fundação da SCA em Washington, muitos negros livres sentiram-se profundamente ameaçados. A esmagadora maioria de negros livres nas Américas que recebeu a oferta de uma passagem gratuita para fora do país recusou-se a migrar para a África ou para o Caribe. Desse modo, os afro-americanos frustraram o mais importante projeto que arquitetou sua extirpação dos Estados Unidos.

Quando a SCA estava pronta para estabelecer um grupo nacional com filiais nas localidades, a maioria dos negros livres da Filadélfia estava preparada para reagir. James Forten, um dos afro-americanos mais ricos da nova república, mobilizou ativamente protestos contra a SCA. Os que se opunham a ela estavam plenamente conscientes da possibilidade de os fazendeiros libertarem e deportarem seus escravos mais intratáveis e usarem a colonização como uma ameaça aterrorizante para seus escravos remanescentes. Em janeiro de 1817, 3 mil negros reuniram-se na igreja Mother Bethel, na Filadélfia, e esse número excedeu ao da maior mobilização registrada de negros nortistas (sobre a crise do Missouri), dois anos depois. Eles resolveram que não seriam desenraizados de seu país e insistiram que não se separariam de seus irmãos escravizados. Essa mobilização foi decisiva na futura rejeição abolicionista da colonização como solução ao problema da escravidão.[58]

---

58 Winch, *A Gentleman of Color:* The Life of James Forten, cap.8-10. A SCA continuou a atrair apoio suficiente dos negros para promover uma reunião inter-racial em grande escala na Filadélfia, em 1833. Forten foi obrigado a mobilizar uma contrarreunião, que deu grande importância aos testemunhos oculares dos repatriados desiludidos da Libéria. O debate pela simpatia dos afro-americanos atraiu a intervenção de William Lloyd Garrison com *Thoughts on African Colonization*.

Em meados da década de 1820, os limites da escravidão norte-americana já tinham sido refeitos de formas que não existiam 50 anos antes. A batalha contra as importações transatlânticas ulteriores parecia encerrada. Se a medida constitucional para recuperar escravos fugitivos também parecia proibir até mesmo os "estados livres" nortistas de se tornarem áreas de "solo livre", consoante ao precedente do caso Somerset, o número de escravos recém-nascidos naqueles estados agora era zero. A proporção de escravos nos estados nortistas já era minúscula. A esmagadora maioria dos cidadãos bem articulados nos estados nortistas considerava a escravidão como uma instituição que inexoravelmente desapareceria de suas jurisdições.

No alto sul, uma erupção de estatutos na década de 1780, combinada com a aceleração de manumissões privadas, abriu o horizonte da abolição gradual da escravidão. Na década de 1820, no entanto, essa tendência foi detida. Novos Estados escravistas, que se estendiam sobre uma área geográfica maior que a de seus correspondentes livres, tinham entrado na União depois de 1790. As agitações para a inclusão racial, que haviam sido abertas pelo reavivamento religioso transatlântico das décadas de 1780 e 1790, fracassaram. A visão de uma morte lenta da escravidão ficou obscurecida. A expansão para o oeste e os recenseamentos revelavam que no fim da era da revolução havia mais pessoas escravizadas em uma área muito maior do que em seu início.[59]

Para os afro-americanos, a escravidão e o racismo se expandiam com mais rapidez que a liberdade. A última onda do tráfico norte-americano

---

59 Alexis de Tocqueville retornou de sua viagem à América com um prognóstico deprimente. O princípio da abolição alcançaria o alto sul com o decorrer do tempo. A escravidão permaneceria mais profundamente enraizada no extremo sul, com um racismo opressivo em todos os lugares. Em consequência, haveria lutas que causariam aniquilações coletivas. Ver Tocqueville, *De la démocratie en Amérique*, p.1030, n.414. Em suas notas, Tocqueville conclui ainda de forma mais lúgubre: "Nós já temos visto os *brancos* destruídos nas Índias Ocidentais [Haiti]. Nossas crianças verão os *negros destruídos* por toda a maior parte dos Estados Unidos [...] no fim de uma retirada sucessiva dos negros em direção ao sul". Tocqueville sentiu-se na obrigação de confiar a si mesmo que, quaisquer que fossem os modos pelos quais o conflito entre as duas raças no sul pudesse ser acelerado, o catalisador mais poderoso seria a abolição da escravidão. John C. Calhoun não hesitaria em chegar à mesma conclusão e colocar a questão não como uma escolha entre dominação racial e aniquilação, mas entre escravidão e liberdade.

de escravos, entre 1783 e 1807, e a aquisição da Louisiana adicionaram mais escravos novos aos Estados Unidos do que a soma dos que haviam sido libertados pelas leis de emancipação gradual, patrocinadas pelos estados, e pelas manumissões individuais. Para os pais fundadores, as aspirações de pôr fim à escravidão tinham sido marginalizadas a favor da complexa tarefa de construir uma grande república. Depois de meio século, poucos de seus herdeiros estavam preparados para correr o risco de destruir a União. Alguns procuraram deslocar os escravos negros para os novos territórios do oeste, outros procuraram deslocar os afro-americanos na direção leste, para a África, ou para o sul, no Caribe.

O resultado político mais significativo do Acordo do Missouri, depois de 1820, foi um novo sistema de partidos dedicado a canalizar o conflito para longe dos confrontos setoriais diretos sobre a escravidão. Na sociedade civil, até mesmo as denominações, que outrora haviam levantado questões inquietantes sobre a posse de escravos entre os membros de suas próprias congregações, silenciaram as manifestações críticas. As sociedades antiescravistas devotaram boa parte de suas energias para remover as ansiedades dos brancos sobre o comportamento dos negros livres. Elas procuraram moderar as posições raciais pela demonstração de que a educação e a religião poderiam ajudar os negros livres a confirmarem seu potencial de respeitabilidade.

Na ausência de um abolicionismo radical de grande escala, a SCA pôde manter sua aprovação como uma agência com as duas faces de Janus, que apoiava tanto a emancipação gradual dos escravos como sua remoção gradual. Dentro dessa moldura de referência, mais sociedades antiescravistas floresceram no sul do que no norte.[60] Isso refletia uma visão generalizada de que o problema da escravidão teria de ser resolvido pelos próprios estados escravistas. Mais vozes radicais se intrometeram, mas no plano nacional o problema da escravidão ainda era compreendido apenas indistintamente e majoritariamente deixado nas mãos dos cavalheiros sulistas.

---

60 Dillon, *Slavery Attacked*: Southern Slaves and their Allies, p.114; Fox-Genovese e Genovese, *The Mind of the Master Class*: History and Faith in the Southern Worldview, p.231-4.

Da perspectiva afro-americana, o meio século depois da Revolução Norte-Americana parecia provocar o desalento e o desespero, em vez de a esperança de uma libertação progressiva. De repente, em 1829, o *Apelo aos cidadãos de cor do mundo* [e ...] *especialmente aos dos Estados Unidos*, de David Walker, foi publicado em Boston. De uma só vez, ele chocou os abolicionistas brancos nortistas e alarmou os donos de escravos sulistas. Sua promessa de vingança divina e de destruição apocalíptica foi tratada em Charleston como toque de rebate da insurreição escrava. Contudo, o alvo mais imediato de Walker eram os negros livres do norte. Primeiro, ele precisava dissipar a aceitação do estado de degradação em que eles estavam na própria comunidade. Com sua retórica saturada pelas Escrituras e sua denúncia de uma Declaração da Independência frustrada, o *Apelo* de Walker foi igualmente contundente contra os negros que colaboravam para oprimir seus próprios irmãos, contra os ministros brancos inspirados que pediam a reforma de todos os pecados – exceto a escravidão e o racismo – e contra os simpatizantes da SCA, para os quais deportação era sinônimo de emancipação.[61]

Apesar de sua virulência, a convocação de Walker à ação estava embutida nas mesmas correntes mais amplas da sociedade norte-americana nas quais "cavalheiros de cor", como James Forten, iniciavam uma mobilização que era mais conciliatória e menos confrontadora. De perto, o *Apelo* se parecia com o *Freedom's Journal*, o primeiro jornal afro-americano. Ele condizia com os princípios estabelecidos pela Associação Geral dos Homens de Cor de Massachusetts. O discurso que Walker fez nessa associação, pouco antes da publicação do *Apelo*, mostra porque

---

61 O *Appeal... to the Coloured Citizens of the World but in Particular, and Very Expressly, to Those of the United States of America* [*Apelo... aos cidadãos de cor do mundo e muito especialmente aos dos Estados Unidos da América*], de David Walker (esp. artigos 3 e 4). Pessoas da Carolina do Sul ficaram particularmente indignadas quando descobriram uma cópia da polêmica de Walker com um marinheiro visitante. A conspiração de escravos mais séria nos Estados Unidos tinha sido descoberta em Charleston um pouco antes, naquela década. Sobre a conspiração de Denmark Vesey, ver Paquette e Egerton, Of Facts and Fables: New Light on the Denmark Vesey Affair, *The South Carolina Historical Journal*, p.25-6; Fehrenbacher, op. cit., p.116; Robertson, *Denmark Vesey*. Sobre as atitudes políticas em geral em relação à escravidão depois do Acordo do Missouri, ver Forbes, op. cit., cap.4; Fehrenbacher, op. cit., p.265-6.

somente alguns de seus membros o teriam entendido como um chamado à insurreição de escravos ou de negros livres. Nele, Walker exprimiu grande júbilo pela emergência da associação e do jornal de uma "condição desorganizada". Ele considerou a associação como o núcleo de um movimento nacional, de uma sociedade nacional, que legalmente "formaria sociedades, abriria, estenderia e manteria correspondência".[62] Em resumo, Walker estava sentindo o vento associativista que já soprava na sociedade norte-americana e que, também, logo levantaria o abolicionismo.

Em 1829, Walker também sabia que os afro-americanos não estavam mais tão isolados no mundo como um todo. Além de seus irmãos do Haiti, ele saudou a nação inglesa que estava a caminho da emancipação. Cinquenta anos depois da Declaração de Independência, estava claro para Walker que uma mudança fundamental havia ocorrido na geografia da escravidão anglo-americana. O Atlântico não separava mais uma zona colonial ocidental, onde a propriedade de seres humanos era ubíqua, de uma metrópole oriental, onde a abolição não tinha qualquer relevância política. A fronteira da escravidão havia se deslocado dentro da própria América do Norte. Somerset imperava um pouco acima da fronteira do norte dos Estados Unidos. Na metade setentrional dos Estados Unidos, a instituição da escravidão estava relegada aos remanescentes de um grupo cada vez mais diminuto. Um pouco ao sul da Linha Mason-Dixon, nos estados fronteiriços, a orientação dominante era a que William Freehling denomina de "antiescravismo condicional" – a emancipação eventual, postergada e, na melhor das hipóteses, gradual.[63]

Ao longo dos estados do Golfo, a escravidão mantinha sua influência. Sulistas que cultivavam produtos básicos com a Carolina do Sul na

---

62 Ibid., Apêndice I, p.79-83, Address Delivered Before the General Colored Association at Boston, publicado pela primeira vez em *Freedom's Journal*, a 19 dez. 1828. Sobre o desenvolvimento de associações afro-americanas e sua ligação com ativismo político, ver Horton e Horton, *In Hope of Liberty*: Culture, Community, and Protest Among Northern Free Blacks, 1700-1860, esp. cap.7-8. Sobre o significado da conexão anglo-americana, ver Van Gosse, 'As a Nation, the English Are Our Friends': The Emergence of African American Politics in the British Atlantic World, 1772-1861, em *American Historical Review*, p.1003-28.

63 Freehling, The Founding Fathers and Conditional Antislavery, *The Reintegration of American History*, cap.1.

vanguarda lutavam contra qualquer iniciativa – até mesmo contra a colonização idealizada pela SCA – que pudesse implicitamente desvalorizar os projetos vagos de sua instituição em constante expansão. Do extremo sul veio um contraponto de intensificação de uma dissensão *vociferante* que surgiu do fato existencial de que a escravidão era agora um problema em busca de solução prática em quase todos os lugares da civilização ocidental.[64]

Não obstante o caráter vibrante da escravidão abaixo do Rio Ohio e além do Mississipi e das barreiras de segurança à não interferência constitucional, uma nova fenda estava se abrindo nas percepções ocidentais sobre a temporalidade da instituição. Até mesmo os conservadores europeus da Europa pós-napoleônica estavam refazendo a história da Europa para demonstrar que a grande expansão da escravidão europeia ultramarina fora uma anomalia, uma aberração dentro da *longue durée* do cristianismo.[65] No sul, a crescente circulação das referências a sua "instituição doméstica" refletia uma mudança de paradigma. Na tradição da lei civil, a escravidão foi axiomaticamente considerada como contrária à lei natural, mas como convencional na lei das nações. Agora, sua posição dentro das leis das "nações civilizadas" estava sitiada.

---

64 Davis, *Slavery and Human Progress*, parte II, cap.4.
65 Sobre a perspectiva do protestantismo anglo-americano, ver Ibid., parte II, cap.3. Para a França pós-napoleônica, ver Garrec, *Le Debat sur l'abolition de la traite des Noirs en France (1814-1831): Un reflet de l'évolution politique, économique et culturelle de la France*, p.139-142. Tocqueville considerou a estrutura progressiva como sendo consensual em 1843: "O cristianismo tinha destruído a servidão; os cristãos do século XVI a restabeleceram. No entanto, somente a aceitaram como uma exceção do sistema social e foram cuidadosos ao restringi-la apenas a uma das raças do homem". *Democracy in America*, p.393; Tocqueville, *Tocqueville and Beaumont on Social Reform*, p.148. Para o *establishment* intelectual francês, "o cristianismo era a chave". Finley, *Ancient Slavery and Modern Ideology*, p.12-35.

6
As revoluções franco-
-americanas, da década
de 1780 à de 1820

No interior da revolução, 1783 a 1791

Nem a Declaração de Independência norte-americana nem a própria independência causaram qualquer mudança na atitude dos negociantes de escravos, colonizadores e governantes da Europa. Tampouco tinha havido, desde os meados do século XVII, uma torrente de novos projetos europeus para entrar no próspero sistema atlântico. A instituição da escravidão continuava a aumentar a riqueza dos que a controlavam e a afluência dos que adquiriam ou vendiam seus produtos. Dada a alta produtividade comparativa do trabalho escravo na agricultura do Novo Mundo, os sistemas da escravidão e da escravização continuavam competitivos e em expansão.[1]

---

1 Ver Fogel e Engerman, *Time on the Cross*, p.247-57; Fogel (1989), *Without Consent or Contract*, p.84-9; Eltis, *The Slave Economies of the Caribbean*, p.123.

Todos os maiores e muitos dos menores atores atlânticos supunham que a escravidão era – ou podia ser – um componente significativo de riqueza e de poder. O impulso compartilhado por eles para encorajar a expansão da escravidão não estava confinado somente às nações e aos comerciantes que ainda eram os maiores atores do século – os ingleses, os franceses e os portugueses. A atração exercida pelo complexo das grandes lavouras evidenciava-se pela onda dos recém-chegados. A abertura do tráfico de escravos ao Atlântico Norte no século XVII havia encorajado uma grande procura de pequenos Estados do Báltico: Dinamarca, Suécia, Brandenburgo, Hanau e Courland. Um segundo afluxo teve início nos anos 1780. Comerciantes de Oostende, nos Países Baixos austríacos (atualmente, Bélgica), aproveitaram-se da queda abrupta do tráfico negreiro britânico e francês durante o tempo da guerra. Como o tráfico transatlântico de escravos alcançou seu pico absoluto na década seguinte a 1783, os comerciantes, dos Países Baixos austríacos até a Itália, procuraram obter permissão para distribuir escravos e investir seus capitais nas florescentes colônias açucareiras. Como seus antecessores do século XVII, os comerciantes de Oostende também fizeram lóbi para que os governantes Habsburgo adquirissem uma ilha caribenha ou uma base de operações na Guiana para servir de entreposto escravista. Os prósperos anos de 1780 também estimularam comerciantes da Toscana a planejar um comércio direto das Índias Ocidentais para um porto italiano.[2] Mais para o norte, o monarca sueco concedeu privilégios a uma nova companhia de comércio para as Índias Ocidentais por via da Ilha de São Bartolomeu, adquirida da França. A monarquia espanhola abandonou sua política de contratar direitos de monopólio para a entrega de escravos, que já durava três séculos. O principal esforço de liberalização de seu sistema do tráfico de escravos tencionava encorajar o desenvolvimento de Cuba e de Trinidad. Por vol-

---

2 Sobre o que foi acima mencionado, ver Drescher, *Econocide*, p.170-1, e Drescher, Jews and New Christians in the Atlantic Save Trade, em Bernardini e Fiering, *The Jews and the Expansion of Europe to the West, 1450-1800*, p.439-84; Drescher, *Capitalism and Antislavery*, p.171-2; Ekman, Sweden, the Slave Trade and Slavery 1784-1847, *Revue Française d'hístoire d'outre-mer*, p.221-31.

ta de 1800, chegavam mais africanos à América espanhola e portuguesa do que jamais acontecera.[3]

Entre todos os participantes que se atropelavam no *boom* do período posterior ao da Guerra Revolucionária Norte-Americana, os franceses estavam na vanguarda. Entre 1785 e 1790, mais escravos desembarcaram nos portos coloniais marítimos franceses que nos de qualquer potência imperial, sem contar com as ilhas francesas do Oceano Índico. Em contraste com o padrão existente antes da guerra, para a maioria dos africanos que agora eram transportados pelos navios franceses cada tonelada era subsidiada pelo tesouro francês pela exorbitante quantia de 2 milhões de libras francesas. Os 55 mil escravos descarregados em 1790 eram em número muito maior do que os que tinham sido transportados sob qualquer bandeira nacional. Os negociantes de escravos alimentavam um sistema de grandes lavouras que produzia mais que o dobro do açúcar e aproximadamente o triplo do café que a geração anterior a 1789.[4]

A mais valiosa de todas as colônias francesas era São Domingos. Por volta de 1790, 50 mil escravos trabalhavam em 8 mil grandes lavouras. Elas eram responsáveis por um terço do açúcar vendido no Atlântico e por uma fração maior ainda no mercado do café. Durante a deflagração da Revolução Norte-Americana, o Caribe francês já exportava nove vezes mais em quantidade de café do que seu correspondente britânico exportava para o mercado europeu. Na década que se seguiu ao restabelecimento da paz, São Domingos aumentou ainda mais essa distância. Sozinha, essa "Pérola das Antilhas" era responsável por dois quintos do comércio ultramarino da França. Dois terços dos investimentos ultramarinos franceses iam para essa colônia.[5]

---

3   Ver Andrews, *Afro-Latin America 1800-2000*, p.19-20.
4   Para os números do tráfico de escravos, ver Eltis et al., *The Transatlantic Slave Trade*; Stein, *The French Slave Trade in the Eighteenth Century and Old Regime Business*, p.41-2. Sobre as exportações coloniais francesas, ver Tarrade, *Le Commerce colonial de la France à la fin de l'Ancien Regime: L'evolution du régime de l'exclusif de 1763 à 1789*, v.I, p.34.
5   Geggus, *Haitian Revolutionary Studies*, p.5-6; Pétré-Grenouilleau, *Les Négoces maritimes français XVIIe-XXe siècle*, p.124.

São Domingos sobressaía-se não só em relação às demais colônias de grandes lavouras, como também em sua própria metrópole. O crescimento econômico da metrópole e de suas colônias escravistas era cada vez mais interdependente. Contudo, enquanto a colônia passava por uma onda de riqueza, a França metropolitana estava afundando em uma crise. A monarquia falida havia chegado ao ponto do colapso fiscal, da paralisia política e da resistência violenta. O antigo regime estaria prestes a ser destruído na França antes que um colapso similar – mais tardio, mais duradouro e mais forte – ocorresse nas colônias caribenhas.

Em 30 de abril de 1789, George Washington foi empossado como o primeiro presidente da América. Uma semana depois, Luís XVI reuniu os Estados Gerais da França, inaugurando uma revolução que destroçaria a ordem social da França. Em sua era da revolução, o império escravista franco-americano passaria por uma série de transformações mais voláteis que qualquer outro sistema do mundo atlântico. Em 1789, a Declaração de Direitos do Homem e do Cidadão anunciou que a liberdade era um direito universal. Com mais consequência ainda, cinco anos depois, em fevereiro de 1794 (no calendário revolucionário, 16 do pluvioso do ano II), a República decretou a abolição da escravidão em todo o império francês. Se o decreto fosse aplicado à risca, três quartos de 1 milhão de escravos teriam sido libertados e elevados à cidadania plena em um único dia. As reverberações desse decreto seriam sentidas muito além dos limites do império.

Mesmo assim, o momento abolicionista francês era tão frágil quanto dramático. Durante a era da revolução, os escravos seriam libertados depois de anos de lutas em algumas áreas coloniais (São Domingos-Haiti). Em outras (Martinica e Ilhas Mascarenhas), os escravos nunca experimentariam um único ano de liberdade. Em outras mais (Santa Lúcia, Guadalupe e Guiana), a libertação de 1794 seria anulada. Portanto, durante a era da revolução, a França distinguiu-se por ser a única potência colonial ocidental da história a restabelecer seu sistema escravista. No decorrer de três décadas, ela também ressuscitou seu tráfico ultramarino de escravos por duas vezes e aboliu-o por mais duas vezes. Somente no Haiti, onde o poder militar francês e a presença demográfica francesa foram completamente destruídos, é que a escravidão foi definitivamente suprimida. Em nenhuma região da era revolucionária o destino da instituição foi fechado e reaberto com tanto sangue.

Algumas diferenças marcantes entre o império anglo-americano e o franco-americano afetaram o curso e o resultado do antiescravismo nas duas áreas. Na maioria das colônias anglo-norte-americanas que alcançaram a independência, os brancos constituíam a população dominante em termos demográficos, políticos e econômicos. Na porção do Império Britânico que mais se parecia com o império francês tropical, o grupo branco dominante não tentou derrubar a autoridade britânica, e os escravos não desafiaram o sistema escravista durante a maior parte da metade do século depois de 1776.

Como nas colônias anglo-caribenhas, os escravos do sistema colonial francês constituíam normalmente de 80 a 90% da população. Contudo, a população escrava de São Domingos, com 500 mil pessoas, era a maior do Caribe, excedendo o total de todas as colônias britânicas juntas. As pessoas de cor livres (*gens de couleur*) quase igualavam aos 40 mil brancos da colônia e excediam em muito, numérica e proporcionalmente, a população de qualquer outro lugar nas Índias Ocidentais britânicas ou francesas.[6] Além disso, consideradas em conjunto, as 30 mil pessoas de cor livres da colônia constituíam o grupo mais rico desse tipo na colônia mais rica e mais produtiva das Américas. No oeste e no sul de São Domingos, as *gens de couleur* ultrapassavam os brancos em número. Uma pequena elite, os fazendeiros de cor ricos, era geralmente educada como sua equivalente branca, e alguns deles se movimentavam livremente entre a colônia e Paris.[7]

A combinação da afluência demográfica e econômica desse setor não branco intensificou a necessidade de mais restrições raciais por parte dos brancos e aprofundou o amargor da elite de cor. Os brancos colo-

---

6 Fick, The French Revolution in Saint Domingue: A Triumph or a Failure?; Gaspar e Geggus (Eds.), *A Turbulent Time:* The French Revolution and the Caribbean, p.56.
7 Geggus (2002), op. cit., p.79. Fick estima que o número de escravos mantidos pelos donos de escravos de cor livres de São Domingos era de mais de 100 mil (p.56). Isso teria feito deles o maior grupo não branco de donos de escravos nas Américas.

niais tentaram levantar barreiras à mobilidade política, social e militar, baseadas na cor e na genealogia.[8] As tensões psicológicas produzidas por esse sistema segregacionista sobre grupos que eram individualmente formados por pares econômicos ou culturais foram exacerbadas pela receptividade menos hostil que os homens de cor instruídos tinham na metrópole. Diferente do que ocorria com os escravos, a população negra livre das ilhas tinha família e laços sociais na França. Em contraste com seus equivalentes do Império Britânico, as *gens de couleur* estavam a postos para exercer um papel catalisador mais central nas oportunidades abertas pelo colapso do antigo regime tanto na França quanto no Caribe.[9]

A escravidão ultramarina permaneceu como uma presença emergente, mas ainda marginal, no discurso político francês pré-revolucionário. Como na Grã-Bretanha e na América britânica antes da Revolução Norte-Americana, quase não havia defensores declarados da moralidade da escravidão e do tráfico de escravos. A vibrante *Histoire des deux Indes* [*História das duas Índias*], de padre Raynal, e uns poucos projetos para a abolição gradual prestaram genericamente atenção à escravidão como um problema. Na esteira de sua própria participação na guerra revolucionária americana, o marquês de Lafayette iniciou uma experiência não divulgada de emancipação na costa da Guiana da América do Sul. O pequeno contingente de economistas políticos da França estava de acordo com seus principais equivalentes britânicos no que dizia respeito à condenação moral da escravidão. Alguns concordaram com Adam Smith acerca de que, "no fim", trabalho livre era mais barato e mais eficiente do que trabalho escravo. O economista com mais influência política ofereceu uma importante advertência a essa previsão. Anne-Robert Turgot, que foi por pouco tempo o principal conselheiro de Luís XVI, sustentava

---

8   Sobre a racialização da sociedade colonial em resposta à emergência de pessoas livres de cor, ver inter alia, Debbasch, op. cit., v.1, cap.2.
9   Ver Geggus (2002), op. cit. John D. Garrigus observa que na província do sul de São Domingos, as pessoas livres de cor apresentavam claramente melhores resultados que seus vizinhos brancos. Na década de 1760, a classe de pessoas livres de cor participou em 41% das transações com escravos. Na década de 1780, ela foi responsável por quase 57% das atividades do mercado de escravos e de 49% dos aluguéis de escravos. Garrigus, *Before Haiti:* Race and Citizenship in French Saint-Domingue, p.177.

que a escravidão prestava serviços à acumulação da riqueza e ao comércio. Até o fim, os funcionários franceses viam as colônias caribenhas como uma fonte inestimável de receita e de comércio internacional em um regime que deslizava precipitadamente para a inadimplência. Os economistas franceses pré-revolucionários também eram "de fato, muito hesitantes" quando voltavam suas atenções para a escravidão.[10] Como na Grã-Bretanha, os julgamentos morais eram contrabalançados pela suposição generalizada de que o progresso econômico estava ligado a um processo civilizador geral. Apenas raramente a violência e a brutalidade da instituição da escravidão ocuparam um lugar central em um estudo, como nas *Reflexões sobre a escravidão negra* (1781), de Condorcet.

Mesmo quando reconheciam os lucros econômicos coloniais, os governantes mostravam ter consciência da tensão entre as normas metropolitanas e as práticas transatlânticas. Na década de 1780, estatutos régios começaram a dar destaque ao gerenciamento de escravos nas grandes lavouras de proprietários absenteístas. Houve seguidas discussões ministeriais sobre os problemas de segurança surgidos do desequilíbrio entre brancos, pessoas de cor livres e a esmagadora maioria escrava. Duas soluções contrárias foram propostas. A preferida pela maioria dos fazendeiros brancos estava baseada na premissa de que a manutenção da supremacia branca era essencial à sobrevivência e à prosperidade das colônias de grandes lavouras. Dessa perspectiva, as manumissões frequentes eram uma ameaça sempre crescente ao sistema colonial.

---

10 Ver Davis, *Problem of Slavery in Western Culture*, p.14; Steiner, Slavery and French Economists, 1750-1830, *The Abolitions of Slavery from L. F. Sonthonax to Victor Schoelcher, 1793, 1794, 1848*, p.133-143, esp. 141. A mensagem da *Encyclopédie*, o monumento coletivo da Ilustração francesa, era uma mistura de indiferença, inquietação e hostilidade. (Ver Ehrard, Dorigny, *The Abolitions of Slavery from L. F. Sonthonax to Victor Schoelcher, 1793, 1794, 1848*, p.111-20. O problema da escravidão era relativamente marginal para os enciclopedistas. (Ibid., p.111). Em seus 72 mil artigos, Jean Ehrard conseguiu achar apenas 33 referências explícitas ao tráfico de escravos e escravidão. No pequeno segmento de 50 artigos que logicamente poderiam ter levantado comentários sobre a escravidão racial, 15 falharam até em mencionar o assunto e 20 trataram dele de forma neutra. De resto, apenas dez a condenaram e três a absolveram. Sobre a persistência da suposição de que os não europeus tinham de estar à disposição dos europeus como trabalhadores nos trópicos, ver Sewell, *A Rhetoric of Bourgeois Revolution*: The Abbé Sieyès and What is the Third Estate?.

Uma segunda alternativa baseava-se na premissa de que em uma sociedade com uma população que era 90% escrava, as pessoas de cor livres eram absolutamente essenciais à manutenção da ordem. Essa barreira necessária à resistência escrava requeria uma melhoria e talvez até o término do desprezo racial e das deficiências institucionais que humilhavam e enraiveciam quase a metade da população livre. O modelo estava à mão na colônia com a qual os franceses dividiam a ilha Hispaniola – a mistura de raças na São Domingos governada pelos espanhóis. Os administradores reais, com plena consciência daquilo que, na perspectiva deles, era tanto um "preconceito injusto" quanto um problema "infinitamente delicado", reciclaram interminavelmente memorandos ministeriais durante uma geração. O impasse a que se chegou atrás das portas fechadas burocráticas no fim do antigo regime seria repetido na esfera pública em 1789.[11]

Uma inovação introduzida às vésperas da revolução foi o surgimento de uma nova associação, a *Société des Amis des Noirs* (Sociedade dos Amigos dos Negros), em fevereiro de 1788. A *Amis des Noirs* foi constituída em Paris em resposta a um apelo da Grã-Bretanha. A Sociedade Inglesa para Efetuar a Abolição do Tráfico de Escravos fora formada em Londres em 1787. A *Amis des Noirs* começou seu trabalho quando a monarquia ainda exercia controle efetivo. Contra a pressão de um lóbi colonial alarmado, ela não podia esperar que suas ideias fossem livremente divulgadas. Composta por uma elite com boas conexões, a *Amis des Noirs* obteve permissão para estabelecer um *journal* não oficial. O governo restringiu a publicação de suas matérias à tradução de informações a respeito da atividade britânica, sob o cabeçalho inócuo de *Analyse des papiers anglais* (*Análise de artigos de jornais ingleses*). As traduções incluíram o apelo inicial do Comitê de Londres para a criação de uma sociedade antiescravista francesa. Esse início anglocêntrico estava carregado de consequências. Thomas Clarkson, o membro mais ativo do Comitê de Londres na Grã-Bretanha, forneceu a maior parte das informações empíricas e das

---

11 Geggus, Racial Equality, Slavery, and Colonial Secession during the Constituent Assembly, *American Historical Review*, p.1290-308, esp. 1293.

estratégias retóricas empregadas pela *Amis des Noirs*.[12] Mesmo assim, a *Análise* tornou-se o meio pelo qual as próprias atividades da *Amis* foram dadas ao conhecimento de um público mais amplo.

Desde o começo, a *Amis des Noirs* foi muito ambiciosa em relação a seus objetivos. A abolição do tráfico escravo era o alvo exclusivo do Comitê de Londres. A estratégia britânica, que visionava um declínio natural da escravidão em consequência do término das importações transatlânticas, foi considerada muito lenta e passiva. A *Amis* insistiu em identificar a própria posse de escravos como um crime e não como uma forma legítima de propriedade. Em consequência, ela pleiteava a abolição gradual da própria instituição pela intervenção metropolitana direta.[13]

Essa politização da escravidão, combinada com a situação revolucionária mais volátil na França, induziu os abolicionistas dos dois lados do canal a imaginarem que a França poderia assumir a liderança da eliminação do tráfico de escravos. A convocação dos Estados Gerais em 1789 foi acompanhada por uma vasta coleção de demandas por mudanças (*cahiers de doléances*) de todas as regiões da França. Os três estados legais e cada paróquia na França elaboraram listas de suas queixas. A *Amis des Noirs* viu os *cahiers* como um excelente veículo para a inserção da escravidão na agenda da regeneração nacional. Em resposta ao chamamento dessa sociedade, quase 50 dos 600 "*cahiers* gerais" que chegaram aos Estados Gerais em Versalhes fizeram alguma demanda por ações contra a escravidão, geralmente acompanhadas, no entanto, por lembretes sobre a necessidade de se preservar o "interesse público". Em seu discurso de abertura dos Estados Gerais, em 1789, o ministro-chefe do rei, Jacques Necker, incluiu uma referência à necessidade de a França prestar atenção à condição precária dos escravos negros.[14]

---

12 Ver Clarkson, *Essai sur les désavantages politiques de la traite des nègres en deux parties... Precede de l'extrait de l'essai sur le commerce de l'espèce humaine, du meme autheur, traduit de l'Anglais par M. Gramagnac* [Ensaio sobre as desvantagens políticas do tráfico de negros, em duas partes... Precedido por um sumário do ensaio sobre o comércio da espécie humana, do mesmo autor, traduzido do inglês por M. Gramagnac] (Neufchâtel, 1789).

13 Dorigny, Mirabeau and the Societé des Amis des Noirs: Which Way to Abolish Slavery?, Id., op. cit., cap.10.

14 Benot, *La Révolution Française et la fin des colonies*, p.107-8.

De todo o modo, a *Amis de Noirs* e seu projeto tinham várias deficiências sérias desde o começo. A *Amis* era uma associação muito restrita. Ela sempre fora uma organização da elite de Paris, com algumas centenas de membros em seu pico de número de associados, e funcionava principalmente como um lóbi para membros que também faziam parte da elite política. Até mesmo no ponto mais alto de sua influência, em 1789, seu poder para gerar apoio no plano nacional às iniciativas abolicionistas era fraco. Um ano antes, havia surgido na Grã-Bretanha a primeira onda de petições abolicionistas que requeriam especificamente o fim do tráfico de escravos. Elas representaram mais da metade de todas as petições públicas apresentadas ao parlamento naquele ano. Na França, um ano mais tarde, as demandas por alguma ação sobre a escravidão apareceram em 10% dos *cahiers* gerais, mas foram sepultadas nos montes desses documentos que continham outros pedidos de reforma. Considerando isso tudo, os *cahiers* da nobreza e do terceiro estado devotaram quase tanta atenção ao tráfico de escravos e à escravidão juntos quanto a muito mais diminuta instituição dos condenados às galés francesas no Mediterrâneo. Em nenhuma coleção de *cahiers* qualquer dos atores das classes colocou a escravidão ultramarina abaixo da 400ª posição em suas listas das queixas que requeriam reformas nacionais. Um indicativo mais preciso da prioridade da escravidão era a frequência de sua presença nas dezenas de milhares de outros *cahiers* redigidos pelos camponeses, nobres, clero e membros do terceiro estado. Em todos os *cahiers* do terceiro estado francês, a soma total das demandas por "atenção" à escravidão e ao tráfico de escravos foi de um décimo ou um quinto de todas as que pediam alguma ação contra a servidão. No plano paroquial, a escravidão simplesmente não se revelou de forma alguma como objeto de preocupação. Ela foi classificada apenas na 419ª posição da lista das demandas da nobreza e na 533ª das demandas do terceiro estado.[15]

---

15 Ver Shapiro e Markoff, *Revolutionary Demands:* A Content Analysis of the Cahiers de Doleances of 1789, Apêndice I, Subject Codes. Para comparações da escravidão com as outras queixas, ver Drescher, *Capitalism and Antislavery*, p.54; Drescher, *Women's Mobilization in the Era of Slave Emancipations:* Some Comparisons, p.98-120, Table 5.1.

Foi igualmente significativa a disposição sobre a escravidão no momento de pico do entusiasmo revolucionário do verão de 1789. Na tumultuosa noite de 4 de agosto de 1789, os dois primeiros estados da Assembleia Nacional dramaticamente renunciaram a todos os seus privilégios legais. No curso dos debates, o duque de La Rochefoucauld-Liancourt propôs estender a emancipação dos servos franceses aos escravos nas colônias ultramarinas. Ominosamente, até naquela "eternamente celebrada noite de 4 de agosto", a escravidão foi uma das poucas propostas que despertou a desaprovação manifesta dos notáveis privilegiados. A moção foi sorrateiramente retirada da resolução final. Poucas semanas mais tarde, durante a discussão sobre o documento fundador da nova ordem, foi perdida uma segunda oportunidade para que a Assembleia Nacional abordasse as anomalias mais flagrantes do tráfico e da propriedade de escravos. Da mesma forma que na Declaração de Independência norte-americana, a escravidão não foi tratada na Declaração dos Direitos do Homem e do Cidadão.[16]

Durante o mesmo verão instável, Thomas Clarkson, o infatigável organizador abolicionista da Inglaterra, foi enviado à França. Sua missão era encorajar os abolicionistas franceses a tirar total proveito da situação revolucionária. Ao chegar, ele ficou absolutamente perplexo com os planos de pressão popular da *Amis des Noirs*. Essa sociedade queria que Clarkson solicitasse a seus colegas britânicos que, como tinham feito no ano anterior, lançassem uma segunda petição em massa na Inglaterra. Dessa vez, no entanto, a *Amis* queria que os britânicos peticionassem pela abolição do tráfico de escravos na França. Clarkson, diplomaticamente, chamou a atenção para o fato de que a legislatura britânica não tinha o hábito de receber petições de outras nações. Essa invasão da esfera pública francesa poderia ter um efeito muito contraproducente sobre o público francês. Embora a *Amis* lhe assegurasse que os franceses se sentiriam gratificados por esse tipo de expressão de sentimento, o abolicionista inglês rejeitou a ideia de forma inequívoca.

---

16 Ver Markoff, *The Abolition of Feudalism*, p.431, n.12.

Para Clarkson, a expressão dessa dependência aos ingleses foi uma antecipação da subordinação dos abolicionistas franceses aos estrangeiros. Em Paris, o próprio Clarkson foi rapidamente identificado pelos antiabolicionistas como um espião do governo britânico ou um refugiado radical da Inglaterra, alguém cujas ideias abolicionistas eram tão extravagantes que fora expulso do Comitê de Londres. Sua vida estava ameaçada. A cuidadosa sondagem de Clarkson sobre o apoio potencial francês na Assembleia Nacional confirmou suas suspeitas e sua perda de esperança. Sem a iniciativa anterior da Inglaterra de abolir o tráfico, apenas um quarto da Assembleia Nacional consideraria apoiar a abolição. Os fazendeiros brancos estavam ganhando influência de semana a semana.[17]

Tão significativa quanto a erosão do apoio à abolição na legislatura francesa foi a falta de habilidade da *Amis* para iniciar uma mobilização popular na França como aquela que já tinha induzido a legislatura britânica a considerar uma investigação parlamentar sobre a possível abolição do tráfico britânico de escravos. Os abolicionistas franceses estavam evidentemente tão perturbados com a convulsão social doméstica que só raramente compareciam às reuniões da sociedade; mais raramente ainda formulavam planos para popularizar as iniciativas de mudanças no ultramar. Eles careciam de quadros provinciais que organizassem a petição popular e as campanhas para obter as assinaturas das petições, como na Grã-Bretanha, a partir de 1788. Brissot de Warville, fundador da *Amis des Noirs*, poderia ter sido apelidado de "o quacre", mas, na França, ele não tinha acesso a nada semelhante aos quacres ou outros religiosos, nem a uma rede de pessoas engajadas e habilitadas como as que deram uma contribuição decisiva para os comitês de Londres e da província ao mobilizarem as petições populares do outro lado do canal.[18]

Além disso, o primeiro comunicado da intenção da *Amis* para requerer a consideração da questão da escravidão pela Assembleia Nacio-

---

[17] Clarkson, *History of the Rise, Progress and Accomplishment of the Abolition of the African Slave-Trade by the British Parliament*, v.II, p.126-7.

[18] Ver Oldfield, *Popular Politics and British Anti-Slavery:* The Mobilization of Public Opinion Against the Slave Trade, 1787-1807, esp. cap.5; Jennings, *The Business of Abolishing the British Slave Trade 1803-1807*, cap.3-5.

nal deparou com uma mobilização preventiva de fazendeiros coloniais, comerciantes metropolitanos e notáveis do porto marítimo, com a qual os abolicionistas franceses nunca foram nem remotamente capazes de se igualar.[19] Avaliando suas opções, a *Amis* reconheceu que a segurança à revolução na França poderia exigir a manutenção do tráfico de escravos pelo temor de perda dos portos franceses do Atlântico, que agora estavam mobilizados. Nesse momento, o sistema escravista da França era maior que o da Grã-Bretanha, sua riqueza colonial era muito maior, e a contribuição dessa riqueza às precárias finanças da França era muito mais significativa do que a da economia escravista britânica. Nesse contexto, até um tratado anglo-francês mutuamente negociado para proibir o tráfico de escravos de ambos poderia ser atacado como um sacrifício assimétrico, já que a França seria a grande perdedora.

Desde o início da Revolução Francesa, o abolicionismo britânico tinha se tornado uma conspiração maquiavélica contra a mais dinâmica das instituições ultramarinas da França. Essa teoria da conspiração ultrapassaria a era da revolução. Em 1789 e 1790, o lóbi pró-escravista de Paris, apesar das divisões internas entre os comerciantes e os fazendeiros, alcançou uma série de vitórias quase completas contra moções potencialmente antiescravistas. Em 1789-1790, no entanto, algumas vitórias dos interesses escravistas aumentaram sua vulnerabilidade. Os fazendeiros de São Domingos foram os primeiros a cruzar a linha entre as metrópoles e as colônias, que servira para amortecer sua instituição singular por mais de um século. Antes que os Estados Gerais se tornassem Assembleia Nacional, os delegados selecionados pela elite branca de São Domingos chegaram a Versalhes pleiteando assentos como representantes de suas colônias. Eles defenderam a reivindicação com base no fato de que São

---

19   Ver, inter alia, Quinney, *The Committee on Colonies of the French Constituent Assembly, 1789-1791*, Ph.D. dissertation; Id., Decisions on Slavery the Slave-Trade and Civil Rights for Negroes in the Early French Revolution, *Journal of Negro History*, p.117-30; Debien, *Les colons de Saint-Domingue et la Révolution Française: Essai sur le Club Massiac (août 1789-août 1792)*. Os donos de escravos conseguiram sufocar a crítica radical na esfera pública parisiense. No começo de 1790, forçaram a suspensão da apresentação da peça de Olympe de Gouges, *L'esclavage de nègres*. Ver Geggus (1989), p.1290-308, esp. 1294-5.

Domingos era parte integrante da França, "uma das maiores províncias do império, uma das mais poderosas e sem dúvida a mais produtiva".[20]

Os fazendeiros acreditavam que poderiam efetivamente se defender contra potenciais ataques antiescravistas nos Estados Gerais. Como cidadãos, desejavam solidificar seus direitos à representação e conservar o privilégio ultramarino da propriedade sobre pessoas. Dessa forma, estavam em Versalhes na mesma posição vulnerável que um estado norte-americano poderia ter ficado se fosse a única sociedade escravista a participar da Convenção da Filadélfia de 1787. Como nos debates a respeito da Constituição dos Estados Unidos, uma discussão da representação colonial tornou impossível evitar a questão de quantos representantes teria cada território constituinte. Em Versalhes, o deputado Jean-Denis Lanjuinais "levantou sua voz contra a escravidão dos negros". Como alguns nortistas americanos dois anos antes, ele queria computar apenas os minúsculos 40 mil brancos de São Domingos como uma pendência para qualquer mudança do *status* dos escravos.[21]

O conde Mirabeau também fez uma objeção que tinha sido levantada contra os representantes dos estados escravistas na América do Norte. Se a propriedade humana fosse a base da representação ultramarina, por que seria negada a representação à riqueza metropolitana na legislatura francesa? A ocasião também forneceu uma abertura para que fosse tratada uma segunda maior anomalia das sociedades coloniais além da linha. O que dizer das *gens de couleur*, os cidadãos livres quase iguais numericamente aos brancos, mas sem representação alguma entre os delegados coloniais que tinham chegado a Versalhes?

Enquanto os fazendeiros brancos lutavam para maximizar seus interesses, os não brancos estavam completamente sem representação na delegação colonial presente em Versalhes em 1789-1790. As demandas dos cidadãos de cor livres chocavam-se diretamente com a insistência

---

20 Conforme observado por Malick W. Ghachem, essa foi, de forma bem resumida, a ideia assimilacionista. The Trap of Representation: Sovereignty, Slavery, and the Road to the Haitian Revolution, *Historical Reflections Reflexions Historiques*, p.123-44, citação na p.127.
21 Ibid., p.132.

colonial branca de que somente uma mística racial, institucionalizada por barreiras legais rígidas, asseguraria a estabilidade da escravidão ultramarina e as grandes lavouras. As *gens de couleur* livres de Paris, ricas, organizadas e ruidosas, constituíam uma ameaça direta ao acordo franco-colonial emergente. Seu lóbi, a *Sociéte des Colons Américains* (Sociedade dos Colonos Americanos), imediatamente apelou como representante de cidadãos aos princípios da Declaração e exigiu igualdade, pelo menos para os mulatos. Alguns estavam prontos para apoiar a escravidão em troca da renegociação da linha da cor dos que viviam em liberdade.

Inicialmente, afirmando ter a intenção de fortalecer e não de subverter a instituição da escravidão, os cidadãos de cor livres negaram que colocariam a ordem colonial em perigo. Mesmo assim, as profundas tensões entre os donos de escravos racialmente divididos abriram fraturas irremediáveis que entraram nas discussões sobre a escravidão. Em certo momento, a *Sociéte des Colons Américains* "saiu de seu caminho para condenar a instituição da escravidão". Um dos líderes do grupo, Vincent Ogé, declarou ao *Club Massiac*, seu rival branco, que ele teria de se preparar para o fim da escravidão. Como Clarkson, Ogé tornou-se um homem marcado em Paris. O projeto de desracialização da cidadania foi vítima do mesmo impasse que o movimento para o desmantelamento do tráfico escravo e da escravidão.[22]

Em 1790, no mesmo momento em que o primeiro Congresso dos Estados Unidos fez saber à nação que a instituição da escravidão era um assunto fora dos limites da legislação federal e da discussão, a nova Assembleia Constituinte francesa confirmou a velha linha que separava as instituições metropolitanas das coloniais. Sua Declaração dos Direitos do Homem não abrangeria as regiões ultramarinas. O pequeno movimento antiescravista da França foi devastado pelo interesse escravista. Seu lóbi, com o apoio das petições e reivindicações das cidades portuárias mercantis, desestabilizou as intervenções feitas por membros da *Amis* como o padre Gregoire e o conde Mirabeau. Como sua correspondente

---

22 Debbasch, *Couler et liberté*, p.144-6; Geggus, op. cit., p.1300-1.

nos Estados Unidos, a Assembleia Nacional recusou-se a ouvir novas moções antiescravistas.

Na primavera de 1790, a Assembleia Constituinte, que agora criava a nova constituição da nação, mais uma vez afastou suas colônias ultramarinas do poder abrangente da Declaração de Direitos do Homem. Depois de meses de controvérsia política, os legisladores franceses também decidiram se imunizar e imunizar suas colônias de outra questão que poderia ameaçar a tranquilidade do sistema da grande lavoura. Eles optaram pelo silêncio tanto sobre a questão da desigualdade racial como sobre a da escravidão. A Assembleia Nacional evitou eleger abolicionistas para seu Comitê Colonial. O decreto mais importante sobre o novo *status* das colônias foi aprovado em 8 de março de 1790. Ele evitava usar o termo "escravos", mas os escravos ultramarinos foram garantidos a seus senhores como propriedade colonial. Além disso, foi assegurado aos donos de escravos que a metrópole respeitaria os "costumes locais" e não interferiria em qualquer ramo do comércio. O decreto criminalizava qualquer tentativa de incitar a desordem nas colônias. A nação não só atribuiu autoridade plena às colônias sobre a instituição da escravidão, como também lhes deu garantias de que não haveria qualquer interferência no tráfico transatlântico de escravos. Os ganhos do antigo regime com a entrega de escravos às colônias permaneceram intactos.[23]

Assim, o decreto de 8 de março de 1790 reafirmou a escravidão francesa em seu apogeu. No momento do levante escravo de São Domingos, 55 mil africanos eram desembarcados nas colônias francesas, um número que excedia as importações anuais de qualquer nação desde o início do tráfico de escravos transatlântico. Em todo o Atlântico, mais de 100 mil escravos foram desembarcados nas colônias francesas no triênio 1790-1792.[24]

Mas foi negada à Assembleia Nacional qualquer folga. Ambos os grupos raciais de fazendeiros ficaram insatisfeitos com o acordo de 1790.

---

23 Ver Dorigny, op. cit., p.121-32; Gauthier, *Triomphe et mort du droit naturel en Révolution 1789-1795-1802*, p.170-1.
24 TSTD.

O acordo sobre a autonomia colonial interna começou a entrar em colapso quase no momento em que foi promulgado. Desde o princípio, alguns fazendeiros brancos alegaram ter uma relação associativa com o governo metropolitano, e não de dependência. Como se observou, no tumulto do outono e do inverno de 1789 os deputados coloniais reiteraram que a França precisava de seus colonos no ultramar mais do que eles precisavam da França. Certamente, os deputados metropolitanos consideravam essencial a preservação do complexo da grande lavoura apenas se ele pertencesse à França de forma segura.

Foi no Caribe que o povoamento colonial encontrou uma solução. Se a produção escrava se agigantava nos cálculos dos legisladores franceses, os donos de escravos eram apenas um pequeno amontoado de brancos em um mar de escravos negros. A população de cor livre constituía uma proporção substancial das forças da ordem. A oeste e ao sul de São Domingos, ela constituía a maioria dos habitantes livres. Pelo menos uma porção dos brancos coloniais declarava-se quase independente da intrusão legislativa parisiense. Vincent Ogé retornou às colônias depois de receber fundos dos abolicionistas da Inglaterra e de comprar armas nos Estados Unidos. Logo depois de se estabelecer em uma parte de São Domingos, ele demandou a extensão do sufrágio a todos os homens de cor livres que estivessem de acordo com as qualificações de propriedade exigidas pela metrópole.

O desafio de Ogé foi um caso isolado, rapidamente reprimido. Mesmo durante a revolta, ele continuou a apoiar a escravidão e recusou-se a recrutar escravos em seu desafio armado contra o governo colonial branco. Como em muitos levantes violentos que ocorreriam, o impacto desse se deveu mais aos repressores do que aos instigadores. Ogé e seu braço direito, Jean-Baptiste Chavannes, foram torturados, seus ossos foram quebrados em uma moenda, executados, decapitados e empalados. As execuções horrendas provocaram uma pequena campanha de petição de alguns jacobinos metropolitanos das províncias. A Assembleia Legislativa, alarmada com esse ato de desespero e ciente de que o público estava horrorizado com a brutalidade, tentou finalmente fazer uma concessão à população de cor livre. Em maio de 1791, foi concebido um novo decreto colonial que assegurava que os homens de cor livres poderiam progredir gradualmente em direção à cidadania plena. O decreto também reiterou aos fazendeiros que Paris não aprovaria "nenhuma lei sobre o estado da escravidão nas colônias das Américas".[25] Depois de um protesto de Robespierre, que ecoava a reticência do antigo regime para usar "escravo" na legislação metropolitana, a palavra foi substituída pelo eufemismo "pessoas não livres".

O debate sobre a extensão do direito a voto marcou uma ruptura decisiva com o tabu das discussões sobre os problemas coloniais. Ele se estendeu por cinco dias inteiros, o que não tinha precedentes. E demonstrou o consenso de que a escravidão ainda era considerada essencial para o valor das colônias de grandes lavouras. Todos os principais porta-vozes favoráveis à redução da barreira racial insistiram que a questão não era enfraquecer a escravidão, mas evitar a instabilidade que poderia interromper a produção. O padre Gregoire, Lanjuinais e Pétion enfatizaram que a escravidão poderia ser mais segura com o apoio ativo da instituição pelos cidadãos de cor livres. Robespierre também insistiu que a subordinação dos escravos se fortaleceria com uma classe de cidadãos que só pedia que lhe fosse concedido o direito ao comando. Caso contrário, a segurança estaria ameaçada por um conflito racial ulterior dentro da população livre.[26]

A combinação das ameaças de independência dos brancos com a revolta de Ogé quebrou o muro de silêncio imposto durante dois anos pela Assembleia Constituinte. Até um acordo minimalista, que oferecia o sufrágio apenas a não brancos nascidos de pais livres, esteve sob ataque desde o momento em que foi aprovado. A *Amis* denunciava que ele afirmava explicitamente a escravidão na nova constituição. Por outro lado, uma grande parcela dos fazendeiros brancos da colônia recusou-se abertamente a implementar o acordo. Assim, a Assembleia Constituinte voltou atrás no outono de 1791. Tendo constitucionalizado a escravidão, a Assembleia agora constitucionalizou a exclusão racial nas assembleias

---

25 Dubois, *Avengers of the New World*, p.87-8.
26 Gauthier, op. cit.

coloniais. A Declaração de Direitos do Homem não se aplicava a possessões francesas ultramarinas. Em outra mudança, os fazendeiros foram capazes de rescindir o decreto, preservando a liberdade apenas para os não brancos na França. Dois anos depois de consagrar a Declaração de Direitos do Homem, a escravidão colonial francesa e a hierarquia racial permaneciam intactas.[27]

Da convocação dos Estados Gerais às vésperas da revolução dos escravos de São Domingos, em julho de 1791, tanto a escravidão como o antiescravismo permaneceram longe do interesse da maioria dos provincianos mais ativos politicamente. Só em setembro de 1791 a revogação do sufrágio para os não brancos coloniais foi recebida pelos jacobinos com um "dar de ombros gaulês". O ceticismo de David Geggus em relação ao crescimento em grande escala da solidariedade popular aos não brancos coloniais parece ter fundamento. A partir do verão de 1791, a ideologia revolucionária francesa tinha criado algumas aberturas para a agitação antiescravista na França e um vocabulário poderoso para o conflito nas colônias, mas pouca mudança real. Foi a partir do Caribe e dos próprios escravos que a ação revolucionária teve seu maior impacto no progresso da emancipação.[28]

Nos dois anos seguintes à queda da Bastilha, as colônias escravistas ainda pareciam ser ilhas de resistência escrava controlável, contra uma metrópole repleta de rescaldos revolucionários. Somente no verão de 1789, o campesinato francês iniciou mais de mil eventos litigiosos separados.[29] Durante o mesmo ano, David Geggus descreve apenas uma grande revolta de escravos nas ilhas francesas. Desencadeado nas proximidades da cidade de St. Pierre, na Martinica, o levante foi provavelmente estimulado por matérias jornalísticas sobre a atividade da *Amis* em Paris. Os escravos podem ter acreditado que seus apoiadores na França tinham persuadido o rei a libertá-los. Ao se anteciparem a essa libertação, suas demandas podem ter assinalado uma inovação na resistência

---

27 Davis, *Problem of Slavery in the Age of Revolution*, p.137-48; Geggus (2002), op. cit., p.13.
28 Ver Kennedy, *The Jacobin Club*, p.209; Geggus (1989), op. cit., p.1304-5.
29 Markoff, op. cit., p.271, figure 6.1.

afro-americana francesa.³⁰ A revolta em St. Pierre, no entanto, não foi uma resposta aos eventos revolucionários de Versalhes ou de Paris. As demandas dos escravos incorporaram uma forte tradição das revoltas camponesas europeias. Os insurgentes de 1789 também exigiam a sanção real da libertação. Eles mostravam poucos sinais de estar agindo sob a inspiração da retórica universalista libertária da revolução metropolitana. Como foi indicado anteriormente, os habitantes do Caribe não faziam ideia se haviam sido incluídos pelos novos representantes políticos da França na alçada da Declaração de Direitos do Homem. Embora a inquietação tivesse aumentado em São Domingos e em Cuba depois de 1789, houve menos de duas dúzias de casos de conspirações de escravos e de resistência ativa no Caribe.³¹ Todos eles fracassaram rapidamente. Da mesma forma que a maioria das conspirações de escravos anteriores nas Américas, ou elas tinham sido descobertas no estágio de planejamento e eliminadas em poucos dias, ou tinham sido resolvidas por meio de tratados com as comunidades de fugitivos.

A grande revolta de São Domingos de 1791 foi extraordinária pela extensão da conspiração, pela solidez do levante, pela rapidez de sua expansão e, acima de tudo, por sua elasticidade. Comparada com as iniciativas anteriores para abolir o tráfico de escravos ou a escravidão, tomadas na América do Norte e na Grã-Bretanha nas décadas de 1770 e 1780 por não escravos, a insurreição das planícies setentrionais da colônia em agosto de 1791 começou em segredo entre os próprios escravos. Em 14 de agosto, uma reunião da elite escrava, incluindo feitores e cocheiros de cem grandes lavouras, foi realizada em uma grande lavoura de açúcar na paróquia Plaine du Nord. Conspirações muito menores tinham sido reveladas por companheiros escravos e rapidamente reprimidas, o que as tornou levantes fragmentados ou resolvidos por tratados com comu-

---

30 Geggus, The Slaves and Free Coloreds of Martineque During the Age of the French and Haitian Revolutions: Three Moments of Resistance, *The Lesser Antilles in the Age of European Expansion*, p.282-4.
31 Ibid., p.282; e Geggus, *Slavery, War and Revolution in the Greater Caribbean*, 1789-1815, p.1-50, esp. lista de Rebeliões de Escravos e Conspirações, p.1789-815; 46-8. Ver também Benot, *The Chains of Slave Insurrections in the Caribbean, 1789-1791*, p.147-54.

nidades de fugitivos. Os planos dessa grande conspiração também começaram a vazar, e a insurreição foi iniciada por alguns dos líderes para evitar que o projeto ficasse comprometido. A despeito da falta de uma completa coordenação, sua deflagração rapidamente se espalhou de uma grande lavoura para outra e de uma noite para outra pela ação de escravos armados com foices e tambores. Dentro de pouco menos de um mês, mais de mil fazendas foram invadidas e queimadas. Centenas de brancos foram sumariamente mortos. Números até maiores de escravos foram mortos em represálias brutais sem que os rebeldes se intimidassem. Assim, mesmo no início, o custo para os dois lados foi sem precedentes.[32]

As metas iniciais que orientavam os rebeldes pareciam mais polivalentes que a eficácia da organização. Alguns invocavam a liberação do rei, impedida pelos brancos que carregavam a bandeira tricolor revolucionária. Os africanos, recém-chegados em um número recorde, podem ter estabelecido laços com os demais pelo vodu religioso e por outros símbolos culturais. De qualquer maneira, provavelmente foi inédito o fato de os participantes de uma centena de grandes lavouras terem sido capazes de conspirar e se juntar. Combinando destruição e brutalidade, os rebeldes foram capazes de levar o pânico a uma grande parte da elite colonial. A reação descoordenada variou das negociações para dar liberdade aos líderes rebeldes às tentativas de esmagar a insurreição pela atrocidade e pelo terrorismo.

A história subsequente da longa revolução escrava tornou-se repleta de súbitas reviravoltas das posições em todos os lados. Em alguns lugares, as *gens de couleur* lutaram ao lado dos escravos imediatamente depois da revogação de seus direitos em Paris; em seguida, trocaram de lado após o cancelamento da revogação na França. Nos múltiplos conflitos sobre libertação, raça e separatismo, os donos de escravos começaram a

---

32 Sobre a deflagração, ver, acima de tudo, Geggus (2002), op. cit., cap.6; Dubois, op. cit.; Fick, *The Making of Haiti: The Saint Domingue Revolution from Below*; a longa narrativa de Dubois das reuniões pré-revolucionárias acompanha John Thornton ao dar uma ênfase particular às tradições religiosas e culturais africanas na consolidação das comunidades formadas por insurgentes potenciais. Ver Dubois, op. cit., p.99-102; Thornton, African Soldiers in the Haitian Revolution, *Journal of Caribbean History*, p.58-80.

armar escravos para que lutassem contra outros escravos, ou para alterar o equilíbrio de poder contra outras facções livres. Logo após o levante inicial no norte da colônia, no verão de 1791, negros estavam lutando contra negros bem como contra brancos e contra homens de cor livres. Em abril de 1792, uma desesperada legislatura francesa, em outra reviravolta, ofereceu a cidadania plena a toda a população de cor livre.

De tempos em tempos, a situação estabilizava-se momentaneamente apenas para ser reconfigurada por novas mudanças no Caribe, na Europa ou em qualquer lugar do mundo atlântico.[33] Nos dois anos que se seguiram à deflagração, a mais alta prioridade ultramarina do governo da França foi a estabilidade de seu maior sistema escravista. Isso vale até mesmo para a maioria dos radicais da metrópole. Na legislatura francesa, os jacobinos acusaram os membros da *Amis* de terem exercido um papel na precipitação do desastroso levante. Ainda em 1793, Léger-Felicité Sonthonax e Etienne Polverel, dois comissários civis radicais enviados pela nova Convenção francesa, estavam inteiramente comprometidos com a manutenção da escravidão. Até o fim de 1793, os escravos insurgentes monarquistas foram comumente identificados com os camponeses contrarrevolucionários do Vendeia.[34] Por volta de 1793, o governo estava comprometido com uma mudança prioritária. Como agentes do governo francês, os membros do governo estavam determinados a esmagar quem quer que fosse do espectro social dos separatistas coloniais e monarquistas aos radicais jacobinos que se recusasse a aceitar a igualdade completa agora concedida a cidadãos de cor livres em defesa da restauração da ordem.

Os governantes da França não deram nenhum sinal de desistir da instituição da escravidão. O tráfico atlântico de escravos para as ilhas francesas permaneceu intacto, e 10 mil escravos foram entregues às tumultuadas colônias francesas ainda em 1793. A decisão implícita de salvar a escravidão pela concessão da igualdade racial pareceu ter funcionado e, no fim de 1792, o comissário Sonthonax enfatizou para os

---

33 Aqui, segue-se em grande parte o relato sucinto de Geggus (2002), op. cit., (Part One: Overview).
34 Bénot, op. cit., p.136-73.

homens de cor livres seu compromisso de manter a escravidão como peça central da estratégia do governo.[35]

No começo de 1793, as tropas francesas haviam subjugado o local do desencadeamento da rebelião na planície setentrional. Milhares de escravos que tinham lutado sob o comando dos primeiros líderes rebeldes, Jean-François Papillon e Georges Biassou, saíram das montanhas e renderam-se. Sem qualquer outra futura intervenção exterior, a instituição poderia ter sobrevivido, se levarmos em conta alguma combinação da liberdade negociada para os soldados negros armados que lutaram pela França e uma comunidade negra rebelde à margem de uma sociedade um tanto truncada de grandes lavouras.

A dilatação da guerra franco-europeia continental para uma guerra franco-atlântica transformou a velocidade e o escopo do processo abolicionista no Caribe francês. Uma vez que a França estava em guerra com a Grã-Bretanha e com a Espanha no inverno de 1793, a França republicana e a Espanha monárquica começaram a fazer lances para conquistar os rebeldes negros com ofertas de liberdade pessoal e de remuneração. Os brancos em São Domingos podiam contar com uma invasão anglo-espanhola para salvá-los da dupla ameaça da escravidão e da igualdade racial. Por sua vez, os comissários da república francesa lançaram a sorte com os não brancos e sucessivamente massacraram ou expulsaram os brancos de todas as partes da colônia, exceto onde estavam sob a proteção de armas estrangeiras. Mais de 10 mil brancos fugiram, participando assim da maior diáspora branca da história do Caribe. A partir desse ponto, a história interna da colônia tornou-se uma luta entre "o poder emergente das massas negras e da classe média predominantemente de pele marrom".[36]

Cada mudança na guerra serviu para aumentar o recrutamento de escravos armados. A disciplina dos que permaneceram nas grandes lavouras se desfez, especialmente entre os que tinham vivido todos os rigores do trabalho em turmas nas grandes lavouras de açúcar. As fortunas

---

35 Geggus (2002), op. cit., p.13.
36 Ibid., p.14.

da guerra aceleraram o avanço da França em direção ao alargamento da emancipação. A ameaça da invasão britânica contribuiu para o decreto de emancipação de Sonthonax em São Domingos, em agosto de 1793. Mesmo assim, Paris hesitou entre ratificar ou rejeitar a iniciativa de seu comissário. Em outubro, o fomento ao levante de escravos no Caribe fazia parte das acusações feitas a Brissot de Warville, o principal membro dos agora dispersos vestígios da *Amis des Noirs*, de ser contrarrevolucionário.

A ameaça da ocupação das colônias caribenhas francesas pelos britânicos foi um catalisador poderoso para apressar o decreto parisiense da emancipação dos escravos coloniais em fevereiro de 1794. No 16 do pluvioso do ano II do calendário revolucionário, a liberdade foi estendida a todos os escravos que estavam sob a soberania francesa. A lei nunca foi aplicada nas colônias francesas do Oceano Índico ou na Martinica, as quais caíram nas mãos britânicas depois de serem militarmente conquistadas. Mesmo assim, pela primeira vez, uma nação imperial do noroeste europeu legalmente apagava a fronteira entre sua metrópole de solo livre e suas colônias ultramarinas escravistas. Enquanto prevaleceram as armas francesas, o decreto ofereceu brevemente aos escravos uma escolha entre a liberdade republicana e o *status quo* monárquico. Em São Domingos, as forças britânicas e espanholas, pequenas demais e constantemente exauridas por enfermidades, também foram forçadas a recrutar e armar milhares de negros como soldados. Toussaint Louverture, o general mais brilhante dos insurgentes, movimentou-se decisivamente em um momento crítico. Na primavera de 1794, ele cortou seus laços com a monarquia espanhola, suspendeu a negociação com os invasores britânicos e trouxe a maioria de suas forças para a república. Tais resoluções tornaram-se o momento decisivo da revolução dos escravos.

Durante mais seis anos de luta quase contínua, Toussaint conseguiu expulsar os britânicos, conquistou a porção espanhola da ilha e derrotou Rigaud, um general de cor e seu maior rival no controle da colônia. Dessa forma, o general vitorioso havia conquistado também a independência virtual da república francesa. Internamente, seu regime garantiu a liberdade para todos os ex-escravos, a igualdade racial para a população de cor e a segurança da vida e da propriedade para o restante dos antigos senhores que permaneceram ou retornaram à ilha para reavivar as grandes lavouras.

A guerra com a Grã-Bretanha também expandiu de forma dramática o impacto estratégico da emancipação geral da França para além de São Domingos. Na esteira de seu decreto de emancipação, o governo francês enviou uma expedição militar ao Caribe sob o comando de Victor Hugues em abril de 1794. Embora os britânicos continuassem com a Martinica, Hugues rapidamente recapturou Guadalupe. Durante 1794-1795, a república radical também estendeu a emancipação a mais duas de suas colônias, Santa Lucia e Caiena. No Caribe oriental, a libertação de escravos derivou da combinação entre o poder militar da França e o recrutamento de homens de cor livres e escravos para a guerra em terra e no mar. Com a chegada de Victor Hugues, os habitantes das ilhas libertadas tornaram-se cidadãos, cuja liberdade foi definida nos termos republicanos franceses.[37] A revolução francesa também ofereceu aos novos cidadãos do Caribe oriental oportunidades para sair ao mar como corsários contra os britânicos e para invadir as ilhas da Dominica, Granada e São Vicente, governadas pelos britânicos – todas essas colônias que contavam com grandes populações não anglófonas.

Dentro de dois anos, no entanto, a ameaça da guerra revolucionária afastou-se da vista. Nas Antilhas Menores, os reforços britânicos da Europa e os regimentos de escravos recém-recrutados sufocaram as insurgências iniciadas pelas forças invasoras francesas. De fato, para os britânicos, o tráfico de escravos tinha agora se tornado uma fonte importante de recrutamento militar para os regimentos caribenhos recém-criados. Embora esses regimentos tivessem se desenvolvido muito tarde para que os britânicos os usassem eficazmente em São Domingos, o controle britânico do território adequado para a grande lavoura tropical, como veremos, mais que dobrou com o fim do conflito anglo-francês. A aquisição de africanos para fins militares alcançou o pico na década entre a evacuação britânica de São Domingos e a abolição do tráfico britânico

---

37 Dubois, *A Colony of Citizens:* Revolution and Slave Emancipation in the Slave Caribbean 1787-1804, cap.4, 6.

de escravos, em 1807. Durante aproximadamente duas décadas, todas as expedições britânicas no entorno do Caribe, da costa da América do Sul a Nova Orleans, ficaram dependentes desses regimentos caribenhos.[38]

A zona de liberdade no Caribe estabilizou-se em 1798 e, em seguida, contraiu-se em consequência de conflitos não resolvidos na própria França. A possibilidade de perda total de suas colônias tinha sido objeto de uma importante consideração no decreto de 16 do pluvioso. Muitos dos revolucionários franceses nunca abandonaram a ideia de que as colônias tropicais deveriam permanecer como fontes de riqueza e de poder e como bases militares do império. Tendo em vista a superioridade naval britânica e as prioridades continentais francesas, foi necessário que a maior parte da força de trabalho do Caribe francês se autossustentasse. Milhares de ex-escravos, ansiosos para abandonar o regime da grande lavoura, foram recrutados como corsários e soldados. Os que permaneceram em terra, no entanto, tinham de fornecer tanto a comida para o sustento interno quanto os produtos para exportação, que eram permutados por manufaturados vitais e por suprimentos de guerra.

O único princípio compartilhado igualmente pelas elites britânica, espanhola, francesa e caribenha era o de que os territórios do Caribe tinham de ser mantidos como sistemas de grandes lavouras. Se as autoridades britânicas e espanholas em São Domingos ofereceram liberdade em troca de pegar em armas, elas nunca hesitaram em manter o compromisso de preservar e restaurar o trabalho escravo. Os franceses ofereceram a liberdade legal, mas vincularam-na ao trabalho compulsório. Quando Sonthonax decretou a abolição da escravidão em São Domingos, ele e Polverel tinham a intenção de reter os escravos não militares como trabalhadores agrícolas presos a suas grandes lavouras como os servos europeus contemporâneos. Eles tinham de trabalhar sob condições de remuneração compulsória. Victor Hugues introduziu o mesmo sistema em Guadalupe. A emancipação foi dada sob condições. Ela implicava uma dívida para com os libertadores. Os ex-escravos poderiam livrar-

---

38   Ver Buckley, *Slaves in Red Coats:* The British West India Regiments, 1795-1815, cap.5.

-se do débito apenas pelo serviço militar ou pelo trabalho nas lavouras. Os ex-escravos não foram renomeados simplesmente como cidadãos, mas como "lavradores". Em Guadalupe, qualquer um que recusasse o trabalho que lhe havia sido atribuído deveria ser punido como um contrarrevolucionário.

A liberdade não dava aos ex-escravos o direito a salários ou a uma remuneração. Em Guadalupe, as despesas militares eram altas demais para permitir o pagamento de salários. A revolução, mesmo tendo abolido o *status* legal da escravidão em Guadalupe, preservou a hierarquia das distinções sociais baseada na utilidade social. Ela aumentou a quantidade de mulheres na economia da grande lavoura. Também em São Domingos, a força de trabalho foi feminizada pelo recrutamento militar. As mulheres ganhavam menos que os homens. O resultado foi uma série de lutas sobre as condições de trabalho e de lazer. A política colonial francesa foi incapaz de "reconciliar a promessa de liberdade com as exigências econômicas que julgava necessárias para a sobrevivência do império". A libertação foi configurada por hierarquias, por gênero e por idade. Em Guadalupe, Victor Hugues orgulhava-se de ter evitado a desintegração e a indisciplina que havia no mais caótico São Domingos. A coerção foi necessária para neutralizar a preguiça e a ferocidade induzidas pelo clima, pelos desertores militares e pelos vagabundos provenientes das grandes lavouras. Tanto os custos para conduzir a guerra quanto os salários dos serviços civis e militares foram pagos com recursos locais.[39]

A necessidade de preservar o sistema da grande lavoura não era apenas uma prioridade para os europeus revolucionários que atuavam em nome do governo francês ou independentemente. Toussaint Louverture, o governante de fato de São Domingos depois de 1798, sentiu-se coagido a revitalizar a economia de exportação de produtos básicos para manter seu exército de 20 mil a 40 mil homens. Como Hugues em Guadalupe, ele usou a força militar para impor um sistema de trabalho disciplinado pelo castigo corporal. Ele até procurou reavivar a importação de escravos

---

39 Os parágrafos anteriores seguem Dubois (2004a), op. cit., p.343, 436, 194-217, 284-8; e Régent, *Esclavage, métissage, liberté*: la Revolution Française em Guadeloupe 1789-1802, p.339-44.

africanos para reabastecer o enorme déficit de trabalho que resultara dos dez anos de lutas. David Geggus pensa que a morte na São Domingos revolucionária possivelmente atingiu 170 mil escravos, ou um terço da população escrava da colônia, que contava com meio milhão em 1791. Isso teria sido aproximadamente igual às perdas de todos os exércitos europeus (britânicos, franceses e espanhóis) no Caribe.[40] Para reavivar a economia da colônia, Toussaint promoveu o retorno de fazendeiros brancos exilados, para que gerenciassem as grandes lavouras. Em outros casos, as fazendas foram arrendadas para oficiais do exército, que constituíam a base essencial do poder na nova ordem.

No fim das contas, Toussaint pagou um alto preço por resistir às fortes preferências dos antigos escravos por suas próprias pequenas propriedades territoriais. O reavivamento do trabalho forçado em equipe nas grandes lavouras de açúcar provocou um profundo ressentimento. Provavelmente, a presença dos fazendeiros brancos exacerbou as suspeitas dos antigos escravos. O resultado econômico refletiu a luta latente entre os governantes que buscavam produtos básicos vendáveis e sujeitos a impostos e os ex-escravos que buscavam a eliminação permanente da disciplina da grande lavoura. Com a volta da paz interna, em 1800-1801, a produção de café atingiu dois terços de seu nível em 1789. O açúcar, a produção pré-revolucionária mais importante para a geração de dinheiro, saiu-se muito pior. A produção de açúcar não refinado caiu 80%. A produção de açúcar semirrefinado tinha virtualmente desaparecido. Em

---

40 Geggus (1997), op. cit., p.24-5, estima a morte de 180 mil militares europeus. Em uma estimativa pessoal da perda de escravos homens, David Geggus forneceu-me, de forma cautelosa, uma faixa de estimativas. Eu não incluí nesses números as dezenas de milhares de civis brancos e livres de cor e as mais de 75 mil mulheres escravizadas perdidas para a colônia pela morte e pelo exílio. Laurent Dubois estima uma perda correspondente da população em Guadalupe em 40 mil. Não tenho visto estimativas para as colônias francesas menores entre 1794 a 1802. A brutalidade da guerra não estava ligada a uma simples dicotomia negro/branco. Quando Jean-Jacques Dessalines derrotou André Rigaud para fazer de Toussaint Louverture o senhor de toda a colônia, suas tropas executaram milhares de sulistas em represália depois das lutas. Garrigus, *Before Haiti*, p.305. Após a restauração, as represálias contra os ex-escravos foram tão sanguinárias quanto as execuções dos brancos por Dessalines no fim da guerra contra Napoleão. Milhares de não brancos da população podem ter sido mortos ou deportados pelos franceses quando a escravidão foi reinstituída em Guadalupe. Dubois, (2004a), op. cit., p.404.

1799, a produção de café de Guadalupe sob o governo de Victor Hugues era quase dois terços do que tinha sido em 1790, mas a produção de açúcar tinha caído dois terços.[41]

O reavivamento do sistema da grande lavoura por Toussaint causou descontentamento suficiente em um de seus melhores comandantes, o general Moïse, para que ele se levantasse contra o regime e pagasse com sua vida. Do outro lado do Atlântico, um Napoleão Bonaparte vitorioso decidiu restaurar a plena autoridade francesa sobre as colônias do Caribe. Assim que a paz foi brevemente restabelecida na Europa, em 1801, os franceses reconquistaram a ilha. Alguns generais de Toussaint renderam-se aos franceses para proteger os ganhos que tinham conseguido durante a década anterior em suas propriedades. O próprio Toussaint foi capturado e deportado. Outra parte da força militar francesa rapidamente reconquistou Guadalupe. Seu general tinha ordens para restaurar a escravidão. Um levante final foi conduzido por Joseph Ignace e Louis Delgrés, homens de cor livres, mas fracassou por não mobilizar a massa de agricultores negros, que não confiavam em um grupo que tinha repetidamente reprimido seus próprios movimentos insurrecionais.[42]

O efeito da repressão francesa em Guadalupe e da reabertura do tráfico de escravos foi a reunificação e a galvanização tanto da população negra quando da população de cor livre de São Domingos contra as forças francesas. Agora, insurreição massiva substituía a resistência fragmentada. Uma campanha francesa de terror despertou mais desespero que medo. Em 1803, com o recomeço da guerra na Europa, a marinha britânica cortou toda a possibilidade de reforços franceses chegarem à ilha em grande escala. A desesperada brutalidade do exército francês, agora devastado por enfermidades, foi igualada pela ferocidade dos revolucionários.

Em sua batalha final pela independência, o Haiti tornou-se a cena do evento mais transformador da era da revolução. A velha classe de senhores desapareceu junto com a instituição da escravidão como pro-

---

41 Sobre Guadalupe, ver Dubois (2004a), op. cit., p.214, 217; Stephen, *Crisis of the Sugar Colonies*, p.17. Sobre o Haiti, ver Geggus (2002), op. cit., p.23.
42 Régent, op. cit., p.436-7; Dubois (2004a), op. cit., p.387-401.

priedade. No fim das contas, os novos vitoriosos haitianos levariam o conflito quase a seu clímax de genocídio ao massacrarem a maior parte dos franceses que não alcançaram os navios de guerra britânicos, os quais faziam o bloqueio marítimo, para se renderem. O legado do complexo da grande lavoura, que teve impacto igualmente nas políticas econômicas de Sonthonax, Hugues, Toussaint e Napoleão Bonaparte, continuou a atrair seus sucessores haitianos. Dessalines (1804-1806), como Toussaint, tentou negociar a reabertura do suprimento em grande escala de trabalho africano. Seus sucessores também tentaram reavivar as grandes lavouras e o trabalho forçado. O *Código Rural* do Haiti foi usado com proveito para a propaganda dos fazendeiros britânicos nos debates sobre a emancipação nos anos de 1820. Somente na década de 1830 os governantes haitianos abandonaram a política de trabalho forçado.

Em relação ao entorno do Caribe, a fragilidade do compromisso da França com a emancipação tinha-se tornado evidente bem antes da plena restauração da escravidão por Napoleão. Quando os franceses conquistaram os Países Baixos, em 1795, começaram a construir uma República Batava revolucionária, mas não se deram ao trabalho de induzir seu satélite a adotar a emancipação colonial. Pelo contrário, àquela altura a emancipação nem mesmo havia sido implementada na metade francesa da ilha de São Martinho, onde a implementação do decreto de 16 do pluvioso fora bloqueada pela ocupação militar holandesa. Um ano depois, as forças francesas no Caribe oriental novamente não se deram ao trabalho de apoiar uma rebelião de escravos na Curaçao holandesa. Quando, mais tarde, os franceses tentaram ocupar a ilha, declararam-se a favor do *status quo*.[43] Na vizinha São Domingos dominada pelos espanhóis, os revolucionários franceses não foram mais ativos. Depois de a Espanha ceder a colônia à França, em 1795, alguns funcionários republicanos distribuíram cópias do decreto de emancipação, mas o administrador espanhol resistiu a sua implementação, negando que a emancipação fora parte do tratado. A lei escravista espanhola permaneceu em pleno

---

43 Cornelius Gh. Goslinga, the Dutch in the Caribbean and Surinam, 1791/5-1942, p.1-20.

vigor. Nem os exércitos rebeldes da São Domingos francesa intervieram. A resistência manifesta dos escravos ficou confinada a um levante em uma grande lavoura em 1796.[44] A instituição não seria abolida até que Toussaint invadisse a parte oriental da ilha e aparentemente introduzisse a abolição em 1801.

Na própria França, o decreto de 16 do pluvioso e sua extensão da liberdade ao império colonial foram defendidos na legislatura nacional depois da queda dos jacobinos, e apoiados por uma *Amis des Noirs* revitalizada. No entanto, o princípio da liberdade geral permaneceu sob o constante assalto público dos refugiados caribenhos brancos repatriados e de seus aliados, que adotavam o axioma de que havia uma diferença essencial entre as colônias tropicais e a metrópole. Esse mesmo axioma também era afirmado de forma geral pelos agentes coloniais franceses. Além disso, eles enfatizaram as limitações da liberdade quando era aplicada a africanos não civilizados de climas tropicais. O repetido fracasso da república francesa em implementar um decreto de emancipação em suas colônias do Oceano Índico permaneceu um constante lembrete da preocupação limitada de Paris em impor a abolição quando não era forçada a isso pela resistência esmagadora dos escravos ou pela ameaça iminente de conquista estrangeira.

Mesmo antes da restauração da escravidão colonial por Bonaparte, sua primeira constituição assinalou a restauração do princípio da diferença fundamental entre a França europeia e os trópicos ultramarinos. O decreto que reavivou a instituição da escravidão em 1802 reduziu a diversidade de regimes de trabalho que tinham emergido a partir dos eventos da década de 1790. Os princípios da liberdade civil e da igualdade foram afirmados para os habitantes da França. A escravidão como propriedade e a hierarquia racial foram restauradas nas colônias. De fato, a diferenciação entre a metrópole e as colônias foi padronizada mais rigorosamente do que nunca. Os negros foram oficialmente proibidos de residir na França continental. Para os cidadãos da França, o povoamento

---

44 Geggus, Slave Resistance in the Spanish Caribbean in the mid-1709s, Gaspar e Geggus (Eds.), op. cit., p.131-55.

revolucionário foi mantido. Nas colônias, os ganhos da população livre foram invalidados. Apenas no Haiti, fora do alcance do poder napoleônico, o direito à propriedade de pessoas foi abolido constitucionalmente.

O impacto das revoluções do Caribe francês estendeu-se muito além dos limites do império. As revoluções destroçaram o enorme peso psicológico de um sistema de escravidão que parecia inexorável apesar da resistência negra intermitente que se manifestava da costa da África às grandes lavouras e cidades das Américas. Para os escravos do Novo Mundo em particular, a criação de um Estado povoado por cidadãos de descendência africana afirmava a possibilidade de se libertarem da escravidão e da inferioridade racial. Cada vez mais os historiadores têm detalhado as reverberações das revoluções dos escravos franceses no Caribe e em toda a América continental. Muitos têm enfatizado o papel que essas revoluções tiveram na inspiração da esperança dos escravos e do medo e da paranoia da classe dos senhores.[45]

Mas, como veremos, muitos abolicionistas negros e brancos prefeririam não insistir sobre a violência heroica dos escravos, que estava tão intimamente envolvida com as atrocidades. Eles foram capazes de insistir que a violência era a consequência inevitável da instituição da escravidão, não da natureza do escravizado. Perto do fim da era da revolução, alguns europeus mais distantes do derramamento de sangue retrataram o Haiti revolucionário sob uma luz muito otimista.[46] Se os historiadores têm por vezes exagerado a herança de São Domingos nas conspirações ou nas revoltas individuais, sua independência continuamente serviu como uma inspiração genérica durante a era da revolução. O Haiti mais

---

45 Ver, inter alia, Geggus (Ed.), *The Impact of the Haitian Revolution in the Atlantic World*; Hunt, *Haiti's Influence on Antebellum America:* Slumbering Volcano in the Caribbean; Genovese, *From Rebellion to Revolution* (1981).

46 Ver Schüller, From Liberalism to Racism: German Historians, Journalists, and the Haitian Revolution from the Late Eighteenth to the Early Twentieth Centuries, Geggus (Ed.), *The Impact of the Haitian Revolution in the Atlantic World*, p.23-43; Geggus, British Opinion and the Emergence of Haiti, 1791-1805, Walvin (Ed.), *Slavery and British Society*, p.123-49; Geggus, Haiti and Abolitionists: Opinion, Propaganda and International Politics in Britain and France, 1804-1832, Richardson (Ed.), *Abolition and its Aftermath:* The Historical Context 1790-1916, p.113-40; Geggus, Epilogue, Id. (Ed.), *The Impact of the Haitian Revolution in the Atlantic World*, p.247-52.

raramente serviu como uma fonte direta de ajuda. Os governos haitianos estavam geralmente muito mais preocupados com a sobrevivência de sua própria nação do que com seu potencial revolucionário. Os governantes haitianos pós-revolucionários precisavam assegurar fluxo ao comércio e proteção a sua independência. Da primeira revelação de Toussaint de que os revolucionários pretendiam enviar uma expedição militar para a Jamaica em 1798 ao cultivo cuidadoso que Henri Christophe dispensava a suas relações com simpatizantes bretões, os governantes haitianos estavam ansiosos para entrar no mundo das nações soberanas, em vez de empregar seus recursos para pôr fim à instituição da escravidão no estrangeiro.

O impacto revolucionário franco-caribenho

A revolução haitiana teve seu impacto mais forte na ponta meridional do Grande Caribe. Seu papel direto no estímulo à abolição do tráfico de escravos e à emancipação geral de escravos em outros lugares foi exíguo. Nas três décadas que se seguiram à deflagração da revolução haitiana, nenhum império europeu se sentiu inspirado por seu exemplo a ponto de tomar medidas definitivas para acabar com a escravidão ultramarina. Cada um dos Estados continentais que sustentavam a instituição da escravidão em 1804 permaneceu oficialmente comprometido com a manutenção de suas colônias escravistas. De fato, às vésperas da abolição do tráfico britânico de escravos, a Rússia tornou-se a última nação europeia a explorar a possibilidade de adquirir uma colônia francesa no Caribe. A Grã-Bretanha e os Estados Unidos, os dois maiores Estados importadores de escravos que proibiram novos negócios com escravos antes da derrota de Napoleão, em 1814, claramente não agiram sob o impacto imediato das revoluções haitianas ou francesas. Em 1792, a Dinamarca foi a primeira nação europeia a promulgar um decreto de abolição gradual. A única consideração externa importante nas deliberações da Dinamarca surgiu de sua estimativa errada de que a Grã-Bretanha também estava a ponto de promulgar a abolição. A lei da abolição da Dinamarca, em 1792, permitiu a suas possessões uma década para se completar o estoque de escravos importados.⁴⁷ Resultou daí que durante todo o período da revolta de São Domingos números recordes de africanos foram desembarcados no Caribe dinamarquês. Nem o governo dinamarquês tampouco os fazendeiros coloniais pareceram particularmente preocupados com o perigo de rebelião escrava. Embora esse ritmo acelerado tivesse quebrado recordes dos negócios dinamarqueses com escravos durante a década de resistência massiva de escravos franceses, o significado disso tem sido normalmente ignorado.⁴⁸

A Revolução Francesa e a de São Domingos provavelmente contribuíram mais para atrasar do que para acelerar a aprovação da abolição britânica em 1806-1807. Quando a lei de 1806 foi finalmente aprovada pelo parlamento britânico, tanto a ameaça do Haiti como a ameaça de insurgência de escravos nas ilhas britânicas estava em refluxo. No clímax do debate parlamentar na Câmara dos Comuns, o membro do Gabinete que abriu o debate minimizou o perigo de insurreição de escravos. Quando o lorde Howick, secretário do Foreign Office, abriu o principal debate sobre a Lei Britânica de Abolição, em fevereiro de 1807, fez uma observação despreocupada, "Vejam o estado das [nossas] ilhas nos últimos 20 anos e digam: não é notório que nunca houve tão poucas insurreições dos negros quando eles sabiam que uma abolição desse tráfico infame estava em discussão?" Em uma Câmara dos Comuns lotada, nem um único membro do parlamento se levantou para questionar sua observação.⁴⁹

---

47 Ver Green-Pedersen, Denmark's Ophaevelse af Negerslavhandelen, *Arkiv*, p.19-37. A importação de africanos no Caribe dinamarquês não cessou até que a Grã-Bretanha capturou as ilhas, em 1807.
48 Ver Eltis et al., TSTD.
49 Hansard's *Parliamentary Debates* (doravante PD), VIII (1806-07), col. 952. Em sua descrição da resistência dos escravos durante a era da escravidão no Caribe britânico, Michael Craton afirma que "em nenhum lugar nas Índias Ocidentais britânicas os escravos se levantaram sem a ajuda dos princípios revolucionários franceses", e "como os fazendeiros apontaram rapidamente, muito mais escravos do Caribe britânico se reagruparam para ajudar o regime imperial do que se rebelaram de fato [...] Os franceses brancos que ameaçavam invadir foram acompanhados pelos negros francófonos – todos eles estrangeiros". Craton, *Testing the Chains*, p.165-8. No parlamento, os abolicionistas afirmaram que as vítimas do tráfico de escravos eram futuras sementes de destruição, mas seus oponentes consistentemente sustentavam que o estímulo principal às insurreições provinha da propaganda abolicionista, e não dos escravos.

No Caribe, a Jamaica foi a principal beneficiária colonial britânica da revolução haitiana antes de 1807. As exportações de açúcar da Jamaica aumentaram em 35 mil toneladas de 1786-1790 a 1801-1805. Esse aumento foi três vezes e meia maior que o aumento da quantidade de Cuba. Durante a primeira década do século XIX, a Jamaica foi a líder mundial das exportações tanto de açúcar como de café. Assim, em vez de temer as "sementes da destruição", os fazendeiros jamaicanos lideraram o ataque caribenho à abolição, tida como ruinosa a seu próprio crescimento e sua competitividade futuros. Qualquer que fosse o "fator medo" em outros lugares, David Geggus tem chamado atenção para o *status* enigmático da Jamaica como uma ilha de estabilidade no Caribe revolucionário da década de 1790. Foi ainda mais marcante na época que a Jamaica ficou relativamente livre dos levantes de escravos, durante toda a era da revolução. Sendo uma das mais turbulentas colônias britânicas antes do último quartel do século XVIII, a Jamaica não experimentou nenhum grande levante entre a revolta de Tacky e a grande "Guerra Batista", em 1831.[50]

Em nenhuma de suas principais decisões abolicionistas o governo britânico agiu partindo da premissa de que o perigo de acumular escravos superasse os riscos da expansão. Em 1806, o ministro mais favorável à abolição a exercer a função durante os 20 anos de debate sobre a abolição do tráfico de escravos tomou uma firme decisão de reter a porção da Guiana holandesa conquistada (Demerara), a qual tinha uma porcentagem mais alta de africanos recém-importados na Guiana do que qualquer uma das colônias britânicas estabelecidas havia muito tempo. Além disso, se a Grã-Bretanha devolvesse o resto da Guiana (Suriname) a seus antigos governantes holandeses, o governo britânico estava preparado para pedir em compensação nada menos que Cuba. Singularmente, Cuba tinha acabado de se tornar o maior importador de escravos no Caribe. Além do Caribe, na África, a marinha britânica tinha acabado

---

50 Geggus, The Enigma of Jamaica in the 1790s: New Light on the Causes of Slave Rebellions, em *William and Mary Quarterly*, p.274-9. Escravos da Jamaica de fato se revoltaram em 1795-1796, mas não contaram com a adesão de um número significativo de outros escravos. Ver também Craton, op. cit., cap.13-4, 17.

de anexar a colônia holandesa do Cabo, importadora de escravos, a seu rol de conquistas, o que ocorreu em 1806. Na América do Sul, a força britânica expedicionária capturou Buenos Aires, a capital importadora de escravos do Rio da Prata. Assim, às vésperas da abolição, o Império Britânico aumentou em dez vezes seu potencial de império de escravos.[51]

Durante o ano de 1806, as compras de escravos africanos do governo britânico para os regimentos caribenhos também alcançaram o maior pico de todos os tempos.[52] Para qualquer governo preocupado principalmente com os riscos das revoltas de escravos, especialmente nas colônias trabalhadas por africanos recém-desembarcados, a multiplicação desses riscos em três áreas separadas do globo teria sido uma política que beirava a insanidade. Na realidade, os ministros britânicos, como os fazendeiros britânicos, avaliavam da mesma forma o alto valor do tráfico de escravos para as colônias estrangeiras. E, efetivamente, os abolicionistas faziam a mesma avaliação. Em 1805 e 1806, foram os parlamentares abolicionistas que comandaram a exigência de que os traficantes britânicos de escravos fossem proibidos de transportar africanos para as colônias estrangeiras ou conquistadas. A interdição ao tráfico de escravos faria a economia do inimigo cambalear. Assim, a fundamentação lógica abolicionista para a aprovação da proibição ao tráfico estrangeiro poucos meses antes da Lei de 1807 era a de que novos escravos eram "sementes de produção" e não "sementes de destruição". Não é por acaso que o abolicionista James Stephen fora o autor da polêmica mais importante da Grã-Bretanha a favor da interdição e, em 1806, esboçara o Projeto da lei de Abolição Estrangeira para o governo.[53]

---

51   Drescher (1977), op. cit., p.102-3; Geggus (1987), op. cit., p.274-99.
52   Buckley, op. cit., p.55, Table I. Até a taxa de resistência a bordo de navios negreiros parece ter caído durante a década antes de 1807. Os 19 incidentes registrados durante os anos de 1797-1806 foram um pouco mais que um terço dos 53 registrados em 1783-1792. O começo dessa década foi o último período de paz antes da abolição, bem como o apogeu de todo o tráfico transatlântico de escravos. Meus agradecimentos a David Eltis por sua ajuda para percorrer o banco de dados.
53   Anstey, *The Atlantic Slave Trade and British Abolition 1760-1810*, p.368; e Drescher, Civilizing and Insurgency: Two Variantes of Slave Revolts, Drescher e Emmer (Eds.), *Who Abolished Slavery? Slave Revolts and Abolition*.

Até mesmo a propaganda abolicionista minimizou a importância de São Domingos no começo de 1807. A *Letter on the Abolition of the Slave Trade* [Carta sobre a abolição do tráfico de escravos], de William Wilberforce, foi, de longe, o mais extenso tratado abolicionista já feito contra o tráfico de escravos. Nas 320 páginas iniciais de seu texto de 350 páginas, os africanos foram incansavelmente retratados como escravizados e como vítimas impotentes da brutalidade, do racismo, da degradação e do descaso. Finalmente, na página 320, Wilberforce anunciou que tinha de "mencionar duas ou três considerações adicionais", mas prometia não "se alongar muito nelas". Entre elas estava o "perigo das insurreições", mas prometeu que não insistiria muito "sobre elas". Por que esse eufemismo? Para Wilberforce, em 1807 o Haiti ainda representava "a licenciosidade selvagem de um reino vizinho", que não gozava de nenhuma das bênçãos da "verdadeira liberdade" oferecidas pela constituição britânica. O perigo originado pelas importações de escravos poderia, no fim das contas, ser inevitável. No momento, no entanto, a Grã-Bretanha estava aproveitando "um feliz intervalo" no qual poderia "providencialmente […] desviar-se da tempestade que se forma".[54]

Em 1807, portanto, a revolução haitiana desempenhou mais de um papel ao limitar as demandas da reforma antiescravista para a proibição do tráfico transatlântico. A emancipação imediata, advertiu Howick, só produziria "horrores similares aos de São Domingos". Se os escravos coloniais eram humanos e irmãos, eram também em grande parte africanos e selvagens: "Deve ser lembrado", observou outro membro abolicionista do parlamento, que "o próprio Dessalines era um africano importado".[55] Tanto o Haiti pré-revolucionário quanto o pós-revolucionário eram modelos a serem evitados, não imitados.

Na década que se seguiu à independência, o próprio Haiti tinha mais razões para sentir-se ameaçado que ameaçador. Seus governantes tinham todas as razões para recorrer à Grã-Bretanha e a seu domínio dos mares para se protegerem contra qualquer revigoramento das intenções

---

54 Wilberforce, *Letter*, p.258-59, 320-4.
55 PD, ser.I, v.8, 1806-1807, col.952, 955, 970, 975.

francesas. Nos Estados Unidos, a revolução de escravos e a independência haitiana evocaram um maior alarmismo, misturado com interlúdios de oportunidades de negócios potenciais.[56] A partir do governo de Jefferson, o não reconhecimento do Haiti tornou-se a pedra angular da política estrangeira dos Estados Unidos por 60 anos. A própria existência do Haiti foi considerada pelos políticos sulistas, incluindo a maioria dos presidentes dos Estados Unidos, como uma ameaça em potencial à tranquilidade da união. A nova nação negra também permaneceu como uma presença indelével nas mentes dos conspiradores escravos e de seus repressores.

Na região caribenha, o declínio da produção francesa de produtos básicos depois da independência haitiana parece ter sido, no conjunto, um incentivo mais forte para os fazendeiros continuarem as importações de escravos da África do que um temor do perigo do tráfico à instituição da escravidão. Jamaica e Cuba, as ilhas mais próximas do Haiti, continuaram ou aceleraram suas importações de africanos durante os 12 anos mais turbulentos entre o levante de São Domingos e o colapso do exército de Napoleão. Além disso, é improvável que qualquer conjunto substancial de fazendeiros em qualquer grande zona escravista limítrofe do Golfo do México ou do Caribe peticionasse aos tomadores de decisão imperiais sobre a supressão do tráfico transatlântico de escravos. No máximo, os Estados restringiram temporariamente o influxo de escravos por temerem o contágio da rebeldia. A maioria reabriu suas portas a "novos" africanos por volta do início do século XIX, inclusive a América do Norte, via Charleston e Nova Orleans.

O fato de que todo o sistema escravista, com exceção da aliança franco-holandesa, estava movendo quantidades recordes de escravos da África durante os anos de resistência máxima dos escravos (1792-1804)

---

56 No fim da década de 1790, os governos inglês e americano consideravam Napoleão uma ameaça muito maior do que Toussaint L'Ouverture. Toussaint estava igualmente disposto a reforçar seu *status* semi-independente por meio de conexões mercantis americanas e britânicas. Ver King (Ed.), *The Life and Correspondence of Rufus King*, v.II, 474 ff.: Rufus King to Lord Grenville, 1º dez. 1798; King to U. S. Secretary of State, 7 dez. 1798; King to Henry Dundas, 8 dez. 1798; Dundas to King, 9 dez. 1798. No entanto, depois da independência haitiana, o governo de Thomas Jefferson lançou uma campanha para barrar a interação com o novo Estado.

deveria nos dizer algo a respeito do impacto relativo da resistência revolucionária sobre os compradores e transportadores de escravos do sistema atlântico durante aqueles anos dramáticos. Notoriamente, a Carolina do Sul, em termos demográficos o Estado mais preponderantemente escravista na união americana, elevou as importações dos Estados Unidos da África a seu mais alto ponto da história nos anos que vão da derrota do exército de Napoleão no Haiti à aprovação nos Estados Unidos da proibição de novas importações de escravos. Durante 15 anos após a eclosão da insurgência de escravos de São Domingos, todas as entradas de escravos nos portos britânicos, espanhóis e brasileiros foram maiores do que tinham sido nos 15 anos anteriores. As importações ibéricas aumentariam ainda mais dramaticamente depois das abolições anglo-americanas.[57]

Nenhum país ilustra melhor a ambiguidade do impacto do levante de escravos mais bem-sucedido da história na era da revolução do que a França. Quando eclodiu a Revolução Francesa, seu movimento antiescravista era ideologicamente robusto e institucionalmente fraco. Os abolicionistas franceses insistiam em ligar a abolição do tráfico de escravos a um compromisso legislativo para também pôr fim à instituição da escravidão. Esse compromisso corajoso provavelmente contribuiu para a unificação antecipada dos interesses opostos à *Amis des Noirs*. Os oponentes tiveram pleno êxito com essa tática. Não há qualquer evidência de uma campanha nacional vultosa que trouxesse à tona a questão da abolição nos dois anos anteriores ou posteriores ao levante em massa dos escravos. As manifestações populares antiescravistas mais amplas na França ocorreram somente na esteira da abolição da escravidão do 16 do pluvioso – um total de 19 ou 20 celebrações. Dali em diante, as comemorações do aniversário da emancipação tornaram-se mais esporádicas, e parece que desapareceram antes da restauração da escravidão por Napoleão e do tráfico de escravos no 30 do floreal do ano X (20 de maio de 1802). No mês seguinte (30 de junho), a lei que excluía os negros

---

57 Ver, por exemplo, Lachance, Rerpercussions of the Haitian Revolution in Louisiana, em Geggus, *Impact*, p.209-30. Depois de 1802, a Louisiana até cancelou a exclusão de refugiados franceses vindos do Haiti. Mais de mil da Jamaica foram aceitos em 1803 e mais de 10 mil de Cuba, em 1809.

e as pessoas de cor da França metropolitana foi aprovada integralmente sem nenhum protesto popular visível. De fato, quando Napoleão, em suas memórias, procurou retrospectivamente se desculpar pelo desastre de sua empreitada colonial, alegou que os clamores colonial, mercantil e dos refugiados o levaram a empreender a reconquista de São Domingos.[58]

Mais do que qualquer outra coisa, o resultado da independência haitiana indica alguns dos efeitos limitados até mesmo do mais bem-sucedido levante de escravos da história. Antes de abolir seu próprio tráfico transatlântico de escravos, em 1807, o governo britânico ofereceu-se para negociar uma abolição bilateral com a França. A primeira oferta, em 1801, foi feita quando Napoleão estava negociando a recuperação e a expansão dos territórios da França como parte da paz em curto prazo de Amiens. A segunda oferta foi feita em 1806, durante uma nova rodada de negociações de paz entre a Grã-Bretanha e a França. Napoleão rejeitou essas propostas tanto antes quanto depois de ser catastroficamente derrotado pelos haitianos. Até depois de o Haiti e a Louisiana estarem irrecuperavelmente perdidos, o governante francês não se deu ao trabalho de recrutar escravos libertos como uma tentativa de minar as colônias escravistas britânicas. Uma década depois da derrota sem precedentes da França no Caribe, a mesma nação imperial que tinha perdido a maior parte de seu sistema escravista durante as revoluções do Novo Mundo também se recusou a aceitar ou até a prever que a autoemancipação triunfante do Haiti era uma conquista irreversível. Inicialmente, a derrota desastrosa levou apenas a uma negação mais profunda. No ano da independência haitiana, o anuário estatístico da França e de suas colônias ainda ofereceu a seus leitores as estatísticas de comércio e produção de São Domingos para o ano de 1788. Nesse meio tempo, foi lançado o véu grosso de um silêncio censor sobre os eventos.

A capitulação francesa e a independência haitiana foram tratadas como episódios reversíveis de um conflito caribenho que estava em curso. Até mesmo as notícias breves sobre os detalhes das horrorosas perdas

---

58 Ver Halpern, The Revolutionary Festivals and the Abolition of Slavery in Year II, em Dorigny, op. cit., p.155-65; e p.229-36.

foram ocultadas debaixo dos relatos dos triunfos franceses na Europa. O pequeno remanescente militar francês na parte oriental de São Domingos alimentou a ilusão de que os contínuos conflitos de extermínio mútuo entre os sucessivos líderes haitianos (Dessalines, Henri Christophe e Pétion) levariam ao retorno vitorioso dos franceses. Ocasionalmente, quando se notava que o "progresso" não avançava, a marinha britânica servia de bode expiatório. Mesmo retrospectivamente, não foi dado quartel à operação haitiana. A existência da nação e sua resistência foram atribuídas à memória abominável da *Amis des Noirs*. Os únicos aspectos dos eventos haitianos que tiveram permissão para aparecer na rigorosamente censurada imprensa napoleônica foram as descrições da ferocidade selvagem e do apetite pelos saques dos rebeldes e pelos conflitos inter-raciais entre os negros e os de pele marrom. As notícias sobre o massacre geral dos franceses que ainda permaneceram no Haiti em 1804 circularam em matérias da imprensa que se referiam a bebês empalados ou mortos no colo de suas mães. As descrições da mulher do imperador Dessalines davam destaque a seu "cabelo, ou melhor, à sua lã", adornado com pérolas e flores. A capitulação final da guarnição francesa na São Domingos oriental foi atribuída às enfermidades e aos ingleses.[59]

Durante todos os anos do cada vez mais minguante império colonial de Napoleão e da ausência de quaisquer benefícios comerciais tangíveis das possessões da França, o imperador não deu sinais de que se desviaria de sua política de restauração da estrutura social pré-revolucionária e da economia das colônias. No começo de seu reinado, os funcionários franceses consideraram a ideia de usar os ex-escravos como guerreiros para a expansão francesa, em vez de cativos para as grandes lavouras. Napoleão estava mais atraído pela possibilidade de restaurar o império escravista da França em São Domingos e de expandi-lo na Louisiana.[60]

---

59 Ver Cabanis e Martin, L'Independence d'Haiti devant l'opinion publique française sous le consulat et l'empire: ignorance et malentendus, Martin e Yacou (Eds.), *Mourir pour les Antilles*: independence nègre ou l'esclavage, 1802-1804.
60 Paquette, Revolutionary Saint-Domingue in the Making of Territorial Louisiana, Gaspar e Geggus (Eds.), op. cit., p.204-20. Nem antes nem depois do fracasso da expedição Napoleão esteve receptivo a qualquer diminuição do sistema escravista da França. Pelo contrário, olhando na direção tanto

Na esteira de suas duas revoluções decisivas, a França, portanto, distinguiu-se por ser a única nação europeia a restaurar a escravidão e o tráfico de escravos. O número de cidadãos franceses escravizados por seu próprio governo em 1802 provavelmente ultrapassou muito o número de africanos capturados por traficantes franceses sob a força de armas durante toda a era do tráfico atlântico de escravos. Depois da retomada das hostilidades com a França, em 1803, a frota britânica pôs fim novamente ao tráfico francês de africanos e conquistou vagarosamente o que restava do império escravista da França no Oceano Índico e no Caribe.

Com a volta da paz, em 1814, a França ficou outra vez com passado limpo para reentrar no mundo ultramarino. A monarquia Bourbon restaurada cumpriu sua reputação de não ter aprendido nada e de não ter esquecido nada. Ela aspirava apagar mais completamente os efeitos da era da revolução em suas antigas colônias do que na própria França. O ministro do Exterior de Luís XVIII negociou com êxito a devolução da maioria das antigas colônias escravistas. Embora os britânicos tivessem abolido o tráfico transatlântico de escravos cinco anos antes, Talleyrand, o ministro francês do Exterior, alegou que as colônias escravistas britânicas foram avisadas a respeito disso bem antes da medida e estocaram quase 700 mil escravos com importações entre 1791 e 1807. Os franceses negociaram o direito de reafirmar sua soberania sobre todas as ex-colônias perdidas durante as longas guerras com a Inglaterra. O potencial comercial do Haiti ainda era medido pelos valores que desapareceram na São Domingos de 1791. A recusa da França em aceitar a independência haitiana evidencia por que todos os governantes do Haiti evitaram cuidadosamente qualquer tentativa de exportar a revolução e cultivaram a amizade britânica desde o momento em que Toussaint conseguiu a autonomia *de facto*, a partir de 1798. Em resposta à notícia da França, o rei Henri Christophe imediatamente começou a planejar uma repetição da tática de terra arrasada no Haiti, tal como havia sido

---

da recuperação de São Domingos quanto na da aquisição da Louisiana dos espanhóis, o "desígnio ocidental" de Napoleão visionava apenas uma expansão da escravidão.

posta em prática em 1802-1803, a fim de tornar qualquer nova invasão sem valor para os franceses.

A reação britânica será tratada em outro capítulo, mas a opinião pública francesa foi novamente dominada pelas atividades lobistas dos comerciantes e dos refugiados coloniais que residiam na França. Na esteira do "milagre" da volta da dinastia Bourbon restaurada, os velhos interesses coloniais viram outra possibilidade miraculosa em uma São Domingos restaurada.[61] Os comerciantes portuários tinham apoiado vigorosamente a volta dos Bourbon. O rei temia o impacto negativo que a abolição imediata francesa pudesse produzir sobre um grupo leal em uma França desassossegada. Um grande número de ex-colonos foi recompensado com mandatos vitalícios na recém-criada câmara legislativa alta, a Câmara dos Pares. "Nenhuma colônia", conclui Paul Kielstra, "nem mesmo a Argélia, esteve mais intimamente ligada [do que São Domingos] às profundas fibras de vida francesa".[62]

Na esteira da derrota de Napoleão em Waterloo, a memória do Haiti, combinada com a pressão abolicionista britânica, encorajou uma identificação francesa do antiescravismo com o antipatriotismo. Em 1814, ao voltar para Paris pela primeira vez desde 1789, Thomas Clarkson ficou profundamente desapontado com a confusão dos abolicionistas em Paris. Eles não tinham "nem um xelim" para a propaganda e novamente tiveram de contar com o Comitê de Londres – dessa vez, até com recursos financeiros.[63] Contra a hostilidade mobilizada, os abolicionistas franceses eram irremediavelmente fracos. Dos sobreviventes da *Amis des Noirs*, o padre Gregoire identificava-se não só com a revolução caribenha de escravos, mas também com a execução de Luís XVI em Paris. Os intelectuais liberais moderados eram poucos em número e eram suspeitos para o novo

---

61 Sobre o alcance e a influência dos grupos de pressão na França pós-napoleônica, ver o estudo abrangente de Kielstra, *The Politics of Slave Trade Suppression in Britain and France, 1814-1848*, p.15-21. Olivier Pétré-Grenouilleau destaca que em 1815 a *mentalité* da classe mercantil ainda era profundamente afetada pela memória de sua prosperidade pré-revolucionária. O primeiro reflexo pós-guerra foi um retorno ao passado: ver Pétré-Grenouilleau, op. cit., p.161-5.
62 Kielstra, op. cit., p.19.
63 Wilson, *Thomas Clarkson*: A Biography, p.228, n.55.

regime. Para avançar em direção à abolição no plano público, a oposição francesa tornou-se cada vez mais aparente no outono de 1814. As duas câmaras legislativas do novo governo opuseram-se tenazmente a quaisquer concessões futuras à Grã-Bretanha. O governo francês solicitou que um governo inglês ansioso aguardasse até que a opinião pública se acalmasse. Somente a notícia da determinação extremamente séria do Haiti para lutar até a morte contra outra invasão refreou o entusiasmo francês.

A volatilidade da situação foi demonstrada apenas uns poucos meses depois. Na primavera de 1815, Napoleão retornou triunfantemente à França. Os Bourbon fugiram. O imperador decretou a abolição do tráfico francês de escravos, embora seu edito tenha sido desrespeitado nos portos franceses em menos de uma semana. Quando Waterloo mais uma vez abriu a porta para o retorno ao poder do monarca Bourbon, o rei não conseguiu mais resistir às demandas de seus salvadores britânicos. Os britânicos fizeram da conservação do decreto da abolição de Napoleão uma condição implícita para o retorno incontestado de Luís XVIII ao trono.

A aplicação do decreto era outra questão. Pelos anos restantes da dinastia, a legislatura francesa discutiu sobre o laxismo no cumprimento da determinação oficial de abolir o tráfico francês de escravos.[64] Na década seguinte a Waterloo, o (agora ilícito) tráfico francês de escravos elevou-se a níveis que rivalizavam com os que foram alcançados pelos negociantes franceses de escravos na década de 1770. Depois de Waterloo, ninguém nas Câmaras francesas defendeu abertamente o (agora ilegal) tráfico africano de escravos. O cumprimento de uma lei semirrepressiva era um convite à lassidão de toda a cadeia da burocracia oficial. Para uma elite em estado de choque pós-revolucionário, o levante de São Domingos (nunca chamado de "haitiano") era mencionado apenas rara e obliquamente nos debates legislativos. A revolução de escravos foi tratada como um evento tão selvagem que não carecia de mais detalhes. "Massacre" era onipresente como sinônimo de São Domingos. Os "primeiros desastres" tinham deixado a França com "demasiadas ruínas", fosse para serem

---

64 Kielstra, op. cit., p.61-137.

mencionadas, fosse para serem esquecidas. O verdadeiro nome da antiga colônia, capaz de "despertar revoltas e massacres", tinha de ser banido. Na Câmara de Deputados houve apenas uma única explosão de emoções sobre o assunto. Em 1821, um abolicionista moderado anunciou que o fim efetivo do tráfico francês de escravos também poria fim aos elementos viciosos da "disciplina" colonial – morte, incapacitação e chicotadas. A reação a sua intervenção teria sido familiar aos congressistas dos Estados Unidos da mesma era. O abolicionista francês foi imediatamente vaiado com acusações de que suas palavras acarretariam o assassinato e o massacre, do mesmo modo que ocorrera 30 anos antes.[65]

Quando o Haiti finalmente conquistou o reconhecimento formal da monarquia francesa, em 1825, teve de concordar com o pagamento de uma indenização de 150 milhões de francos em ouro para compensar as famílias dos antigos donos de grandes lavouras. Assim, a nova nação contraiu uma dívida profunda para financiar o cronograma dos pagamentos. Da perspectiva metropolitana, o governo desejava justificar a legitimidade da propriedade colonial, bem como ajudar os antigos donos de terra de São Domingos. Como a França foi a única nação imperial europeia a reinstalar a instituição depois da emancipação formal, o Haiti tornou-se a única sociedade de ex-escravos na qual os filhos dos mais ardentes combatentes do Novo Mundo foram obrigados a pagar uma compensação aos descendentes de seus senhores. A própria nação, cujos escravos haviam abolido pela primeira vez uma instituição mantida pelas três principais potências coloniais da Europa, também pagou um preço mais alto no longo prazo: a militarização, uma sociedade civil truncada e o desenvolvimento econômico parco. Levaria quase

---

65 Ver Garrec, Le Debat sur l'abolition de la traite des Noirs en France (1814-1831): Un reflet de l'évolution politique, économique et culturelle de la France, *Memoire de Maîtrise d'Histoire contemporaine*, p.202-6. É claro que seria mais fácil evocar a imagem da barbaridade africana ou servil se na mesma frase fossem evocados os massacres entre europeus da Vendeia, da Espanha, da Calábria etc., das décadas revolucionárias francesas e napoleônicas. Ver Bell, *The First Total War*: Napoleon's Europe and the Birth of Warfare as We Know It, cap.5-8.

dois séculos e quatro repúblicas francesas para que essa injustiça fosse reconhecida oficialmente pela legislatura francesa.[66]

O reconhecimento da independência haitiana em 1825 praticamente não melhorou o *status* do antiescravismo na França. Os efeitos conjuntos das revoluções francesa e caribenha tornaram impossível a reorganização de um movimento formal abolicionista, mesmo no plano da elite. Mesmo líderes políticos liberais antiescravistas, tais como o duque de Broglie, Benjamin Constant e Auguste de Staël, não queriam ter seus nomes abertamente associados com o do padre Grégoire. Nada sintetizava melhor a situação do abolicionismo francês nas quatro décadas que se seguiram à deflagração da revolta de escravos em São Domingos. O padre viveu em um isolamento político congelado, estigmatizado como o incendiário de dois mundos. Sua própria existência inibiu a reforma de uma sociedade abolicionista na França.[67]

A única organização extraparlamentar que pressionava por uma estrita repressão do tráfico ilegal de escravos era um subcomitê de uma sociedade dedicada à coleta de informações sobre questões sociais e internacionais relativas à moralidade – a Société de la Morale Chrétienne (Sociedade da Moralidade Cristã). A própria composição do subcomitê expunha os membros a acusações de que eram "não franceses". Cinco dos 16 membros eram estrangeiros. Sua pesquisa era suprida principalmente por abolicionistas britânicos.[68] A atividade silenciosa desse grupo minúsculo contra o tráfico de escravos era emblemática do contexto francês mais amplo no espaço e no tempo. O legado de uma geração de levantes havia deixado a sociedade civil francesa severamente truncada em nome da ordem. Toda atividade associativa era restrita por lei e estava sujeita à investigação minuciosa de espiões da polícia. A *polícia dos negros* pré-

---

66 Ver Itayienne, La Normalisation des relations Franco-Hatiennes (1825-1838), *Outre-Mers. Revue d'Histoire*, p.139-54; Benoit, L'indemnité coloniale de Saint-Domingue et la question des repatries, *Revue Historique*, p.359-76.

67 Ver Jennings, French Anti-Slavery: The Movement for the Abolition of Slavery in France, 1802-1848, p.7-8; Drescher, Two Variants of Anti-Slavery: Religious Organization and Social Mobilization in Britain and France, 1780-1870, *Anti-Slavery, Religion, and Reform*, p.43-63.

68 Daget, A Model of the French Abolitionist Movement and its Variations, Bolt, *Anti-Slavery*, p.64-79.

-revolucionária foi suplantada pelo policiamento de todos. Os jornais, o fluído vital da esfera pública, estavam sujeitos à censura minuciosa. Foi essa escassez comparativa de atividades associativas em seu próprio país que mais surpreendeu Tocqueville quando ele começou a viajar pelos Estados Unidos, em 1831. Nesse momento, ele ficou ciente da apatia relativa das localidades na França, "uma apatia tão invencível que a sociedade parece ter somente uma vida física, sem vida mental".[69]

Fora desse contexto, dois modelos de abolicionismo nitidamente contrastantes – as variantes do britânico e do continental – tinham surgido por volta do fim da era da revolução. A característica distintiva da variante dos abolicionistas britânicos foi a que passamos a considerar como movimentos sociais prototípicos. Eles tentaram produzir pressão pública para influenciar os interesses econômicos hostis e os órgãos do governo relutantes ou indiferentes. Em momentos críticos, usaram um amplo repertório de táticas – propaganda de massa, petições, reuniões públicas, processos jurídicos e boicotes – que apresentavam o antiescravismo como um imperativo moral e político. Em termos organizacionais, estavam enraizados nas comunidades locais e procuravam recrutar a participação de grupos excluídos sob outros aspectos – pela religião, pelo gênero e pela raça. As variantes continentais foram geralmente confinadas a pequenos grupos autosselecionados. Eles geralmente não estavam inclinados, ou então não estavam capacitados pela lei, a promover o recrutamento massivo e a ação coletiva. Por isso, tentavam agir como mediadores entre os governos e os grupos de interesse econômico.

As duas variantes não estavam absolutamente fixadas. Houve vezes em que as elites abolicionistas britânicas se confinaram à prática do lóbi discreto. Houve também momentos em que os movimentos continentais rebentaram suas cascas impostas pelos governos ou por eles mesmos. Isso foi especialmente verdadeiro nos momentos de avivamento do interesse público pela reforma em grande escala ou por um alargamento da esfera

---

69 Tocqueville, *Democracy in America*, p.104, n.51.

pública.⁷⁰ Essa característica da atividade antiescravista estava intimamente ligada às expansões e contrações da sociedade civil na Europa continental na maior parte do século seguinte a 1775. O legado da vida hiperassociativa na França durante a Grande Revolução serviu em grande medida para convencer os regimes autoritários de que as associações também eram terrenos férteis para a subversão e para a violência.

Do outro lado do Atlântico, a nova nação devastada, que emergiu da luta brutal e brutalizada pela liberdade e pela independência, foi um símbolo duradouro de autoemancipação. Mas o Haiti pós-revolucionário estava tão mal preparado para exercer um papel de liderança na expansão do antiescravismo quanto a França pós-revolucionária. O militarismo tornou-se uma característica duradoura da vida política haitiana durante o século XIX. O governo autoritário combinou-se com a alienação popular das classes sociais que estavam abaixo da elite político-militar. Uma revolução de ferocidade sem paralelo deixou a nova nação com uma sociedade civil truncada. Mesmo em questões domésticas, a falta de habilidade das camadas populares para fazer reivindicações públicas que o governo responderia de maneira não violenta faria que qualquer movimento coletivo haitiano agisse com violência contra a instituição da escravidão além de seus próprios limites igualmente improváveis.⁷¹ O impacto do Haiti durante a era da revolução seria sentido principalmente fora da órbita imperial francesa. Para os escravos e os negros livres oprimidos, sua independência evocaria a possibilidade de transformação radical de um mundo que lhes negava uma cota da liberdade e igualdade universalizadas.

---

70 Ver Two Variants of Anti-Slavery, Drescher, *From Slavery to Freedom*, cap.2; Sidney Tarrow, *Power in Movement*: Social Movements Collective Action and Politics, cap.1; Tilly, Social Movements and National Politics, Bright e Harding, *Statemaking and Social Movements*: Essays in History and Theory, p.297-317. Para uma visão geral de variantes nacionais importantes do relacionamento entre abolicionismo e democratização no continente europeu no fim do século XVIII e no século XIX, ver Pétré-Grenouilleau (Ed.), *Abolir l'esclavage:* Un réformisme à l'epreuve, esp. Id., Abolitionisme et Democratization, p.7-23.

71 Nicholls, *From Dessalines to Duvalier*: Race, Colour and National Independence in Haiti, p.245-52; Sheller, *Democracy after Slavery*: Black Publics and Peasant Radicalism in Haiti and Jamaica; Laguerre, *Military and Society in Haiti*.

De qualquer maneira, a revolução de São Domingos não alterou de forma radical o equilíbrio de poder no mundo atlântico ou além dele.[72] Para os oponentes do antiescravismo, o Haiti tornou-se uma metáfora da expropriação e da aniquilação racial. Até para os governos e elites menos ameaçados, a história pós-revolucionária do Haiti ofereceu a evidência exemplar sobre a viabilidade das economias comerciais nas sociedades pós-escravistas. Não obstante, a Era da Revolução tinha minado algumas suposições axiomáticas do século XVIII. Cinquenta anos depois da Declaração da Independência, a instituição da escravidão ocidental não estava mais tão consensualmente dividida pelos oceanos ou pelas zonas climáticas.

---

72 A edição de David Geggus do *The Impact of the Haitian Revolution in the Atlantic World* apropriadamente se concentra nas reverberações da revolução haitiana na América do Norte, no Caribe e na Europa. A evidência de seu impacto imediato no Brasil é fraca, e mais fraca ainda na África subsaariana ou setentrional.

7
Revoluções latino-americanas, da década de 1810 à de 1820

O Império Espanhol, aproximadamente 1775-1825

Os latino-americanos entraram no processo revolucionário décadas depois dos anglo-americanos e franco-americanos. As diferentes áreas da América Latina e seus diferentes segmentos sociais puderam contar com uma série de experiências anteriores. As elites brancas que começaram a busca pela maior autonomia das colônias da América espanhola continental visionaram o modelo e o resultado norte-americanos. Os eventos na França e no Haiti tiveram significados diferentes para os observadores dos dois lados do Atlântico.[1] Na América Latina, o processo revolucionário foi desencadeado pelas elites que procuravam a autonomia local de uma sociedade que, conforme elas imaginavam, manteria as hierarquias sociais do regime colonial. Contudo, um de seus maiores temores era que o resultado tomasse a direção franco-americana e o levasse a um conflito

---

[1] Este parágrafo e os seguintes devem muito ao primeiro capítulo de Andrews, *Afro-Latin America*.

sobre a igualdade racial ou, até mais radicalmente, sobre a libertação dos escravos. Elas seriam incapazes de eliminar um movimento em direção a essas mobilizações. Os insurgentes iniciais enfrentaram divisões, em primeiro lugar, entre eles próprios e, em segundo, no interior das populações dos homens de cor livres e dos escravos. Esses conflitos ocasionalmente replicariam o terror e a devastação econômica das revoluções franco-caribenhas. No fim das contas, a variante hispano-americana, na maioria de seus aspectos, não se assemelhou nem com a revolução anglo-americana nem com a revolução franco-caribenha, mas teve um resultado tão ambivalente quanto o destino da escravidão.

A estrutura da sociedade latino-americana afetou profundamente o processo de suas revoluções. Desde o início, a América do Sul não era nem esmagadoramente branca e livre como a América do Norte nem esmagadoramente negra e escrava como as colônias francesas ultramarinas. Na América espanhola continental, os escravos representavam menos de 10% da população, com um peso demográfico análogo ao da região dos Estados Unidos ao norte de Chesapeake.[2] Só Cuba e o Brasil tinham proporções de escravos semelhantes às do sul norte-americano. Em nenhum lugar da parte continental espanhola das Américas a proporção de escravos se aproximou daquela das ilhas açucareiras britânicas, francesas e holandesas. As regiões mais densamente povoadas da América espanhola continental também eram distintas das zonas revolucionárias norte-americanas e franco-americanas por terem populações livres numericamente dominadas por não brancos. Como em São Domingos, no caso de um desafio à autoridade política imperial, o problema da igualdade da maioria livre não branca, dos negros, dos mestiços, dos mulatos e dos índios teria de ser levado em conta.

Em comparação com as duas Américas pré-revolucionárias – a inglesa e a francesa –, a escravidão foi um problema de prioridade relati-

---

2 A porção escrava da população na Venezuela em 1800 era muito parecida com a do Estado de Nova York em 1775. No entanto, a porção não branca da Venezuela em relação ao total somava quase 80% (incluindo 49% de negros livres e 18% de índios). A proporção de não brancos não tinha correspondente na América do Norte continental. (Ver Andrews, op. cit., p.41, Table 1.1.)

vamente baixa nos anos que imediatamente antecederam aos das revoluções hispânicas. Como na América do Norte, as áreas da América latina com mais duradouro e mais profundo investimento na escravidão foram as que estiveram mais determinadas a mantê-la.

Quando a segunda metade da era da revolução já estava bem avançada, as instituições sob a soberania dos monarcas ibéricos localizavam-se em uma área onde eles tinham sido pouco desafiados por movimentos ideológicos ou políticos. As sociedades ibero-americanas também foram aquelas em que os escravos do Novo Mundo e seus descendentes desenvolveram os mais variados arranjos para as saídas da servidão. Os escravos estavam distribuídos por todos os setores urbanos e rurais. Eles tinham instituições culturais e de bem-estar social com um grau de autonomia sem paralelo nas colônias do noroeste europeu. Tinham ainda caminhos legais mais bem desenvolvidos para a manumissão individual. A fuga para a autonomia e o estabelecimento em comunidades fora do controle colonial direto podem ser colocados em paralelo com o mosaico matizado das posições e das ocupações sociais dos escravos nos grandes centros urbanos do poder imperial. Os escravos desafiaram e abrandaram as restrições impostas pelo *status* que ocupavam, mesmo que não tivessem subvertido as fundações da instituição da escravidão. Os habitantes da América ibérica estavam cientes dos desafios colocados pelos movimentos de independência e pelas revoltas na América do Norte e no Caribe. Na América ibérica, no entanto, foi menos evidente, no início, que a crise política da autonomia ou da independência colocaria a ordem social em perigo. Em alguns aspectos, a estrutura da escravidão latino-americana, incluindo as válvulas de segurança da fuga nas fronteiras e o espaço cultural interno, pode ter marginalizado os temores de que os escravos seriam os atores principais em uma confrontação imperial-crioula.

Alguns historiadores da escravidão ibérica enfatizam o alto grau do assombramento da imaginação das elites ibero-atlânticas pelas revoluções francesa e haitiana durante a primeira geração da era da revolução (1775-1800). Em termos comparativos, é espantosa a ausência do mais importante indicador singular desse tipo de mal-estar. Na América inglesa, a década anterior a 1775 foi caracterizada pelas tentativas contínuas em muitas colônias de deter o fluxo de escravos africanos. Na América Latina, parece não ter havido qualquer movimento público ou coletivo similar para proibir esse fluxo, ou mesmo para reduzi-lo. Durante a década de 1780, as monarquias ibéricas fizeram um esforço decisivo para acelerar suas aquisições de trabalho escravo africano. O governo imperial espanhol promulgou um novo *Código Negro* em 1789. Os historiadores geralmente interpretam esse Código como evidência do desejo imperial de amparar os privilégios materiais e legais dos escravos, obrigando os proprietários a garantir-lhes o bem-estar como seres humanos. Mas, na prática, os protestos dos donos de escravos asseguraram a suspensão da aplicação do Código. O que essas interpretações deixam de considerar é o fato de o Código de 1789 ter sido introduzido em conjunção com uma política para maximizar o fluxo de novos escravos africanos nos domínios da Espanha.

No começo deste estudo, enfatizamos que não se pode julgar a mitigação ou a melhoria da instituição somente pelas transformações dentro da escravidão, sem considerar o impacto dos modos de recrutamento necessários a sua manutenção e seu crescimento. O objetivo central da legislação nesse caso era bem explícito. Pela primeira vez, a monarquia tomou providências para converter os negócios com escravos de contratos de monopólio para o livre-comércio. O governo imperial antecipou corretamente que uma grande onda de escravos africanos poderia aumentar os problemas da disciplina dos escravos. A melhoria do Código era mais preventiva do que de fato uma melhora. Os fazendeiros não se impressionaram com o perigo potencial da onda, tampouco com a solução proposta pelo governo. No exato momento em que São Domingos e Paris proclamavam a emancipação, as partes melhorativas do Código foram suspensas em resposta ao protesto dos donos de escravos.

A perspectiva imperial da expansão permaneceu inalterada com as vitórias de Toussaint Louverture, em 1800, e de Dessalines, em 1803. A permissão para o livre-comércio de escravos africanos foi renovada periodicamente até, pela última vez, abril de 1804. As ações corresponderam a palavras faladas em um tom alto. Enquanto a grande revolução escrava assolava a vizinha São Domingos na década de 1780, Cuba importou o dobro de escravos que importara antes da Revolução Francesa.

Durante as duas décadas seguintes, na esteira da vitória do Haiti sobre Napoleão, a média anual de importações de escravos quase quintuplicou em relação à taxa de importações anterior à publicação do Código de 1789. O ponto baixo da importação cubana coincidiu não com o ponto alto da revolução haitiana e das guerras de independência, mas com o resultado imediato da Lei de Abolição anglo-americana, de 1807. O fato de o tráfico ter-se expandido no ano da Revolução Francesa e renovado na esteira da vitória final da guerra haitiana de independência oferece um comentário anotado sobre o impacto relativo dos eventos do Haiti na política régia da Espanha. Em face desses eventos, mais escravos africanos estavam chegando à América espanhola do que antes. O que era verdadeiro para a América espanhola era igualmente verdadeiro para a América portuguesa. As revoluções na Europa e em São Domingos provocaram um frenesi de expansão do tráfico de escravos para a lavoura de produtos tropicais básicos. O capitalismo mercantil na América Latina pode ter estado no "fio de navalha" entre o livre-comércio de escravos e o medo dos levantes de escravos, mas o resultado (antes das crises induzidas por Napoleão) da soberania ibérica em 1808 foi continuamente decidido a favor de um aumento progressivo da escravidão.[3]

O que era verdade para o continente ibero-americano era cada vez mais óbvio para as ilhas do Caribe espanhol. Quinze mil africanos chegaram a Porto Rico entre 1775 e 1807, o que representava três vezes o número desembarcado durante os dois séculos anteriores. Sete de cada oito navios negreiros que entraram no Rio da Prata entre 1742 e 1806 desembarcaram depois de 1790. A taxa de escravos importados para a Venezuela aumentou em mais de dois terços, de 600 para 1.000 por ano entre 1774 e 1807. Na Flórida – a margem setentrional do império americano da Espanha –, a população escrava subiu de 29% do total em 1784 para 53% em 1814. Em 1800, chegavam mais africanos à América espanhola do que antes. Houve protestos das colônias que não conseguiam obter

---

3   Sobre o Código, ver Salmoral, *Los Codigos negros de la América Española*. Sobre a escravidão na América ibérica na geração anterior à da luta pela independência, ver Adelman, *Sovereignty and Revolution in the Iberian Atlantic*, p.56-100.

escravos. Quaisquer que fossem as ameaças residuais levantadas pelos eventos do Caribe francês, eles foram vistos do começo ao fim mais como oportunidades do que como perigos. Em 1804, um ex-governador da Nova Granada, Narvãez, reclamou que, em virtude de uma proibição da importação de escravos durante as hostilidades entre a Espanha e a Grã-Bretanha, "nem um único escravo *bozal* [nascido na África] entrou na colônia nos últimos sete anos, para o prejuízo da agricultura da região".[4]

No auge das revoluções franco-caribenhas (1790-1802), quase 5 mil escravos por ano chegaram ao Peru. A população escrava da região continuou a crescer, "talvez até em 25% entre 1795 e 1826".[5] A despeito da rebelião massiva de escravos no Caribe francês, em 1791, o governo não apenas estendeu o livre-comércio de escravos para Cuba, São Domingos, Porto Rico e Venezuela, mas também permitiu a obtenção do máximo de lucros com a oportunidade. Caracas estava livre para adquirir escravos de estrangeiros – liberdade que foi brevemente suspensa apenas entre 1803 e 1805. Qualquer que fosse sua mobilização pragmática de escravos para a defesa do império durante os anos de pico da luta de independência sul-americana, a Espanha permaneceu comprometida com a continuidade da dominação e com a escravidão entre as décadas de 1780 a 1820.[6]

Quaisquer que fossem as discussões particulares ou públicas sobre a escravidão e a abolição durante o período, o governo imperial nunca alterou a política de expansão do tráfico espanhol de escravos e de encorajamento da escravidão durante a era da revolução. Em consequência, o que sobrou da América espanhola fez do período posterior a 1800 o mais dinâmico e sólido dos 400 anos de história da escravidão no Novo Mundo espanhol. A Espanha se distinguiria por ser a primeira e a última

---

4   Citado em Helg, *Liberty and Equality in Caribbean Colombia, 1770-1835*, p.56. Ver também Andrews, op. cit., p.19-20. Sobre a Flórida, ver Landers, *Black Society in Spanish Florida*, p.161.
5   Blanchard, *Slavery and Abolition in Early Republican Peru*, p.3. Blanchard observa que há discordância sobre os números peruanos (Ibid., p.16, n.5).
6   Ver Helg, op. cit., p.55; McKinley, *Pre-Revolutionary Caracas*: Politics, Economy and Society 1777-1811, p.45; e Murray, *Odious Commerce*: Britain, Spain and the Abolition of the Cuban Slave Trade, cap.1-3.

nação europeia a importar escravos africanos nas Américas no curso de três séculos e meio.

A tendência ao crescimento de todos esses números sobre o tráfico hispano-americano de escravos tem sido usada para apoiar uma hipótese muito genérica de que esse crescimento repentino enfraqueceu dialeticamente o sistema da escravidão no Novo Mundo, uma vez que aumentou as ondas de resistência. Sua plausibilidade é acentuada pelo fato de que o surto massivo de importações de São Domingos na década de 1780 aumentou claramente os estoques da resistência armada após a eclosão da revolução escrava. No entanto, é preciso ter cautela ao se fazer a ligação dos números crescentes com a onda crescente de resistência à escravidão. Mesmo em São Domingos, com seu influxo sem precedentes de africanos na década de 1780, "a resistência violenta organizada era relativamente pequena" em comparação com as colônias britânicas ou holandesas. É preciso ter cautela ao supor que existe uma correlação direta entre a magnitude da migração e a intensificação da resistência.[7]

A esse respeito, pode ser significativo observar que Cuba registrou mais conspirações e revoltas entre 1789 e 1815 do que qualquer colônia no Caribe. Mesmo assim, os escravos de Cuba tiveram menos chance de adquirir sua liberdade do que em qualquer parte da América espanhola, e mais escravos africanos foram levados para essa colônia entre 1789 e 1808 do que para qualquer outra colônia, com exceção da Jamaica. Nesta última, não houve revolta alguma;[8] houve quatro possíveis conspirações, abortadas pelas autoridades. O que se pode evidentemente concluir é que, onde quer que tenha havido aumento do número de escravos, esse número aumentou o *pool* potencial de escravos disponíveis para a resistência. De qualquer maneira, os escravos foram menos as sementes de destruição e mais o combustível que usualmente acionava a instituição que os continha, embora algumas vezes eles se voltassem contra ela.

---

7   Geggus, *Haitian Revolutionary Studies*, p.7.
8   Ver Eltis, *Economic Growth and the Ending of the Transatlantic Slave Trade*, Table A.2, p.245; Bergad et al., *The Cuban Slave Market, 1790-1880*, p.27, figure 3.1, Slave Imports to Cuba, 1790-1866. Geggus, Slavery, War and Revolution in the Greater Cabibbean, 1789-1815, Gaspar e Geggus, *A Turbulent Time*, p.46-50.

Na conjuntura da chamada às armas, das revoluções e dos levantes na França, em São Domingos e no Caribe oriental, jovens africanos do sexo masculino recém-importados tornaram-se uma causa importante da crescente rebeldia dos escravos no continente espanhol. Da década de 1770 à de 1790, a formação das comunidades escravas autônomas aumentou na Colômbia e na Venezuela, regiões costeiras do sul do entorno caribenho.[9] Durante a década de 1790, as conspirações de escravos e as revoltas no Caribe espanhol foram duas vezes mais numerosas no entorno caribenho espanhol (incluindo a Luisiana, a Nova Granada e a Venezuela) do que em todas as colônias britânicas e holandesas.[10] O medo de agitadores revolucionários provenientes das colônias francesas levou as autoridades locais a proibir o desembarque de escravos crioulos e a restringir as importações de escravos aos *bozales* (escravos importados diretamente da África). Essas restrições foram normalmente aplicadas tanto a refugiados livres fugitivos como a seus escravos. Na esteira do levante de São Domingos, o governo imperial proibiu a entrada de escravos que não tivessem nascido na África a fim de prevenir a "contaminação" revolucionária nos portos hispano-americanos.

Depois de restaurar a escravidão, Napoleão deportou resistentes negros de Guadalupe para Nova Granada, bem como para os Estados Unidos. O vice-rei da Nova Granada ordenou que fossem expulsos, apesar de a colônia necessitar de novos trabalhadores.[11] Contudo, os levantes de escravos no Caribe espanhol diminuíram dramaticamente entre a derrota de Napoleão no Haiti (1802) e o começo do movimento pela independência espanhola. Não houve um pico de resistência escrava de 1804 a 1810 tão grande quanto o do auge do levante revolucionário pela emancipação, durante a década anterior. Antes de 1810, há pouca evidência de que as duas décadas de desafios profundos à instituição da escravidão em outros lugares fossem objeto de mais do que uma dis-

---

9 Blanchard, op. cit., p.39-40.
10 Geggus (1997), op. cit., p.46-9. (Slave Rebellions and Conspiracies, 1789-1815.)
11 Helg, A Fragmented Majority: Free 'Of all Colors' ...in Caribbean Colombia during the Haitian Revolution, Geggus, *The Impact of the Haitian Revolution in the Atlantic World*, cap.11, p.160-1.

cussão difusa no continente. Aos olhos dos senhores e dos governantes, os escravos ainda pertenciam a um "grupo social bem definido, cujos direitos e deveres tinham sido estabelecidos por quase três séculos da prática e da legislação colonial espanhola". Antes dos avanços em direção à independência, a abolição era uma ideia impraticável em toda a América Latina.[12] Os passos iniciais em direção à abolição do tráfico de escravos, logo após a agitação das rebeliões dos crioulos autonomistas contra a Espanha, foram dados sem muita discussão anterior ou sem qualquer crise moral extensiva.

O Chile, como os estados nortistas dos Estados Unidos com populações escravas muito pequenas, agiu rapidamente para abolir o tráfico de escravos. Até mesmo a primeira Junta da Venezuela, que era muito conservadora, proibiu o tráfico de escravos em 1810.[13] Mais para o sul, em Buenos Aires, a primeira junta governante, formada em 1810, restringiu o tráfico de escravos. Em 1813, os revolucionários decretaram a libertação de qualquer escravo proveniente do estrangeiro que entrasse no país. A própria escravidão seria gradualmente abolida sem que fosse atacado o sagrado direito da propriedade pela libertação dos que nasceram escravos, quando eles completassem a maioridade. O tráfico de escravos, no entanto, continuou apesar de uma nova lei em 1823 e de um tratado com a Grã-Bretanha em 1825 – que requeria a supressão do tráfico pela nova nação. Apenas na década de 1830, sob persistência da pressão britânica, o tráfico de escravos de fato diminuiu gradualmente, culminando com o segundo tratado anglo-argentino, de 1840.[14]

Nos meados da década de 1820, todos os países continentais da América espanhola tinham proibido novas importações de escravos da África. Como na América do Norte, alguns territórios continuaram a permitir as importações intracontinentais em pequena escala. Houve pouco debate

---

12 Lombardi, *The Decline and Abolition of Negro Slavery in Venezuela 1820-1854*; Adelman, op. cit., p.98. Blanchard, op. cit., p.3-5, enfatiza os desafios do governo imperial (o Código Negro), da rebelião indígena de Tupac Amaru (1780-1781), bem como as tradições mais antigas de resistência e acomodação.
13 McKingley, op. cit., p.159.
14 Andrews, *Afro-Argentines in Buenos Aires, 1800-1900*, p.48-9, 56-7; Andrews (2004), op. cit., p.56-7.

prévio sobre a questão na imprensa antes da promulgação da abolição do tráfico de escravos. É difícil identificar quaisquer motivos claros dos novos legisladores para isso.[15] Parece plausível que os primeiros revolucionários desejassem integrar suas sociedades na órbita euro-americana da igualdade civil, da liberdade individual e da cidadania, que por sua vez integraram a ideologia política das revoluções americana, francesa e caribenha. Além do mais, o governo britânico, com a marinha mais poderosa do mundo, deu prioridade à abolição do tráfico de escravos em sua agenda diplomática.

Durante a eclosão da luta hispano-americana, a Grã-Bretanha era uma aliada da Espanha e exortava o governo espanhol a tomar providências para abolir o tráfico atlântico de escravos. Assim que a Junta de Caracas, na Venezuela, proibiu o tráfico provincial de escravos, agentes do governo foram enviados às Índias Ocidentais britânicas, à Grã-Bretanha e aos Estados Unidos para informar sobre a legislação e sobre a adoção do livre-comércio, assim como para tentar obter armas. A conexão britânica logo se agigantaria depois da derrota de Napoleão. Sendo assim, o apoio britânico foi crucial para ambos os lados na luta pela independência hispano-americana. A Espanha, à busca de ajuda financeira da Grã-Bretanha, em 1817, assinou um tratado que aboliu o tráfico espanhol de escravos a partir de 1820. Isso, pelo menos, comprometeu legalmente as autoridades espanholas a proibirem o tráfico em todas as suas outras colônias.[16]

Como foi indicado antes, nem o aumento da resistência interna dos escravos nem a revolta franco-caribenha parecem ter precipitado a série de emancipações na América espanhola revolucionária. Mesmo assim, uma vez que os conflitos alcançavam proporções sérias e os anos se passavam sem um vencedor claramente definido, os escravos frequentemente exerciam um papel vital. As áreas onde havia a concentração de um grande número de recém-chegados também estavam sujeitas à fuga

---

15 Ibid., p.57, Table 2.1.
16 Ver Blaufarb, The Western Question: The Geopolitics of Latin American Independence, *American Historical Review*, p.742-63.

recorrente e aos crescentes incidentes de resistência escrava. Elas foram também áreas nas quais as conspirações de escravos autônomos e os levantes disruptivos eram mais frequentes. Ao longo da costa caribenha da América do Sul, onde os embarques de mercadorias foram mais esporádicos, a rebelião de escravos era excepcional. Apenas uma rebelião aberta de escravos ocorreu em Caracas durante o período, coincidindo com as revoluções franco-caribenhas. Em Nova Granada, os incidentes de rebelião de escravos foram poucos e desconectados, a despeito do fato de a maioria das *haciendas* ser geograficamente isolada, sem as forças de segurança suficientes, e contarem com mais escravos que habitantes livres. Em contraste, os principais importadores de escravos africanos das possessões espanholas, Cuba e Porto Rico, foram também os lugares onde houve maior frequência de rebeliões escravas nos vinte anos que findaram com a derrota da França, em 1814. Além disso, elas foram as colônias nas quais a escravidão permaneceu mais firmemente arraigada, expandiu-se mais rapidamente e onde a população livre como um todo permaneceu fiel à Coroa.[17]

A questão do futuro da escravidão só foi incidentalmente introduzida na grande crise política do império espanhol em 1810. O que colocou a parte espanhola continental da América a caminho da abolição não foi o modelo revolucionário do Haiti, mas Napoleão Bonaparte, o restaurador da escravidão no império francês. A deposição do monarca espanhol por Napoleão, em 1808, produziu uma crise de legitimidade monárquica e uma fragmentação de hierarquias políticas do México ao Chile. Como na Revolução Francesa, a primeira questão a requerer resolução foi a relação das colônias ultramarinas com a autoridade da metrópole. Na esteira da rebelião espanhola contra o golpe de Bonaparte, uma assembleia constituinte (*Cortes*) reuniu-se em Cádiz, em 1810. Tal como nas assembleias constituintes americanas e francesas anteriores, o peso relativo das regiões e dos limites da cidadania tornou-se uma questão crítica. Em suas deliberações, por consenso, os escravos ficaram fora dos

---

17 Ver McKinley, op. cit., p.124; Helg, *A Fragmented Majority*, p.169; Geggus (1997), op. cit., p.48-9.

limites da cidadania. O peso político a ser concedido ao meio milhão de escravos da América espanhola era menos importante para quase todos os delegados do que a determinação da representação de seus mais de 10 milhões de habitantes livres.

Os conflitos mais críticos foram sobre a representação dos não brancos livres. As Cortes dividiram-se profundamente sobre as questões de igualdade racial e de acesso à cidadania plena. Em um acordo final – e de mau agouro –, os direitos políticos foram concedidos a todos os europeus, brancos, índios e *mestizos* americanos. Os descendentes livres de africanos foram claramente excluídos, com o apoio dos delegados americanos. A única dádiva conciliadora concedida aos *pardos* (mulatos) foi uma promessa de cidadania aos que exibissem "mérito especial". Dentro dessa abertura estreita, os eventos logo despejariam todos os americanos afro-latinos livres do continente e uma grande proporção de seus escravos. Um delegado da Nova Granada, tratando da questão da harmonia social, argumentou que a supressão do fluxo de africanos podia aumentar a uniformidade da "família espanhola".

Em contraste com a questão de igualdade racial, a abolição da escravidão foi sumariamente rejeitada em Cádiz.[18] Um delegado do México, o lugar onde se encontrava a menor proporção de escravos na América ibérica, propôs a abolição gradual da instituição. Menos de uma década após os ex-escravos do Haiti terem destruído o sonho de Napoleão de restaurar a escravidão, todos os representantes da bacia caribenha se opuseram ao fim da escravidão. Um liberal espanhol anglófilo, Augustin Argüelles, tentou levar em consideração o fim do tráfico de escravos. Cinco anos depois das Leis de Abolição Anglo-americanas, as Cortes também rejeitaram essa moção. Dentro do império espanhol, cada região resolveu a questão de uma maneira própria. Nova Granada sugeriu que o recente exemplo inglês mostrava que a abolição do tráfico de escravos atlântico

---

18 Ver Rieu-Millan, *Los diputados americanos en las Cortes de Cádiz:* igualdad o independencia, p.169-72; Murray, op. cit., p.40-3; Rodrígues O., *The Independence of Spanish America*, p.84-6.

evitaria a repetição da libertação sangrenta de escravos da França, cujas consequências já eram proverbiais.[19]

Nas cortes imperiais, os delegados americanos eram quase unanimemente a favor de direitos políticos plenos para as *castas* (pessoas de raça misturadas). Na América espanhola, a questão dos impedimentos legais para as *castas* de cor era urgente e foi positivamente tratada. Ao contrário dos brancos franceses no Caribe francês, os brancos espanhóis não fizeram qualquer tentativa de preservar o sistema da *casta*. Certamente, não havia nenhuma metrópole espanhola irresistivelmente poderosa em 1810 para vetar a iniciativa. Tanto os espanhóis como os criuolos estavam profundamente conscientes da proporção relativa de afro-latinos livres em relação aos brancos e da necessidade de seu apoio para controlar o futuro político. Em dezembro de 1810, Cartagena convidou todas as raças para votar em termos de igualdade e estabelecer uma Junta Patriótica.

Em outras áreas da América espanhola, os realistas tomaram a iniciativa. Em 1813-1814, quando Bolívar ordenou a execução dos europeus residentes na Venezuela, o que constituía uma parte de seu programa revolucionário, os realistas sobreviventes formaram uma aliança com os *pardos* do interior para derrubar a República. A estratégia realista valeu a pena. Um grande levante de pardos e escravos perto de Caracas obrigou os republicanos a se renderem. Como em São Domingos, os escravos bem como as *castas* livres foram arrastados pelo turbilhão e entraram em cena armados e politizados. Na Venezuela, também como em São Domingos, o fluxo e o refluxo do sucesso de qualquer um dos lados sempre impeliram o grupo mais desesperado a escavar fundo a estrutura social à busca de apoio.[20]

As guerras de desgaste também causaram desordem no sistema das grandes lavouras. Os escravos poderiam fugir das grandes lavouras para aderir a um ou outro grupo militar, ou para escapar tanto da escravidão como do recrutamento. Na América espanhola, como no Caribe fran-

---

19 Lasso, Race War and Nation in Caribbean Gran Colombia, Cartagena, 1810-1832, *American Historical Review*, p.336-1; esp. 347.
20 Lasso, op. cit., p.345-6; Rodríguez, op. cit., p.8; McKinley, op. cit., p.171-3.

cês, o conflito armado inverteu o perfil de gênero. Em tempos de paz, a manumissão geralmente favorecia as mulheres. É preciso recordar, no entanto, que muito frequentemente a entrada no Exército era um caminho rápido para o deslocamento ou para a libertação, bem como para a morte. A taxa de homens negros para mulheres negras em Montevidéu em 1805 (119 para 100) transformou-se em um sério déficit em 1819 (78 para 100).[21] A cessação do tráfico de escravos, a quebra da ordem e o conflito armado de desgaste reduziram o número de escravos. De qualquer maneira, como a revolução americana nos lembra, as declarações de independência não subverteram a instituição da escravidão em si. No fim das guerras de independência, a escalada de apelos à população escrava em geral levou à erosão numérica de sua base no continente.

Não se pode procurar consistência no espectro ideológico ou político de um período com tais mudanças vertiginosas da fortuna. Em uma ocasião, Bolívar, o principal revolucionário da Venezuela, seguiu diversos Pais Fundadores norte-americanos ao mencionar a contradição entre a luta pela libertação nacional e a manutenção da escravidão. Dificilmente isso pode ser tomado como um guia da trajetória da orientação política de Bolívar em relação à escravidão. Em 1813, os patriotas tentaram atrair a intervenção britânica armada para reprimir escravos rebeldes que se aliaram aos realistas. No ano seguinte, na Jamaica, Bolívar, agora um refugiado, assegurou novamente aos donos de escravos da ilha que os monarquistas espanhóis tinham obrigado os escravos a prestar serviço militar. A intervenção britânica a favor dos insurgentes, ele concluiu, não produziria outro Haiti. Dois anos depois, Bolívar, contando com a assistência haitiana para novas expedições à Venezuela, bandeou-se definitivamente para o abolicionismo.[22] Dali em diante, não só apoiou a abolição gradual, mas também estendeu essa orientação à Colômbia e a todas as áreas sob controle de exércitos que lutavam contra os espanhóis. Em 1821, a libertação pelo "ventre livre" tornou-se o método dominante de abolição na maioria das novas nações da América do Sul espanhola.

---

21 Andrews (2004), op. cit., p.64.
22 Lombardi, op. cit., p.12-3.

Em meados da década de 1820, o futuro da instituição estava claro. Sem as novas importações transatlânticas de escravos, a geração de esforços de retaguarda para tornar mais rígida a disciplina no trabalho, a revitalização do tráfico inter-regional de escravos e a extensão das obrigações de trabalho às crianças nascidas livres (*libertos*) equivaliam a embaralhar cartas de um baralho que estava sempre diminuindo. Com algumas variações, a emancipação do ventre livre assegurou que seria colocado um ponto final na escravidão com o fim da vida útil dos que permaneciam escravizados. Novos conflitos de extermínio mútuo dentro da América espanhola garantiram que a escravidão chegaria ao fim bem antes da morte natural do último escravo na maioria das novas nações. Na maior parte dos casos, a escravidão terminou com os repetidos abalos secundários que se seguiram ao tremor da independência hispano-americana. Essas mobilizações políticas e militares intermináveis obrigaram os liberais e conservadores a fazer um lance para conseguir apoio com acenos abolicionistas.[23]

Na Espanha, embora a ocupação de Napoleão tivesse aberto as portas para a discussão da abolição do tráfico de escravos nas cortes de Cádiz, o efeito em conjunto das propostas de independência da América do Sul espanhola comprometeu ainda mais o governo imperial com a expansão da escravidão e do tráfico transatlântico de escravos. Mesmo no ponto culminante das esperanças hispânicas de manutenção e de renovação de um Império Espanhol unido, os representantes de todas as principais regiões escravistas do entorno do Caribe e do Peru opuseram-se à redução da escravidão.[24]

Vários caminhos possíveis para a abolição foram brevemente apresentados nas cortes, incluindo a abolição do tráfico de escravos e a estratégia do ventre livre, adotadas mais tarde pela maioria dos novos governos continentais. As cortes seguiram o precedente do início da Revolução Francesa. Todas as questões relativas à escravidão foram rapidamente postas de lado

---

23   Andrews (2004), op. cit., p.64-7.
24   Rodríguez, op. cit., p.87.

ao serem entregues nas mãos de uma comissão. A passagem das questões por vários órgãos burocráticos silenciosamente as enterrou.

O breve momento do debate espanhol proporciona uma visão singular das pressões conflitantes em curso. Em 1810, os britânicos tinham sido a principal fonte de suporte financeiro e militar para as forças espanholas que lutavam contra a ocupação francesa. Em 1807, mesmo antes de abolir seu próprio tráfico de escravos, o governo britânico tinha deixado claro para o parlamento que o bloqueio ao tráfico estrangeiro de escravos era um elemento integrante do fechamento às importações em suas próprias colônias. Depois de 1808, a diplomacia britânica foi fortalecida pelo poder naval e pela captura de navios negreiros cubanos.

No Caribe espanhol, a simples menção à discussão de um projeto abolicionista nas cortes espanholas provocou reações violentas dos donos de escravos. Em 1810, depois da Jamaica, Cuba já era a segunda maior colônia de escravos no Caribe e estava prestes a se tornar a segunda maior colônia exportadora de açúcar do mundo. A situação imperial precária da própria Espanha não permitia a seus governantes adicionar a seus desafios a hostilidade das colônias mais fiéis e lucrativas do Atlântico. As cortes inauguraram uma tradição (refletida em sua constituição) que caracterizaria a política ibérica sobre o problema da escravidão até os meados do século seguinte. Ela adotou uma política de silêncio prudente enquanto tentava transpor o abismo entre a adoção de um princípio geral a favor da liberdade definitiva e uma política de movimento mínimo para implementar esse princípio.[25]

Durante as décadas de 1810 e de 1820, as tendências conflitantes da pressão britânica e do incentivo econômico continuaram a ter diferentes resultados em várias partes do velho Império Espanhol. As nações recém-independentes da América do Sul rapidamente assinaram tratados com a Grã-Bretanha, garantindo a supressão do tráfico atlântico de escravos e negando o emprego de suas bandeiras para acobertar os negócios transoceânicos com escravos. Depois de 1820, apenas os portos

---

25 Rieu-Millan, op. cit., p.172-3.

no Rio da Prata foram brevemente reabertos para a entrada de cativos africanos.[26] As nações recém-independentes movimentaram-se vagarosamente em direção à abolição por via do ventre livre. Os três primeiros Estados continentais a promulgar a emancipação final até 1825 (Chile [1823], América Central [1824] e Uruguai [1825]) eram nações hispano-americanas com proporções muito pequenas de escravos e de negros. A primeira área espanhola do Caribe que efetuou a abolição total foi São Domingos, como resultado direto de sua conquista pelo vizinho, o Haiti (1821).[27] Essa libertação foi também a maior e mais direta realização abolicionista do governo haitiano pós-revolucionário. Em algumas das sociedades em que houve a emancipação, o mito da igualdade racial e da harmonia ocupou o lugar da ameaça da vingança negra. Ocasionalmente, houve temores da emergência de uma guerra de raças na esteira de uma emancipação gradual, mas nenhuma das supostas conspirações se materializou. As colônias que permaneceram sob a soberania espanhola seguiram um caminho diferente. Em Porto Rico, as importações de escravos elevaram-se regularmente depois de 1810, atingindo um pico nas décadas de 1820 e 1830. De 1811 a 1830, as importações de escravos de Cuba aumentaram 175% em relação aos vinte anos anteriores da América espanhola pré-revolucionária (1791-1810).[28]

Levando tudo isso em consideração, em toda a área governada pela Espanha em 1810, muito mais escravos foram importados da África entre 1810 e 1825 do que os que foram libertados pelas novas repúblicas. Por volta de 1825, a escravidão foi condenada principalmente onde, em 1800, os escravos haviam composto 10% ou menos da população total. Em um sentido geral, por volta de 1825, a escravidão imperial espanhola contraiu-se e foi condenada onde era periférica e estava consolidada, e expandiu-se na parte central das planícies tropicais. Havia também muito mais escravos vivendo dentro das fronteiras pré-revolucionárias do império espanhol em 1825 do que tinha havido em 1810. A área geográfica na qual o princípio

---

26 Eltis (1987), op. cit., p.249, Table A.8.
27 Andrews (2004), op. cit., p.57.
28 Eltis (1987), op. cit., p.249, Table A.8; Bergad et al., *Cuban Slave Market*, p.27; Lasso, op. cit., p.359.

do ventre livre prevalecera até 1825 era muito mais vasta do que aquelas que permaneceram sob a legislação escravista intacta.

Como na América inglesa, a dependência do trabalho escravo fora aumentada pela mudança para o trabalho de turmas na lavoura açucareira. Para os escravos que viviam nas grandes lavouras açucareiras da América espanhola, houve um declínio das proteções legais, sociais, culturais e familiares que tinham aliviado o rigor do *status* de propriedade. Para a maioria dos escravos que entraram na órbita imperial espanhola depois de 1800, as condições, por isso tudo, "só [podiam] ser descritas como infernais".[29] A característica subnutrição e o trabalho excessivo, com dias de trabalho de 16 a 20 horas na lavoura açucareira, era agora o destino de uma proporção maior da força de trabalho escrava do que jamais fora na história da escravidão da América espanhola. As condições dos negros haviam se polarizado, até mesmo mais do que nos casos anglo-americanos e franco-caribenhos.

No lado europeu da América espanhola, a monarquia devotou-se a uma ação constante de retaguarda para sustentar o sistema escravista diante da pressão crescente exercida pelos britânicos no pós-guerra. Depois de tentar influenciar as cortes em 1811, o governo britânico conteve-se e não tomou qualquer iniciativa sobre a questão da escravidão em si. Para os britânicos, manter a independência espanhola em um conflito de maiores proporções contra Napoleão tornou-se prioridade em relação às questões surgidas fora da Europa. O poder britânico interveio apenas no tráfico cubano de escravos, capturando pelo menos 43 navios entre 1809 e 1819.[30] Em 1814, a combinação da derrota de Napoleão com o ressurgimento da agitação pública britânica (que será discutida adiante) elevou o grau da pressão contra a Espanha. O esforço britânico para prevenir o reavivamento do tráfico francês de escravos estava intimamente ligado a um esforço maior para eliminar o tráfico transatlântico de escravos. Os britânicos tinham uma arma muito poderosa para fazer as negociações. A corte espanhola estava desesperadamente endividada e precisava de mais

---

29 Andrews (2004), op. cit., p.23-4.
30 Eltis (1987), op. cit., p.109.

fundos para sustentar sua campanha contra os revolucionários da América do Sul. Quando a maré se voltou contra as forças espanholas, em 1817, a Grã-Bretanha estava apta a fazer um tratado que oferecia subsídio para o governo espanhol pôr fim ao tráfico de escravos. Os britânicos também obtiveram o direito de abordar qualquer embarcação suspeita que navegasse com a bandeira da Espanha. Os fazendeiros e mercadores cubanos opuseram-se amargamente ao tratado de 1817. O tratado também estipulava que o tráfico transatlântico espanhol de escravos cessaria até 1820. Tal como os tratados similares bilaterais negociados entre a Grã-Bretanha e outros Estados europeus, os tratados de "direitos mútuos de busca" e os de adjudicação de "comissões mistas" para navios e escravos capturados foram assinados com dezenas de governos. Esses órgãos judiciais supranacionais pioneiros expandiram-se dramaticamente no século XX.

No fim da era da revolução, no entanto, estava claro que o tratado de 1817 não passava de letra morta.[31] Embora o governo espanhol tivesse declarado que concordava com a proibição da importação de escravos por motivos humanitários, os fazendeiros, os comerciantes e os burocratas argumentaram que o tratado tinha sido imposto à Espanha pela Grã-Bretanha apenas para proteger suas próprias colônias escravistas. Entre 1820 e 1824, a marinha britânica não conseguiu capturar um único navio negreiro espanhol no Caribe. A burocracia cubana era conivente com o contrabando de cativos.[32] A evasão ultrapassava a transgressão. Os longos anos de conflito armado entre 1792 e 1814 multiplicaram um subterfúgio muito empregado pelos negreiros, o de recorrer a bandeiras de nações neutras para fins de acobertamento. Em menos de uma década depois de 1815, houve rotatividade quase completa da propriedade dos navios que faziam o tráfico de escravos para o Caribe espanhol. A oferta indireta de capital e de mercadorias para os negócios com escravos não podia mais ser controlada pelas patrulhas britânicas da mesma maneira como eram controlados os navios que tinham bandeiras de países que assinaram os

---

31 Murray, op. cit., p.71.
32 Ibid., p.78. Com um navio de guerra, o Wilberforce, os haitianos foram capazes de capturar navios negreiros e desembarcar os cativos libertos em solo haitiano.

tratados de busca. Prevendo a data fixada para o encerramento, as importações de escravos para Cuba alcançaram um recorde absoluto entre 1817 e 1819. Nesses anos, as importações cubanas corresponderam a dois terços das que abasteciam os territórios bem maiores do Brasil.[33] No Atlântico hispano-americano, bem como no Atlântico franco-americano, foram dados passos desiguais em direção à emancipação em situações de severa desorganização política e violência extremada. Nas Américas ibérica e espanhola houve pouca margem de manobra antes de 1810 para a formulação de críticas à instituição da escravidão na esfera pública. Como no caso francês, o solapamento da monarquia espanhola precipitou a crise de legitimidade política e a rebelião violenta nos dois lados do Atlântico. A sociedade civil desintegrou-se em uma guerra civil e imperial. Onde os riscos econômicos e militares da instituição da escravidão eram de importância relativamente pequena, a legislação do ventre livre pôde ser iniciada no começo da guerra pela independência como um incentivo ao recrutamento (Chile, 1811). A abolição definitiva também podia ser decretada e aplicada no início (Chile, 1823). Onde os escravos eram mais importantes em termos econômicos e demográficos (Venezuela, Colômbia, Peru, Equador), a libertação poderia se restringir aos que estavam armados em consequência da prestação do serviço militar e à legislação do ventre livre, imposta apenas no fim do conflito, o que permitia a persistência da instituição da escravidão. Como na maioria dos exemplos das emancipações efetuadas por militares, os que permaneceram escravizados no fim do conflito eram predominantemente do sexo feminino.[34]

Especialmente nessas áreas, os escravos tiveram um papel significativo no resultado, já que os soldados e os fugitivos participaram das brutalidades de uma guerra civil que não estava diretamente relacionada com seu próprio *status* particular. Mais uma vez, como no Caribe francês, os escravos foram frequentemente engajados em um combate mortal de uns contra os outros, compartilhando, em uma escala menor,

---

33 Eltis (1987), op. cit., p.57-9.
34 Andrews (2004), op. cit., p.41, 57, 64-5; Blanchard, *Under the Flags of Freedom*: Slave Soldiers and the Wars of Independence in Latin America, p.168-9.

a brutalidade e a mortalidade de São Domingos. Muitos deixaram seu *status* de escravo pela morte, e não pela libertação.

O império português, c. 1775-1825

O mundo luso-brasileiro oferece uma pista sobre o que poderia ter acontecido caso a monarquia portuguesa tivesse sido minada pela ação revolucionária, como no caso da França, ou pela deposição militar, como no caso da Espanha. Ambas as sublevações desencadearam uma violência civil sem precedentes e a tomada de decisão pela força das armas. Ambas levaram à perda de partes importantes de seus respectivos impérios e de seus sistemas escravistas. No caso português, o custo da era da revolução à metrópole foi sua colônia mais valiosa, sem, contudo, nenhum enfraquecimento da instituição da escravidão em qualquer parte dos dois fragmentos sobreviventes do império.

Até mais intensamente do que em seu correspondente espanhol, o império português intensificou seu comprometimento com a escravidão no último quarto do século XVIII. "Em 1790, o capitalismo mercantil do Atlântico Sul alcançou um estado febril." As restrições portuguesas ao tráfico de escravos da África também foram afrouxadas em 1800.[35] Durante o meio século anterior a 1775, os traficantes portugueses desembarcaram a média de 20 mil escravos africanos por ano no Brasil. Na década de 1780, a média anual subiu para mais de 25 mil, e, na década de 1800, subiu novamente, para mais de 35 mil.

Na década de 1820, o número médio anual de africanos escravizados desembarcados no Brasil excedia a 50 mil. Jamais algum outro sistema escravista havia sustentado o tráfico nesse nível. Do outro lado do Atlântico, o sistema escravista luso-brasileiro estava se saindo igualmente bem. Nas duas décadas entre 1810 e 1829, mais de um milhão de cativos foram embarcados nos navios de transporte luso-brasileiros – mais uma vez, um total

---

35   Adelman, op. cit., p.83-90, 121-3.

inigualado nos anais do tráfico transatlântico de escravos. A África Central ocidental, o centro da atividade dos negócios portugueses com escravos, registrava números recordes de carregamentos. Na África Oriental, a colônia portuguesa de Moçambique tornou-se a principal abastecedora do tráfico transatlântico de escravos na geração após 1775. Seu volume de deportações praticamente triplicou. A era da revolução encontrou poucos ecos no quadrante sul-africano do Atlântico. O sistema escravista luso-brasileiro era então o maior beneficiário das revoluções imperiais francesas e espanholas e das abolições do tráfico de escravos inglês e norte-americano.

Em um aspecto, a escala desse tráfico de escravos do Atlântico Sul apresenta um paradoxo para os historiadores que identificam a resistência escrava como a principal ação do processo de abolição durante a era da revolução. As importações de escravos pelo Brasil em muito excederam os importados pelo sistema escravista francês na década de 1780 e pelo sistema escravista espanhol entre os anos 1790 e 1820. Até o fim da era da revolução, o tráfico luso-brasileiro manteve sua instituição intacta. Ela contava com um território para sua expansão potencial maior do que qualquer outro sistema escravista sobrevivente das Américas. Apesar do enorme crescimento da demanda por africanos, o preço dos escravos angolanos permaneceu relativamente estável durante o primeiro quarto do século XIX. Ao que parece, o período também foi de uma prosperidade sem precedentes para os negociantes angolanos. Parece razoável supor que a prosperidade experimentada pelos exportadores de escravos de Angola, na década de 1820, não foi grandemente afetada pela abolição britânica, que não representou o fim da perspectiva favorável dos negociantes de escravos. No meio do caminho, a taxa de resistência dos escravos a bordo dos navios negreiros chegou a seu nível mais baixo desde o fim do século XVII.[36]

---

[36] Na década que se seguiu ao desembarque da Corte portuguesa no Brasil, mais de 450 mil africanos foram desembarcados no Brasil. Ver Eltis, *The Transatlantic Slave Trade*; Eltis, Lewis e Richardson, Slave Prices, the African Slave Trade, and Productivity in the Caribbean 1674-1807, *Economic History Review*, p.673-700. Behrendt, Eltis e Richardson, The Costs of Coercion: African Agency in the Pre-Modern Atlantic, *Economic History Review*, p.454-76, figures 1457, 2467. Sobre os movimentos de escravos, ver TSTD, Eltis, *The Transatlantic Slave Trade*. Manuscrito gentilmente cedido pelo autor.

Qualquer que fosse o nível de resistência à escravidão na África portuguesa ou nos navios negreiros portugueses, a robustez da escravidão brasileira certamente não derivava da ausência de resistência escrava africana no lado ocidental do Atlântico português. Ao contrário, o nível da resistência no Brasil depois de 1800 parece reforçar as descobertas dos historiadores, que enfatizam uma ligação entre o aumento das importações africanas e a insurgência. Stuart Schwartz descreve com competência um ciclo de resistência escrava no Brasil do início do século XIX como "a guerra contra a escravidão baiana".[37] Durante a era das revoluções franco-caribenhas e as guerras subsequentes (1792-1814), essa província importou sozinha tantos escravos quanto Cuba. Na Bahia, a grande onda de revoltas de escravos começou em 1809 e durou uma geração inteira, culminando com um levante dos africanos muçulmanos de Salvador em 1835.[38]

Em muitos aspectos, o levante baiano de escravos esteve, no máximo, frouxamente ligado aos eventos ideológicos ou políticos da era da revolução. Seu começo e fim não coincidiram com a crise no mundo caribenho.[39] No entanto, outro aspecto da resistência brasileira é marcante. Em seu pico, a insurreição no Brasil foi mais contínua do que em qualquer outra forma de governo contemporâneo no Novo Mundo. Os escravos brasileiros não agiram isolados uns dos outros. As insurgências na Bahia quase sempre foram concomitantes com rebeliões em outras partes do Brasil. Os escravos foram igualmente agressivos nas regiões das grandes lavouras mais ao sul. Em 1820, o número de deflagrações reais excedeu o de qualquer jurisdição imperial ou nacional durante o período que separa a declaração da independência americana da brasileira.[40]

---

37 Schwartz, *Sugar Plantations in the Formation of Brazilian Society*, p.479-88. Sobre a conexão africana com a revolução de São Domingos, ver Thornton, African Soldiers in the Haitian Revolution, *Journal of Caribbean History*, p.58-80; Thornton, "I Am the Subject of the King of Congo": African Political Ideology in the Haitian Revolution, *Journal of World History*, p.181-214.
38 Sobre o levante malê, ver Reis, *Slave Rebellion in Brazil:* The Muslim Uprising of 1835 in Bahia.
39 A omissão de ensaios sobre o Brasil e a África a partir da excelente análise crítica coletiva in *The Impact of the Haitian Revolution*; Geggus (ed., 2001) é implicitamente consistente com a distância existencial entre os mundos afro-brasileiro e o hispano-caribenho da escravidão na era da revolução.
40 Andrews (2004), op. cit., p.77-8.

Isso lembra um aspecto do levante de São Domingos, que pode ser análogo, embora não esteja existencialmente ligado com as insurreições escravas brasileiras. Embora São Domingos estivesse próximo na imaginação dos fazendeiros brasileiros e dos crioulos, a herança cultural africana dos escravos e as redes locais parecem ter tido um papel mais importante na formação da resistência escrava do que na maioria dos outros sistemas coloniais.[41] No início do século XIX, a capital da Bahia, Salvador, estava circundada por *quilombos* (comunidades de negros livres). "Se fossem destruídos em um lugar, eles reapareciam em outro, nutridos [...] pelo fluxo ininterrupto de escravos chegados da África."[42] As identidades étnicas africanas parecem ter exercido o papel de uma sociedade civil alternativa ao permitir a organização da resistência. Embora os cativos fossem trazidos ao Brasil em números recordes, fortalecendo tanto os laços africanos como o ponto central da rebelião, o próprio processo rápido de africanização formou uma barreira para que a resistência se estendesse aos segmentos crioulos da população. As diferenças culturais separavam os escravos não só dos brancos brasileiros, mas também dos negros livres e dos escravos crioulos.

Em seu ponto mais alto, em 1835, a levante malê de Salvador parece ter se voltado mais para a cultura islâmica da África Ocidental do que para as revoluções franco-caribenhas. A linguagem de sua insurgência estava mais próxima das visões de um califado muçulmano do que de uma república do Novo Mundo. Uma das facetas mais interessantes desse levante foi o plano dos insurgentes de escravizar os mulatos que capturassem.[43] Na medida em que permaneciam dentro da órbita muçulmana, os infiéis poderiam ser escravizados de acordo com a lei sagrada. Assim, a rebelião tinha muito em comum tanto com o mundo do Magrebe e do Sudão como com o do Caribe e das Américas.

Possivelmente, nunca saberemos quão seriamente os rebeldes tencionavam inverter a relação entre os escravizados e os livres na Bahia. O

---

41 Ibid., p.67-8.
42 Reis, op. cit., p.41.
43 Ibid., 121 ff; Schwarz, op. cit., p.42.

que parece claro é que os malês concebiam a massa de negros livres como indiferente ou hostil a seus próprios projetos. Os crioulos de cor livres perfaziam um terço da população do Brasil e não estavam dispostos a se alinhar com os escravos nascidos na África. Dentro do segundo quarto do século XIX, a zona da América ibérica em que ocorreram os incidentes mais frequentes de resistência escrava pode ter sido uma ameaça imediata menor à instituição da escravidão do que as que tinham laços mais estreitos com os abolicionistas europeus ou com os republicanos do Novo Mundo.

Os europeus, como os africanos, intervieram no destino do império português. Em novembro de 1807, alguns meses depois da aprovação da abolição do tráfico britânico de escravos, o exército de Napoleão invadiu Portugal e ocupou Lisboa. James Stephen, o principal arquiteto da vitória abolicionista, acolheu a política de Napoleão como outro ato da Providência. Com as duas nações ibéricas forçadas a entrar em guerra contra a Grã-Bretanha, a Marinha Real poderia varrer do oceano até o último navio negreiro que tinha partido do continente africano. Mas a Providência, o governo britânico e o rei português tinham outros planos. Para escapar do cativeiro que fora imposto ao rei da Espanha, a família real portuguesa foi transportada ao Brasil em navios britânicos de guerra. E Portugal, com sua capital deslocada para o Rio de Janeiro, escapou da crise de legitimidade que assolou o império hispano-americano.

A mais alta prioridade do governo britânico era a resistência a Napoleão, mas ele rapidamente deixou claro aos portugueses que o preço do apoio concedido incluía pelo menos uma promessa de restringir o tráfico luso-africano de escravos. Por um tratado em 1810, Portugal prometeu considerar medidas para a abolição gradual de seu tráfico. Como um primeiro passo, o governo português também concordou em proibir seus navios de participarem dos negócios com escravos em qualquer parte da costa africana que não estivesse sob o controle português e em qualquer feitoria abandonada pelas nações beligerantes inimigas. Portugal tornou-se a primeira nação europeia continental a colocar uma parte da África como zona proibida a seus próprios cidadãos. Como no caso dos acordos similares feitos durante o próximo meio século, o tratado anglo-

-português reconheceu, pelo menos em princípio, "a injustiça e a inutilidade" do tráfico de escravos, bem como o risco à segurança representado pela introdução de uma população "estrangeira e facciosa" no Brasil.[44]

Os africanos e os bretões não eram a única preocupação do rei português, nem mesmo a principal. Bem antes do fim do século XVIII, a população do Brasil quase se igualava com a de sua metrópole e estava crescendo muito mais rapidamente. Portugal dependia muito mais de sua colônia do que esta da metrópole. As exportações do Brasil eram responsáveis por 80% das importações coloniais de Portugal e por 60% de suas exportações. O domínio imperial português nas Américas era também muito mais fraco do que o da Espanha. A Coroa Portuguesa governava o Brasil por meio das elites locais dominantes. Os nascidos no Brasil estavam profundamente envolvidos com a implementação da política colonial. Eles já faziam parte dos magistrados da Coroa no Brasil e na África. Mais significativamente, no início do século XIX o Brasil era mais dependente do trabalho escravo do que qualquer outra colônia na América espanhola. Os escravos até mesmo constituíam uma proporção maior da população total da colônia (37%) do que nas Índias Ocidentais espanholas.[45] Quanto ao tráfico de escravos, quando o monarca português chegou ao Rio de Janeiro, o Brasil estava importando duas vezes mais africanos do que os que haviam sido desembarcados em toda a América espanhola durante a década anterior.

A coincidência da dependência política e econômica de Portugal a uma Grã-Bretanha abolicionista, combinada com a dependência fiscal de Portugal aos negócios luso-brasileiros de escravos, com a dependência do Brasil de uma força de trabalho escrava que não se reproduzia e com o apetite sempre em expansão dos consumidores britânicos pelos produtos das grandes lavouras criou uma caixa de Pandora de enigmas para os governos do Brasil, da Grã-Bretanha e de Portugal. No curto prazo, o império português recebeu a herança inesperada das abolições

---

44 Bethell, *The Abolition of the Brazilian Slave Trade:* Britain, Brazil and the Slave Trade Question 1807-1869, p.8.
45 Andrews (2004), op. cit., p.41, Table 1.1.

anglo-americanas e do ataque da Grã-Bretanha a todas as embarcações de uma Europa sob domínio da França. O Brasil recebeu nove de cada dez escravos que chegaram às Américas entre 1810 e 1814. Sua fatia no mercado atlântico de açúcar tinha dobrado desde 1789. Na África, os preços de escravos nas áreas costeiras dominadas pelos portugueses permaneceram estáveis ou caíram.[46] Os comerciantes e fazendeiros luso-brasileiros aproveitaram-se das revoluções e guerras que diminuíram a produção escravista de produtos básicos e levantaram obstáculos ao fluxo do tráfico no Atlântico por mais de duas décadas após a eclosão da revolução haitiana.

A paz em 1814 inaugurou novas pressões sobre Portugal – a Grã-Bretanha exigiu a contenção e a abolição do tráfico, e o Brasil, a autonomia e a independência. Dentro do império, os atores políticos conseguiram evitar o padrão da guerra – a insurreição doméstica, a ocupação e a desintegração civil –, que enredou boa parte da América europeia entre 1775 e 1825. Até 1800, tinha havido apenas duas conspirações de importância das classes brasileiras de homens livres contra a autoridade portuguesa, e não houve nenhum grande desafio ao império português dentro da África. Os incentivos para que a elite colonial se arriscasse aos perigos de desafiar violentamente a dominação portuguesa foram atenuados pelo deslocamento da Coroa Portuguesa para o Brasil. O centro do império português foi efetivamente transferido de Lisboa para o Rio de Janeiro.[47]

A extensão da mudança tornou-se evidente no fim das guerras napoleônicas. O rei dom João de Portugal decidiu permanecer no Brasil. A colônia foi elevada ao *status* de reino. O próximo passo do Brasil em direção à independência foi precipitado em Lisboa. A diminuta elite portuguesa foi incapaz de deter a reversão inexorável de papéis entre a colônia e a metrópole. Na menos violenta transição para a independência do Novo Mundo, a monarquia dividiu-se salomonicamente. Depois que

---

46 Lovejoy e Richardson, British Abolition and its Impact on Slave Prices along the Atlantic Coast of Africa, 1783-1850, *Journal of Economic History*, p.98-119, esp. Table 3, p.113.
47 Bethell, *Brazil, Empire and Republic, 1822-1930*, p.12, 17.

o rei retornou a Lisboa, atendendo à demanda dos portugueses, seu filho permaneceu no Brasil e tornou-se imperador do país em 1824.[48]

Quando a nação deu seus primeiros passos, alguns líderes brasileiros sugeriram que a escravidão era ineficiente, bem como imoral. José Bonifácio de Andrada e Silva, um dos pais fundadores da independência brasileira, perguntou como um povo livre era capaz de sancionar o direito de roubar "a liberdade de outro homem e, pior ainda, de roubar a liberdade de seus filhos e dos filhos de seus filhos" e sugeriu também a inauguração de uma nova ordem com um plano de abolição gradual. A contradição entre o liberalismo político e a escravidão, no entanto, não incomodou a maioria dos políticos brasileiros. A esmagadora maioria dos que formaram o novo governo era inequivocamente a favor da manutenção da instituição. Um Manifesto da Independência, apresentado pelo regente dom Pedro ao povo brasileiro em 1822, iniciava-se com a acusação de que as Cortes portuguesas estariam tramando para emancipar e armar os escravos do Brasil.[49] A despeito desse suposto projeto, a década de 1820 assinalou um novo pico na importação de africanos pelo Brasil: 430 mil cativos africanos foram adicionados à população da nação. Em números, entraram mais escravos africanos do que jamais havia acontecido em qualquer outra colônia do Novo Mundo em um período comparável da história da instituição. Era um número quase igual ao dos escravos da colônia de São Domingos às vésperas de sua revolução.[50] Na Assembleia Constituinte do Brasil, em 1823, os donos de terras que eram favoráveis a uma monarquia independente da portuguesa

---

48 Ibid., p.33.
49 Costa, *The Brazilian Empire*: Myths and Histories, v.57, p.126-7; a aquiescência de Portugal a um novo tratado anglo-português sobre o tráfico de escravos em 1817 foi, para muitos brasileiros, a evidência de que os portugueses tinham "traído um interesse brasileiro vital". (Ver Bethell (1989), op. cit., p.24; Andrews (2004), op. cit., p.56; Eltis (1987), op. cit., p.242-3, Table A.1 e abaixo). Na verdade, Lisboa tinha concordado apenas em abandonar o direito ao tráfico de africanos ao norte do Equador e em criar comissões para adjudicar navios negreiros capturados. O negociador brasileiro repetidamente insistiu com o governo britânico que os brasileiros desejavam que o tráfico de escravos continuasse e que haveria "resistência popular" a uma medida efetiva de abolição. No Rio de Janeiro, Bonifácio reiterou ao *chargé d'affaires* britânico que qualquer tentativa do governo brasileiro para instituir a abolição imediata seria um suicídio político.
50 Bethell (1970), op. cit., p.33-45.

deixaram claro que o perigo da perda da fonte de novos trabalhadores superava qualquer risco potencial do não reconhecimento britânico ou da resistência escrava.

As elites do Brasil estavam aparentemente muito mais preocupadas com outro grupo social importante. Elas estavam plenamente conscientes do papel exercido pelos homens de cor livres nas revoluções franco-caribenha e hispano-americana. O controle do sistema de escravos do Brasil e o rápido crescimento do segmento de cativos africanos requeriam que a população livre formasse uma frente unida contra a ameaça das insurreições escravas. Mas as raras insurgências da população livre não seriam toleradas. Uma revolta de soldados mulatos e artesãos, que reivindicavam igualdade racial na Bahia, foi reprimida com brutalidade. Ela permaneceu como exceção, e não como presságio da revolta em grande escala.

Como Stuart Schwartz sugere, a ampla distribuição da propriedade de escravos na sociedade brasileira significava que não era só a elite fazendeira que desejava ver a continuidade da instituição. Para os negros livres e mulatos no Brasil, como na América espanhola, "a luta pela independência foi antes de tudo uma batalha contra os brancos e seus privilégios", não contra a escravidão. Se a propriedade de escravos tivesse se restringido à elite rural e comercial, o exemplo de São Domingos poderia garantir o sucesso dos escravos rebelados. A escravidão no Brasil, no entanto, "não era do interesse exclusivo de qualquer grupo isolado; nisso jaz sua força". E a resistência escrava tampouco encontrou ressonância nos escritos da população livre, fosse ela negra ou branca.[51]

Como em muitos outros casos, os escravos sempre foram uma ameaça latente em qualquer transferência da soberania. No Brasil, a resistência escrava foi muito pouco encorajada pelo mundo social circundante. Aparentemente, as autoridades brasileiras consideraram mais difícil resistir às pressões de fora do que às de baixo. Seu governo estava diante de uma pressão diplomática implacável dos britânicos para que assinasse um tratado contra o tráfico de escravos. Essa pressão foi res-

---

51 Ver Schwartz, op.cit., p.467; Adelman, op.cit., p.98; Costa (1985), op. cit., p.10; Andrews (2004), op. cit., p.89.

paldada pela ameaça implícita de que, caso contrário, a Grã-Bretanha poderia retirar seu apoio ao reconhecimento da independência do Brasil. Isso poderia ser facilmente seguido pela ação britânica naval contra o tráfico de escravos, a qual seria empreendida com a aquiescência portuguesa. Depois de longas negociações, um tratado anglo-brasileiro foi ratificado em novembro de 1826. Ele obrigou o Brasil a se comprometer com a abolição de suas importações de escravos até 1830. Dessa data em diante, o tráfico seria tratado como pirataria. Com esse tratado, o principal mercado para escravos africanos, no que William Wilberforce chamou de "o filho e guardião do tráfico de escravos", estava destinado ao encerramento.[52]

No lado europeu do Atlântico, o impacto da vitória da Grã-Bretanha sobre a ascendência de Napoleão foi sentido ainda mais rapidamente. O sistema escravista português tinha sido menos impactado negativamente do que o de qualquer outra nação da Europa Atlântica durante as duas gerações de levantes revolucionários e militares. João Pedro Marques não encontra nenhuma evidência que sugira preocupação, até mesmo potencial, com o "problema da escravidão" em Portugal. A embaixada portuguesa observou de perto a emergência do abolicionismo na Grã-Bretanha de 1788 a 1792, mas, dali em diante, raramente fez registros sobre o assunto até a aprovação da abolição do tráfico de escravos, em 1807. Quando os cruzadores britânicos começaram a capturar e expulsar os negreiros portugueses, depois de 1808, os portugueses reagiram e exigiram indenização pelas apreensões ilegais.[53]

Depois da derrota de Napoleão, a Grã-Bretanha deu continuidade à sua diplomacia contra o tráfico de escravos com mais dinamismo. O governo português, como o da França e o da Espanha, assinou o tratado, mas, passo a passo, eludia sua aplicação. Em 1815, um segundo tratado anglo-português impôs restrições à ação dos traficantes portugueses na África ao norte da linha do Equador. Por isso, o governo no Brasil re-

---

52 Bethell (1970), op. cit., p.60.
53 Marques, *The Sounds of Silence:* Nineteenth-Century Portugal and the Abolition of the Slave Trade, p.11; Eltis (1987), op. cit.

vogou uma lei anterior que colocara limites ao número de escravos que poderiam ser embarcados nos navios negreiros.[54] E o resultado líquido disso foi o aumento do fluxo de escravos provenientes das regiões mais ao sul da África, que já eram as principais fontes de suprimento dos brasileiros. O governo britânico recusou-se a ser mais leniente e ameaçou suspender os subsídios ofertados nos tratados anteriores. A marinha britânica apreendeu navios baianos que se aventuraram ao norte do equador, violando o tratado de 1815. A vaga ameaça brasileira de independência e a mobilização de tropas espanholas contra as reivindicações luso-brasileiras à região que se tornaria o Uruguai sobrepuseram-se à relutância portuguesa de renunciar ao tráfico de escravos.

Daí em diante, os portugueses adotaram o padrão das reações francesas e espanholas à pressão britânica. Evidentemente, os portugueses eram mais dependentes da Grã-Bretanha tanto política como financeiramente do que a França. O público luso-brasileiro tinha estado quase totalmente imune ao discurso abolicionista que circulava pelo Atlântico a partir do fim da década de 1780. Não foi por coincidência que a última defesa tradicional de Portugal do tráfico de escravos foi publicada um ano depois das abolições anglo-americanas. Seu autor foi Azeredo Coutinho, bispo de Pernambuco, no Brasil, e mais tarde de Elvas, em Portugal. Suas premissas eram claras: o tráfico de escravos já era consagrado e indispensável para a prosperidade brasileira e portuguesa; as almas africanas foram resgatadas da barbárie africana para a salvação e para a civilização; os eventos em São Domingos e na França demonstraram os perigos da revolução de escravos e a necessidade de se restaurar a escravidão efetuada por Napoleão. Como Jeremy Adelman demonstra, "o abolicionismo era uma ideia impraticável tanto no império espanhol como no português". Em nenhum dos lados do Atlântico esse movimento surgiu efetivamente de mudanças endógenas da sociedade civil. Somente profundas crises políticas internas ou a contínua pressão exógena dos britânicos pôde impor as condições que superariam as demandas de com-

---

54 Ibid., Table A.1.

pensação das economias protegidas e dos cofres dos Estados ibéricos, pesadamente dependentes do tráfico de escravos e do trabalho escravo.[55]

Com a derrota de Napoleão e a persistência da repressão britânica, a elite política portuguesa abandonou a defesa clara do tráfico de escravos. A literatura apologética registrou o aparecimento de um recuo para o gradualismo. Reconhecendo que o tráfico de escravos e a instituição da escravidão eram moralmente repreensíveis, os portugueses pressionaram por um tempo de tolerância negociado e recusaram-se a discutir qualquer prazo para o fim da escravidão. Uma quantidade adequada do espaço ideológico foi aberta para acomodar tanto os negociantes clandestinos como os liberais nominalmente antiescravistas. As vozes abolicionistas estavam virtualmente ausentes da classe política portuguesa. Não houve apelos emocionais para os horrores do tráfico de escravos.[56]

Os legisladores portugueses no período pós-napoleônico seguiram o caminho lógico traçado por seus predecessores no Congresso Continental norte-americano, na Assembleia Constituinte francesa de 1790 e nas Cortes imperiais espanholas de 1810. Quanto à escravidão, os legisladores portugueses tentaram opinar o mínimo possível e fazer o mínimo politicamente possível de alvoroço sobre o assunto. Tratava-se de uma instituição cuja continuada existência prometia recompensas econômicas e cujo desmantelamento prometia divisões previsíveis dentro da elite e imprevisíveis riscos sociais, econômicos e imperiais. Quando a questão da abolição do tráfico de escravos foi brevemente levantada nas Cortes constitucionais portuguesas, depois da Revolução Liberal de 1820, ela foi rapidamente abandonada no limbo de um comitê. E lá ela permaneceu até a década de 1830. Como seus equivalentes espanhóis, os parlamentos portugueses liberalmente tomaram emprestado o epíteto de "odioso comércio", dado pela Grã-Bretanha, enquanto o expandiam.

---

55 Adelman, op. cit., p.98-9. Marques, op. cit., p.20-2, resume a *Analyse sobre a justiça do commercio de resgate dos escravos da costa de Africa...* de D. José Joaquim Azeredo Coutinho (Lisboa, 1808). Para uma boa perspectiva comparativa sobre a resistência dos escravos nas três maiores zonas escravistas nas Américas do século XIX, ver Bergad, *The Comparative Histories of Slavery in Brazil, Cuba, and the United States*, cap.7.

56 Ibid., p.41-54.

Talvez a característica mais distintiva das políticas luso-brasileiras sobre a escravidão tenha sido a dependência de seus governos da "necessidade primordial de preservar o apoio britânico". A oposição aberta ao tráfico de escravos teve de ocupar um segundo lugar em relação a essa consideração. Quando o ministro das relações exteriores do Brasil recém-independente apresentou o tratado anglo-brasileiro à Câmara dos Deputados, em junho de 1827, observou que seu governo "tinha sido forçado a assinar o tratado [...] *inteiramente contra sua vontade*". A maioria dos deputados concordava com isso porque sentiam ter sido coagidos a concluir um tratado degradante. Os legisladores brasileiros podiam denunciar o tratado da abolição com a Grã-Bretanha sem ter coragem para abolir o tráfico. Eles podiam fazer petições, e de fato peticionaram, à legislatura sobre a revogação da "odiosa abolição do tráfico de escravos".[57] Mas nenhum gesto em direção à revogação jamais teve sucesso.

A vulnerabilidade de Portugal à pressão britânica fez dele a nação europeia que mais cedo entregou uma porção de sua soberania à Marinha Real britânica. Para consumo interno, os escritores portugueses utilizaram argumentos que permaneceram como matérias-primas do antiabolicionismo em todo o mundo atlântico nas quatro décadas seguintes. Para eles, dentro da Grã-Bretanha o abolicionismo fora um desvio da atenção dos males internos mais próximos; além da Grã-Bretanha, fora um ardil para socorrer as colônias escravistas britânicas do declínio e da ruína inevitáveis; no alto-mar, a marinha britânica era na verdade um dispositivo para "recrutar negros [...] sem custo e com pouco decoro " para a colônia de Serra Leoa.[58]

Até o Brasil proclamar a independência, Portugal argumentava defensivamente que sua economia continuaria totalmente dependente dos escravos africanos até que fosse localizada uma fonte de trabalho alternativa. Depois da separação do Brasil, ficou claro que Portugal continuava a extrair grandes benefícios fiscais de suas colônias africanas e

---

57 Marques, op. cit., p.41-54; Needell, *The Party of Order:* The Conservatives, the State, and Slavery in the Brazilian Monarchy, 1831-1871, p.62; Bethell (1970), op. cit., p.62-5.
58 Apud ibid., p.69.

do tráfico transatlântico de escravos. De fato, a perda do Brasil retrocedeu o plano para o futuro das ilhas africanas de Portugal – São Tomé, Príncipe e Cabo Verde. Esses locais, que constituíram o berço original do império atlântico de escravos de Portugal, emergiram na década de 1820 como ilhas de esperança. Dentro da própria África, Angola tornou-se uma economia imaginada como a de um "novo Brasil", que também requereria o tráfico de escravos.[59] Além da independência brasileira, a "africanização" do império ideal de Portugal sustentou a base racional do empreendimento escravista, que continuou a depender do mercado brasileiro. Na década de 1820, depois do reconhecimento formal da independência, os negreiros portugueses estavam transportando quase três vezes mais cativos para o Brasil do que tinham transportado durante as duas gerações anteriores. Em resumo, a economia política da elite portuguesa olhou para a escravidão com o mesmo desejo ardente no início e no fim da era da revolução.

Ideologicamente, o tolerantismo continuou a ser a resposta comum de Portugal ao problema da escravidão. Na década de 1820, todas as publicações sobre a abolição que circularam em Portugal foram de inspiração britânica, provavelmente financiadas com recursos dos quacres. Como em quase todos os lugares da órbita ibero-americana, nenhum movimento antiescravista consistente surgiu depois do meio século das revoluções transatlânticas. Nas Américas, as vitórias sobre a instituição foram frutos colaterais das lutas dos crioulos pela independência e da luta das pessoas de cor livres pela igualdade social. Em áreas específicas, não se pode subestimar os benefícios que isso proporcionou aos escravos. As lutas ofereciam aberturas, algumas de fato bem amplas, para os escravos se defenderem e se libertarem pelo serviço prestado, pela fuga e pela intensificação de todas as formas tradicionais de resistência.[60]

Na Europa, a tendência pós-revolucionária à inação deveu-se não somente à ausência de um movimento abolicionista nativo. Portugal também participou da repressão geral à sociedade civil da Europa con-

---

59 Marques, op. cit., p.78-83.
60 Ibid., p.87.

tinental. Não se pode, no entanto, atribuir a ausência de um discurso antiescravista apenas à censura de jornais, às leis que proibiam associações e à vigilância policial. Na Espanha e em Portugal, como na França, não havia presença de negros, nem um grande público que exigisse atenção contínua à inconsistência entre a legalização das crueldades do tráfico de escravos e o reconhecimento de que ele violava as normas civilizadas. Nos anos de 1820, o fim do controle de Portugal sobre o Brasil diminuiu ainda mais as pressões internas para discutir as contradições entre liberdade metropolitana e escravidão ultramarina. Na África portuguesa, não houve um ciclo alarmante de levantes de escravos que se igualasse ao "ciclo de rebelião" da Bahia ou que desorganizasse as operações distantes de fornecimento do tráfico de escravos.[61] Somente uma pequena parte da África, ao norte do Equador, tinha sido legalmente interditada aos negociantes de escravos portugueses pelo acordo com a Grã-Bretanha. Embora os negócios portugueses com escravos no Brasil tivessem uma data marcada para terminar, em 1830, os prognósticos já previam claramente que o tráfico não cessaria. Quanto mais se aproximava o momento de encerramento, maior se tornava o volume das importações. O tráfico brasileiro de escravos alcançou recordes em 1829.

Em 1830, a primazia da importação de africanos para o Novo Mundo tinha há muito tempo retrocedido da dominação do noroeste europeu para a dominação ibero-americana. O número de escravos transportados para o Brasil e para Cuba na década de 1820 era o mesmo dos que haviam sido libertados pelas revoluções franco-caribenhas da década de 1790. Havia mais escravos na América Latina do que tinha havido meio século antes. Se as elites dos grandes proprietários de terra e dos comerciantes reconheciam que a extinção do tráfico de escravos era inevitável, a maré alta de corpos dos cativos africanos desembarcados a cada ano parecia adiar a data do término para um futuro indefinido.

---

61 De acordo com Joseph Miller, a única tentativa de revolta de escravos conhecida na história de Luanda ocorreu na década de 1740, muito antes das revoluções atlânticas. *Way of Death*: Merchant Capitalism and the Angolan Slave Trade, 1730-1830, p.272.

8
Abolicionismo sem revolução: a Grã-Bretanha da década de 1770 à de 1820

Como vimos, nos casos da América do Norte, do Caribe, da América Latina e da Europa continental, as fronteiras entre a escravidão e o antiescravismo na maior parte do mundo atlântico parecem ter mudado em consequência dos resultados imprevistos e não pretendidos de conflitos violentos e que tinham outros propósitos. Contudo, dentro de uma nação – a Grã-Bretanha – as fronteiras foram mudadas por um processo deliberado, igualado apenas em um canto do norte dos Estados Unidos. Ela também experimentou enormes vicissitudes para lidar com seus sistemas ultramarinos de escravos durante as duas gerações seguintes a 1775. Na primeira década desse período (1775-1783), a nação imperial com o maior e mais produtivo sistema de escravos do mundo perdeu o controle da metade dele. Nas décadas do meio do período (1794-1814), o remanescente caribenho desse sistema escravista foi, em primeiro lugar, ameaçado e, em seguida, ampliado. Às vésperas do acordo de paz, depois da guerra com a Europa, o Império Britânico sujeitava mais escravos que no início da Revolução Americana.

Em 1814, Patrick Colquhoun estimou a população escrava imperial da Grã-Bretanha em 1.150.000 almas, sendo 634 mil nas Índias Ocidentais britânicas, 372 mil nas colônias caribenhas conquistadas e 108 mil nas colônias e domínios asiáticos conquistados. Mesmo deixando a Índia (oriental) de lado, a instituição britânica englobava uma população escrava igual à dos Estados Unidos e maior que a do Brasil. A trajetória da política britânica em relação à escravidão não foi ditada principalmente pela perda de seu setor escravista norte-americano, nem pelas ameaças dramáticas posteriores de algumas ilhas caribenhas nos meados da década de 1790. Como vimos, durante a década que precedeu a abolição britânica do tráfico de escravos em 1807, o Império Britânico tinha descoberto uma solução mais barata para defender a instituição no Caribe, que havia custado para suas forças armadas 80 mil homens na década de 1790. Depois de se tornarem a maior compradora individual de escravos africanos para servirem como recrutas, as forças armadas britânicas facilmente estenderam o império ao anexar todas as colônias de seus inimigos. Ironicamente, a propriedade britânica de escravos coloniais alcançou seu zênite na esteira da abolição do tráfico de escravos.[1]

Mesmo depois de devolver algumas colônias aos ex-beligerantes, em 1814, as áreas mais apropriadas para o povoamento escravista excederam as áreas controladas pelas monarquias da Espanha, França e Países Baixos. Além da aquisição de áreas do Velho Mundo, nas quais a instituição estava bem estabelecida – Cabo, Maurício e Ceilão –, a Grã-Bretanha, no meio século seguinte a 1775, estendeu sua fronteira escrava em dez vezes só no Grande Caribe. Essa taxa de expansão excedeu até a dos Es-

---

1 Buckley, *Slaves in Red Coats*; e Colquhoun, *Treatise on the Wealth, Power and Resources of the British Empire*, 46-7. Os anos de pico da aquisição britânica de escravos para o serviço militar caribenho entre 1795 e 1815 foram 1805 e 1806. Ver ibid., p.55 (Table I) e p.132 (Table 5). Essa contagem inclui os que haviam sido legalmente libertados dos negreiros estrangeiros e que foram "induzidos" a aceitar o serviço militar nos regimentos das Índias Ocidentais. No que diz respeito aos números nos regimentos, a abolição não foi uma reforma gratuita. Ela levou a "uma redução permanente da força geral do Regimento Ocidental a partir de 1807 até o fim da guerra". (Ibid., p.130.) De acordo com Buckley, os negros das Índias Ocidentais foram responsáveis por menos de 7% das 75 mil mortes nas ações militares britânicas nas Índias Ocidentais entre 1793 e 1815. Eles foram responsáveis por 17% do total de 424 mil baixas.

tados Unidos da América.² Quando as políticas britânicas começaram a inibir o crescimento da escravidão, o tráfico transatlântico britânico de escravos também alcançou seu pico histórico. Nos fins do século XVIII, os navios negreiros britânicos estavam desembarcando 50 mil escravos por ano nas Américas e transportando quase 60% do número total dos cativos enviados para o outro lado do oceano.³

Daí em diante, a escravidão britânica não declinou em consequência de qualquer mudança significativa na contribuição da instituição à economia britânica. Nem a produção escravista britânica diminuiu proporcionalmente à produção atlântica dos escravos durante o último quarto do século XVIII. Em 1807, os territórios controlados pelos britânicos produziram bem acima da metade do açúcar que chegava à Europa, o que representava um terço a mais do que fora produzido em 1775.

Em resposta a essa robustez demonstrada pelo sistema escravista colonial da Grã-Bretanha e pelo envolvimento comercial constante da Grã-Bretanha com o sistema atlântico de escravos tem havido uma tentativa de enquadrar a abolição britânica do tráfico de escravos na moldura da era da revolução. Nessa perspectiva, a abolição do tráfico britânico de escravos (1788-1807) é interpretada como uma reação a uma sucessão de crises: uma crise pós-guerra de autoconfiança na esteira da guerra com a América ou uma reação contrarrevolucionária a uma crise protorrevolucionária em 1806-1807. Como alternativa, o triunfo do abolicionismo em 1806-1807 é tido como uma das manifestações do deslocamento ideológico do crescente descontentamento originado pela revolução industrial.⁴

---

2   Sobre o Império Britânico, comparar Colquhoun, op. cit., p.7, com *Historical Statistics of the United States*; sobre o Brasil, Bethell e Carvalho, Brazil from Independence to the Middle of the Nineteenth Century, *The Cambridge History of Latin America*, v.3., *From Independence to c. 1870*, p.679; 747.
3   Eltis et al., TSTD, 1799-1800.
4   Ver, antes de tudo, Davis, *The Problem of Slavery in the Age of Revolution*, cap.8-9; e Blackburn, *The Overthrow of Colonial Slavery*, 1776-1848, cap.8. Davis vê a abolição do tráfico de escravos como um deslocamento de males nacionais britânicos. Robin Blackburn vê o processo da abolição do tráfico de escravos como uma ocorrência "de uma época de perigo nacional excepcional", derivado de um "reavivamento radical" e uma "reorganização interna da oligarquia governante". Deixando de lado a vasta literatura sobre a "tese do declínio econômico", consultar Davis (1975), op. cit., p.8-9; e Blackburn, op. cit., cap. 2 e 8. Nesse volume, Davis examina a abolição antes da década de 1820 como um deslocamento inconsciente dos males internos mais próximos da elite. Blackburn está

Que teria de haver algum tipo de reavaliação do tráfico britânico de escravos antes de 1807 é, evidentemente, um truísmo. O interesse escravo não era mais capaz de manter o *status quo* em 1806-1807. A primeira grande derrota do sistema escravista britânico em 1807 foi o indicador inequívoco do declínio político do sistema escravista britânico. Combinada com a taxa negativa de reprodução dos escravos nas colônias britânicas, a eliminação do tráfico transatlântico sinalizou o declínio próximo da própria instituição da escravidão.[5]

---

especialmente concentrado na abolição como uma resposta a "um tempo de perigo excepcional", derivado de um reavivamento interno radical e uma "reorganização" interna da oligarquia governante. Para uma visão alternativa, ver Drescher (1994), Whose Abolition?: Popular Pressure and the Ending of the British Slave Trade, *Past and Present*, p.133-66; e id., *Capitalism and Antislavery*, cap.4-5; Eltis (1987), *Economic Growth and the Ending of the Transatlantic Slave Trade*, cap.1; id., *The Rise of African Slavery in the Americas*, p.80-1. Sobre o papel da resistência de escravos, ver a literatura, extensivamente discutida, em Brown (2006), *Moral Capital*, p.21-2, nota 20. Alguns outros estudos recentes têm revisitado o impacto de fatores morais. Chrester Petley documenta o declínio cultural e político da consciência dos fazendeiros sobre a posição indiscutível que ocuparam no vínculo imperial depois de 1763. Ver A Madness Overrunning the Whole World: Reactions to Abolitionism and the Decline of the British Planter Class (manuscrito gentilmente fornecido pelo autor). Em uma investigação muito mais magistral, Christopher Brown narrou pormenorizadamente a longa marcha dos protoabolicionistas para a mobilização moral entre a Guerra dos Sete Anos e o avanço político, em 1788. Brown referencia a reação à convocação dos abolicionistas em 1787 como quase evidente por si mesma: "Para um povo que desejava se pensar cristão, moral e livre, os abolicionistas apresentaram uma oportunidade para expressar reverência à 'liberdade, justiça e humanidade' e com baixo custo para eles próprios. Quem, além dos que tinham interesse pessoal no sistema escravista, faria objeções a isso?" (*Moral Capital*, p.450). De qualquer maneira, foram necessários mais vinte anos para que a abolição fosse aprovada pelo parlamento. Talvez a resposta esteja no fato de que os abolicionistas foram forçados a tratar não da tríade "liberdade, justiça e humanidade", mas de "justiça, humanidade e política correta".

5   Drescher (1977), *Econocide*, p.78, Table 17, Shares of Sugar Exports to the North Atlantic, 1805-06. Esses números não incluem as exportações de produtos do trabalho escravo que eram importados dos Estados Unidos, especialmente o algodão, cuja maior parte foi enviada à Grã-Bretanha durante o período das guerras francesas. Joseph Inikori estima que a América britânica tenha sido responsável por 31% do valor total da produção para exportação do Novo Mundo de 1761 a 1780. Nas duas décadas seguintes, a cota britânico-americana anterior aumentou 50%. A cota caribenha das exportações britânico-americanas subiu de forma constante de 55% às vésperas da Revolução Norte-Americana (1768-72) para 60% às vésperas da abolição do tráfico de escravos (1804-1806) e para 67% no fim das guerras napoleônicas (1814-1816). Ver Inikori, *Africans and the Industrial Revolution*, p.202 (Table 4.8), p.176 (Table 4.2); e Davis, *The Industrial Revolution and British Overseas Trade*, p.112-7, Tables 58-60 (imports by area, 1784-1816). Da perspectiva imperial britânica, esse período foi caracterizado pela aguda redução inicial induzida pela guerra no seu sistema escravista no começo do período, seguido de um aumento marcante induzido pela guerra entre o fim da década de 1780 e a década de 1810. S. H. H. Carrington argumenta que houve um declínio contínuo na lucratividade e na prosperidade do sistema escravista britânico depois de 1775. Ver *The Sugar Industry and the Abolition of*

Uma perspectiva comparativa sobre a abolição britânica esclarece o que se tornaria a mudança mais distintiva, durável e consequente para a extinção da escravidão do Novo Mundo. Lembre-se do contexto civil e político em que a abolição anglo-americana emergiu. No último terço do século XVIII, tanto os bretões quanto os norte-americanos contavam com instituições políticas representativas e com a tradição do Direito Consuetudinário, que garantia direitos individuais contra a arbitrariedade do Estado ou contra a do aprisionamento. Com uma abundância relativa de jornais, eles compartilhavam a rede de comunicações mais amplamente difundida do mundo. Eles também possuíam uma série de associações voluntárias, as quais os colocavam na vanguarda do mundo associacionista.[6] Em outras palavras, durante a era da revolução algumas sociedades anglo-americanas possuíam a esfera pública com o mais alto grau de desenvolvimento da face da Terra.

Qual foi, então, a característica distintiva do abolicionismo britânico? Antes do fim da Guerra Norte-Americana de Independência, a possibilidade de abolição do tráfico atlântico de escravos da Grã-Bretanha nunca fora debatida no parlamento. Três décadas depois, por volta do fim da guerra contra a França, o parlamento tinha suprimido completamente o tráfico de escravos da própria Grã-Bretanha. E seu governo iniciou o processo de internacionalização da abolição. Essa mudança dramática estava embutida em uma transformação muito maior na cultura e nas

---

the Slave Trade, 1775-1810. Mais recentemente, David Rydan argumenta que um declínio no curto prazo antes de 1807 foi um componente importante da decisão de abolir a escravidão. Ver *West Indian Slavery and British Abolition, 1783-1807*. Para uma análise recente do contexto econômico da abolição, ver Richardson, The Ending of the British Slave Trade in 1807: The Economic Context, Farrell, Unwin e Walvin (Eds.), *The British Slave Trade*: Abolition, Parliament and People, p.127-40. A teoria da crise da abolição britânica certamente não exaure a variedade de amplas interpretações sobre sua ascensão e sucesso. Duas das hipóteses mais estimulantes foram as de Williams, op.cit. e Davis (1975), op. cit. e ambas têm gerado debates extensivos. Sobre o primeiro, ver Eltis (1987), op. cit., cap.1; e Drescher, Capitalism and Slavery After Fifty Years, *Slavery and Abolition*, p.18, p.212-27. Sobre o segundo, ver Bender (Ed.), *The Antislavery Debate*: Capitalism and Abolition as a Problem in Historical Interpretation (ver também a nota XX, mais adiante).

6   Clark, *British Clubs and Societies, 1580-1800*. Sobre a ligação de longo prazo entre o voluntarismo e a reforma moral na órbita anglo-americana do século XVIII, ver Bernard, Original Themes of Voluntary Moralism: The Anglo-American Reformation of Manners, Halttunen, Perry (Eds.), *Moral Problems in American Life*: New Perspectives in Cultural History, p.15-39.

práticas políticas britânicas.⁷ Os debates parlamentares e as iniciativas governamentais agora estavam diariamente disponíveis para os leitores dos jornais provinciais. Quando os debates legislativos se estendiam por semanas e meses, jornais, associações, bibliotecas, clubes de debate e reuniões públicas ofereciam locais paralelos para discussões continuadas e para fazer petições à legislatura nacional.⁸

Dentro desse processo amplo, o abolicionismo ocupou uma posição distintamente inovadora. Ele combinou novas técnicas de propaganda, de petições e de associação com as técnicas organizacionais dos lobistas do comércio e da manufatura. Entre sua emergência como um movimento político nacional, em 1787, e a internacionalização da abolição transatlântica, no fim das guerras napoleônicas, o abolicionismo político tornou-se uma organização pioneira por mobilizar grupos até então não utilizados como atores da reforma filantrópica e social. As fortunas do movimento no parlamento durante essas três décadas foram também emblemáticas das dificuldades ocasionadas pela conversão da pressão pública em lei e em orientação política.⁹

O sentimento antiescravista antes da mobilização

Uma das qualidades distintivas do abolicionismo político britânico foi sua emergência em conjunção com uma onda maciça de apoio popular em 1787-1788. Christopher Brown traçou meticulosamente a longa história da proto-história da abolição às vésperas da mobilização popular. Dois temas destacam-se. O primeiro é o constante e corrente desgosto articulado com repugnância que o sistema escravista ultramarino conti-

---

7   Brown (2006), op. cit., partes III e IV.
8   Ver Innes, Legislation and Public Participation 1760-1830's, Lemmings (Ed.), *The British and their Laws in the Eighteenth Century*, cap.5. Para uma análise do trajeto distinto da Grã-Bretanha às novas formas de questões políticas de massa e do relacionamento popular com o Estado, ver Tilly, *Popular Contention in Great Britain 1758-1834*.
9   Ver Drescher (1987), *Capitalism and Antislavery*, cap.4; Oldfield, *Popular Politics and British Anti-Slavery*; e Judith Jennings, *The Business of Abolishing the Slave Trade 1783-1807*.

nuamente evocava nos escritos do século XVIII. Poucos relatos de viagem, histórias imperiais ou compêndios geográficos deixaram de mencionar sua impressionante brutalidade e seu desvio das normas comportamentais, legais e religiosas em vigor na metrópole. Alguns deles comentavam a tranquilidade com que a maioria dos participantes aceitava a indiferença do sofrimento humano ocasionado pela perpetuação da escravidão.

Assim, a cultura do século XVIII já estava saturada de referências casuais à violência cometida pelo tráfico de escravos às normas sociais. Nos meados da década de 1780, defensores do tráfico de escravos achavam que a maioria dos contornos da racionalização defensiva estava feita, exceto os que se baseavam na santidade da propriedade privada, no valor econômico do trabalho escravo e no interesse nacional em manter os valiosos negócios e produtos atlânticos.[10] A má notícia para os abolicionistas pioneiros era que essas razões, todas elas ligadas à necessidade de trabalho africano para a produção de produtos agrícolas básicos nos trópicos, foram precisamente as que sustentaram com facilidade o sistema da escravidão contra a hostilidade esporádica por aproximadamente um século.

No fim da Guerra Norte-Americana de Independência, a legislatura nacional britânica ainda parecia estar indiferente aos apelos abolicionistas. Em junho de 1783, os quacres enviaram ao parlamento a primeira petição pública contra o tráfico de escravos. Lorde North, o primeiro-ministro britânico, felicitou os peticionários por seus sentimentos generosos. E educadamente acrescentou que, infelizmente, todas as nações marítimas europeias tinham de recorrer ao tráfico de africanos. Muitos dos futuros luminares legislativos dos debates da abolição estavam presentes nessa sessão. Nenhum deles discordou da opinião do primeiro-

---

10 Brown (2006), op. cit., p.369. Sobre a mudança de percepções morais, ver também Davis (1988), op. cit., ed. rev., Parte III, e Drescher, Moral Issues, id., Engerman (Eds.), *A Historical Guide to World Slavery*, p.282-90. Para um argumento abrangente sobre as causas da mudança dos imperativos morais, consultar os ensaios em Bender (Ed.), op. cit., esp. Parte 2. A segurança do tráfico de escravos era frequentemente verificada até nas suas condenações casuais. Exatamente dez anos antes da emergência do abolicionismo, o autor de *The Present State of the West Indies* (Londres, 1778, n.2), observou de passagem que "esse tráfico [de negros], para a desgraça da época, se enraizou tão profundamente que se tornou demasiadamente *necessário* na situação atual, e os nossos desejos o têm justificado de uma maneira tão absoluta que é quase lugar comum apregoar a sua barbaridade e crueldade".

-ministro. O projeto de lei sobre a regulação do tráfico de escravos africanos, que tinha motivado a petição quacre, foi aprovado no parlamento sem mais discussão.[11]

No ano seguinte, um comitê abolicionista quacre obteve uma audiência com o novo ministério, liderado pelo jovem William Pitt. Novamente, houve elogios pelo princípio adotado, mas foi notificado ao comitê que "ainda não havia chegado o tempo da maturidade da questão".[12] Os quacres continuaram a buscar o apoio das elites comerciais e imperiais, a subsidiar panfletos sobre a abolição e a colocar na imprensa de Londres e das províncias comunicados sobre o assunto. E não foram encorajados pela reação parlamentar. Em 1785, a distribuição de 11 mil cópias do principal panfleto de Benezet a todos os membros do parlamento, juízes de paz e clero foi considerada "uma aprovação de toda a nossa benevolência [...] mas com pouca perspectiva de sucesso".[13]

Durante os quatro anos que se seguiram à petição (nunca repetida) dos quacres ao parlamento, até o mais voraz leitor da imprensa dificilmente concluiria que os quacres haviam estimulado uma enchente de discussões sobre a abolição ou, menos ainda, uma expectativa de agitação política.[14] Outra evidência aponta para a mesma direção. Até 1786, os poucos abolicionistas ativos britânicos ainda estavam trabalhando virtualmente isolados uns dos outros. Quando escreveu seu ensaio premiado contra a escravidão na Universidade de Cambridge, em 1785, o jovem Thomas Clarkson ignorava completamente as décadas de atividade de

---

11　Drescher (1987), op. cit., p.62-3, e Brown (2006), op. cit., p.422-4.
12　Brown (2006), op. cit., p.425.
13　Drescher (1987), op. cit., p.63 e p.206, nota 42. Já em 1785, um item no *Public Advertiser* de Londres, de 21 jan. 1785, alertou que esperar qualquer assistência do parlamento era esperar o impossível, "até que os negros, tendo propriedade em burgos ["círculos eleitorais" (N. T.)] e contando com empréstimos, pudessem ter um partido na Câmara dos Comuns sob comando". Os panfletos antiescravistas mais importantes publicados entre 1783 e 1787 foram os escritos de James Ramsay. O ataque detalhado de Ramsay provocou uma série de trocas de acusações por correspondência publicada, que manteve a questão da escravidão à vista do público leitor.
14　Já nos 33 meses entre janeiro de 1785 e setembro de 1787, o *Times* publicou apenas quatro matérias com conotações antiescravistas, uma média de uma para cada quatro meses. Em comparação, durante os 27 meses entre outubro de 1787 e dezembro de 1789, o jornal publicou 210, ou o dobro a mais por mês do que em todos os 33 meses anteriores. Ver Drescher (1987), op. cit., p.208.

Granville Sharp. Só quando Clarkson chegou a Londres, no começo de 1786, é que descobriu que um comitê quacre contra o tráfico de escravos estava em operação fazia três anos. O amplo significado da organização quacre se tornaria bem claro quando eles aparelharam os quadros das redes provinciais, informativas e financeiras do início do movimento abolicionista. O pequeno grupo de evangélicos, que também exerceria um papel importante no processo abolicionista, contava com apenas um escritor alistado à causa abolicionista, James Ramsay.[15]

No inverno de 1787, nem o público, tampouco os negociantes de escravos pareciam estar particularmente impressionados com o potencial político da abolição. O agente colonial da Jamaica em Londres considerava William Pitt como "um grande favorito" para a defesa do interesse da Índia Ocidental.[16] A adesão de William Wilberforce ao abolicionismo, em 1787, apareceu como um bônus valioso por sua amizade íntima com o primeiro-ministro William Pitt. Em 1787, Pitt tinha claramente se tornado um simpatizante da politização da questão da abolição. Pitt não só instou Wilberforce a enfrentar o tráfico de escravos, como também alertou seu amigo de que se ele não tomasse a iniciativa, alguém a tomaria.[17]

O avanço, 1787-1788

Como foi observado, o abolicionismo britânico não emergiu em um momento de crise de ansiedade ou de humilhação nacional derivada da per-

---

15 Ver Clarkson (1808), *The History of the Rise, Progress, and Accomplishment of the Abolition of the Slave Trade by the British Parliament*, v.I, cap.7.
16 Duke University Library, Fuller Letterbook I, 20, 20 fev. 1788.
17 Furneaux, *William Wilberforce*, p.72. Pode-se pensar que Pitt via a questão do tráfico de escravos como um excelente contrapeso à outra *cause célèbre*, o emergente *impeachment* de Warren Hastings. A responsabilidade do ministério pelo comportamento da Grã-Bretanha na Índia estava implicitamente sob escrutínio. Ao fazer uma demonstração simultânea de preocupação humanitária com o império ocidental da Grã-Bretanha, o governo reduziu qualquer capital moral que a oposição poderia esperar obter do oriente. Michael Duffy considera que Pitt tenha sido "o primeiro *premier* a atrair a pressão pública sobre o parlamento por meio das petições que demandavam reformas [...]", das quais ele atuou como "porta-voz". Um dos dois exemplos de Duffy é a moção de Pitt contra o tráfico de escravos. Ver Duffy, *The Younger Pitt*, p.143.

da das colônias norte-americanas. Nem foi uma tentativa de ressuscitar a imagem ameaçada da Grã-Bretanha como portadora da tocha da liberdade em comparação com a nova república norte-americana; tampouco foi uma resposta direta ao acentuado conflito interno de classes ou à desvalorização do sistema britânico de escravos em relação ao império e à economia.[18] Na medida em que a autoanálise moral se tornou um aspecto do discurso imperial depois da guerra, ela foi feita no contexto da autoconfiança nacional revivida. Em praticamente todas as medidas empíricas, verifica-se que o abolicionismo popular emergiu em uma das conjunturas mais benignas da história britânica no século que vai da Guerra de Sete Anos à Guerra Civil Norte-Americana. Uma sondagem nos jornais de Londres dos anos de 1786 e 1787 mostra uma nação que se deleitava com sua prosperidade, com sua segurança e com seu poder. De Cornwall a Aberdeen vinham relatórios que indicavam a colheita mais abundante da década ou, em alguns lugares, da memória dos vivos. A indústria estava prosperando, e a indústria do algodão, em particular, expandia-se a uma taxa sem precedentes. As disputas trabalhistas tinham diminuído nas minas de carvão, e as sociedades de socorro mútuo dos artesãos eram felicitadas pelo desempenho. Pitt recebeu crédito total pelo plano financeiro bem-sucedido do governo e pela antecipação de um excedente orçamentário.[19]

As perspectivas no ultramar pareciam igualmente positivas. As mercadorias britânicas triunfavam em todos os lugares. Um tratado comercial com a França em 1786 escancarou um novo mercado para as manufaturas britânicas. O comércio britânico dominava entrepostos do

---

18 O caso mais convincentemente discutido dessa perspectiva está em *The Overthrow of Colonial Slavery*, cap.4, de Blackburn. Isso, é claro, não significa que os conflitos de classe não afetaram a opinião pública e a resposta parlamentar ao abolicionismo durante os vinte anos seguintes de luta.
19 Os indicadores quantitativos reforçam os comentários qualitativos na imprensa. Durante a década de 1780 as taxas brutas de migração da Inglaterra caíram ao seu mais baixo nível nos mais de três séculos que correram entre 1541 e 1871. Ver Wrigley e Schofield, *The Population History of England*, Table A3.3, p.531-5. Mais indicadores de crescimento econômico podem ser encontrados nos registros históricos sobre transporte e finanças públicas, em Mitchell, *British Historical Statistics*. A clássica enunciação da tese do declínio econômico e da abolição do tráfico de escravos está no *Capitalism and Slavery*, de Williams, cap.6. Para recentes apresentações gerais do debate a respeito da tese de Williams e dos seus oponentes, ver D. B. Davis (2006), *Inhuman Bondage*, cap.12; e Richardson, *The Ending of the British Slave Trade in 1807*: The Economic Context.

Cantão à América. As Índias Ocidentais enviavam uma excelente safra de açúcar. As ilhas francesas produziam algodão e lã para a indústria inglesa, e a produção em expansão da Índia Ocidental britânica prometia a autossuficiência futura do império.

O que mais entusiasmava a imprensa era a transformação da posição internacional da Grã-Bretanha. Afligida pela revolta aristocrática e pelos tumultos populares, a França beirava a falência e a impotência militar. Os Países Baixos precipitavam-se na revolução. As companhias holandesas das Índias Ocidentais e Orientais estavam naufragando. Os bretões estavam espantados com as mudanças que ocorriam na nova república norte-americana. Em 1786 e 1787, os jornais ofereciam um fluxo sem fim de más notícias, da Nova Inglaterra à Geórgia – a própria confederação parecia estar se desintegrando. Quando lorde Grenville apresentou um novo projeto de lei sobre as normas que regulariam o comércio entre os Estados Unidos e as Índias Ocidentais britânicas, enfatizou que as provisões tinham de ser temporárias porque era difícil julgar se os norte-americanos estavam "sob um governo ou sob nenhum governo".[20]

Para os abolicionistas novatos da Grã-Bretanha houve algumas boas notícias da América em 1787-1788: o fim do tráfico de escravos em Rhode Island e em outros Estados da Nova Inglaterra e o memorial da Sociedade pela Abolição da Pensilvânia à Convenção Constitucional na Filadélfia que requisitava a abolição nacional do tráfico de escravos. A má notícia era que a nova Constituição dos Estados Unidos impunha uma proibição de vinte anos para que fosse executada qualquer medida abolicionista. A Grã-Bretanha não foi nem um pouco ameaçada pela comparação moral com a América. A escravidão parecia segura dentro dos Estados Unidos. Embora alguns marinheiros norte-americanos estivessem novamente navegando para a África Ocidental a fim de carregar escravos para as Índias Ocidentais, outros estavam sendo, eles mesmos, escravizados por corsários da África do Norte. Presunçosamente, a imprensa de Londres listou os altos preços que os norte-americanos alcançavam na Argélia

---

20 Ver Drescher (1987), op. cit., p.140-2; p.247-8, sobre esse parágrafo e o seguinte.

juntamente com relatos da punição brutal do dei a qualquer corsário que ousasse capturar bretões, violando os tratados anglo-argelinos. Nunca, desde Yorktown, a autossatisfação britânica tinha sido tão condimentada pelo prazer com a desgraça alheia[21].[22]

Seja qual for a contribuição do espírito da época à transformação do abolicionismo de um sentimento popular em um movimento político em 1787, ele não foi algo de que os britânicos necessitaram para reaver o papel – que estaria sendo representado pelos Estados Unidos – de portador da tocha da liberdade. O abolicionismo popular proveio de uma premissa diferente: como a nação mais segura, mais livre, mais religiosa, mais justa, mais próspera e mais moral do mundo poderia permitir a si mesma continuar sendo a principal perpetradora das ofensas mais mortais, mais brutais, mais injustas e mais imorais do mundo à humanidade? Como seu povo, plenamente informado sobre a inumanidade da escravidão, podia esperar que continuasse a ser abençoado para conservar a paz, a prosperidade e o poder?

O abolicionismo organizado começou em maio de 1787, quando foi formada em Londres a Sociedade para Efetuar a Abolição do Tráfico de Escravos (o Comitê de Londres). Como J. R. Oldfield demonstrou, o Comitê de Londres se tornaria o quartel-general e o centro de coordenação da mobilização popular daí em diante. O Comitê de Londres herdou dos quacres, que eram originalmente sua maioria, a experiência na organização das atividades, na obtenção de recursos para financiamento e na formação de uma rede para publicação e distribuição de livros, panfletos, relatórios oficiais e cartas. Seus membros esperavam que seus contatos provinciais apoiassem uma provável intervenção parlamentar por meio dos comunicados locais e das petições aos representantes no parlamento.[23] O Comitê de Londres deu prioridade à reunião de provas de primeira mão para um provável inquérito parlamentar. Thomas Clarkson foi enviado a Bristol e Liverpool, duas cidades traficantes de escravos,

---

21 No original, *"Schadenfreude"*. (N. T.)
22 Ibid., 141-2.
23 Oldfield, op. cit., cap.3.

que, por isso, seriam menos capazes de assumir a dianteira da pressão abolicionista sobre seus representantes no parlamento.²⁴

Em seu trajeto de volta a Londres, Clarkson ficou surpreso e muito satisfeito ao descobrir que a cidade de Manchester já tinha formado seu próprio comitê abolicionista e tencionava enviar uma petição massiva ao parlamento. Desde o início, religiosos dissidentes também faziam reuniões de mobilização – unitaristas, congregacionalistas, batistas, metodistas e anglicanos evangélicos apoiaram os quadros quacres por razões de moralidade, justiça e religião. De qualquer maneira, a adesão de Manchester foi particularmente valiosa para o Comitê de Londres na primeira onda. Ela solapou o dualismo tradicional entre moralidade e política da cultura política britânica, que tinha desencorajado ou minado os apelos anteriores contra o sistema escravista anglo-atlântico. Manchester era a epítome da prosperidade de uma cidade manufatureira pragmática. Embora não fosse influenciada pelo tráfico afro-caribenho de escravos, alguns de seus habitantes tinham um interesse evidente nele, talvez maior que o de qualquer cidade do interior da Grã-Bretanha. Embora alguns dos principais manufaturadores de algodão de Manchester, como os Peels, conseguissem fazer petições em menor escala contra os abolicionistas, elas nunca se aproximaram das petições com 10.600 assinaturas que demandavam a abolição em nome da cidade, nem mesmo se aproximaram das seguintes, ainda maiores.²⁵

Esses 10 mil nomes, a maior campanha de 1787-1788, oferecem evidência clara de que os trabalhadores de Manchester também estavam alinhados com a causa abolicionista. E isso surpreendeu o interesse escravista.²⁶ Os assinantes abolicionistas de Manchester representavam cerca de dois terços dos homens adultos elegíveis. Isso impedia anteci-

---

24 Sobre o relato de Clarkson (1808), ver op. cit., cap.15-9. O Comitê de Londres parece não ter tido um papel de coordenador na formulação das primeiras petições. Oldfield, op. cit., p.47-8, observa corretamente que o Comitê de Londres, desde o início, via as petições como integrantes da sua busca geral pelo apoio da opinião pública. Sobre as raízes quacres da mobilização, ver especialmente Judith Jennings, op. cit., cap.2-3; e Brown (2006), op. cit., cap.7.
25 Drescher (1987), op. cit., p.67-75.
26 Ver Trebor Tnappilo's letter, "A Friend to the African Trade", *Public Advertiser*, 7 jul. 1787.

padamente qualquer argumento de que o abolicionismo carecia de base nas massas. Junto com a petição posterior de Birmingham, Manchester recebeu um lugar de honra ao afirmar que uma fração popular ampla e economicamente informada da nação havia optado pela abolição. A petição de Manchester não se preocupou com a política ou com os aspectos econômicos do caso abolicionista. Os peticionários concentraram-se, antes e acima de tudo, na necessidade da ação política contra uma ofensa à humanidade, à justiça e à política correta. As gerações subsequentes de petições contra o tráfico de escravos também destacariam as razões morais para fazer a reforma sob a mesma tríade "humanidade, religião e justiça". Menos de 5% das petições ulteriores acrescentaram à tríade alguma promessa de vantagem econômica.[27]

A petição de Manchester de dezembro de 1787 foi inovadora também em outro aspecto importante. Os jornais tiveram um significado especial na primeira mobilização nacional. Não há evidência de que os comitês peticionários locais mantivessem contato direto uns com os outros durante a campanha inicial. Os abolicionistas de Manchester, baseando seus esforços de mobilização na experiência anterior com questões econômicas, reimprimiram a petição em cada jornal importante da Inglaterra e solicitaram petições similares. Essa convocação provavelmente contribuiu para garantir que as petições pela abolição constituíssem mais da metade do total das petições enviadas ao parlamento nas sessões de 1787-1788. Em uma estimativa conservadora, pelo menos 60 mil pessoas assinaram as petições abolicionistas em 1788.[28]

A primeira campanha pela abolição surpreendeu os aliados do interesse escravista. Eles ficaram atônitos com a velocidade e a amplitude da mobilização nacional. O interesse escravista ficou muito assustado tanto

---

27 Drescher, People and Parliament: The Rhetoric of the British Slave Trade, *Journal of Interdisciplinary History*, p.561-80.
28 Uma fonte contemporânea refere-se a 100 mil signatários. (Ver Drescher (1987), op. cit., p.82.) Esse número iguala ou ultrapassa os estimados de outras campanhas importantes durante as duas décadas anteriores: os relacionados com o Caso Wilkes, de 1768-1770; com as colônias norte-americanas, nos meados da década de 1770; e com o desmantelamento da coalizão Fox/North em 1784. Ver Bradley, *Religion, Revolution and English Radicalism*, p.319-21.

com a adesão de prelados, universidades e outras comunidades corporativas quanto com sua ampla base popular. O choque foi especialmente severo para os comerciantes de Liverpool. Eles apelaram ao Home Office para que levasse em consideração o quanto o povo havia sido corrompido e inflamado pelos abolicionistas, o que aumentava o perigo das chamas da rebelião e do facho do conflito civil.[29]

Os oponentes desorientados do movimento da abolição procuraram diligentemente uma perspectiva histórica. Um escritor lembrou-se ameaçadoramente de 1772, o ano do caso *Somerset* na Inglaterra e da demanda da Virgínia pelo fim do tráfico de escravos na colônia. A partir daí, foram aplicados termos mais genéricos aos apoiadores populares do abolicionismo pelos incomodados defensores do tráfico: "clamor geral", "emoção popular", "frenesi", "fanatismo", e assim por diante. Todos esses termos reconheciam implicitamente que o apelo à ação era compartilhado ampla e emocionalmente. Os apelos publicados contra o novo movimento abolicionista quase sempre reconheciam que seu próprio "lado dificilmente poderia contar com um único defensor".[30]

A primeira onda de petições colocou o tráfico de escravos na agenda política. Em fevereiro de 1788, o primeiro-ministro, invocando o intenso interesse popular, abriu um inquérito sobre o tráfico de escravos no comitê do Conselho Privado para o comércio e as grandes lavouras. A própria existência dessa missão representou uma ruptura paradigmática em relação a mais de um século da atenção governamental ao tráfico africano de escravos. Em vez de procurar maneiras de proteger e aumentar o tráfico, essa investigação assinalou uma mudança fundamental no relacionamento entre a metrópole e seu sistema escravista ultramarino. Pela primeira vez, foi pedido ao sistema político britânico que tratasse os africanos como seres humanos semelhantes em uma terra estrangeira e não como fatores do comércio e da produção.[31]

---

29 Ver Franklyn, Observations Occasioned by the Attempts made in England to Effect the Abolition of the Slave Trade…, p.21 e PRO, H. O. 42/13 25 mai. 1788. Sobre a oposição em Londres, ver Rawley, Londres's Defense of the Slave Trade 1787-1807, *Slavery and Abolition*, p.48-69.
30 *Morning Chronicle*, 5 fev. 1788.
31 Drescher (1987), op. cit., p.87-8.

Em maio de 1788, a questão da abolição foi formalmente introduzida na Câmara dos Comuns como parte de um diálogo implícito entre o parlamento e o povo. Substituindo Wilberforce, que estava doente, o primeiro-ministro contextualizou sua moção como uma resposta necessária ao "grande número e variedade das petições" que indicavam um público engajado. Pitt foi vigorosamente apoiado por outros luminares, como Charles James Fox e Edmund Burke. Mencionando as petições, Fox observou que ele mesmo teria proposto que a abolição fosse considerada se Wilberforce não tivesse feito isso antes. Em termos retóricos, Burke sobrepujou os dois oradores anteriores. Se a Casa "negligenciasse as petições de seus constituintes, ela deveria ser abolida [...]".[32]

Durante os próximos dezoito anos, projetos de lei sobre a abolição do tráfico britânico de escravos foram apresentados outras doze vezes no parlamento, mas sempre como uma questão aberta, e não como uma medida governamental. Duas vezes antes de 1807, os projetos de lei da abolição tiveram êxito na Câmara dos Comuns e foram bloqueados pela Câmara dos Lordes. Antes de 1806, dois projetos parciais para suprimir os negócios britânicos de escravos nas colônias estrangeiras ou em certas partes da costa africana sofreram destinos similares na Câmara dos Lordes. Stephen Fuller, o Agente Colonial da Jamaica, tinha antecipado a situação: "A correnteza da popularidade flui contra nós", ele escreveu já em janeiro de 1788,

> mas, mesmo assim, tenho confiança de que o senso comum está conosco e que maus como somos, quando comparados com os defensores da abolição, a sabedoria e a orientação política deste país nos protegerão.

O senso "comum" foi institucionalizado na Câmara dos Lordes. Até 1806, os pares invocariam sua prerrogativa de examinar com independência para evitar que os projetos gerais de abolição aprovados pela Câmara dos Comuns fossem submetidos a um voto definitivo. Quase vinte

---

[32] *Cobbett's Parliamentary History*, v.27 (1788-1789), 9 mai. 1788, col.495-505; e Ehrman, *The Younger Pitt: The Years of Acclaim*, p.393.

anos depois, os abolicionistas tiveram de desenvolver uma estratégia de duas sessões, duas leis e duas Câmaras para chegar à vitória completa no parlamento.[33]

Durante os três anos que se seguiram à campanha de 1788, os abolicionistas concentraram as energias na obtenção de testemunhas e provas do tráfico de escravos que seriam apresentadas a um Comitê Especial dos Comuns, constituído por Wilberforce em 1789. A propaganda e a organização do movimento foram mantidas. Além de seu emblema oficial, com um escravo ajoelhado, o Comitê de Londres também pôs em circulação a famosa impressão do navio negreiro "Brookes". Como um produto barato, de produção em massa, este último perdurou por uma geração como a imagem mais amplamente disseminada do tráfico de escravos. O sistema de comitês provinciais permaneceu como "o coração do antiescravismo organizado" por ser uma rede por meio da qual a mobilização popular se organizava.[34]

Não se pode perder de vista as distintas maneiras pelas quais o abolicionismo progressivamente aprofundou sua base, intensificou seu apelo e foi adotado por grupos sociais que estavam muito além dos grupos urbanos afluentes e educados, que sempre constituíram a maioria dos comitês locais. O abolicionismo abriu continuamente novos horizontes para a participação no movimento nacional. Durante sua primeira aventura fora de Londres, no verão de 1787, e em nome do Comitê de Abolição, Thomas Clarkson recorreu a marinheiros comuns para conseguir a maior parte das informações. Embora nenhum escravo africano tivesse sido chamado para testemunhar no Comitê Especial dos Comuns, a brutalidade e a mortalidade a que estavam sujeitas as tripulações dos navios negreiros tornaram-se um argumento abolicionista eficiente. Entre os informantes de Clarkson estava um marinheiro negro, John Dean, que tinha sido maltratado a bordo de um negreiro. Quando um dos informantes de

---

[33] Ver Anstey, *The Atlantic Slave Trade and British Abolition 1760-1810*, p.288-9; p.315-20 e p.364-402. Ver também McCahill, *Order and Equipoise*: The Peerage and the House of Lords, 1783-1806, p.210.

[34] Oldfield, op. cit., cap.5; Judith Jennings, op. cit., cap.3; Turley, *The Culture of English Antislavery, 1780-1860*, cap.5, esp. p.118-21.

Clarkson foi convocado para as audiências da Câmara dos Comuns, um observador escreveu que "todos os membros do comitê gargalharam". E perguntaram a Wilberforce: "Você trará também zeladores e varredores de navios e os limpadores de convés para competirem com nossos almirantes e com nossos homens honrados?"[35]

A expansão inicial dos informantes de Clarkson no movimento foi um sinal de um padrão mais amplo. Embora as assinaturas femininas fossem consideradas como quebra da legitimidade das petições durante as décadas seguintes a 1787, as carteiras das mulheres, suas vozes e canetas penetraram na esfera pública. As mulheres apareceram na primeira lista publicada de assinantes abolicionistas de Manchester em 1787, com 68 assinaturas de um total de 302. Outra lista de Londres, em 1788, incluiu os nomes de mais de duzentas mulheres, cerca de 10% do total. A participação delas mereceu destaque em matérias jornalísticas. Como Claire Midgley observa, essas listas afirmaram a legitimidade do papel das mulheres na esfera pública. Outra ligação legitimadora foi estabelecida pela agressão do tráfico de escravos à família. Como mantenedoras do lar, as mulheres foram convidadas a juntar suas vozes e canetas à causa abolicionista. As mulheres responderam dramaticamente como poetas e oradoras. Já em fevereiro de 1788, a abolição foi discutida em uma reunião "apenas para mulheres", em Londres. Os jornais fizeram comentários sobre o talento surpreendente de uma oradora, que foi decisivo para que a reunião se manifestasse a favor da abolição. Dentro de poucas semanas, a *Monthly Review* [*Revista Mensal*] casualmente notou o aparecimento de um trabalho como sendo de outra mulher antiescravista, "que se juntara ao grupo beneficente".[36]

A imprensa estava igualmente bem impressionada com o aparecimento de "um nativo da África" em outro debate público sobre o tráfico de escravos. Antes do fim da década de 1780, a presença negra tinha sido

---

35 Citado em Rediker, *The Slave Ship:* A Human History, p.329. Ver também cap.10. Ver também Clarkson (1808), op. cit., v.I, cap.14-8.
36 Midgley, *Women Against Slavery:* The British Campaigns, 1780-1870, p.18-35; Oldfield, op. cit., p.135-41 e Ferguson, *Subject to Others:* British Women Writers and Colonial Slavery, 1670-1834.

sentida na Inglaterra principalmente nos casos de libertação no país, ou em relatos de vítimas anônimas que tinham sido lançadas ao mar para economizar água na viagem atlântica, que tinham sido brutalizadas ou executadas de forma horrorosa nas colônias, que tinham sido libertadas durante a revolução norte-americana, que tinham sido socorridas por caridade nas ruas de Londres ou que tinham sido embarcadas para fundar um novo povoamento em Serra Leoa. Escritores como Phyllis Wheatley e Ignatius Sancho poderiam ter atacado tangencialmente o tráfico de escravos, mas suas publicações serviram principalmente como evidências famosas do potencial dos africanos para a elevação moral e a realização cultural.

O advento do abolicionismo político abriu um novo espaço público para os africanos. Em rápida sucessão, Ottobah Cugoano e Olaudah Equiano tornaram-se formadores de opinião em vez de vítimas mudas. Para os temas de brutalidade publicados por Ramsay, Clarkson e os quacres, o *Pensamentos e sentimentos sobre o mal da escravidão* (1787), de Cugoano, adicionou de maneira ousada um argumento presciente para a criação do bloqueio marítimo dos negreiros. Dois anos depois, a *Narrativa interessante da vida de Olaudah Equiano, ou Gustavus Vassa, o africano, escrita por ele mesmo* tornou seu autor o africano mais conhecido da Grã-Bretanha. O sucesso de venda do livro de Equiano e suas viagens para fazer conferências em todo o país ofereceram à maioria dos bretões a experiência mais personalizada do sistema atlântico de escravos que eles teriam na vida. Equiano simbolizava uma viagem assombrosa do cativeiro à liberdade, à conversão e à celebridade.[37]

---

37 Sobre Cogoano, *Unchained Voices*: An Anthology of Black Authors in the English-Speaking World of the Eighteenth Century, p.145-84, esp. p.170-1. Ver Carretta, *Equiano the African*; e Walvin, *An African's Life*: The Life and Times of Olaudah Equiano 1745-1797. Para uma análise mais detalhada do papel dos negros na emergência do abolicionismo britânico, ver Brown (2006), op. cit., p.282-98. Em vista da atenção pública no tráfico africano de escravos, Equiano pode ter alterado a narrativa da sua infância para maximizar seu impacto, alegando uma infância africana em vez de uma norte-americana. Ver também Sidbury, Early Slave Narratives and the Culture of the Atlantic Market, Gould e Onuf, *Empire and Nation*: The American Revolution in the Atlantic World, p.260-74; p.364, nota 7. Sobre a controvérsia historiográfica subsequente, ver Carretta, Lovejoy, Burnard, Sensbach, Olaudah Equiano, The South Carolinian? A Forum, *Historically Speaking*, p.2-16.

A segunda onda, 1791-1792: os triunfos e perigos da mobilização popular

A primeira onda do abolicionismo aumentou as oportunidades para novos atores na esfera pública. A segunda onda expandiu ainda mais a esfera pública. Três anos de audiências e manobras parlamentares, de 1788 a 1791, revelaram a influência no parlamento do interesse escravista mobilizado. Em julho de 1788, depois da primeira onda peticionária, Wilberforce aconselhou o Comitê de Londres a evitar "fazer qualquer ofensa à legislatura por alianças forçadas ou desnecessárias".[38] Antes de a moção de Wilberforce sobre a abolição ser finalmente apresentada, em abril de 1791, não houve mais nenhuma intervenção coletiva. Pitt, Fox e Burke novamente deram apoio total ao projeto de lei. Desde o começo, os parlamentares abolicionistas tentaram minimizar o impacto potencial da abolição nas Índias Ocidentais. Eles concentraram a atenção nas £ 600 mil e £ 900 mil investidas anualmente no próprio tráfico de escravos. Seus oponentes seguiram na direção oposta. Eles ligaram a abolição ao destino de todo o capital caribenho, maximizando o risco a ponto de quase centuplicá-lo. No fim do debate, um deputado da retaguarda resumiu concisamente a situação:

> Os líderes estavam verdadeiramente a favor da abolição; mas os oradores menores, os pigmeus, ele tinha certeza que levariam a melhor em uma questão contra eles. A propriedade dos caribenhos estava em jogo.

A abolição foi derrotada por 163 votos a 88. Quaisquer que fossem os méritos do argumento usado, concluiu Roger Anstey, os abolicionistas foram estrondosamente derrotados.[39]

---

38 British Library, Add Mss, 21255, Minutes of July 29, 1788 e July 1, 15, e 29, 1788, e Issac e Wilberforce, *The Life of William Wilberforce*, v.I, p.183-4.

39 *Cobbett's Parliamentary History*, v.29, col.358, (19 abr. 1791); e Anstey, op. cit., p.273. As chegadas de escravos nas colônias britânicas já estavam claramente alcançando o pico, os preços de escravos e do açúcar estavam subindo e a produtividade permanecia em alta. Ver Eltis, Lewis e Richardson, Slave Prices, the African Slave Trade, and Productivity in the Caribbean, 1674-1807, *Economic History Review*, p.673-700.

Em vista da negativa do parlamento, o Comitê de Londres resolveu que era chegada a hora de renovar o apelo. Dessa vez, a mobilização não foi deixada ao acaso das iniciativas locais. Clarkson sistematicamente percorreu a Inglaterra. William Dickson, outro agente, cobriu a Escócia. Os emissários não estavam mais procurando evidências, mas sim distribuindo-as na forma de um resumo cuidadosamente selecionado dos testemunhos prestados ao Comitê Parlamentar Especial. Eles também orquestraram o cálculo do tempo das reuniões de petição para "atiçar o fogo", mas atrasar sua "irradiação" até que a massa de petições pudesse chegar simultaneamente ao parlamento.[40]

Os resultados excederam muito as expectativas do Comitê. Até mesmo duas décadas depois, a sóbria *History* de Clarkson permitiu-se um momento de assombro:

> Ninguém pode formar uma opinião do entusiasmo da nação nesse momento, a não ser quem testemunhou. Talvez nunca tenha havido uma época em que um sentimento tão virtuoso tenha impregnado todas as classes [...] A corrente era de tal força e rapidez que foi impossível estancá-la [...] [Nenhuma petição] jamais foi mais numerosa, até que tenhamos algum registro destas transações [...] A conta ficou assim. A favor da regulamentação havia 1; contra toda a abolição havia 4; e a favor da abolição total do tráfico, 519.

Mais de 400 mil nomes fluíram para Londres bem em tempo da apresentação da segunda moção de Wilberforce. Provavelmente, esse foi o maior número de petições e assinaturas que chegaram simultaneamente ao parlamento sobre um único assunto. Em algumas partes do país, entre um quarto e um terço da população adulta masculina peticionou ao parlamento sobre a abolição, e a proporção de Manchester alcançou quase 50%.[41]

---

40 British Library, Add Mss 21 256, Minutes of May 27, 1791; e Friends House Library, Londres, Temp. Mss Box 10/14, Dickson, Diary of a Visit to Scotland, January 5th-March 19th, 1792.
41 Clarkson (1808) op. cit., v.II, p.352-5; Drescher (1987), op. cit., p.80; e Oldfield, op. cit., p.114; p.123 notas 8 e 4.

Em termos geográficos, o Comitê de Londres recebeu respostas positivas de uma ponta do país à outra. Nenhum limite distinguiu as cidades isoladas das grandes, ou os principais habitantes dos habitantes comuns. Assembleias clericais, universidades e câmaras de comércio tomaram seus lugares modestamente ao lado de organizações comerciais e de sociedades de socorro mútuo dos trabalhadores. O Comitê de Londres deu ênfase à sua preferência às petições populares. A resposta popular à grande campanha de 1791-1792 indica que os abolicionistas receberam apoio quase ilimitado dentro dos limites contemporâneos dos subscritores legitimados.

Os organizadores estavam claramente muito menos preocupados com o pequeno entusiasmo popular pela abolição do que com o entusiasmo demasiado. Na verdade, a maior preocupação era com o perigo de que a mobilização propriamente popular se ligasse a outros programas ou a programas mais radicais. A maioria do Comitê de Londres também temia que outras questões políticas pudessem afetar a mobilização abolicionista. Clarkson, que simpatizava bastante com a Revolução Francesa, foi explicitamente advertido por Wilberforce para não discuti-la, porque temia que isso prejudicasse a causa da abolição. A advertência do próprio Clarkson a William Dickson, quando estava a caminho da Escócia, procurava persuadi-lo com insistência de que era "impossível ser demasiadamente franco ao confessar a distinção entre emancipação e abolição". Dickson também foi alertado de que devia distanciar a petição em potencial de qualquer discussão política, exceto da ideia mais geral de que "o que era injusto era necessariamente impolítico". Dickson também observou que os oponentes da abolição estavam fazendo alguns esforços para usar o levante de escravos de São Domingos de 1791 contra a campanha pelas petições. De qualquer maneira, era bastante incerto que o resultado do levante pudesse afetar significativamente o debate parlamentar.[42]

---

42 Dickson, Diary of a Visit to Scotland, Instruction #1, op. cit., February 5th e 14th. Sobre a recepção da revolução de São Domingos na Grã-Bretanha no inverno de 1791-1792, ver Geggus (1982), British Opinion and the Emergence of Haiti, 1791-1805, Walvin (Ed.), *Slavery and British Society*, p.123-49.

O Comitê de Londres também se aproximou de outra mobilização antiescravista de massa com cautela. Depois da derrota parlamentar da abolição, em 1791, uma nova estratégia abolicionista emergiu fora da órbita do Comitê de Londres. Uma campanha nacional foi lançada para que os consumidores se abstivessem do consumo do açúcar produzido por escravos. Esse movimento "antissacarino" foi mais do que um simples meio simbólico de evitar o abuso. Ele pretendia ser um instrumento de coerção econômica direta contra todo o interesse escravista e ampliou dramaticamente a esfera pública. Apelos especiais foram feitos às mulheres, como administradoras do orçamento doméstico. Eles destacavam a sensibilidade especial das mulheres com relação à separação das famílias e propunham o boicote como forma de compensar a exclusão delas da campanha peticionária. As crianças também foram estimuladas a participar como voluntárias dessa mobilização nacional de consumidores. Em suas viagens para fazer conferências, Equiano distribuiu panfletos contra o consumo do açúcar escravista. Novamente, o bastante ousado Clarkson privadamente deu preferência à agitação antissacarina na esperança de aumentar a participação nas petições, mas Wilberforce temia que a abstenção fosse alienar os moderados.[43]

Assim, juntamente com o apelo cuidadosamente elaborado e direcionado do Comitê de Londres, surgiu um movimento paralelo que envolveu centenas de milhares de outros participantes. Embora não tenhamos detalhes sobre os que se abstiveram por idade ou gênero, as mulheres e as crianças, que eram a maioria dos membros da maior parte das famílias, claramente ficaram fora dos limites previstos pela maioria dos comitês peticionários provinciais. Algumas polêmicas sobre o boicote ao consumo identificaram explicitamente a legislatura britânica, do modo como ela estava constituída, como uma instituição que provavelmente não aboliria o tráfico de escravos. Como o parlamento não tinha levado em consideração a vontade expressa do povo, o povo teve de "manifestar à Europa e ao Mundo esse espírito público, essa

---

43 Clarkson (1808), op. cit., v.II, p.349-50; Issac e Wilberforce, op. cit., v.I, p.338-9.

repugnância virtuosa à ESCRAVIDÃO, à qual o SENADO britânico é incapaz – ou não cogita sentir."[44]

A linguagem dessa expressão radical do abolicionismo ecoou em outras vozes, que exigiam uma reforma política fundamental na Grã-Bretanha. No inverno de 1792, o movimento antissacarino aparentava ser apenas mais um sintoma dos muitos desafios radicais que varriam o mundo atlântico. Todas as organizações políticas radicais britânicas saudaram a onda de petições abolicionistas como um prenúncio de transformações ainda maiores. Elas alegremente incorporaram "o fim do tráfico de escravos" a seus brindes e resoluções. A Sociedade pela Informação Constitucional e a Sociedade dos Correspondentes de Londres encontraram uma afinidade natural entre o infortúnio dos africanos escravizados e dos bretões oprimidos. A imprensa britânica registrou a recompensa da cidadania honorária dada pela Assembleia Nacional francesa a Wilberforce. À medida que o fluxo de petições abolicionistas atingia seu pico, no começo de 1792, a estratégia antiabolicionista se alargava ao fundir o abolicionismo não apenas com a emancipação de escravos, mas também com toda a ameaça em potencial à ordem pública externa e interna. Os antiabolicionistas fizeram ampla propaganda por meio de publicações que detalhavam os horrores da revolução em São Domingos. Clarkson viu-se na obrigação de desmentir publicamente que era membro do clube jacobino de Paris. O Comitê de Londres também publicou uma refutação à acusação do Comitê da Índia Ocidental de que o movimento abolicionista britânico tinha sido responsável pelo levante de São Domingos.[45]

Durante os prolongados debates parlamentares sobre a abolição em abril de 1792, a cobertura da abolição pelos jornais se intensificou. A Câmara dos Comuns passou a maior parte do mês de abril analisando as petições e seus significados. Fox reiterou a premissa de 1788 – uma mesa repleta de petições indicava que todo o povo da Inglaterra tinha

---

44 Ver Drescher (1987), op. cit., p.56-60; Carretta, op. cit., p.355; *Considerations addressed to Professors of Christianity*, v.p.2; e W[illiam] A[llen], *The Duty of Abstaining from... West India Produce... January 12, 1792*, p.iii, "advertisement".

45 Clarkson, *The True State of the Case, Respecting the Insurrection at St. Domingo*; e Gibson, *Thomas Clarkson: A Biography*, p.75.

uma queixa legítima. A pilha de papéis sem precedentes sobre a mesa em 1792 agora encorajava alguns membros abolicionistas do parlamento a reconhecer que crianças em idade escolar e pessoas de *status* mais baixo eram assinantes das petições:

> O que isto prova, senão a unanimidade de que pessoas de todos os tipos, condições e idades – jovens e velhos, mestres e aprendizes, de posição social alta e baixa, ricos e pobres, a geração que ascendeu e a ascendente – colocaram os nervos à flor da pele para a derrocada do [...] abominável e indefensável?[46]

Por algumas semanas, a nova onda da opinião pública pareceu ter tido êxito para reverter a derrota de 1791. A Câmara dos Comuns pôs em votação a abolição gradual e o fim imediato do tráfico britânico de escravos para as colônias estrangeiras, sendo o resultado 230 votos a favor e 85 contra. Por uma margem muito menor, a Câmara dos Comuns votou que 1796 seria o ano da abolição total. Contudo, em questão de meses, a onda abolicionista recuou tanto no parlamento quanto no país. Em 1788, a Câmara dos Lordes mal tinha concordado com a medida reguladora Dolben. A Câmara dos Lordes insistiu em examinar suas próprias evidências, adiando o começo das audiências até a sessão seguinte. Nessa altura, a janela política para a agitação fechou. O temor ao radicalismo doméstico foi agravado pelas ameaças gêmeas da emancipação revolucionária dos escravos do Caribe e, mais ainda, pela expansão revolucionária francesa na Europa. No início de 1793, quando a Grã-Bretanha foi à guerra contra a França, "o ódio havia caído sobre os requerimentos coletivos" ao parlamento para qualquer reforma.[47]

---

46   *The Diary* (um jornal de Londres), 14 abr., 24 abr. e 4 mai. 1792. Em momentos de grande conflito com abolicionistas, os fazendeiros nas Índias Ocidentais também peticionaram ao parlamento, mas em números muito menores. Eles mais tarde mudaram seus apelos à Coroa, refletindo a "natureza cada vez mais impopular da causa pró-escravista". Ver Lambert, The Counter-Revolutionary Atlantic: White West Indian Petitions and Proslavery Networks, *Social and Cultural Geography*, p.405-20.
47   Isaac e Wilberforce, op. cit., v.II, p.18.

Nada parecido com a grande agitação popular de 1792 se repetiu antes da aprovação das leis da abolição do tráfico de escravos em 1806-1807. Alguns historiadores têm visto a abolição parlamentar como uma ocorrência dentro de uma longa calmaria da participação popular, que se estendeu de 1792 até a década de 1820.[48] No entanto, se o olhar for direcionado para além das petições massivas, será possível ver o grande papel desempenhado pela opinião pública em 1806-1807. Levando em conta sua forma mudada, é preciso ter em mente tanto a magnitude da cultura reacionária da década de 1790 quanto o reaparecimento relativamente rápido da abolição como o primeiro movimento de reforma bem-sucedido depois da década revolucionária francesa. Mesmo na década de 1790, a despeito de todas as insinuações sobre as ligações de Wilberforce com o jacobinismo, a Câmara dos Comuns nunca se recusou a considerar suas moções anuais pela abolição. Por volta de 1804, os temores ao radicalismo popular tinham começado a baixar. Na visão do primeiro-ministro Henry Addington, o Movimento Britânico de Voluntários tinha demonstrado que "o povo", continuamente reunido e armado, tinha indicado uma determinação coletiva para defender a independência britânica que "transcendia as divisões entre as classes sociais".[49] Nessas grandes associações, regularmente reunidas em conjunto, a abolição do tráfico de escravos foi considerada compatível com a luta mais ampla pela liberdade nacional. Os pregadores diziam aos voluntários que estavam lutando para decidir se haveria alguma outra liberdade na terra e faziam uma conexão explícita com o imperativo moral de saudar a abolição.

Uma década depois da grande petição massiva de 1791-1792, a abolição permanecia na agenda política britânica. Nas discussões preliminares de abertura pela Paz de Amiens (1802), o sucessor antiabolicionista de Pitt, Henry Addington, sentiu-se na obrigação de propor negociações para um encerramento mútuo, anglo-francês, do tráfico transatlântico

---

48 Ver inter alia, Walvin, Abolishing the Slave Trade: Anti-Slavery and Popular Radicalism, 1776-1807, Emsley e Walvin (Eds.), *Artisans, Peasants and Proletarians, 1760-1860*, p.32-56. Turley, *The Culture of English Antislavery*; e Oldfield, op. cit., p.186.

49 Colley, *Britons*, p.309 e 319.

de escravos para o Caribe. Napoleão, já prevendo uma expansão maciça do império ultramarino da França, não respondeu.[50] A Grã-Bretanha foi confrontada com uma decisão unilateral de considerável importância para seu império escravista. Durante a década que antecedeu a abolição britânica, o império adquiriu dez vezes mais territórios inexplorados e adequados para a escravidão do que tinha ocupado durante o século anterior inteiro em Trinidad, na Guiana e na África do Sul. Ambos os lados perceberam que milhões de cativos a mais corriam um risco potencial na África. Mesmo assim, os abolicionistas conseguiram fechar uma porta após a outra para impedir a importação de escravos a essas terras inexploradas até a proibição geral de 1807.[51]

Ao observar os anos iniciais do século XIX, é importante verificar os contrastes entre as políticas francesa, norte-americana e britânica em relação às suas potenciais fronteiras escravistas. Em 1801, Napoleão pretendia expandir dramaticamente o compromisso da França com a instituição. Seu plano para o ocidente implicava a conservação e a reconquista pela França das ex-colônias do Caribe francês e a expansão no território da Louisiana, devolvida pelo rei espanhol à soberania francesa. Em dois anos, sua derrota desastrosa no Haiti delimitou seu projeto caribenho. A retomada das hostilidades com a Grã-Bretanha e a supremacia naval britânica condenaram ao fracasso o restante de seus planos coloniais. O impacto do rompimento de Napoleão com o legado revolucionário e o poder marítimo britânicos não só destruíram sua política ocidental como também liquidaram seus sonhos de minar a dominação da Grã-Bretanha na Índia e na Austrália.[52]

Como já foi observado, a aquisição da Luisiana pelos Estados Unidos, em 1803, converteu o projeto de desenvolvimento napoleônico em um projeto de desenvolvimento norte-americano. Mesmo se incluirmos somente as áreas reservadas ao desenvolvimento escravista na margem

---

50 Benot, Bonaparte et la Démence Coloniale (1799-1804), *Mourrir pour les Antilles: Indépendance nègre ou l'esclavage (1802-1804)*, p.20-1.
51 Drescher (1977), op. cit., cap.6.
52 Lentz, Bonaparte, Haiti et l'echec colonial du régime consulaire, *Outre-Mers*, p.41-60.

ocidental do Mississipi, entre Nova Orleans e St. Louis, na década de 1820, observaremos que havia mais terra arável disponível para a expansão da escravidão nos Estados Unidos do que no Caribe britânico. De 1804 a 1808 houve uma onda de importação de escravos africanos para o novo território. E ela foi suplementada pelos milhares de escravos que já residiam ali, pelos escravos franco-africanos de Cuba em 1809-1810 e por um fluxo contínuo de escravos afro-americanos com destino ao conjunto sulista de estados, obtido com a compra original da Luisiana.[53]

A política britânica tomou outra direção. O desenvolvimento de Trinidad, conquistada em 1797 e definitivamente transferida à Grã--Bretanha, foi suspenso indefinidamente. Isso não se deveu a qualquer diminuição do suprimento potencial do trabalho de escravos africanos ou à falta de terra em abundância para exploração. Entre o decreto francês de emancipação de 1794 e a consolidação da libertação nacional haitiana, uma década depois, os britânicos estavam transportando mais de 46% dos africanos que chegavam ao Novo Mundo, uma porcentagem mais alta do que aquela que eles haviam alcançado anteriormente. Durante o mesmo período, seus inimigos transportaram apenas 5% do total. Em 1805-1806, no entanto, houve uma redução da entrada de escravos africanos na Guiana holandesa. Depois de 1808, todas as novas importações de escravos da África foram proibidas. A transferência dos escravos de uma colônia para outra, das grandes lavouras desenvolvidas para as grandes lavouras de fronteira, também foi extinta no fim da década de 1820. O impacto das políticas de abolição, tanto a britânica quanto a norte-americana, pode ser observado nos números da migração de escravos. Na geração entre as abolições anglo-americanas de 1808 e a emancipação britânica de escravos em 1833, os estados importadores da união norte-americana receberam vinte vezes mais novos escravos que as colônias fronteiriças de Trinidad e da Guiana. Assim, já em 1802, a política britânica e a norte-americana seguiam trajetórias diferentes.[54]

---

53 Fehrenbacher, *The Slaveholding Republic*, p.150 e 386n.71.
54 Drescher (2004), The Fragmentation of Atlantic Slavery and the British Intercolonial Slave Trade, Johnson (Ed.), *The Chattel Principle: Internal Slave Trades in the Americas*, cap.10, p.237; Table 10.1.

A dissociação entre a abolição britânica e o radicalismo francês também foi facilitada pelo restabelecimento da escravidão por Napoleão, em 1802. Quando as hostilidades anglo-francesas ressurgiram, no ano seguinte, o governante francês tornou-se um escravizador em potencial em dois mundos. Toussaint Louverture, "arrebatado como um criminoso da planície de São Domingos" e enviado à Europa para morrer no cativeiro, teve um destino que também pairava sobre os bretões. O temor da invasão em 1803-1804 estimulou as especulações de que a conquista francesa resultaria em ingleses saudáveis "transformando-se em turmas de escravos galés", ou em escravos nas fábricas e nas minas.[55]

De modo correspondente, a luta dos ex-escravos contra a França deslocou o papel das massas revolucionárias de São Domingos para o papel de potenciais aliadas contra um inimigo comum. A cada ano que se passou depois de 1804, a volta do Haiti aos comerciantes britânicos para ligações comerciais vitais fez o novo regime parecer menos ameaçador aos interesses britânicos coloniais e metropolitanos. No fim das contas, essa mudança refletiria nos debates parlamentares. Por volta de 1807, o Haiti não era mais uma ameaça existencial às colônias britânicas. Agora, ele era usado principalmente pelos abolicionistas – e não pelos antiabolicionistas – como um alerta de um precedente do que os novos cativos das colônias poderiam inspirar em algum ponto do futuro. A ausência de qualquer levante nativo em suas próprias colônias encorajou o governo britânico a desconsiderar a possibilidade de revoltas de inspiração abolicionista como um fantasma inventado por *anti*abolicionistas.[56]

O desacoplamento da abolição dessas ameaças exógenas não foi evidentemente suficiente para garantir o sucesso da abolição no parlamento. Em 1804, a volta de Pitt ao cargo e a incerteza do impacto do

---

55 Gee, *The British Volunteer Movement 1794-1814*, p.186; e Semmel, *Napoleon and the British*, p.46; 57 e 112. O impacto do Haiti na opinião britânica é tratado detalhadamente em Geggus (1982), op. cit., p.123-49. Sobre a redução do papel do Haiti como uma ameaça militar antes de 1807, ver Drescher e Drescher, Civilizing Insurgency, *Who Abolished Slavery? Slave Revolts and Abolitionism*.

56 Lorde Howick introduziu o debate na Câmara dos Comuns em 24 de fevereiro de 1807; *Cobbett's Parliamentary Debates* [doravante P. D. (41v., 1804-1820), VII, col.952]. Ver também Drescher (1977), op. cit., p.169 e 256, n.11.

recém-independente Haiti nas ilhas britânicas animaram Wilberforce a reapresentar sua moção de abolição. O projeto foi aprovado com sucesso pela Câmara dos Comuns no fim de junho, tão somente para ser contido pela velha barreira. A Câmara dos Lordes, sem pressa e com muita tranquilidade, reiterou a insistência anterior de obter novas evidências. Os amigos da abolição na Câmara Alta aconselharam a postergação até o ano seguinte.

Não bastaria contar apenas com os clamores do "Haiti" ou fazer lóbi discretamente no parlamento. Em 1805, Wilberforce viu a maioria dos comuns do ano anterior gradualmente se transformar em uma inesperada minoria. Como Roger Anstey concluiu, a vitória de 1804 tinha sido enganosa. "Os inimigos apenas tiveram de se esforçar mais e os amigos menos, e foi perda de tempo."[57] Reagrupando-se depois do revés inesperado, o Comitê de Londres decidiu que a renovação da pressão popular seria essencial para romper o impasse. Dadas as armadilhas em potencial de uma mobilização nacional, o Comitê limitou suas táticas a mobilizações locais, mas elas começaram a ter um efeito sério. Já em 1805, o interesse escravista reclamou que a propaganda "violenta", desenvolvida por seus antagonistas em Yorkshire, Lancashire e Londres, estava se tornando um impedimento sério ao fluxo de capital para o Caribe. O Comitê da Índia Ocidental teve de reviver seu movimento dormente de propaganda.

Como foi observado no capítulo 6, com a formação do Ministério Fox-Grenville, no começo de 1806, o governo e os abolicionistas retornaram à tática de abolição parcial, cujo movimento tinha sido interrompido duas vezes na Câmara dos Lordes. Após a aprovação da lei do tráfico estrangeiro de escravos, em maio de 1806, a atenção imediatamente se voltou para a questão da abolição total. Grenville, trabalhando com os líderes abolicionistas, estava consciente de que o Projeto de lei da Abolição Estrangeira tinha sido aprovado com base no fato de que ajudaria as colônias britânicas a manterem uma vantagem em tempo de guerra

---

57 Anstey, op. cit., p.346; ver também Clarkson (1808), op. cit. v.II, p.502-3; Drescher (1994), op. cit., p.136-66; e Dixon, The Politics of Emancipation: The Movement for the Abolition of Slavery in the British West Indies, Ph.D., 1807-1833, p.119-32.

sobre seus concorrentes beligerantes. Por isso, o governo britânico fizera um esforço final, malsucedido, para negociar com a França um acordo bilateral de abolição. Mesmo depois da derrota militar no Haiti e da perda da Luisiana, Napoleão não mostrou interesse pela proposta. A abolição total em 1807 teria de contar principalmente com os argumentos abolicionistas originais fundamentados em "justiça, política correta e humanidade". Isso exigiu outro apelo à sociedade. Stephen insistiu com Grenville para que ele retardasse a moção final até depois das eleições gerais, a fim de que os membros do parlamento pudessem ser *"instruídos pelas numerosas comunidades de seus constituintes* para votar pela abolição do tráfico de escravos". Grenville concordou, sentindo que um aumento no sentimento pró-abolicionista ajudaria a fortalecer a posição do Gabinete no parlamento. A estratégia funcionou.[58] No debate crucial na Câmara dos Comuns, em 23 de fevereiro de 1807, a margem real da vitória foi de 283 votos a favor e apenas 16 contra – a mesma margem relativa pela qual o Congresso dos Estados Unidos havia aprovado a Lei da Abolição dez dias antes.[59]

Após essa esmagadora derrota, os oponentes da abolição estavam seguros sobre o que havia criado tal margem sem precedentes da vitória dos abolicionistas. O general Gascoyne, de Liverpool, representando o maior porto escravista da Grã-Bretanha, reclamou que haviam sido usadas todas as medidas legislativas possíveis de serem idealizadas pela invenção ou pela arte para criar um clamor popular:

---

58 Anstey, op. cit., p.395; p.401-2; Drescher (1977), op. cit., p.218; Peter Jupp, *Lord Grenville 1759-1834*, p.388-9; e Drescher (1994), op. cit., p.145. Ver também *P. D. VIII*, p.718-9. Sobre a oposição de Sidmouth à "causa popular", ver também Pellew, *The Life and Correspondence of Henry Addington, Viscount Sidmouth*, v.II, p.427-48. Na sua análise em profundidade da abolição em 1807, Roger Anstey conclui que a "explicação imediata" para sua aprovação "jaz no lóbi sistemático abolicionista". Ele observa, no entanto, que, sem exceção, os abolicionistas ficaram atônitos com o fato de a posição negativa ser tão parcamente apoiada pela oposição, a despeito dos seus "esforços não usuais" de conseguir votos e do que Wilberforce descreveu como uma "enorme lista de duvidosos". (*Atlantic Slave Trade*, p.396-400) (ênfase minha). O resultado conflita com a lógica de Anstey para a derrota parlamentar no voto anterior sobre a abolição em 1805.

59 Ver Farrel, Contrary to the Principles of Justice, Humanity and Sound Policy, The Slave Trade, Parliamentary Politics and the Abolition Act of 1807, Farrell, Unwin e Walvin, *The British Slave Trade*, p.141-71.

A Igreja, o teatro, a imprensa, tinham trabalhado para criar um preconceito contra o tráfico de escravos [...] As tentativas de produzir o clamor popular contra o tráfico nunca foram tão visíveis quanto durante a última eleição, quando fervilharam nos jornais públicos os abusos do tráfico e foram exigidas promessas dos diferentes candidatos de que eles se oporiam à sua continuidade. Nunca houve uma questão tão agitada desde a reforma parlamentar, na qual tanto esforço foi feito para levantar o clamor popular e para fazer do tráfico o objeto do ódio universal. Em cada cidade manufatureira e em cada burgo do reino todas essas artes foram postas em prática.[60]

Seria difícil identificar um registro mais aflito que esse sobre o peso da opinião pública a favor da abolição no inverno de 1807. Contudo, é crucial observar que a abolição não se tornou um símbolo da solidariedade nacional naquele ano. O papel desempenhado por Wilberforce na aprovação do projeto da abolição apenas aumentou as suspeitas de radicais como William Cobbett, sempre hostil ao altruísmo "negrófilo". Outros radicais argumentaram, *ex post facto*, que o governo de Grenville tinha agido apenas para acalmar os fazendeiros das Índias Ocidentais. Os fazendeiros jamaicanos discordaram veementemente. Eles eram os senhores da mais importante colônia produtora de açúcar e café do mundo. A assembleia colonial protestou contra os danos que a abolição provocaria. Em casa, os agitadores de Liverpool extravasaram sua raiva pelo representante do grupo no parlamento. William Roscoe, que havia votado a favor da abolição, foi intimidado a abandonar sua campanha pela reeleição em 1807. Nos três meses seguintes à aprovação da lei, até mesmo Wilberforce quase chegou a perder sua cadeira por Yorkshire em consequência de uma campanha de boatos sobre a sua aliança com um caribenho, o qual ele mesmo tinha forçado a abandonar a eleição de 1806.[61]

---

60 *P. D. VIII*, p.718-9.
61 Drescher (1994), op. cit., p.149-52; Spence, *The Birth of Romantic Radicalism:* War, Popular Politics and English Radical Reformism, 1800-1815, p.36-7; Wood, *Slavery, Empathy, and Pornography,*

Paz e internacionalização

Todo o período que vai da Paz de Amiens, em 1802, ao Congresso de Viena, em 1815, foi decisivo na história da escravidão britânica e mundial. A França, os Estados Unidos e a Grã-Bretanha estavam preparados para fazer expansões imperiais dramáticas de seus sistemas escravistas. Em 1802, Napoleão esperava ligar suas colônias de escravos reconquistadas no Caribe francês com sua aquisição da Luisiana em um grande projeto ocidental para se tornar uma presença imperial preponderante nos dois lados do Atlântico. Em 1804, os Estados Unidos herdaram o segmento mais importante dessa vasta fronteira na Luisiana e prontamente expandiram seu império de escravidão para além do Mississipi. Entre 1802 e 1806, como foi observado, os britânicos ocuparam os territórios não desenvolvidos de Trinidad e Demerara e estavam determinados a retê-los. Nas negociações diplomáticas de 1801 e de 1806, o governo britânico tentou em vão introduzir a questão da proibição bilateral de novas importações de escravos da África. Entre 1802 e 1806, os britânicos agiram unilateralmente para restringir as importações de escravos africanos para suas importantes aquisições caribenhas recém-adquiridas. Em 1808, eles começaram a exercer pressão naval e diplomática a fim de restringir o tráfico estrangeiro de escravos. Os expedientes de tempo de guerra desdobraram-se em uma cruzada internacional sistemática antes do Congresso de Viena, no qual, aliás, o único artigo extraeuropeu que surgiu foi uma condenação internacional do tráfico de escravos.

A opinião pública britânica não chegou a um consenso verdadeiramente nacional sobre a internacionalização até o verão de 1814. A entrada de Castlereagh, o ministro das relações exteriores, na Câmara dos Comuns, com o vitorioso Tratado de Paris em mãos, deveria ter sido seu momento de triunfo supremo. De acordo com o sóbrio registro *Hansard*, ele foi recebido com fortes aplausos. Então, Wilberforce levantou-se para falar. Ele denunciou o tratado como uma sentença de morte para uma

cap.3; e Sanderson, The Liverpool Abolitionists, Anstey e Hair (Eds.), *Liverpoool, the African Slave Trade, and Abolition*, p.126-56.

multidão de vítimas inocentes – homens, mulheres e crianças. O "Artigo Adicional" do tratado reabriu o tráfico francês de escravos, com a sanção britânica, por cinco anos completos. Outros parlamentares não hesitaram em lembrar à Câmara dos Comuns que membros do governo, incluindo o ministro das relações exteriores, tinham notoriamente estado entre os oponentes inflexíveis da abolição sete anos antes.[62]

O Comitê de Londres rapidamente decidiu lançar outra campanha peticionária, enquanto taticamente evitava um enfretamento com o governo. Ele condenou o artigo do tratado referente ao tráfico de escravos e deu crédito a Castlereagh por ter feito tudo que julgava possível. Mas a mensagem foi claramente dirigida ao tráfico de escravos da França. Pela quarta vez em 27 anos, o público era convocado para se unir contra o tráfico atlântico de escravos. A resposta nacional foi retumbante.

Em muitos aspectos, foi a campanha mais impressionante de toda a luta. No fim das contas, um total de 1.370 petições chegou ao parlamento, um número bem acima da média anual de todas as outras petições enviadas entre 1811 e 1815. A certa altura, os abolicionistas estimaram que elas continham a assinatura de 750 mil pessoas. Paul Kielstra elevou recentemente o total final para 1.375.000, embora esse número inclua as petições enviadas a ambas as Câmaras. De qualquer forma, para uma nação com não mais de 4 milhões de homens acima de 16 anos, entre um quinto e um terço dos que estavam habilitados para assinar registraram os seus nomes no apelo.[63]

A avaliação que Castlereagh fez da campanha de abolição foi concisa: "a nação está decidida a realizar esse projeto. Acredito que dificilmente alguma povoação tenha deixado de se reunir e peticionar". O duque

---

62 *P. D. XXVIII*, p.274; 332; 352 e 443.
63 Kielstra, *The Politics of Slave Trade Suppression in Britain and France, 1814-1848*, p.7-15; p.23-33; e Drescher (1994), op. cit., p.160-2. Em 1814, apenas sete anos depois de registrar a sua fúria sobre abolição, os cidadãos de Liverpool estavam entre os peticionários da Grã-Bretanha que mais assinaram contra o tráfico estrangeiro de escravos. John Gladstone, o principal investidor no Caribe, foi responsável por elevar o número total de subscritores da cidade de 2 mil para 30 mil. Drescher, The Slaving Capital of the World: Liverpool and National Opinion in the Age of Revolution, *Slavery and Abolition*, p.128-14, esp. p.139-40.

de Wellington registrou uma impressão similar em sua viagem de volta à França para renegociar o artigo do tráfico de escravos:

> Até passar algum tempo aqui [em Londres], eu não estava ciente do grau de frenesi que havia a respeito do tráfico de escravos. As pessoas em geral parecem pensar que seria útil à política desta nação ir à guerra para pôr fim a esse tráfico *abominável*.[64]

O duque tinha incorporado o adjetivo, se não a defesa dos abolicionistas.

Com essa grande onda peticionária, o abolicionismo foi além do mero registro de um protesto contra um artigo de um tratado de paz. Ele definidamente lançou a Grã-Bretanha em uma campanha internacional, moral e política de longo prazo contra o tráfico transatlântico de escravos. Foi um evento pioneiro da ligação que se forjava entre os termos do discurso público e a mobilização da opinião pública. No decorrer de uma única geração, o abolicionismo tinha evoluído de um programa de um adversário público inovador a uma peça fixa instalada na política nacional. Como o primeiro grande movimento de reforma que reviveu depois do eclipse geral da década de 1790, o poder da abolição foi sucessivamente ratificado pelas vitórias legislativas e pela política governamental. Em 1814, o movimento abolicionista havia gerado a primeira organização de direitos humanos e alterado muito a perspectiva do mundo ocidental sobre o futuro da escravidão como instituição.[65] O fim das hostilidades europeias em 1814 também foi um momento decisivo na história da escravidão. A grande mobilização popular desse ano causou estardalhaço suficiente para levar o governo britânico a transformar o abolicionismo em uma prioridade da política externa.

---

64 Drescher (1994), op. cit., p.164.
65 Ver Drescher (1987), op. cit., p.67; e (1994), p.162-6. Para o efeito da política britânica no tráfico transatlântico de escravos depois da abolição britânica, ver Eltis (1987), op. cit. Para o impacto de longo prazo do processo abolicionista no liberalismo e na cultura ocidental em geral, ver D. B. Davis (1984), *Slavery and Human Progress*, Parte 2, cap.I; parte 3, cap.3; e id. (2006), 238-9.

Castlereagh, o ministro das relações exteriores, insistiu no fim da inércia ibérica. A Grã-Bretanha também fez pressão para uma ação conjunta das grandes nações europeias reunidas no Congresso de Viena. As reações dos outros governantes à abolição variaram da hostilidade profunda à simpatia moderada, proporcionalmente à distância e ao interesse pelo sistema atlântico. Todos estavam cautelosos em relação a conceder mais poder naval para a única superpotência marítima do mundo. No fim das contas, Castlereagh conseguiu apenas apoio moral. O Congresso de Viena emitiu uma declaração conjunta segundo a qual o tráfico de escravos "desolou a África, degradou a Europa e afligiu a humanidade" e deveria ser suprimido. Os britânicos entenderam os limites da resolução. Como a Grã-Bretanha já tinha começado a negociar acordos que consideravam a compensação monetária pela desistência do tráfico, nada "seria feito pelo que a Grã-Bretanha não pagasse".[66] Por outro lado, a resolução anexada à *Ata Final* do Congresso de Viena foi o único item de um tratado maciço que observava o mundo para além da Europa. Seu único comentário sobre o mundo foi a condenação do tráfico escravo como uma ofensa às leis naturais e religiosas.

O abolicionismo britânico posterior à política napoleônica refletiu a trajetória do desenvolvimento interno e externo da Grã-Bretanha na geração de 1788 a 1814. Ele emergiu no contexto do "milagre britânico" dos fins da década de 1780. A lei de 1806-1807 veio na esteira de Trafalgar e da supremacia britânica na rota oceânica entre a Europa, a África e as Américas. Seu avanço a ambições globais em 1814 refletiu sua hegemonia marítima incontestável e sua primazia econômica no fim das guerras napoleônicas. Naquele ano, a *Edinburgh Review* [*Revista de Edinburgo*] ungiu a Inglaterra como "o público" da Europa, "perante cujo tribunal a conduta de cortes e das nações é examinada minuciosamente". O mesmo Thomas Clarkson, que em 1787 vacilara do lado de fora do porto de Bristol ao ver a imensa tarefa que tinha de executar, agora exultava:

---

66 Kielstra, op. cit., p.52; Bethell (1970), *The Abolition of the Brazilian Slave Trade*, p.14.

"Permitam que a voz da nação britânica se manifeste uma vez e o tráfico africano de escravos *cessará universalmente*".[67]

Com a mesma fidelidade, o abolicionismo britânico seguiu a autoconfiança da sociedade civil das profundidades às alturas. O abolicionismo era uma reforma para boas épocas. Até antes de Waterloo, os abolicionistas poderiam ameaçar fazer valer a voz pública da nação, que estava em expansão, quando bem entendessem. Em 1819, a mesma voz abolicionista não era nem mesmo um sussurro na esteira de Peterloo. Os abolicionistas não ousaram sequer pensar em agitação popular quando as multidões pareciam abominavelmente sinônimas de tumultos e repressão.

Uma mobilização popular mais distante restringiu ainda mais as iniciativas abolicionistas depois de 1816. Em 1815, James Stephen procurou tirar proveito do *momentum* gerado pela petição vitoriosa dos abolicionistas. O parlamento concordou em encaminhar uma sugestão para a criação de um registro central permanente dos escravos coloniais britânicos. Mal disfarçado na forma de rastreamento de africanos ilegalmente importados, Wilberforce concebera o procedimento como um pequeno passo inicial para o estabelecimento de uma supervisão estatal destinada à melhoria e ao monitoramento da condição dos escravos coloniais. Para os donos de escravos das Índias Ocidentais, o procedimento representou o primeiro ataque direto aos seus direitos de propriedade. Ele cruzava a linha tácita que, durante a revolução norte-americana, o governo metropolitano prometera aos caribenhos que seria observada. Os fazendeiros condenaram claramente Wilberforce por abrir a porta para a emancipação dos escravos.

Os escravos estavam à escuta. Na Jamaica, uma canção circulava entre eles: "Oh meu bom amigo Sr. Wilberforce faça *nós* livre [...]". E terminava, "retire a força com força! retire a força com força!" Em Barbados, os escravos recorreram de fato à força. Um levante, conhecido na tradição popular como a Rebelião de Bussa, começou no domingo de

---

67 Apud Kielstra, op. cit., p.28.

Páscoa, 14 de abril de 1816. O local da rebelião foi especialmente chocante para os senhores da Índia Ocidental. Os fazendeiros barbadenses há muito consideravam seus escravos como os mais "crioulizados" e satisfeitos. Exceto por um levante pequeno em 1702, nenhuma resistência barbadense de escravos havia se tornado, até então, uma rebelião aberta. A ilha tinha uma maior proporção de brancos do que qualquer colônia caribenha britânica, o que, em teoria, significava que era o lugar menos provável para uma tentativa de levante.[68]

A notícia do debate sobre o projeto de registro de Wilberforce levou alguns escravos a acreditarem que os fazendeiros barbadenses tinham frustrado o plano metropolitano de emancipação. Alguns preferiam uma interrupção não violenta do trabalho. O levante principal, no domingo de Páscoa de 1816, teve coordenação e apoio suficientes para destruir setenta das maiores lavouras na ilha. Um quinto da safra de açúcar daquele ano foi queimado. Os escravos foram derrotados principalmente pela milícia de cor leal e pelo mesmo regimento negro da Índia Ocidental que tinha tido um papel muito ativo durante as guerras francesas.[69] Muitos historiadores salientam a importância catalisadora dos "boatos" de apoio vindos de fora para as insurreições escravas. Barbados não foi uma exceção. Em dois outros aspectos, a Rebelião de Bussa também se assemelha a episódios similares de São Domingos. Os insurgentes queimaram os campos. A supressão da revolta também evocou a similaridade da ação das autoridades em relação aos levantes de escravos mais sérios do passado. Os líderes rebeldes foram executados e decapitados. Seus restos mortais foram expostos ao público.

Houve algumas novidades importantes em um levante dessa magnitude. Apenas um civil branco e um soldado negro britânico foram mortos pelos rebeldes. Os escravos barbadenses não estavam mais propagando o rumor tradicional de que a intenção do monarca de libertá-los estava sendo frustrada por seus conselheiros. Em vez disso, eles ressoaram as

---

68 Beckles, Emancipation by Law or War? Wilberforce and the 1816 Barbados Slave Rebellion, Richardson (Ed.), *Abolition and its Aftermath:* The Historical Context, p.80-104, citação na p.80.
69 Ver Craton, *Testing the Chains*, p.259-65.

palavras dos fazendeiros de que o registro era um passo para a emancipação. Além do mais, os conspiradores estavam divididos entre os que preferiam um "ataque não violento, com danos limitados à propriedade" e os que insistiam que a liberdade só seria conquistada se eles seguissem o exemplo do precedente haitiano de destruição e extermínio. A revolta em si foi um tanto híbrida – houve queimadas extensas de canaviais, mas na prática os escravos não provocaram um derramamento de sangue. Como veremos, o controle sobre os escravos aponta para um aspecto que se tornaria a característica distintiva dos últimos levantes dos escravos coloniais britânicos no início da década de 1830.[70]

Mais imediatamente, no entanto, o levante de Barbados solapou o argumento constante dos abolicionistas de que as moções parlamentares abolicionistas na Inglaterra não acarretavam violência no ultramar. Os escravos barbadenses, plenamente crioulos, acrescentaram à mobilização metropolitana um eco desconcertantemente destrutivo para a reforma da instituição da escravidão. Esse eco desencorajou momentaneamente novas mobilizações na metrópole. Pela primeira vez, os relatos antiabolicionistas do levante predominavam na imprensa britânica. O Projeto do Registro foi identificado como estímulo ao levante de escravos na colônia caribenha mais estável da Grã-Bretanha, em uma ilha que tinha estado livre desse tipo de evento por mais de um século.

Wilberforce argumentou de forma convincente que a violenta reação dos fazendeiros havia de fato estimulado a rebelião. Mesmo assim, a administração Tory persuadiu-o a retirar sua iniciativa de registro e requerer às legislaturas coloniais o estabelecimento de seus próprios sistemas de registro, uma vez que mantinham suas "próprias propriedades". Na esteira imediata do levante, restou a Wilberforce recuar de forma defensiva à sua posição anterior a 1807, quando o Projeto do Registro era apenas uma extensão de sua preocupação com a proibição do tráfico de escravos.[71]

---

70 Ibid., p.260-2; Beckles, op. cit., p.80-104. Sobre o novo padrão de rebeliões de escravos, ver D. B. Davis (2006), op. cit., p.212-1 e o capítulo 9 deste livro.
71 D. B. Davis (1984), op. cit., p.176-7; Matthews, *Caribbean Slave Revolts and the British Abolitionist Movement*.

Mais sete anos se passaram antes que os abolicionistas tomassem outra iniciativa a favor dos escravos coloniais. Nesse meio tempo, a política abolicionista britânica concentrou-se no tráfico de escravos. O governo tentou fechar, uma após outra, as lacunas legais que impediam a Marinha Real de dar fim ao tráfico transatlântico de escravos. Depois da aprovação da Lei da Abolição, em 1807, a única vantagem dos abolicionistas britânicos era a de estarem instalados no centro do poder marítimo mundial. O próprio senso de prioridade moral permitia-lhes ver com equanimidade as capturas dos navios negreiros que forçavam os limites da lei internacional e os ultrapassavam. Depois de 1808, a abolição estava tão internalizada que os que tomavam as providências coercitivas da Marinha Real encontravam pouca oposição doméstica por estarem envolvidos com as capturas de navios negreiros estrangeiros durante uma guerra. Com o retorno da paz, o governo britânico necessariamente teve de recorrer ao "poder suave" dos tratados bilaterais e das comissões binacionais para a implementação da sua política.[72]

A premissa moral que tinha dominado o discurso abolicionista britânico foi reiterada de maneira incessante pelo governo britânico. Isso inevitavelmente provocava uma interpretação mais cínica de uma política que persistiu até o fim do tráfico transatlântico de escravos. As teorias de conspiração floresciam até mesmo no discurso diplomático dos ministros estrangeiros e dos embaixadores. Os motivos humanitários e econômicos estavam claramente imbricados quando os britânicos aboliram seu próprio tráfico de escravos. Depois de 1815, os governos estrangeiros estavam cientes do relativo declínio das colônias de açúcar britânicas. De acordo com essa perspectiva, a Grã-Bretanha precisava de uma abolição internacional para proteger seus próprios fazendeiros ou, ainda mais desonestamente, para mudar o centro da produção tropical do Atlântico para o domínio asiático na Índia. Por essa contra-história, o argumento moral teria sido apenas um ardil humanitário para compensar o que os britânicos descobriram ser uma política economicamente irracional.

---

72 Eltis (1987), op. cit., cap.6.

Tais argumentos, é claro, ignoravam o fato de que os britânicos poderiam ter distribuído os custos da abolição aos seus contribuintes e aos fazendeiros. Ao simplesmente suspender sua própria lei, em 1814, à espera de um acordo internacional, suas novas colônias tropicais em ambos os hemisférios podiam facilmente ter sustentado e melhorado a posição do Império Britânico no complexo da grande lavoura escravista.[73]

Obviamente, a opção teórica do governo britânico de usar, ou até ameaçar usar, essa alternativa foi barrada pela sociedade civil britânica. As mobilizações populares algumas vezes forçaram governos relutantes a expressar suas políticas sobre o tráfico de escravos em termos morais. Em 1828, o duque de Wellington, o verdadeiro arquiteto da preeminência da Grã-Bretanha no pós-guerra, zombou confidencialmente da diplomacia e do cumprimento da lei do tráfico de escravos dos britânicos ao considerá-la como um projeto destinado ao fracasso. Uma política que visava perseguir negociantes de escravos de nacionalidades diversas equivalia a uma farsa; lograva apenas os crédulos moralistas bretões, não os estrangeiros que buscavam lucros. "A questão toda", disse o então primeiro-ministro Wellington ao ministro do Exterior, lorde Aberdeen,

> é uma questão de impressão. Nós jamais seremos bem-sucedidos na abolição do tráfico estrangeiro de escravos. Mas precisamos tomar cuidado para evitar dar qualquer passo (*sic*) que possa induzir o povo da Inglaterra a acreditar que nós não fazemos tudo que está ao nosso alcance para desencorajá-lo e suprimi-lo o mais cedo possível.[74]

O projeto de lei para sustentar o projeto moral dificilmente ficaria fora da vista dos contribuintes britânicos. Cada membro do público leitor estava consciente dos custos orçamentários mobilizados para manter patrulhas navais no Atlântico, para adjudicar e pagar as indenizações dos navios negreiros apreendidos, para restabelecer os "recapturados" dos navios apreendidos, para subsidiar a colônia de Serra Leoa, para

---

73 Drescher (1977), op. cit., p.148-61; Eltis (1987), op. cit., p.3-16.
74 4 de setembro de 1828, citado em Bethell (1970), op. cit., p.66.

custear com grandes subsídios os tratados assinados por governos relutantes e para elevar o preço dos produtos básicos menos competitivos dos fazendeiros coloniais britânicos. Do Congresso de Viena ao fim do tráfico atlântico, meio século mais tarde, toda a iniciativa britânica baseada na humanidade e na moralidade também expôs os governos e os abolicionistas estrangeiros a uma questão que ecoara durante séculos. Havia uma lista, que se expandia incessantemente, de outras condições inumanas domésticas e estrangeiras que deveriam ser tratadas.

Quando se reivindica um padrão moral elevado, nenhuma boa ação deixa de ser questionada. O cheiro de santidade sempre levanta a suspeita do odor da hipocrisia. A partir do Congresso de Viena, os portugueses e os espanhóis quiseram saber por que a filantropia inglesa só se preocupava com os escravos negros da África. O que a principal potência naval da Europa fizera para abolir a escravidão de brancos na África do Norte mediterrânea? Esse desafio retórico era repetido pelo czar moralista Alexandre da Rússia: "[É] só fazendo o tráfico de escravos e a questão dos poderes Bárbaros caminharem *pari passu*", escreveu o embaixador da Grã-Bretanha em São Petersburgo, "que podemos satisfazer completamente os desejos do imperador [o czar] e das outras nações que insistem que o ponto é de interesse universal". A campanha britânica em Viena para definir o tráfico de escravos como pirataria fortaleceu o caso ao ligar as duas escravidões. Contudo, diferente de sua situação em 1787, a Grã-Bretanha era agora a porta-bandeira do abolicionismo. Alguns membros abolicionistas do Parlamento censuravam o governo por sua inércia, mas foi um inglês de fora do movimento abolicionista que tornou públicos os horrores da escravização branca na África do Norte. A Grã-Bretanha tinha tratados com os algerianos, que isentavam seus cidadãos do cativeiro corsário. Os marinheiros britânicos obtiveram benefícios comerciais com os saques corsários contra viajantes desprotegidos, tais como norte-americanos e cidadãos de Estados mediterrâneos mais fracos. Os bretões poderiam se enfurecer contra um jornal alemão que lançara o ônus da continuidade da escravidão de brancos na África inteiramente à Grã-Bretanha, mas todos os europeus que estavam ansiosos para retomar o tráfico atlântico de escravos poderiam usar a impunidade dos corsários para manter europeus escravizados como um teste à credibilidade da Grã-Bretanha. Possuir a marinha mais poderosa do mundo envolvia a responsabilidade de empreender uma missão de libertação.

O governo britânico viu-se em uma situação em que sua nova posição moral o impelia a efetuar uma operação contra a escravidão na costa setentrional africana para preservar sua credibilidade perante outros europeus e americanos que adquiriam escravos na costa africana ocidental. Como foi observado, o pedido de ação de 1816 não contava com uma base racional defensiva. Nenhum bretão era mantido em cativeiro. Depois de uma década de supremacia naval, a Grã-Bretanha não precisava de uma ação naval para aumentar sua reputação de senhora dos mares. Não havia nem glória nem lucro para serem obtidos em uma cidade relativamente pobre de uma pequena nação naval. A nação que acumulara déficits de guerra por duas décadas ao financiar exércitos da Europa contra a França não tinha incentivos futuros para aumentar sua dívida fiscal ou suas listas de baixas militares.

O bombardeamento de Argel, durante um dia inteiro, em 27 de agosto de 1816, pela expedição anglo-holandesa, não foi nenhum exercício frívolo de diplomacia canhoneira. A expedição anglo-holandesa custou à Grã-Bretanha 128 mortos e 690 feridos, e aos holandeses 13 mortos e 52 feridos. Nenhuma outra ação naval nos sessenta anos de cumprimento da lei britânica contra os escravizadores africanos infligira a fração das baixas de bretões que essa ação contra o tráfico de escravos infligiu em um único dia. De fato, Argel destacou-se como o único caso nos sessenta anos de repressão britânica ao tráfico de escravos no qual um grande número de vidas britânicas foi perdido em combate.[75]

Avaliar esse "ato de agressão britânica" em termos de seu sucesso ou fracasso para pôr fim à escravidão de brancos é deixar escapar o ponto principal da expedição. Ela não foi planejada para demonstrar poder,

---

[75] Lorde Cathcart para Castlereagh, 28 maio 1816; por Oded Löwenheim, "Do Ourselves Credit and Render a Lasting Service to Mankind": British Moral Prestige, Humanitarian Intervention, and the Barbary Pirates, *International Studies Quarterly*, p.23-48, citação na p.40. O significado da intervenção britânica na equação da política moral é analisado de forma elegante por Oded Löwenheim.

para acumular glória nem para destruir o corso. Ela foi feita para libertar milhares de europeus escravizados – a maioria de Nápoles, da Sardenha e de Roma – e para livrar a política abolicionista britânica da acusação de hipocrisia. Além disso, estava quase completamente dissociada dos abolicionistas, tanto em relação aos meios quanto em relação aos fins. Antes e depois da ação na África do Norte, os líderes do movimento da abolição mostravam pouco interesse na escravidão branca. E, estando profundamente ligados aos quacres, eles certamente não tinham interesse em um bombardeamento maciço.

Um aspecto pouco notado da expedição é que ela não emancipou as vítimas do tráfico transaariano de escravos. Se isso ocorresse, as nações europeias, que formaram a audiência real da ação em Argel, poderiam fazer uma nova acusação de hipocrisia. Se os britânicos tivessem exigido a libertação dos milhares de escravos africanos do Magrebe, mas continuassem mantendo centenas de milhares de escravos nas suas colônias, isso só teria levado a mais acusações de hipocrisia provenientes de outra direção.[76] É claro que o ponto da expedição não era libertar todos os escravos da Argélia nem acumular território argelino para incrementar o comércio "legítimo", tampouco dramatizar o poder naval britânico aos olhos dos europeus ou muçulmanos. Sua prioridade era minar a fundamentação lógica dos governos europeus usada para resistir à pressão britânica que pretendia suprimir o tráfico atlântico de escravos. Qualquer que tenha sido o custo relativo em vidas e riquezas de ambos os lados, a expedição teve êxito ao atingir um grande objetivo. Durante a agitação das negociações bilaterais que se seguiram ao raide em Argel, nenhuma das nações envolvidas em negociações com a Grã-Bretanha pôde invocar a "proteção aos corsários" para mais atrasos concernentes ao tráfico africano de escravos. Além disso, em consequência de suas

---

76 Somente os haitianos poderiam ter feito a acusação, mas eles não eram representados no Congresso de Viena nem mesmo o Haiti era reconhecido como um Estado por qualquer dos participantes da Conferência. Nenhuma das nações da Europa nem da África setentrional e subsaariana possuidoras de escravos e servos estava em posição de demandar a abolição da escravidão, quer fossem convidados à grande valsa diplomática de Viena ou não.

relações históricas, a expedição britânica indiretamente fortaleceu a base racional para ligar a escravização africana à pirataria.

Certamente, a questão da credibilidade moral estava agora vinculada à visão de mundo de que a forma britânica de civilização poderia e seria reproduzida em outros lugares. Às vésperas da emancipação britânica dos escravos, o secretário colonial Goodrich declarou que o objetivo de seu país no exterior era

> transferir para regiões distantes a maior quantidade possível do espírito de liberdade civil e das formas da ordem social, o que constitui um débito da Grã-Bretanha principalmente pelo lugar que ela ocupa entre as nações civilizadas.

Precisamente em virtude da proeminência econômica, política e naval da Grã-Bretanha, os que eram contrários aos abolicionistas, fossem conservadores ou radicais, continuaram a detectar cavernosos esquemas maquiavélicos por baixo da geração de apelos a prioridades morais. De 1814 em diante, os estadistas franceses jamais deixaram de apontar níveis encobertos de *realpolitik*, de arrogância e de hipocrisia nas iniciativas abolicionistas britânicas. "Vocês ingleses têm a intenção de sujeitar o mundo?", perguntou o primeiro-ministro da marinha e das Colônias da França depois da restauração dos Bourbon.[77] Essa perspectiva também reverberou pela Ibéria e pela maior parte das Américas. E também tem prosperado por quase dois séculos em várias correntes historiográficas.

Durante uma geração depois de 1815, Castlereagh e seus sucessores tentaram em vão negociar tratados internacionais coletivos para pôr em prática a condenação moral do Congresso de Viena. O melhor que eles puderam conseguir foi a negociação de uma série de tratados bilaterais que criavam duas novas ferramentas para atacar o tráfico de escravos. Ambas envolviam rendições sem precedentes da soberania em tempo

---

77 O secretário colonial britânico é citado em J. J. Eddy, *Britain and the Australian Colonies, 1818-1831: The Technique of Government*, p.xiii. O ministro francês é citado em Coupland, *Wilberforce: A Narrative*, p.396-7. Ver também Kielstra, op. cit., passim.

de paz. O primeiro foi o "direito de busca" mútuo. Ele permitia que os navios de uma nação fossem abordados pelos de outra para procurar cativos africanos. Efetivamente, isso daria o direito de busca aos navios britânicos. A Marinha Real constituía a principal frota que patrulhava as rotas marítimas entre a África e as Américas. A segunda ferramenta foi a criação de "comissões mistas" bilaterais em ambos os lados do Atlântico para adjudicar as apreensões. Pela primeira vez na história ocidental, cortes supranacionais tinham poder para ignorar os direitos de um indivíduo de ser julgado unicamente por magistrados de seu próprio Estado por atos cometidos em alto-mar. Esses organismos judiciais foram discretos pioneiros de um sistema de corte internacional que floresceria durante o século XX.

Nenhum signatário desses tratados ignorava que as comissões eram também expressões da *"Pax Britannica"* do século XIX. Os comissários britânicos, no entanto, nem sempre venciam. Estados coloniais mais fracos em um mundo de grandes potências agora contavam com um tribunal internacional de apelo contra apreensões arbitrárias. Evidentemente, os Estados mais fortes com escravos foram os últimos signatários. Isso fez buracos na rede do tratado suficientemente grandes para que centenas de milhares de africanos fossem transportados para as Américas. A monarquia francesa e a república norte-americana recusaram-se a entrar na linha. Para os franceses, a abolição ainda estava muito ligada à Revolução Francesa, ao regicídio, à sua humilhação no Haiti e à hegemonia marítima britânica para permitir que qualquer regime francês concedesse o direito de busca por muito tempo depois de o último navio negreiro proveniente da África ter cruzado o Atlântico. Para os Estados Unidos, as lembranças do recrutamento forçado de norte-americanos pelos britânicos foram aumentadas pela sugestão das resoluções britânicas sobre a emancipação gradual em 1823. Os senadores sulistas temiam que as obrigações conjuntas em expansão para suprimir o tráfico de escravos pudessem efetivamente empurrar a instituição ladeira abaixo em direção à emancipação escrava. Em outros aspectos, os abolicionistas na Grã-Bretanha também foram capazes de tirar proveito do poder econômico, diplomático e naval da nação para globalizar a abolição por volta dos anos 1820. Na África do Sul, a conquista britânica pôs fim ao tráfico escravo na colônia do Cabo em 1807. No sudeste da Ásia, a Grã-Bretanha aboliu o tráfico de escravos para a Java holandesa no Oceano Índico. As importações de escravos para a Maurício britânica (capturada em 1810) foram efetivamente encerradas depois de 1827. Na África Ocidental, o primeiro povoamento de "solo livre" foi estabelecido sob a soberania britânica. Seu *status* de depósito para receber navios negreiros capturados e cativos libertos estava havia muito tempo comprometido pelo recrutamento militar forçado e pelo aprendizado de longa duração. Mesmo assim, Serra Leoa permaneceu como o principal refúgio para os que, de outra forma, estariam destinados à condição hereditária de propriedade nas grandes lavouras americanas.[78]

Nas Américas, geralmente e antes de tudo, o reconhecimento britânico da independência nacional esteve atado à abolição formal do tráfico de escravos. Enquanto o Haiti continuava a ser um refúgio para os escravos que escapavam dentro do Caribe britânico, a Grã-Bretanha fez do Canadá um asilo para os escravos fugitivos norte-americanos. Na metrópole britânica e em todos os seus navios de guerra no mar, o princípio da liberdade prevaleceu até 1825. Como a lei não reconhecia a existência da escravidão dentro da própria Inglaterra, a lei da emancipação indenizada não se estendia aos cativos negros residentes no Reino Unido. Em outros lugares, os defensores americanos da instituição estavam agora mais abertamente na defensiva. A maior parte das elites proprietárias de escravos remanescentes explicitamente reconheceu que a "civilização europeia", com a qual elas se identificaram fortemente, exigia a abolição final da escravidão. Até os proprietários sulistas dos Estados Unidos, que elaboraram a defesa pró-escravista mais positiva da instituição, referiam-se explicitamente à existência de suas propriedades humanas dentro de limites discretos – a uma instituição "doméstica" e excepcional.[79]

---

78 Ver Ibid., sobre a França; Fehrenbacher, op. cit., p.160, sobre os Estados Unidos; e Allen, Licentious and Unbridled Proceedings: The Illegal Slave Trade to Mauritius and the Seychelles During the Early Nineteenth Century, *Journal of African History*, p.91-116, esp. p.100, Table 2, sobre Maurício.
79 Comparar o capítulo de David Brion Davis sobre The Idea of Progress and the Limits of Moral Responsibility, (1984), p.154-68 com Engerman, *Slavery, Emancipation and Freedom*, cap.1.

Na outra parte do livro contábil persistia a evidência da elasticidade da escravidão. Os africanos subsaarianos continuaram a fornecer cativos dentro de suas fronteiras e a enviá-los para o norte e para o leste, para o Magrebe, para os impérios otomano e persa, para a Índia, Zanzibar, Madagascar e para as Mascarenhas. O tráfico transatlântico de escravos prolongava-se constantemente.[80] No mundo atlântico, as saídas dos britânicos e dos norte-americanos do tráfico de escravos em 1808 simplesmente permitiu que os negociantes luso-brasileiros retomassem a primeira posição, a mesma que haviam ocupado antes do século XVIII. Depois de meio século de revoluções, ainda estavam desembarcando nas Américas mais escravos africanos que migrantes livres europeus. A rede de tratados diplomáticos e "direitos de busca" de navios negreiros negociados entre a Grã-Bretanha e outras nações atlânticas na década posterior a Waterloo permanecia porosa.

Igualmente, dentro das Américas, a instituição abarcava bem mais propriedades humanas na década de 1820 do que na década de 1770. Ainda em 1825, viviam mais escravos dentro dos limites dos restos do império espanhol do que no começo do século. Na América espanhola, assim como na América inglesa, a escravidão tinha sido, ou estava sendo, abolida gradualmente apenas onde os escravos constituíam 10% ou menos da população. A instituição se expandia dramaticamente no Caribe. O império brasileiro continuava sendo o principal beneficiário das abolições anglo-americanas do tráfico de escravos, mas, mesmo sem grandes importações, a população escrava dos Estados Unidos crescia mais rapidamente que a do Brasil, o principal recipiente de cativos africanos nas Américas.

A produção escrava tinha aumentado ainda mais rapidamente que o crescimento da população escrava. A produção de açúcar do mundo estava se expandindo a uma taxa mais rápida nas décadas de 1810 e 1820 do que em qualquer das três gerações anteriores. A diversificação da produção tropical também estava aumentando depressa. A produção

---

80 Ver Eltis, *TSTD* e os ensaios por Clarence-Smith e Austen em *The Economics of the Indian Ocean Trade in the Nineteenth Century*, cap.1-2.

escrava de algodão e café expandiu-se até mais rapidamente do que a de açúcar. Foi precisamente nos meados da década de 1820 que o algodão ultrapassou o açúcar como o produto de importação mais importante da Grã-Bretanha gerado pelo trabalho escravo.[81]

No mesmo ano da assinatura da Declaração de Independência, *A Riqueza das Nações*, de Adam Smith, confiantemente garantiu ao mundo ocidental "que o trabalho feito por homens livres é, no fim das contas, mais barato do que o realizado por escravos".[82] Cinquenta anos mais tarde, a evidência da superioridade do trabalho livre nas sociedades de grandes lavouras do Novo Mundo ainda estava espetacularmente ausente.[83] No fim da década revolucionária francesa, os abolicionistas bem informados já reconheciam a desvantagem competitiva das sociedades de grande lavoura tropical sem escravos.

Do outro lado do Atlântico, a nova colônia de Serra Leoa também tinha desapontado completamente as expectativas econômicas dos que a fundaram três décadas antes. Ela não conseguiu concorrer com as colônias de escravos em nenhum cultivo lucrativo de importância. Nos meados dos anos 1820, sua existência era justificada na Grã-Bretanha apenas como um refúgio humanitário para as vítimas do meio do caminho. Por volta de 1800, nenhuma das ex-colônias francesas manteve mais que uma fração de sua produção pré-revolucionária, até mesmo nos regimes de trabalho forçado de São Domingos no governo de Toussaint, ou de Guadalupe no governo de Victor Hugues. Depois de mais de duas décadas de independência, as exportações de açúcar do Haiti tinham declinado ainda mais do que durante o governo de Toussaint. Para outros regimes de grandes lavouras, o recurso continuado do Haiti a códigos de trabalho penais na década de 1820 oferecia ainda mais motivos para o pessimismo sobre as possibilidades de seu potencial como um fornecedor de produtos básicos ou de riqueza em comparação com as economias

---

81 Ver R. Davis, *The Industrial Revolution and British Overseas Trade*, p.118-9 Table 61: Imports 1824-1826.
82 Adam Smith, *An Inquiry into the Nature and Causes of the Wealth of Nations*, p.98-9.
83 Drescher, *The Mighty Experiment*, cap.6-7.

escravistas vizinhas. Até o Haiti livre, cuja história resumia as aspirações à emancipação em massa e à destruição da instituição da escravidão, teve de se preocupar mais com a autopreservação do que com a expansão da emancipação além das suas terras. Em 1816, o governante do Haiti prestou ajuda crucial a Simon Bolívar em sua luta pela independência venezuelana, mas tanto a ambição do Haiti quando seu poder de afetar os destinos da instituição da escravidão eram severamente limitados, até mesmo em relação aos seus próprios cidadãos.[84]

Outras experiências de trabalho livre ou quase livre no mundo atlântico e fora dele ainda ofereciam pouca evidência de competitividade sustentada com as colônias escravistas na produção de produtos básicos para exportação. No fim da década de 1820, as colônias escravistas do Caribe que não tinham mais acesso a africanos estavam severamente limitadas quanto ao potencial de expansão. As colônias britânicas de fronteira podiam aumentar a produção de açúcar apenas pela mudança dos números reduzidos de trabalhadores escravos de outros cultivos dentro de cada colônia. Por volta de 1825, era quase impossível para os fazendeiros deslocar grandes unidades de escravos do campo de uma colônia para outra.[85]

Quanto ao abolicionismo, a Europa continental, a América Latina e a África tornaram-se áreas inertes. Na França, o abolicionismo não tinha feito progresso algum durante o primeiro quartel do século XIX. As elites cautelosas não formaram associações dedicadas à causa da abolição. O lançamento do apelo à massa estava além do alcance dessa possibilidade. O padre Gregoire, o veterano mais famoso da *Amis des Noirs*, que encarnava o revolucionário incendiário, vivia no exílio interno. Um pequeno subcomitê da *Sociedade da Moralidade Cristã* publicou dados sobre o tráfico ilegal francês de escravos. O prefeito de Paris resumiu sua posição com olhos oficiais: "Seus princípios e seus objetivos têm tantas afinidades com todas as seitas protestantes que devem ser repugnantes a todos os

---

84 Sobre o escravismo haitiano, ver Blaufarb, The Western Question, *American Historical Review*, p.742-63, esp. p.752-3.
85 Drescher (2004), The Fragmentation of Atlantic Slavery and the British Intercolonial Slave Trade, op. cit., p.234-55.

católicos verdadeiros".[86] Ao adquirir a Flórida, a preocupação principal do governo federal dos Estados Unidos foi resistir à pressão pública por ter se apoderado do território pela força. A partir dos meados da década de 1820, cada aquisição importante depois da Guerra da Independência havia ampliado o espaço da instituição da escravidão. Na sociedade do Novo Mundo com o maior número de escravos, a situação (apesar de todo o furor acerca do Missouri) era propícia à instituição. Nos meados dos anos 1820, nenhuma área adquirida pelos Estados Unidos depois de 1783 tinha até então sido organizada como um território livre. Entre 1810 e 1830, a expansão da escravidão nos Estados Unidos ultrapassou o crescimento do "solo livre" nos territórios ao oeste do Mississipi. Em um estado nortista, o Illinois solo-livre, a legalização da escravidão permanecia como uma possibilidade contestada nos anos 1820.

Não obstante todas as restrições impostas à instituição na altura de 1825, as áreas e os números da escravidão das grandes lavouras tinham se expandido. O tráfico africano de escravos estava sob ameaça, mas não diminuíra substancialmente. Tanto os que contavam com a escravidão ou a toleravam quanto os que ansiavam por sua extinção não previam sua desintegração rápida. O próximo grande passo para sua demolição viria de ambos os lados do Atlântico britânico.

---

86 Sobre a França, Lawrence Jennings, *French Anti-Slavery*, cap.1; Daget, A Model of the French Abolitionist Movement and its Variations, Bolt e Drescher, *Anti-Slavery, Religion and Reform*, p.64-79; e Drescher, Two Variants of Anti-Slavery… 1780-1870 ibid., p.42-63. Com pequenas exceções, fora da França havia o som do silêncio. Sobre os Países Baixos, ver Oostendie, *Fifty Years Later*, passim; sobre Portugal, ver Marques, *The Sounds of Silence*. Ver também Pétré-Grenouilleau, *Abolir l'esclavage*.

Parte 3: A contração

9
A emancipação britânica

No início do segundo quartel do século XIX, o "solo livre" não se resumia mais à orla atlântica da Europa. A nação com o maior poderio econômico e naval do mundo havia lançado uma política para interditar o suprimento de trabalho escravo ao Novo Mundo. As grandes nações da Europa e os Estados europeus que recentemente haviam se separado delas tinham concordado, geralmente sem sinceridade, em proibir o tráfico de escravos a partir de suas terras ou em direção a elas. Uma rede parcial de tratados supriu a base para a apreensão dos navios negreiros e para a distribuição dos cativos em vários enclaves na África e nas Américas.

Não obstante isso tudo, os antiabolicionistas céticos pareciam ter avaliado corretamente os limites do projeto. O volume do tráfico transatlântico de escravos entre 1826 e 1850 diminuiu em apenas 5%. No Novo Mundo, a instituição nunca pareceu mais vibrante. Em 1850, havia provavelmente 5,5 milhões de escravos nas Américas, um número maior do que em qualquer momento na história daquela região do globo. No mundo afro-asiático houve, provavelmente, uma triplicação do número de escravos, sem contar com a variedade de trabalhadores forçados da Europa Oriental e com as concubinas, que ainda eram muito numerosas em partes do Hemisfério Oriental.

No que diz respeito à produção tropical, o impacto do abolicionismo britânico do tráfico atlântico de escravos, associado à emancipação revolucionária nas colônias francesas e à emancipação legislada nas colônias britânicas, alterou a distribuição dos gêneros de exportação produzidos por escravos nas Índias Ocidentais. As colônias anglo-francesas produziram 89% do valor das exportações caribenhas em 1770, contra 1% das colônias espanholas. Por volta de 1850, a porção da produção das colônias anglo-francesas, que agora empregavam o trabalho livre, tinha sido reduzida para 35%. A porção espanhola havia subido para 57%. O Brasil e os Estados Unidos contribuíram pesadamente com a porção das exportações dos gêneros produzidos por escravos nas Américas. Em relação à produção mundial de café, a porção do Brasil aumentou de 18% para 40% na década de 1840, e em relação às importações de algodão pela Grã-Bretanha, a porção norte-americana subiu de 30% em 1814-1816 para 62% em 1824-1826 e para 82% em 1854-1856. A porção da Índia Ocidental caiu correspondentemente de 22% em 1814-1816 para 4% em 1824-1826 e para menos de 1% em 1854-1856.[1]

---

1   Em 1850, havia 3 milhões de escravos nos Estados Unidos, no máximo 2 milhões no Brasil e 400 mil em Cuba e Porto Rico. Sobre os Estados Unidos, ver o Preliminary Report on the Eighth Census, p.7; e sobre o Brasil, ver Bethell e Carvalho, *Brazil from Independence to the Middle of the Nineteenth Century*, p.679 e 747; sobre o Caribe espanhol, ver Schmidt-Nowara, *Empire and Antislavery*, p.16 e 38. Se, por volta de 1850, apenas 10% da população africana fossem escravos, ela teria totalizado até 8 milhões de almas nos meados do século XIX. (A minha estimativa do total populacional é derivada de Maddison, *The World Economy: A Millennial Perspective*, p.222, Table A.4; a média entre as estimativas para 1820 (7,2 milhões) e 1880 (90,5 milhões).) Patrick Manning estima a porcentagem escrava da população total em cerca de 10%. *Slavery and African Life*, p.84. Se a zona muçulmana da Ásia tivesse uma porcentagem similar de escravos, a população total de escravos teria aumentado bem mais o total africano. (Baseado em Maddison, *World Economy*, p.213, Table A.3.) A taxa de 10% é provavelmente uma estimativa baixa. David Feeny coloca a proporção de escravos da população tailandesa em 1850 de um quarto a um terço. Ver David Feeny, The Demise of Corvée and Slavery in Thailand, 1782-1913, Klein (Ed.), *Breaking the Chains: Slavery, Bondage and Emancipation*, p.83-111. Para estimativas do fim do século XIX sobre os escravos na África, ver Klein, *Slavery and Colonial Rule in French West Africa*, p.252-7. Klein estima a população escrava da África Ocidental francesa em cerca de 3 milhões e 3,5 milhões. Paul E. Lovejoy e Jan S. Hogendorn estimam, para o califado Sokoto, uma população escrava entre 1 milhão e 2,5 milhões; ver *A Slow Death for Slavery: The Course of Abolition in Northern Nigeria, 1897-1936*, p.1. Perto dos meados do século XIX, a Angola portuguesa tinha 87 mil escravos. (Communication from João Pedro Marques of the Instituto de Investigação Científica Tropical (Lisboa), 3 nov. 2006.) No segundo quartel do século, os preços dos escravos transatlânticos estavam altos, encorajando uma expansão interna da escravidão. Ver Lovejoy e Richardson, The Initial "Crisis of Adaptation": the Impact of British Abolition on the

As áreas centrais da escravidão continental nas Américas, portanto, saíram relativamente incólumes do meio século de revoluções. Nelas, a escravidão continuou sua inexorável expansão espacial. Em 1860, de acordo com Robert Fogel e Stanley Engerman, 835 mil escravos nos Estados Unidos tinham sido transferidos dos mais velhos para os mais novos estados importadores. Esses últimos tinham 60% a mais de população escrava do que teriam tido com as taxas naturais de crescimento. O Brasil mostrou efeitos similares em suas importações da África: 760 mil escravos importados foram entregues à zona mais dinâmica do Brasil, o que representava três quartos dos africanos que desembarcaram nas Américas entre 1826 e 1850. Durante o segundo quartel do século XIX, o fluxo de africanos ao Brasil provavelmente excedeu o número de escravos que chegaram aos novos estados importadores dos Estados Unidos. Depois da abolição do tráfico transatlântico brasileiro, em 1850, Robert Slenes considera que, comparando a população escrava do sul dos Estados Unidos e do Brasil, as duas correntes "domésticas" de migração forçada eram aproximadamente da mesma magnitude.

Cuba, a última fronteira do tráfico transatlântico, experimentou um crescimento dinâmico similar. Em sua fase final, entre as décadas de 1840 e 1860, os preços dos escravos cubanos aumentaram mais rapidamente do que em qualquer outro período. Quando os preços subiram muito, os

---

Atlantic Slave Trade in West Africa 1808-1820, Law (Ed.), *From Slave Trade to Legitimate Commerce: Commercial Transition in Nineteenth-Century West Africa*, p.52. As guerras da *jihad* no califado Sokoto forneceram um enorme mercado para o trabalho servil. Ver Lovejoy, *Transformations in Slavery*, cap.8; e Kolapo, Military Turbulence, Population Displacement on a Slaving Frontier of the Sokoto Caliphate: Nupe c. 1810-1857, (PhD dissertation). No noroeste da África, a modernização de Mehemmet Ali, em resposta às oportunidades econômicas e às ameaças, pareciam as da Europa continental à industrialização britânica, exceto pelo fato de que ele intensificou os raides de escravos no sul, em busca do seu suprimento de trabalhadores. Sobre a Ásia, em consequência de problemas de definição e de conhecimento empírico, as estimativas de escravos da Índia britânica por volta de 1840 variam entre 1 e 8 milhões. A estimativa mais alta, de Sir Bartle Frere, era de 16 milhões, incluindo os territórios nobres. Ver Temperley, The Delegalization of Slavery in British India, id. (Ed.), *After Abolition: Emancipation and its Discontents*, p.169-87, esp. p.177. Nas minhas estimativas das frações da produção caribenha, tenho contado com Eltis, The Slave Economies of the Caribbean, p.113-9 (Tables 3.1 e 3.2); sobre o desempenho relativo do Brasil na produção do café, Eltis, *Economic Growth and the Ending of the Transatlantic Slave Trade*, p.294 nota 6; sobre a fração dos Estados Unidos no mercado britânico de algodão, R. Davis, *The Industrial Revolution and British Overseas Trade*, p.117-24, Tables 60-3.

cubanos incluíram trabalhadores asiáticos contratados às suas fontes de trabalho – e estes podem ter trabalhado tão intensamente e ter sido tratados tão severamente quanto os africanos. Contudo, mesmo com a elevação dos preços dos africanos na década de 1850, os fazendeiros cubanos compraram dois escravos africanos para cada trabalhador asiático contratado.² Ao observar o impacto conjunto das importações de escravos e do crescimento natural da população escrava nos meados do século XIX, um abolicionista até poderia reiterar a amarga observação de James Stephen, feita meio século antes, no momento da independência do Haiti:

> O monstro, [a escravidão] em vez de ser detido, como a primeira explosão de indignação honesta prometera, tem sido nutrido com mais afeto que antes; e engordado com refeições mais repletas de miséria e assassinato, cujas dimensões são muito maiores que as antigas.

Parecia estar se confirmando a estimativa de Wilberforce sobre o potencial da escravidão. Desimpedida, a instituição podia durar enquanto "continuasse havendo terras cultiváveis no Hemisfério Ocidental".³

---

2   Sobre as três fronteiras americanas, ver Fogel e Engerman, *Time on the Cross:* The Economics of Negro Slavery, 2.ed., p.47; Eltis, A Reassessment of the Supply of African Slaves to the Americas; sobre o Brasil, ver Graden, *From Slavery to Freedom in Brazil*, p.2, Table 1.1; Slenes, The Demography and Economics of Brazilian Slavery, 1850-1888 (PhD Dissertation), 145 ff; Scott, *Slave Emancipation in Cuba, 1860-1899*. No mundo do Oceano Índico, os fazendeiros da Maurício britânica, que tiveram acesso aos mercados de trabalhadores africanos e indianos até os meados da década de 1820, antes de qualquer fonte alternativa, deram preferência aos escravos africanos enquanto este mercado esteve aberto. Mais tarde, eles consistentemente escolheram a compulsão máxima dos seus trabalhadores enquanto puderam obtê-la. Nas Índias Ocidentais, os fazendeiros cubanos mostraram a mesma propensão. A pressão naval britânica resultou na triplicação do preço dos escravos que chegavam a Cuba entre o início da década de 1820 e o fim da década de 1850. Ver Eltis, *Economic Growth and the Ending of the Transatlantic Slave Trade*, p.193 e 263, table C.1. Sobre a preferência cubana por escravos africanos em vez de chineses sob contrato, ver *The Mighty Experiment*, p.193. Sobre a migração interestadual norte-americana de escravos, ver também Tadman, The Interregional Slave Trade in the History and Myth-Making of the U.S. South, Johnson (Ed.), *The Chattel Principle*, p.117-42, Table 6.1, p.120. A estimativa de Michael Tadman de quase 700 mil escravos no tráfico inter-regional de escravos dos Estados Unidos entre 1820 e 1849 significa que o fluxo de africanos para o Brasil foi maior que o número dos que se mudaram para os territórios em desenvolvimento do sudoeste norte-americano no mesmo período.

3   Stephen, *The Opportunity, or Reasons for an Immediate Alliance with St. Domingo*, p.137. Ver também Wilberforce, *Letter on the Abolition*, p.290.

A expansão do abolicionismo

Nesse contexto, uma segunda frente contra a escravidão britânica foi aberta na década de 1820. O abolicionismo popular foi novamente seu catalisador. Em muitos aspectos, ele foi parecido com o ataque anterior ao tráfico britânico de escravos. O padrão da agitação era familiar – apelo às organizações locais, torrente de publicações e campanha nacional de petições. No parlamento, Thomas Fowell Buxton substituiu a liderança de um Wilberforce envelhecido. Nos meados da década de 1820, a influência britânica popular sobre o tráfico atlântico de escravos tinha alcançado seu limite. As Índias Ocidentais britânicas estavam firmemente fechadas a novas e grandes importações de africanos. A transferência intracolonial de escravos estava virtualmente paralisada. O governo procurava efetuar uma rede de tratados bilaterais, a qual se expandia continuamente, para fechar o sistema escravista nos dois lados do Atlântico. Até que os tratados pudessem ser completados e efetivamente cumpridos, o tráfico de escravos parecia fadado a continuar.

Por isso, os abolicionistas britânicos deram atenção total ao desmantelamento da escravidão colonial. A instituição ainda estava suscetível à pressão pública metropolitana direta. Em 1823 surgiu uma nova organização, que modestamente se autodenominou "Sociedade para a Mitigação e Abolição Gradual da Escravidão Colonial Britânica". Depois de sete anos de vida, ela orientaria sua política para uma única demanda: a emancipação imediata dos escravos. Em 1833, ela completou com sucesso sua campanha popular pelo término formal da instituição da escravidão. Cinco anos depois, outra campanha popular abortou o sistema do aprendizado, que havia sido estabelecido para os ex-escravos como um estágio de transição para a liberdade total. Em 1838, foram suprimidas todas as restrições especiais ao regime de trabalho dos ex-escravos. Em muitos aspectos, o padrão da ação da luta abolicionista já era bem familiar: campanhas de propaganda e petição popular, seguidas por moções abolicionistas no parlamento; essas últimas, por sua vez, desencadeavam reações governamentais, que pretendiam fazer a mediação entre as demandas abolicionistas e os protestos dos senhores coloniais. O ciclo começaria com outra rodada de agitação popular. O ciclo de emancipação durou quinze anos (1823-1838), comparativamente menos que o ciclo de vinte anos necessário para abolir o tráfico de escravos em 1807.

O segundo ciclo, no entanto, contou novos elementos internos distintos. Depois de 1825, as mulheres emergiram como um componente organizacional independente do movimento antiescravista britânico. Mais uma vez, a sociedade civil britânica pôde proporcionar oportunidades para a ação coletiva contra a escravidão que ainda não estavam disponíveis em nenhum outro lugar do mundo. Na Grã-Bretanha, as mulheres que desejassem podiam agora entrar na esfera pública. As mulheres filiaram-se à campanha nacional de petições pela reforma parlamentar entre 1830 e 1832. Embora a legitimidade de suas assinaturas ainda fosse questionada, elas facilmente tiraram proveito da ideologia das "esferas separadas" na questão da escravidão. As atribuições distintas da feminilidade foram usadas para fins de racionalização da reivindicação das próprias mulheres. A instituição da escravidão notoriamente resultava na destruição de famílias pelo cativeiro e pela venda. Em segundo lugar, a instituição sujeitava os corpos das mulheres a um grau de exploração privada e a uma degradação disciplinar pública incomparáveis na Grã-Bretanha. Da combinação entre as condições na metrópole e no ultramar resultou a participação coletiva das mulheres na mobilização antiescravista, que foi singular no ocidente europeu no século XIX.[4]

A influência ideológica das mulheres foi sentida no primeiro apelo para a mudança da posição inicial gradualista do abolicionismo britânico de 1823. Já em 1824, Elizabeth Heyrick, uma quacre, publicou um panfleto intitulado *Immediate, Not Gradual Abolition* [*Abolição imediata, não gradual*], que atacava o governo por agir como um para-choque dos donos de escravos coloniais. Revivendo a campanha radical de 1791-

---

4   Ver inter alia, Colley, *Britons*, p.278-9; Tyrell, Women's Mission and Pressure Group Politics in Britain (1825-60), *Bulletin of the John Rylands University Library*, p.205; Drescher, Women's Mobilization in the Era of Slave Emancipation: Some Anglo-French Comparisons, Sklar e Stewart, *Sisterhood and Slavery*, p.98-120; e Drescher, Public Opinion and Parliament in the Abolition of the Slave Trade, Farrell, Unwin e Walvin, *The British Slave Trade: Abolition, Parliament and People*, p.42-65; e a nota 6.

1792, ela também convocou um boicote massivo dos consumidores para forçar a emancipação imediata e incondicional.[5] Embora a rede das mulheres fosse rapidamente lançada, demorou seis anos para a Sociedade Antiescravista Britânica aceitar a política imediatista e mais quatro para o governo implementar completamente a abolição. Como nos dias mais impetuosos da mobilização popular contra o tráfico de escravos, os abolicionistas fizeram um apelo à abstenção de gêneros produzidos por escravos como um meio de recusa de cumplicidade à instituição. Dessa vez, diferente do que houve em 1791, algumas mulheres estenderam o boicote até mesmo ao algodão.[6]

A melhor evidência da importância da participação das mulheres está no domínio que exerceram sobre a arma mais eficiente do antiescravismo britânico – as assinaturas nas petições. Até 1823, os subscritores abolicionistas tinham sido quase exclusivamente masculinos. Dali em diante, a participação direta das mulheres tornou-se maciça e decisiva. O avanço final ocorreu em 1820, quando as organizações nacionais batistas e metodistas começaram a receber e, logo em seguida, a solicitar as petições das mulheres. As assinaturas separadas evitavam as acusações de ilegitimidade anteriormente levantadas contra petições de gêneros mistos. Da mesma forma que no ataque contra o tráfico de escravos, as petições continuaram a ser o padrão-ouro da mobilização abolicionista. Da mesma forma que de 1788 a 1814, os abolicionistas britânicos continuaram a estabelecer o padrão do que constituiria o "peso" da opinião de massa em 1823, 1831, 1833 e de 1837 a 1838. Eles continuaram a estabelecer os recordes em termos de números de petições, de assinaturas e, acima de tudo, de habilidade em sobrepujar as contrapetições. Os jornais

---

5   D. B. Davis, *Slavery and Human Progress*, p.183.
6   Midgley, *Women Against Slavery*, p.60-2. O movimento pela abstenção do algodão produzido por escravos não teve um impacto significativo no mercado de produtos têxteis de algodão. Como Clarkson tinha observado em 1791, não se podia esperar que as cidades manufatureiras de algodão se unissem maciçamente para solapar a venda da sua própria fonte principal de empregos. Midgley estima que o número de famílias que se juntaram ao movimento da abstenção provavelmente excedeu o da campanha de 1791-1792.

da nação reconheceram universalmente que a opinião pública havia tido a última palavra em todos os estágios do processo de desmantelamento.

As mulheres também inovaram de forma brilhante na apresentação de petições ao maximizar o impacto visual de suas assinaturas. Em maio de 1833, no dia programado para a apresentação, na Câmara dos Comuns, do Projeto de Lei da Emancipação, a maior de todas as petições antiescravistas da história britânica chegou às portas do parlamento – "uma petição tão grande quanto um colchão". Ela foi "arrastada para dentro da Câmara por quatro membros em meio a gritos, aplausos e risadas". E continha 187 mil assinaturas, "uma expressão de sentimentos vasta e universal de todas as mulheres do Reino Unido".

Tal como ocorrera com o estabelecimento das sociedades locais de mulheres, a proporção de suas assinaturas aumentou sucessivamente a cada campanha antiescravista. É provável que 30% (aproximadamente 400 mil) dos 1,3 milhão de assinantes das petições pela emancipação imediata de 1833 fossem mulheres. Em 1837-1838, as 700 mil assinaturas femininas "dirigidas" à rainha representaram mais de dois terços das 1,1 milhão de assinaturas que chegaram à Câmara dos Comuns. A "Petição" feminina da Inglaterra e de Gales, contendo 400 mil assinaturas, foi novamente a petição com maior número de assinaturas enviada do interior do país. No clímax da campanha contra o aprendizado, a nova Sociedade Antiescravista Hibérnica adicionou 75 mil assinaturas de irlandesas a todos esses totais.[7]

Mesmo na Grã-Bretanha, o caminho para a aceitação da emancipação foi longo. Em 1829, uma petição assinada por "um grande número de senhoras", apresentada no plenário por um dos Pares britânicos, foi instantaneamente ridicularizada por outro lorde nobre, que perguntou "se a petição expressava os sentimentos das senhoras jovens ou das velhas". Quatro anos depois, com as petições antiescravistas maciças das mulheres amontoadas na mesa da Câmara dos Comuns, Daniel O'Connell agiu de modo inteligente e invocou os velhos hábitos de zombaria e a nova

---

7   Sobre o parágrafo acima, ver Midgley, op. cit., p.62-6; Drescher (1999), *From Slavery to Freedom*, p.44-6, p.57; e Rodgers, *Ireland, Slavery and Anti-Slavery: 1612-1865*, p.276.

ideologia de esferas separadas para envergonhar os oponentes e silenciá--los respeitosamente, conforme mostra a transcrição de seu discurso:

> Ele [O'Connell] disse que – sem se importar com qual pessoa havia dito isso – gostaria de se dirigir a quem teve a audácia de fazer pouco das senhoritas e das senhoras da Inglaterra pelo delito de exigirem que seus concidadãos de outro clima deveriam ser emancipados. Ele nada diria sobre o mau gosto e o mau sentimento que esse pouco caso revelava – e somente se limitaria a expressar uma opinião, com a qual ele tinha certeza de que cada membro da Casa concordaria, a saber: se porventura as mulheres tivessem o direito de interferir, aquela era a ocasião. Indubitavelmente, a clamorosa injustiça da escravidão deveria ter penetrado no fundo dos corações e excitado fortemente os sentimentos da nação britânica antes que as mulheres deste país pudessem ter posto de lado o recato do caráter feminino para se apresentarem e interferirem em assuntos políticos [...] e ele não hesitou em dizer que o homem, quem quer que fosse, que tinha zombado das mulheres da Grã-Bretanha por terem feito petições ao parlamento – o homem que conseguiu fazer isso, era quase um rufião tão grande quanto o que manejava um açoite.[8]

Nenhum membro do parlamento estava preparado para se arriscar a responder com humor ou com desaprovação. Até os que, como William Cobbett, se ressentiam profundamente da interferência das "187 mil senhoras" e que, quase tanto quanto ele, detestavam os abolicionistas e os negros, tiveram de esperar por um momento mais conveniente e menos solene para censurar as senhoras por terem tolamente abusado do poder político.[9]

Tal como no boicote do açúcar, houve esforços para estender a consciência acerca da escravidão às crianças. No clímax de cinquenta anos de agitação, Birmingham fez preparativos para enfatizar a questão

---

8 Colley, op. cit., p.279-80.
9 Drescher (1987), *Capitalism and Antislavery*, p.145.

não encerrada do abolicionismo tanto nas Índias Ocidentais quanto na América. Uma grande celebração foi organizada nessa cidade para se comemorar o fim do último estágio preparatório para a completa libertação dos escravos em 1º de agosto de 1838. O dia começou com um coro formado por 3 mil crianças, que cantaram hinos em frente ao prédio da prefeitura, seguido por uma procissão aos novos prédios da escola, a qual seria conhecida como Escola da Emancipação do Negro.[10] Meio século depois do lançamento do movimento antiescravista, um velho cidadão relembrou, em 1838, como seu próprio senso de justiça fora despertado pela primeira vez por uma ilustração do navio negreiro "Brookes", pendurada na parede de sua casa.

Nessa fase da emancipação, as iniciativas de fora de Londres tornaram-se até mais significativas do que tinham sido durante a geração anterior. Já em 1821, James Cropper, de Liverpool, lançara uma cruzada pessoal, embora malsucedida, para igualar os impostos do açúcar da Índia Ocidental com os da Índia Oriental ("produzido pelo trabalho livre") como uma forma de atacar a escravidão. Birmingham foi o local da primeira sociedade antiescravista de mulheres, fundada em 1825. Joseph Sturge, dessa cidade, exerceu um papel de liderança no ataque ao sistema do "aprendizado", criado pela Lei de 1833. Em vez de aguardar o envio de petições à liderança parlamentar para depois promover reuniões públicas a favor da emancipação, uma nova organização, um "Comitê de Ação", formado em 1831, dividiu o país em distritos que seriam alvos da propaganda abolicionista. Como os revivalistas religiosos, os membros do Comitê foram de vilarejo em vilarejo instando suas audiências a circularem petições, organizarem grupos auxiliares e se prepararem para as eleições nacionais. George Stephen, filho do abolicionista James Stephen, afirmou que, em 1832, foram formados 1.200 grupos auxiliares na Grã-Bretanha.[11]

---

10 Temperley, *British Anti-Slavery*, p.63.
11 Ver Sir G. Stephen, *Anti-Slavery Recollections: in a Series of Letters Addressed to Mrs. Beecher Stowe*; Temperley, op. cit., p.12-3.

O movimento antiescravista das décadas de 1820 e 1830 também se tornou mais organizado sobre bases religiosas que seu antecessor. As campanhas anteriores tinham seus locais de reuniões e petições nas prefeituras. A Sociedade dos Amigos constituiu, desproporcionalmente, o núcleo inicial dos comitês abolicionistas, mas não se esforçou para enfatizar o esforço coletivo como seus descendentes. No final da década de 1820, os esforços para fazer as petições tornaram-se mais articulados dentro das linhas denominacionais. Juntos, o antiescravismo britânico e o não conformismo evangélico atingiram seu pico nas primeiras quatro décadas do século XIX. O período mais dinâmico de crescimento do não conformismo coincidiu quase exatamente com o do antiescravismo. Isso deu aos abolicionistas não apenas uma grande rede de assinantes, mas também redes para a reunião de pessoas nas palestras públicas e para a ajuda financeira. No clímax dos esforços antiescravistas na década de 1830, os pontos de encontro denominacionais rivalizavam com outros lugares de assembleias públicas como locais de reuniões de petição.

O desvio para as denominações ficou claro na primeira grande petição pela emancipação "imediata", em 1830-1831, quando os metodistas e os batistas organizaram as campanhas para a obtenção de assinaturas dentro das próprias unidades das congregações. O número total de petições, na maioria menores que o das grandes reuniões nos vilarejos, representou mais do que o quádruplo das petições antiescravistas de 1814. Setenta por cento dos 5.500 documentos que chegaram ao parlamento tiveram origem nas congregações não conformistas. Discretamente, os abolicionistas permitiram que as petições não entrassem na pauta do parlamento por uma questão de deferência para com a reforma parlamentar. A Lei da Reforma, de 1832, teria de ser aprovada com segurança pela legislatura antes que a emancipação de escravos pudesse ir adiante.[12] Na petição de 1833, a dissensão religiosa, como a atuação das mulheres,

---

12 Drescher, Public Opinion and Parliament in the Abolition of the Slave Trade, Walvin, *Slavery and British Society*, p.40-1. Por si só, a quantidade de petições não garantiria a vitória. Em 1831, os abolicionistas produziram mais que o triplo de petições que antes, sem provocar um impacto imediato no parlamento, e o cartismo produziu inutilmente duas petições gigantescas durante a década seguinte.

também foi devidamente reconhecida. Os metodistas inscreveram 90% de seus membros. Dessa forma, somente eles foram quase 18% dos 1,3 milhão de cidadãos que assinaram.[13] De fato, foi tão grande o papel dos dissidentes que os abolicionistas anglicanos temeram que o movimento tivesse sido tirado das mãos dos "Santos", tais como Wilberforce e Stephen, e capturado por uma aliança radical/não conformista.

Em consequência do papel proeminente exercido pela mobilização religiosa no processo do abolicionismo anglo-americano, é frequente a atribuição, feita retrospectivamente, de um papel singular ao cristianismo protestante no fim da instituição da escravidão. É preciso ter em mente, no entanto, as diferentes reações provocadas pela escravidão nas principais variantes evangélicas. Para os evangélicos do mundo anglo-americano, o último quartel do século XVIII testemunhou o reconhecimento generalizado da escravidão como um problema moral. Na própria Inglaterra, os metodistas e os batistas responderam quase imediatamente à convocação inicial abolicionista em 1788. Nas décadas de 1780 e 1790, os metodistas e batistas tentaram estender suas atitudes críticas em relação à escravidão às Américas. Nas Índias Ocidentais, os evangélicos rapidamente enfrentaram a oposição rígida da maioria dos fazendeiros desde o início da missão antiescravista. No curso da geração seguinte, fizeram as pazes com os fazendeiros. Isso implicou a entrega da escravidão a César e uma acomodação com o desejo dos fazendeiros de uma mensagem cristã que enfatizasse a obediência dos escravos aos senhores. Quase nas vésperas da aprovação da emancipação, os missionários britânicos que residiam no Caribe não se aventuravam a condenar abertamente os fazendeiros ou a instituição.

Na América do Norte, ao sul do Chesapeake, a acomodação à emancipação foi mais lenta; de qualquer maneira, nos anos 1820, a acomodação do clero já era praticamente completa. Mais para o norte, a maioria das congregações evangélicas nunca se comprometeu com um apelo à emancipação imediata de estilo inglês. Depois da emancipação britânica,

---

13 Drescher (1987), op. cit., p.127-31.

alguns membros das igrejas nortistas começaram a aderir às mobilizações populares planejadas para limitar, se não para abolir, a expansão da instituição. Apenas na década de 1850 essa política de embate tornou-se um movimento de massa em algumas partes do norte contra o "poder escravo" sulista. Na maior parte do sul, as igrejas continuaram a se distanciar das tentativas modestas para erodir a instituição. Cada vez mais, as igrejas reconheciam a permanência da escravidão e finalmente se mobilizaram para defendê-la sem remorsos com base nas Escrituras. Às vésperas da secessão, elas confinaram amplamente a dimensão moral da defesa às melhorias dentro da moldura da instituição.

A inovação mais significativa oferecida pela atividade religiosa fora da Grã-Bretanha foi o espaço público aberto aos escravos pela atividade missionária. E os novos e mais surpreendentes intrusos da esfera pública abolicionista foram os próprios escravos coloniais. As atividades não conformistas britânicas na Índia Ocidental começaram na década de 1780, mas só na segunda década do século XIX as condições se tornaram mais favoráveis ao trabalho missionário alinhado com a política do governo imperial de "melhoramento" e de instrução religiosa para os escravos. É claro que os escravos usaram as assembleias religiosas para promover suas próprias interpretações autônomas da religião e para se preparar para a libertação, bem como para a salvação.[14]

O direito de frequentar serviços religiosos inevitavelmente criou espaço para os escravos se congregarem e discutirem as notícias das atividades abolicionistas na Grã-Bretanha. A cada importante debate parlamentar e a cada pronunciamento divulgado sobre a política governamental aumentava o temor dos fazendeiros de que as capelas formavam redes subversivas.

Nas campanhas metropolitanas contra o tráfico de escravos, os afro-bretões exerceram principalmente o papel de indivíduos de destaque e de vítimas anônimas. Os levantes sangrentos nos navios negreiros mal tiveram lugar na propaganda abolicionista. Com o lançamento da cam-

---

14 Turner, *Slaves and Missionaries:* The Disintegration of Jamaican Slave Society, 1787-1834, cap.3; Costa, *Crowns of Glory, Tears of Blood:* The Demerara Slave Rebellion of 1823, cap.3.

panha de emancipação colonial, os próprios escravos da Índia Ocidental emergiram como interlocutores. Antes da década de 1820, os levantes de escravos geralmente colocavam os abolicionistas britânicos na defensiva. Seu impulso primário era de se absolverem da associação com a violência. Em seu resultado imediato, a revolução de escravos de São Domingos produziu uma ansiedade generalizada entre os amigos da abolição por vários anos, embora alguns insistissem que os escravos insurgentes estavam reagindo ao tratamento inumano de sempre e apenas reclamando seus direitos humanos. Wilberforce estava convencido de que as cenas de vingança brutal "operavam para o prejuízo da nossa causa". Até o simpatizante Clarkson ficou preocupado com os danos que a rebelião de São Domingos causaria ao abolicionismo na Inglaterra.[15] Os antiabolicionistas incessantemente confundiram a ameaça revolucionária do Caribe com a ameaça mais formidável à Inglaterra proveniente de uma França beligerante.

Até a revolta barbadense de escravos de 1816, os abolicionistas reflexivamente invocaram a ausência de levantes significativos no Caribe britânico como prova de que as questões relativas à escravidão poderiam ser livremente discutidas na Grã-Bretanha, sem medo de repercussões no ultramar. A revolta de Barbados subverteu as suposições de ambos os lados nos debates sobre o escravismo e sobre a segurança relativa até das colônias escravistas mais "crioulizadas" e assimiladas. No início da década de 1820, o temor de mais "guerra servil" retardou a aprovação do papel que Buxton exerceria como líder na abertura da discussão parlamentar sobre a emancipação. Ele mesmo estava até mais cuidadoso e, seis anos antes, evitara qualquer referência ao levante de Barbados. Mas, de fato, confessou para si mesmo a preocupação com o risco de outra revolta colonial: "Se houver a eclosão de uma guerra servil e 50 mil perecerem, como eu poderia gostar disso?" Sua hesitação não era inusual. Em maio de 1823, quando finalmente propôs a emancipação dos escravos, Buxton foi cuidadoso ao se referir novamente ao longo hiato de resistência escra-

---

15   Ver Anstey, *The Atlantic Slave Trade*, p.276, nota 98; e Wilson, *Thomas Clarkson*, p.74-6.

va violenta, que tinha sido o ponto-chave do "argumento de segurança" de lorde Howick em 1807.[16]

Poucos meses depois, os escravos de Demerara levantaram-se em outra rebelião. Inicialmente, a notícia da deflagração prometia ser outro revés para a abolição. No fim, de todas as revoltas em grande escala no Caribe britânico, os abolicionistas esbanjaram atenção ao levante de Demerara.[17] A revolta de Demerara subverteu muitas teorias, tanto abolicionistas quanto antiabolicionistas, sobre as causas das revoltas de escravos. O levante merece um escrutínio cuidadoso porque os comportamentos comparativos de escravos e senhores contribuíram de forma crucial para uma mudança na opinião metropolitana sobre a emancipação. Demerara, em 1823, ainda era a mais "africana" das colônias do Caribe britânico. Seus escravos, no entanto, estavam claramente tão sintonizados com a discussão sem precedentes do parlamento sobre a emancipação como os de qualquer outra colônia britânica. O governo tinha imediatamente substituído o projeto de emancipação de Buxton por um plano alternativo de melhoramento.

A deflagração escrava propriamente dita não estava baseada, como outros tantos eventos anteriores, em rumores sobre um documento inexistente ou sobre um decreto a favor da libertação. A conspiração dos escravos foi o resultado direto do fracasso do governador de Demerara, sob pressão dos fazendeiros, de divulgar uma lista metropolitana muito modesta de medidas de melhoramento. Depois da supressão da revolta, os abolicionistas puderam demonstrar que a publicação imediata do mesmo documento na vizinha Berbice não tinha resultado em qualquer tipo de distúrbio. A dissimulação de cima estimulou a conspiração de baixo. A extensão das demandas dos rebeldes refletia suas aspirações de liberdade total e seus desejos de obter quaisquer vantagens que pudessem estar ocultas no documento. As investigações depois da rebelião reve-

---

16 Ver Matthews, *Caribbean Slave Revolts and the British Abolitionist Movement*, p.36-7; e Sir G. Stephen, op. cit., p.60.
17 Matthews, op. cit., p.107. Sobre a historiografia da resistência escrava, ver Genovese (1979), *From Rebellion to Revolution*, cap.3; e Craton, *Testing the Chains*, cap.19.

laram que os insurgentes tinham dedicado uma quantidade enorme de tempo e energia para tentar descobrir o conteúdo das reformas contidas no documento do governo. Por semanas, eles hesitaram em recorrer à ação. Tanto no planejamento quanto na ação, os rebeldes falaram sobre apresentar suas queixas ao governador.[18]

O segundo aspecto inusitado da revolta em Demerara surgiu das posições ocupadas pelos conspiradores em uma capela missionária. A capela tornou-se o local das discussões sobre os planos de ação coletiva. Impedidos de usar outros espaços autônomos fora da grande lavoura, os líderes escravos usaram sua porção mínima de liberdade religiosa e seu *status* de diáconos da capela do missionário John Smith para se comunicarem livremente uns com os outros.

Quando o levante eclodiu, seus líderes revelaram claramente que não tencionavam destituir a autoridade britânica. Avisaram os participantes para que desarmassem os administradores cativos e os prendessem, mas que não os matassem. As grandes lavouras foram ocupadas. Os senhores e suas famílias foram encarcerados. Algumas vezes, os rebeldes infligiram humilhação aos seus prisioneiros. Não houve, no entanto, a repetição das atrocidades da revolta de Berbice em 1763, muito menos a do levante de São Domingos em 1791. Em Demerara, onde os 77 mil escravos, entre os quais de 10 mil a 12 mil eram insurgentes, eram muito mais numerosos que os 5 mil brancos e negros livres da colônia, apenas dois ou três brancos morreram em ação. Acima de tudo, os líderes tentaram impor autodisciplina a seus companheiros insurgentes e negociar com o governador britânico, exceto sobre a redefinição das normas da luta dos escravos. Os escravos aderiram à ordem geral de não matar seus prisioneiros, e o governador e os oficiais militares negociaram com os escravos mobilizados.

O momento exemplar do levante de Demerara tornou-se evidente no ponto crítico da confrontação. Quinhentos soldados britânicos e auxiliares mobilizados foram cercados por um número entre 3 mil e 4

---

18 Para detalhes da revolta Demerara, dependo da rica descrição de Costa, op. cit.

mil escravos. O oficial comandante indagou-lhes sobre suas queixas. As respostas variaram de demandas por tempo livre para frequentar cultos nos domingos ao esclarecimento sobre os rumores de que eles tinham sido libertados. Jack Gladstone, um dos organizadores do levante, entregou ao coronel britânico um documento assinado por administradores e senhores aprisionados que atestava que estavam sendo bem tratados. Como resposta, o coronel Leahy leu a declaração formal do governador sobre a vigência da lei marcial. E ordenou aos rebeldes que entregassem as armas e voltassem ao trabalho. Depois de um longo e silencioso impasse, as tropas britânicas abriram fogo. Seu fogo de barragem disciplinado quebrou o impasse. A partir daí começou o processo de repressão. Os líderes escravos foram encarcerados, e execuções sumárias seguiram-se a julgamentos formais, mas igualmente sumários e, mais tarde, julgamentos mais formais da liderança escrava.

O resultado marcante da revolta foi sua transformação em uma *cause célèbre* na Grã-Bretanha. Esse processo foi acelerado com o indiciamento, feito pelo governo colonial, do missionário cuja capela tinha sido o local de reunião dos conspiradores. O reverendo John Smith, da Sociedade Missionária de Londres, foi indiciado, condenado e sentenciado à morte com base no testemunho, obtido sob coerção e mais tarde retratado, de um escravo. Smith morreu na prisão.

Logo que a notícia do levante de Demerara chegou à Grã-Bretanha, Thomas Clarkson teve de interromper uma viagem provincial de campanha. Os fazendeiros estavam antecipando suas ações. Eles estavam colocando em circulação em todas as bibliotecas, salas de leitura e cafés da nação, publicações que acusavam os participantes da campanha antiescravista de serem "traidores do nosso país". A tradicional figura de linguagem das "insurreições servis" produziu uma reação reflexiva na metrópole. Clarkson teve de cancelar sua viagem para escrever um panfleto que refutava as acusações dos fazendeiros.[19] Dessa vez, no entanto, os efeitos negativos do levante foram rapidamente dissipados. A repres-

---

19 Matthews, op. cit., p.49-50, que cita o ensaio manuscrito de Clarkson Account of Efforts to Abolish Slavery 1807-1824, r

são envolveu alguns dos métodos tradicionais de representar rituais de punição tão aterrorizantes "que nenhum escravo jamais ousaria tentar isso de novo". Incluiu execuções exemplares de indivíduos escolhidos ao acaso, que foram decapitados e tiveram suas cabeças colocadas em estacas ao longo das estradas. A reação dos fazendeiros não se limitou à execução de escravos; eles também atacaram missionários brancos. Até a consagrada Igreja Anglicana de Demerara foi vandalizada, e seu ministro, pressionado para abrir mão de sua posição.[20]

Embora algumas assembleias coloniais nas ilhas também tivessem reagido à rebelião Demerara e ao julgamento do reverendo Smith ao hostilizarem os missionários, o julgamento e a morte de Smith estimularam um contra-ataque das sociedades religiosas dentro da metrópole. Alguns historiadores mostram-se inclinados a enfatizar o fato de que a única baixa do levante de Demerara – escolhida para ser seu mártir icônico – foi um missionário branco, e não qualquer trabalhador negro que estivesse entre as centenas de executados. Em outras palavras, o missionário "roubou a coroa de mártir". Essa perspectiva não dá conta do fato de que a morte desse inglês nativo nascido livre foi convertida em uma evidência decisiva de que a repressão brutal à rebelião tinha sido um ataque a bretões cristãos nativos, bem como a cristãos das Índias Ocidentais ultramarinas. O missionário Smith foi o fulcro arquimediano dos abolicionistas porque os capacitou a elevar a luta popular no Novo Mundo ao plano da do Velho Mundo. Sua morte permitiu que os rebeldes fossem identificados não apenas como companheiros e irmãos, mas como companheiros cristãos amantes da liberdade. Os demerarianos tinham reagido à sua privação desnaturada como qualquer bretão nascido livre.

Como reação à morte de Smith, centenas de petições foram enviadas ao parlamento por congregações dissidentes. Nenhuma repressão anterior jamais havia induzido uma mobilização metropolitana de massa desse tipo. As capelas britânicas não conformistas tornaram-se o suporte principal das futuras campanhas de petições antiescravistas. Elas tam-

---

20   Costa, op. cit., p.225-6; p.274-6.

bém foram a força motriz organizacional da radicalização das demandas abolicionistas pela emancipação. A eleição geral parlamentar de 1826 tornou-se a primeira, desde 1806, na qual a escravidão foi uma questão da campanha eleitoral.

Assim, o passo mais importante na "anglicização" dos escravos e na eliminação da toxidade das insurgências de escravos ocorreu dentro do ciclo da revolta de Demerara. A ligação feita pelos líderes entre escravização e cristianização derivou de sua própria filiação às capelas. Suas ações foram reconfiguradas pelo modelo emergente de relações inglesas de classes e tidas como um ataque geral contra condições de trabalho intoleráveis. Coronel Leahy, o oficial inglês que comandou a confrontação crucial, enfatizou involuntariamente que havia lidado com homens que sabiam como participar de uma negociação dentro da ordem. E reconheceu que eles tinham feito uma lista das demandas, mas que a tinham destruído por ser inútil.

> Para os abolicionistas, o diálogo entre os escravos e as autoridades justificava uma comparação entre a conduta dos rebeldes de Demerara com a dos trabalhadores de seu país.[21]

Vale enfatizar que os líderes rebeldes não efetuaram suas ações na crença de que um desafio comedido à autoridade imperial equivaleria ao martírio suicida. Eles apostaram na reconfiguração das regras de luta e objetivaram alinhar suas condições o máximo possível com as dos bretões. Os escravos estavam plenamente conscientes de que a linguagem da contenda que haviam articulado estava emoldurada pelas ideias religiosas, morais e legais de poderosos agentes de mudança na metrópole.

O número de petições ao parlamento a favor da emancipação subiu de 225, antes da revolta de 1823, para 600, seis meses depois da morte de Smith. Em 1826, o número dos peticionários urbanos era igual ou ultrapassava o número dos peticionários dos vilarejos em 1814: 72 mil

---

21 Matthews, op. cit., p.76.

de Londres; 38 mil de Glasgow; 17 mil de Edimburgo; 38 mil de Norfolk, e assim por diante. O apelo de Elizabeth Heyrick para a abolição imediata foi publicado em 1824, a reboque da repressão. E ele foi apenas um de uma cascata de publicações. A revolta originou o maior número de comentários britânicos abolicionistas da história das revoltas escravas britânicas coloniais. Foi igualmente impressionante seu estímulo ao desenvolvimento da mobilização das mulheres. A revolta não só suscitou o primeiro reavivamento da abstenção em massa do consumo de açúcar da Índia Ocidental, como também estimulou a formação de sociedades antiescravistas femininas, que se iniciou na cidade de Birmingham em 1825.[22] Desse modo, os ataques aos missionários adicionaram uma dimensão importante ao movimento para a abolição nacional. Permitiram que os abolicionistas enfatizassem as similaridades entre os eventos ultramarinos e a luta dos não conformistas para pôr fim às restrições religiosas em casa.

Em si mesma, a linguagem dos escravos sobre a libertação em nome dos direitos humanos também ressoou do outro lado do Atlântico. Os abolicionistas usaram o testemunho das próprias autoridades para fazer que os escravos falassem a linguagem das classes trabalhadoras britânicas. Os insurgentes cruzaram os braços em vez de assassinar seus senhores, de brutalizar as mulheres ou de queimar as grandes lavouras. Os escravos eram trabalhadores que tinham a propriedade do trabalho, e não selvagens. Em Demerara, como a *Edinburgh Review* [*Revista de Edimburgo*] registrou:

---

22 Ver P. F. Dixon, The Politics of Emancipation (D. Phil. Thesis), p.215; Midgely, *Women Against Slavery*, 43 ff 103-13; Matthews, op. cit., p.107-10. Em termos de mobilização religiosa depois de Demerara, vale a pena notar que, quanto à porcentagem das petições antiescravistas ao parlamento, as enviadas pelas congregações dissidentes subiram de 6% em 1824 para 72% em 1831. O número de petições em 1831 foi o mais alto já registrado durante o meio século do movimento popular antiescravista, o primeiro a exigir a emancipação imediata e o catalisador indireto do levante da Jamaica. Foi igualmente significativo que a "Guerra Batista" de 1831-1832, o maior levante de escravos na história colonial britânica, causou uma interrupção da mobilização antiescravista menor que a causada por todas as três revoltas de escravos. Em 1832, os missionários exilados saíam diretamente dos navios que os levavam para o exílio na Grã-Bretanha para o circuito de palestras e para os comitês parlamentares. Ver Drescher (1999), op. cit., p.39, Table 2.1.

ocorreu uma *pequena comoção* entre os negros [...] muito mais parecida com uma manifestação de trabalhadores europeus em greve por salários, pela jornada de trabalho ou por outro benefício do que com uma rebelião de escravos africanos. Um oficial que atuou na repressão, inclusive, testemunhou apropriadamente que alguns queriam três dias e o Domingo para ir à igreja [...].[23]

Os escravos não promoveram um massacre porque o levante foi planejado para forçar o diálogo entre escravos e autoridades políticas coloniais que haviam retido informações sobre o que o governo imperial tencionava fazer por eles. *The Christian Observer* [*O observador cristão*], uma publicação da ala evangélica da Igreja oficial, disse o seguinte sobre a rebelião:

> Vamos supor que os mineiros de Cornwall, ou os ferreiros de Gales, os transportadores de carvão do rio Tyne ou os tecelões de Lancashire imaginassem, com razão ou não, que haviam sido prejudicados pelos seus senhores [...] tivessem entrado em greve [...] e [...] tivessem chegado a ponto de fazer a ameaça de violência [...] Toleraríamos que esses homens fossem imediatamente atacados por uma força militar, mortos a sangue frio às centenas, caçados como animais selvagens, julgados e executados em grandes números como traidores?[24]

De fato, quem eram os selvagens?

Ao fundirem os escravos coloniais com os trabalhadores britânicos livres, os abolicionistas estavam, é claro, correndo um risco. Os propagandistas coloniais faziam comparações sobre as condições materiais de

---

23 Citado em Matthews, op. cit., p.75-6 e 83. A linguagem da classe trabalhadora na revolta Demerara foi parte de acontecimentos mais amplos dentro das colônias escravistas. Embora não tivessem permissão para participar completamente da sociedade civil da colônia, os escravos usaram as suas capacidades como trabalhadores e como congregantes para estabelecer um diálogo contencioso com seus donos e chefes. Ver Turner (Ed.), *From Chattel Slaves to Wage Slaves. The Dynamics of Labour Bargaining in the Americas*; e id., *Slaves and Missionaries: The Disintegration of Slave Society*.
24 Citado em Costa, op. cit., p.282.

seus escravos com as de vários grupos britânicos desde a primeira campanha contra a escravidão.[25] Durante cinquenta anos, argumentaram que os camponeses irlandeses ou escoceses, os trabalhadores ingleses, os conscritos militares e uma multidão de outros viviam em piores condições que os que residiam em suas grandes lavouras. Os senhores coloniais consistentemente perguntavam: por que não começar o tratamento humano em casa? O refrão foi reproduzido durante meio século pelos donos de escravos e seus governantes, bem como pelos conservadores e radicais da classe trabalhadora britânica.

Em 1824, no entanto, foram os abolicionistas que insistiram em comparar os trabalhadores britânicos de casa com os escravos do estrangeiro. O discurso entre os escravos e os senhores poderia ser extrapolado em um diálogo entre os escravos e os bretões. Pelo menos nos doze anos que se seguiram, conforme o movimento abolicionista atingia seu pico e triunfava, os abolicionistas levaram a melhor. Suas prioridades mantiveram-se não apenas no eleitorado de classe média, no qual a maior parte dos ativistas era recrutada, mas também em grandes segmentos da própria classe trabalhadora. Pela primeira vez desde 1807, a revolta dos escravos de Demerara e a repressão realmente permitiram que a escravidão se tornasse uma questão nas eleições gerais de 1826. Até William Cobbett, o mais notório antiabolicionista populista e racista radical da Inglaterra, submeteu-se aos sentimentos da classe trabalhadora em 1832. Ao concorrer a uma vaga parlamentar, ele se comprometeu a apoiar a emancipação imediata.

Nove anos depois de Demerara, às vésperas da emancipação, a injustiça da escravidão colonial tinha sido tão profundamente incorporada à vida nacional que o prestígio e a retórica do abolicionismo foram usados com sucesso na campanha para estabelecer limites ao trabalho infantil nas fábricas. Por volta de 1832, era quase impossível encontrar uma reunião, uma petição ou um tratado a favor da proteção das crianças britânicas que também não fizesse demandas pela "abolição imediata

---

25 D. B. Davis, *Age of Revolution*, p.463-8.

da escravidão tanto dentro quanto fora do país". Ao se tornarem companheiros cristãos e companheiros trabalhadores, os escravos já eram observados como indivíduos que amavam e ansiavam pela liberdade em seu sentido civilizado (e britânico).[26,27]

Contudo, antes desses desenlaces metropolitanos, interveio outra grande revolta de escravos. Na última rebelião antes da emancipação, os escravos determinaram os acontecimentos. O levante escravo da Jamaica de 1831-1832, também ligado às redes religiosas, foi conhecido como "a Guerra Batista". Em 1831, a cautelosa Sociedade Antiescravista, dominada por parlamentares, estava sofrendo pressões sociais para incorporar a emancipação imediata a seu programa. Os não conformistas tinham assumido a liderança de um movimento recorde de petições massivas em 1830-1831. Mais de 5 mil petições foram enviadas à legislatura. As mulheres assinaram em massa. Um "Comitê de Ação" radical iniciou uma campanha nacional de conferências antiescravistas. Nas eleições de 1830, graças às discussões sobre a emancipação de escravos, a campanha pela reforma parlamentar tornou-se mais animada do que nunca. Como resultado, muitos membros do parlamento hipotecaram apoio à emancipação. A representação dos interesses da Índia Ocidental estava enfraquecida. Contudo, a crise da reforma parlamentar colocara temporariamente a emancipação em segundo plano. Pela primeira vez na história do movimento da abolição, os parlamentares antiescravistas não

---

26 Ver Drescher, Cart Whip and Billy Roller: Antislavery and Reform Symbolism in Industrializing Britain (ver N. T. a seguir), *Journal of Social History*, p.1-24, esp. p.7. Cobbett aparentemente aprendeu uma lição na eleição geral de 1832. Na esteira da rebelião Demerara, Cobbett fracassara ao tentar representar Preston em 1826. Os seus oponentes foram bem-sucedidos ao acusá-lo com os mesmos termos que ele usara para rotular o missionário Smith, um "hipócrita desprezível". Cobbett também descreveu os negros como "bestas degradadas". Ele terminou em último lugar entre os candidatos na eleição. Ver P. F. Dixon, op. cit., p.229-30.

27 No título do artigo citado na nota anterior, "Cart Whip" e "Billy Roller" são metáforas sobre a condição dos escravos coloniais e dos trabalhadores livres das tecelagens metropolitanas. O *cart whip* (chicote usado nas carroças de transporte de carga) era empregado para açoitar os escravos, ao passo que o *billy roller* (um cilindro de madeira da máquina de torcer a lã – chamada de *billy* – que media de dois a três metros de comprimento e tinha cerca de duas polegadas de diâmetro com um pivô de ferro em cada ponta) era usado para espancar os meninos e as meninas que fraquejavam durante as longas jornadas de trabalho ou para espancar os operários e as operárias pelos mais irrelevantes motivos. (N. T.)

recorreram à coleta massiva de assinaturas para forçar o debate sobre a emancipação imediata.[28]

Em troca da indulgência abolicionista, o governo aprovou uma "Ordem em Conselho", em novembro de 1831, que oferecia proteção circunstanciada para todos os aspectos da vida dos escravos. Sua consequência mais imprevista ocorreu na Jamaica, em 27 de dezembro de 1831. Os escravos da parte ocidental da ilha fizeram a maior e mais bem organizada insurreição escrava na história britânica colonial. Foram tantos os latifúndios consumidos pelo fogo que "o céu se tornou um lençol de chamas, como se o país inteiro tivesse se tornado uma grande fornalha". Quase um quinto da população escrava da Jamaica (acima de 60 mil) participou do levante. Como em Barbados e Demerara, os insurgentes estavam muito conscientes de que a pressão metropolitana pela emancipação imediata estava aumentando na Grã-Bretanha. E estavam mais conscientes ainda de que os fazendeiros coloniais estavam reagindo à nova Ordem em Conselho com ferocidade e oposição sem precedentes. Alguns jamaicanos falavam abertamente de secessão em relação ao império e de adesão aos Estados Unidos.[29]

Como no levante de Demerara, a conspiração estava sendo maquinada havia tempos. A afiliação à Igreja novamente proveu um meio de organização. Os planos foram debatidos dentro de um grupo encabeçado por Samuel Sharpe, um diácono-chefe na Igreja Batista. Munido de uma licença para pastorear e para pregar, ele se movimentava livremente por uma grande porção da Jamaica setentrional. A decisão final pela deflagração foi feita depois de uma reunião de oração. A rebelião de escravos não foi apenas a maior, mas a mais longa da história colonial britânica. Os confrontos duraram de 27 de dezembro de 1831 até o fim de janeiro de 1832. Apenas no mês seguinte, o governador da ilha sentiu-se suficientemente confiante para proclamar o fim da lei marcial.

Em 1831, o diácono Sharpe concebera o levante como interrupção do trabalho, apoiado no princípio de autodefesa diante da ameaça da força.

---

28 Id., op. cit., p.273-84.
29 Craton, op. cit., p.294-6.

Os brancos que estivessem nas propriedades deveriam ser poupados. Sua visão de uma interrupção de trabalho dentro da ordem foi destruída pela amplitude geográfica de uma insurgência descentralizada. Os escravos queimaram as grandes lavouras, e os danos às propriedades foram imensos. A estimativa oficial da destruição de propriedades somada ao custo da repressão foi de mais de 1,3 milhão de libras. Do mesmo modo que os rebeldes, as forças da ordem estavam espalhadas em uma área grande. Por isso, foi difícil para as autoridades coordenar as operações e o comportamento da milícia, e suas execuções locais causaram a morte de mais de duzentos escravos.

Em um aspecto importante, o precedente de Demerara foi valioso. Como um pregador batista observou, "em meio à excitação furiosa da noite, não foi tirada a vida de ninguém, tampouco qualquer mulher livre foi molestada pelos escravos insurgentes".[30] Catorze brancos foram mortos no decurso do conflito. De acordo com a observação perspicaz de David Brion Davis, 770 vezes mais escravos estiveram envolvidos na Guerra Batista jamaicana do que na rebelião de Nat Turner em Southampton, na Virgínia, no mesmo ano. No entanto,

> os homens de Turner mataram pelo menos três vezes e meia mais brancos do que o total *somado* das insurreições barbadense, demerariana e jamaicana, que foram infinitamente maiores.[31]

Esse padrão do comportamento escravo nas colônias britânicas sugere que os saqueadores e os incendiadores estavam cientes de que um público metropolitano, que havia peticionado maciçamente a favor da abolição imediata alguns meses antes, atribuiria algum peso a qualquer massacre de brancos na equação da "prontidão" dos escravos para a liberdade. Decerto, uma insurreição de proporções haitianas poderia atrasar o processo da emancipação. Uma vez mais, como em Demerara, o aspecto mais decisivo do levante de escravos residiu em suas consequências. No-

---

30 Ibid., p.303 e 312.
31 D. B. Davis, *Inhuman Bondage*, p.220.

vamente, os rebeldes foram, de longe, ultrapassados em brutalidade por seus repressores. Mais de trezentos escravos foram julgados e executados sumariamente. Os ataques dos fazendeiros aos missionários também ascenderam a novos patamares. Embora não houvesse evidência direta da cumplicidade dos missionários na rebelião, uma onda de violência varreu as paróquias ocidentais. Capelas não conformistas foram destruídas. Os fazendeiros não se arriscaram a criar mais mártires mortos, mas os missionários batistas proeminentes foram levados a julgamento. Especialmente os wesleyanos e os batistas foram obrigados a fugir da ilha.[32]

Inadvertidamente, os fazendeiros não só tornaram a mobilizar os não conformistas britânicos como também enviaram os representantes dos escravos de volta à metrópole. Os reverendos refugiados retornaram em um momento crítico. A aprovação da reforma parlamentar reabrira imediatamente a agenda política à emancipação escrava. Pela primeira vez, uma comissão especial de inquérito foi formada para considerar a exequibilidade da emancipação. Buxton fez uma moção ao comitê que vinculava a emancipação "à segurança de todas as classes nas colônias". Os missionários, em particular William Knibb, ofereceram um testemunho ocular dramático à comissão. Ele narrou a violência diária em relação aos escravos, bem como as centenas de mortes em execuções sumárias e cortes marciais apressadas. Knibb apresentou-se ao público e ao parlamento e tornou-se uma das mais poderosas atrações do Comitê de Ação. As multidões que atraiu em suas viagens pela Grã-Bretanha levaram Buxton a agradecer à Providência por fazer do comportamento dos fazendeiros um meio da destruição da própria escravidão.[33]

Uma perspectiva comparativa indica quão importante foi o comportamento dos escravos revoltosos para ajudar os abolicionistas a desgastar a linha que separava os escravos coloniais dos homens livres metropolitanos. A Guerra Batista não teve o mesmo papel na abolição da escravi-

---

32 Turner, op. cit., p.164. Para uma análise das linguagens conflitantes da representação na Grã-Bretanha que surgiram depois do levante na Jamaica, ver C. Hall, *Civilising Subjects:* Colony and Metropole in the English Imagination, 1830-1867, p.107-15. Sobre o uso abolicionista da Jamaica para salientar a urgência da emancipação, ver Matthews, op. cit., p.164-70.
33 Ibid., p.172.

dão britânica que a revolução de São Domingos tivera na emancipação francesa quatro décadas antes. As colônias escravistas da Grã-Bretanha não foram colocadas imediatamente em risco por ameaças externas ou internas em 1833. A milícia colonial e os 1.700 soldados bastaram para suprimir o formidável levante jamaicano, cujas fileiras contavam com dezenas de milhares. Agora, no entanto, os abolicionistas podiam invocar todo o "ciclo de violência" para enfatizar a necessidade de uma resolução imediata. Quinze anos antes, a rebelião de Barbados havia bloqueado o caminho de uma pequena parte da legislação imperial antiescravista. A violência ajudara a deter a continuidade da mobilização abolicionista durante sete anos. Em 1832, no entanto, a opinião pública britânica estava tão preparada para a agitação contínua que os abolicionistas poderiam transformar a vingança dos fazendeiros em combustível para a libertação.

O estágio final do processo de emancipação britânica seguiu o caminho que havia sido delineado meio século antes. A mobilização popular catalisou a resistência dos escravos e somou-se à contenda metropolitana na década final do ataque à instituição. Em 1832, o destino da escravidão tinha se tornado intimamente ligado ao movimento político que promulgou a reforma parlamentar e ao momento mais dinâmico da expansão do não conformismo britânico.[34] Na primeira campanha de eleição geral sob a nova Lei da Reforma, o Comitê da Ação antiescravista conseguiu centenas de candidatos que se comprometeram a apoiar a emancipação imediata. O antiescravismo nunca tinha sido debatido tão amplamente. Foram eleitos mais de duzentos candidatos comprometidos com a causa, dos quais aproximadamente 95% eram liberais. Mesmo com essa exibição de força, houve a necessidade de uma onda final de 1,3 milhão de peticionários para induzir o governo a apresentar uma moção a favor da emancipação.[35] O acordo final só foi feito depois de quatro longos meses

---

34 Drescher (1999), op. cit., p.37-40, esp. Figure 2.1.
35 Anstey, The Pattern of British Abolitionism in the Eighteenth and Nineteenth Centuries, Bolt Drescher, *Anti-Slavery, Religion and Reform*, p.19-42; e Drescher (1999), op. cit., p.46-8. Sobre o papel da emancipação nas eleições parlamentares de 1832, ver Drescher, Public Opinion and Parliament in the Abolition of the Slave Trade, Walvin, *Slavery and British Society*, p.36-9.

de discussões em 1833, e a Lei da Emancipação resultou das pressões conjuntas exercidas pelos abolicionistas e pelo lóbi da Índia Ocidental. O governo tinha autoridade suficiente nos dois lados do Atlântico para pôr fim a uma instituição que não podia mais ser mantida sem agitação contínua dentro e fora do país.

Nesse amplo processo político, a ameaça de mais violência escrava era menos proeminente do que as forças que tinham tradicionalmente edificado a legislação abolicionista. Evidentemente, o potencial de intensificação da resistência escrava agora estava mais constantemente presente nas mentes dos secretários coloniais. No entanto, quando a emancipação se tornou um assunto significativo na eleição geral britânica de dezembro de 1832, a ameaça da rebelião escrava não foi a base racional mais proeminente da ação imediata. O discurso feito pelo rei na abertura do novo parlamento não mencionou nem o levante nem a emancipação. Assim que a maioria votasse por princípio pela emancipação, a tarefa dos abolicionistas seria a de eliminar a etapa do estágio de aprendizado, no qual os escravos deveriam passar vários anos em uma condição de servidão parcialmente não remunerada. Foi nesse ponto, com o processo em uma fase já adiantada, que os abolicionistas reintroduziram a ameaça de insurreição servil sangrenta. Buxton e outros apresentaram uma moção para reduzir o período de transição do trabalho por contrato em apenas um ano. Por outro lado, ele alertou que a insurreição seguramente ocorreria de novo na Jamaica em 1834, tal como havia ocorrido antes.[36]

O parlamento pensou de outra forma. A moção de Buxton foi esmagadoramente derrotada. Os escravos provavelmente também estavam cientes dos limites de seu poder potencial. Um ano depois, e para alívio dos próprios abolicionistas, o aprendizado foi iniciado sem um levante sequer em qualquer das dezoito colônias em que ele fora introduzido. Quatro anos depois, o aprendizado foi encerrado prematuramente por outra mobilização popular no Reino Unido, secundada por agitação não violenta nas colônias.

---

36 Hansard's *Parliamentary Debates*, 3ª série, v.19, col.1190 (24 jul. 1833).

O fim da escravidão britânica foi uma transição mais ordeira do que todas as emancipações anteriores nas zonas das grandes lavouras das Américas, do Haiti à América do Sul espanhola. O governo britânico enfrentou o mesmo problema encontrado pelos revolucionários no Caribe francês e na América espanhola continental – o de como manter a produção de mercadorias que dependia da instituição da escravidão. Ao introduzir a Lei da Emancipação, em maio de 1833, lorde Stanley caracterizou-a como "uma experiência grandiosa". Ela não apenas libertaria 800 mil escravos, mas também poderia exercer imensa influência no futuro de milhões de escravos estrangeiros. Com boas perspectivas, ela poderia demonstrar a habilidade do trabalho livre para manter e até aumentar a produção de produtos comerciais básicos tropicais.[37]

A Lei de Emancipação final juntou quatro princípios mutuamente interligados. Todos os escravos seriam libertados simultaneamente sem nenhuma provisão de restrições raciais especiais. Um novo *status*, o de aprendizes, obrigaria os ex-escravos a trabalharem para seus ex-senhores de quatro a seis anos, durante uma parte fixa de cada dia de trabalho. Os senhores receberiam uma indenização financeira calculada em cerca de 40% do valor de mercado de seus escravos. O fundo de indenização foi estabelecido em 20 milhões de libras – uma enorme quantia de dinheiro para um governo cuja plataforma de campanha fora a austeridade. A receita para garantir o fundo de indenização viria da elevação dos impostos sobre o açúcar e do monopólio virtual do açúcar colonial britânico na Grã-Bretanha. Em outras palavras, a liberdade civil viria à custa do trabalho livre limitado para os ex-escravos, do aumento dos preços para os consumidores e da elevação dos impostos para os metropolitanos.

Cinco anos após a aprovação da Lei de Emancipação britânica, os abolicionistas lançaram uma campanha popular final para apressar o fim do sistema de aprendizado. Na primavera de 1838, os ex-escravos novamente somaram sua própria mobilização às assinaturas metropolitanas. O modelo de interrupção do trabalho foi revitalizado. Os imediatistas

---

37 Drescher, *The Mighty Experiment*, cap.8; Green, *British Slave Emancipation:* The Sugar Colonies and the Great Experiment, 1830-1865, cap.6.

britânicos continuamente se referiam às expectativas de que "o conjunto inteiro da população de aprendizes se manifestasse pela liberdade imediata". Pressionadas de ambos os lados do Atlântico, as legislaturas coloniais cederam outra vez. Em 1º de agosto de 1838, o aprendizado foi abolido.[38]

Quanto a seu impacto imediato, a emancipação britânica tornou-se um farol para todos os abolicionistas estrangeiros que queriam ver a instituição da escravidão desmantelada sem o recurso à violência extrema – um contraexemplo para os cenários haitianos ou latino-americanos. Nos Estados Unidos, William Lloyd Garrison saudaria "a transformação instantânea de quase 1 milhão de homens que eram propriedades em seres racionais e imortais" como "o maior milagre moral da época".[39] Dez anos mais tarde, Alexis de Tocqueville considerou o caminho seguido pela Grã-Bretanha para abolir o tráfico de escravos e a escravidão colonial como o modelo ideal da democracia em ação. Ele solicitou a seus conterrâneos que observassem o que havia ocorrido do outro lado do canal:

> Tivesse a principal nação colonial e marítima da face do globo declarado, sessenta anos atrás, que a escravidão desapareceria dos seus vastos domínios, quantas exclamações de surpresa e de admiração teriam surgido de todos os lados [...] Quantos temores e esperanças teriam enchido todos os corações.

A emancipação também foi um ato sem precedente na história. Em um único dia, em 1834, 800 mil escravos tinham sido chamados da morte social à vida. Nem no anúncio da liberdade que viria, nem no momento

---

38 Tyrell, The "Moral Radical Party" and the Anglo-Jamaican campaign for the abolition of the Negro apprenticeship system, *English Historical Review*, p.481-502, esp. p.495-7; e Heuman, Riots and Resistance in the Caribbean at the Moment of Freedom, Temperley (Ed.), op. cit., p.135-49; Green, op. cit., cap.5. Antes de 1865, até os motins de vulto parecem ter resultado em relativamente poucas mortes. Ver Sheller, Quasheba, Mother, Queen, Black Women's Public Leadership and Political Protest in Post-emancipation Jamaica, 1834-1865, *Slavery and Abolition*, p.90-117.

39 Garrison, *The Liberator*, 20 ago. 1841.

de sua implementação, ela produziu "uma *única* insurreição", tampouco "custou a vida de um *único* homem".[40] Houve turbulência, mas conforme o tipo moderno de contenda – cruzamento de braços e greves. Tocqueville já estava ecoando a nova metanarrativa da interrupção do trabalho. A emancipação foi uma reforma pacífica de baixo, aspirada durante meio século. Foi o ato de uma nação e não de seus governantes. Os governos britânicos lutaram enquanto puderam contra a adoção de cada grande passo dado em direção à emancipação, da abolição do tráfico de escravos à abolição da escravidão.

Dali em diante, para o mundo, a Grã-Bretanha e suas antigas colônias atlânticas de escravos formavam uma zona de solo livre e de trabalho livre. Isso foi construído pelos processos legislativos ordinários do regime ocidental mais estável por quase três gerações, a partir da decisão do caso Somerset, em 1772. Logo depois da emancipação, as colônias britânicas foram consideradas ilhas de relativa tranquilidade em um império estável dentro de um mundo assaltado por revoluções e guerras civis. Entre aqueles para quem o fim da escravidão como propriedade era a questão central de suas vidas, a Grã-Bretanha agora começava a aparecer como o modelo de mobilização popular eficiente. É o que se vê no elogio de Frederick Douglass às audiências abolicionistas britânicas:

> Nós temos descoberto no andamento do movimento antiescravista [britânico] e no movimento para outras reformas nobres que há um poder até mesmo mais forte – um poder mais forte que a caixa de balas e a caixa de cartuchos.[41]

A forte impressão sobre o processo britânico se manteve. Até os dias impetuosos das revoluções de 1848 e de seu eco britânico com o desafio cartista de massa ao sufrágio britânico restrito não fizeram Dou-

---

40 Tocqueville, On the Emancipation of Slaves, em Drescher (Ed.), *Tocqueville and Beaumont on Social Reform*, p.137-73, esp. p.138; 150-4.

41 Blassingame (Ed.), *The Frederick Douglass Papers. Speeches, Debates and Interviews*, v.I, p.373, discurso feito em 1º set. 1846.

glass perder de vista o poder acumulativo da agitação pacífica. Como ele lembrou ao público norte-americano que participava da celebração do aniversário de quinze anos da emancipação britânica de escravos, em 1º de agosto de 1848:

> com o avanço do movimento antiescravista, descobrimos que a passagem da Inglaterra à liberdade não foi feita com rios de sangue [...] O que é uma revolução sangrenta na França, é uma reforma pacífica na Inglaterra. Os amigos e os inimigos da liberdade encontram-se não nas barricadas erguidas nas ruas de Londres; mas na tribuna aberta do Exeter Hall [...] Suas muralhas são a justiça e a razão [...] Seu *Hotel de Ville* é a Câmara dos Comuns. Sua fraternidade tem a simpatia unânime dos milhões de oprimidos e famintos.[42]

Por um breve momento, parecia que o Império Britânico poderia prover tanto o ímpeto quanto o modelo para a erosão rápida da escravidão como propriedade em todo o mundo.

---

42   Ibid., v.II, p.141-2, discurso feito em Rochester, Nova York em 1º ago. 1848.

10
Da emancipação colonial à abolição global

Em muitos aspectos, o antiescravismo britânico alcançou seu zênite nas décadas de 1830 e 1840. Os abolicionistas britânicos mobilizaram-se cinco vezes para peticionar ao parlamento ou para eleger representantes que defendiam a causa. O movimento antiescravista continuou a estabelecer recordes pelo número de petições e cartas enviadas a Londres. No parlamento, um abolicionista radical poderia, com a segurança de um governante inca, ameaçar cobrir o chão da Câmara dos Comuns com petições até que fosse dada uma resposta favorável à opinião pública. As ambições antiescravistas aumentaram em proporção à magnitude do poder interminável que eles aparentavam ter. Com o fim do aprendizado dos escravos, no verão de 1838, alguns abolicionistas formaram uma "sociedade para promover a abolição universal da escravidão". No ano seguinte, essa visão estava institucionalizada na *British and Foreign Anti-Slavery Society* (BFASS) [*Sociedade Antiescravista Britânica e Estrangeira*]. Ela se revelou como a mais duradoura de todas as organizações antiescravistas e, sob um nome diferente, manteve-se como a organização de direitos humanos mais duradoura da história humana. A BFASS imediatamente se tornou a central de informações sobre a escravidão e sobre o antiescravismo no mundo.[1]

Vibrando com a vitória britânica sobre a escravidão, um abolicionista norte-americano sugeriu realizar, em Londres, uma reunião de filantropos antiescravistas de todas as nações civilizadas. Em junho de 1840, houve a reunião do primeiro Congresso Antiescravista Mundial, e Thomas Clarkson fez o discurso de inauguração dos trabalhos aos 5 mil participantes presentes. A delegação britânica, liderada pelos abolicionistas de Londres e com 250 representantes provinciais, foi suplementada pelos representantes de missões do Canadá até Maurício no Oceano Índico. O último contingente estrangeiro, com cinquenta representantes de peso, veio dos Estados Unidos. Ele incluía mulheres, as quais não foram aceitas como delegadas. Ao todo, 39 países estavam representados, incluindo Serra Leoa e Haiti.

Os sucessivos relatórios informaram os delegados das variedades da escravidão mundial dos nativos americanos do Canadá até o mundo muçulmano, Índia e África subsaariana. Entre esses relatórios estavam os referentes aos sinistros tráficos de escravos ibéricos no Atlântico, que continuavam transportando cativos em quantidades quase recordes. Evidentemente, também foram feitas descrições extensas e em geral otimistas sobre o progresso da "experiência grandiosa", como a que evidenciava seletivamente a alta do preço da terra em Barbados. O Congresso Antiescravista Mundial concluiu seus trabalhos com esperanças a respeito do fim da escravidão; para os abolicionistas, essas esperanças seriam comprovadas pela rápida demonstração da superioridade do trabalho livre sobre o trabalho escravo nas Índias Ocidentais britânicas e pela vitória iminente tanto do algodão produzido pelo trabalho livre na Índia Oriental sobre o algodão dos Estados Unidos sulista produzido por escravos quanto pela vitória do açúcar do Caribe britânico sobre a produção cubana e brasileira. O Congresso também foi informado dos planos de projetos antiescravistas britânicos no Rio Níger.[2]

---

[1] Ver Temperley (1972), *British Antislavery*, esp. p.62-84, e Miers, *Slavery in the Twentieth Century: The Evolution of a Global Problem*.
[2] Drescher, *The Mighty Experiment*, p.86-90; p.152-4.

Pela primeira vez, os abolicionistas britânicos voltaram seriamente suas atenções para os escravos que estavam ao alcance do poder imperial britânico na Ásia. O Congresso Antiescravista Mundial fez a primeira sondagem séria da escravidão na Índia. Antes, no meio século entre 1788 e 1838, tinha havido uma preocupação marginal com esse subcontinente nos debates sobre as iniciativas abolicionistas dentro da Grã-Bretanha. No fim da década de 1820, a atenção abolicionista aos escravos do Oceano Índico havia se concentrado apenas nos que estavam nas ilhas coloniais de grandes lavouras.³

O abolicionismo britânico fora a consequência de uma preocupação crescente com a tolerância, o encorajamento e a participação da Grã--Bretanha no sistema escravista do Atlântico. Na Índia, a escravidão não estava relacionada com a produção de nenhum produto de importância exportado para a Grã-Bretanha. Embora houvesse um tráfico de escravos em pequena escala da África para a Índia, o recrutamento de escravos na Índia não era comparável ao maciço desenraizamento de africanos. A própria instituição estava embutida em sistemas complexos de religião e de obrigação que precederam a conquista britânica e eram considerados pelas elites indianas elementos orgânicos da sociedade e da cultura. Seus sistemas de servidão pareciam estar em conflito tanto com as instituições da liberdade civil, da forma como elas haviam surgido no mundo atlântico, quanto com a classificação rigorosa dos escravos como propriedade mais para o oeste.

Até o fim da escravidão nas grandes lavouras britânicas, os abolicionistas também estavam cautelosos em relação à escravidão na Índia por outras razões. Os donos de escravos da Índia Ocidental tentavam defender a própria instituição ao associá-la com a escravidão oriental. Os abolicionistas contra-atacavam dando ênfase às diferenças entre ambas em termos de recrutamento, desenraizamento indiscriminado das

---

3   Barker, *Slavery and Antislavery in Mauritius, 1810-1833:* The Conflict Between Economic Expansion and Humanitarian Reform under British Rule. Antes de 1840, o problema do antiescravismo tinha sido um problema na cultura ocidental e para ela. (Ver o foco dos quatro estudos magistrais de D. B. Davis: *The Problem of Slavery in Western Culture* (1966); *The Problem of Slavery in the Age of Revolution* (1975); *Slavery and Human Progress* (1984); e *Inhuman Bondage* (2006).)

famílias, desequilíbrio de gêneros, sistemas divergentes de disciplina do trabalho e do *éthos* capitalista que sustentava a escravidão ocidental. Em 1833, a libertação de 800 mil escravos de descendência africana com indenização pareceu-lhes um desafio satisfatoriamente formidável.

Em definitivo, o acréscimo de um número incalculável de cativos da Índia ao preço da emancipação indenizada dos 800 mil escravos libertados em 1833 daria aos adversários da mudança uma argumento de ouro para paralisar a ação abolicionista. Além do mais, em face da vitória nas colônias escravistas tradicionais, os abolicionistas britânicos preferiram distanciar a escravidão da Índia Oriental o máximo possível da escravidão da Índia Ocidental. Os que tinham interesses na Índia Oriental geralmente desconfiavam de qualquer analogia entre o oriente e o ocidente. Os que tinham interesses na Índia Ocidental é que faziam a associação entre ambas as Índias. Dessa forma, esses últimos podiam subverter os apelos à substituição do açúcar indiano "livre" pelo da Índia Ocidental. E esses apelos também poderiam esvaziar os argumentos usados pelos abolicionistas antes da emancipação a favor da igualização dos impostos do açúcar da Índia Oriental com os da Índia Ocidental para permitir a concorrência entre o trabalho livre e o escravo.[4]

Desorientados com a variedade de condições servis na Índia, com suas variações regionais, com suas múltiplas escolas de leis, textos, costumes e práticas sociais e com o entrelaçamento complexo entre castas e escravidão, a Companhia da Índia Oriental e seus porta-vozes parlamentares descartaram com facilidade uma tentativa casual de ligar a escravidão indiana ao programa da lei de emancipação de 1833.[5] A escravidão indiana fora debatida durante uma discussão sobre a renovação dos estatutos da Companhia da Índia Oriental, em junho de 1833. Sem a discussão e sem a estipulação da indenização, a primeira versão da emenda dos estatutos estabelecia que a escravidão na Índia acabaria antes mesmo que o fim do sistema de aprendizado dos escravos da Índia Ocidental, em 12 de abril de 1837.

---

4 D. B. Davis (1984), op. cit., p.179-81.
5 Ver Kumar, Colonialism, Bondage, and Caste in British India, Klein (Ed.), *Breaking the Chains: Slavery, Bondage, and Emancipation in Modern Africa and Asia*, p.112-30.

Objeções de ordem prática foram levantadas sucessivamente em ambas as câmaras de parlamento. Os porta-vozes da Companhia da Índia Oriental advertiram que sua autoridade e a do próprio governo britânico dependiam do apoio da elite da Índia e da aquiescência passiva das massas esmagadoramente não escravas da Índia. Os britânicos constituíam uma minúscula minoria da população. Os mantenedores do *status quo* na Índia levantaram o espectro de uma insurreição dos próprios senhores indianos, de cujo apoio o governo britânico dependia. Qualquer tentativa para interferir na escravidão fundamentada na religião, especialmente nos haréns e zenanas dos muçulmanos, iria "deixar o país inteiro em chamas".

O parlamento dificilmente estaria disposto a fazer duas experiências grandiosas no ultramar de uma só vez. Reconhecendo sua própria incompetência para escolher uma política bem fundamentada, os legisladores britânicos, com o consentimento dos abolicionistas, delegaram todo o problema da escravidão indiana à discrição do governo da Índia.[6] Quando ocorreu o Congresso Mundial, sete anos mais tarde, nenhum passo a mais havia sido dado na questão da Índia, e nenhum relatório havia sido publicado. Somente em 1839, quando a BFASS ameaçou promover outra mobilização pública na eleição geral seguinte, a Companhia da Índia Oriental apresentou a política governamental sobre a escravidão indiana.

A primeira lei britânica contra a escravidão na Índia foi finalmente promulgada dez anos depois da Lei da Emancipação dos Escravos de 1833. O significado relativo de ambas pode ser avaliado pelo título da segunda: "Lei V". Mesmo assim, ela marcou a primeira tentativa britânica de tratar do futuro da instituição da escravidão propriamente dita em uma grande parte da Ásia continental. A provisão crucial da Lei V estipulava que os tribunais não reconheceriam mais as reclamações causadas pelo *status* escravo nem tomariam medidas a esse respeito.[7] A Lei

---

6   Temperley (2000), The Delegalization of Slavery in British India, *After Abolition*, p.169-87. Sem uma nova agitação pública, a questão permaneceu inerte pelo resto da década.

7   Id. (1972), op. cit., p.107; id. (2000), op. cit., p.169-87, Kumar, op. cit., p.121-3.

V foi ampliada pelo Código Penal indiano em 1860, que criminalizou a manutenção, a captura e o transporte de cativos para fins de venda. Os contextos religiosos e econômicos do cativeiro na Índia asseguraram que o caminho em direção ao trabalho livre se prolongasse por um século ou mais.

Os historiadores têm descrito com precisão a Lei V e suas sucessoras como uma "morte lenta da escravidão". Inicialmente, ela exigia que a iniciativa individual e coletiva fosse tomada pelos próprios escravos. Esse "modelo indiano", ou a "deslegalização" da escravidão, se tornaria o modo dominante de emancipação no Velho Mundo, em contraste com a legislação estatutária que caracterizou o fim da escravidão no Hemisfério Ocidental. A emancipação afro-asiática de escravos envolveu claramente a imposição de um quadro de referência europeia a instituições não europeias. Elas estenderam relações de produção capitalistas de trabalho e preceitos legais europeus às sociedades sob dominação imperial.[8]

De qualquer maneira, o compromisso inicial dos europeus de generalizar a "ideologia do trabalho livre" para suas colônias ultramarinas antes do último terço do século XIX é muitas vezes superestimado enganosamente. Nos meados do século XIX, o trabalho sob coerção ainda era considerado como a força de trabalho preferida pelos senhores de língua holandesa em Java, no Suriname e no Transvaal; pelos senhores de língua portuguesa no Brasil, em Angola e em Moçambique; pelos fazendeiros de língua inglesa, espanhola e francesa no Caribe; e pelos senhores de língua inglesa no sul dos Estados Unidos. Na Grã-Bretanha, as leis penais de trabalho foram aplicadas durante meio século depois que os abolicionistas lançaram sua primeira campanha pela emancipação dos escravos, em 1823. Na mesma sessão parlamentar que as aprovou, as leis penais inglesas para os trabalhadores agrícolas foram reinscritas em uma "Lei dos Patrões e Empregados" renovada. Nos termos da Lei,

---

8   Ver Miers, Slavery to Freedom in Sub-Saharan Africa: Expectations and Realities, *After Abolition*, p.237-64. Para um resumo dos processos afro-asiáticos de emancipação, ver a coleção editada por Klein, *Breaking the Chains*, especialmente a Introduction: Modern European Expansion and Traditional Servitude in Africa and Asia, ao editor, p.3-36.

os empregadores podiam mandar seus trabalhadores para a casa de correção e mantê-los em trabalhos pesados durante três meses pela quebra do contrato de trabalho.

Não causa surpresa que essa Lei se tornaria o modelo para os trabalhadores da Índia, da África do Sul e do Caribe. Talvez valha mais a pena notar que, em 1838, no auge do abolicionismo popular, o ministério britânico das colônias (laconicamente) ordenou que as leis de vagabundagem e de contrato fossem *mais* lenientes para com os escravos recém-emancipados que para com os trabalhadores britânicos em casa.[9] As atitudes dos legisladores britânicos em relação ao trabalho livre interno, portanto, não mudaram dramaticamente durante o século das abolições do tráfico atlântico de escravos e das emancipações de escravos (décadas de 1770 a 1880). Como foi observado, a distinção fundamental entre o trabalho contratado e o involuntário tinha sido considerada como a diferença central entre a escravidão e outras formas de trabalho e de servidão não criminal, e já era "hegemônica" na Inglaterra séculos antes da decisão do caso Somerset. Tal situação perdurou também no século seguinte. Muitos trabalhadores livres dentro e fora da Inglaterra ainda estavam sujeitos a pagar com seus corpos pela violação dos contratos, quer suas recompensas fossem salários ou outras formas de remuneração. E, de fato, a sociedade ocidental em que as leis penais para os trabalhadores desapareceram mais rapidamente na geração seguinte a 1825 foi a nação que antes estava emergindo com a maior força de trabalho escravo do mundo ocidental.[10]

Há mais uma ligação estrutural entre os processos de emancipação no leste e no oeste. Em termos legais, a não aplicação de sanções legais à escravidão tem sido identificada historicamente como o modelo indiano de emancipação. Apesar disso, ele se tornou o molde dos processos antiescravistas subsequentes de grande parte do Velho Mundo. Seu precedente histórico realmente estava na primeira articulação da emancipação do mundo anglo-americano – a decisão do caso Somerset, de 1772. Por

---

9 Green, *British Slave Emancipation*, p.165.
10 Ver Steinfeld, *Coercion, Contract, and Free Labor in the Nineteenth Century*, cap.2.

mais ambíguas que fossem as palavras de Mansfield, nenhuma versão de sua decisão omitiu sua conclusão. O poder pretendido sobre James Somerset como um escravo não era permitido nem aprovado pela lei inglesa. Antes dessa declaração, Mansfield havia manifestado um desejo de que a relação senhor/escravo ficasse fora ou abaixo da lei. Ele teria realizado o desejo se os senhores admitissem que seus empregados negros eram livres e os empregados acreditassem que eram escravos.[11] Assim, a escravidão pela primeira vez morreria na própria Grã-Bretanha de acordo com o modelo indiano. Muito antes da Lei da Emancipação de 1833, ninguém identificava qualquer empregado que residia na Grã--Bretanha como um escravo.

Nesse sentido, a "deslegalização" da escravidão indiana foi menos uma invenção do início da década de 1840 que uma ressurreição da velha estratégia Somerset sob nova pressão. Sem a intervenção do movimento abolicionista, a burocracia britânica não teria sido dissuadida a iniciar a ação contra a instituição da escravidão no mundo do Oceano Índico. Esse mundo também providenciou o pano de fundo para uma nova força de trabalho depois da emancipação. Desde o início do sistema de aprendizado, em 1834, a maioria das colônias britânicas de grandes lavouras começou a experimentar a carência de trabalho. Maurício, que estava perto da Índia, recorreu ao subcontinente como uma alternativa à África. Trabalhadores "*coolies*" foram contratados aos milhares. Eles tinham de assinar contratos de prestação de trabalho por vários anos nas grandes lavouras. Entre 1834 e o fim do aprendizado, em 1839, os fazendeiros de Maurício importaram uma força de trabalho de homens adultos de tamanho quase igual ao de sua população ex-escrava. Salários fixos e a vulnerabilidade à coerção penal pelo não cumprimento do contrato faziam deles trabalhadores menos custosos que os libertos africanos, até mesmo durante o aprendizado. Eles podiam ser legalmente forçados a trabalhar muito mais horas por dia do que a lei estipulava para os aprendizes. Mais preocupado com a perspectiva de uma expulsão em massa de

---

11   Wise, *Though the Heavens May Fall*, p.182.

africanos do que com a fuga dos ex-aprendizes dos latifúndios, o governo imperial suspendeu a migração sob contrato para Maurício em 1838.

Os abolicionistas tentaram fazer o governo expandir a interdição à migração por contrato a todas as antigas colônias escravistas. John Gladstone, um comerciante de Liverpool com grandes lavouras no Caribe, tentou seguir o precedente de Maurício para se tornar independente, "tanto quanto possível [da] nossa população negra". Depois de uma taxa de mortalidade desastrosa entre os quatrocentos empregados na viagem inicial, os abolicionistas aproveitaram a oportunidade para rotular a experiência como "equivalente a um reavivamento do tráfico de escravos". E muitos anos se passaram para que fosse dada uma nova permissão oficial para o trabalho indiano no Caribe. Embora não se opusessem aos contratos estabelecidos voluntariamente, os abolicionistas tinham influência política suficiente na década de 1830 para fazer o governo desconfiar da facilidade de geração de abusos pelo transporte de longa distância da Índia. No pico de sua influência, em 1840, a BFASS informou ao Congresso Mundial que tinha derrotado com sucesso uma proposta para suspender a interdição à migração para Maurício.[12]

Justamente quando novas formas de trabalho não livre emergiram para preencher o vazio deixado pelo fim do tráfico de escravos, as velhas formas de trabalho servil expandiram-se um pouco além da fronteira do solo livre do domínio britânico. A África do Sul tornou-se uma área na qual tanto o sistema do aprendizado quanto a escravidão persistiram por gerações além do dia 1º de agosto de 1838. Durante o período do aprendizado, milhares de colonizadores de língua africânder (*Voortrekkers*) ultrapassaram a linha da soberania britânica acompanhados por seus aprendizes. Os migrantes bôeres não reavivaram legalmente a instituição da escravidão, mas perpetuaram o *status* legal dos aprendizes. Eles atribuíram o *status* aos africanos capturados na guerra e nos rai-

---

12 Ver Carter, *Servants, Sidars and Settlers:* Indians in Mauritius, 1834-1874, cap.1, Allen, *Slaves, Freedmen and Indentured Servants in the British Caribbean* e Emmer The Great Escape: The Migration of Female Indentured Servants from British India to Surinam, 1873-191, Richardson (Ed.), *Abolition and its Aftermath*, p.245-66.

des, tal como faziam os africanos não bôeres próximos a eles. A prática de capturar crianças para prestar serviços persistia. Além da linha da soberania britânica, seus antigos súditos da colônia do Cabo podiam reter cativos comercializáveis para prestação de serviço por períodos indefinidos. Como seus contemporâneos na África setentrional, os bôeres da África do Sul continuaram a acessar diretamente a fonte africana de trabalho escravo, já vedada a seus contemporâneos europeus do noroeste do mundo atlântico.

Os abolicionistas estenderam também sua rede protetora sobre os esquemas que asseguravam uma massiva força de trabalho de africanos contratados. Aqui, o argumento deles era fortalecido pelos limites do poder britânico na África.[13] Diferente da Índia, o governo britânico não podia supervisionar o processo de recrutamento do começo ao fim. A alternativa de recrutar os resgatados de navios negreiros com destino às grandes lavouras da Índia Ocidental era politicamente até mais difícil. Os donos de escravos em todas as Américas estavam sempre prontos para caracterizar qualquer recrutamento de cativos africanos recapturados como tráfico de escravos disfarçado. Como eles estavam sob vigilância contínua dos abolicionistas e do governo metropolitano, as autoridades coloniais britânicas tinham de ser escrupulosas na supervisão do tratamento de empregados contratados da Índia e na transferência de africanos recapturados nos navios negreiros ou recrutados nas propriedades britânicas. Todo um conjunto de regras teve de ser estabelecido, o que não tinha sido exigido no recrutamento de escravos.[14]

A supressão do tráfico marítimo de escravos foi o aspecto da instituição da escravidão sobre o qual os abolicionistas exerceram muita influência. No último quartel do século XIX, a Grã-Bretanha perma-

---

13 Ver Eldredge, Slave Raiding Across the Cape Frontier, *Slavery in South Africa:* Captive Labor on the Dutch Frontier, p.93-126; Morton, *Slavery in South Africa*, p.167-86 e outros ensaios nessa coleção informativa. Ver também Swaisland, The Aborigines Protection Society, 1837-1909, Temperley, *After Abolition*, p.265-80.

14 Ver Adderley, *"New Negroes from Africa":* Slave Trade Abolition and Free African Settlement in the Nineteenth-Century Caribbean, cap.6, e Asiegbu, *Slavery and the Politics of Liberation, 1787-1861:* A Study of Liberated African Emigration and British Anti-Slavery Policy, p.42-3; p.69-71; p.136-90.

necia como a única nação europeia que tinha tanto os meios quanto a determinação política de conter o tráfico de escravos. Durante o meio século após a derrota de Napoleão, os sucessivos ministérios britânicos variaram a respeito da intensidade da agressão das políticas contra o tráfico de escravos. Todos, no entanto, professaram o desejo de reprimir o tráfico de escravos "em todas as partes do mundo", e todos os governos estrangeiros foram informados de que a abolição era o alvo "do governo de Sua Majestade e da nação britânica".[15]

As crescentes agitações de massa da década de 1830 intensificaram o projeto global dos abolicionistas. A década de 1830 e o início da década de 1840 testemunharam uma cascata de novos tratados e "direitos de busca" adicionais. A Suécia, a Noruega e a Espanha aderiram ao patrulhamento e fortaleceram o combate ao tráfico de escravos em 1835; a Argentina, o Uruguai, a Bolívia, o Chile e o Equador seguiram o exemplo entre 1839 e 1843. A Dinamarca, a Sardenha, as cidades Hanseáticas alemãs, a Toscana, as duas Sicílias, o Haiti, a Venezuela, o Texas, o México e a Bélgica aderiram antes de 1850.[16] O Vaticano relutava em aderir porque temia parecer que responderia a uma solicitação de uma nação protestante, especialmente a que exercia pressão sobre uma nação católica, Portugal. Mas, em 1839, o papa Gregório XVI foi persuadido a lançar a Bula *In supreme apostolatus*, que condenava o tráfico de escravos e proibia qualquer católico de defender o tráfico de negros.[17]

Os esforços diplomáticos multinacionais britânicos alcançaram o clímax nos meses que se seguiram ao Congresso Antiescravista de 1840. O ministro das relações exteriores, lorde Palmerston, completou as negociações multilaterais na, como ele denominou no parlamento, "liga cristã contra o tráfico de escravos". Um tratado preliminar, assinado pelas cinco nações mais importantes da Europa (Áustria, Grã-Bretanha, França, Prússia e Rússia), fez parte da "iniciativa multinacional mais ambiciosa antes da Liga das Nações". Pelo tratado, o tráfico de escravos

---

15 Ver Hakam, *Slavery in the Ottoman Empire and its Demise*, 1800-1909, p.70-7.
16 Eltis, *Economic Growth and the Ending of the Transatlantic Slave Trade*, p.86-7.
17 Kielstra, *The Politics of Slave Trade Suppression in Britain and France*, p.198-9.

foi considerado como pirataria e as políticas britânicas de busca e apreensão foram consolidadas em uma convenção pan-europeia que deixou os Estados Unidos potencialmente expostos à censura por serem a maior nação marítima a impedir a cessação do tráfico transatlântico de escravos. O tratado naufragou com a oposição franco-americana. O embaixador norte-americano em Paris lançou uma campanha de relações públicas para quebrar o elo mais fraco do processo de ratificação. Ele foi enormemente auxiliado por uma legislatura francesa que ainda sentia a dor da humilhação diplomática da França no Oriente Médio, infligida pelos britânicos. O tratado multilateral foi abortado pela legislatura francesa, e o fracasso do tratado marcou o último grande esforço da Grã-Bretanha para fechar a brecha norte-americana com um tratado multinacional.[18]

A pressão britânica sobre as nações católicas do sul da Europa também aumentou na década de 1830. Em dezembro de 1836, sob intensa pressão britânica, Portugal assinou um novo tratado com Palmerston, que proibia a exportação de escravos provenientes de todos os domínios portugueses. Ao mesmo tempo, o ministro liberal das relações exteriores de Portugal, Bernardo de Sá Nogueira de Figueiredo, tentou diminuir a extensão geográfica do direito de busca de navios negreiros pela Grã-Bretanha e acabar com as comissões mistas instituídas pelo tratado de 1817. Os portugueses queriam permissão para manter a escravidão na África a fim de compensar antecipadamente sua perda de receitas com a abolição do tráfico de escravos no Brasil. O governo português também

---

18 Mitton, The Free World Confronted: The Problem of Slavery and Progress in American Foreign Relations, 1833-1844 (Ph.D. Thesis), p.57. Ver a excelente discussão de Mitton sobre o Congresso e Kielstra, op. cit., p.202-6, sobre os detalhes das negociações diplomáticas. Foi necessário o reconhecimento mútuo do direito de busca dentro de uma zona que se estendia de 80º de longitude a leste da costa das Américas a 32º de longitude norte, um ponto no sul de Casablanca, que circundava a África, Sri Lanka e todos os pontos em direção oeste no Oceano Índico ao Oceano Atlântico inteiro de 700 milhas no sul de Buenos Aires, em direção ao norte até Savannah, na Geórgia. Foram incluídas as regiões costeiras dos Estados Unidos na Geórgia, em direção à Flórida e ao Golfo do México, incluindo o tráfico intercosteiro norte-americano de escravos. Sobre o pano de fundo francês, ver Jennings, *French Anti-Slavery*, p.149-92 e Kielstra, op. cit., p.202-46. Um novo governo francês assinou o tratado em dezembro de 1841, mas a oposição na legislatura francesa condenou a sua confirmação parlamentar.

temia as consequências domésticas da contínua sujeição da honra nacional portuguesa a um ultimato britânico.[19]

Como havia acontecido com nações mais fortes (isto é, os Estados Unidos e a França), a hostilidade interna à supressão do tráfico de escravos levou à tolerância de sua continuidade. Em julho de 1839, Palmerston retaliou ao obter uma nova lei que autorizava a Marinha Real a apreender quaisquer navios escravizadores que carregassem a bandeira portuguesa e a colocá-los à disposição das cortes inglesas. Palmerston prometeu não aceitar um tempo limitado para o exercício extraordinário desse poder, que deveria se estender até que a escravidão fosse erradicada da face da Terra. Em 1842, um novo tratado anunciava que Portugal estava perpetuamente comprometido com o tratado britânico e declarava que o comércio de escravos equivalia à pirataria.[20] Dali em diante, até o fim do tráfico de escravos no Brasil, a principal preocupação de todos os governos portugueses foi concordar com a política de abolição britânica, ao mesmo tempo que mantinham a soberania portuguesa sobre as fontes de suprimento na África e sobre as áreas cultivadas por escravos nas ilhas do Atlântico. Os negócios portugueses com escravos prosseguiram. No fim da década de 1840, o volume do tráfico de escravos no Brasil voltou a seu ponto mais alto em duas décadas.[21]

Os anos imediatamente anteriores e posteriores ao Congresso Mundial Antiescravista de 1840 testemunharam uma aceleração de esforços diplomáticos britânicos para pôr fim ao tráfico de escravos. No início da década de 1840, as iniciativas diplomáticas britânicas contra o tráfico de escravos também foram largamente estendidas às áreas do mundo muçulmano onde a escravização era amplamente praticada, bem como ao Mediterrâneo, ao Oceano Índico e ao Mar Negro. Da mesma forma que na cristandade, a brutalidade desencadeada pelo abastecimento da instituição tinha provocado uma discussão considerável no islã durante um milênio. Mesmo assim, o mal-estar muçulmano nunca se aglutinou

---

19 Marques, *The Sounds of Silence*, p.104.
20 Ibid., p.124-5; e Bethell, *The Abolition of the Brazilian Slave Trade*, p.156-66.
21 TSTD. Ver também Bethell, op. cit., p.142-52; e Marques, op. cit., p.101-23.

em um movimento abolicionista antes da década de 1840. Enquanto a esmagadora maioria dos muçulmanos articulados professava uma fé na sanção divina da instituição, o combate à escravidão provou ser "um trabalho de Sísifo".[22]

A escravidão no mundo muçulmano, particularmente no império otomano, também foi discutida no Congresso Mundial Antiescravista de 1840. Em carta ao lorde Palmerston, assinada por Clarkson, o Congresso requisitou ao ministro britânico das relações exteriores que obtivesse uma condenação da escravidão feita pelo governante otomano. Esperava-se que isso levasse rapidamente ao combate da escravidão em áreas sob sua autoridade e preparasse o caminho para sua abolição em outros lugares do mundo muçulmano. Palmerston transmitiu a carta de Clarkson ao embaixador britânico em Istambul no mesmo dia em que ela lhe fora entregue. Agindo como mediadores culturais, os diplomatas britânicos formularam cautelosamente a mensagem. Palmerston restringiu seu apelo a um único pedido de mitigação e de diminuição do tráfico de escravos. Os diplomatas britânicos tinham a escravidão nos reinos otomanos na conta de uma instituição que não ofendia os muçulmanos. Qualquer decreto repentino de abolição em resposta à pressão estrangeira e *cristã* poderia encorajar a resistência e a hostilidade, prejudicar o crescimento do sentimento antiescravista e retardar o término do tráfico de escravos e da escravidão no império otomano. Esse temor foi confirmado por uma rebelião na província árabe de Hejaz em 1855-1856, seguida de proibições parciais do tráfico de escravos em outros lugares do império.

Os britânicos também trataram separadamente com os governantes da periferia do império otomano. Negociaram acordos locais com o imã de Musqat para restringir o tráfico de escravos no oeste da Índia já em 1841. A diplomacia britânica teve seu primeiro sucesso com o bei de Tunis. Os britânicos exerciam uma influência particular sobre esse governante. Com a expansão colonial francesa na Argélia, nas décadas de 1830 e de 1840, o bei estava ansioso para cultivar o apoio diplomático

---

22 Clarence-Smith, *Islam and the Abolition of Slavery*, passim.

britânico. Os britânicos deixaram igualmente claro que as boas relações poderiam ser facilitadas por uma política antiescravista audaciosa. Em 1846, o bei oficialmente decretou o fim do tráfico de escravos e da escravidão. No entanto, a medida política suscitou uma revolta contra a reforma fundamentada no princípio de que a abolição não era sancionada pelo islã. Embora o bei tivesse assinado outro tratado com a Grã-Bretanha em 1875, que prometia a implementação plena do decreto, a contínua presença de escravos em Tunis permitiu que a França usasse a persistência da escravidão como uma justificativa para estabelecer um protetorado sobre o país em 1881.[23]

Em 1847, o sultão otomano concordou com a repressão britânica ao tráfico de escravos no golfo persa, com a condição de que os britânicos não divulgassem o tratado. Até o documento secreto justificava oficialmente a medida apenas como uma ação contra o tráfico de escravos para a América. Inicialmente, o xá do Irã também se recusou a negociar um tratado ao insistir que a escravidão não só era legal como também promovia a conversão. A apreensão britânica de embarcações escravistas iranianas originou um tratado anglo-persa que restringiu o tráfico de escravos. Outros Estados muçulmanos foram progressivamente arrastados para a órbita do abolicionismo. Por iniciativa própria, o governo otomano aboliu o mercado público de escravos em Istambul em 1847, três anos antes de uma providência similar ter sido legislada em Washington.

Quando os britânicos se envolveram no Mar Morto e na Guerra da Crimeia (1853-1856), seus objetivos abolicionistas expandiram-se para incluir a proibição do tráfico georgiano de escravos em 1854-1855. Em

---

23 Gervase-Smith, *Islam*, p.102, Zisking, *Emancipation Acts:* Quintessential Labor Laws, p.421. Dali em diante, os abolicionistas na França começaram a fazer troça do seu próprio governo por permitir que um governante muçulmano roubasse a glória da cristandade com sua abolição da escravidão antes que qualquer monarca católico pudesse fazê-la. Na órbita muçulmana, os escravos foram capazes de usar os locais britânicos ou consulares como refúgios de solo livre. Na Tunísia, durante os quatro primeiros anos depois que o bei publicou as primeiras restrições à escravidão, o cônsul britânico confirmou a libertação de quase mil escravos. Ver Montana, Transaharan Slave Trade, p.149. Para padrões similares da fuga de escravos para a liberdade, ver Ennaji, *Serving the Master*, p.43-6; Toledano, *As if Silent and Absent*; e Erdem, *Slavery in the Ottoman Empire and its Demise, 1800-1909*, p.152-84.

consequência da dependência otomana ao apoio naval anglo-francês contra os russos, as marinhas desses dois países foram convidadas a reprimir o tráfico de escravos e auxiliar o sultão a assegurar um suprimento crucial de soldados georgianos ao exército imperial otomano. Como foi observado, os limites dessa concordância foram revelados quando os otomanos enfrentaram uma rebelião violenta contra a abolição nas cidades sagradas do Hejaz.[24] De fato, a notícia da proibição otomana do tráfico de escravos no Mar Morto e na África do Norte levou as autoridades de Hejaz a acreditarem que o decreto poderia ser estendido à Arábia. Elas acusaram os turcos de tomar medidas anti-islâmicas e de cometer apostasia. Embora tenha sufocado a revolta, o governo otomano rotulou essas alegações de mentiras. E o tráfico a Hejaz teve permissão de prosseguir sem restrições. Os próprios funcionários britânicos identificavam Hejaz como o coração do islã e como o local onde "a escravidão doméstica tem sido uma instituição desde o tempo de Maomé".[25] Eles observaram que alguns turcos estavam dispostos a eliminar a escravidão, mas não detectaram qualquer grupo "que poderia vê-la com os sentimentos de repugnância que certamente ela desperta em todas as mentes europeias".[26] Ao fazer essas sutis distinções de opinião entre alguns muçulmanos e não fazer o mesmo em relação aos outros, o autor tinha obviamente uma disposição menor para ver uma variedade similar de atitudes na cristandade.

O declínio do ativismo abolicionista

A década que se seguiu a 1833 assinalou o pico dos sucessos abolicionistas britânicos dentro do império e fora dele. As vitórias conquistadas

---

24 Toledano, *The Ottoman Slave Trade and its Suppression: 1840-1890*, cap.4 e p.115-23.
25 Cônsul Wylde de Jidda a Derby, secretário das relações exteriores, 17 fev. 1877; apud Erdem, *Slavery in the Ottoman Empire and its Demise*, p.86, e *The Ottoman Slave Trade and its Suppression: 1840-1890*, p.129-35.
26 Ibid., 87. Para uma análise do abismo entre os discursos otomanos e europeus sobre a escravidão, ver Toledano, Ottoman Concepts of Slavery in the Period of Reform, 1830s-1880s, *Breaking the Chains*, p.37-63. Sobre uma análise abrangente do amplo espectro da visão muçulmana da escravidão durante e depois da abolição da escravidão muçulmana, ver Clarence-Smith, op. cit., Parte II.

foram principalmente contra o tráfico de escravos, mas ocasionalmente também contra a escravidão. No entanto, nos meados dos anos 1840 muitas das iniciativas pareciam naufragar. A onda antiescravista visivelmente recuou na metrópole. As grandes petições de 1837-1838 apareceram como as últimas em que o antiescravismo pôde se valer do apoio unificado da massa. Durante a década de 1840, os movimentos cartista e contra a lei dos cereais igualaram e excederam a coleta de assinaturas dos abolicionistas. Os protestos dispersos da classe trabalhadora nas últimas reuniões contra o aprendizado, em 1838, foram prenúncios de que o pior estava por vir. Os cartistas invadiram reuniões antiescravistas no fim de 1840. Mesmo onde eles não eram atacados, as novas iniciativas não conseguiram mobilizar o público. Em dezembro de 1840, Buxton significativamente lamentou que "não ousamos fazer reuniões pelo país e sem elas estamos falidos".[27]

A hostilidade da classe trabalhadora foi exacerbada por três acontecimentos convergentes. A economia britânica entrou em profunda recessão ("os famintos anos quarenta"). Para custear o patrulhamento naval ao largo da costa da África, os contribuintes tinham de prover os fundos dos juros da indenização oferecida aos donos de escravos. Os consumidores tinham de pagar o alto custo do açúcar em consequência dos impostos protecionistas do açúcar colonial britânico. Em 1841, os abolicionistas ainda retinham uma força residual suficiente no parlamento para ajudar a derrotar um governo liberal que tentara reduzir os impostos protecionistas. Contudo, eles não puderam impedir o governo de adotar um argumento relativo à diferença entre os padrões de vida comparativos dos trabalhadores britânicos e os dos trabalhadores do Caribe, argumentos estes que os fazendeiros já empregavam antes mesmo da emancipação. Menos de dez anos depois de promover a emancipação, o governo liberal comparou os escravos libertos, que viviam com conforto

---

27 Hollis, Anti-slavery and British Working-Class Radicalism in the Years of Reform, Bolt, *Anti-Slavery, Religion and Reform*, p.294-315; Temperley, *White Dreams Black Africa:* The Antislavery Expedition to the Niger, p.57 e 63. Sobre a convergência e a tensão complexas entre as mobilizações cartistas e antiescravistas de 1838 ao início de 1840, ver Fladeland, Our Cause Being One and the Same: Abolitionists and Chartists, Walvin (Ed.), *Slavery and British Society*, p.69-99.

graças a salários artificialmente altos, com os famintos trabalhadores britânicos, incapazes de comprar açúcar ou café a preços que estavam fora do alcance de seus ganhos.

Agora os abolicionistas estavam presos a um dilema criado por eles mesmos. Durante dois anos depois do fim do aprendizado, eles tinham divulgado amplamente uma notícia sobre o alto padrão de vida dos novos trabalhadores libertos nas colônias tropicais britânicas. Pouco antes das reuniões antiescravistas interrompidas pelos cartistas, o jornal da BFASS havia publicado um relatório entusiástico feito por um viajante que estivera na Jamaica:

> Onde mais, no mundo inteiro, há um campesinato que com tão pouca labuta tem acesso às coisas boas dessa vida? [...] Eles não trabalham duro, vivem bem, mandam suas crianças para a escola [...] constroem capelas à sua própria custa e apoiam muitos dos missionários.[28]

De fato, onde mais, protestaram os cartistas? Não na Grã-Bretanha. E os relatórios oficiais das Índias Ocidentais corroboravam os relatórios antiescravistas.

Quaisquer que fossem os padrões relativos de vida em cada lado do Atlântico, as tendências pareciam mover-se em direções opostas no início da década de 1840. Agora, havia uma convergência entre o *status* legal dos trabalhadores britânicos e o dos trabalhadores da Índia Ocidental. Os abolicionistas pareciam preferir os pobres ociosos do exterior aos pobres ociosos de casa. Muitos industriais na Grã-Bretanha tomaram o partido de seus trabalhadores. Além disso, sentiram-se traídos pelo alinhamento da liderança da BFASS contra o livre-comércio. A produção de açúcar nas Índias Ocidentais britânicas caíra quase 30% desde o fim do aprendizado e mais de 35% desde a emancipação. Proteger colônias com produção declinante ou estagnada fazia muito menos sentido do que comercializar com clientes dinâmicos como o Brasil e Cuba. Esses

---

28 Temperley (1972), op. cit., p.148-9.

países continuaram a prosperar e a crescer com o trabalho escravo e com a importação de escravos pelo tráfico atlântico. Em 1843, quando ocorreu o segundo (e último) Congresso Mundial Antiescravista em Londres, a maioria ou quase maioria do velho grupo antiescravista tinha deixado de apoiar os impostos protecionistas defendidos pela Sociedade de Londres. A divisão sobre a proteção indefinida ao açúcar britânico depois da emancipação resultou em um movimento acentuadamente dividido três anos antes de o protecionismo colonial ser abandonado. O Congresso de 1843 não podia mais concordar em apoiar a resolução de 1840, que isentava o açúcar produzido pelo trabalho livre da concorrência com o produzido pelo trabalho escravo. No ano seguinte, os abolicionistas no parlamento e no governo foram progressivamente forçados a conceder e até a insistir no fato de que a maioria das grandes lavouras das Índias Ocidentais britânicas não podia competir com os produtores de café e de açúcar do Brasil e de Cuba, que eram importadores de escravos.[29] Como uma "experiência grandiosa" na competitividade do trabalho livre, a emancipação tinha claramente malogrado. Os donos de escravos e seus defensores políticos certamente não foram convencidos a seguir o exemplo britânico. Na geração que se seguiu à Lei de 1833, nem um único grande governo que sustentava a escravidão, incluindo os estados escravistas dos Estados Unidos, decidiu abolir a instituição da escravidão sem catalisadores como a guerra civil, a revolução, a mobilização civil ou a pressão militar.

As divisões internas dos abolicionistas a respeito dos impostos de importação do açúcar foram apenas um sinal do retrocesso do poder do abolicionismo metropolitano. O início da década de 1840 marcou também um recuo da fortuna do antiescravismo britânico em toda a bacia do Atlântico. Em 1840, Fowell Buxton organizou outro ramo do antiescravismo, a Sociedade para a Civilização Africana, destinada a conter o tráfico de escravos em sua fonte. Como a organização mais elitista da história do abolicionismo britânico, ela foi lançada em junho de 1840, ao

---

29 Drescher, op. cit., p.173-91.

mesmo tempo que ocorria o primeiro Congresso Mundial Antiescravista. O príncipe Albert, consorte da rainha Vitória, fez o discurso inaugural para um público formado pela nata da aristocracia, da Igreja oficial e do parlamento. Essa ascensão final do antiescravismo à preeminência social propunha transformar todo o continente africano em uma zona de comércio sem escravidão e de trabalho livre.[30]

Sob seus auspícios e em deferência ao elevado poder político e à posição social do abolicionismo, o governo britânico enviou uma expedição para estabelecer um povoamento de trabalho livre bem acima no Rio Níger. Acreditava-se que a bem-sucedida fundação de um povoado que se baseasse no trabalho livre levaria os africanos a abandonar o comércio de escravos. A infestação pela malária transformou o esforço em um desastre completo. Em 1843, um Buxton psicologicamente quebrado anunciou ao Congresso Mundial que a expedição ao Níger e a experiência anterior de Serra Leoa tinham provado que a própria Providência havia "erigido uma parede de malária ao redor dela [África] que não conseguimos derrubar".[31] Agora, o movimento abolicionista não estava apenas dividido internamente a respeito da política fiscal relativa às ex-colônias escravistas, mas também etiquetado como um movimento de sonhadores quixotescos, dispostos a sacrificar os oficiais navais britânicos a doenças devastadoras na busca de fantasias utópicas.

Com exceção da França, as grandes nações da Europa não colocavam obstáculos ao projeto da Grã-Bretanha no Atlântico. Os governos menores na Europa setentrional eram igualmente condescendentes. A Dinamarca havia suspendido o tráfico africano para suas colônias caribenhas já em 1802, e seu tráfico intercolonial de escravos tinha cessado depois da reocupação britânica, em 1807. No fim das guerras francesas, os britânicos devolveram as possessões aos dinamarqueses, suecos e holandeses, com a condição de que o tráfico de escravos fosse suprimido. Todos esses Estados europeus ajustaram-se ao projeto diplomático britânico, incluindo o direito mútuo de busca nos navios

---

30 Temperley, *White Dreams Black Africa*, cap.1.
31 Apud Drescher, op. cit., p.168.

negreiros. Possuindo pequenas colônias de grandes lavouras, e com o envelhecimento da população escrava, a Suécia e a Dinamarca iniciaram as emancipações em 1846-1847. A mobilização popular nos dois Estados bálticos foi inexistente e desnecessária. A escravidão não era um problema na pequena colônia sueca de São Bartolomeu, tanto que, quando foi abordado por abolicionistas britânicos, no início da década de 1840, o embaixador da Suécia na França afirmou simplesmente que ignorava a existência de escravos nela. Subsequentemente, a Sociedade Abolicionista Sueca recusou-se a fazer uma petição pública sobre o assunto a favor de um apelo particular ao rei. Em 1846, quando a emancipação foi promulgada, a verba autorizada pela Dieta sueca foi insuficiente para pagar a indenização dos 523 escravos da colônia. O rei transferiu outros fundos nacionais para efetuar a emancipação. As Índias Ocidentais dinamarquesas também constituíam um pequeno complexo de grandes lavouras, onde a produção de açúcar declinou regularmente a partir da década de 1820. Pressionado para que seguisse a emancipação britânica na década de 1830, o governo dinamarquês instituiu uma legislação de melhoramento, como um passo em direção à abolição. Seguindo o modelo britânico, a emancipação gradual com uma transição intermediária foi efetuada em 1847. Como nas colônias britânicas, a transição foi abortada por uma mobilização popular. No entanto, diferentemente do caso britânico, a pressão vinda de baixo resultou inteiramente da ação dos escravos. Em julho de 1848, na esteira da emancipação nas colônias francesas, 8 mil escravos reuniram-se diante do quartel-general do governador geral. Uma vez mais, o processo era mais parecido com os precedentes da Jamaica e de Demerara do que com a revolta do Haiti. Quase um século antes, os escravos da São João dinamarquesa tinham se levantado e aniquilado quase todos os moradores brancos na ilha. Em 1848, os escravos destruíram propriedades em vez de pessoas. O governador emitiu uma ordem de emancipação imediata.[32]

---

32 Hall, *Slave Society in the Danish West Indies*, p.280.

A sociedade francesa demonstrou um pouco mais de mobilização para a abolição que os Estados bálticos, mas foi necessário que houvesse ainda outra revolução metropolitana para pôr fim à segunda escravidão francesa. Em resposta à implementação da emancipação britânica, foi fundada, em 1834, a Sociedade Francesa pela Abolição da Escravidão. Outra irrupção da atividade parlamentar desencadeou-se na esteira do fim do aprendizado, em 1838. Até mais do que sua predecessora, a *Amis des Noirs*, a Sociedade permaneceu sob o controle de uma pequena elite dominada por membros do parlamento francês. Embora admirassem o modelo britânico da agitação de massa, os membros da Sociedade não tentaram estimular um movimento popular ou uma organização nacional da França. A sociedade abolicionista francesa foi inaugurada justamente no momento em que o governo implantou novas restrições severas à formação de qualquer atividade associativa. Com a ameaça de uma guerra anglo-francesa em 1840, os abolicionistas franceses hesitaram ainda mais em adotar uma política que fora identificada como uma causa "inglesa" durante mais de uma geração. A ameaça de guerra gerou uma reação antibritânica tão poderosa que em 1842 o governo proibiu até mesmo pequenas reuniões antiescravistas em Paris.

Ao longo da década de 1840, a liderança abolicionista francesa moveu-se com cautela. Em 1844 e 1847, duas campanhas modestas de petição atraíram apenas 10 mil assinaturas cada. As mobilizações britânicas de 1814 e 1833 recolheram provavelmente as assinaturas de mais de um a cada cinco ou seis adultos. A tentativa francesa de uma mobilização antiescravista popular de 1844 foi lançada fora da elite. Ela contou com menos de um signatário potencial de cada mil franceses. As mulheres francesas exerceram um papel modesto na petição da classe trabalhadora de 1844, e virtualmente não tiveram presença alguma na segunda petição, em 1847, que se dirigiu sobretudo à classe média. Os protestantes franceses, encorajados por seus laços com os ingleses, estiveram sempre sobrerrepresentados no pequeno mundo do movimento antiescravista francês. Como na maioria dos outros países europeus e latino-americanos, a hierarquia católica hesitou em se filiar à agitação abolicionista. Em 1848, às vésperas de outra revolução, apareceu uma alusão em um jornal católico francês de que ela estava disposta a encorajar uma campanha massiva de petições pela emancipação. De qualquer maneira, em relação à sua correspondente britânica, a sociedade civil francesa exerceu muito pouca pressão antiescravista sobre a monarquia francesa.[33]

Foi preciso outra revolução em Paris, em 1848, e a informação sobre a possibilidade de um levante de escravos para provocar uma mudança. Uma semana após a Revolução de fevereiro de 1848 em Paris, o novo governo provisório colocou a emancipação imediata dos escravos em sua agenda. Um decreto de emancipação foi publicado exatamente antes da convocação da Assembleia Nacional Constituinte pela Nova República. O principal abolicionista do novo governo, Victor Schoelcher, temia que a Assembleia pudesse adiar a libertação dos escravos pela indecisão sobre o estabelecimento de um conjunto de medidas indenizatórias de acordo com o modelo britânico. A avaliação das prioridades nacionais feita por Schoelcher justificou-se. Não houve expectativa nacional nem celebração da emancipação na metrópole. A sociedade antiescravista francesa virtualmente havia parado de funcionar antes do decreto da emancipação de abril de 1848. Os ex-escravos das colônias francesas tornaram-se os primeiros a obter o direito de voto para eleger os deputados da legislatura nacional francesa. No entanto, com o fim da Segunda República francesa, Luís Napoleão Bonaparte privou novamente as colônias ultramarinas de ter uma representação na legislatura metropolitana.

No intervalo entre a promulgação do decreto da emancipação em Paris e sua chegada ao Caribe ocorreu uma onda final de protestos escravos. O episódio mais sangrento foi o da Martinica, entre 20 e 23 de maio de 1848. Após mais de trinta mortes e muitos feridos, os governadores da Martinica e de Guadalupe proclamaram a emancipação imediata duas semanas antes de o comunicado oficial chegar às ilhas.[34] Mais tarde, a

---

33 Jennings, *French Anti-Slavery*, cap.7-9; Drescher, *From Slavery to Freedom*, cap.6; id., Women's Mobilization in the Era of Slave Emancipations, p.113; e id., Public Opinion and Parliament in the Abolition of the Slave Trade, p.26-9.
34 Jennings, op. cit., p.283-4.

Assembleia Nacional francesa indenizou modestamente os ex-senhores. A instituição da escravidão em si nunca renasceu, mas, depois do *coup d'état* de Luís Napoleão Bonaparte, em 1851, o tráfico transatlântico africano de escravos às ilhas francesas produtoras de açúcar reviveu sob um sistema de aprendizado de longo prazo, chamado *engagement à temps*.[35]

Com exceção da ilha de São Martinho, ocupada conjuntamente por franceses e holandeses, as colônias holandesas permaneciam dentro do último Estado europeu setentrional que sancionava a escravidão depois de 1848. A despeito de seu papel pioneiro no desenvolvimento do capitalismo europeu e das colônias europeias setentrionais de escravos, quase não houve sinal de abolicionismo nos Países Baixos durante ou após a era da revolução. Durante uma geração, os abolicionistas britânicos tentaram sem sucesso estimular o movimento abolicionista nos Países Baixos. Uma taxa constante de inquietação dos escravos no Suriname não levou a resultados melhores. Quando, em 1863, os holandeses finalmente começaram a desmantelar seu sistema de escravidão, tiraram pleno proveito das lições aprendidas com as emancipações anteriores. Mostraram-se os seguidores mais diligentes do modelo britânico. Evitaram algumas das políticas que tornaram a "experiência grandiosa" insuportável para os fazendeiros das Américas e inauguraram o modelo nas Índias Ocidentais em 1860. Na região, o número de escravos já havia minguado para cerca de 7 mil. Para a agricultura comercial, os holandeses já contavam com um sistema de cultivo. Os trabalhadores agrícolas produziam café e açúcar para o mercado como forma de pagar impostos obrigatórios aos holandeses. E os donos de escravos foram indenizados.

Os escravos da Índia Ocidental holandesa foram libertados três anos depois, em 1863. O conjunto da indenização aos donos de escravos foi relativamente generoso, porque seus custos foram cobertos pelos lucros do trabalho compulsório das grandes lavouras da Índia Ocidental. Como Pieter Emmer observa, em comparação com a Grã-Bretanha, os holande-

---

35   Curtin, *The Atlantic Slave Trade*, p.250; e Blackburn, *The Overthrow of Colonial Slavery*, p.507.

ses emanciparam seus escravos coloniais ao preço de uma pechincha para os contribuintes metropolitanos.[36] Os holandeses, como os dinamarqueses, adaptaram o sistema britânico do aprendizado, mas o prolongaram por dez anos, de 1863 a 1873.

Por fim, não houve demora entre o término do sistema de aprendizado dos escravos e a introdução de trabalhadores asiáticos contratados. Dentro de uma década após o término do sistema de aprendizado, os migrantes da Índia Ocidental já eram mais numerosos que os ex-escravos que trabalharam nas grandes lavouras do Suriname. Em todos esses estágios, o governo holandês teve liberdade para cumprir seu cronograma. Não houve mobilização metropolitana para acelerar ou restringir a transição. Nesse aspecto, a emancipação holandesa foi mais suave que sua antecessora britânica. Mas, mesmo com todas as vantagens de contar com as experiências anteriores, o Suriname holandês foi incapaz de evitar um declínio da produção de açúcar após o sistema do aprendizado. A sociedade civil metropolitana havia exercido um papel minúsculo na emancipação. Não houve celebrações nacionais para marcar o fim da escravidão ou do sistema de aprendizado. O único sistema que atraíra menos atenção parlamentar antes da emancipação do que o holandês fora o sistema de produção javanês.

A órbita ibero-americana

Como se poderia imaginar, as áreas que constituíram os maiores obstáculos ao projeto abolicionista britânico depois de 1840 foram os dois sistemas de importação de escravos mais dinâmicos de todos. Os sistemas escravistas que eram controlados pelos europeus em Cuba e no Brasil continuaram sendo os resistentes mais esquivos da pressão diplomática britânica pelo fim do tráfico de escravos. Os africanos escravizados continuaram a fluir para Cuba durante o meio século que se seguiu

---
36 Emmer, *The Dutch Slave Trade*, p.128.

ao primeiro acordo anglo-espanhol em 1817 para suprimir o tráfico de escravos no Caribe espanhol até 1820.

O número de escravos desembarcados no Caribe espanhol alcançou novos picos durante a mesma década em que a mobilização abolicionista britânica alcançava seu pico. Mais escravos foram importados por Cuba e Porto Rico em 1831-1840 do que em qualquer outra década na história do Caribe espanhol. Para os governos espanhóis, os tratados foram úteis como armas para bloquear novas tentativas britânicas de expandir a ação da comissão mista anglo-espanhola de Havana. Os *emancipados* africanos, resgatados dos escravizadores, eram rotineiramente enviados para as grandes lavouras a fim de repor os escravos mortos, ou eram distribuídos entre os mais pobres, que não tinham recursos para adquirir escravos. Essa forma de aprendizado espanhol (*emancipados*) tornou-se uma servidão vitalícia. Aos olhos dos governadores de Cuba, os cativos eram apenas uma adição ao suprimento de trabalho servil.[37]

As três décadas seguintes a 1830 também assinalaram o "momento cubano" na longa história do açúcar produzido por escravos nas Américas. David Eltis estima que Cuba estava entre os seis primeiros países no mundo dos meados do século XIX em renda *per capita* de produção de açúcar.[38] Pelo menos até o fim da década de 1850, a principal ameaça à instituição da escravidão não era proveniente da sociedade civil metropolitana. Não houve uma sociedade antiescravista na Espanha durante a metade de século depois de Waterloo. O governo espanhol, fortemente dependente das receitas das grandes lavouras cubanas, identificara as fontes estrangeiras como a principal ameaça à instituição da escravidão. Por outro lado, alguns cubanos também identificaram a quantidade sem precedentes de escravos que estavam entrando na ilha como a maior ameaça a seu futuro. Depois de 1833, as fileiras abolicionistas, brancas ou negras, poderiam ser estimuladas pelo Haiti, Jamaica ou até mesmo pela

---

37 Eltis (1987), *Economic Growth and the Ending of the Transatlantic Slave Trade*, p.249, Table A.8; TSTD, 1830-1839; e Murray, *Odious Commerce*, p.282-3.
38 Eltis (1997), Slave Economies of the Caribbean, Knight (Ed.), *General History of the Caribbean*, p.123.

América do Norte. Além disso, elas eram "apoiadas por um grande partido na Europa, cujo alvo era o triunfo dos africanos sobre os europeus".[39] Essas palavras, escritas por um capitão-geral espanhol de Cuba em 1835, eram ecoadas por cubanos brancos que desejavam dar fim ao tráfico de escravos. Em termos de proporções raciais de suas populações, Cuba e Porto Rico eram, na década de 1830, mais análogas à Virgínia e à Maryland do que as outras ilhas caribenhas. Para homens como José Antonio Saco, de Santiago de Cuba, o destino que se imaginava para a ilha era que ela se tornasse uma comunidade "embranquecida". As questões políticas do embranquecimento poderiam incluir a lealdade a um futuro império espanhol reformado, ou sua incorporação aos Estados Unidos da América.[40]

No fim da década de 1830, os abolicionistas britânicos conseguiram inserir um agitador dentro dessa mistura potencialmente explosiva de questões políticas imperiais – aumento do número de escravos cubanos, marginalização dos negros livres e dos brancos crioulos. David Turnbull, um ex-correspondente do *London Times*, viajou para as Índias Ocidentais britânicas e para Cuba justamente quando a campanha britânica contra o sistema do aprendizado atingia seu clímax. Em 1840, ele foi o autor de um plano para permitir que os africanos importados ilegalmente reivindicassem a liberdade diante das cortes mistas anglo-espanholas criadas pelo tratado de 1817. A propriedade dos fazendeiros sobre essas pessoas seria radicalmente "deslegalizada", e a escravidão, rapidamente eliminada. Quando uma delegação da BFASS se reuniu com Palmerston, o ministro das relações exteriores, para apresentar as resoluções finais do Congresso Mundial Antiescravista, ela também o persuadiu a nomear David Turnbull cônsul de Havana.[41]

Turnbull rapidamente se tornou o funcionário mais intervencionista do núcleo diplomático britânico que atuava em um país estrangeiro. Nem

---

39 Murray, op. cit., p.116.
40 Schmidt-Nowara, *Empire and Antislavery*, cap.1-2; e Paquette, *Sugar Is Made with Blood:* The Conspiracy of La Escalera and the Conflict between Empires over Slavery in Cuba, cap.7.
41 Murray, op. cit., p.136.

o Ministério das Relações Exteriores, tampouco a Sociedade Antiescravista Britânica encorajaram o novo cônsul a incitar um levante. Turnbull, no entanto, considerava-se um soldado avançado do humanitarismo britânico em Cuba. Desde o momento em que ele chegou à ilha, entrou em confronto com o capitão-geral e criou pânico entre os fazendeiros. Ao assumir o papel de protetor dos africanos e ao divulgar seu plano, ele também se envolveu em conflitos com outros funcionários britânicos e se afastou da comunidade mercantil britânica, que se preocupava em não ser identificada como fomentadora da desordem. Ao defender abertamente os negros livres, Turnbull amedrontou até os crioulos que se opunham ao tráfico de escravos e temiam que seus objetivos fossem muito além da abolição do tráfico.

A estadia de Turnbull também coincidiu com a retração econômica dramática da produção açucareira e com os relatórios dos planos britânicos de transferir grandes números de africanos libertos de Serra Leoa para a Jamaica. Os cubanos misturaram isso tudo e viram aí um plano imperial para arruinar o recrutamento de trabalho cubano a fim de salvar a Jamaica. Todos os relatos ligavam os distúrbios da escravidão à atividade abolicionista britânica.[42] O governo britânico tentou conter Turnbull; em primeiro lugar, suspendeu seu direito de agir como guardião dos *emancipados* e, em seguida, retirou-o de Havana. A despeito de sua partida, a tumultuosa ocupação do cargo por Turnbull foi suficiente para relacionar suas atividades à acusação de envolvimento britânico na conspiração Escalera, de 1844. Muitos súditos britânicos foram presos, e o destino dos cubanos nascidos livres e escravizados, detidos durante a conspiração, foi muito pior. A batida policial expandiu-se, e milhares de suspeitos foram encarcerados. Um terço dos capturados foi sentenciado a muitos anos de prisão ou à execução.[43]

A importação dos escravos africanos declinou poucos anos depois do reinado de medo e terror desencadeado pelos funcionários cubanos. Em 1846, no entanto, os cubanos celebraram a notícia do fim da prote-

---

42   Ver Paquette, op. cit., p.139-57; e Murray, op. cit., p.146-8.
43   Paquette, op. cit., p.229.

ção britânica ao açúcar produzido pelo trabalho livre com um feriado nacional. Os preços dos escravos, da terra e do açúcar subiram 15%. O preço dos escravos alcançou números recordes. Em 1856-1860, o preço médio dos escravos era 250% mais alto do que tinha sido em 1841-1845. A consequente expansão do mercado cubano contribuiu para dar vida nova ao comércio de açúcar. De um ponto baixo de 3.400 escravos africanos que desembarcaram por ano em Cuba durante os dois anos seguintes a Escalera, as importações de escravos aumentaram novamente para mais de 30 mil por ano às vésperas da Guerra Civil Norte-Americana.[44]

Em meados da década de 1850, a ameaça britânica à instituição da escravidão em Cuba parecia ter recuado. A BFASS deixou de ter qualquer grande impacto na política governamental britânica. A Espanha foi capaz de contrabalançar a pressão britânica contra o tráfico de escravos com o contrapeso da diplomacia dos Estados Unidos. Norte-americanos sulistas e alguns fazendeiros cubanos promoveram agitações para que os Estados Unidos anexassem a ilha. A ameaça da reação norte-americana limitou a política britânica. Um bloqueio naval britânico, destinado abertamente a suspender o tráfico de escravos, também poderia provocar a anexação pelos Estados Unidos. A evasão da Espanha de seus tratados relativos ao tráfico de escravos também impossibilitou a Grã-Bretanha de assinar um tratado que garantisse a proteção de Cuba para a Espanha. Diante desse impasse, a pressão britânica sobre a Espanha para que fossem cumpridas suas obrigações do tratado contra o tráfico de escravos cessou em meados da década de 1850.[45] Setenta e cinco anos depois de se tornar a primeira área nas Américas a proibir a importação de africanos, os Estados Unidos tinham se tornado a última grande esperança dos negociantes do Atlântico contra a pressão britânica. Às vésperas da secessão do sul dos Estados Unidos, o tráfico de escravos florescia em Cuba. Em 1859, Cuba importou o segundo maior número de escravos na história da ilha.

---

44 Eltis (1987), op. cit., p.263, Table C.2. O preço de escravos depois de 1850 era geralmente mais baixo na maior parte da costa africana do que tinha sido antes. Ver também TSTD sobre as importações de escravos.
45 Murray, op. cit., p.240; p.298-9; p.309-15.

Mais ao sul, o abolicionismo britânico também parecia estar em recessão nos dois lados do Atlântico desde o início dos anos 1840. Na África, a aventura no Níger fortaleceu a experiência de uma geração – de que os traficantes sempre conseguiriam maquinar meios alternativos de evitar uma diminuição permanente no suprimento de escravos africanos, quantas e quaisquer fossem as brechas fechadas pelos tratados. As estruturas econômicas das sociedades em ambos os lados do Atlântico meridional pareciam impossibilitar a interrupção rápida do tráfico de escravos. O cenário no Brasil era o pior, pois três africanos de cada quatro levados ao Novo Mundo foram desembarcados no país durante a década de 1840. Neste caso, também, os norte-americanos atrapalharam os britânicos. Quando as importações cubanas de escravos fraquejaram brevemente depois da conspiração Escalera, os norte-americanos auxiliaram o Brasil a continuar o trabalho que precisava ser feito. "O tráfico de escravos é quase inteiramente realizado com a nossa bandeira e por navios construídos nos Estados Unidos", lamentou o embaixador dos Estados Unidos no Brasil em 1844. Seus sucessores ficaram igualmente chocados pelo fato de que os consignatários, os procuradores e os agentes norte-americanos do exterior envolvidos no tráfico de escravos no Brasil "estavam imunes à ação legal".[46]

De forma menos visível, a política econômica britânica agora fechava os olhos para a diferença entre mercadorias produzidas por escravos e por trabalhadores livres. A reviravolta do movimento britânico para o livre-comércio desencadeou uma enxurrada de mercadorias em ambas as direções entre o Brasil e a Grã-Bretanha. Em 1846, o *chargé d'affaires* britânico no Rio de Janeiro escreveu, aborrecido, a Palmerston: "*o Brasil vive do trabalho escravo*. O governo é mantido pelas receitas diárias das alfândegas [...]". "Há apenas três maneiras de se fazer fortuna no Brasil – pelo tráfico de escravos, pela escravização, ou por uma casa de comissão de café", ecoou o embaixador britânico dois anos depois. As tentativas

---

46 Fehrenbacher, *The Slaveholding Republic*, p.176-7. Se a bandeira norte-americana cobria os movimentos de muitos negociantes de escravos, o capital britânico também era investido indiretamente no tráfico brasileiro de escravos. Ver Warren S. Howard, *American Slavers and the Federal Law, 1837-1862*, p.282, e Simpson, *A Good Southerner:* The Life of Henry A. Wise of Virginia, p.62-9.

navais britânicas de apreender navios negreiros e de trazer cativos para a terra poderiam provocar atentados para recapturá-los. E escreveu também: "Até certo ponto, os portos do Brasil não são portos de uma nação amiga, mas de uma nação hostil". O ministro brasileiro de relações exteriores confessou francamente que não conseguia ver como qualquer governo brasileiro poderia forçar o cumprimento da legislação, a que está em vigor ou uma futura, para a repressão do tráfico de escravos.

Não conheço ninguém que possa ou vá tentar isso, e quando noventa e nove homens de cada cem estão envolvidos, como isso poderia ser feito? [...] Nas ruas, eu seria apedrejado. Não posso consentir em ser O Homem no Brasil que todos os conterrâneos manterão à distância com desdém e repugnância. *Eu não vou colocar o sino no gato.*[47]

Os obstáculos à supressão do tráfico de escravos foram ecoados no outro lado do Atlântico pelos principais membros do próprio movimento abolicionista britânico. Em março de 1845, Thomas Clarkson com 85 anos de idade apresentou um memorial ao governo que refletia a visão da Sociedade Antiescravista sobre os esforços feitos para suprimir o tráfico de escravos. As patrulhas navais tinham fracassado e continuariam a fracassar. Enquanto a oposição dos Estados Unidos fosse aparente, o sistema de tratado nunca se completaria. Na ausência de um compromisso real, a abolição sempre depararia com a má-fé das nações estrangeiras e a esperteza, a fraude ou a audácia dos negociantes de escravos. Os princípios pacifistas da Sociedade Antiescravista poderiam ter sucesso apenas onde "um senso de humanidade e retidão moral" prevalecesse e onde desaparecessem as demandas dos donos de escravos das Américas. Por isso, a Sociedade peticionou ao parlamento à procura de uma política alternativa.[48]

A economia moral dos abolicionistas era poderosamente secundada pela economia política de alguns membros do parlamento que defen-

---

47 Apud Bethell, *The Abolition of the Brazilian Slave Trade*, p.272; p.288; p.290.
48 Bethell, op. cit., p.296-7; Temperley (1972), op. cit., p.176-8; Drescher, *The Mighty Experiment*, p.187-8.

diam o livre-comércio. Em 1845, William Hutt usou a documentação dos abolicionistas sobre o tráfico de escravos para fazer uma moção pela suspensão do sistema da patrulha naval por motivos econômicos. A política, declarou Hutt, já tinha custado ao contribuinte o dobro dos 20 milhões de libras destinadas à emancipação dos escravos coloniais da Grã-Bretanha. A grande falha do sistema de interceptação era que ele violava a lei fundamental da oferta e da procura. As deficiências das patrulhas produziam lucros mais altos para os contrabandistas, menos preocupação pelas vidas dos cativos, maior hostilidade europeia contra a hegemonia naval britânica e um retrocesso patriótico das sociedades que participavam do tráfico de escravos. O erro básico da política reside, em primeiro lugar, no esforço de limitar a migração transatlântica. A repressão parcial poderia até mesmo ter prolongado o fim "natural" do tráfico de escravos ao suprimir artificialmente a oferta. Para extinguir o tráfico de escravos, Hutt concluiu, "Nós deveríamos deixá-lo à sua própria sorte". A despeito de estar chocado com a insensibilidade de sua conclusão, a Sociedade Antiescravista concordou "até certo ponto com o sr. Hutt em sua visão dos fatos", divergindo somente do *"animus"* de sua moção.[49]

O debate sobre a patrulha africana atingiu seu ponto culminante no início de 1850. Hutt apresentou uma resolução parlamentar instando que o governo britânico não abandonasse qualquer tratado que requisitava o uso da força para interromper o tráfico de escravos. Embora as pessoas da época não tivessem acesso aos dados completos sobre as fontes mundiais das exportações tropicais, estava claro que o abolicionismo havia provocado uma mudança profunda na distribuição da produção de açúcar das economias importadoras de escravos.[50] Pela primeira vez, um primeiro-ministro do governo britânico reconhecia abertamente que o trabalho escravo bem que seria capaz de desvalorizar o trabalho livre colonial. A eliminação da patrulha naval britânica, no entanto, poderia se tornar a gota d'água do colapso das grandes lavouras britânicas. Elas

---

49 Temperley (1972), op. cit., p.177-8; Drescher, op. cit., p.187-8.
50 Eltis (1997), op. cit., p.113-9, Tables 3.1 e 3.2; Drescher, op. cit., p.189, Table 11.1.

estavam, como Hutt avisou ao parlamento, à beira de sucumbir perante a concorrência dos importadores de escravos de Cuba e do Brasil. Invocando a disciplina do partido, o primeiro-ministro conseguiu reunir votos suficientes para rechaçar a moção de Hutt.

O voto de 1850 seria mais tarde reconhecido por historiadores como "a última posição da questão política humanitária" contra o tráfico de escravos. Mesmo assim, as cartas já tinham sido lançadas. A menos que a política naval começasse a ter êxito, a pressão para abandoná-la cresceria de modo mais convincente a cada ano que passasse. A imprensa era igualmente enfática. A política naval estava fracassando, sua lógica tinha falhas, e o apoio público estava desaparecendo. Não podendo voltar atrás, o primeiro-ministro (Russell) e o secretário das relações exteriores (Palmerston) ameaçaram se demitir para cerrar fileiras com o partido.[51]

Agora, muito mais do que um governo britânico estava em risco. Todos concordavam com a habilidade notória de Cuba e do Brasil, como importadores de escravos, de alimentarem a sempre crescente demanda do mundo por produtos das grandes lavouras. Só no Brasil, de "três a quatro milhões de milhas quadradas" estavam à espera de serem cultivadas. Em uma estimativa do filho de Fowell Buxton, Charles, para que o Brasil tivesse uma densidade populacional que tornaria o trabalho livre competitivo com a escravidão haveria a necessidade de se transportarem 240 milhões de escravos africanos adicionais, ou vinte vezes o número de cativos da África que haviam sido embarcados nos 350 anos anteriores.[52] A única alternativa parecia ser uma política que desafiasse tanto os princípios morais pacifistas da Sociedade Antiescravista quanto os princípios de mercado dos economistas. O homem para efetuar a tarefa já estava a postos. Palmerston já havia mostrado sua disposição de recorrer à diplomacia canhoneira para forçar Portugal a assinar um tratado sobre o tráfico de escravos. Os cruzadores britânicos que apreendiam aleatoriamente os navios negreiros e até navios legais já tinham derrubado um governo português e garantido rapidamente a assinatura veloz de um

---

51   Ibid., p.190-1.
52   Ibid., p.192.

tratado anglo-português em 1842.⁵³ Agora era a hora de fazer a tentativa no outro lado do Atlântico.

Já em janeiro de 1850, Russell disse a Palmerston que chegaria o dia em que o Brasil seria tratado "como o governo de 1816 tratou a Argélia". Até 1850, o desejo de Palmerston de contar com mais navios na costa brasileira sempre tinha se frustrado pela imposição de outras prioridades. As obrigações de tratados exigiam que a Grã-Bretanha mantivesse uma quantidade de navios perto da costa africana, ou para combater a Argentina no Rio da Prata. Em 1849, a Grã-Bretanha finalmente acertou suas diferenças com a Argentina. Os navios britânicos começaram a ser transferidos para a costa brasileira. Um pouco antes, no começo de 1848, o embaixador britânico no Rio tinha detectado

> uma mudança muito satisfatória [...] que estava em curso nas opiniões do governo *e do público* brasileiros sobre a importação de escravos [...] mais rapidamente do que eu ousaria esperar ou poderia [...] acreditar que fosse possível.

Contudo, até o fim de 1849, "apenas uma minúscula minoria, essencialmente urbana, de brasileiros havia sido convertida à abolição". Mesmo retrospectivamente, "há pouca evidência para se pensar que nos anos 1849-1850 os interesses dos proprietários de terra [...] demandavam a abolição do tráfico de escravos".⁵⁴

A situação no Brasil transformou-se dramaticamente por outro ato de agressão naval. Conforme a pressão política contra a patrulha naval se acumulava na Grã-Bretanha, o governo aumentou as apreensões de navios negreiros. Poucas semanas depois da votação da moção de Hutt na Câmara dos Comuns, o Ministério de Relações Exteriores notificou o almirantado de que não haveria mais limites para as buscas e apreensões britânicas de navios suspeitos de serem negreiros *"em qualquer lugar den-*

---

53 Marques, *The Sounds of Silence*, p.125.
54 Hudson a Palmerston, 5 ago. 1848, apud Bethell, op. cit., p.313 (em itálico no original); e ibid., p.309; p.313-4.

tro das águas brasileiras, bem como em alto mar". Em junho, uma frota britânica reforçada estava não só capturando embarcações suspeitas, mas também efetuando raides em terra na maior e mais bem-sucedida ação naval desde o bombardeamento da Argélia, em 1816.[55]

O governo brasileiro viu-se à beira de um grande desastre. As hostilidades armadas passaram a ocorrer em águas territoriais brasileiras, e a escalada resultaria rapidamente em um bloqueio do tráfico brasileiro. Qualquer perspectiva de resistência armada mais ampla teria de levar em conta as lições da era da revolução. Em quaisquer outros lugares, as intervenções do conflito de massa polarizado tinham acarretado o desmantelamento da ordem social e política na América Latina. Na Bahia, onde as memórias do levante malê reverberavam, a mobilização potencial de escravos aumentaria o impacto de uma intervenção britânica.[56] O primeiro reflexo da elite foi o de restringir, tanto quanto fosse possível, a esfera pública. O debate legislativo crucial sobre o tráfico de escravos, em setembro de 1850, ocorreu em uma sessão secreta. Ao contrário de Cuba, o Brasil estava relativamente isolado dos grandes conflitos das nações europeias. No Rio de Janeiro, o embaixador francês foi inequívoco. O Brasil não tinha par na questão do tráfico de escravos – um ponto reiterado pelo governo à legislatura brasileira. A abolição do tráfico de escravos foi reconhecida com um valor do "mundo civilizado", apoiado pelo poder britânico. O Brasil não tinha chance de resistir.[57]

Para preservar o consenso sem se arriscar a entrar em conflito com a Grã-Bretanha, com a classe de fazendeiros donos de escravos, ou com a oposição política, o governo brasileiro isolou os traficantes de escravos como se eles fossem a causa única do apuro do Brasil. Como muitos dos traficantes eram portugueses, o antagonismo nacionalista poderia ser focado em uma fonte exógena desse apuro. Era muito mais fácil expulsar uns poucos comerciantes desarmados que desafiar a marinha estrangeira

---

[55] Needell, The Abolition of the Brazilian Slave Trade in 1850: Historiography, Slave Agency and Statesmanship, *Journal of Latin American Studies*, p.681-711; esp. p.705-7.
[56] Ver Graden, *From Slavery to Freedom in Brazil*, cap.2.
[57] Discurso de Paulino José Soares de Souza à Câmara dos Deputados, 15 jul. 1850, resumido em Bethell, op. cit., p.338.

mais formidável do mundo. Dois pontos merecem ser enfatizados. Antes da crise de 1850, tinha havido uma discussão contínua sobre tráfico de escravos. A imprensa, incluindo jornais anteriormente favoráveis ao tráfico, lançara uma enxurrada de editoriais contra o tráfico de escravos em julho de 1850. Muitos jornais reimprimiram um famoso discurso contra o tráfico de escravos feito pelo bispo da Bahia em julho de 1827.[58]

Mesmo assim, durante a crise, o antiescravismo nunca chegou a ser um movimento organizado ou a contar com uma "opinião pública" consensual fora da legislatura. A data de nascimento da primeira sociedade nominal contra o escravismo no Brasil é significativa. Sua primeira reunião exploratória coincidiu precisamente com a primeira sessão da legislatura sobre a crise naval britânica. Sua formação ocorreu conjuntamente à sessão secreta de setembro de 1850. Seu nome – *Sociedade contra o tráfico de africanos e promotora da colonização e da civilização dos indígenas* – encapsulava especialmente a ligação entre a renúncia de uma fonte africana de trabalho e a propriedade de uma futura fonte de trabalho europeia. A Sociedade estava ideologicamente desconectada da emancipação de escravos e, em termos organizacionais, assemelhava-se às pequenas sociedades elitistas da Europa continental. As discussões sobre a imoralidade ou a desumanidade do tráfico não parece ter recebido uma posição de destaque na agenda da Sociedade. No mesmo momento em que foi iniciado o planejamento para organização da Sociedade, um jornal até então antiabolicionista, o *Jornal do Comércio*, observou que o mal a ser tratado era a civilização indolente e impura importada da África.[59]

As raízes superficiais do antiescravismo na sociedade brasileira durante o segundo quartel do século XIX deram um papel maior à ação britânica do que à elite política ou à opinião pública do Brasil como o catalisador da abolição em 1850. A formação das sociedades abolicionistas seguiu o trauma da abolição do tráfico de escravos e foi usualmente efêmera. Embora uma escola historiográfica atribua um papel dominante à mobilização dos escravos na aprovação da lei brasileira de abolição, a

---

58 Bethell, op. cit., p.337.
59 Ibid., p.334 n.2.

ameaça de insurreição nunca foi mencionada na decisiva reunião fechada do Conselho de Estado.⁶⁰

De todo modo, a característica igualmente marcante da abolição brasileira é a rapidez com que o governo agiu para efetuar a supressão legal do tráfico transatlântico de escravos. Dentro de menos de um ano e com o apoio esmagador da imprensa, o ministro de Justiça pôde alegar que a lei de setembro de 1850 "contou com o apoio poderoso da opinião pública". Isso também ocorreu sem qualquer sustentação da mobilização popular. Os capitães navais britânicos ficaram espantados com o fato de que os brasileiros que tinham atacado marinheiros britânicos durante a crise agora entregavam traficantes de escravos às autoridades e acolhiam os navios britânicos. Na esteira da abolição, como o governo esperava, a hostilidade popular voltou-se mais contra os portugueses do que contra os africanos e britânicos. Quando os brasileiros teriam agido sem a intervenção britânica é incerto, mas a própria facilidade da supressão faz parecer que, abaixo da classe mercantil/proprietária de terras, o apoio ativo ao tráfico de escravos devia ser superficial. Subsequentemente, as raras tentativas dos negociantes de reabrir a porta para a entrada de escravos não tiveram sucesso. As poucas exceções novamente demonstraram a eficácia da regra.⁶¹

As explicações econômicas sobre os fatores de curto prazo que teriam levado à abolição em 1850 são as menos convincentes. Não há dúvida de que a demanda por escravos permaneceu forte no Brasil até 1850. O ano do auge da chegada de africanos cativos ao Brasil ou a qualquer região considerada isoladamente na história do tráfico transatlântico de escravos foi 1848. Nesses mesmos termos, o biênio do auge ocorreu em 1848-1849, e o triênio, em 1847-1849. Tampouco os números recordes assinalaram qualquer "superprodução" de africanos para o mercado brasileiro. A subida acelerada dos preços dos escravos imediatamente depois de 1849 e a consequente alta dos preços no tráfico interno de escravos indicam a existência de um mercado robusto e estável antes e depois da

---

60 Comparar Graden, *From Slavery to Freedom in Brazil*, p.13-4 com Needell, op. cit., p.681-711.
61 Eltis (1987), op. cit., p.214-7.

abolição. Parece haver pouca evidência de que, em 1850, os contemporâneos tivessem concluído que o tráfico brasileiro de escravos alcançara o ponto de virada "natural" de saturação, previsto por Hutt no parlamento uns poucos meses antes da abolição brasileira.

Como observamos, o apetite por escravos africanos nas Américas permanecia intacto nos meados do século. Durante a década que se seguiu à sua supressão no Brasil, Cuba dobrou a importação de escravos africanos. Essa tendência persistiu, a despeito do fato de que as patrulhas britânicas levaram o aumento do preço dos escravos à taxa mais exorbitante do século XIX. Na segunda metade da década de 1850, o preço de escravos que eram embarcados na África caiu mais de 40%, mas nos mercados cubanos ele aumentou 75%. Embora os fazendeiros cubanos tivessem aumentado o acesso ao trabalho contratado de chineses, que eram explorados em condições quase indistinguíveis das condições dos escravos, os cubanos ainda conseguiam comprar dois africanos para cada asiático contratado durante a década de 1850. Meio século depois da abolição britânica, o equilíbrio dos incentivos econômicos parecia muito familiar. A qualquer sinal de enfraquecimento da vigilância britânica, escreveu *The Economist* de Londres, "o Brasil rapidamente voltaria ao seu velho e lucrativo comércio", e seria seguido pela Espanha, por Portugal e pela França, com seus aprendizes-escravos, e até mesmo pelos Estados Unidos.[62]

De fato, o governo britânico ficou tão impressionado com a contínua tentação econômica de reabrir o tráfico brasileiro que se recusou a revogar a humilhante Lei Aberdeen, de 1845, que autorizava as apreensões britânicas de navios brasileiros, até dois anos depois dos *últimos* africanos escravizados e registrados que desembarcaram nas Américas. Ironicamente, "a última posição importante das questões políticas humanitárias" contra a moção de Hutt na Grã-Bretanha havia provocado a última e mais importante vitória sobre o tráfico transatlântico de es-

---

62 Citação em Drescher, op. cit., p.195. Comparar com as importações da década de 1850 dos escravos em Eltis (1987), op. cit., p.245, Table A.2, com números para as chegadas de trabalhadores contratados em Cuba em Northrup, *Indentured Labor in the Age of Imperialism, 1834-1922*, p.156-7, Table A.1.

cravos desde as leis de 1807 de abolição do tráfico anglo-americano de escravos. Quaisquer que fossem os ecos da Argélia três décadas antes, a demonstração de força esteve longe de causar muitas mortes em qualquer um dos lados. Apenas um marinheiro britânico foi morto e dois foram feridos. Quaisquer que fossem os papéis relativos dos participantes brasileiros e britânicos, a crise de 1850 foi, para Palmerston, o maior feito de sua vida. Em 1865, sua morte coincidiu quase exatamente com o término do tráfico atlântico de escravos.[63]

Mais importante ainda é que o fim do tráfico de escravos no Brasil marcou outro momento decisivo na história da abolição. Durante cada geração de 1750 a 1850, entre 1,8 milhão e 2 milhões de africanos foram transportados em condições horríveis através dos oceanos. A maioria tinha sido condenada a uma vida de labuta nas grandes lavouras das Américas. Para a última década e meia do tráfico de escravos, os números anuais caíram para menos de 15 mil, uma taxa que não era vista desde o início do século XVII, e a um quinto da média entre 1750 e 1850. Agora a própria escravidão parecia destinada a um declínio inexorável em todos os lugares de grandes lavouras nas Américas, exceto em Cuba e no sul dos Estados Unidos. Nos demais lugares, a combinação entre a migração voluntária, a manumissão e o excesso anual de mortes sobre os nascimentos garantiu que as Américas doravante seriam dominadas por homens e trabalhadores livres. No decorrer de uma única geração, o abolicionismo havia acelerado a sensação da diminuição relativa da escravidão.[64]

Nos meados do século XIX, os abolicionistas britânicos olharam para trás com uma mistura de orgulho e frustração. No fim do século XVIII, o antiabolicionista conde de Westmoreland havia ridicularizado os abolicionistas, por pretenderem ser "os imperadores do mundo", porque imaginavam poder aprovar uma lei para proibir o tráfico de escravos em uma longa extensão da costa africana. Quatro décadas depois, sua zombaria parecia ter sido transmutada em profecia. No Congresso

---

63 Lloyd, *The Navy and the Slave Trade:* Suppression of the African Slave Trade in the Nineteenth Century, p.145.
64 Needell, *The Party of Order*, p.153.

Mundial Antiescravista de 1840, os abolicionistas britânicos, animados por suas séries de vitórias, pareciam em posição de estender sua "grande experiência" a todos os cantos da Terra. Apenas uma década depois, os abolicionistas britânicos reconheceram que quando se batia uma porta a fim de fechá-la para a escravidão, outra se abria. O encerramento final do tráfico de escravos parecia estar indefinidamente bloqueado pela república escravista dos Estados Unidos. O apetite do mundo por mercadorias produzidas por escravos continuava constante. Nenhuma classe sequer de donos de escravos do mundo acreditava que poderia obter ganhos com a transformação do escravo em trabalhador assalariado.[65]

E o que era mais desencorajador: em 1850, ainda havia quase 6 milhões de escravos no Novo Mundo, e bem mais da metade deles estava confinada dentro de uma instituição indiferente ao fim do tráfico de escravos e acorrentada à mais poderosa entidade econômica e política do Hemisfério Ocidental. Nos meados do século, muitos cidadãos dos Estados Unidos podiam ainda casualmente imaginar que, qualquer que fosse a fortuna do tráfico atlântico de escravos, o destino manifesto da instituição da escravidão incluía possibilidades ilimitadas de expansão. No começo da década de 1850, um oficial da marinha norte-americana foi acusado de explorar o vale tropical do Amazonas. Seu relatório visionava o grande rio latino-americano dividido em grandes latifúndios, que seriam cultivados pelo trabalho escravo de modo a "produzir tudo o que eles são capazes de produzir". Um espírito empreendedor com o livre-comércio e com escravos negros poderia transformar as planícies das florestas tropicais da América do Sul. Lá, a "riqueza e a grandeza da Babilônia antiga e da Londres moderna terão de se render aos entrepostos comerciais [...] na foz dos rios Orenoco, Amazonas e Prata".[66] Na distante Londres, os críticos leram e tremeram. Muito além do alcance das patrulhas navais britânicas e da diplomacia britânica, os Estados Unidos da América lançavam uma grande sombra de incerteza sobre meio século de vitórias.

---

65   Drescher, op. cit., p.157.
66   Herndon, *Exploration of the Valley of the Amazon*, reimp. 1854, p.284.

11
O fim da escravidão na América inglesa

O abolicionismo emerge na sociedade civil dos Estados Unidos

No começo da década de 1830, o pacto constitucional que havia excluído a escravidão da agenda nacional norte-americana ainda parecia irrefutável. Mas, em janeiro de 1830, um longo debate no Senado dos Estados Unidos contrapôs Daniel Webster, de Massachussets, a Robert Y. Hayne, da Carolina do Sul. A "segunda resposta a Hayne" do nortista foi tida durante gerações como o discurso mais eloquente jamais apresentado no Congresso: "Liberdade *e* União, agora e para sempre, una e inseparável".[1] No entanto, aplicada à instituição da escravidão, a liberdade do senador era muito segmentada e reafirmava fielmente os limites que a circunscreviam. Em seu discurso, o senador de Massachussets repetiu, linha por linha, a primeiríssima resolução do Congresso, segundo

---

1   Nevins, *Ordeal of the Union*, v.I, p.288; e Mayer, *All on Fire:* William Lloyd Garrison and the Abolition of Slavery, p.106.

a qual a legislatura se abstinha de qualquer autoridade sobre os escravos, em qualquer um dos Estados da União. Webster reafirmava o juramento antigo do Congresso: "Desde aquele dia até este [...] Nenhum cavalheiro nortista, pelo que sei, apresentou uma questão sobre isso em qualquer das Casas do Congresso". Ninguém havia, desde 1790, proposto qualquer legislação ou resoluções inconsistentes a partir desse princípio. Nem o próprio Webster ultrapassaria a linha: "Ele é a barganha original – o acordo – deixe estar".[2] O projeto das colônias norte-americanas de promover simultaneamente a libertação e a deportação dos libertos continuava sendo, ainda, a mais avançada conexão para efetuar a emancipação gradual.

Somente quatro anos mais tarde o cordão sanitário defendido pela legislatura nacional durante quarenta anos seria ameaçado por uma nova onda de agitação. No fim de 1830, os abolicionistas britânicos atenderam ao apelo de Elizabeth Heyrick pela emancipação imediata com outra campanha de petição. Cinco mil petições chegaram ao parlamento na primavera seguinte. Nos Estados Unidos, a linguagem do antiescravismo foi dramaticamente alterada. Menos de um ano depois de ter aclamado o eloquente discurso de Webster, Garrison publicou o primeiro número de seu jornal – *O Libertador* – em Boston. Adotando a Declaração de Independência, exigindo a concessão imediata de direitos de cidadania aos escravos da América e retratando-se da aprovação de seu editor à abolição gradual e à colonização, *O Libertador* ampliou os limites do abolicionismo norte-americano.[3]

Dois anos depois, Garrison viajou para a Inglaterra com o duplo propósito de combater a campanha da Sociedade Norte-Americana de Colonização para obter financiamento dos abolicionistas britânicos e de pedir o apoio deles à sua própria alternativa de emancipação imediata. Ao desembarcar em Liverpool, no fim de maio de 1833, ele soube que o

---

2   Belz (Ed.), *The Webster-Hayne Debate on the Nature of the Union: Selected Documents*, p.91. No começo do discurso, Webster considerou claramente a "escravidão como um dos maiores males, tanto moral quanto politicamente". A cura, no entanto, ele deixou "àqueles que têm o direito e o dever de investigar e decidir". (Quer dizer, os cidadãos livres dos estados escravistas.) Ibid., p.89.
3   Mayer, op. cit., p.110.

governo britânico tinha acabado de apresentar um projeto de emancipação ao parlamento. Ficou espantado não só com isso, mas também com o tamanho e o alcance do apelo das ruas, que havia forçado a entrada da questão na arena legislativa. Animadíssimo, escreveu para casa sobre as petições que se amontoavam no parlamento "*aos milhares*, provenientes de todas as partes do Reino Unido", [...] de uma que chegou à Câmara dos Lordes "assinada por OITOCENTAS MIL senhoras!!!" e de outra que chegou à Câmara dos Comuns com "187 mil assinaturas femininas, o que exigiu que quatro membros do parlamento a colocassem sobre a mesa [...] Vivas para as senhoras da Grã-Bretanha".[4] Essa foi a característica do abolicionismo britânico que a nova perspectiva de Garrison contrastou com a variante norte-americana anterior. Garrison aclamou a abolição do tráfico britânico de escravos "como uma vitória histórica do 'certo sobre o errado, da liberdade sobre a opressão'", que fora alcançada por meio de feitos surpreendentes de organização. Em contraste, a Lei da Abolição dos Estados Unidos, de 1807, fora a realização mesquinha de uma barganha de vinte anos – uma "abolição silenciosa", sem heróis ou inspiração popular.[5]

O apelo de Garrison chegou aos ouvidos abertos do outro lado do Atlântico. Antes do início do primeiro estágio da emancipação dos escravos nas colônias inglesas, em 1834, os abolicionistas britânicos consideravam o ocidente como o primeiro estágio de um projeto para estender o impacto abolicionista provocado por eles mesmos. Já havia condições nos Estados Unidos para a formação de uma sociedade abolicionista baseada no modelo britânico. Garrison estava em uma situação perfeita para testemunhar o sucesso da mobilização de massa dos abolicionistas britânicos e para levar aos Estados Unidos a competência tática desse movimento. Semanas depois da aprovação da Lei da Emancipação na Grã-Bretanha, George Thompson, um conferencista do Comitê de Ação britânico, inflamara a Sociedade Emancipacionista de Edimburgo para que ela então se dedicasse à erra-

---

4 *Letters of William Lloyd Garrison*, v.I; Merrill (Ed.), *I Will Be Heard! 1822-1835*, p.233; Carta 101, Garrison para *The Liberator*, Liverpool, 24 mai. 1833; publicada pelo *The Liberator*, 13 jul. 1833.
5 Mayer, op. cit., p.151-2.

dicação da escravidão no mundo inteiro. Semanas depois da celebração da liberdade dos escravos, em 1º de agosto de 1834, Thompson estava a caminho dos Estados Unidos. Financiado pelos abolicionistas escoceses, ele partiu como um agente que representava uma sociedade britânica antiescravista. Os abolicionistas nos dois lados do Atlântico esperavam replicar a combinação entre a mobilização popular e a ação legislativa que havia dado cabo da instituição da escravidão nos domínios britânicos no Caribe, na África do Sul e no Oceano Índico.[6]

A iniciativa acabou sendo uma clara lição sobre as limitações do "modo britânico" de emancipação. A simples magnitude da instituição da escravidão nos Estados Unidos sempre foi a principal barreira para que se pudesse entrever qualquer meio prático e pacífico de erradicá-la rapidamente. Em 1830, os Estados Unidos ofereciam ao Novo Mundo um desafio extremamente dinâmico para qualquer cenário de diminuição natural ou de desaparecimento da escravidão em curto prazo. No sul, os escravos tinham se tornado a maior fonte de riqueza da região depois do valor da terra. Em 1860, eles representavam um capital com o valor de 3,5 bilhões, aproximadamente equivalente a 70 bilhões de dólares em 2007. E o mais surpreendente é o fato de que o produto nacional bruto dos Estados Unidos em 1860 estava apenas 20% acima do valor dos escravos, o que significa que, como uma parte do produto nacional bruto de 2007, o valor dos escravos pode ser estimado em 10,75 bilhões de dólares.[7]

Os contemporâneos estavam conscientes das implicações do valor relativo do capital humano nos Estados Unidos e no Império Britânico. Em fevereiro de 1836, James Henry Hammond, da Carolina do Sul, indicou quais seriam os custos potenciais da adoção do modelo de emancipação britânico. O governo britânico, ele observou, havia providenciado um fundo de indenização sem precedentes de 20 milhões de libras, cerca

---

[6] Ver Temperley, *British Antislavery*, p.19-27; Rice, *The Scots Abolitionists 1833-1861*, p.35-66; e Whyte, *Scotland and the Abolition of Black Slavery, 1756-1838*, p.235-7.

[7] D. B. Davis, *Inhuman Bondage*, p.298 e 402, n.5; os números são derivados de uma estimativa de Stanley Engerman.

de 100 milhões de dólares, para os donos de escravos afetados e para seus credores. Hammond estimou que os donos de escravos britânicos estivessem recebendo cerca de 60% do valor de mercado de seus escravos. Em uma avaliação conservadora, ele multiplicou 2,3 milhões de escravos por 400 dólares cada. Nesses termos, eles representariam 920 milhões de dólares, ou seja, nove vezes mais do que o fundo de indenização britânico. Mesmo que os donos de escravos estivessem dispostos a aceitar 60 centavos de cada dólar, o fundo de indenização norte-americano teria de ser 5,5 vezes maior do que o britânico. Como Hammond observou em 1835, o total da renda pública do governo federal dos Estados Unidos era insuficiente para pagar o aumento natural anual de 60 mil escravos. Esse cálculo, ele acrescentou casualmente, não inclui os custos para retirá-los do país. Apenas a indenização plena da emancipação dos escravos recém-nascidos à taxa britânica de indenização requereria um gasto anual de 33 milhões de dólares, mais os custos para removê-los dos Estados Unidos. Esse montante era igual a cinco vezes as receitas anuais do governo federal de cada dois ou três anos por um século.[8]

A despesa potencial cresceria a cada década subsequente. Durante a geração posterior a 1830,

> a continuidade da crescente demanda de escravos do oeste, uma nova onda de demanda de escravos da região de tabaco do leste e uma queda da taxa do aumento natural da população escrava associaram-se para dobrar os preços dos escravos entre os meados da década de 1840 e a Guerra Civil; e refletiram tanto o alto nível dos lucros imediatos quanto o limitado otimismo dos donos de escravos em relação às perspectivas futuras.[9]

---

8   Miller, *Arguing About Slavery:* The Great Battle in the United States Congress, p.10.
9   Fogel, *Without Consent or Contract*, p.64. Ver também seu Comparison of the Value of Slave Capital to Total British Wealth and the Share of Total Southern Wealth, ibid., p.397-8, o volume complementar de *Without Consent or Contract*. Fogel conclui que os escravos britânicos provavelmente foram responsáveis por menos de 1% da riqueza britânica em 1832. Em contraste, a porção escravista da riqueza total dos Estados Unidos era de 16%. Os escravos representavam uma porção ainda maior da riqueza sulista (37%), sem mencionar os potenciais danos ao valor da terra de um dono de escravos no caso da emancipação. Mais da metade da riqueza dos donos de escravos sulistas desapareceria

O capital investido em escravos, calculado em 4 milhões de dólares em 1860, era apenas um aspecto da dimensão econômica da instituição. Em contraste com a maioria das outras economias de grandes lavouras do Novo Mundo, o algodão, e não o açúcar, era o produto de maior importância do sul dos Estados Unidos. A partir do começo do século XIX, a produção de algodão expandira-se rapidamente. Os Estados Unidos não só se tornaram os principais usuários do trabalho escravo no Novo Mundo até 1830, mas também seu maior produtor de algodão. Até 1840, a América tinha fornecido mais de 60% do algodão do mundo atlântico, uma proporção que subiria para mais de 80% em 1860. Sessenta por cento de todos os escravos que trabalhavam nas grandes lavouras viviam em grandes lavouras de algodão. O sul também era o fornecedor primário desse produto à Grã-Bretanha, a principal manufaturadora de algodão do mundo, bem como à Europa continental e à Nova Inglaterra.[10] Assim, o sul dos Estados Unidos seria outro exemplo de um grande assalto ao sistema da escravidão, que começaria no ponto alto de seu valor relativo para a economia global, na qual ele estava embutido de modo profundo. O algodão permaneceu como o produto básico de exportação mais importante da América por uma larga margem até a Guerra Civil.

Entre os anos de 1820 e 1860, o sul algodoeiro forneceu cerca da metade do valor das exportações internas dos Estados Unidos, e o sul de antes da guerra teve um crescimento *per capita* mais rápido que o norte entre 1840 e 1860. A maioria dos historiadores econômicos coloca o sul anterior à guerra entre as economias menos atrasadas da época. Pelos maiores indicadores de dinamismo, tais como tecnologia agrícola,

---

com seus escravos depois da emancipação, em 1865. Os custos potenciais totais da emancipação sob condições da indenização barganhada são examinados por Goldin em The Economics of Emancipation, Fogel e Engerman (Eds.), *Without Consent or Contract*, Technical Papers, v.2, p.614-28.

10 Fogel (1989), *Without Consent or Contract*, p.29-31 e 71; D. B. Davis, op. cit., p.184-5. Sobre o prolongado debate a respeito da "modernidade" econômica da escravidão do século XIX sulista, ver Fogel e Engerman, *Time on the Cross:* The Economics of American Negro Slavery; reimpresso com um novo prefácio [New York: W. W. Norton, 1989]); Fogel, *The Slavery Debates: 1952-1990*; Wright, *Slavery and American Economic Development*, cap.2-3. O predomínio do algodão no comércio de exportação dos Estados Unidos alcançou seu pico relativo no mesmo momento (1836-1840) em que os abolicionistas norte-americanos estavam lançando suas primeiras campanhas de massa. (North, *The Economic Growth of the United States 1790-1860*), p.75.

bancos e até mesmo manufatura, o sul de 1860 "estava acima da média mundial", bem à frente do Brasil, seu maior equivalente escravista nas Américas. Um cálculo coloca a economia do sul entre as economias dos países europeus do meio da classificação, como Espanha, Áustria, Noruega e Portugal. Outros a colocaram em uma posição mais alta – entre as economias mais avançadas da Europa contemporânea. Com o terceiro nível de renda *per capita* mais alta do mundo, o sul estava acima da França, dos Estados alemães ou de qualquer outra região geográfica com 10 milhões de habitantes ou mais. Nesse aspecto ele só ficava atrás do norte dos Estados Unidos anterior à guerra e da Grã-Bretanha.[11]

As redes de comunicação e de transporte do sul estavam na vanguarda mundial, com uma extensão instalada de estradas de ferro até 1860 que era maior do que a de qualquer região, exceto o norte dos Estados Unidos. Às vésperas da secessão, a quantidade de sulistas muito ricos ainda era mais numerosa do que a de nortistas. Quase dois de cada três homens norte-americanos com propriedades de valor superior a 100 mil dólares eram cidadãos dos Estados escravistas. O sul ficava claramente para trás tanto do norte dos Estados Unidos quanto da Grã-Bretanha em seu nível de crescimento industrial. No entanto, pelos padrões globais, os setores industriais e comerciais do sul floresciam. Os donos de escravos também desafiavam os defensores do antiescravismo com os padrões de vida de seus trabalhadores. James Hammond e outros defensores contrastavam vigorosamente as condições materiais dos escravos de suas regiões com as dos habitantes livres do Haiti, de Serra Leoa, das Índias Ocidentais britânicas e com as dos trabalhadores dos centros industriais britânicos. Alguns sulistas usavam essas comparações para fazer uma crítica à sociedade capitalista industrial.[12]

Nem todos os efeitos desse dinamismo econômico eram considerados ganhos autênticos da escravidão. O encerramento do tráfico transatlântico de escravos, em 1807, deixou claro que as respostas às demandas

---

11 Comparar Gavin Wright, op. cit., p.124; e Fogel e Engerman, op. cit., p.248-52.
12 Fogel (1989), op. cit., p.83-4; e Genovese, *The Slaveholders' Dilemma: Freedom and Progress in Southern Conservative Thought,* 1820-1860, passim.

regionais por trabalho tinham de ser atendidas dentro da região. Entre 1790 e 1860, o tráfico interno de escravos produziu uma formidável mudança dos locais das populações escravas. Em 1790, os futuros estados livres continham 10% do que a nova constituição chamou de "pessoas empregadas em tempo integral". Os estados entre Maryland e Carolina do Norte contavam com 69% do total. Os estados mais para o sul continham apenas 21%. Até 1860, as safras de algodão e de açúcar do extremo sul tinham dado condições para que ele aumentasse sua porção de escravos para 59%, o que perfazia 46,5% da população total da região. O "sul fronteiriço", de Delaware e Maryland, pelo Missouri, tinha 20% dos escravos dos Estados Unidos em 1790, mas apenas 11% em 1860. O "sul médio", da Virgínia e Carolina do Norte para o oeste do Arkansas, tinha 60% dos escravos dos Estados Unidos em 1790, mas sofreu redução para 30% até 1860. Qualquer um que especulasse sobre o futuro da escravidão na geração anterior à da secessão prestaria muita atenção às tendências da escravidão de um censo decenal ao seguinte. Os escritores e os políticos pró-escravistas que se preocupavam com a erosão da escravidão nas bordas da região escravista tinham razão de estar ansiosos a esse respeito bem antes da crise de 1860-1861.[13]

O modelo britânico

Em suas implicações transatlânticas, a emancipação britânica adicionou novas dimensões ao ataque e à defesa da instituição da escravidão nos Estados Unidos. Os donos de escravos, assim como os abolicionistas, reconheciam as implicações do fato de que nenhuma guerra civil e nenhum banho de sangue arruinaram a disputa final pela implementação da emancipação britânica. Até os líderes da Carolina do Sul reconheciam nas legislaturas nacionais o potencial subversivo de uma cruzada moral de longo prazo baseada no modelo britânico. O "poder moral do mundo

---

[13] Ver Freehling (1994), *The Reintegration of American History*, p.26-32; e Freehling (2001), *The South vs. The South*, p.18-9.

está contra nós", alertou Francis Pikens a seus companheiros representantes do sul durante o primeiro ataque de estilo britânico à escravidão, nos fins de 1835. No Senado dos Estados Unidos, John C. Calhoun ecoou o potencial cumulativo daquela que ainda era uma pequena semente do abolicionismo. Uma disputa na qual os donos de escravos seriam incessantemente acusados perante a opinião pública do mundo estaria "além da resistência humana. Deveremos, no fim das contas, ser rebaixados, degradados, derrubados e ficar exauridos".[14]

Para os negros livres, no outro extremo do espectro da influência política norte-americana, a rede metropolitana que fortalecera os insurgentes de Demerara e da Jamaica na década anterior à da emancipação inglesa seria estendida aos afro-norte-americanos da geração posterior. A prole de Olaudah Equiano, formada por abolicionistas negros, fora acolhida nas salas de conferência do Reino Unido para se dirigir a audiências públicas que, por sua vez, os consagravam como os representantes da opinião do mundo civilizado. Sem ter produzido praticamente nenhuma alusão à inferioridade racial negra, o meio século de debates parlamentares britânicos era constantemente contrastado com o discurso legislativo norte-americano. O projeto de lei da emancipação britânica fora arquitetado para excluir qualquer referência a restrições raciais nos direitos civis ou políticos pós-emancipação. O fato de que nenhum grande levante tenha ocorrido nas décadas anteriores à secessão sulista pode ter tornado menos ameaçadora a sempre presente e potencial alternativa haitiana.[15]

Na própria América do Norte, no entanto, a contenda sobre a escravidão teria de ocorrer dentro de um quadro de referência diferente. A raça era uma dimensão dos direitos políticos, assim como dos direitos civis. Era um fenômeno nacional, não secional. No início da nova agitação abolicionista, na década de 1830, a exclusão racial e a segregação foram

---

14 Freehling, *The Road to Disunion*, cap.17-8, citações nas p.311 e 323.
15 Ver Blackett, *Building an Antislavery Wall*: Black Americans in the Atlantic Abolitionist Movement 1830-1860; *The Black Abolitionist Papers*, v.1 (*The British Isles, 1830-1865*). Sobre a falta de perspectivas abertamente racistas nos projetos britânicos de emancipação, ver T. C. Holt, *The Problem of Freedom*, p.32-50. Drescher (1999), *From Slavery to Freedom*, p.285-6; e (2002) *The Mighty Experiment*, p.75-82.

mantidas de forma rigorosa até na maior parte das áreas do norte, que havia muito tinham se comprometido a abolir a escravidão.

Algumas das maiores iniciativas contra a escravidão, tais como a proibição de importações de escravos africanos em 1807 e a fundação da Sociedade Norte-Americana de Colonização uma década depois, basearam-se na premissa da hostilidade compartilhada de modo generalizado em relação à presença dos negros na América.

Até mesmo antes de começar sua longa missão, a leitura de Garrison sobre as implicações do imediatismo britânico e da fusão das organizações urbanas dos negros livres, do tipo que inspirara David Walker, levou-o a concluir que uma política similar na América do Norte abrangeria a coexistência em igualdade entre os negros e os brancos no norte e a destruição da instituição da escravidão no sul. Na mesma linha, a observância das relações de raça em qualquer que fosse a sociedade depois da escravidão era um dos pilares dos argumentos sulistas contra a emancipação. Como nenhum visitante europeu dos Estados Unidos jacksoniano poderia deixar de notar, a emancipação nortista dos escravos não tinha levado à igualdade, mas à adoção de políticas destinadas à manutenção da hierarquia e da separação. Esse consenso geral sobre a inevitabilidade da marginalização e da potencial violência fez a perspectiva da emancipação no médio sul e mais para baixo parecer um convite a uma guerra racial com ecos de insurreição servil.[16]

Foi essa premissa – de um inevitável resultado racial tenebroso – que deixou os líderes políticos do sul pouco impressionados com os resulta-

---

16 Sobre a reunião de Garrison com os líderes negros de Boston, ver Mayer, *All on Fire*, p.107-16. Na clássica análise de Alexis de Tocqueville *Democracy in America*, 404 ff, o autor concluiu que as duas raças nunca viveriam em lugar algum em pé de igualdade (ibid., p.411). Ele também foi levado a concluir que o extremo sul nunca seguiria voluntariamente nem o padrão nortista de emancipação gradual dos escravos nem o padrão britânico de emancipação administrada centralizadamente:
Se os ingleses das Índias Ocidentais tivessem seu próprio governo, eles certamente não teriam aprovado a lei da emancipação que a metrópole havia acabado de impor [...] O perigo mais ou menos remoto, mas inevitável, de uma luta entre negros e brancos que vivem no sul é o pesadelo perturbador que assombra a imaginação americana.
Durante sua viagem, Tocqueville observou que os nortistas discutiam maneiras de evitar a ameaça. A maior parte dos acusados permaneceu em silêncio. Tocqueville considerou esse silêncio mais agourento do que os temores articulados dos nortistas. (Ibid., p.413-4.)

dos da experiência grandiosa da Grã-Bretanha, mesmo quando parecia que ela podia ser bem-sucedida. Os recentes estudos de Edward Rugemer e Stephen Mitton têm enfatizado a importância da emancipação britânica no desenvolvimento do conflito sobre a escravidão norte-americana. Stephen Mitton esclareceu a perspectiva racialmente distorcida sobre as lições da emancipação britânica em uma demonstração singularmente marcante. Às vésperas do primeiro Congresso Mundial Antiescravista em Londres, ocorreu uma reunião na residência do senador Calhoun, em Washington. A reunião contou com vários outros legisladores sulistas.

O interlocutor de destaque na reunião era Joseph Gurney, o abolicionista quacre britânico. Ele viajara para os Estados Unidos e estava de volta depois de ter passado o inverno nas Índias Ocidentais britânicas. O acesso que Gurney teve aos políticos de Washington era raramente concedido a abolicionistas norte-americanos, sobretudo pelos donos de escravos sulistas. Dois anos antes, Gurney havia conduzido um culto público perante uma Câmara dos Representantes repleta. Em maio de 1840, sua agenda de entrevistas incluíra o presidente Martin van Buren, os senadores liberais Henry Clay e Daniel Webster e o representante de Massachussets, o ex-presidente John Quincy Adams.[17]

Gurney considerou a reunião com o grupo de Calhoun a mais crucial de todas que fizera. O quacre organizou sua exposição para demonstrar de forma conclusiva o sucesso completo da grande experiência da Grã-Bretanha quanto à moralidade, à segurança e à eficiência econômica. Ele excluiu qualquer referência a seus princípios religiosos. Apelou à ideologia de trabalho livre, consagrada no famoso veredito de Adam Smith.[18] Gurney tratou de todas as preocupações práticas dos representantes políticos dos donos de escravos. Seus argumentos logo seriam reafirmados em uma série de cartas endereçadas ao senador Henry Clay. Elas constituíram o primeiro relato completo sobre a experiência da emancipação

---

17 A discussão desse parágrafo e dos seguintes foi extraída de Mitton, *The Free World Confronted* (Ph.D. Thesis), cap.1, Gurney's Mission.
18 "Por conseguinte, ao que parece pela experiência de todos os tempos e nações, acredito que o trabalho feito por homens livres é no fim das contas mais barato que o efetuado por escravos", Smith, *Wealth of Nations*, p.99. Para mais análises, ver Drescher (2002), op. cit., cap.2.

britânica publicado nos Estados Unidos.[19] Gurney ficou positivamente surpreendido ao verificar que Calhoun não teve dificuldade com a apresentação do sucesso da experiência. De fato, o senador reconheceu sem reservas a superioridade geral da liberdade sobre a escravidão, até mesmo do ponto de vista pecuniário. Ele também fez observações sobre Gurney ter enfatizado a singularidade do modelo britânico e ter destacado o cuidado que a Grã-Bretanha tinha tomado para controlá-lo e implementá-lo.

Finalmente, Calhoun recorreu a um fato que já havia sido enfatizado por Tocqueville – nesse processo, a Grã-Bretanha exercera o papel de um "poder controlador", externo e dominante. Na federação norte-americana descentralizada, republicana e autogovernada não havia esse tipo de poder controlador sobre a escravidão. À observação sobre a ausência desse poder exógeno e de qualquer desejo de criá-lo, o senador adicionou a de que "brancos e negros eram muito distintos como raças – e tão incapazes pela natureza das coisas de serem amigavelmente misturados" que a paz não poderia ser mantida entre eles em quaisquer termos, a não ser "aqueles que já subsistiam [...] os de que os brancos deveriam manter os negros na escravidão".[20]

Na realidade, a observação de Tocqueville sobre o papel do poder controlador tocava um nervo sulista muito mais sensível que o argumento de Gurney a favor do sucesso econômico do trabalho livre. O próprio Tocqueville usou o argumento do "poder controlador" na introdução de seu relatório à Câmara de Deputados francesa, em 1839, que era favorável

---

19 Gurney, *A Winter in the West Indies:* Described in Familiar Letters to Henry Clay of Kentucky. Várias edições foram publicadas em Nova York, Londres, Amsterdã e Paris.

20 Ver Mitton, op. cit., p.14. Isso era mais do que uma simples conversa à toa. Em fevereiro de 1787, John Calhoun já havia usado esse argumento no Senado em resposta a uma onda de petições abolicionistas. Ver Rugemer, *The Problem of Emancipation:* The United States and Britain's Abolition of Slavery (Ph.D. Dissertation), p.285. Embora o círculo social de Calhoun concordasse entusiasticamente com os seus argumentos, não está clara de forma alguma a aceitação de sua avaliação pelos sulistas sobre o sucesso da grande experiência, mesmo no estágio inicial de sua implementação. E até mesmo os sulistas que estavam na expectativa da eventualidade da emancipação reconheciam que o controle social das grandes massas de negros libertos que continuariam na América seria um obstáculo fundamental à emancipação. O movimento com bases mais amplas, pela abolição a longo prazo, a Sociedade Norte-Americana de Colonização (ACS), baseava-se nessa premissa. A ACS enfatizava a exceção climatológica em oposição à tese geral de Smith. (Ibid., p.285-8.)

à abolição da escravidão nas colônias francesas. Esse mesmo "Relatório sobre a Abolição" provocou uma resposta furiosa dos sulistas. Quase coincidindo com a polida discussão de Calhoun, o cônsul francês em Nova Orleans reportou ao ministro francês das relações exteriores que

> seria impossível [...] descrever o impacto que ele [o Relatório de Tocqueville] produziu nos Estados Unidos, e, se ele for promulgado, causará uma verdadeira revolução nas colônias e não deixará de afetar o futuro dos Estados Unidos [...].

De acordo com a opinião do cônsul, o Relatório de Tocqueville havia "exaltado" tanto as paixões abolicionistas norte-americanas que acabou por ser a causa da aprovação da resolução que bloqueava os debates sobre as petições abolicionistas enviadas ao Congresso.[21]

Se as diferenças econômicas, raciais e constitucionais entre os Estados Unidos e a Grã-Bretanha colocavam enormes obstáculos ao modo de usar o processo britânico para o avanço da emancipação, as duas sociedades convergiram nas trajetórias que encorajavam um apelo a meios análogos para destruir a instituição. A sociedade civil e a cultura anglo-americanas continuaram a se desenvolver ao longo de linhas similares. As duas sociedades orgulhavam-se de oferecer melhores salvaguardas institucionais à segurança e à atividade das pessoas livres do que qualquer outro lugar no mundo. Suas estruturas políticas ofereciam menos barreiras à formação e à difusão de associações não governamentais do que as que existiam em qualquer outro lugar. De certa forma, a Grã-Bretanha tinha sido superada pelos Estados Unidos. Em nenhuma outra sociedade da época tantas pessoas estavam formulando e reformulando tão frequentemente suas constituições políticas básicas. Nos Estados Unidos, os norte-americanos foram encorajados a se associar com propósitos referentes à segurança pública, à atividade econômica, à reforma moral e

---

21 Drescher (Ed.), *Tocqueville and Beaumont on Social Reform*, p.98-9 n.1. Sobre a necessidade da emancipação centralizada nas Antilhas, ver Drescher, *Dilemmas of Democracy*, p.179-80; e Welch, Tocqueville on Fraternity and Fraticide, *The Cambridge Companion to Tocqueville*, p.303-36.

à organização religiosa. "Nada [havia] que a vontade humana não esperasse conseguir pela ação livre do poder coletivo dos indivíduos."[22] Os norte-americanos do segundo quartel do século XIX foram encorajados a pensar a própria nação como uma sociedade associativa, organizada por agentes livres autônomos e perpetuamente engajada na ação voluntária coletiva.

Nos Estados Unidos, o princípio composto pela ação livre e pela associação coletiva ressoou no comportamento e na organização do mundo religioso. Poucos estudos sobre o abolicionismo nos Estados Unidos começaram sem uma extensa referência ao "Segundo Grande Despertar" – a resposta espetacular do protestantismo norte-americano durante seu grande êxodo para o oeste à igualmente espetacular expansão política, econômica e demográfica, juntamente com a crença na capacidade individual e na responsabilidade moral.[23] Em lugar nenhum a penetração do princípio da ação livre foi mais bem demonstrada que durante os famosos "Debates Lane", em Cincinatti, Ohio, em 1829. Jovens seminaristas discutiram sua ardente conversão ao imediatismo emancipacionista organizado nos Estados Unidos, em oposição à alternativa do reenvio gradual dos negros para a África. O ponto-chave não foi apenas a ação livre dos estudantes, mas os alvos da própria colonização. A recusa esmagadora dos afro-norte-americanos em deixarem os Estados Unidos requeria uma abordagem alternativa, baseada no apoio sem reservas do direito que tinham de ser parte integrante da nação. O abolicionismo no norte dos Estados Unidos reproduziria uma ressonância emocional e uma identificação com os escravos negros e com os negros livres marginalizados sem par em lugar nenhum da Europa.[24]

---

22 Tocqueville, op. cit., p.215-6. Em sua viagem posterior à Inglaterra, Tocqueville surpreendeu-se ao descobrir uma abundância análoga de autogoverno na Grã-Bretanha. Ver Drescher, *Tocqueville and England*, p.88-91. Sobre a interação entre a democracia e a abolição da escravidão na França, ver Welch, Tocqueville on Democracy after Abolition: Slaves, Subjects and Citizens, *The Tocqueville Review*, p.227-54.

23 Aqui, contei extensivamente com o cap.13 do *Inhuman Bondage*, de D. B. Davis, e com as fontes citadas neste capítulo. Ver também Fogel (1989), op. cit., p.254-64; e Fogel (2003), *The Fourth Great Awakening and the Future of Egalitarianism*, cap.3.

24 Stauffer, *The Black Hearts of Men:* Radical Abolitionists and the Transformation of Race.

É importante reiterar que o desenvolvimento espetacular da criatividade associativa e do fervor religioso nos Estados Unidos não foi mais eficiente em converter a maioria dos norte-americanos ao antiescravismo que as expansões igualmente espetaculares da atividade econômica, das comunicações e da participação política. Quando desejou ilustrar a extraordinária capacidade dos norte-americanos de transformar preocupações locais em movimentos nacionais, Tocqueville recorreu aos exemplos empíricos das mobilizações contra impostos e pela temperança, e não aos das mobilizações antiescravistas. A explosão do abolicionismo norte-americano no início da década de 1830 foi uma ilustração inicial e espetacular de sua incapacidade de mobilizar o eleitorado nacional e de unir as organizações religiosas, em vez de dividi-las.

Mesmo assim, a analogia observada entre as redes religiosas e culturais britânicas e as norte-americanas no início da década de 1830 encorajou e energizou o imediatismo abolicionista nos Estados Unidos. Os abolicionistas do norte desejaram concentrar o meio século de mobilização abolicionista britânica em cinco anos. Como retardatários, eles introduziram inovações nos alvos e nas táticas que os britânicos aperfeiçoaram em décadas de tentativa e erro. A propaganda simultânea de âmbito nacional tinha sido uma grande arma para produzir uma opinião pública britânica mobilizada e unida.

A Sociedade Antiescravista Norte-Americana (ASS),[25] fundada meses após a aprovação da Lei de Emancipação britânica, em dezembro de 1833, publicou 122 mil itens em 1834, dez vezes mais no ano seguinte e 3 milhões até 1840. Essa taxa de expansão e esse volume de publicações excederam o que fora publicado nas campanhas iniciais do movimento britânico. A organização descentralizada do abolicionismo britânico foi rapidamente replicada e ultrapassada pela dos Estados Unidos. Cinco anos após sua organização nacional, havia 1.346 organizações antiescravistas locais nos estados nortistas, que afirmavam contar com 100 mil membros. Seis conferencistas do Comitê de Ação percorreram a Grã-

---

25 American Antislavery Society. (N. T.)

-Bretanha. Como foi observado, a ASS lançou suas próprias palestras com um percurso organizado, tendo como conferencista George Thompson, o melhor orador profissional antiescravista da Grã-Bretanha. Não demorou muito para que ela contasse com os serviços de setenta agentes pagos.[26]

A presença feminina na organização norte-americana e o início do movimento peticionário surgiram com igual rapidez. Já em dezembro de 1833, juntamente com a formação da Sociedade Antiescravista Norte-Americana, foi fundada a Sociedade Antiescravista Feminina da Filadélfia. A ASS acolheu as sociedades femininas antiescravistas já estabelecidas e instruiu suas agentes a encorajarem a organização dos habitantes nas localidades, tanto homens quanto mulheres. O próprio George Thompson teve um impacto crucial nessas organizações durante seu percurso como conferencista nos Estados Unidos, em 1834. Em algumas áreas, os abolicionistas norte-americanos ultrapassaram seus pares britânicos ao mobilizarem a participação de não eleitores no processo abolicionista. Das 183 organizações abolicionistas locais de Massachusetts em 1838-1841, 41 eram de mulheres e 13, de jovens.[27] No ano seguinte, a ASS recorreu a todo o potencial das mulheres abolicionistas, que tinham sido uma arma crucial durante a última década dos cinquenta anos do movimento antiescravista de massa da Grã-Bretanha.

É claro que a importância dada à formação da opinião pública era tão plenamente reconhecida na cultura política da América do Norte jacksoniana quanto na Grã-Bretanha contemporânea. Em tempo recorde, as barreiras norte-americanas às petições femininas foram retiradas pelos abolicionistas. O resultado final para os dois ramos do abolicionismo foi completamente diferente. Na Grã-Bretanha, os abolicionistas foram acolhidos com respeito e coroados pelo sucesso esmagador. Até o fim da década de 1830, seus votos foram essenciais para sustentar um governo

---

26 D. B. Davis, op. cit., p.259-60.
27 Ver Jeffrey, *The Great Silent Army of Abolitionism*, p.54; Salerno, *Sister Societies*: Women's Antislavery Organizations in Antebellum America, cap.2; e Zaeske, *Signatures of Citizenship*: Petitioning, Antislavery and Women's Political Identity, p.19.

que estava perdendo apoio no parlamento. Os peticionários abolicionistas foram considerados a voz do povo britânico até mesmo pelos fazendeiros das Índias Ocidentais, que se viam retratados como a encarnação de tudo que era "não inglês": possuíam um capital formado pela propriedade de seres humanos, tratavam inumanamente outros semelhantes e ocupavam um lugar desprezível na escala da civilização.

Ao invés disso, os abolicionistas dos Estados Unidos estiveram ligados a tudo que era subversivo à nação e à sociedade. Na Grã-Bretanha, as conferências antiescravistas de Thompson eram invariavelmente aclamadas por grandes multidões animadas, particularmente quando contestadas por conferencistas da Índia Ocidental. Em seu percurso pela América do Norte, ele provocou crescentemente multidões hostis, o que culminou com um grande tumulto em Boston, em outubro de 1835. Esse foi um dos 46 tumultos relacionados com a escravidão nesse ano, sendo 35 deles contra os abolicionistas. Os demais foram respostas aos alarmes de insurreições.[28] No entanto, a despeito da erupção de um tumulto antiabolicionista de "cavalheiros de propriedade e prestígio" no outono de 1835, os sulistas logo perceberam que havia um claro limite para o comportamento antiabolicionista no norte. As multidões enfurecidas nortistas poderiam intimidar os abolicionistas e destruir suas propriedades, mas os antiabolicionistas não estavam em condições de estender a lei do linchamento para o norte ou de negar a posição dos abolicionistas de que a escravidão era um mal.[29]

A tática abolicionista de inundar o sul com literatura abolicionista foi outra questão. Ela rompia claramente a linha entre os estados livres e os escravistas. O correio dos Estados Unidos rapidamente aprovou o restabelecimento da fronteira. Depois que uma violenta multidão de

---

28 Grimsted, *American Mobbing, 1828-1861*: Toward Civil War, p.4.
29 Ibid., p.25, e Richards, *Gentlemen of Property and Standing*: A Study of Northern Anti-Abolition Mobs. É claro que os sulistas também fizeram petições sobre questões relativas à escravidão. Mas parece que eles não peticionaram coletivamente em uma determinada região em qualquer campanha secional pró-escravista. Em alguns lugares, as petições sulistas relacionadas com a escravidão foram reativas à resistência escrava ou às conspirações. Ver Schweininger (Ed.), *The Southern Debate over Slavery; Volume I: Petitions to Southern Legislatures, 1778-1864*, Introduction, p.xxxii, Table 1.

Charleston queimou a primeira remessa postal abolicionista do norte, o administrador do correio dos Estados Unidos permitiu que cada estado bloqueasse as publicações que julgasse serem incitamentos à desordem. Em seu discurso anual ao Congresso, em 1835, o presidente Jackson reafirmou a orientação política. O limite entre os estados escravistas e os livres foi reafirmado. O sul tinha de aceitar a persistência da agitação abolicionista nortista. A maioria dos nortistas concordou com a persistência da autocensura dos estados escravistas contra suas intrusões subversivas. A fronteira foi reafirmada, mas a extensão da irritação no plano popular foi claramente maior do que durante o Acordo do Missouri.[30]

Dessa vez, contudo, não se permitiu que a questão da escravidão abrandasse. Quando souberam que suas palavras não podiam nem romper a linha secional, tampouco converter a maioria dos sulistas abaixo dela, os abolicionistas passaram a usar o outro grande instrumento do abolicionismo. Seguindo o precedente britânico, eles supuseram que o Congresso teria de prestar atenção a um apelo abolicionista de base ampla sobre o futuro da capital nacional e sobre uma questão que estava claramente dentro da jurisdição plena do governo federal. Os abolicionistas estavam corretos. Desde a primeira campanha de petição britânica de 1788, os donos de escravos do mundo anglo-americano não tinham ficado tão chocados com uma invasão inesperada de seu mundo familiar. Como William Freehling observa, foi "a Pearl Harbor da controvérsia escravista" na América.

Nos quarenta anos que se passaram depois da ratificação da Constituição dos Estados Unidos, as leis escravistas do distrito de Columbia tinham discretamente seguido os precedentes estatutários da Virgínia e da Maryland. Esses estados foram os doadores da terra para a construção da capital da nação, Washington. No distrito de Columbia, o Congresso estava principalmente preocupado em acomodar os residentes com os donos de escravos membros do legislativo. Os legisladores tratavam os negros livres como se fossem não cidadãos e consideravam que

---

30 Freehling (1990), op. cit., p.308-10.

os escravos estavam submetidos a um código negro.[31] Em 1828, uma grande quantidade de petições a favor da abolição gradual do comércio de escravos no distrito chegou ao Congresso pela primeira vez. A maior delas, com mais mil assinaturas, fora organizada por um quacre de Baltimore, Benjamin Lundy, o editor do jornal *O gênio da emancipação universal*. A maioria esmagadora de ambas as câmaras rejeitou as moções para investigar o comércio de escravos e condenou essa agitação antiescravista como uma ameaça à União. A única moção antiescravista que alcançou o *status* de um projeto de lei formal proibiria a importação de quaisquer negros, quando a venda dividisse famílias. Mesmo esse projeto de lei nunca chegou ao Congresso. Antes da metade da década de 1830, portanto, a escravidão e o comércio de escravos no distrito permaneciam como uma "irritação política de menor importância, mas não como uma questão nacional séria".[32]

A legislatura reage

Em 1835, coincidindo com os tumultos violentos que ocorreram durante o trajeto de George Thompson, com o bloqueio da correspondência e com o crescimento dramático das associações abolicionistas nortistas, um número imenso de petições foi enviado ao Congresso. Na primavera de 1836, as petições antiescravistas circulavam do Maine a Ohio. A onda inicial de petições norte-americanas de 1835-1836 depositou 35 mil assinaturas nas portas do Congresso. A segunda onda coincidiu exatamente com a da campanha contra o aprendizado, de 1837-1838. Ambas acumularam centenas de milhares de adesões. No fim da década de 1830, um legislador norte-americano declarou que havia um total acumulado de 2 milhões de assinaturas, bastante próximo do total britânico da década. Em ambos os lados do Atlântico, as petições estavam pesadamente feminizadas. Dos 400 mil peticionários da campanha de 1837-1838, 286

---

31 Fehrenbacher, *The Slaveholding Republic*, p.60-6.
32 Ibid., p.69-73.

mil eram mulheres. Em uma amostra de 67 mil nomes, Gerda Lerner descobriu que as mulheres eram mais numerosas que os homens em uma margem de duas para um. Outra petição mostrou a mesma proporção em relação ao gênero. Garrison apresentou uma proporção ainda maior ao declarar que as mulheres excediam os homens de três para um. Em todo caso, as petições antiescravistas forneceram claramente uma grande oportunidade para as mulheres norte-americanas entrarem na esfera pública nacional.[33]

Houve também algumas grandes diferenças entre as mobilizações anglo-americanas da década de 1830. Diferentemente dos abolicionistas britânicos, cujas petições estavam destinadas a seguir a antiga tradição da escrita à mão e da inspiração local, os organizadores norte-americanos geraram petições impressas para circulação rápida. Na Grã-Bretanha, onde uma proporção muito alta de homens adultos ainda era privada dos direitos civis, o movimento de petições podia ser o expoente de uma medida mais exata da vontade popular. Muito cuidado foi tomado para evitar que as crianças deslegitimassem as petições. Diferentemente das peticionárias femininas da Grã-Bretanha, a intrusão das mulheres na esfera pública abolicionista nos Estados Unidos ocorreu no começo e não no fim da grande mobilização antiescravista. Na Grã-Bretanha, o reconhecimento da legitimidade das assinaturas das mulheres ocorreu após 35 anos de petições massivas sobre o assunto. Precisamente pelo fato de o sufrágio adulto masculino ser tão amplo nos Estados Unidos, era evidente pelos nomes dos signatários que a maioria dos peticionários não era de cidadãos votantes, e, em alguns casos, eram crianças. Às vezes, as petições não continham assinaturas por serem listas de cidadãos recortadas de jornais.[34]

Nesse aspecto, os abolicionistas norte-americanos ajudaram os sulistas a desenvolverem um argumento baseado em uma lógica falaciosa: o comércio de escravos no distrito de Columbia permaneceria como sempre havia sido. Durante uma geração completa depois de 1787,

---

33 Zaeske, *Signatures of Citizenship*, p.43-50; e Lerner, *The Majority Finds Its Past*, p.112-28.
34 Freehling (1994), op. cit., p.198-9.

a propaganda e as petições abolicionistas britânicas concentraram-se estritamente no tráfico de escravos, rejeitando qualquer intenção de que fossem tomadas iniciativas legislativas contra a instituição da escravidão da forma como ela já estava estabelecida nas colônias. Os abolicionistas norte-americanos adotaram a estratégia oposta. E os sulistas não esperaram que ela fosse posta em prática para iniciar uma retaliação maciça contra a primeiríssima onda de petições abolicionistas massivas no fim de 1835.

Mais importante ainda: poucos membros nortistas do Congresso estavam dispostos a defender as petições e as moções referentes à abolição. Na verdade, as petições de 1835-1838 demonstraram que os abolicionistas não constituíam a corrente principal do eleitorado. Ainda assim, os sulistas mais radicais não estavam dispostos a seguir o procedimento usual de apenas deixar as petições em banho-maria. Precisamente por causa do antecedente criado pela emancipação britânica, a atividade peticionária antiescravista, embora se limitasse às fronteiras da escravidão no distrito de Columbia, poderia ser interpretada como uma cunha que calçaria a emancipação nacional. Em resposta a uma moção do congressista James Hammond, as petições abolicionistas deveriam ser barradas na porta da legislatura nacional com o mesmo rigor que haviam sido pelos correios sulistas.

Durante os oito anos seguintes, o Congresso aplicou a "lei da mordaça" até mesmo para admitir o recebimento das petições antiescravistas.[35] Essa moção, proposta pelos radicais sulistas e aceita pelos políticos nortistas, teve consequências imprevistas. Os abolicionistas, cada vez mais desafiadores, inundaram o Congresso com petições que demandavam a não anexação do Texas, o uso da Cláusula do Comércio para ilegalizar o tráfico interestadual de escravos e o reconhecimento do Haiti. Como os poucos defensores originais das petições apontaram, a recusa ao reconhecimento das petições não era apenas um assalto ao abolicionismo, mas também à ligação fundamental que os anglo-americanos faziam entre a

---

35 Magdol, *The Antislavery Rank and File*: A Social Profile of the Abolitionist Constituency, p.101-2.

sociedade civil e a legislatura. Nessa tradição, o direito à petição provinha de uma linhagem muito mais antiga que os direitos mais recentemente adquiridos, de liberdade de imprensa e dos correios nos Estados Unidos. Nos principais centros abolicionistas, somente uma minoria (8% a 20%) de homens aptos a votar esteve disposta a subscrever as petições abolicionistas. Essa proporção subiu para 37% na petição de protesto contra a imposição da lei da mordaça.[36] Os legisladores sulistas pareciam transpor o abismo secional e tentar reprimir as liberdades institucionais dos nortistas livres.

A enxurrada de petições abolicionistas de 1835 também acelerou o desenvolvimento do que se tornou conhecido como ideologia pró-escravista. Embora a maior parte de seus componentes tivesse sido extrapolada de noções anteriores, os sulistas desenvolveram claramente uma defesa mais abrangente da instituição e um esforço decididamente mais intensivo para conquistar o consenso regional com vistas a sustentar que a escravidão era um bem positivo. Uma série maior de evidências econômicas empíricas, de teorias raciais científicas e de nacionalismo político foi adicionada aos argumentos religiosos, clássicos e humanitários na aljava dos argumentos de defesa. Como as ideias sobre o progresso humano e sobre o processo civilizador aprofundavam seu domínio na imaginação ocidental, os sulistas procuravam encaixar o desenvolvimento de suas próprias sociedades donas de escravos na nova metanarrativa do desenvolvimento europeu. Umas das características de maior destaque dos defensores da escravidão do sul dos Estados Unidos é que seus argumentos se tornaram cada vez mais inflexíveis e gerais. Na maioria das outras sociedades ocidentais posteriores às da era da revolução, até aqueles que mais se beneficiavam com a instituição do cativeiro pessoal tendiam a se tornar menos propensos a defendê-la como um bem positivo. Consideravam seus sistemas de cativeiro como problemas temporários e herdados, e concentravam-se nos meios mais ordeiros, desde que fossem os mais demorados, para eliminar a instituição. Em nenhuma outra sociedade a instituição da escravidão tornou-se tão central para a

---

36 Sobre a posição de pequena minoria dos abolicionistas nortistas, ver Freehling (1994), op. cit.; para o papel de Hammond, ver Miller, *Arguing Against Slavery*, p.31-5.

autodefinição das comunidades como ela é retratada em alguns dos escritos de sulistas dos Estados Unidos. Sob um crescente ataque sistemático, eles desenvolveram uma apologética sistemática crescente.[37]

Mais diretamente, de uma perspectiva abolicionista, a agitação secional criada pelas petições em massa e pela lei da mordaça pode ter adiado a anexação do Texas, mas a lei da mordaça também provou ser contraproducente para os que a criaram. Ela permitiu que John Quincy Adams continuasse a protestar contra a lei da mordaça por seu despotismo secional. Mostrando uma combinação impressionante de poder retórico com sutileza parlamentar, ele converteu a lei da mordaça em um ataque sulista aos direitos dos brancos livres nortistas. Em 1844, a controvérsia finalmente fez surgir uma maioria secional para pôr fim à lei.[38]

Nos anos 1830, a controvérsia da lei da mordaça também demonstrou os limites das petições, até mesmo no plano regional. Enquanto o Congresso dos Estados Unidos adiava as discussões sobre as petições antiescravistas, o segundo Congresso Antiescravista de Mulheres Norte-Americanas era apedrejada por uma multidão enfurecida na Filadélfia. A fim de encorajá-las, Angela Grimke chamou a atenção dessas mulheres para a petição das inglesas contra o aprendizado, a qual media 2,25 milhas de comprimento, dirigida à jovem rainha Vitória. Ela garantiu

---

[37] Parece haver um consenso bem amplo de que os meados da década de 1830 foram o momento crucial do desenvolvimento do pró-escravismo e que o papel da ofensiva abolicionista foi o catalisador da mudança. Ver, inter alia, Tise, *Proslavery: A History of the Defense of Slavery in America, 1701-1840*, esp. cap.13, The South Becomes Ideologized, 1835-1840. Faust situa o momento decisivo alguns anos antes, com a reflexão de Thomas Roderick Dew sobre o debate da Virgínia a respeito da emancipação na esteira na rebelião de Nat Turner. Faust, *The Ideology of Slavery*: Proslavery Thought in the Antebellum South, 1830-1860, cap.1. Ver também Fredrickson (1971), *The Black Image in the White Mind*: The Debate on Afro-American Character and Destiny, 1817-1914, cap.2. Para comparações com outras sociedades do Novo Mundo, ver cap.12. No Velho Mundo, os donos de servos russos seguiam o padrão geral das Américas. O sentimento pró-servidão enfraqueceu gradualmente na geração anterior à da emancipação. Na década de 1840, poucos russos defendiam publicamente o sistema. Ver Kolchin, In Defense of Servitude: American Proslavery and Russian Proserfdom Arguments, 1780-1860, *American Historical Review*, p.809-27. Em muitas sociedades do Velho Mundo, a escravidão continuou a ser defendida de forma ampla, se não universalmente, como uma instituição que contava com a aprovação divina. Seus defensores, no entanto, não fizeram de sua perpetuação um elemento tão saliente nas suas comunidades definidas em termos religiosos. Ver cap.13.

[38] Ver Freehling (1990), op. cit., cap.17-9; e Miller, op. cit., cap.16-36.

às mulheres do Congresso, ameaçadas pelas ruas, que se uma grande petição similar fosse enviada ao Congresso pelas mulheres da América do Norte, os legisladores da nação a levariam a sério.[39] No fim de 1838, o contraste entre ambos os resultados foi claro e devastador. Centenas de milhares de assinaturas não podiam fazer em Washington o que tinham conseguido fazer em Londres. Na Grã-Bretanha, as petições tinham a intenção de demonstrar que o público britânico estava esmagadoramente a favor de políticas judiciosas. A mobilização, em todos os casos, tinha sido tão esmagadoramente pró-abolicionista que o governo fizera algum avanço para implementar uma orientação política. Nos Estados Unidos, antes de a primeira petição de massa ser assinada, os sulistas bem organizados tinham demonstrado que a campanha da propaganda abolicionista receberia pouco apoio das elites cívicas em qualquer segmento do país e estaria sujeita à repressão ativa em mais da metade dos estados. A atividade abolicionista no norte causou ampla hostilidade, mesmo que as multidões antiabolicionistas fossem menos letais e mais efêmeras do que as que estavam mais ao sul. As campanhas de petições antiescravistas norte-americanas demonstraram também que não havia um eleitorado substancial no sul para defender o direito dos abolicionistas de falar em público ou de peticionar contra qualquer aspecto da instituição.

As campanhas antiescravistas dos Estados Unidos da década de 1830 também mostraram que uma maioria hostil de cidadãos brancos votantes estava muito disposta a ignorar as petições nas quais a maioria das assinaturas fosse de mulheres, cuja legitimidade como peticionárias poderia ser desacreditada, ou então negada, porque elas não tinham o direito de votar.[40] Nos Estados Unidos, a cédula de votação, e não a petição, era o identificador máximo da direção da opinião pública. O comparecimento dos eleitores nos Estados Unidos elevou-se a um patamar extraordinário para o século XIX durante o quarto de século seguinte a 1836. Entre 1840 e 1860, quase todas as eleições presidenciais atraíram entre dois terços e três quartos do eleitorado qualificado para as eleições. Em mui-

---

39 Zaeske, op. cit., p.123.
40 Freehling (1990), op. cit., p.311.

tos estados do sul algodoeiro o comparecimento foi usualmente maior. A cada eleição municipal entre 1838 e 1858, o sul ultrapassou o norte na porcentagem de comparecimento dos eleitores.[41]

Os radicais sulistas também compreenderam rapidamente que o *anti*abolicionismo não podia ser estendido aos nortistas, entregues às suas próprias liberdades civis. O sul teria de viver com a voz permanentemente organizada dos estados nortistas que exigiam a abolição de sua instituição cada vez mais "doméstica". Em ambos os lados da linha entre a escravidão e o solo livre, os objetivos mais amplos do poder nacional, da liberdade política, da igualdade civil e do autogoverno para a maioria branca pareciam mais seguros nas mãos dos partidos nacionais intersecionais. Tanto os abolicionistas do norte quanto os que eram favoráveis à secessão do sul ficaram em um beco sem saída depois de seus embates nos meados da década de 1830. Falharam suas pressões em conjunto para fazer da destruição da escravidão a mais alta prioridade da agenda nacional. Nenhum dos extremos tinha sido capaz de fortalecer cada seção como uma unidade política. Na geração seguinte, a questão que tinha precipitado as mais profundas divisões entre os estados livres e os escravistas não seria o destino da própria instituição da escravidão, mas sim o grau de expansão para o oeste que seria permitido a ela durante a geração anterior à eclosão da Guerra Civil.[42]

Os Estados Unidos e o tráfico atlântico de escravos

O exemplo da emancipação de escravos do Caribe britânico mudou claramente o tom dos debates norte-americanos sobre a escravidão, mas

---

41 *Historical Statistics of the United States*, v.V; Carter et al. (Eds.), *Government and International Relations*, p.165-71, Table Eb p.62-113: Voter turnout in presidential elections by state; e Eb p.114-22: Voter turnout in presidential and congressional elections. Para uma ilustração do nível relativamente longo de estabilidade ver ibid., p.5-146, Figure Eb-B. A mobilização pró-escravista não estava limitada à arena política. As igrejas participaram para manter a linguagem do sul e se dividiram sobre a questão.

42 M. F. Holt, *The Political Crisis of the 1850s*, cap.3.

a política externa britânica em si seria provavelmente mais significativa como uma ameaça perceptível contra a escravidão norte-americana na década seguinte a 1835. A expansão da escravidão norte-americana dentro de seu próprio território continuava muito além do poder ou do desejo do governo britânico. As Índias Ocidentais britânicas e o sul dos Estados Unidos pareciam estar avançando em direções opostas. Na geração anterior à da Guerra Civil Norte-Americana, a produção de açúcar do Caribe britânico ainda não tinha voltado ao nível de antes da emancipação. Nenhuma crise econômica norte-americana se igualou à da indústria do açúcar nas Índias Ocidentais britânicas do fim da década de 1840. Nos Estados Unidos, a produção de algodão mais que dobrou nas duas décadas posteriores ao fim do sistema do aprendizado nas colônias britânicas. Até mesmo no sul produtor de tabaco, nunca houve um momento,

> entre a Revolução Norte-Americana e a Guerra Civil, em que os donos de escravos tivessem se tornado pessimistas acerca do futuro econômico da instituição peculiar a ponto de a demanda de escravos entrar em um período de declínio prolongado.[43]

O aumento natural da população escrava norte-americana estava inteiramente fora do alcance da marinha britânica e das consequências de seu ataque ao tráfico de escravos. O pleno sucesso britânico podia apenas melhorar a situação dos donos de escravos dos Estados Unidos. Entre o fim do sistema britânico do aprendizado, em 1839, e a Guerra Civil Norte-Americana, as ex-colônias escravistas britânicas importaram 140 mil empregados contratados. Durante o mesmo período, os comerciantes domésticos norte-americanos de escravos transferiram mais de meio milhão de escravos para os territórios internos em desenvolvimento, ou entre três e quatro escravos para cada empregado contratado desembarcado nas colônias inglesas.[44]

---

43 Fogel (1989), op. cit., p.63 e 97; e Fogel, Galantine e Manning (Eds.), *Evidence and Methods*, cap.20-1.
44 Sobre o tráfico inter-regional de escravos do sul dos Estados Unidos em 1810-39, ver Tadman, The Interregional Trade in History and Myth-Making of the U. S. South, Johnson (Ed.), *The Chat-*

Foi somente além das fronteiras dos Estados Unidos que os bretões puderam ter esperanças de colocar algum novo limite à expansão do tráfico de escravos e da escravidão. Por quase duas décadas depois de 1807, houve aparentemente uma convergência dos interesses anglo-americanos. Em 1819, o Congresso autorizou o patrulhamento naval ao longo da costa africana, assim como no Caribe. No começo da década de 1820, o contrabando de escravos africanos para os Estados Unidos não era mais um problema sério, e a bandeira norte-americana nos negreiros tinha desaparecido ao longo da costa africana. Em 1824, os Estados Unidos também pareceram estar prestes a participar da rede de tratados diplomáticos bilaterais da Grã-Bretanha para encerrar o tráfico ilegal de escravos e aceitar um acordo sobre o direito mútuo de busca.[45]

O esboço do acordo anglo-americano nunca foi ratificado. Alguns senadores sulistas ficaram alarmados com a possível consequência do anúncio do governo britânico de que estavam sendo dados os passos preliminares em direção à emancipação colonial de escravos. No começo da década de 1830, o governo norte-americano não poderia mais negociar qualquer coisa que se parecesse com um direito mútuo de busca, porque temia exacerbar ainda mais um sul já irritado com o crescimento do movimento abolicionista interno. A preocupação dos donos de escravos com a desmoralização da escravidão, vocalizada na condenação de John Calhoun às petições abolicionistas, tornou-se um fator importante nas relações exteriores dos Estados Unidos.[46]

---

tel Principle, p.117-42, esp. 120, Table 6.1. Os números de Tadman indicam que 650 mil foram transferidos. Segundo outra estimativa, que conta com Revised Estimates of the U.S. Slave Trade and the Native-Born Share of the Black Population de Fogel (1999), op. cit., p.53-8, estimo uma transferência total inter-regional de 527 mil escravos. O número menor oferece a proporção de 20 escravos norte-americanos transferidos para cada trabalhador escravo do Caribe britânico que foi transferido dentro das colônias, de 1808 a 1838. Ver Drescher, Fragmentation of the Atlantic Slave Trade, ibid., p.234-55, esp. Table 10.1. Para uma crítica dos números de Tadman, ver Pritchet Quantitative Estimates of the United States Interregional Slave Trade, 1820-1860, apresentado no encontro da Associação Histórica de Ciência Social (1998). Ver <http://www.tulane.edu/~pritchet/personal/trade.pdf>.

45 Eltis, *Economic Growth and the Ending of the Transatlantic Slave Trade*, p.249, Table A.8; e Fehrenbacher, op. cit., p.150-6.
46 Fehrenbacher, op. cit., p.162-5.

Os embates com a Grã-Bretanha foram exacerbados pelo problema dos navios norte-americanos que, devido às condições meteorológicas, eram arrastados para as águas britânicas. Os navios carregados de escravos para o transporte intercosteiro nos portos do Golfo do México desembarcavam nas Bahamas. Lá, as autoridades britânicas libertaram os escravos. Ao protestar, um cônsul norte-americano foi informado de que qualquer um que tentasse levar os ex-escravos de volta estaria sujeito ao enforcamento. Mesmo antes da emancipação final de seus escravos coloniais, o governo britânico já havia tentado estender o princípio de proteção do solo livre canadense até o Caribe. Agora os britânicos sustentavam que as leis dos Estados Unidos aplicadas à propriedade de pessoas não se estendiam a quaisquer escravos fora das fronteiras do próprio estado escravista em cuja jurisdição eles estivessem legalmente escravizados. O governo norte-americano recusou-se a aceitar essa invasão no tráfico intercosteiro dos Estados Unidos.

Com o acúmulo das disputas sobre as apreensões de escravos, o embaixador norte-americano em Londres argumentou que os escravos eram inextricavelmente considerados propriedades pela Constituição dos Estados Unidos. Como foi descrito na extensa carta do embaixador, na Constituição dos Estados Unidos, "em princípio, não [havia] distinção entre a propriedade de pessoas e a propriedade de coisas". Os escravos "formavam 'uma base da representação' do governo federal; isso estava 'infundido' na lei federal e misturado com 'todas as fontes' da autoridade federal".[47]

Em 1837, os britânicos concordaram em indenizar os senhores cujos escravos tinham sido desembarcados em território britânico antes da promulgação da lei britânica de emancipação. No entanto, nenhum escravo foi repatriado, e o governo britânico informou que não seria reconhecida nenhuma nova reclamação para recuperar escravos que, em quaisquer circunstâncias, entrassem em sua jurisdição. O secretário das relações exteriores, Palmerston, estava estendendo a liberdade automática de escravos às águas britânicas das proximidades da costa da Flórida.

---

47 Ibid., p.104-6.

Por sua vez, Stevenson, o embaixador norte-americano, adotou uma lei da mordaça autoimposta ao sustentar que o governo dos Estados Unidos nunca consideraria discutir com um governo estrangeiro a questão do *status* de um escravo norte-americano como propriedade.

Em 1840, John Calhoun finalmente induziu o Senado a apoiar oficialmente a posição diplomática norte-americana. Apresentou uma série de moções (as *Resoluções Empreendedoras*) que defendiam os direitos dos donos de escravos norte-americanos na lei internacional. Uma vez mais a decisão *Somerset* foi o ponto de partida. Mansfield havia rejeitado as reivindicações de um dono de escravos britânico para aplicar a lei escravista colonial na Inglaterra. Contudo, argumentou Calhoun, o princípio não podia ser estendido aos cidadãos não britânicos como parte da lei internacional. A escravidão não violava a "lei das nações". Duas décadas antes, o chefe de Justiça norte-americano, John Marshall, havia recorrido à antiga distinção do Direito Romano. Falando para uma Suprema Corte dividida sobre um caso que envolvia o comércio de escravos, ele sustentou que o tráfico de escravos era contrário à lei da natureza, mas coerente com a lei das nações. Assim, a escravização não constituía uma violação consensual da lei internacional, como a pirataria. A escravidão podia ser criminalizada somente pelos governos de cada nação e apenas pelas leis. E leis promulgadas tinham força de lei apenas dentro das jurisdições daqueles Estados que as houvessem promulgado.

Calhoun solicitou ao Senado que defendesse a inviolabilidade dos direitos de propriedade norte-americanos além dos limites da soberania da nação. Caso contrário, o tráfico intercosteiro estaria em perigo. As Resoluções Empreendedoras foram debatidas sob a sombra da aproximação do Congresso Mundial Antiescravista de Londres. O senador atribuiu aos abolicionistas britânicos, cuja atuação alcançava agora o pico de seu poder, a responsabilidade direta pela política assertiva da Grã-Bretanha. Ele enfatizou o fato de que o enfraquecido governo britânico estava correndo o grande risco de perder sua maioria precária no parlamento. O Senado ignorou a moção para adiar a discussão das Resoluções Empreendedoras sob alegação de que os Estados Unidos não deveriam requerer a uma jurisdição estrangeira o direito de recuperar escravos. Em 15 de abril de 1840, por 33 votos a zero, o Senado aprovou as Resoluções Empreendedoras de Calhoun.

Para John Quincy Adams, o aspecto mais vexaminoso do voto unânime foi o comportamento de seus oponentes potenciais. Sua aprovação resultara do conluio de "vinte e dois criadores de escravos e onze democratas covardes [...]". No registro da votação, não constavam os quinze "espíritos mais covardes *ausentes*, que se esquivaram da questão sobre a qual eles não ousaram votar sim ou não". Para Calhoun, no entanto, esse fato foi igualmente alarmante. Todos os quinze ausentes eram nortistas. Eles não votavam de acordo com o partido, mas com a seção: oito eram liberais e sete eram democratas. O copo estava mais vazio que cheio. Mais nortistas tinham se recusado a defender a santidade da propriedade de escravos do que apoiado a moção. Para Calhoun, o sentimento antiescravista era ainda mais profundo do que ele esperava que fosse.[48]

A recusa britânica de devolver escravos alcançou novo nível um ano depois. No outono de 1841, o motim do *Creole*, com 135 escravos a bordo, estava na rota da Virgínia para a Luisiana. Liderados por Madison Washington, um escravo, dezenove escravos negros revoltaram-se, mataram um passageiro e feriram vários oficiais e marinheiros do navio. Os que não se amotinaram foram colocados em liberdade ao chegarem a Nassau. Os dezenove amotinados também foram libertados depois de alguns meses. Como Don Fehrenbacher observa, essa foi "a rebelião de escravos mais bem-sucedida da história norte-americana, e, para isso, contou com a ativa colaboração britânica". Lorde Aberdeen, o novo secretário das relações exteriores do governo conservador, mostraria ser tão inflexível quanto Palmerston. Embora estivesse sendo discutido um tratado geral para acertar todas as pendências anglo-americanas, Aberdeen não ofereceria nenhuma garantia sobre a indenização futura. A opinião pública – ele salientou – proibiria qualquer garantia desse tipo.[49]

Nos Estados Unidos, os que tinham mais interesse no problema da escravidão deram opiniões sobre os dois lados. Calhoun considerou a

---

48 Para os parágrafos acima, ver Mitton, op. cit., p.25-30; Fehrenbacher, op. cit., p.106-7.
49 Fehrenbacher, op. cit., p.108.

libertação dos escravos do *Creole* o "ultraje mais atroz já perpetrado ao povo norte-americano". Agora, o motim abria as portas para o combate às Resoluções Empreendedoras de Calhoun com contrarresoluções. Joshua Giddings, congressista de Ohio, voltou ao caso *Somerset*. Ele apoiou a posição do estrangeiro de que a escravidão era legalmente uma questão de jurisdição municipal (isto é, de um local limitado). Um navio que saísse das águas territoriais de sua nação cessava de estar sujeito a ela. Para os sulistas, as Resoluções de Giddings indicavam a distância que o abolicionismo norte-americano havia percorrido, a ponto de se alinhar com uma rebelião servil no mar e com o refúgio concedido a seus perpetradores homicidas com aprovação britânica.

Com a rápida queda da produção colonial britânica de açúcar, não houve dificuldades para se reenquadrar o antiescravismo britânico como uma política dirigida pelo estresse econômico desesperado, e não por motivos humanitários. As Resoluções de Giddings foram rejeitadas, e ele foi censurado. Giddings teve apoio de apenas 10% da Câmara, o que media o sentimento antiescravista do Congresso. A eleição subsequente para sua cadeira demonstrou a brecha em potencial entre a opinião regional e a nacional. Contudo, o eleitorado garantiu seu retorno a Washington por uma margem de nove para um.[50]

O caso *Creole* marcou o ápice do conflito entre bretões e norte-americanos sobre os limites da escravidão no mar. Em fevereiro de 1842, lorde Ashburton, um diplomata especial britânico, chegou a Washington a fim de negociar uma solução bilateral para as diferenças mais destacadas entre os dois países. De uma vez por todas, os norte-americanos rejeitaram qualquer tratado mútuo de "direito de busca" como base para a repressão do tráfico atlântico de escravos. Em vez disso, os Estados Unidos concordaram com "patrulhas em conjunto", feitas por embarcações norte-americanas e britânicas à busca de navios suspeitos de serem negreiros que navegassem com a bandeira norte-americana. Cada marinha tinha um "direito de visita". Isso permitiria que as duas frotas

---

50   Miller, op. cit., p.444-54.

abordassem os navios suspeitos com o único propósito de determinar sua nacionalidade, e não de fazer um exame cuidadoso da embarcação. O tratado assinalou uma *détente* no que diz respeito à inspeção. Os britânicos não cessaram completamente de visitar os navios suspeitos, mas, na maior parte das vezes, abandonaram os esforços para verificar a quem eles pertenciam; quando havia clara evidência de que seus proprietários eram franceses ou norte-americanos, cujas nações não permitiam o direito de busca, eles se retiravam.

Daí em diante, o desempenho da patrulha dos Estados Unidos variou de acordo com os oficiais que a comandaram. O tratado favoreceu mais efetivamente os navios negreiros norte-americanos nos anos 1840. Como a marinha britânica interceptava de forma mais eficiente as embarcações portuguesas e brasileiras, a bandeira escolhida pelos navios negreiros mudou. Já em 1841, o cônsul norte-americano no Rio de Janeiro fez referência à crescente participação de seu país no tráfico brasileiro de escravos. Em 1844, o embaixador dos Estados Unidos no Brasil declarou que a maior parte do tráfico de escravos brasileiro estava sendo efetuada sob a bandeira norte-americana e em navios construídos por norte-americanos. Ele relatou a Washington que tudo que os negociantes de escravos tinham de fazer ao encontrarem patrulhas britânicas era ostentar as cores estado-unidenses; relatou também que eles caçoavam da esquadra norte-americana. Seu sucessor, Henry A. Wise, o futuro governador da Virgínia, escreveu que os norte-americanos, ou pelo menos aqueles que navegavam sob a bandeira dos Estados Unidos, eram

> as únicas pessoas que agora podem prestar serviços de todos os tipos para o tráfico de escravos sem temer os cruzadores ingleses [...] De fato, sem [...] a nossa bandeira, isso não teria sucesso de modo algum.[51]

---

51 Citado em Hill, *Diplomatic Relations between the United States and Brazil*, p.122, e Bethell, *The Abolition of the Brazilian Slave Trade*, p.128. É claro que os correspondentes norte-americanos estavam se referindo principalmente aos não norte-americanos que navegavam com uma bandeira de conveniência.

De acordo com alguns relatórios contemporâneos, pelo menos a metade dos escravos africanos importados pelo Brasil na década de 1840 foi transportada com algum grau de participação norte-americana. Isso teria feito da bandeira dos Estados Unidos a responsável pelo desembarque de 275 mil cativos no Brasil com a ajuda norte-americana entre 1840 e 1849. Esse número foi maior que o de todos os africanos desembarcados na América do Norte britânica entre 1727 e 1807. Em outros termos, na década 1840-1849 mais escravos africanos foram transferidos do Velho para o Novo Mundo sob a bandeira norte-americana (509 mil ao Brasil e 92 mil para Cuba) do que foram transferidos do antigo sul exportador ao sul importador dentro dos Estados Unidos.[52]

Antes da Guerra Civil, houve apenas um embate final sobre as capturas britânicas das embarcações com bandeira norte-americana. Ele ocorreu nos fins da década de 1850, quando o retorno do agressivo Palmerston ao Ministério das Relações Exteriores levou o presidente Buchanan a protestar contra a consequente elevação das apreensões de navios negreiros e enviar navios de guerra ao Golfo do México para evitar novas detenções de embarcações dos Estados Unidos.[53] A despeito das ações do presidente Buchanan, a importação de escravos africanos por Cuba alcançou seu pico em 1859, ponto mais alto do que em qualquer momento desde os meados da década de 1830. Evidentemente, os navios negreiros navegavam principalmente com a bandeira norte-americana. Na década de 1850, ficava claro o que já se sabia desde algumas décadas anteriores: a única nação cujo sistema de escravos aumentava sem recorrer ao sistema africano de escravos também era agora o único obstáculo remanescente para o encerramento dos negócios transatlânticos com escravos. Isso não impediu os anexionistas norte-americanos de alegarem que a principal razão para tomar Cuba da Espanha era evitar a ulterior africanização da ilha.

Mesmo quando os expansionistas norte-americanos usaram a expectativa de pôr fim ao tráfico atlântico de escravos como uma racionalização para anexar Cuba, alguns donos de escravos se opuseram. Para

---

52 Os cálculos de Eltis et al., Slave Trade Database, e Tadman, op. cit., p.120, Table 6.1.
53 Fehrenbacher, op. cit., p.180-1.

demonstrar a singularidade do sul e a determinação de seus cidadãos de proteger a instituição da escravidão, eles exigiram a reabertura do tráfico africano de escravos para os Estados Unidos. Em 1853, o governador da Carolina do Sul "atraiu a atenção nacional para a questão quando devotou boa parte de sua mensagem legislativa anual para exigir a rejeição às leis federais contra o tráfico de escravos".[54] Para a esmagadora maioria dos cidadãos, até mesmo os do alto e do médio sul, sua sugestão foi repugnante. E os que apoiavam os princípios da Sociedade Norte-Americana de Colonização ou que temiam mais intrusões de quaisquer negros – escravos ou livres – nos Estados Unidos a consideram igualmente inaceitável. Até mesmo para muitos sulistas que não desejavam de forma alguma anular a Lei da Abolição do Tráfico de Escravos de 1807, o abolicionismo continuava a ser mais intolerável como questão moral do que como questão econômica. A cada década, o crescente consenso do mundo ocidental sobre a condenação do tráfico de escravos como uma ameaça moral se agigantava.

O significado da dimensão moral da questão foi exposto na legislatura nacional. Em 1856, o congressista Emerson Etheridge propôs uma resolução que condenaria todas as propostas para reavivar o tráfico de escravos, tido como "chocante ao sentimento moral". Qualquer reversão desse tipo efetuada pelos Estados Unidos, ele declarou, atrairia "a repreensão e a execração de todos os povos civilizados e cristãos". Depois de um debate altamente emocional, a resolução foi posta em votação, e a Câmara dos Representantes aprovou-a por 152 votos a 57. Os votos de três quartos dos congressistas sulistas estavam entre os dos vencedores. Imediatamente, um democrata da Carolina do Sul propôs outra resolução, declarando simplesmente que a revogação dessa derrota seria "inconveniente, imprudente e contrária à política já estabelecida pelos Estados Unidos". Essa segunda resolução, despojada da dimensão moral da abolição, foi aprovada por 183 votos a oito. Mais uma vez foram alcançadas as margens da vitória de 1807 e 1819. A maioria dos representantes sulistas

---

54 Ver Takaki, *A Pro-Slavery Crusade:* The Agitation to Reopen the African Slave Trade, p.1-22; e Fehrenbacher, op. cit., p.180.

opôs-se tanto à revogação da Lei da Abolição de 1807 quanto a qualquer inferência moral sobre a relação do tráfico com a própria escravidão.

A revogação da lei da abolição do tráfico de escravos figurou como uma questão de menor importância na desintegração do Partido Democrático. Na convenção democrática nacional de 1860, em Charleston, o esboço de um plano proposto para favorecer "pessoas e a propriedade em *alto-mar*" foi categoricamente rejeitado pela maioria. Ele foi acusado de ser uma proteção implícita ao tráfico africano de escravos, o qual infligiria danos "incalculáveis" aos democratas nortistas. A rejeição pela maioria da frase que ameaçava anular a Lei da Abolição de 1807 incitou uma manifestação parcial de protesto no sul.

A linha divisória continental

Para os cidadãos dos Estados Unidos, o destino de sua própria instituição da escravidão teria de ser claramente decidido dentro da grande massa continental da América do Norte. Na geração anterior à Guerra Civil, a questão que causava a mais profunda divisão entre o norte e o sul era a da permissão para que a escravidão se expandisse para o oeste, além das fronteiras dos estados. Na década de 1830, a vasta área pouco desenvolvida do México setentrional continuava sendo a zona mais sujeita a disputas litigiosas entre a escravidão e a liberdade. A própria luta interna do México pela independência havia se iniciado lá em 1810, e a escravidão fora abolida em 1829.

A partir do presidente John Quincy Adams, nos anos 1820, os governos norte-americanos começaram a requisitar ajustes nas fronteiras com o oeste. Enquanto eles pressionavam diplomaticamente os governos mexicanos para que desistissem de uma parte ou de todo o Texas, colonos norte-americanos começaram a migrar para essa área escassamente povoada. Em 1836, uma revolta anglo-americana declarou que o Texas seria uma república independente e disponível para anexação pelos Estados Unidos. O presidente Andrew Jackson e seu sucessor, Martin van Buren, agiram com muita cautela. O sentimento secional estava à flor da pele.⁵⁵ A Câmara dos Representantes invocava sua lei da mordaça contra as petições abolicionistas, o que ampliava suas próprias prioridades para se opor à permissão da entrada do Texas na União. No que diz respeito à questão da expansão da escravidão, os abolicionistas não falavam sozinhos. Em 1838, as resoluções que favoreciam a anexação do Texas fracassaram em ambas as Câmaras do Congresso. Em 1840, a eleição de William Henry Harrison, do Partido Liberal, com uma plataforma hostil ao prolongamento dos Estados Unidos no Texas, parecia excluir a anexação do Texas no futuro imediato.⁵⁶

Com a morte do presidente liberal logo após o início de seu governo, a presidência foi transferida a John Tyler, um expansionista entusiasmado, que prontamente se alinhou com um grupo pró-escravista de políticos empenhado na aquisição do Texas. Para superar as tensões secionais que essa política provocaria, eles tentaram usar os atritos anglo-americanos acumulados a respeito dos escravos fugitivos, o direito de busca e as disputas sobre o Oregon a fim de transpor os obstáculos para a aquisição do Texas. E foram ajudados pelos acontecimentos econômicos adversos no Caribe britânico. O valor da terra na Jamaica estava em queda, a despeito do protecionismo. A manutenção da proteção do açúcar colonial produzido pelo trabalho livre significara uma elevação dos preços para os consumidores britânicos em um momento em que a economia metropolitana atravessava uma crise severa. Como alternativa, a abertura do mercado ao açúcar produzido pelo trabalho escravo significaria encorajar o tráfico de escravos, que a política britânica tinha se comprometido em reprimir, e contrariar os abolicionistas. As notícias da expulsão do abolicionista David Turnbull de Cuba por atividades subversivas contribuíram para dar a impressão de que a Grã-Bretanha estava envolvida em atividades para subverter a escravidão fora de suas próprias colônias.

Simultaneamente, os abolicionistas britânicos estavam empenhados em evitar que o Texas se tornasse uma nova fronteira da escravidão. O Texas seria também, desde a emancipação britânica, a primeira área do

---

55 Ibid., p.76.
56 Fehrenbacher, op. cit., p.118-21.

oeste suscetível de se desenvolver como um território escravista. De fato, nenhuma nova área tinha sido organizada como um território escravista dos Estados Unidos desde o início da década de 1820. Com suas fronteiras definidas precariamente, os colonizadores norte-americanos ameaçavam abrir uma vasta área para a escravidão, que equivaleria a cinco ou seis novos Estados escravistas de dentro da união federal. Como Estado escravista independente depois de 1835, o Texas reivindicou a soberania sobre 375 mil milhas quadradas disponíveis para expansão – um território maior do que todas as colônias britânicas de grandes lavouras emancipadas mais a colônia do Cabo. Como o território de solo livre se alongava para o norte até o território do Oregon, os Estados Unidos teriam efetivamente bloqueado a expansão da escravidão e colocado a instituição em quarentena dentro dos limites do Acordo do Missouri.

Quando o primeiro Congresso Antiescravista Mundial se reuniu em Londres, em 1840, o Texas ainda contava com pouco menos de 15 mil escravos. Naquele mesmo ano, Palmerston negociava um direito mútuo de busca com a nova nação em troca do reconhecimento britânico de um Texas independente do México.[57] No segundo Congresso Antiescravista de Londres, em 1843, um Comitê sobre a Escravidão no Texas retratou o resultado da negociação como uma questão de vida ou morte da instituição da escravidão nos Estados Unidos. O Congresso decidiu fazer uma solicitação ao governo britânico: pela manutenção da independência do Texas, o governo encorajaria os capitalistas britânicos a garantirem uma grande parte da dívida da república em troca da emancipação dos escravos.

Uma delegação anglo-americana do Congresso conseguiu uma audiência com o sucessor de Palmerston para propor o plano. Lorde Aberdeen rejeitou a proposta, mas prometeu à delegação que o governo britânico usaria "todos os meios legítimos e honrosos para assegurá-la [a abolição]".[58] A cautelosa recusa de Aberdeen em promover um empréstimo "emancipacionista" para os abolicionistas foi apoiada por um

---

57 Rochell, Bonds over Bondage: British Opposition to the Annexation of Texas, *Journal of the Early American Republic*, p.257-78.
58 Ibid., p.272, citando o *Anti-Slavery Society Minute Book*, 28 de julho, 1f., p.94.

lembrete cauteloso, mas encorajador, dos princípios britânicos, enviado ao embaixador do Texas em Londres: "A política e o desejo bem conhecidos do governo britânico de abolir a escravidão em todos os lugares" tornam a "abolição no Texas [...] muito desejável".[59]

A combinação do acesso dos abolicionistas ao governo britânico com a afirmação do reiterado interesse de Aberdeen na abolição "em todos os lugares" deu ao governo dos Estados Unidos em Washington um atrativo muito vantajoso para que o Congresso aprovasse a anexação do Texas. Mais sério que isso: da perspectiva do governo de Tyler, fora de Aberdeen a sugestão aos governos do México e do Texas de que o reconhecimento mexicano da independência texana dependeria da emancipação dos escravos. Aberdeen retirou a proposta quando viu que a emancipação patrocinada pelos ingleses havia se tornado material suplementar para uma anexação preventiva pelos Estados Unidos.

As condições ao longo do eixo Texas-Caribe estimularam um argumento pró-escravista altamente difundido para a anexação imediata do Texas. As dificuldades econômicas das novas colônias de trabalho livre ofereceriam uma explicação plausível para a ansiedade da Grã-Bretanha de extinguir a escravidão não apenas no Texas, mas no mundo inteiro. John Calhoun, agora secretário de Estado dos Estados Unidos, usou a oportunidade para ampliar a negociação diplomática de modo a torná-la uma visão panorâmica do conflito mundial entre a escravidão e o trabalho livre. Calhoun enviou um comunicado para William King, o embaixador norte-americano na França, e para os embaixadores norte-americanos nos Estados alemães, na Espanha, na Áustria, na Rússia, na Bélgica, nos Países Baixos e no Brasil. O texto ganhou a forma de um panfleto, foi publicado na Carolina do Sul e reimpresso por órgãos de imprensa dos dois lados do Atlântico até Cabo Verde.[60]

O argumento principal de Calhoun para a anexação baseava-se no princípio do destino natural do Texas de ser parte dos Estados Unidos. Sua explicação para a interferência britânica no processo era simples. A

---

59 Freehling (1990), op. cit., p.355-452.
60 Rugemer, op. cit., esp. p.347.

oposição britânica à anexação era parte de uma política global agora motivada pelo fracasso da experiência colonial da Grã-Bretanha de emancipar os escravos. Os britânicos teriam cometido um erro fatal no cálculo econômico. Eles presumiram que o trabalho de seus ex-escravos seria pelo menos tão lucrativo quanto tinha sido antes, e que as mercadorias de quaisquer outros lugares dos trópicos também poderiam ser produzidas com um custo menor por africanos livres e indígenas do que por escravos. O resultado foi custoso e ruinoso: "Os negros têm demonstrado que são mais produtivos sem a melhoria das condições".[61]

Recorrendo à imprensa periódica britânica, Calhoun apresentou um resumo estatístico poderoso: em dez anos, a combinação da abolição do tráfico de escravos com as políticas britânicas de emancipação tinha custado 250 milhões de dólares ao povo britânico. Sobre essa quantia, a experiência tinha posto o dobro do valor em risco, tendo em vista a riqueza da terra das Índias Ocidentais britânicas. Em contraste, o capital euro-americano das zonas escravistas do Novo Mundo *não* britânico totalizava 4 bilhões de dólares desde 1808, um aumento que correspondia a mais que o quíntuplo da perda britânica. Esses 4 bilhões agora produziam mercadorias que totalizavam 220 milhões de dólares por ano, acima dos 72 milhões de dólares de 1808. O constante declínio da produção tropical da Grã-Bretanha era visível na produção de algodão, de café e de açúcar. A disparidade do desempenho desses dois sistemas teria obrigado os britânicos a exercerem mais pressão para abolir o tráfico de escravos e emancipar os escravos por razões outras que não as humanitárias. Só lhes restava tentar sair da posição deteriorada em que estavam pela redução de seus concorrentes mais produtivos a um nível mais baixo do que o de suas próprias colônias. Qualquer que fosse o impulso moral original do abolicionismo, a ganância, o poder e a economia política lançavam agora a política britânica contra a escravidão estrangeira. A seu argumento econômico, Calhoun adicionou seu argumento racial familiar, agora ampliado. Nos Estados Unidos, em Cuba e no Brasil, não se formara um

---

61 Carta de John C. Calhoun para William R. King, 12 ago. 1844, *The Papers of John C. Calhoun*, v.19, p.568-78.

arco de poder externo para manter a supremacia branca. O único outro caminho era a criação de um novo Haiti. Uma raça ou outra permaneceria em pé dentro das economias arruinadas do Novo Mundo.[62]

Calhoun pode ter desejado percorrer o sul em nome da anexação do Texas e da implantação do pró-escravismo como doutrina nacional oficial das relações exteriores dos Estados Unidos, mas, mais para o norte, o temor de um bloqueio britânico à expansão norte-americana e à possibilidade de aquisição do Oregon e do Texas dominava o discurso nacionalista. A questão da extensão da escravidão apertava os laços de lealdade partidária, mas o abolicionista Partido da Liberdade recebera apenas 62.300 votos na eleição presidencial de 1844, menos de 3% do total. Para a vasta maioria de eleitores e políticos dos meados da década de 1840, o Texas era mais uma questão partidária que secional.[63] Em uma série de votações no Congresso sobre a expansão territorial de 1843 a 1845, entre 75% e 96% dos democratas apoiaram firmemente a expansão, ao passo que entre 88% e 93% dos conservadores se opuseram a ela. De forma não intencional, os votos do Partido da Liberdade deram a James K. Polk, o candidato expansionista democrata, uma vitória apertada, que assegurou a entrada do Texas na União.

Nos dez anos que se seguiram à emancipação colonial de escravos, a política abolicionista britânica claramente se agigantou nos cálculos dos abolicionistas negros e brancos dos Estados Unidos. Por oposição, ela contrastava muito com as políticas pró-escravistas e pró-expansionistas dos sulistas. Ela figurou nas estratégias de governos sucessivos, de Jackson a Tyler. É tentador atribuir ao abolicionismo britânico boa parte do crédito pela crescente intensificação da *demanda* dos políticos sulistas de antes da guerra para obter o consentimento nortista ao crescimento da instituição. John Quincy Adams e outros viram o destino do Texas como um grande passo de uma conspiração dos donos de escravos para dominar a União.

---

62 Rugemer, op. cit., p.346-51; Drescher (2002), op. cit., p.170-3.
63 M. F. Holt, op. cit., p.44.

Mesmo assim, na perspectiva do período entre 1845 e 1860, é notável a rápida redução da presença britânica nos debates norte-americanos sobre o futuro da escravidão. Com a conclusão das aquisições do Texas e do Oregon, a Grã-Bretanha virtualmente deixou de ser um fator significativo no destino da instituição da escravidão. No fim da década de 1840, os projetos expansionistas norte-americanos em direção à Mesoamérica não se depararam com impedimentos militares ou diplomáticos britânicos. Ao contrário, em 1856, os britânicos devolveram as ilhas da Baía a Honduras. O governo britânico pretendia fazer um tratado que estipulasse que a escravidão nunca seria permitida no território devolvido. Respondendo à pressão do Congresso, o presidente Buchanan informou aos britânicos que os Estados Unidos não podiam endossar qualquer tratado que excluísse a escravidão entre a Grã-Bretanha e uma terceira nação. A condição de solo livre foi apagada do acordo final. As restrições para a aquisição norte-americana de Cuba pela compra eram claramente mais domésticas que estrangeiras.[64]

No começo da década de 1850, nem os Estados Unidos nem qualquer outra nação escravista dos trópicos tinham de se preocupar com a aparente necessidade da Grã-Bretanha de minar os sistemas escravistas para salvar suas próprias colônias declinantes. Em 1846, a Grã-Bretanha havia mudado dramaticamente o rumo de sua economia política em direção à política do livre-comércio. Durante a década de 1850, a principal preocupação dos manufaturadores britânicos e dos políticos sobre os produtos agrícolas produzidos por escravos não era de natureza moral; o que de fato os preocupava era que a dependência esmagadora em relação ao algodão norte-americano poderia torná-los presas de um conflito civil nos Estados Unidos. Às vésperas da Guerra Civil, uma compilação de 900 páginas, intitulada *O algodão é o rei*, citava alegremente os comentários dos britânicos sobre o desapontamento que se seguiu à emancipação britânica e as falsas profecias a respeito do poder que o trabalho livre

---

64 Fehrenbacher, op. cit., p.126-33. A respeito do afrouxamento da pressão britânica sobre Cuba, ver Fernández, The Havana Anglo-Spanish Mixed Commission for the Suppression of the Slave Trade and Cuba's *Emancipados, Slavery and Abolition*, p.205-25.

da Índia teria para substituir a escravidão sulista. A desilusão causada pela emancipação dos escravos nas Índias Ocidentais combinada com a dependência em relação ao algodão contribuiu para que os sulistas imaginassem que, em caso de uma secessão, eles podiam contar com uma intervenção dos ingleses e franceses para favorecê-los. Era chegada a hora de os abolicionistas se perguntarem sobre o esmorecimento do zelo da Grã-Bretanha. Em 1859, Frederick Douglass preocupava-se com os sinais perturbadores da recusa britânica de intervir nas questões norte-americanas.

A escravidão e a crise da desunião

A sucessão de crises nos Estados Unidos nos 15 anos que precederam a secessão sulista foi em grande parte originada internamente. O Texas foi apenas o precursor de uma expansão muito maior em direção ao Oceano Pacífico. A guerra com o México, em 1846-1848, abriu um novo território enorme para o povoamento, que se estendia potencialmente até a América Central. O resultado da guerra foi a causa da erosão do sistema nacional de partidos, que culminou com a dissolução da União. A gravidade dessa crise foi exacerbada pelas grandes tensões econômicas e sociais dentro dos Estados Unidos nas décadas de 1840 e 1850.

No fim da era da revolução, o rio Mississipi ainda era a grande via de comunicação para o povoamento e o comércio no interior. Kentucky, Tennessee, Luisiana e Missouri cresceram mais rapidamente antes de 1820 do que a maioria dos estados norte-americanos do meio-oeste. O fluxo do comércio desses estados ia a montante e a jusante da bacia do Mississipi via Nova Orleans. Em 1840, o fluxo dominante do comércio mudou do leste para o oeste através dos Grandes Lagos e do Canal Erie, aberto em 1825. Essa tendência foi acelerada pela grande onda de construção de estradas de ferro nas duas décadas seguintes.[65]

---

65 Fogel, *Without Consent*, p.302-9.

O enorme fluxo de imigrantes das décadas de 1840 e 1850 povoou principalmente o norte. Em 1860, mais de seis de cada sete habitantes nascidos no estrangeiro residiam nos estados e territórios livres do oeste.[66] Em muitos aspectos, o enorme influxo de imigrantes apartou profundamente o norte pela religião e pela cultura. Essa separação não só contribuiu para desintegrar o sistema de dois partidos, mas também comprometeu profundamente a possibilidade de que um novo partido do solo livre formasse uma coalizão secional contra o "Poder Escravista" em 1853-1855. Esses migrantes europeus não chegaram com sentimentos predominantemente abolicionistas, mas o próprio local povoado foi alvo de acusação em uma nação cada vez mais secionada e polarizada. Em meados da década de 1850, para um jornal do Alabama, "a aversão deles às nossas instituições se manifesta na escolha de viver em estados sem escravos".[67] Os termos da Constituição dos Estados Unidos asseguravam que o equilíbrio eleitoral na Câmara dos Representantes e no colégio eleitoral, que escolhia o presidente, inexoravelmente se deslocaria a favor do norte a cada década.

A enorme extensão de terra tomada do México pelos Estados Unidos cristalizou uma questão que estava latente desde o Acordo do Missouri. Qual seria o *status* dos novos territórios com relação à escravidão? O difícil equilíbrio de poder entre os estados livres e os escravistas surgiu rapidamente como algo que determinaria o futuro da instituição e dos próprios Estados Unidos. O *status* da escravidão em uma nova área ocupada era exatamente o oposto do que tinha sido na aquisição da Luisiana. A escravidão havia sido uma instituição bem estabelecida nas áreas povoadas da Luisiana, tanto nas do sul (Nova Orleans) quando nas do norte (St. Louis). Na ausência de qualquer mobilização antiescravista de grande dimensão em torno da questão na época da compra, o Congresso tinha atendido às demandas dos habitantes donos de escravos do território.

O caso mexicano foi claramente diferente. O México permanecia como uma zona de solo livre em consequência das leis promulgadas sob

---

66 Drescher (1999), op. cit., p.128, Table 5.1.
67 Ver Fogel, *Without Consent*, p.354-80; (citação na p.375). Ver também D. B. Davis, op. cit., p.287.

a soberania mexicana, em 1829. Permitir a escravidão dentro da área recém-adquirida reverteria o solo livre a território escravista. Além do mais, as áreas mais apropriadas para a expansão agrícola nas terras adquiridas do México em 1848 também estavam localizadas predominantemente em seus setores do norte e do extremo oeste.

Quando, em agosto de 1846, o presidente Polk solicitou verbas do Congresso para efetuar as negociações com o México, um democrata nortista, David Wilmot, da Pensilvânia, apresentou uma moção para que a escravidão, já proibida no México, continuasse a ser banida em qualquer território que fosse adquirido. Em duas votações, marcadas pela divisão secional, a Câmara, dominada pelos nortistas, aprovou a disposição. O Senado, mais igualmente dividido, impediu a aprovação do projeto de lei, e a questão permaneceu sem solução. Wilmot não simpatizava nem com a condição dos escravos nem com a cor deles; ele apenas queria criar um espaço exclusivo onde "minha própria raça e minha própria cor possam viver sem a desgraça" da "relação com a escravidão negra". Mas, desse caso e em diante, até mesmo o preconceito de cor parecia estar atuando contra o estabelecimento de um sistema escravista. A disposição de Wilmot ameaçava as ambições sulistas de que a escravidão fosse formalmente sancionada como uma instituição nacional nos territórios recém-adquiridos. Aparentemente, o Congresso endossava a declaração de que os sulistas mereciam o "ódio nacional".[68]

O impulso para proibir a escravidão era parte de uma campanha mais ampla para indiciar as instituições e a cultura sulistas como inimigas do futuro dos brancos, mesmo em uma democracia racialmente excludente. A insistência sulista para nacionalizar a escravidão demonstrou rapidamente que os apoiadores da política preferiam resistir até mesmo à premissa fundamental de que a maioria governa. Depois que a disposição acarretou um impasse, cada estágio no povoamento dos novos territórios provocou um confronto mais intenso. O rápido influ-

---

68 Freehling (1990), op. cit., p.458-61.

xo de norte-americanos na Califórnia em 1849 levou ao apelo inicial do território para entrar na União com o *status* de estado livre.

O apelo criou uma crise dupla: ameaçou o extremamente importante equilíbrio secional no Senado dos Estados Unidos e precipitou a exigência de que fossem resolvidos os princípios gerais da organização territorial no resto da cessão mexicana. A discussão das implicações de uma decisão indiscriminada, como a disposição de Wilmot, tinha perdurado por tanto tempo que ninguém estava preparado para permitir que os territórios fossem ocupados progressivamente e sem implicações ulteriores. Os sulistas viram que a simples adoção do precedente mexicano condenaria a instituição da escravidão à exclusão em todo o enorme território novo e sujeitaria os donos de escravos norte-americanos a ter o mesmo destino de seus predecessores nas Índias Ocidentais britânicas. Assim, intensificaram-se as demandas pelo reconhecimento da escravidão como uma instituição que deveria ser protegida nacionalmente. Depois de uma profunda crise congressional, um segundo acordo, na verdade um armistício, foi alcançado em 1850.[69] A Califórnia foi admitida como um estado livre, e foi definida a fronteira do Texas com o território do Novo México, uma das duas áreas formadas a partir do que restou da aquisição mexicana.

A organização dos dois territórios depois da entrada da Califórnia na União indicou o grau a que até o reconhecimento simbólico da escravidão, mesmo em uma terra inadequada para agricultura de grande lavoura, tinha se tornado vital para o sul. Duas legislaturas de territórios sancionaram a legalidade da escravidão – a de Utah, em 1852, e a do Novo México, em 1859. Ainda assim, o censo de 1860 registrou apenas 29 escravos no território de Utah e nenhum no Novo México. A legitimidade e a paridade nacional das reivindicações pela instituição estavam sendo afirmadas, não sua superioridade econômica ou sua provável importância no território. Dois outros itens completaram o pacote dos acordos de 1850. O primeiro restringiu o tráfico de escravos feito

---

69 Ibid., p.487; Potter, *The Impending Crisis*, p.113.

abertamente em Washington, com o objetivo principal de contemporizar com os visitantes estrangeiros. O segundo item foi a revisão da Lei do Escravo Fugitivo. Ela foi aprovada para garantir os escravos do sul como propriedades dentro dos estados livres. Sua linguagem também era intransigente, "como se os narizes antiescravistas fossem esfregados na legitimidade da instituição peculiar".[70]

A Lei do Escravo Fugitivo fora concebida apenas como uma demonstração para os nortistas da grande distância que separava o "solo livre" nortista do mundo da decisão do caso Somerset. Ela submetia a fidelidade dos nortistas a uma prova de fogo que testaria a ratificação original da Constituição, ou pelo menos a cumplicidade com ela, na recuperação de fugitivos em toda a União. O resultado foi uma série contínua de confrontações amplamente divulgadas tanto nos tribunais quanto nas ruas. Antes de 1850, grande parte dos distúrbios de escravos fugitivos havia sido conduzida por afro-americanos, que contaram com o mínimo apoio dos brancos. Depois de 1850, o elemento distintivo dessas confrontações foi a presença proeminente da velha classe de "cavalheiros [brancos] de propriedade e prestígio", que agora, no lugar de abolicionistas intimidados, ajudavam frequentemente os escravos fugitivos. Não houve uma mudança consensual na sociedade civil abolicionista ou nortista em relação ao uso da violência, "mas houve uma intensificação da extenuação, da tolerância e até mesmo do orgulho de usá-la".[71]

As controvérsias sucessivas da década de 1850 avançaram tão rapidamente que começaram a se imbricar. Com a reação pública inflamada contra a revogação do Acordo do Missouri, em 1854, uma reunião de massa em Wisconsin decidiu que, como todos os acordos estavam sendo revogados, a Lei do Escravo Fugitivo também deveria ser rejeitada. No dia seguinte, uma multidão enfurecida arrombou a porta da prisão de Milwaukee e libertou Joshua Glover, um fugitivo que estava sob custódia federal. A Suprema Corte do estado anulou as condenações dos líderes revoltosos determinadas pela corte federal. Os direitos dos estados e a

---

70 Fehrenbacher, op. cit., p.232.
71 Grimsted, op. cit., p.73-81.

soberania popular estavam sendo usados cada vez mais pelos nortistas como armas para invalidar uma lei federal impopular. Contudo, apesar da escalada, a coalizão republicana que emergiu tropegamente no fim da década de 1850 não fez menção à Lei do Escravo Fugitivo. Em 1859, o próprio Lincoln advertiu que qualquer proposta que defendesse sua revogação explodiria a convenção e o partido.[72]

Muito mais danosa às normas da sociedade civil era a confrontação entre os brancos gerada pela luta entre os colonizadores, que defendiam o solo livre, e os pró-escravistas sobre a expansão da escravidão no oeste do território. A disposição de Wilmot tinha sido concebida, tal como a abolição do tráfico atlântico de escravos dos Estados Unidos, tanto para barrar a entrada de negros quanto para proibir a escravidão. O Acordo do Missouri tinha fechado o território da Compra de Louisiana ao norte de 36° 30' à escravidão. Em 1850, os sulistas estavam de prontidão para bloquear as tentativas de organização da região acima de 36° 30' em territórios brancos livres. O senador Stephen Douglas, de Illinois, tentou romper o impasse para iniciar rapidamente a construção de uma linha ferroviária continental, que aceleraria o crescimento da região e das cidades de St. Louis e de Chicago. Douglas patrocinou com sucesso a Lei Kansas-Nebraska, de 1854, para rescindir o Acordo do Missouri. Daí em diante, cada território resolveria seu próprio *status* pelo governo da maioria e pela soberania popular onde quer que ela tivesse redigido sua constituição estadual. Como a maioria dos norte-americanos que se mudavam para o oeste era de nortistas, ela não previu nenhum resultado diferente daquele que havia sido legalmente prescrito pelo Acordo do Missouri.

O resultado real da Lei Kansas-Nebraska foi a explosão de mais dois atentados secionais. O primeiro ocorreu no norte, contra o que era considerado o desenlace de um pacto solene de trinta anos de idade sobre a distribuição do território escravo e livre. Reuniões públicas que agruparam dezenas de milhares de pessoas ocorreram do Maine ao Wisconsin

---

72 Fehrenbacher, op. cit., p.245.

para condenar a Lei Kansas-Nebraska como uma violação da confiança nacional e de um pacto nacional. Até mesmo o muro das hostilidades contra os imigrantes foi rompido, com os peticionários irlandeses sendo responsáveis por quase 8% das assinaturas. Alemães de classe média e os artesãos radicais formaram outro elemento constituinte fora do comum dos manifestantes.[73] Agora, comícios massivos de trabalhadores participavam do clamor dos defensores do solo livre de que a área reservada para que eles a povoassem estava sendo reaberta à escravidão. Reuniões massivas redigiram petições em massa ao Congresso. Setenta por cento dos congressistas democratas do norte que tinham votado a favor da Lei Kansas-Nebraska perderam suas cadeiras nas eleições de 1854. Ela fortaleceu todos os elementos exacerbados pelo expansionismo sulista: a antipatia moral contra a escravidão negra, a antipatia racial contra os negros, os temores de uma destruição completa do trabalho livre e a desconfiança de uma conspiração do poder da escravidão.[74]

Se a Lei Kansas-Nebraska transformara a luta pelo poder no norte, era a vez de o sul se sentir ultrajado quando os sulistas descobriram que não compartilhariam os saques dessa Lei. O que se tornou rapidamente evidente no Kansas foi que as normas civis e políticas da sociedade norte-americana tinham sido eliminadas. As duas ideologias de liberdade que tinham constrangidamente coabitado em virtude da distância geográfica ou do entendimento mútuo agora se tornaram ideias de luta. Dois grupos mobilizados de cidadãos brancos desafiavam os órgãos deliberativos devidamente constituídos por cada um deles e até mesmo a autoridade federal. A violência e o terrorismo punham de lado a devida ação legal e o governo da maioria. As cenas que europeus e norte-americanos estavam propensos a atribuir aos conflitos civis latino-americanos eram representadas no coração da América do Norte. As oportunidades aos escravos seguiam um padrão parecido com o de conflitos similares. Em pequena escala, os escravos acharam oportunidades para fugir de

---

73 Magdol, op. cit., cap.8; Levine, *Spirit of '48:* German Immigrants, Labor Conflict and the Coming of the Civil War.
74 M. F. Holt, op. cit., p.148-9.

seus senhores, para escapar do Missouri ou para serem incorporados aos grupos armados de combatentes, inicialmente racistas, dos "estados livres". O censo de 1860 registrou apenas dois escravos no agitado Kansas e quinze no tranquilo Nebraska. Os afro-americanos livres no Kansas eram mais numerosos que os do Nebraska, na proporção de dez para um (625 a 67). A violência do "Kansas sangrento" foi recriada no Senado dos Estados Unidos, onde Charles Sumner, de Massachussets, foi golpeado com uma bengala por Preston Brooks, da Carolina do Sul, até desmaiar ensaguentado. A nação estava traumatizada pelas batalhas campais que ocorreram durante o povoamento do Kansas, o qual foi completado com dois governos rivais, cada um alegando representar a autoridade legítima no território.

Enquanto a batalha sobre o Kansas era feroz, outro ramo principal do governo interveio para resolver a questão dos limites da escravidão nos Estados Unidos. A decisão Dred Scott da Suprema Corte sustentava que a Constituição federal era de fato um documento que implicitamente protegia a escravidão em toda a nação. Ela definitivamente decidiu que a Constituição impedia a interferência do Congresso nos direitos sulistas de propriedade nos territórios. A decisão também tentou definir o *status* dos afro-americanos ao decidir que os negros não eram nem poderiam ser cidadãos dos Estados Unidos. Em resposta à decisão de que os negros livres estavam incapacitados de exercer a cidadania, a legislatura de Nova York considerou a possibilidade de retornar ao modelo dos processos de anulação da Virgínia e do Kentucky contra a opressão federal.[75]

O ramo executivo aprofundou a fenda. O presidente Buchanan sugeriu que mesmo se o Kansas eventualmente abolisse a instituição da escravidão, todos os escravos já residentes no território teriam de permanecer no cativeiro. Embora a maioria antiescravista do Kansas aumentasse progressivamente sua força, uma assembleia dissidente reuniu-se em Lecompton e esboçou uma constituição pró-escravista em 1857. O referendo que ratificaria o documento oferecia apenas uma opção entre

---

[75] Fehrenbacher, op. cit., p.282-4.

a escravidão sem restrições e a ressalvas aos escravos que já residiam no território. Stephen Douglas condenou a tentativa de destruir o princípio da soberania popular que escorava a Lei Kansas-Nebraska. Tendo outra chance para votar a constituição de Lecompton, a maioria a derrotou por 11.300 a 1.788 votos. As tentativas sulistas de destruir a soberania popular fazendo com que o Congresso providenciasse um código escravista para os territórios fracassou, anulando a implementação da decisão Dred Scott.[76]

O Partido Republicano, uma coalizão antiescravista limitada, entrou nas eleições de 1860, prometendo proibir a escravidão dos territórios. A essa altura, estava claro para o sul que o modelo democrático nortista de soberania popular não podia mais garantir a difusão da escravidão nos territórios. A soberania popular democrática nortista não teria mais força para sancionar a presença de escravos negros do que a promessa de proibição dos republicanos. Douglas, a opção nortista para a eleição presidencial, declarou que os tribunais não podiam forçar o povo de qualquer território a apoiar a escravidão. O Kansas desanimou os radicais do sul ao demonstrar a trajetória da migração branca nortista e a disposição a favor do solo livre. Os extremistas republicanos e sulistas concordaram que a escravidão tinha de se expandir por razões políticas, se não econômicas, a fim de não enfrentar a morte lenta de sua correspondente da Índia Ocidental. Que qualquer processo legal pudesse ser prolongado por gerações de barreiras políticas e constitucionais não era mais animador à luz da violência no Kansas e da incursão de John Brown na Virgínia. Na esteira da eleição presidencial, quando os estados sulistas iniciaram a secessão logo após a eleição de Lincoln, o novo presidente foi categórico ao afirmar que eles deveriam "se recusar a considerar qualquer acordo relativo à *extensão* da escravidão".

A virada para a violência militar, como a violência civil que a tinha precedido no Kansas, revelou quão rapidamente as fortunas da guerra poderiam impactar o comportamento dos combatentes de formas

---

76 Ibid.

inicialmente imprevistas. Assim que Lincoln foi eleito, em 1860, um proeminente defensor da secessão da Carolina do Sul sondou o cônsul britânico em Charleston para saber sobre a possibilidade de relacionamento entre o Reino Unido e uma nova Confederação, cuja economia era responsável pela prosperidade de uma das indústrias mais importantes da Grã-Bretanha. O cônsul observou que tinha sido informado de que o tráfico de escravos africanos "provavelmente seria encorajado" pela nova assembleia federal. Ele o advertiu de que "a Grã-Bretanha poderia requisitar daquele órgão alguma garantia bem nítida [...] sobre o assunto antes que ele pudesse ser cordialmente examinado". O defensor da secessão respondeu orgulhosamente que

> nenhum estado sulista da Confederação jamais negociaria sobre esse assunto; proibir o tráfico de escravos era, virtualmente, admitir que a instituição da escravidão era um mal e um erro, em vez de, como o sul acreditava, uma bênção à raça africana e um sistema de trabalho designado por Deus.[77]

Dois meses depois, no entanto, os delegados ao Congresso Constitucional da Confederação fizeram da proibição do tráfico africano de escravos um artigo fundamental de sua constituição. Esse documento também requeria que a futura legislatura nacional garantisse o cumprimento efetivo desse artigo. O novo Estado incipiente não estaria em posição de provocar "os anátemas de toda a Europa" e de correr o risco de ter embarcações que, navegando com uma bandeira irreconhecível, fossem vasculhadas e capturadas por navios de guerra estrangeiros (isto é, britânicos) – "o que seria equivalente a uma declaração de guerra".[78] O novo Estado incipiente percebeu que sua independência tornaria seus navios tão vulneráveis às capturas pelos britânicos quanto os navios dos Estados Unidos tinham sido aos corsários norte-africanos depois de 1783. E o que era mais importante ainda: os sete novos estados confederados

---

77 Takaki, op. cit., p.203-4.
78 Ibid., p.209.

estariam sujeitos a um risco maior de perder o apoio dos estados do alto sul, cujos cidadãos já tinham se afastado pela agitação a favor do tráfico de escravos. Mesmo nos estados centrais do Golfo, a cláusula de proibição não foi um impedimento à confirmação. Todos eles ratificaram de forma esmagadora a constituição confederada.

A transformação das atitudes nortistas em relação à patrulha naval britânica depois do início da Guerra Civil foi igualmente dramática. Já em 1857, o aumento das abordagens britânicas de embarcações norte-americanas nas regiões costeiras da África e de Cuba tornou-se fonte de um conflito verbal entre ingleses e norte-americanos. A resistência às abordagens britânicas permaneceu forte como nunca, tanto no norte quanto no sul. Contudo, em seguida ao ataque ao Forte Sumter, em 1861, o esquadrão afro-americano foi chamado de volta, e, mais uma vez, o patrulhamento foi feito exclusivamente pelos britânicos. Logo depois, William Seward, o novo secretário de Estado de Lincoln, indicou aos britânicos que estava disposto a substituir a resistência duradoura dos Estados Unidos pelo direito mútuo de busca. Como os britânicos tinham anteriormente feito com muitos governos europeus, uma farsa tinha de ser representada para insinuar que a iniciativa fora uma decisão tomada exclusivamente pelos norte-americanos. Em 1862, os Estados Unidos finalmente adotaram o direito mútuo de busca, que seria efetuado pela real patrulha naval britânica e pela virtual patrulha norte-americana. Com a ausência dos novos estados confederados, o Senado adotou o tratado. Como foi observado, sem a oposição dos Estados Unidos à política britânica, o tráfico atlântico de escravos desapareceu completamente em menos de cinco anos.

A secessão confederada e a longa Guerra Civil resultantes destruíram a escravidão nos Estados Unidos e apressaram seu fim nas Américas. Quando o conflito começou, parecia improvável que a instituição da escravidão poderia chegar ao fim tão rapidamente. A determinação de ambos os lados de sofrer uma enorme perda de soldados e um custo alto também revelam que a Confederação era não só economicamente viável, mas também ideológica e politicamente robusta. As 260 mil mortes militares do sul representaram uma perda *per capita* mais alta do que as 360 mil do norte. Não apenas o reservatório de homens brancos aptos do norte era maior do que o do sul, mas também ele foi capaz de recorrer a 200 mil afro-americanos, uma fonte potencial de homens armados rejeitada até o fim pela Confederação. O número *per capita* de mortes e destruição pode ter sido menor que o de ocorridas durante a revolução haitiana, mas representou, em magnitude, o maior número em termos militares da história dos conflitos do Novo Mundo que envolveram o destino de escravos.

Como nas guerras de independência hispano-americanas, a Guerra Civil Norte-Americana só se tornou uma luta contra a escravidão quando o conflito estava bem avançado. As promessas iniciais de Lincoln não conseguiram dissuadir o baixo sul da secessão, e sua determinação de salvar a União pela força militar adicionou mais quatro estados escravistas à Confederação. O presidente liderou um norte dividido e precisou reter a estratégica fileira nortista de estados escravistas dentro da União. Nos estados de fronteira, e provavelmente em grande medida em todos outros lugares, havia muitos unionistas que consideravam "a escravidão uma maldição" e os negros livres "uma maldição maior ainda".

Também, como na América do Sul, a necessidade de recorrer profundamente às reservas humanas durante o curso de uma guerra longa permitiu que os escravos norte-americanos exercessem um papel na destruição da instituição da escravidão muito maior do que se imaginaria em 1860. O norte, que estava em um beco sem saída fazia muito tempo, recrutou, no fim das contas, 200 mil afro-americanos para o exército da União, dos quais um quinto não sobreviveu à guerra. Eles constituíram o maior contingente militar de homens de descendência africana que participou dos conflitos do Novo Mundo pela independência nacional e pela emancipação dos escravos. O valor da vida humana durante o conflito provavelmente também permitiu que a corrente normalmente forte do racismo contra os negros nos Estados Unidos fosse dominada pela hostilidade dos antigos beneficiários da instituição, que haviam instituído a secessão e seu resultado sangrento.[79]

---

79 D. B. Davis, op. cit., p.310.

A simples destruição da vida humana e da riqueza na Guerra Civil Norte-Americana custou mais que qualquer plano imaginável de emancipação indenizada. Mas ela levou em consideração a ocupação temporária do sul conquistado, bem como a aprovação e a aplicação das 13ª, 14ª e 15ª emendas à Constituição dos Estados Unidos. Mesmo com a aprovação da 13ª emenda, que aboliu a escravidão, a reação imediata das legislaturas dos estados sulistas, eleitas por ex-rebeldes que se recusavam a aderir às mudanças, demonstrou a necessidade de novas leis de proteção e de policiamento. Os sulistas promulgaram Códigos Negros, modelados nos agora banidos códigos de escravos, que anteriormente serviram para controlar a população afro-americana. Os antigos senhores não puderam restaurar o *status* de propriedade dos ex-escravos, mas os códigos, de acordo com a raça, fizeram restrições à posse de armas, ao consumo de bebidas alcoólicas, à vagabundagem, aos parceiros matrimoniais e à participação em processos legais, além da imposição de penas criminais diferenciadas.[80]

A legislatura nacional dominada pelos republicanos prolongou a vida e a escala do *Freedmen's Bureau* Departamento dos Libertos em 1866. Ele fora originalmente concebido como um expediente para prover as necessidades temporárias de ex-escravos deslocados, a fim de protegê-los contra abusos nas relações trabalhistas e promover uma reforma agrária aceitável, que nunca se materializou. O Congresso dos Estados Unidos promulgou uma Lei de Direitos Civis, ao mesmo tempo que ampliou o Departamento dos Libertos, a despeito do veto de Andrew Johnson, que tinha assumido a presidência depois do assassinato de Lincoln, em abril de 1865. A aprovação da 14ª emenda tinha a intenção de constitucionalizar as proibições à legislação racialmente discriminatória.

Em 1870, os republicanos já tinham promulgado novas leis para garantir o sufrágio afro-americano e sustentar os princípios a partir dos quais a conclusão da luta se dera com a vitória da União.[81] Uma série de emendas e leis não apenas evitou a restauração da instituição da escravi-

---

80 Foner, *Reconstruction:* America's Unfinished Revolution 1863-1877, p.199-216.
81 Fehrenbacher, op. cit., p.328-35; e Foner, op. cit., cap.3 e 6.

dão, mas também tornou a solução intermediária do trabalho contratado e do aprendizado indisponível como alternativa para o trabalho por contrato ou para a meação.

A maior mobilização e conflito da história das Américas, portanto, preservou a União e removeu uma contradição – a instituição da escravidão – em uma sociedade cujo documento fundador era dedicado à criação de cidadãos livres e iguais. Mesmo assim, não conseguiu remover a contínua resistência à legislação contra a igualdade política e social para os negros no sul. Os esforços dos radicais republicanos para promover a reconstrução com a redistribuição de terra aos negros fracassaram quase imediatamente. Durante a década seguinte "o norte começou a enfatizar a *reunião* aos estados sulistas no lugar de uma *reconstrução* de seu sistema social".[82]

O impulso político antiescravista reduziu gradualmente depois da metade da década de 1870. As últimas tropas federais remanescentes deixaram o sul em 1877. O centenário da independência norte-americana, em 1876, marcou ironicamente um recuo da ideia de que o governo federal seria o principal fiador dos direitos individuais dos cidadãos norte-americanos. Em todas as áreas anglo-americanas com descendentes de populações escravas, o último terço do século XIX viu a supressão de muitas vantagens que inicialmente pareciam ter sido asseguradas pela emancipação. No Caribe britânico, essa supressão tomara a forma da eliminação do sistema de assembleia colonial, que havia prevalecido na maior parte das colônias escravistas britânicas anteriores à emancipação.[83] No sul dos Estados Unidos, essa supressão ocorreu no plano esta-

---

82 Ransom, *Conflict and Compromise:* The Political Economy of Slavery, Emancipation, and the American Civil War, p.25. Ransom discute se apenas a distribuição da terra teria sido insuficiente para capacitar os arrendatários negros de escaparem da servidão por dívida depois de 1880. Os afro-americanos que conseguiram continuar com suas propriedades nas terras do arroz da Carolina do Sul podem até ter se tornado mais pobres do que os trabalhadores dos campos de algodão (ibid., p.248-9). Sobre o beco sem saída de uma agricultura similar à camponesa em boa parte do sul depois da emancipação, ver também Foner, *Nothing but Freedom:* Emancipation and its Legacy, p.109.

83 Green, *British Slave Emancipation*, p.396-9. Sobre a esfera pública e o rápido declínio do abolicionismo, ver Gamber, The Public Sphere and the End of American Abolitionism, 1833-1870, *Slavery and Abolition*, p.351-68.

dual, não no nacional. Ela assumiu a forma mais clara de privação racial dos direitos civis nas instituições representativas dos estados. A liberdade legal não foi uma caixa de presente vazia, mas sim a combinação entre pobreza e privação dos direitos civis, na qual muitos negros sulistas se encontrariam meio século depois, uma vez que as emancipações anglo-americanas foram marcadas por uma desaceleração desses benefícios.

Em retrospecto, a maioria dos historiadores da economia norte-americana concorda que a escravidão não era um sistema moribundo, tampouco decadente, no momento em que foi mortalmente ferido. Nesse aspecto, ele se assemelha às outras variantes principais da instituição. As histórias das sociedades escravistas no século seguinte a 1780 mostram que apenas o esmagador poder político ou militar podia pôr fim à escravidão no Novo Mundo. Em alguns contextos, os temores sobre as relações raciais depois da emancipação eram um impedimento ainda maior à emancipação do que os temores sobre o declínio econômico. Como os estados escravistas norte-americanos de fronteira demonstraram claramente, não houve, em geral, a tendência interna para abolir a escravidão até sua rejeição pela 13ª Emenda da Constituição dos Estados Unidos, em 1865.

Mais para o norte, havia, certamente, menos vontade ainda de promulgar qualquer emancipação que requeresse a indenização total dos donos de escravos por perdas de capital que totalizariam 80% do produto nacional bruto dos Estados Unidos em 1860. Como quase todos os planos de emancipação anteriores à guerra tiveram de abordar a probabilidade da deportação e da indenização, os custos do desmantelamento pacífico da instituição da escravidão poderiam ter incluído enormes gastos com transporte, mesmo que os afro-americanos escravizados tivessem concordado em partir. Se não fosse assim, o processo reproduziria a devastação de um meio do caminho às avessas.

A Guerra Civil ocasionou a morte de 600 mil homens armados. Ela custou à nação mais de três vezes o valor dos escravos nos Estados Unidos em 1860. Mas, sem essa despesa de sangue e de tesouro, é fácil imaginar que a escravidão tanto nos Estados Unidos quanto no mundo teria sido uma instituição muito mais robusta durante o último terço do século XIX do que tinha mostrado ser no século anterior.[84] Poderíamos imaginar inúmeros cenários contrafatuais construídos a partir da sobrevivência da escravidão norte-americana depois da década de 1860. O que é certo é que sua inesperada destruição causou um tremor profundo nas sociedades escravistas que permaneciam intactas. Assim, os meados da década de 1860 assinalaram o fim do tráfico transatlântico de escravos e a intensificação da pressão sobre a própria instituição da escravidão em seus redutos ibero-americanos.

---

84 Goldin, op. cit., v.II, art.31, p.614-28. Como foi demonstrado nas emancipações britânica, francesa, espanhola, holandesa e luso-brasileira, a escravidão raramente foi encerrada com maior violência *per capita*, maior destruição material e com consequências de longo prazo mais debilitantes.

12
A abolição da escravidão do Novo Mundo – a América Latina

Cuba e Porto Rico

Às vésperas da ruptura da União Norte-Americana, os últimos dois sistemas escravistas ibero-americanos aparentavam estar tão robustos como em qualquer outra ocasião quanto a seu potencial de crescimento futuro. Em Cuba, a maior colônia escravista da Espanha, as expectativas econômicas dos fazendeiros permaneciam altas.[1] Cuba, diferentemente do Brasil ou dos Estados Unidos, foi o último sistema do Novo Mundo a recorrer à África como reservatório de seu recrutamento de escravos, embora a preços mais altos em consequência das restrições navais britânicas.

---

1 Eltis (1987), *Economic Growth and the Ending of the Transatlantic Slave Trade*, p.187-93; para uma visão panorâmica das perspectivas econômicas das "Três Grandes", as sociedades escravistas do Novo Mundo na década de 1850, consultar Bergad, *The Comparative Histories of Slavery in Brazil, Cuba and the United States,* cap.5.

Em 1856-1860, o preço dos escravos que estavam sendo embarcados na África tinha caído em mais de 40%, mas o preço dos escravos em Cuba tinha subido 75%.[2] Cada vez mais os fazendeiros cubanos concentravam seus escravos na lavoura açucareira – a mais produtiva entre 1830 e 1860. Em 1827, cerca de um quarto da população escrava cubana trabalhava no cultivo de cana e um terço, na produção de café. Em 1846, 36% dessa população trabalhava na produção de açúcar e 18%, na de café. Já em 1862, as porcentagens respectivas eram 47% e 7%. A avidez por trabalhadores em Cuba era de tal ordem que o governo espanhol abriu um mercado para o trabalho contratado de imigrantes da China. Mesmo assim, os cubanos ainda preferiam os africanos escravizados aos asiáticos contratados, enquanto pudessem comprá-los. Embora o preço dos escravos estivesse sempre mais alto que o dos contratados, durante a década de 1850 os fazendeiros cubanos compraram dois africanos para cada trabalhador contratado proveniente da Ásia. Nessa situação, os fazendeiros cubanos de açúcar foram plenamente capazes de absorver o aumento do preço dos escravos em consequência do aumento da produção física de cada escravo.[3] A orientação dos fazendeiros cubanos mudou sempre mais intensamente em direção à produção do açúcar; ao mesmo tempo, os níveis de produção e de valor de 1860 atingiram seu ponto mais alto e não mostraram sinais de perder o ímpeto. A escravidão cubana estava prosperando em relação não só ao mundo, mas também à sua própria história. A Guerra Civil dos Estados Unidos interrompeu a produção de açúcar da Luisiana, enquanto o valor da produção cubana de açúcar em 1861-1865 era 170% mais alto do que em 1841-1845. Próximo da abolição final, 1877, 77% dos escravos de Cuba residiam nas principais províncias da economia açucareira. Os números da renda *per capita* na zona ocidental do açúcar de Cuba têm sido estimados como de duas a três vezes superiores aos números dos Estados Unidos e da Grã-Bretanha em 1862.

---

2   Slave Trade Database, números para 1841-1860. Ver também Bergad et al., *The Cuban Slave Market 1790-1880*, p.152, figure 7.6.
3   Comparar Eltis (1987), op. cit., p.191-2 e p.245, Table A.2 sobre as importações cubanas de escravos em 1851-1860 com a chegada de trabalhadores contratados durante o mesmo período, mostradas por Northrup em *Indentured Labor in the Age of Imperialism, 1834-1922*, p.156-7, Table A.1.

E é preciso ter em mente a apreciação de David Eltis de que, no que diz respeito à produção *per capita*, a Cuba dos meados do século "tem de ser posicionada entre as seis primeiras nações do mundo".[4]

Embora a riqueza da mais nova "Pérola das Antilhas" se tornasse lendária nos meados do século, sua população escrava em expansão era reconhecida como uma fonte potencial de perigo. A população escrava aumentou em mais de 160% entre 1817 e 1846. As memórias da conspiração Escalera e de sua repressão brutal permaneciam vívidas. Com os escravos representando 36% de sua população em 1846, Cuba era mais análoga à Virgínia do que à Jamaica quanto à sua porção de trabalho escravo. Como ocorria com os cidadãos da Virgínia, era possível para os cubanos imaginarem uma política de "embranquecimento" por meio da imigração como um caminho pacífico para a eliminação do tráfico de escravos e para a eliminação gradual da própria instituição.[5] Ao longo das décadas de 1840 e 1850, as elites cubanas dissidentes se debateram com as alternativas de um futuro dentro de um império espanhol reformado, ou com os Estados Unidos como a solução para os problemas de autonomia, segurança e identidade coletiva combinados. Na altura do início da Guerra Civil Norte-Americana, no entanto, a ameaça demográfica pareceu ser menos urgente. Nos fins da década de 1850, mesmo depois da chegada da derradeira onda de escravos africanos em Cuba, os escravos totalizavam apenas 27% da população, e os brancos eram a maioria.[6]

De maneira geral, os defensores da reforma colonial foram muito ineficazes antes de 1860. Alguns dos que desejavam a liberdade política argumentavam que a liberdade e a escravidão, se não o tráfico de escravos, eram reconciliáveis em Cuba. José Antonio Saco tomou como exemplo o sul dos Estados Unidos, onde os donos de escravos exerciam o controle completo sobre o futuro da propriedade de pessoas.[7] Cuba, ao contrário, ainda era parte de um império colonial e não tinha poder

---

4   Eltis (1997), The Slave Economies of the Caribbean, p.123; Eltis (1987), op. cit., p.191-2; p.236 e p.284; e Bergad et al., op. cit., p.32-3.
5   Schmidt-Nowara, *Empire and Antislavery*, p.27-32.
6   Corwin, *Spain and the Abolition of Slavery in Cuba, 1817-1886*, p.146-7.
7   Ver Schmidt-Nowara, op. cit., p.25, e Corwin, op. cit., p.196.

político institucional. Na década de 1830, as Cortes espanholas tinham votado avassaladoramente para excluir as colônias da legislatura imperial. A ilha não possuía assembleia legislativa provincial autônoma, e sua sociedade civil era estritamente controlada. Externamente, Cuba tinha estado sob pressão diplomática britânica contínua durante quatro décadas, para pôr fim ao influxo de escravos africanos e libertar dezenas de milhares de africanos importados ilegalmente, que não podiam exercer nominalmente o *status* de homens livres. Cuba não fora a causa única do progresso econômico espanhol nos trinta anos que antecederam a Guerra Civil Norte-Americana, mas o governo espanhol acreditava firmemente que seu desenvolvimento econômico metropolitano, suas receitas públicas e seu prestígio internacional foram engrandecidos pela posse de Cuba.

Como foi observado anteriormente, durante a década de 1850 foi possível para o governo espanhol opor as ambições anexionistas dos Estados Unidos às políticas abolicionistas e antianexionistas da Grã-Bretanha. Em 1855, as Cortes espanholas aprovaram unanimemente a política de *status quo* em relação à escravidão:

> O governo [...] tem a mais profunda convicção de que a escravidão é uma necessidade e uma condição indispensável para a continuidade da propriedade territorial na Ilha de Cuba e tem buscado [dar aos crioulos] donos de propriedades garantias [...] de nunca interferir no sistema de maneira alguma.[8]

Tal política simultaneamente assegurou aos Estados Unidos que não havia um entendimento secreto com a Grã-Bretanha porque a instituição da escravidão era necessária para a prosperidade cubana. Embora houvesse bastante discussão sobre o assunto nos círculos privados, a esfera pública continuava amplamente desprovida de propostas abertamente

---

8   Corwin, op. cit., p.125.

abolicionistas, afora os apelos pelo cumprimento efetivo das leis contra o tráfico de escravos.

Antes da Guerra Civil Norte-Americana, Porto Rico oferecera um local muito promissor para o desenvolvimento do antiescravismo dentro da órbita imperial espanhola. Durante o quarto de século depois de Waterloo, os fazendeiros porto-riquenhos tinham tirado o máximo proveito das oportunidades disponíveis em consequência das sucessivas supressões do tráfico africano de escravos feito sob as bandeiras britânicas, holandesas e (mais tarde) francesas. Por algum tempo, Porto Rico tornou-se uma das zonas dinâmicas da produção de produtos básicos do Caribe. No meio do século, no entanto, o crescimento da escravidão estabilizou-se, e as importações de escravos da colônia virtualmente cessaram.[9] Os fazendeiros da ilha menor não conseguiriam manter o passo de seus correspondentes cubanos, e os porto-riquenhos aos poucos começaram a trocar o açúcar pelo café e pelo tabaco. Para essa produção, eles conseguiram empregar a população livre residente. Mesmo quando a porção escrava da população da ilha alcançou seu pico, em 1846, ela representava menos de um oitavo da população total, em comparação com a de mais de um terço de Cuba. Porto Rico tornou-se um exportador de escravos para Cuba na década de 1840, até que as pressões britânicas reduziram as transferências intercoloniais a proporções insignificantes durante as décadas seguintes.[10]

De qualquer forma, com seus 42 mil escravos residentes, o açúcar e a escravidão ainda eram características proeminentes na economia de Porto Rico. A elevação dos preços de escravos na década de 1850 induziu os fazendeiros de açúcar porto-riquenhos a lutar com unhas e dentes por novas fontes de trabalho. Eles reivindicaram o reavivamento do tráfico de escravos, a expansão do fluxo de trabalhadores asiáticos contratados e leis que obrigassem os trabalhadores livres desempregados a assinar

---

9 Eltis (1987), op. cit., p.219-20. Dorsey, *Slave Traffic in the Age of Revolution:* Puerto Rico, West Africa and the non-Hispanic Caribbean, argumenta que houve um tráfico indireto mais prolongado com a África via outras colônias escravistas europeias.
10 Corwin, op. cit., p.156.

contratos de trabalho com os empregadores. Nesse contexto de perceptível escassez de trabalhadores, até os reformistas porto-riquenhos se contiveram para não atacar a própria instituição da escravidão antes da década de 1860.[11]

Em seu balanço da abolição da escravidão no Império Espanhol, Schmidt-Nowara enfatiza o significado da transformação da esfera pública entre a metade da década de 1850 e a de 1860 como uma precondição para o surgimento do abolicionismo espanhol. Dentro da própria metrópole, o apoio coletivo ao antiescravismo por parte da elite era tão fraco quanto na maioria das outras sociedades europeias. O abolicionismo não emergiu nos setores industriais e comerciais, mas entre jornalistas e membros das "profissões livres" – advogados, médicos e engenheiros. Eram pessoas que rotineiramente viam a questão econômica e política da Espanha em termos de uma perspectiva europeia ampla e comparativa. Concordavam que a Espanha estava atrasada em relação às sociedades mais avançadas do ocidente em termos sociais, econômicos e culturais. Qualquer que fosse sua lucratividade relativa, a escravidão claramente não estava tirando a Espanha do subdesenvolvimento nem elevando sua posição no mundo civilizado. Os simpatizantes dos apelos antiescravistas estavam menos preocupados com as vantagens ou desvantagens econômicas de curto prazo oferecidas pela escravidão colonial do que com as desvantagens de ter o governo da Espanha preso ao conservadorismo autoritário doméstico e a uma instituição externa cada vez mais anômala.[12]

As três décadas entre 1830 e 1860 presenciaram a eflorescência de associações civis, especialmente em Madri. O número de jornais quintuplicou entre 1837 e 1865. O número crescente de matrículas na universidade central foi superado por uma explosão de escolas especializadas de educação superior, baseadas no modelo das *grandes écoles* francesas. Na década de 1850, novos fóruns públicos serviram de plataformas para uma variedade de reformas espanholas e antilhanas. O próprio significado do público expandiu-se para incorporar

---

11 Ver Schmidt-Nowara, op. cit., p.49.
12 Ibid., cap.3-4.

a totalidade de pessoas que compartilham os mesmos interesses ou que escolhem se reunir em um lugar específico para promover um interesse ou uma preocupação em comum.[13]

Contudo, mesmo com todo esse desenvolvimento associativo, nem o tráfico de escravos nem a escravidão apareceram antes da década de 1860 na agenda política do governo, das Cortes ou na esfera pública. Já em 1860, os abolicionistas britânicos reclamavam que mais navios negreiros estavam partindo para a África do que em qualquer época depois de o tráfico de escravos ter sido oficialmente proscrito pela Espanha. A afirmação era exagerada, mas permanecia o fato de que o número de escravos africanos desembarcados em Cuba no fim da década de 1850 era quatro vezes maior do que tinha sido uma década antes.[14]

A Guerra Civil dos Estados Unidos transformou um futuro potencial sem o tráfico de escravos e a escravidão em uma ameaça iminente. No meio da Guerra Civil, os diplomatas espanhóis puderam visionar a formidável Confederação sulista como um baluarte moral e político adicional para a escravidão em Cuba. O conflito inicialmente reduziu a ameaça anexionista dos Estados Unidos. Na primavera de 1865, no entanto, o baluarte desapareceu. O ministro espanhol na capital norte-americana, Washington, aconselhou seu governo "a considerar de uma forma ou de outra os meios para dar início à abolição da escravidão". De repente, parecia que a própria existência da escravidão em Cuba poderia ser usada por uma União vitoriosa e militarmente formidável como pretexto para a anexação de Cuba.[15] Mesmo antes da formação da Sociedade

---

13 Ibid., p.51-3. A expansão da atividade associativa coincidiu com as três décadas de excepcional crescimento industrial espanhol entre a década de 1830 e a de 1860. Ver Nicholas, *The Economic Modernization of Spain 1830-1930*, Albernozed (Ed.), p.709-10. Acompanhando esse crescimento, houve a fundação de associações dedicadas ao estudo e à resistência à reforma econômica: a Sociedade Livre de Economia Política (1857); a Associação para Reforma de Impostos (1859); a Revista Industrial; o Círculo Econômico Espanhol; e a Primeira Internacional (ver Schmidt-Nowara, op. cit., p.56-88).
14 Transatlantic Slave Trade Database, comparando os desembarques de escravos africanos em Cuba entre 1848-1850 e 1858-1860.
15 Corwin, op. cit., p.161-2; e ver Murray, *Odious Commerce*, p.299.

Abolicionista Espanhola, em 1865, a sociedade civil espanhola começara a se movimentar. A Sociedade Livre de Economia Política e a Academia de Jurisprudência e Legislação iniciaram suas primeiras discussões públicas sobre a abolição em 1864. Pela primeira vez em uma geração, os deputados das Cortes ansiosamente sugeriram que o governo deveria dar passos oportunos em direção à abolição. Em uma Havana estritamente controlada, uma nova associação sancionada pelo capitão-geral formou-se para fazer campanha pelo fim efetivo da escravidão. O já proibido tráfico de escravos foi novamente abolido em 1866, dessa vez mais como *post mortem* do que como prescrição.[16]

A primeira sociedade abolicionista da Espanha resultou tanto de uma nova configuração internacional de poder quanto da nova esfera pública da Espanha. Três décadas antes, em 1836, um grupo abolicionista obscuro parece ter entrado em cena brevemente em Madri durante uma discussão sobre a reforma colonial nas Cortes. Em seguida, desapareceu rapidamente sem deixar rastro. Desde sua fundação, em 1865, a Sociedade Abolicionista Espanhola aspirava seguir o modelo do padrão anglo-americano de movimento popular. Os abolicionistas adotaram o ícone clássico de um escravo ajoelhado, com suas mãos acorrentadas erguidas em súplica. A Sociedade marcou presença internacional ao se corresponder com Victor Hugo.[17] Em contraste com as organizações emancipacionistas europeias anteriores, a Sociedade Abolicionista Espanhola considerava-se uma associação imperial, e não meramente metropolitana. Seu padrinho organizacional foi o porto-riquenho Julio Vizcarrondo. Com outros porto-riquenhos em Madri, ele encabeçou a fundação da Sociedade Abolicionista Espanhola em abril de 1865.

Os abolicionistas espanhóis desejavam implementar toda a panóplia de técnicas anglo-americanas para mobilizar a opinião pública. Diferentemente de seus predecessores continentais, eles rapidamente se moveram para além dos modos cautelosos de ação que caracterizaram

---

16 Murray, op. cit., p.318-9.
17 Jordi, Abolicionismo y Resistencia a la abolición en la España del siglo xix, *Anuario de Estudios Americanos*, p.311-31; e Corwin, op. cit. p.158-9.

o abolicionismo francês durante a maior parte da monarquia constitucional. A imprensa popular, os comícios e a campanha de petições foram imediatamente incluídos no repertório do movimento. A esposa de Vizcarrondo, Harriet Brewster, natural da Filadélfia, organizou uma filial feminina da Sociedade.[18]

As diferenças entre o movimento espanhol e o anglo-americano, no entanto, eram facilmente visíveis. A fundadora da filial feminina era uma estranha em Madri – ela era a esposa norte-americana e protestante de um porto-riquenho. Mais significativamente, parece não haver evidência de atividade coletiva de mulheres depois de 1865. Igualmente notável é a ausência de uma dimensão de religião popular no abolicionismo espanhol organizado. Durante a intensificação dos debates a respeito do futuro da escravidão depois de 1865, o clero católico "era conspícuo por sua ausência. Com raras exceções, nem na Espanha nem em Cuba ele abraçou a causa da abolição". Havia uma tendência entre os abolicionistas seculares espanhóis de zombar do potencial da religião para acelerar o processo de emancipação. No ponto alto do debate a respeito da lei espanhola de emancipação, Emilio Castelar, um grande orador e futuro presidente da república espanhola, apelou para o legado de Lincoln, Wilberforce, Wendell Phillips e Toussaint Louverture. Quanto ao catolicismo: "Dezenove séculos de cristandade e ainda há escravos entre os povos católicos! Um século de revolução e não há escravos entre os povos revolucionários".[19]

As atividades do não conformismo britânico e do segundo grande despertar nos Estados Unidos nortistas não tiveram um correspondente na organização do movimento espanhol. O conjunto dos membros do movimento antiescravista espanhol parece ter sido esmagadoramente secular e geralmente anticlerical tanto em suas afiliações quanto em sua retórica. Isso também teve implicações importantes para o antiescravismo popular. Na órbita anglo-americana, as instituições religiosas sempre foram um meio importante de mobilização antiescravista de um grande grupo, proveniente

---

18   Schmidt-Nowara, op. cit., p.117; e Corwin, op. cit., p.159.
19   Citações em Corwin, op. cit., p.166 e p.250.

de diversas classes sociais. Na Espanha, o movimento parece ter tido uma popularidade limitada entre os espanhóis da classe trabalhadora. Quando um dos maiores comícios abolicionistas em Madri atraiu uma multidão de 10 mil a 16 mil pessoas, os abolicionistas notaram a ausência de trabalhadores. Eles tiveram de ficar satisfeitos com a declaração de que contavam com o "firme apoio das classes médias de Madri".[20]

A economia política do complexo imperial também limitava a eficácia do apelo popular do antiescravismo. Na Espanha, o abolicionismo estava ligado ao movimento para desmantelar a estrutura protecionista da economia política metropolitana. Contra os abolicionistas, estavam prontos para a batalha grandes grupos públicos e privados que lucravam com a estratégia neomercantilista de fazer os cubanos pagarem altos preços pelos produtos básicos espanhóis protegidos e pelos produtos estrangeiros. "Livre-comércio a todo vapor" significaria a perda do mercado cubano, por causa da relativa fraqueza da indústria espanhola.[21]

As pressões estrangeiras e imperiais pela abolição defrontaram-se com uma contramobilização liderada por manufaturadores metropolitanos, transportadores, casas mercantis e banqueiros com interesses no mercado cubano sob a proteção imperial. Esses grupos estavam principalmente interessados em fazer a transição da escravidão para a liberdade da forma mais vagarosa possível, garantindo tanto a continuidade da produção colonial quanto a retenção da ilha pela Espanha. Contra a abolição imediata, portanto, estendia-se uma lista de personalidades, capitalistas e figuras políticas proeminentes da Espanha, "que podia ser tomada como algo parecido com um anuário de informações sobre as pessoas importantes".[22]

Dentro da Espanha, essa elite foi capaz de organizar uma contramobilização metropolitana que se igualou ao esforço abolicionista, se é que não o ultrapassou. Em 1872, as Cortes espanholas prepararam-se

---

20 Schmidt-Nowara, op. cit., p.152.
21 Robert Whitney, The Political Economy of Abolition: The Hispano-Cuban Elite and Cuban Slavery, 1868-1873, *Slavery and Abolition*, p.20-36, citação na p.23.
22 Ibid., p.29.

para votar a abolição imediata em Porto Rico. Os montes de petições a favor da abolição depararam com mais de cem petições antiabolicionistas vindas de todos os lugares da Espanha. Elas testemunhavam os interesses políticos concatenados dos donos de escravos cubanos e dos protecionistas metropolitanos. Em 1872-1873, os antiabolicionistas conseguiram atrair as assinaturas de mais de mil peticionários em Barcelona e organizar uma insurreição em Madri. Entre os peticionários da Catalunha havia artesãos, comerciantes, donos de navios e industriais de Barcelona. Os abolicionistas reagiram com uma campanha de petição nacional para demandar a abolição imediata em Cuba, bem como em Porto Rico. Organizaram demonstrações públicas em mais da metade das doze cidades principais, de Barcelona a Cádiz. Os filipinos, os negros e os trabalhadores juntaram-se aos artistas, mercadores e banqueiros em desfiles públicos. Finalmente, as forças abolicionistas de Porto Rico e da Espanha conseguiram promulgar a abolição em Porto Rico, em março de 1873, juntamente com provisões compulsórias para fazer a transição do regime de trabalho.[23]

As mobilizações abolicionistas da Espanha atuaram em um contexto mais conturbado que as das colônias britânicas e do norte dos Estados Unidos. A luta abolicionista popular nem sempre ocasionou interações tranquilas com as autoridades ou resultados legislativos favoráveis. De fato, um bom caso pode ser montado com o argumento de que a abolição imperial espanhola avançou de acordo com o modelo de Blackburn de emancipação revolucionária, no qual o desmembramento da instituição surge de uma convergência de crises político-econômicas e sociais frequentemente tangenciais à própria questão da escravidão.[24] Na década posterior a 1865, a Espanha foi acometida por uma severa crise econômica em 1866, por uma revolução política que envolveu a mudança da dinastia, por uma república de vida curta em 1873 e por uma restauração da monarquia em 1874. A década foi pontuada por rebeliões da classe

---

23 Schmidt-Nowara, op. cit., p.153-4.
24 Blackburn, *The Overthrow of Colonial Slavery 1776-1848*, cap.1; e Schmidt-Nowara, op. cit., p.157-160.

trabalhadora e de camponeses e pela resistência republicana radical. Os partidos legislativos Liberal e Conservador da elite não tinham seguidores na massa e frequentemente precisaram de apoio militar para assegurar o poder. A instabilidade na metrópole foi superada por um conflito mais profundo e mais duradouro em Cuba – a guerra de independência que a assolou de 1868 a 1878.

Além das órbitas metropolitanas e imperiais estava um mundo anglo-americano não mais dividido a respeito da escravidão. Tanto os Estados Unidos quanto a Grã-Bretanha pressionaram o governo espanhol com persistência variada para que ele promovesse a abolição. Justamente no período que antecedeu a revolução cubana de 1868, essas pressões extraimperiais provavelmente exerceram um papel importante para acelerar o movimento espanhol em direção à abolição. Assim que a Guerra Civil dos Estados Unidos terminou, os governos britânico e norte-americano pressionaram para que houvesse a supressão definitiva do tráfico cubano de escravos. Como foi indicado, o decreto final na Espanha (setembro de 1866) e sua proclamação em Cuba (setembro de 1867) foram pouco mais que cerimônias de um ritual funerário. O governo espanhol também iniciou uma inquirição sobre a possível emancipação. Para isso, reuniu uma comissão especial de seu império ultramarino, a *Junta de Informacion de Ultramar*. A Junta imediatamente se defrontou com uma cisão profunda entre os comissários porto-riquenhos e cubanos. A maioria da delegação porto-riquenha era favorável à abolição imediata da escravidão em Porto Rico, com ou sem indenização. A delegação cubana opôs-se e apresentou a contraproposta de emancipação gradual, que se baseava no princípio da liberdade imediata para os escravos com idade superior a sessenta anos, para todos os filhos de escravos recém-nascidos (*vientre libre*) e para as crianças com idade inferior a sete anos. Os bebês e as crianças permaneceriam como aprendizes dos senhores de suas mães até os dezoito anos de idade. Os cubanos queriam o estabelecimento de um fundo de indenização para os senhores dos cerca de 300 mil escravos restantes. Esse fundo seria constituído pelas receitas cubanas, que eram usualmente destinadas ao tesouro espanhol. O governo espanhol aceitou a conclusão consensual da Junta de que o problema da escravidão tinha de ser resolvido pela emancipação, mas ficou indeciso sobre a implementação do plano. O modo de indenização que seria assumido pelo tesouro metropolitano foi considerado impossível e inaceitável. A Espanha era simplesmente muito pobre para seguir o modelo abolicionista britânico. Além do mais, em 1867, era impossível aferir a opinião pública cubana. A discussão pública da abolição em Cuba havia sido proibida uma década antes e foi amplamente ineficiente durante as deliberações. Em ambas as ilhas caribenhas da Espanha, as posições das delegações coloniais da Junta foram censuradas por terem sido levadas pela correnteza em direção à abolição.

Assim que a Junta foi dissolvida, o governo encontrou razões plausíveis para retardar até mesmo a ação gradualista. A Sociedade Abolicionista Espanhola, temporariamente proscrita, tinha dificuldades para divulgar sua causa.[25] Mesmo assim, o breve período de discussão que foi aberto na metrópole depois de 1865 parece ter encorajado uma visão de trabalho livre segundo a qual os escravos antilhanos seriam trabalhadores potenciais, que responderiam "naturalmente" aos incentivos econômicos. A esse respeito, os abolicionistas espanhóis aderiram fielmente aos princípios da economia política que os abolicionistas britânicos haviam adotado em suas campanhas para a emancipação colonial dos escravos.[26]

Vale a pena notar que a ameaça de revolução racial não exerceu um papel significativo nas longas discussões da Junta. Nesse aspecto, suas deliberações eram mais parecidas com os discursos britânicos do que com os norte-americanos, que precederam os respectivos debates da Junta a respeito da emancipação. Não houve a defesa da escravidão, tal como no discurso de John C. Calhoun no Senado dos Estados Unidos exatos trinta anos antes, cujo argumento era de

> que no estado atual da civilização, no qual estão reunidas duas raças de origens diferentes [...] e [...] com diferenças físicas e intelectuais, a

---

25 Corwin, op. cit., p.189-215; Schmidt-Nowara, op. cit., p.107-8.
26 Antes de tudo, ver Holt, *The Problem of Freedom*, cap.1-3; Drescher (2002), *The Mighty Experiment*, p.138; e Schmidt-Nowara, op. cit., p.120-1.

relação existente agora entre ambas nos estados escravistas é, em vez de um mal, um bem – um bem positivo.

Nos debates subsequentes, houve uma visão da unidade racial e cultural branca dos "espanhóis" em ambos os lados do Atlântico. A competição racial era geralmente concebida como uma corrida global entre as raças latina e anglo-saxônica para a ocupação do Novo Mundo. Isso teria se concretizado em consequência de uma política de imigração em massa para Cuba, que teria promovido uma relativa marginalização da raça africana.[27]

O movimento seguinte para a emancipação emergiu do choque de opiniões na sociedade política e civil, que ganhou a forma de levantes quase simultâneos nos dois lados do Atlântico espanhol. Em setembro de 1868, um golpe liderado pelos militares proclamou a "Revolução Gloriosa", anunciando a queda da monarquia Bourbon. O novo governo espanhol, dominado por generais, estava dividido a respeito de várias questões vitais: a escolha entre uma monarquia constitucional sob uma nova dinastia, ou a formação de uma nova república; a mudança da economia política da Espanha, do protecionismo para o livre-comércio; a integração das colônias ultramarinas em um parlamento imperial e a implementação de um projeto de emancipação de escravos que já tinha sido aceito em princípio pelo governo anterior. Atraído pelo exemplo britânico da transição dentro da ordem, o projeto da Junta foi cancelado pelos custos potenciais da indenização da emancipação, que poderiam minar as finanças do Estado, muito dependentes do setor das grandes lavouras escravistas do império. De qualquer maneira, não houve uma defesa pró-escravista sistemática nas deliberações da Junta ou nos debates subsequentes sobre a emancipação nas Cortes. Pelo contrário, os proponentes e os oponentes dos projetos de lei de emancipação concentraram-se nos meios possíveis menos disruptivos para acabar com a instituição. Como sua precedente na Pensilvânia, a lei de emancipação espanhola colocou

---

27 Fredrickson (1971), *The Black Image in the White Mind*; e Schmidt-Nowara, op. cit., p.105-6; p.118-22.

um limite ao tempo biológico na instituição. Por ter simultaneamente libertado os recém-nascidos e os escravos com mais de 65 anos de idade (mais tarde, com sessenta), ela até designou uma data definitiva para seu término. Todos os infelizes que tivessem nascido antes da data da Revolução Gloriosa de 1868 somente seriam libertados em 1928. Ao defender o adiamento, a lei apelou à predição pré-presidencial de Abraham Lincoln sobre o fim pacífico da escravidão norte-americana por volta de 1900. A previsão de Lincoln seria repetida muitas vezes pelos conservadores.[28] O resultado dos esforços para a emancipação na Espanha foi a Lei Moret, de 4 de julho de 1870.[29]

Do outro lado do Atlântico, as próprias colônias estavam profundamente divididas a respeito dos passos e da direção da reforma colonial. Porto Rico, menos dependente da escravidão, encorajou seus abolicionistas a pressionarem pela abolição imediata, com a indenização como uma preocupação secundária. A posição cubana, muito mais hostil, elaborada pela velha elite fazendeira, foi posta em questão subitamente por uma revolução dentro da ilha em outubro de 1868. Esse grande levante ficou conhecido como a Guerra dos Dez Anos (1868-1878). As origens da guerra estão no desenvolvimento divergente das duas áreas da ilha. Embora a escravidão cubana como um todo tenha se expandido dramaticamente durante os cinquenta anos anteriores a 1868, foi a metade ocidental da ilha que mais prosperou pela união profunda entre o açúcar e a escravidão. Na década de 1860, os escravos constituíam a metade da população das áreas que se expandiram mais rapidamente. Os trabalhadores contratados elevaram a proporção de trabalhadores não livres para 60%. Os anos de pico da importação de trabalhadores chineses contratados foram os quatro anos entre 1864, com a queda dramática das importações africanas, e as insurreições da revolução, em 1868. Como em outros lugares nas Américas, a produção do açúcar cubano alcançou seu

---

28 Corwin, op. cit., p.250.
29 Ibid., p.246-7.

pico de trinta anos nesse mesmo momento.[30] Da perspectiva dos donos de escravos de Cuba, o levante cubano pela independência de 1868 veio no mesmo momento em que o trabalhador não livre estava no pico de sua contribuição para a prosperidade. Nas áreas em que a dependência do trabalho escravo e a ameaça em potencial da desordem social eram maiores, a vasta maioria de fazendeiros não estava disposta, por isso mesmo, nem a colocar em perigo a instituição da escravidão, nem a apoiar uma insurgência contra o domínio espanhol. A economia cubana oriental não tinha se saído tão bem depois de 1850. Nessa parte da ilha, as fazendas de café, tabaco e gado, estabelecidas ao lado dos latifúndios de açúcar, eram uma parte muito mais significativa da economia da região. A instituição da escravidão era proporcionalmente mais fraca. Na área em que o movimento rebelde de 1868 teve seu primeiro ponto de apoio, os escravos representavam menos de 2,5% da população. Mas em nenhuma das jurisdições em que o movimento se estabeleceu a população escrava totalizava mais de 9% dos habitantes.[31]

Isso não quer dizer que a abolição era uma prioridade mais alta entre os que iniciaram o levante cubano do que entre os que iniciaram as guerras de independência hispano-americanas anteriores. É verdade que o revolucionário Carlos Céspedes tratou seus escravos por "cidadãos" no primeiro dia do levante cubano. Ele lhes assegurou: "Vocês são tão livres quanto eu", e os convidou a se juntarem à luta pela independência de Cuba. O primeiro manifesto revolucionário coletivo, no entanto, proclamou apenas os princípios da abolição gradual e indenizada, que tinham sido aceitos por todos os delegados à Junta de Madri no ano anterior. Além disso, os rebeldes notaram que a emancipação seria implementada apenas depois de a guerra ter sido concluída com sucesso.[32]

Como na maior parte das Américas espanholas, a escravidão em Cuba terminaria apenas de modo gradual e hesitante ao longo de déca-

---

30 Scott, *Slave Emancipation in Cuba*, p.29, Table 6, e Eltis et al., TSTD sobre o desembarque de escravos em Cuba.
31 Ver Ferrer, *Insurgent Cuba*: Race, Nation and Revolution, 1868-1898, p.17-21 e Table 1.1.
32 Ibid., p.22.

das. Mesmo na área dominada pela insurgência, a necessidade de apelar aos escravos e tranquilizar os senhores significava que o caminho para a libertação permanecia incerto. Isso refletia as hesitações da liderança da elite a respeito das mesmas pessoas a quem a libertação estava sendo oferecida como um incentivo à lealdade. Os revolucionários tinham profundas reservas sobre a aptidão dos escravos para a liberdade civil e política imediata. Da mesma forma que tantos combatentes anteriores, eles estabeleceram uma diferença entre os escravos dos oponentes, que poderiam libertar e recrutar para a ação, e os escravos dos revolucionários, cujos direitos à propriedade deveriam ser respeitados. A liderança, como uma medida oportunista, divulgou um decreto original (abril de 1869) que libertava todos os habitantes, e depois voltou atrás ao requerer que todos os cidadãos prestassem seus "serviços", como exigia o novo regime.

Com efeito, os revolucionários cubanos depararam com o mesmo problema da perda de trabalhadores que Victor Hugues, Toussaint Louverture e outros em situações de guerra revolucionária. Era necessário manter um número suficiente de pessoas em atividades subalternas para servirem como domésticos, ou para prover suprimentos para as forças de combate.[33] Mesmo quando o trabalho forçado foi oficialmente suprimido no território rebelde, nos fins de 1870, nenhum ex-escravo seria libertado para que ficasse ocioso. O que ocorreu, mesmo dentro das fileiras insurgentes, foi uma negociação constante das fronteiras da liberdade. Como essas fronteiras mudavam com as fortunas da guerra e com a presença de tropas espanholas ou lealistas, os ex-escravos também tinham mais flexibilidade para desertar para os lealistas sob a alegação de que tinham sido capturados ou seduzidos pelas forças rebeldes, que eles agora rejeitavam.

Como em conflitos anteriores, os apelos contínuos ao recrutamento claramente desgastaram a instituição da escravidão pelos dez anos de duração da guerra e pela indeterminação de seu resultado. Em 1878, os termos de paz acordados no Pacto de Zanjon libertaram todos os escravos

---

33 Ibid., p.27-35.

e trabalhadores contratados que na ocasião participavam da luta armada. Nas duas províncias rebeldes de Porto Príncipe e Santiago de Cuba, a década revolucionária assistiu a uma diminuição dramática do número de escravos, os quais passaram de 62.300 para 15.350, um declínio de 75%. Nas províncias pesadamente escravistas, que sofreram um menor impacto da guerra, a população escrava diminuiu em apenas um terço. Uma parte da diminuição deveu-se à aplicação da Lei Moret metropolitana, de 1870. Durante os tumultos provocados pelas hostilidades, essa lei tornou-se uma instituição mais porosa em relação à sua intenção. Além das libertações no nascimento e na velhice, todos os escravos não registrados nos censos anteriores foram libertados automaticamente. Essa provisão também libertou 10 mil *emancipados*, ou seja, os africanos que haviam sido resgatados dos navios negreiros e entregues aos senhores cubanos por um período limitado de serviço. Para muitos, suas obrigações de serviço tornaram-se cativeiro vitalício.[34]

Como em 1878 não havia mais escravos abaixo de nove anos de idade ou acima de sessenta, a maior parte da diminuição da escravidão no próspero oeste foi resultado da operação da Lei Moret. Como em tantos dos conflitos anteriores, uma década de revolução tinha acelerado o processo de concentração do trabalho escravo na zona agrícola mais próspera. Se os donos de escravos cubanos demonstraram "uma ligação emocional menor com a instituição formal da escravidão", a emoção parece ter variado de acordo com as condições de lucratividade comparativa. Os fazendeiros do açúcar parecem ter sido os mais determinados a fazer uso máximo do suprimento em queda de escravos pelo maior tempo possível.[35] Na zona de insurgência, a guerra sem dúvida mudou

---

34 Ver Scott, op. cit., cap.4.
35 Sobre o parágrafo acima, ver Scott, op. cit., cap.4, citação na p.107. Ao considerar o impacto comparativo da insurreição de 1868 e a Lei Moret, sobre a abolição gradual, em 1870, esta foi, evidentemente, menos chocante para os donos de escravos cubanos do que a eclosão da Guerra dos Dez Anos. A guerra rapidamente reduziu o preço dos escravos em mais de 30% de 1868 a 1869. (Bergad et al., op. cit., p.61.) Como a insurreição ficou confinada ao leste cubano, o preço dos escravos se recuperou e finalmente excedeu os picos previamente atingidos na década de 1850. Mesmo com apenas um horizonte limitado, os donos de escravos cubanos em áreas povoadas continuaram a comprar escravos a preço que permitia o uso no curto prazo (ibid., p.61).

as relações sociais entre os senhores e os escravos. As autoridades espanholas reconheceram que, se os rebeldes ex-escravos fossem forçados a retornar às suas antigas moradias, seriam "capazes de desmoralizar as forças escravas e se tornar fugitivos [*cimarrones*]".[36] Para os escravos que fugiram e sobreviveram ao conflito, a guerra claramente acelerou a libertação pessoal.

A rebelião por si só, no entanto, não forçou a Espanha a ceder às pressões pela emancipação. Na perspectiva imperial, além do levante cubano oriental havia outras forças em jogo no acidentado caminho da Espanha rumo à emancipação. De fato, o governo metropolitano respondeu ao desafio revolucionário com a suspensão da abolição em Cuba. Ele temia que a abolição da escravidão sob a ameaça da violência o levaria ao caminho econômico custoso das revoluções franco-caribenhas e da Guerra Civil Norte-Americana. Em vez disso, o governo espanhol contava com a lealdade dos donos de escravos e com o apoio militar dos lealistas espanhóis mobilizados ("os Voluntários") em Cuba. Esses dois grupos permitiram que as autoridades espanholas retivessem o controle sobre a maior parte da ilha.

As forças lealistas permaneceram suficientemente poderosas dentro de Cuba para expulsar um capitão-geral em 1869, julgado demasiadamente conciliatório em relação aos insurgentes. Contudo, o governo ficou simultaneamente sujeito a pressões contrárias de outra colônia caribenha que, ironicamente, estava sob um controle espanhol mais amplo. No mesmo mês do levante cubano, uma insurreição separatista irrompeu em Porto Rico e foi reprimida em poucos dias. Então, os abolicionistas porto-riquenhos fizeram pressão para que houvesse uma resolução legal sobre a questão da emancipação. Eles argumentavam que a escravidão era tão insignificante e o trabalho livre tão abundante que nem uma ameaça racial nem um problema de trabalho bloqueavam o caminho da implementação imediata da emancipação.[37] O governo dos Estados Unidos adicionou alguma pressão exógena a esse debate. Ele ofereceu

---

36 Ferrer, op. cit., p.68.
37 Schmidt-Nowara, op. cit., p.132-7.

seus "bons ofícios" para ajudar a negociar o fim da insurreição cubana, de modo que a Espanha reconheceria a independência cubana, a escravidão seria abolida, e Cuba pagaria uma indenização por toda propriedade pública pertencente à Espanha. O governo norte-americano ominosamente adicionou que, se Cuba permanecesse "não resolvida", os Estados Unidos poderiam reconhecer o *status* dos insurgentes como beligerantes, com o eventual reconhecimento e suprimento de armas. Os termos ameaçadores da proposta dos Estados Unidos vazaram para a imprensa por um membro do governo espanhol. Houve um protesto popular tão grande em Madri que o governo espanhol, com o apoio francês, britânico e prussiano, recusou a oferta norte-americana.[38]

Como os Estados Unidos estavam reivindicando reparações da Grã-Bretanha, por ela ter reconhecido o *status* beligerante do sul durante a Guerra Civil, os norte-americanos não cumpriram sua ameaça de reconhecer a insurgência cubana. Os governos dos Estados Unidos e da Grã-Bretanha e os abolicionistas porto-riquenhos agora argumentavam que a insurreição em Cuba não oferecera motivo para atrasar a ação sobre a escravidão em Porto Rico. Desarmando um público norte-americano que era favorável aos rebeldes cubanos, o governo espanhol promulgou a emancipação em Porto Rico, onde não estavam sendo questionadas nem sua honra nacional nem sua autoridade imperial, tampouco sua popularidade metropolitana. Como já foi observado, em princípio, a Lei Moret, de 1870, combinou o modelo da Pensilvânia de libertação da escravidão no nascimento com um pacote de indenização de estilo britânico e com uma cláusula que protelava a emancipação cubana durante o conflito. Sendo as colônias escravistas do império constitucionalmente parte integrante do reino espanhol, em 1870 a Espanha se tornou o último Estado europeu, salvo o Império Otomano, a anunciar que não haveria mais escravos nascidos em solo espanhol. Todos os escravos com mais de 65 (mais tarde, sessenta) anos de idade, todos os *emancipados* e todos que

---

38 Corwin, op. cit., p.232-4.

serviram nas forças espanholas contra a independência cubana estavam igualmente livres.[39]

A aprovação da Lei Moret não deu folga ao governo espanhol quanto à questão da escravidão. Dois problemas continuaram sem solução – a questão da indenização e a manutenção do trabalho. Como muitos historiadores têm observado, o tom dos debates parlamentares finais de 1879-1880 foi muito diferente daquele dos debates na década anterior, sobre a Lei Moret. Havia menos retórica abolicionista acalorada dentro de uma assembleia conservadora preocupada quase exclusivamente com problemas da organização do trabalho depois da emancipação e da minimização dos danos à indústria do açúcar.[40] O governo espanhol ainda não estava em posição fiscal para indenizar os cubanos por seus 200 mil escravos, como havia feito no caso do pequeno grupo de 31 mil escravos porto-riquenhos em 1873.

Apenas dez anos depois da Lei Moret, a Lei da Emancipação de 1880 combinou uma declaração de abolição imediata com uma condição de trabalho restritivo de oito anos. A lei criou uma nova instituição, o *patronato*. Como o aprendizado britânico, ele garantia a continuidade do trabalho dos ex-escravos. Esse sistema deveria durar por oito anos, como um substitutivo parcial à indenização prometida. Os ex-escravos poderiam encurtar o período da coação pela compra de sua parte do *patronato*. A lei de 1880 não apenas acabou com a escravidão, mas também prefixou as datas para a libertação dos aprendizes, cujo ponto final seria em 1888. A cada ano, entre 1884 e 1887, um quarto dos escravos de cada senhor deveria ser libertado. Os escravos também podiam adquirir sua própria liberdade ou reduzir o tempo de serviço por prestações. As Cortes aprovaram a lei por uma grande maioria em 1880, e Cuba quase se tornou a última área nas Américas a abolir a instituição. Na ilha, a lei da emancipação foi posta em prática com muito menos comemorações públicas do que a emancipação no Caribe britânico, ou até mesmo em Porto Rico, apenas sete anos antes.

---

39 Ibid., p.24.
40 Scott, op. cit., p.123-4.

O paralelo do baixo nível de entusiasmo foi o alto nível de aquiescência em Cuba. A protelação da liberdade completa foi aceita sem nenhum levante. Três anos depois da emancipação, um vice-cônsul britânico não conseguia se lembrar de nenhuma lei espanhola que tivesse sido "posta em prática e executada tão ao pé da letra quanto essa Lei da Emancipação de 1880". O novo sistema também ofereceu maior liberdade de ação no plano individual para determinar o curso da emancipação. Novamente, a pressão abolicionista, como no caso britânico, levou ao fim do sistema de transição dois anos antes da expiração do prazo previsto para seu término. O desfecho de 7 de outubro de 1886 foi implementado quase sem resistência, tanto na Espanha quanto em Cuba.[41]

Durante os dezesseis anos de transição da Lei Moret até o fim do *patrocinado*, parece que os donos de escravos cubanos administraram a transição para a liberdade com menos interrupções, se não com menos violência, nas grandes lavouras, do que todos os seus predecessores. Isso foi conseguido por meio de uma alternativa: a imigração de trabalhadores. O novo suprimento de trabalho chegou de várias formas: trabalhadores contratados, presidiários, soldados e trabalhadores livres.

A participação dos escravos nas lutas armadas pela independência pode, por outro lado, ter facilitado a luta pela cidadania completa. Os ex-escravos cubanos não sofreram o retrocesso de direitos políticos e civis que afligiu os negros sulistas contemporâneos nos Estados Unidos. Da perspectiva da indústria do açúcar, a produção de Cuba caiu apenas 3% nos anos do *patrocinado* (1881-1886) em comparação com o período equivalente anterior. De fato, durante os seis anos seguintes ao fim do *patrocinado*, em 1886, a média anual da produção de Cuba cresceu 18%.

O processo da abolição imperial no império espanhol contrastou com os da Grã-Bretanha, da França e dos Estados Unidos. Antes de 1860, nem a metrópole espanhola, virtualmente sem escravos, nem as colônias escravistas caribenhas tiveram um espaço geográfico ou público no qual o antiescravismo poderia facilmente passar de um sentimento difuso

---

41 Corwin, op. cit., p.307-11; Scott, op. cit., p.129-40.

ao abolicionismo político. Tampouco houve um levante escravo autônomo com força suficiente para questionar a instituição da escravidão. O império espanhol distinguiu-se por ter sido o último importador em larga escala de escravos africanos nas Américas. As forças extraimperiais claramente controlaram a cronometragem do fim do tráfico de escravos nos meados da década de 1860. A própria instituição da escravidão passou a viver sob nova pressão. Facções profunda e violentamente opostas desenvolveram-se tanto na metrópole quanto nas colônias a favor do avanço ou do retardo da agenda emancipacionista. A ameaça estrangeira foi frequentemente mais crítica do que os conflitos intraimperiais para forçar a ação decisiva. O abolicionismo desenvolveu-se em graus diferentes entre as elites em todas as três zonas do império atlântico espanhol.

Em Porto Rico, sua menor unidade, a pressão pública foi mobilizada pela primeira vez de forma decisiva a favor da emancipação imediata. Porto Rico também agiu como o catalisador imperial para a ação decisiva. Na Espanha, as forças alinhadas tanto a favor quanto contra a abolição pareciam equilibradas. Elas dificultavam qualquer opção, exceto a de uma transição muito gradual. Em contraste, o movimento de independência cubana foi claramente incapaz de mobilizar o grosso da população livre da ilha em uma coalizão vitoriosa contra a escravidão.

Como nas guerras de independência espanhola anteriores, os escravos fugiram e conquistaram a liberdade nas brechas criadas pelos conflitos entre os não escravos. Eles não conseguiram mobilizar um poder independente o bastante para forçar os dois lados a destruir a instituição somente em troca da oferta de apoio escravo. Os escravos que lutaram na guerra, no entanto, deixaram um legado frutífero para além da supressão da instituição. Como nos conflitos hispano-americanos anteriores, eles abriram um caminho para os direitos políticos depois da emancipação, que foram cancelados ou adiados nas sociedades anglo-americanas. Era uma vantagem de que eles teriam muita necessidade no mundo euro--americano dos fins do século XIX, crescentemente mais tolerante em relação a uma visão racial da comunidade humana.

Por mais tardio que fosse, o remanescente caribenho do império espanhol seguiu o modelo concebido por seus antecessores latino-

-americanos mais de um século antes. A emancipação gradual de escravos ocorreu em parte como subproduto de uma luta pela independência dentro de sociedades profundamente divididas e pelos governos instáveis nos dois lados do Atlântico.

Brasil

Diferentemente de seus equivalentes no Caribe anglo-francês e na América do Norte, o Brasil iniciou o terceiro quartel do século XIX com um sistema escravista dinâmico e próspero. Sua economia de exportação continuava a ser fortemente dependente do trabalho escravo ainda na década de 1880, particularmente no setor do café, que estava localizado na região centro-sul da grande nação. O fim repentino do tráfico de escravos no Brasil exigiu ajustes, mas não pareceu colocar a instituição da escravidão em si sob qualquer ameaça econômica ou política imediata. As demandas de trabalhadores para o crescimento da economia do Brasil perduravam, mas eram muito menos agudas do que viriam a ser na geração seguinte. O açúcar, o café e o algodão continuavam sendo os principais produtos básicos exportados. No fim da década de 1850, houve um temporário declínio da produção de açúcar, mas o algodão e o café continuaram a crescer em valor e volume, dando continuidade ao processo das décadas anteriores. Em resposta ao aumento do preço dos escravos, a produtividade também aumentou.[42]

Perto do fim da década de 1850, a zona de café na região centro-sul do Brasil estava mais nitidamente otimista do que as outras zonas do país. Na ausência da fonte africana de trabalho, os fazendeiros de café começavam a retirar escravos de outros setores econômicos e de outras regiões. Antes do fim da Guerra Civil norte-americana, no entanto, isso não teve efeitos muito perturbadores sobre os relacionamentos entre os principais setores das grandes lavouras ou sobre suas regiões. Durante a

---

42   Eltis (1987), op. cit., p.193-6, p.285-6, Tables F.3, F.4 e F.5.

maior parte da década de 1850, o diferencial do preço de escravos entre a zona do café do centro-sul do Brasil e os mercados da zona de algodão e açúcar do nordeste era relativamente pequeno. A ameaça de mudanças internas na distribuição dos escravos brasileiros ainda parecia remota.[43] Na década de 1860, o tráfico de escravos *dentro* do setor mais dinâmico de cultivo de café era provavelmente mais importante do que quaisquer transferências intrarregionais de fora. O que estava ocorrendo, portanto, em todas as regiões na década de 1850, envolvia transferências internas de escravos vindos de cidades e de pequenas fazendas escravistas para proprietários mais prósperos. O conjunto de escravos nessas atividades econômicas marginais ou domésticas ainda constituía um grande reservatório de trabalho escravo do qual poderiam fazer uso as economias de grandes lavouras de toda a nação.[44]

Em resumo, no meio do século XIX o Brasil não tinha passado por nenhum grande conflito secional de interesse, ou por algum movimento social ou por alguma ofensiva ideológica que ameaçasse o futuro imediato da instituição da escravidão da mesma forma que durante a crise dos Estados Unidos. Essa mesma instituição ainda estava legalmente intacta em cada república espanhola da fronteira do Brasil, com exceção do Uruguai. A escravidão ainda era uma instituição virtualmente incontestada do Amazonas ao Rio Grande do Sul. O partido conservador, que era dominante, estava empenhado em facilitar o desenvolvimento econômico de forma que as elites de comerciantes e fazendeiros pudessem fazer "o

---

43 Ver Conrad, *The Destruction of Brazilian Slavery 1850-1888*; e especialmente Slenes, The Brazilian Internal Slave Trade, 1850-1888: Regional Economics, Slave Experience and the Politics of Peculiar Market, Johnson (Ed.), *The Chattel Principle*, p.333-9.
44 Slenes, op. cit., p.331, estima que cerca de 5 mil escravos por ano foram transferidos, na década de 1850, de outras regiões para as áreas produtoras de café. Isso está de acordo com as estimativas britânicas contemporâneas. Ver Bethell, *The Abolition of the Brazilian Slave Trade*, p.373-4; e Eltis (1987), op. cit., p.195. O deslocamento de escravos das cidades para o campo foi análogo ao dos Estados Unidos na década de 1850 (ibid., p.341-3). A década de 1870 já estava avançada antes de o mercado inter-regional se tornar mais robusto, e 10 mil escravos por ano foram transferidos para o sul. Na década de 1850, a principal preocupação política dos donos de escravos nas regiões exportadoras era a diminuição da taxa de transferência de escravos em consequência do aumento do preço do trabalho. Uma tentativa legislativa para impedir o tráfico inter-regional não conseguiu bloquear o fluxo de escravos. Ver Graham, Another Middle Passage? The Internal Slave Trade in Brazil, *Chattel Principle*, p.291-324.

que elas sempre tinham feito com maiores vantagens de acesso, segurança e capital".[45] Em nenhuma década desde a independência brasileira a instituição da escravidão tinha sido menos ameaçada. Externamente, a abolição do tráfico de escravos tinha sido uma barganha tácita da elite para desembaraçar a sociedade brasileira das contínuas intrusões imperiais e abolicionistas britânicas, que haviam oprimido o Brasil durante uma geração.

A abolição do tráfico de escravos foi também uma tentativa de silenciar novas agitações internas. Durante a década de 1850, os governos brasileiros resistiram com firmeza a todas as investidas dos governos britânicos para resolver os problemas residuais ligados ao tráfico de escravos. Eles incluíam o destino de milhares de africanos recapturados pela marinha britânica e trazidos ao Brasil para cumprir períodos fixos de "aprendizado". E, de fato, tais cessões geralmente equivaleram à servidão vitalícia. O Brasil não apenas foi capaz de se esquivar da interferência britânica em relação a esses *emancipados*, mas também de resistir a todas as sugestões para que fosse estabelecido um registro de escravos. Todos sabiam que o registro havia sido o primeiro passo dos abolicionistas no caminho para a emancipação colonial britânica dos escravos depois das guerras napoleônicas. Os britânicos também fizeram questão de não interferir no tráfico intercosteiro, que transferia os escravos de uma parte do Brasil à outra. O governo brasileiro também deixou categoricamente claro que todos os africanos importados ilegalmente no país entre 1830 e 1850 permaneceriam na escravidão. Os fazendeiros permaneciam confiantes na duração de sua própria instituição na época da secessão sulista norte-americana.[46]

Apesar do fim de seu suprimento de trabalho africano, a produção anual de café da nação triplicou entre 1850 e as vésperas da abolição. A demanda por trabalho escravo na dinâmica região centro-sul do café

---

45 Needell, *The Party of Order*, p.161; Barman, *Citizen Emperor: Pedro II and the Making of Brazil, 1825-1891*, p.193; and Conrad, *The Destruction of Brazilian Slavery*.
46 Graham, *Britain and the Onset of Modernization in Brazil*. Ver Slenes, *The Demography and Economics of Brazilian Slavery, 1850-1888* (Ph.D. Dissertation), p.358.

permaneceu tão forte que o preço dos escravos continuou a subir por mais três décadas.[47] Diferentemente do que ocorrera no Império Britânico e nos Estados Unidos, empresas industriais e comerciais também se desenvolveram dentro das regiões escravistas mais dinâmicas. A mesma coisa aconteceu com o setor de transporte. No mundo anglo-americano, a construção de estradas de ferro prosseguiu mais rapidamente em áreas sem trabalho escravo. No Brasil, ocorreu o oposto. E, novamente, a região de café foi a zona pioneira. Em 1889, as três províncias – Rio de Janeiro, São Paulo e Minas Gerais – tinham 65% da milhagem total de estradas de ferro do Brasil. Quando a lei da abolição gradual foi aprovada, em 1871, havia menos de 500 milhas de trilhos no Brasil. Quase toda essa extensão se localizava na área centro-sul. Mesmo em 1880, no começo da intensificação da pressão pela abolição, 78% das 2 mil milhas de trilhos do Brasil ainda estavam localizadas no centro-sul. As estradas de ferro foram construídas principalmente para atender ao fluxo de produtos cultivados por escravos para o mercado internacional. O capital internacional também fluiu de forma mais abundante para a zona dinâmica de produção escrava.[48]

Outros indicadores principais de modernização econômica seguiram o mesmo padrão. Quase sete de cada oito migrantes para os Estados Unidos se estabeleceram nos Estados de trabalho livre e nos territórios ocidentais. O fluxo de migração, muito menor, de pessoas livres ao Brasil apresentou o padrão exatamente oposto. Cerca de sete em cada oito colonos foram para colônias das províncias com os maiores números e proporções de escravos.[49] A magnitude da migração para os Estados Unidos foi evidentemente muito maior. Em 1860, havia 4 milhões de es-

---

47 Slenes, op. cit., p.328, Figure 4.2 Slave Prices in Relation to Coffee and Sugar Prices: Plantation Regions of the Center-South and Northeast, 1850-1885, e Conrad, *The Destruction of Brazilian Slavery*, p.304, Table 26 Brazilian Coffee Production, 1850-1890.
48 Ver Buescu, Regional Inequalities in Brazil During the Second Half of the Nineteenth Century, Bairoch, Levy-Leboyer (Eds.), *Disparities in Economic Development Since the Industrial Revolution*, p.349-58; Summerhill, *Order Against Progress:* Government, Foreign-Investment, and Railroads in Brazil, 1854-1913, p.54-7; e Costa, *The Brazilian Empire*, p.192.
49 Ver Drescher (1999), *From Slavery to Freedom*, p.126-7, tables 5.1 e 5.2; e Merrick e Graham, *Population and Economic Development*, p.73.

trangeiros nos Estados Unidos. Havia mais imigrantes estabelecidos no sul dos Estados Unidos que os que se estabeleceram em todo o Brasil na época de sua lei de emancipação gradual, de 1871. Contudo, é claro que os que migraram para o Brasil se fixaram nas áreas onde o crescimento do trabalho escravo era mais evidente. A urbanização brasileira seguiu o mesmo padrão. As maiores cidades da nação tinham proporções de escravos que eram iguais ou muito maiores que a proporção de escravos no Brasil como um todo (16%) na época da lei de emancipação gradual de 1871.[50]

Assim, muitos dos indicadores da modernização econômica invocados comumente para demonstrar o progresso do século XIX como consequência do trabalho livre foram muito característicos das regiões escravistas mais dinâmicas do Brasil. As indústrias não foram o principal fator no crescimento das cidades brasileiras, como haviam sido em outras partes do mundo. A urbanização foi principalmente o produto da expansão comercial "resultante da [...] vitalidade da economia de exportação, muito mais do que da expansão do mercado de açúcar". Os portos do Brasil estavam mais intimamente ligados econômica e culturalmente à Europa do que às suas regiões interiores. O crescimento industrial foi modesto e, até a década de 1880, os industrialistas tendiam a se alinhar social e politicamente com a elite dos donos de terra. Não houve qualquer mobilização em grande escala da classe média contra os donos de escravos no terceiro quartel do século XIX: "[para] cada uma das classes médias que apoiava a abolição ou que aderia ao partido republicano, havia outra que tomava o partido das oligarquias tradicionais".[51]

Como foi indicado anteriormente, as preocupações regionais desenvolveram-se apenas muito vagarosamente depois do encerramento do tráfico brasileiro transatlântico de escravos. A inexorável diminuição da população escrava, dos pequenos donos de escravos aos grandes

---

50 Comparar Conrad, op. cit., p.284, Table 2 Free and Slave Populations of Brazil, 1874, e Drescher, Brazilian Abolition, p.127, Table 5.2 Percentage of the Labor Force in the Four Largest Cities of Brazil.

51 Citações de Costa, op. cit., p.194 e 196; ver também Conrad, op. cit., p.145; e Dean, The Industrialization of São Paulo, 1880-1945, p.36-8.

fazendeiros, das cidades, do interior e do nordeste menos dinâmico até o centro-sul mais robusto, fez o preço dos escravos se manter por três décadas depois de 1850. A principal legislação no desmantelamento da instituição da escravidão, a Lei Rio Branco, foi elaborada bem antes que a vagarosa redistribuição regional de escravos pudesse afetar de forma decisiva o processo político da abolição. Antes da aprovação da Lei Rio Branco não havia uma área de "trabalho livre" no império que servisse de refúgio para fugitivos ou de base de ataque à instituição nacional da escravidão.

O poder político também permaneceu concentrado nas mãos dos donos de escravos, do monarca e de seus aliados. A orientação política fora constitucionalmente concebida para ser a prerrogativa de uma elite socialmente coesa, mesmo que estivesse geograficamente dispersa. Em sua cultura política senhorial, a distinção fundamental entre o conjunto de cidadãos livres era entre uma "classe de cidadãos abastados" e uma "classe dos menos favorecidos pela fortuna".[52] Nesse aspecto, a Constituição de 1824 do Brasil era análoga à da monarquia constitucional francesa durante a primeira metade do século XIX. Destinava-se a instituir um regime de "notáveis", com um monarca, um Senado e uma Câmara de Deputados eleitos e um governo do estilo gabinete ministerial. O executivo – o imperador Pedro II – era dotado de um "poder moderador", que incluía o direito de formar ministérios e nomear um senador vitalício a partir de uma lista tríplice, formada nas eleições legislativas provinciais. Ele também tinha o poder de dissolver o parlamento e convocar novas eleições.

Além da divisão constitucional de poderes, na qual o papel do monarca era claramente dominante, todo esforço foi feito para garantir a influência da elite dentro da sociedade mais ampla, dominada pelo clientelismo e pelas redes hierárquicas de influência. O governo escolhido pelo imperador nomeava líderes locais socialmente proeminentes para que aumentassem sua clientela e fizessem seus próprios subordinados

---

52 Citado em Kittleson, *The Practice of Politics in Postcolonial Brazil*, p.22.

progredirem dentro de uma escala em cascata de poder e influência. O sistema visava maximizar a moderação, a representação da elite, o governo parlamentar e a estabilidade legal e social.[53] O sistema representativo foi igualmente concebido para abafar o conflito e favorecer o consenso da elite. As eleições nacionais eram efetuadas em duas fases. Os votantes (qualificados por gênero, idade e independência financeira) escolhiam representantes provinciais. Esse "colégio eleitoral" selecionava coletivamente os candidatos que ocupariam uma cadeira na Câmara dos Deputados. Contudo, o ministério, escolhido pelo imperador, indicava os magistrados locais e os chefes de polícia, cuja função principal era arranjar as eleições e produzir uma maioria parlamentar para a administração.[54]

Geralmente, esse resultado era alcançado com uma mistura de recompensa, fraude, pressão social e violência. O que Richard Graham chama de "teatro de eleições" foi concebido para reproduzir dramaticamente os estratos do sistema social perante os estritamente vigiados eleitores individuais. Graus variáveis de recompensas e de coerção podiam ser aplicados para reforçar o poder da autoridade e o resultado das eleições locais. À medida que as eleições por fraude se tornaram rotineiras, o papel da Câmara como representante da vontade da nação foi subvertido. O próprio sucesso do sistema também diminuiu a utilidade das eleições como indicadores da opinião pública.

Para avaliar o sentimento público, o imperador e seus gabinetes tinham de contar com a imprensa política, coletando informações sucintas vazadas da correspondência privada do executivo provincial, reunidas por conselheiros de confiança e em breves encontros muito bem estruturados com pessoas menos influentes.[55] A ideia de que a Câmara não representava efetivamente o desejo do povo tornava o imperador mais tolerante e entusiasta de uma imprensa livre. Os jornais tinham notável liberdade para

---

53 Graham, *Patronage and Politics in Nineteenth-Century Brazil*, cap.2; Needell, op. cit., cap.3.
54 Needell, op. cit., p.176.
55 Graham, op. cit., cap.3-4. Sobre os meios de Pedro II para conseguir uma amostra da opinião de seus súditos, ver Barman, op. cit., p.179-89.

criticar o governo e o sistema político. Mesmo depois da profunda crise política que culminou na abolição do tráfico de escravos, as liberdades civis foram mantidas. Muito antes da emergência de qualquer movimento popular para a abolição, os jornais urbanos poderiam condenar rotineiramente a escravidão no Brasil de uma forma que teria provocado represálias oficiais em Cuba ou a violência popular no sul dos Estados Unidos.[56]

Da década de 1840 até a de 1870, no entanto, os jornalistas parecem não ter tido qualquer influência no parlamento brasileiro, mesmo durante os intensos debates sobre a emancipação gradual (o "ventre livre") de 1871. Nem estimularam um movimento popular duradouro antes da década de 1880. Os jornais também tiveram suas reputações manchadas merecidamente por serem subsidiados por diferentes grupos de pressão e até por interesses estrangeiros.[57]

Parece haver pouca evidência de que grupos ou regiões geográficas ativos nos movimentos abolicionistas de outros lugares do mundo atlântico tenham exercido um papel proeminente nas pressões abolicionistas durante a geração seguinte à do encerramento do tráfico brasileiro de escravos em 1850. Como na Espanha, a Igreja organizada não exerceu qualquer papel na aprovação da Lei Rio Branco de 1871. Refletindo seu papel relativamente pequeno nas organizações fora das instituições religiosas e de caridade, as mulheres parecem ter estado, em sua maior parte, ausentes das atividades antiescravistas no Brasil antes de 1880. Os próprios escravos nunca cessaram de tentar conquistar a liberdade individual ou em grupo pelas fugas para os *quilombos* ou por manobras para obter manumissão individual. Há evidência na literatura secundária da contínua resistência dentro dessas linhas bem tradicionais, mas nenhum recrudescimento mensurável da resistência ou da violência coletiva na geração posterior a 1850.[58]

---

56 Barman, op. cit., p.192; e Graden, *From Slavery to Freedom in Brazil*.
57 Ver Eltis, *Economic Growth and the Ending of the Transatlantic Slave Trade*, p.114-5, sobre o suborno oficial britânico da imprensa, dos juízes de paz, dos funcionários da alfândega etc., nos assuntos relativos à abolição do tráfico de escravos.
58 Ver Kittleson, op. cit., p.46-7; p.82-3. Graden faz o levantamento de um grande número de incidentes de resistência de escravos em todo o império no fim da década de 1860 e no início de 1870, e conclui

Quaisquer que fossem as atividades dos que estavam fora da pequena elite política, os primeiros passos para colocar a escravidão na agenda política nacional no Brasil parecem ter sido dados pelo próprio imperador Dom Pedro II, diretamente contra os desejos da maioria do "partido da ordem". A memória da traumática incursão britânica de 1850 era reforçada pelo bloqueio naval do Rio de Janeiro, em janeiro de 1863, feito pela Grã-Bretanha durante seis dias, em nome da liberdade para os *emancipados*. Ele foi uma dura advertência à vulnerabilidade do Brasil. As centenas de milhares de escravos transportadas ilegalmente da África depois de 1830, violando os tratados anglo-brasileiros, e seus filhos afiançavam futuras intervenções. Como em Cuba, a mudança da maré com a Guerra Civil Norte-Americana aumentou a ansiedade do imperador sobre o futuro da instituição da escravidão no Brasil. O destino dos Estados Unidos ofereceu um vislumbre da divisão potencial que a escravidão poderia produzir no Brasil. O embaixador do Brasil em Washington manteve seu governo amplamente informado sobre as implicações de uma vitória nortista da mesma forma que seu homólogo da embaixada espanhola. Em janeiro de 1864, o imperador apresentou os despachos do diplomata ao ministério:

> Os eventos na União norte-americana exigem de nós que pensemos sobre o futuro da escravidão no Brasil, de modo que o que ocorreu com o tráfico de escravos [em 1850] não aconteça novamente.[59]

O imperador também estava preocupado com a posição do Brasil no "mundo civilizado" depois da sequência – proclamação da emancipação de Lincoln, da aprovação da 13ª Emenda à Constituição dos Estados Unidos e da reunião da Junta espanhola para a reforma colonial em Madri. O Brasil aspirava ser um posto avançado da cultura europeia e da civilização em uma nação com a maior proporção de população de descendência africana das terras do Novo Mundo. Toda a posição polí-

---

que os escravos exerceram "um papel inalterado" (Drescher, *From Slavery to Freedom*, p.70-2).
59 Bethell, op. cit., p.382-3; Barman, op. cit., p.195.

tica do imperador derivava de uma constituição que seguia o modelo da monarquia francesa. Sua capital cultural era Paris. O imperador foi mais sensível a uma petição abolicionista bem escrita por um comitê abolicionista francês em julho de 1866 do que à constante corrente de denúncias feitas por uns poucos poetas e jornalistas brasileiros na década de 1860. Embora não tivesse de responder à carta de um comitê privado estrangeiro, ele persuadiu seu ministério a responder aos dignitários franceses que a emancipação era apenas "uma questão de meios e de oportunidade".[60]

No Brasil, a oportunidade política levou mais tempo para evoluir do que no império espanhol. O Brasil estava menos vulnerável à pressão externa imediata do que o governo espanhol no fim da Guerra Civil Norte-Americana. O imperador avançou com cautela. Em seu discurso anual do trono, em 1867, Dom Pedro II anunciou que "o elemento servil não pode deixar de merecer a vossa consideração na época apropriada", adicionando cuidadosamente que isso poderia ser feito apenas "enquanto fosse respeitada a propriedade existente e sem causar grandes transtornos à agricultura, nossa indústria principal". Enquanto a guerra nos Estados Unidos e em Cuba acelerava os passos em direção à abolição, o maior conflito do Brasil da década de 1860 adiou efetivamente novas iniciativas legislativas. A Guerra do Paraguai (1864-1870) demandou uma mobilização sem precedentes de recursos humanos e fiscais brasileiros. Nessas circunstâncias, o ministério brasileiro, dominado pelos conservadores, recusou-se a levantar a questão na legislatura enquanto aguardava a vitória final no Paraguai.[61]

De outras formas, no entanto, a guerra salientou as tensões entre a elite política possuidora de escravos e o governo central. Passada a fase inicial de entusiasmo, o governo enfrentou dificuldades crescentes. O conflito prolongado criou uma série de tensões sociais que se aprofundavam nas cidades e no campo e entre o Estado e os interesses da grande lavoura nas províncias. Esses últimos relutavam em diminuir seus recursos de policiamento contra a potencial inquietação escrava pela

---

60 Barman, op. cit., p.209-10.
61 Ver Needell, op. cit., p.233-55.

redução da Guarda Nacional local. Quando a conscrição de brasileiros livres (denunciada como escravidão) acarretou resistência crescente, a decisão do imperador de recrutar escravos ocasionou a resistência da classe senhorial.

O anêmico sistema político e associativo no Brasil reduziu a capacidade do governo de mobilizar qualquer segmento da nação a favor do recrutamento de escravos. Diferentemente da situação nos Estados Unidos, "nem os movimentos sociais organizados, tampouco a pressão da opinião pública" apoiaram a ação do governo. Os donos de escravos resistiram a qualquer diminuição de sua força de trabalho escravo. Tendo em vista a taxa negativa de fertilidade dos escravos e o encerramento do tráfico africano de escravos, a população escrava estava inexoravelmente em declínio. Consequentemente, as doações particulares de escravos totalizaram apenas 2% de todo o recrutamento de escravos, que somou 4 mil durante todo o período de guerra do Brasil. Mais da metade dos recrutas vieram de áreas que dependiam da dominação imperial. Os donos de escravos consideravam qualquer confisco de seus próprios escravos como uma cunha imperial que forçaria a emancipação mais extensa. Não foi instituída nenhuma requisição forçada, mas aproveitando-se da alta proporção dos soldados de cor nas forças militares brasileiras, alguns escravos fugiram para se alistar, fazendo-se passar por homens livres.[62] De maneira mais significativa ainda, o governo sentiu que era necessário discutir atrás de portas fechadas toda a questão da abolição, considerada uma questão de segurança nacional. Até o parlamento foi excluído da discussão, e ela ficou restrita ao Conselho de Estado.

Dada a relutância dos donos de escravos em abrir mão de seus escravos, o governo decidiu concentrar-se no recrutamento daqueles que pertenciam ao Estado e à Igreja. Por lei, os escravos teriam de ser libertados antes de integrarem o exército. Uma vez que os escravos que pertenciam ao Estado eram vistos como os que viviam em melhores condições em

---

62 Izecksohn, *War, Reform and State-Building in Brazil and the United States*: Slavery, Emancipation and Decision-Making Processes in the Paraguayan and Civil Wars (1861-1870) (Ph.D. Dissertation), p.305; p.326-7.

comparação com os do setor privado, Nabuco de Araújo, o pai do futuro abolicionista, recomendou que a "captura" e a integração deles ocorresse em segredo, para evitar quaisquer recusas escravas de liberdade ou de fugas durante o serviço militar. Além disso, os moradores urbanos e os escravos indesejáveis foram os alvos preferidos de todos os participantes do gabinete que eram favoráveis ao recrutamento dos escravos. Nabuco queria que fosse dada preferência aos escravos rebeldes urbanos, uma vez que sua localização e concentração nas cidades constituíam um perigo permanente à ordem pública. O recrutamento urbano completaria a tarefa de transferência dos escravos das cidades, já iniciada, depois de 1850, por orientação do mercado. Outro membro do gabinete considerou o recrutamento como um passo em direção à emancipação via dizimação. Ao enviar os negros aos campos de batalha, como acontecera em outros lugares na América do Sul, a mortalidade aumentaria, ou seja, embranqueceria a configuração racial do Brasil de longo termo e, ao mesmo tempo, aliviaria a crise militar imediata.[63]

Em contraste com a situação nos Estados Unidos, os conscritos livres no Brasil ainda estavam lutando por um Estado escravista. Aproveitando-se do enfraquecimento do aparato policial, os escravos ocasionalmente se rebelaram nas províncias periféricas, distantes dos principais centros das grandes lavouras escravistas. Foram mais frequentes os casos de deserção. Suas decisões eram parte de um panorama maior de deserção da conscrição, de motins ou de ataques contra a escolta policial dos recrutas acorrentados ou aprisionados. O aumento das fugas bem-sucedidas indicava uma quebra das restrições tradicionais ao comportamento da classe mais baixa, mas não minava dramaticamente as instituições do exército nem da escravidão.[64]

Durante o fim da década de 1860, os passos no sentido de se promover a emancipação no Brasil continuaram a ser dados a partir de cima. Em maio de 1867, quando o imperador abertamente levantou a questão no parlamento pela primeira vez, "foi como um relâmpago em um céu

---

63   Ibid., p.315-8.
64   Ibid., p.188-201.

límpido". Daí em diante, todo avanço foi bloqueado pelo gabinete, de 1868 a 1870. Apenas com a vitória obtida sobre o Paraguai, em maio de 1870, o imperador pôde avançar sem medo de subverter o esforço militar. O papel do imperador em provocar uma crise com a questão parece claro.[65] Para evidenciar ainda mais as próprias intenções do imperador, seu genro, o conde d'Eu, que comandou as forças brasileiras vitoriosas, forçou o governo paraguaio a abolir a escravidão em 1869. Provavelmente, essa foi a única vez em que um Estado escravista de donos de escravos induziu a abolição da escravidão em outra nação enquanto ainda mantinha a instituição em casa.

No Brasil, no entanto, até mesmo com o enorme peso de suas prerrogativas constitucionais, Dom Pedro II levou meses para formar um ministério disposto a apresentar à legislatura, em maio de 1871, o primeiro projeto de lei de abolição do Brasil. O coração da Lei Rio Branco, que recebeu o nome do presidente do gabinete, assegurava a emancipação a todos os escravos nascidos depois de sua aprovação. Seus precedentes estendiam-se por nove décadas, da lei da Pensilvânia, em 1780, à Lei Moret, da Espanha, de 1870. As crianças do "ventre livre" ficariam obrigatoriamente sob os cuidados dos senhores até completarem oito anos. Então, o senhor podia escolher entre desistir da responsabilidade em troca de uma indenização, ou usar o trabalho das crianças como compensação até que atingissem 21 anos de idade. Às crianças que continuariam escravizadas foi concedida a opção de pagar o valor remanescente com o próprio trabalho. Como nos demais sistemas anteriores, desde as guerras napoleônicas, todos os escravos teriam de ser registrados sob pena de confisco e libertação.[66]

---

65 Nabuco, *Abolicionism*, p.49; e Needell, op. cit., p.238. Apropriadamente, a recente biografia de Barman intitula o capítulo sobre a abolição Triumphs of the Will, 1864-1871.
66 Conrad, op. cit., p.90-1. Houve muita controvérsia sobre o papel do abolicionismo da elite, do abolicionismo popular e até do abolicionismo dos escravos como catalisadores da lei Rio Branco (Costa, *Da senzala à colônia*, p.379-80; Conrad, op. cit., p.80-5; Toplin, *The Abolition of Brazilian Slavery in Brazil*, p.41-6; Barman, op. cit., p.195-6. Graden, op. cit., cap.3, argumenta a favor de um grande papel exercido pela escravidão. Ver também Graham, Causes for the Abolition of Negro Slavery in Brazil: An Interpretive Essay, *Hispanic American Historical Review*, p.123-37, e especialmente Needell, op. cit., p.233-40, cap.7, que é cético sobre o papel predominante das mobilizações populares.

Em uma perspectiva comparada, a mobilização popular anterior à Lei Rio Branco parece inexpressiva. Deixando de lado os movimentos de massa do mundo anglo-americano, até o abolicionismo francês às vésperas da Revolução de 1848 e o abolicionismo espanhol na década posterior a 1865 exerceram papéis maiores na colocação da emancipação nas agendas parlamentares nacionais. Algumas sociedades antiescravistas brasileiras apareceram por pouco tempo depois de 1871, mas definharam em seguida. A Sociedade da Bahia reapareceu apenas em 1883. O relato mais detalhado da aprovação da Lei Rio Branco evidencia que os abolicionistas e seus oponentes na Câmara dos Deputados falavam como se a "opinião pública" não fosse a favor do projeto de lei de emancipação gradual.[67]

Em vez disso, a mobilização em torno do projeto de lei foi feita principalmente pelos que se opunham vigorosamente a ele. Durante meses de debates legislativos, os oponentes do projeto de lei "começaram a registrar algo sem precedentes na história da Câmara" – o recebimento de petições dos comerciantes e fazendeiros do Rio de Janeiro e de seus arredores. Uma vez que o princípio da emancipação gradual já fora determinado, os fazendeiros e comerciantes lançaram outra série de petições para impedir qualquer ameaça à posição hegemônica que ocupavam na economia rural tradicional.[68] O relato dessa campanha oferece um vislumbre das dimensões da sociedade civil brasileira naquela conjuntura. Para a elite na Câmara, a opinião pública no Brasil ainda significava o que ela havia significado na maior parte da Europa continental na geração anterior: a opinião dos que ainda dominavam o discurso político. Em 1870, tanto as facções pró-escravistas quanto as antiescravistas ainda eram parte dessa elite autossuficiente. Os conservadores que se opuseram ao projeto da Lei Rio Branco ainda dependiam da hostilidade da maioria da classe de proprietários de terras e da não participação generalizada da população livre. Mesmo quando os donos de escravos rotineiramente reconheciam a inferioridade moral e o destino condenado da escravidão, o sentimento antiescravista ainda não havia se tornado opinião pública politizada.

---

67 Needell, op. cit., p.263; p.289 e 412, Graden, op. cit., p.227.
68 Needell, op. cit., p.289.

Em termos de ideologia racial, o debate na legislatura brasileira parece muito próximo do discurso que havia ocorrido pouco antes nas Cortes espanholas. Ninguém na Câmara discutiu se a escravidão era moral ou racialmente preferível com fundamentos raciais. Ninguém atacou o direito dos afro-brasileiros libertos ou livres de participarem como cidadãos em consequência de suas origens raciais. Ninguém discutiu que faltava desenvolvimento civilizacional aos escravos para que pudessem começar a ser parte integrante da sociedade mais ampla. A sociedade emergente de todos os escravos adultos com menos de quarenta anos de idade tinha sido nutrida em um ambiente brasileiro. Até o ponto em que o destino dos que seriam emancipados foi tratado, o que se discutiu foi se as fileiras de recém-libertos seriam formadas "naturalmente" pela ação do princípio do ventre livre ou se os fazendeiros controlariam anualmente emancipações graduais de grupos.

Avaliando a razão da aprovação da Lei Rio Branco por uma legislatura dominada pela elite que não estava sujeita à pressão externa, Robert Conrad ofereceu uma explicação regional. Uma cisão regional da elite opôs "região a região", colocando os fazendeiros de café que militavam contra a Lei em confronto com os fazendeiros decadentes.[69] O argumento é plausível, mas o que permanece obscuro é exatamente o porquê dessa divisão. Como foi indicado antes, o tráfico interprovincial era muito menor nas décadas de 1850 e 1860 do que viria a ser na década de 1870. Nem os temores do nordeste de perder escravos, tampouco os temores do centro-sul de uma perda de "interesse" do nordeste pela escravidão foram claramente referidos nos debates sobre a Lei. Há também uma "anomalia" regional não explicada nos dados de votação. Os legisladores do centro-sul na Câmara de Deputados votaram *contra* a Lei Rio Branco por 2,5 votos a um. Os senadores da mesma região votaram a favor dela, por dois votos a um (e, se for incluído o Rio Grande do Sul, por quase três a um). A explicação de Conrad para a anomalia, a de que os senadores eram indiferentes às considerações regionais, não é consistente. Os

---

69 Conrad, op. cit., p.91-3.

senadores eram supostos "representantes" das elites de suas províncias, não menos que os membros da Câmara dos Deputados. Needell oferece uma explicação diferente. Os deputados mais pobres das regiões mais pobres do nordeste eram mais dependentes do amparo do governo. Esses deputados votaram em resposta ao sistema clientelista ministerial, e não em consequência de uma posição ideológica diferente em relação à escravidão ou de um maior desinteresse no futuro da instituição.[70]

Se as províncias do café já estivessem seriamente alarmadas com a erosão do comprometimento com a escravidão dentro das províncias ou com a votação regionalizada da Lei Rio Branco, o movimento político para encerrar ou para restringir o tráfico interno de escravos teria começado na época da Lei em vez de no fim da década de 1870. É igualmente clara a quase ausência de referências aos escravos do Brasil e aos homens livres pobres no discurso legislativo. As referências eufemísticas ao "elemento servil" são dignas de nota por sua marginalidade. Mesmo quando os abolicionistas aludiam às "insurreições servis", muito frequentemente eles se referem às insurreições antigas ou de outros impérios – à Revolução Haitiana da década de 1790, ou aos levantes em Demerara (1823) e na Jamaica (1831). O levante malê em Salvador, na Bahia, em 1835, foi a única revolta brasileira referida com as demais. Evidentemente, os escravos permaneciam como presença indefinida, mas nenhuma onda importante de violência coletiva ou de fugas acompanhou os debates sobre a emancipação que se estendeu por quatro meses inteiros, de maio a setembro de 1871. Pelo contrário, em Salvador, as fugas de escravos caíram a seu ponto mais baixo em uma década.[71] Isso certamente não se deveu à questão de que suas próprias emancipações estavam em questão nos debates legislativos. No que concerne à emancipação, nem os escravizados nem seus filhos vivos seriam amparados pela lei. Excluindo os escravos que pertenciam ao Estado, nenhum foi libertado. A zona de liberdade era restrita ao ventre das mulheres escravizadas. O ventre livre

---

70 Needell, op. cit., p.300.
71 Graden, op. cit., p.46; Needell, op. cit., p.414-6, encontra uma deficiência de evidência direta para a ação escrava em larga escala em 1871 se comparada com 1878-1888.

ainda significava corpo servil. Um fundo nacional de emancipação, criado para estimular e acelerar a libertação iniciada pelos senhores, resultou em apenas 11 mil manumissões, vale dizer, menos de 1% da população escrava brasileira durante a década de 1870. A ausência de qualquer onda de revoltas ou conspirações em 1871 pode indicar as baixas expectativas dos próprios escravos durante ou depois dos longos debates no Rio de Janeiro. Apenas em uma província houve uma "onda de agitação", talvez pelo desapontamento em relação ao fato de a Lei Rio Branco não ter libertado absolutamente nenhum escravo vivo.[72]

Como senhores, os donos de escravos continuaram animados com o futuro. Robert Conrad conclui: "um resultado importante da Lei Rio Branco foi o adiamento do verdadeiro abolicionismo, como o governo Rio Branco esperava [...]".[73] Depois da aprovação da Lei, o preço dos escravos estabilizou-se e, então, subiu na região do café a níveis sem igual desde os anos de pico do fim da década de 1850. O tráfico interno de escravos também aumentou. O volume do tráfico interprovincial de escravos duplicou seu nível perto do fim da Guerra Civil dos Estados Unidos. Já em 1880, os donos de escravos ainda esperavam que a escravidão durasse mais quarenta anos.[74]

Quaisquer que sejam as diferentes interpretações da Lei Rio Branco, os historiadores do Brasil concordam amplamente que a década de 1880 testemunhou uma nova forma de mobilização contra a instituição da escravidão. Antes da década de 1870, os fazendeiros brasileiros nunca precisaram se preocupar com a dupla ameaça que os donos de escravos de outras partes das Américas haviam enfrentado no fim da era da revo-

---

72 Conrad, op. cit., p.105.
73 Embora Needell explique por que os deputados setentrionais votaram a favor da Lei Rio Branco, não explica por que os senadores do centro-sul também a aprovaram por uma margem de 2 a 1. Presumidamente eles eram menos suscetíveis às pressões econômicas exercidas aos habitantes da região norte na Câmara dos Deputados.
74 Mello, Expectation of Abolition and Sanguinity of Coffee Planters in Brazil, 1871-1881, *Without Consent of Contract*, cap.32, p.629-46, Table 32.3 The "Political Death" of Slavery, p.644. Conrad sensatamente marca o início da "era da abolição" apenas no fim da década de 1870 (Conrad, op. cit., Parte Dois, 1879-1888), e para Needell, a luta de 1871 "é o ponto culminante de uma extensa história política da qual a própria abolição é uma questão crucial, embora não fosse central" (Needell, op. cit., p.320).

lução. Todas elas continham grandes áreas metropolitanas ou domésticas sem escravos. A maioria também continha zonas com proporções de escravos e donos de escravos que decresciam rapidamente – por exemplo, a parte superior do sul dos Estados Unidos, Porto Rico e Cuba ocidental. Em todas as áreas do Brasil, tanto os escravos quanto a instituição da escravidão propriamente dita estavam integrados à ordem social e legal.[75] Assim, no que diz respeito à classe senhorial brasileira, não parece ter havido uma divisão secional profunda quanto às atitudes políticas em relação à preservação da instituição da escravidão, ou quanto ao *status* da força de trabalho escravo até o fim da década de 1870. De fato, os principais fazendeiros de açúcar do nordeste compraram números significativos de escravos dentro de suas próprias regiões. Em contraste com o sul dos Estados Unidos, foram os produtores de algodão do Rio Grande do Norte, Ceará, Paraíba e Piauí que sofreram as maiores perdas entre os principais produtores de produtos básicos. Sob as pressões conjuntas dos preços mundiais em queda e de uma severa seca regional entre 1877 e 1880, os donos de escravos dessas províncias embarcaram números recordes de suas propriedades humanas para mercados mais remotos. Na década de 1870, a zona de pecuária de corte do Rio Grande do Sul também aumentou as exportações dessa província do extremo sul do Brasil para a próspera região do café do centro-sul.[76]

A troca interprovincial de escravos acelerou-se na década de 1870, o que teria consequências importantes na década seguinte. A entrada de escravos à venda nas províncias do centro-sul aumentou subitamente na década de 1870. Durante esse período, as transferências inter-regionais atingiram cerca de 10 mil escravos por ano, o dobro da média anterior a 1865. Comparadas com as transferências regionais nos Estados Unidos, as movimentações de escravos no Brasil ocorreram em distâncias extremamente longas. Muitos desses escravos foram enviados por terra

---

75 Ver Freehling, *The Reintegration of American History*, cap.9-10; Ferrer, op. cit., cap.1. Schmidt-Nowara, *Empire and Antislavery*, cap.2; Conrad, op. cit., p.284-5, tables 2 e 3; e Slenes, op. cit., p.340-6.
76 Slenes, op. cit., p.337-9; e Eisenberg, A mentalidade dos fazendeiros no congresso agrícola de 1878, Amaral (Ed.), *Modos de produção e realidade brasileira*, p.167-94.

em condições que rivalizavam com as do meio do caminho do tráfico atlântico.⁷⁷ O impacto sobre os escravos em termos de ruptura da vida familiar e comunitária foi intensificado de modo correspondente no fim da década de 1870. Por um breve período, nos meados da década de 1870, as transferências de escravos da Bahia alcançaram seu pico, assim como as detenções de escravos fugitivos. A remoção e as separações afetavam tanto os deportados quanto os detidos. Elas prepararam o caminho para as insurreições de escravos que ocorreriam no coração do setor dinâmico de café no fim da década de 1870 e na década de 1880.⁷⁸

Já nas vésperas do abolicionismo popular, a inundação de escravos na região de café do centro-sul causava uma preocupação generalizada nas principais zonas de grandes lavouras do Brasil. Nos fins dos anos 1870, alguns fazendeiros nordestinos, atribuindo à Lei Rio Branco a responsabilidade pela crescente escassez de trabalho na área e pela movimentação inter-regional de escravos, não consideravam mais a escravidão como a solução para seus contínuos problemas de trabalho. Sugeriram a atração de trabalhadores europeus livres com garantias de isenção do serviço militar e incentivos positivos, incluindo o investimento público em escolas. Na área do centro-sul, houve um aumento da suspeita de que as províncias com mais dificuldades estavam se livrando de sua "mercadoria incômoda" o mais rapidamente possível. O pesadelo do sul algodoeiro dos Estados Unidos retornava para perturbar a área centro-sul do Brasil.

Nas zonas do café, os fazendeiros observavam as áreas urbanas lideradas pela capital nacional, o Rio de Janeiro, com crescente ansiedade, uma vez que elas reduziram suas populações escravas entre a década de 1850 e o início dos anos 1880. Em uma época em que o preço dos escravos estava em seu ponto mais alto de todos os tempos, com a efetiva duplicação do número de escravos que São Paulo tinha em 1850, um projeto de lei foi apresentado em sua Assembleia Provincial para estabelecer um

---

77 Conrad, *Children of God's Fire*, p.354-5.
78 Machado, *Crime e escravidão*, p.48-9.

imposto excessivamente alto sobre novas importações de escravos.[79] Até mesmo antes da emergência de um movimento abolicionista, os fazendeiros procuravam conter a erosão potencial do compromisso relativo à instituição nacional da escravidão com as províncias exportadoras de escravos. Em 1880, uma moção similar foi apresentada na Câmara de Deputados. O projeto foi derrotado por uma coalizão que incluía um bloco significativo de nordestinos ansioso por manter um mercado interprovincial aberto, destinado a sustentar o valor máximo do capital humano da região. O centro-sul estava ainda muito mais alarmado com a "desproporção cada vez maior entre o número de escravos nas províncias setentrionais e meridionais", que aumentava a necessidade de "preservar a uniformidade dos interesses de todo o país".[80]

O centro-sul – Rio de Janeiro, São Paulo e Minas Gerais – aprovou impostos proibitivos sobre as ulteriores importações de escravos de outras províncias. Essa ação teve uma ramificação importante no nordeste. Cinco dias depois da aprovação da restrição de São Paulo, um grupo abolicionista em uma das províncias mais debilitadas do nordeste conseguiu mobilizar-se para fechar o porto do Ceará. Essa providência visava reduzir o preço de seus escravos e acelerar a distribuição dos recursos públicos destinados à compra de manumissões. Nos meados de 1881, sociedades emancipacionistas haviam surgido em seis cidades do Ceará. Elas efetuaram a expansão das zonas de solo livre de uma cidade para outra. Os escravos foram libertados voluntariamente, ou por subscrição popular. Na primavera de 1884, os abolicionistas do Ceará notificaram o mundo por telégrafo de que o "Ceará é livre". Embora bolsões de escravidão continuassem existindo na província, a ação do Ceará serviu de modelo para libertações locais em todo o Brasil. Logo apelidado de "segundo Canadá", o Ceará tornou-se o refúgio para os fugitivos das

---

79 Conrad, *The Destruction of Brazilian Slavery*, p.170, e Mello, op. cit., p.635, Table 32.1 Rio de Janeiro: All Slave Prices, 1835-1887.
80 *Gazeta da Tarde*, 17 set. 1880, apud Conrad, op. cit., p.172.

províncias vizinhas que podiam usar a "ferrovia clandestina"[81] brasileira que, no fim das contas, se estendia até o coração do centro-sul.[82]

O novo contexto nacional do abolicionismo era muito menos ameaçador para a "escravocracia" da instituição que a divisão secional sobre o tráfico interprovincial de escravos. Os últimos estágios da emancipação brasileira ocorreram dentro de um sistema político o qual havia reduzido dramaticamente o eleitorado que podia participar do processo eleitoral. Uma população urbana em rápida expansão começou a desafiar o poder tradicional dos fazendeiros sobre seus dependentes rurais. Alguns fazendeiros também temiam uma diminuição da capacidade de manter o controle, uma vez que a Lei do Ventre Livre aumentara o tamanho e o peso eleitoral das massas rurais. Como resultado disso tudo, os estágios finais da abolição coincidiram com uma redução dramática nos números dos que tinham os requisitos para votar. Em 1881, uma nova lei eleitoral foi de encontro ao precedente ocidental dominante durante o fim do século XIX. Ela estabeleceu uma qualificação de propriedade mínima que se combinava com rigorosas exigências de comprovação documental de renda. A lei efetivamente excluiu a grande massa das pessoas que até então estava apta a votar. A lista de eleitores foi reduzida a menos de 150 mil eleitores em uma população de 13 milhões de almas, ou seja, a menos de 2% da população masculina adulta do Brasil. Portanto, em termos do processo político formal, a batalha final da abolição ocorreu dentro de uma esfera eleitoral dramaticamente encolhida. E, no plano provincial, os legisladores procuraram evadir-se de qualquer discussão acerca do abolicionismo quando a década de 1880 estava bem avançada.[83]

---

81 No original, *underground railway*. Trata-se de uma expressão que surgiu nos Estados Unidos a partir dos fins do século XVIII para designar redes clandestinas montadas pelos abolicionistas para amparar os escravos que fugiam do sul para os estados livres e o Canadá. A palavra "ferrovia" foi empregada metaforicamente, porque havia os condutores (os abolicionistas), as estações (abrigos em casas de abolicionistas e simpatizantes) e os trajetos da fuga. Essas redes foram utilizadas até a abolição. (N. T.)

82 Conrad, op. cit., p.176-92; Graden, op. cit., p.164.

83 Graham, *Patronage and Politics in Nineteenth-Century Brazil*, p.196-205. Em 1887, um membro liberal da Câmara de Deputados observou que em algumas cidades do interior o número de eleitores era menor que trinta, o que as deixava sem o número suficiente de cidadãos aptos para preencher os cargos políticos necessários. Ibid., p.205. Em 1886, quando houve as últimas eleições legislativas

Em um desenvolvimento igualmente significativo, a contração da discussão legislativa da abolição correspondeu à expansão da esfera pública extraparlamentar do Brasil. Os historiadores do Brasil parecem estar amplamente de acordo sobre esse fenômeno. A partir de 1880, houve uma enorme inovação e expansão da discussão das questões políticas nas cidades.[84] O impulso para a abolição não emanava mais de um imperador que procurava ministros maleáveis para assegurar que o fim da instituição ocorresse além do tempo de vida dos escravos remanescentes. O próprio imperador parece ter considerado o abolicionismo popular ainda mais perturbador durante a década de 1880. Sua ansiedade foi sublinhada por sua partida para a Europa no ponto mais crítico da campanha abolicionista, em 1887-1888. Essa viagem sugere sua perda de controle sobre o processo político, em contraste com sua viagem anterior, de 1871.

Ao que parece, desde a mobilização abolicionista britânica, ocorrida noventa anos antes, a agitação extraparlamentar não havia desempenhado um papel tão grande em uma vitória relativamente não violenta da abolição. Em 1879, uma moção inicial na Câmara dos Deputados, que exigira providências para promover a emancipação total, caiu em ouvidos moucos. No ano seguinte, a reapresentação da moção coincidiu com a organização de clubes para incitar a opinião popular fora da legislatura. Durante a sessão parlamentar, uma Associação Emancipacionista e a sociedade brasileira contra a Escravidão surgiram na capital, objetivando nacionalizar o movimento pela propaganda e por reuniões públicas. Seguindo os modelos do Atlântico Norte, um jornal do movimento, *O*

---

antes da emancipação brasileira de escravos, havia 117.700 eleitores em uma população nacional de 13.200.000, ou de 0,89% com direito de voto. Na primeira eleição presidencial da República, em 1898, havia 462.200, ou 2,7%. A base eleitoral expandiu-se durante a República, mas como a alfabetização era um pré-requisito para a participação nas eleições, a proporção de ex-escravos que podiam votar estava abaixo da média nacional de participação eleitoral. A taxa de alfabetização nacional era apenas 14,8% em 1890. Ver Love, Political Participation in Brazil, 1881-1969, *Luso-Brazilian Review*, p.3-24. Sobre as reações da legislatura provincial à primeira onda de mobilização abolicionista popular no início da década de 1880, ver Castilho, *Abolitionism Matters:* The Politics of Antislavery in Pernambuco, Brazil, 1869-1888 (Ph.D. Dissertation), p.45-8.

84 Ver Graham, The Vintem Riot and Political Culture: Rio de Janeiro, 1880, *Hispanic American Historical Review*, p.431-49. Ver também Costa, *Brazilian Empire*, p.193; Kittleson, op. cit., cap.4; Graden, op. cit., cap.7, Liberation 1880-1888; e Castilho, op. cit., p.80-146.

Abolicionista, convocou uma cruzada contra a instituição. Inseguro quanto à sua base no país, o pequeno movimento, tal como a Sociedade Antiescravista Espanhola, procurou internacionalizar o antiescravismo brasileiro. A sociedade brasileira obteve uma carta do embaixador dos Estados Unidos que dramatizava a saída norte-americana da escravidão. Um banquete em honra dos Estados Unidos destacava um retrato de Abraham Lincoln lendo a Proclamação da Emancipação para seu ministério.[85]

Brasileiros pertencentes ou não à elite política começaram a entender a ação política de uma nova maneira. A designação provincial do Ceará de que seu território era "solo livre" transformou o modo pelo qual os escravos e os cidadãos livres compreendiam o abolicionismo em toda a nação. Na vizinha Pernambuco, milhares de pessoas reuniram-se na cidade do Recife para celebrar a declaração. O apoio dos jornais ao abolicionismo começou a acelerar. Dois editores estrangeiros no Rio de Janeiro e novos jornais radicais, como a *Gazeta da Tarde*, reportaram entusiasticamente as atividades abolicionistas.[86] Mais significativas ainda foram as formas inovadoras de luta popular adotadas para a prática do novo abolicionismo. É claro que o movimento brasileiro extraparlamentar estava consciente das receitas anglo-americanas para a mobilização popular. As primeiras reuniões públicas no Rio de Janeiro e em Pernambuco aconteceram em teatros e salas de concertos, e não nas prefeituras, igrejas e capelas, que constituíam também os locais anglo-americanos usuais de reunião política e religiosa. As reuniões solenes seguiam as regras, os procedimentos e os discursos das assembleias cívicas e sempre terminavam com as resoluções formais, os votos, as petições ou resoluções que requeriam respostas ou compromissos dos legisladores.

Uma das diferenças marcantes entre as mobilizações anglo--americana e brasileira foi a escassez de petições nacionais no repertório do abolicionismo no Brasil. Foi como se os que promoviam os eventos públicos a favor da emancipação não esperassem uma resposta positi-

---

85 Conrad, op. cit., p.141-3.
86 Conrad, op. cit., p.148-9.

va dos órgãos legislativos formais a seus apelos diretos. A maneira pela qual a mobilização brasileira de massa diferiu das mobilizações anglo-americanas que a precederam pode ser um indicativo do sentimento de seus participantes de que havia um abismo entre a ordem civil e a ordem política do Brasil. A primeira mobilização britânica nacional, em 1788, foi imediatamente ecoada pelos líderes dos dois partidos políticos na Câmara dos Comuns. No interior do Brasil, tanto a manifestação popular abolicionista inicial quanto as finais ocorreram a despeito do silêncio e da resistência da legislatura nacional. Na metade da década de 1880, o movimento abolicionista teve de crescer de uma província a outra, de um município a outro e de um quarteirão a outro em toda a extensão da sociedade civil.

As reuniões populares brasileiras tinham pouca experiência com respostas legislativas diretas bem-sucedidas às pressões extraparlamentares. Suas reuniões fluíam com mais facilidade a partir das formas familiares de entretenimento público e de protesto de rua. A proporção de programas baseados em festas e comemorações, realizados com música, peças teatrais e leitura de poesia nas reuniões, provavelmente surpreenderia os veteranos das reuniões abolicionistas britânicas ou norte-americanas meio século antes. As reuniões eram ao mesmo tempo espetáculos e corpos deliberativos.[87] A expansão da participação popular foi tão notável quanto o uso inovador do espaço público pelos abolicionistas brasileiros. E, de uma só vez, eles seguiram e afastaram-se do caminho do abolicionismo britânico ao definir a emancipação tanto em termos culturais quanto morais. O carnaval oferecia uma oportunidade significativa para a mobilização popular.

> O crescimento da população livre afro-brasileira na segunda metade do século XIX exerceu um papel importante ao transformar as celebrações do carnaval [...] de espetáculo da elite em espetáculo popular.

---

87 Conrad, op. cit., p.148-9.

Em Pernambuco, uma sociedade abolicionista resolveu participar da celebração com uma representação alegórica de um rei congolês. As campanhas destinadas a coletar dinheiro para os fundos de manumissão deram espaço à entrada pública das mulheres no abolicionismo. Em uma escala nunca vista desde a mobilização das mulheres anglo-americanas, o abolicionismo abriu espaço para a população feminina. Como já estavam coletivamente envolvidas em causas de caridade urbana, como cuidar de órfãos, educar os filhos dos pobres e administrar abrigos, as mulheres brasileiras participaram vigorosamente dos eventos públicos abolicionistas. Elas ofereciam recitais de música e leituras inspiradoras e exerceram papéis proeminentes na organização de leilões beneficentes, bazares e bailes.[88]

Somente as fortes barreiras culturais contra o engajamento das mulheres nas atividades notoriamente políticas limitaram essa "atenuação das linhas das questões de políticas públicas". Em consequência de seus papéis continuarem a ser definidos como apolíticos, o espaço discursivo feminino do abolicionismo pôde ser politicamente eficaz nos meados da década de 1880. As mulheres desfilavam abertamente nas manifestações públicas como símbolos de liberdade, mas seus textos em jornais e revistas eram anônimos. Poucas alcançaram posições de liderança, mas prestaram serviços como membros de comissões para libertar escravos. Como na Grã-Bretanha oitenta anos antes, as mulheres começaram a participar mais diretamente das questões políticas ao irem às ruas a fim de solicitar votos para a abolição. Da mesma forma que nas órbitas culturais francesas e espanholas, a Igreja Católica, como organização, hesitou em se identificar com o abolicionismo, o que foi uma fonte de amargura para alguns líderes brasileiros do movimento. Individualmente, os padres ecoavam a nova mensagem radical da libertação. Em setembro de 1884, no fim de uma festa de dois dias para arrecadar dinheiro a fim de libertar escravos, o bispo de Porto Alegre celebrou uma missa na catedral da cidade.

---

88 Castilho, op. cit., p.93-106; e Kittleson, op. cit., p.128-35.

Nos meados da década de 1880, a instituição dava sinais claros de desintegração no plano local, mas não no nacional. Na esteira da Lei Rio Branco, de 1871, os fazendeiros tinham permanecido bastante otimistas de que a escravidão se estabilizaria enquanto a Lei do Ventre Livre seguisse seu curso lento até algum momento do século XX. Na década de 1870, o preço dos escravos no mercado de escravos do Rio de Janeiro permaneceu em nível igual ou superior ao de seu recorde da década de 1850. Apenas a nova mobilização abolicionista dos anos 1880, e particularmente a crescente nacionalização e coordenação das mobilizações locais populares em 1883-1884, parecem ter alterado as perspectivas dos donos de escravos. Finalmente, as conspirações e fugas de escravos em grande escala minaram a confiança dos donos de escravos no aparato governamental.[89]

À medida que foram estabelecidas zonas de liberdade *de facto* de acordo com o modelo do Ceará, a "ferrovia clandestina" brasileira foi também devidamente reconhecida. Em comparação com o fenômeno similar nos Estados Unidos, ela foi mais maciça e muito menos "clandestina" que a precedente. Os próprios escravos fugitivos frequentemente usavam as novas ferrovias brasileiras. Muito mais comum que nos Estados Unidos, a fuga era realizada coletivamente, e, em alguns casos, todos os escravos de uma fazenda a abandonavam. Em momentos críticos, tanto a polícia urbana quanto as forças armadas se mostraram pouco confiáveis, e até mesmo hostis, às tentativas de cumprimento da lei.[90]

A violência não esteve ausente da abolição brasileira. Contudo, tendo em vista o tamanho da população escrava, a escala do desafio e a evasão às restrições legais, a fase final da abolição brasileira quase certamente se encontra no fim menos violento do espectro de resistência e rebeldia. Ao

---

89 Machado, *O plano e o pânico: os movimentos sociais na década da abolição*, cap.4; p.147-58. Várias revoltas de escravos em São Paulo foram dissolvidas ou desativadas em 1883 e 1885. Ibid., cap.2-5; Slenes, op. cit., p.360. O fato de que nenhum levante massivo e bem-sucedido de escravos ocorreu nos momentos decisivos antes da emancipação pode ter resultado da combinação da abundância de alternativas na sociedade civil com a crescente intolerância pública das formas comuns de coerção.

90 Toplin, *The Abolition of Slavery in Brazil*, cap.8; Conrad, op. cit., cap.16. Uma população escrava que havia diminuído para menos de 20% entre 1874 e 1884, caiu em mais de 40% nos três anos seguintes. (Conrad, op. cit., p.285, Table 3 Slave Populations, 1864-1887.)

relatar até mesmo seus episódios mais sangrentos, a maioria dos historiadores da abolição explícita ou implicitamente observa que a violência e a brutalidade foram consideradas exceções, não normas. O uso da violência pelos senhores chocava o público, em vez de causar polarização. Um indicativo disso parece estar em um dos piores episódios de violência, protagonizado por dois justiceiros norte-americanos, veteranos da Confederação dos Estados Unidos. Antes do episódio, esses homens, que eram fazendeiros na província de São Paulo, costumavam provocar seus vizinhos acusando-os de falta de masculinidade e de honra. Quando correu o rumor de que o delegado local se recusava a capturar escravos fugitivos, ambos instigaram os fazendeiros locais a se reunirem e acertarem as contas com o delegado, a menos que em suas veias corresse "sangue de barata". A casa do delegado foi invadida por um bando armado formado por fazendeiros sob a liderança dos norte-americanos, e o delegado foi assassinado. Em consequência da repercussão do linchamento, a opinião pública forçou o governo a indiciá-los. Segundo uma testemunha do crime, um deles "parecia possuído por uma fúria desvairada [...] picando a vítima sem vida com as esporas de suas botas".[91]

A mudança na opinião popular foi demonstrada pela reação pública aos maus-tratos infligidos aos escravos. Tentativas de punição violenta parecem ter aumentado a simpatia pelos escravos e radicalizado ainda mais o movimento. O caso de quatro escravos condenados ao açoitamento na província do Rio de Janeiro em 1886 é exemplar. Dois morreram ao receberem a punição de trezentas chicotadas. O escândalo foi tão difundido que o ministro da Justiça propôs a supressão do açoitamento como punição legal. Um projeto de lei com esse fim foi aprovado pelos legisladores em cinco dias, e o imperador apoiou de corpo e alma a providência. Foi surpreendente a rápida aprovação da lei por uma legislatura explicitamente empenhada em não fazer novas alterações na legislação. Ela pode ter sido apressada pela notícia de que a Espanha poria fim às últimas coações aos ex-escravos em 1886.

---

91 Toplin, op. cit., p.212-3; Conrad, op. cit., p.256-7.

Quando os próprios escravos participavam da violência, pareciam estar testando a mudança da opinião pública. O fato de muitos se apresentarem às autoridades imediatamente após cometer atos de violência indica um grande nível de confiança na integridade das autoridades judiciais. Como nos casos dos rebeldes de Demerara e da Jamaica, ao contrário dos de São Domingos, não houve relatos de que, coletivamente, os escravos tivessem se vingado com ataques às famílias dos donos de escravos. As autoridades públicas cuidadosamente evitaram execuções sumárias e o uso de todo o arsenal de tortura ritualizada. Depois de 1885, os escravos brasileiros parecem ter concluído que nem insurreições sangrentas nem a guerrilha seriam necessárias ou produtivas.[92]

Enquanto a instituição da escravidão se dissolvia perante seus olhos, os fazendeiros tentaram desesperadamente se agarrar aos aspectos residuais da instituição. Assim, esforçaram-se para obter ou indenização monetária ou obrigações de trabalho em troca da perda de seus direitos de propriedade. Os fazendeiros do Rio Grande do Sul começaram a libertar seus escravos em massa com a condição de que eles trabalhassem de três a cinco anos depois do acordo. Nesse contexto, o número de escravos caiu 86%, de 60 mil para menos de 8.500 entre 1885 e 1887. Tirando proveito da agitação pública contra a exploração do trabalho dependente, o novo *status* desses "contratados" abriu outra porta para disputas legais sobre as condições coercivas impostas pelos senhores. Assim, os tribunais tornaram-se novos locais de resistência.[93]

Em 1885, os fazendeiros da dinâmica região do café coletivamente estimaram que a escravidão provavelmente não ultrapassaria o fim da década.[94] Na esteira da ressurgência da mobilização popular, em 1883 e 1884, a Câmara dos Deputados considerou oportuna a primeira grande revisão da Lei Rio Branco, de 1871. O debate de 1885 poderia durar ainda mais tempo que o da Lei Rio Branco. Destinado a conter o impulso abolicionista, o projeto de 1885 tomou como exemplo o modelo do Rio

---

92 Drescher (1999), op. cit., p.140.
93 Conrad, op. cit., p.209; Kittleson, op. cit., p.135-42.
94 Mello, op. cit., p.664, Table 32.3.

Grande do Sul. Todos os escravos acima de sessenta anos de idade deviam ser libertados imediatamente e prestariam mais três anos de serviço não remunerado a seus antigos senhores. Um fundo seria criado para pagar os escravos que se aproximavam da idade da libertação: o fundo também devia ser usado para libertar os escravos mais jovens, em troca de mais cinco anos de trabalho forçado, e para subsidiar a importação de trabalho do exterior. Pelos preços do mercado de escravos do Rio de Janeiro, os compradores estimavam que a emancipação plena ocorreria em 1890.

Uma vitória conservadora na eleição nacional em 1886 pareceu confirmar o sucesso da elite de donos de escravos para conter a onda popular da emancipação. Os resultados alinharam a administração imperial e a legislatura contra as novas providências para promover a abolição. Os principais abolicionistas não voltaram à Câmara dos Deputados. Uma vez mais, no entanto, os eventos nas províncias demonstraram a fragilidade da contramobilização no plano nacional. No núcleo das áreas de grandes concentrações de escravos do centro-sul, começaram a ocorrer fugas em massa de escravos em 1886, que se intensificaram em 1887. Em vista dessa debandada, os contratos de transição deixaram de ser atraentes para os escravos que estavam presenciando o colapso da instituição. Em junho de 1886, um senhor da província do Rio de Janeiro ofereceu a manumissão a doze escravos em troca de um contrato de trabalho que previa a transição para a libertação. Nos termos do contrato, os escravos estariam sujeitos, no máximo, a uma obrigação contratual de quatro a seis anos, e um deles precisaria trabalhar apenas por mais um ou dois anos. Todos recusaram a oferta. Os cálculos dos escravos estavam corretos. O colapso da escravidão veio mais cedo do que os fazendeiros esperavam, mesmo em São Paulo – onde a instituição era mais sólida.[95]

Foi igualmente distintivo o papel desempenhado pela grande população de negros livres brasileiros. Com exceção do Ceará, somente uma

---

[95] Sobre a eleição, ver Graham, *Patronage and Politics*, p.204-5. Sobre a fuga de escravos, ver Slenes, op. cit., p.361-2; e Machado, From Slave Rebels to Strikebreakers: The Quilombo of Jabaquara and the Problem of Citizenship in Late Nineteenth-Century Brazil, *Hispanic American Historical Review*, p.247-74.

pequena minoria da população de fora das cidades havia participado da fase inicial do movimento abolicionista entre 1878 e 1882. Inicialmente, os líderes abolicionistas fizeram comentários sobre a ausência de ex-escravos e de trabalhadores em suas fileiras. Isso ocorria mesmo com a inexistência, no Brasil, do profundo abismo racial que contribuíra para tornar a maioria dos brancos sulistas dos Estados Unidos agentes policiais efetivos da instituição antes da secessão e defensores armados da Confederação durante uma Guerra Civil de quatro anos. De qualquer modo, a demografia da população livre do Brasil foi um fator decisivo na fase final da emancipação dos escravos.

Em 1886, os abolicionistas tinham construído uma organização eficiente, capaz de chegar às fazendas e de instruir os escravos a abandonarem em massa as propriedades. Os primeiros senhores que se tornaram alvos dessa ação foram os que tinham as piores reputações. Nas fileiras dos abolicionistas liderados por Antônio Bento havia negros, brancos e homens de todas as classes sociais. Depois de serem convencidos a fugir, os escravos eram escoltados a pé ou de trem para que se dirigissem às cidades portuárias. Lá, integravam um sempre crescente grupo urbano que participava de desfiles redentores, como os dos europeus libertados três séculos antes, para fazer propaganda da condição anterior de vítimas e da libertação obtida.

O fracasso definitivo da participação dos escravos nos contratos de "liberdade condicional" transicional que durariam até 1890 levou os fazendeiros a se preocuparem com o recrutamento imediato de trabalho livre. Alguns fazendeiros fizeram acordos com Antônio Bento, o líder abolicionista, e aceitaram como trabalhadores os escravos que haviam abandonado outros senhores. Por si só, a troca de empregadores tornava público que o novo empregador reconhecia a liberdade do novo empregado. A partir dos meados de 1886, o volume de fugas em massa começou a causar uma crise aguda de suprimento de trabalho. Essa debandada não violenta só seria alvo de uma resposta militar se a ordem pública estivesse sob perigo iminente. Em outubro de 1887, os oficiais do exército pediram ao governo que os poupasse da humilhação de caçar escravos fugitivos. No início de 1888, o comandante de uma unidade do exército enviada a São Paulo recusou-se abertamente a capturar escravos.[96]

Sem a legislação, o processo que havia evoluído no plano local e regional estava sendo resolvido no plano local. A hemorragia da força de trabalho, a despeito da oposição das legislaturas nacionais e provinciais, finalmente convenceu os fazendeiros de café a aceitar a extinção iminente da instituição. Em 1886, os fazendeiros do café voltaram-se decisivamente para a importação do trabalho livre. Uma nova sociedade de imigração em São Paulo obteve um contrato com o governo provincial para providenciar o transporte de imigrantes para as grandes lavouras. O nível da imigração europeia a São Paulo, especialmente proveniente da Itália, subiu de 6.500 em 1885 para 32 mil em 1887 e para 90 mil em 1888. As chegadas somadas quase igualavam os 107 mil escravos que ainda estavam registrados na província às vésperas da abolição. A importação bem-sucedida de trabalho livre pelos fazendeiros converteu em um ano e meio os principais defensores do trabalho escravo em líderes da etapa final da emancipação legal.

Quando a Câmara dos Deputados iniciou a sessão de maio de 1888, sua tarefa imediata era recuperar a administração legal de uma instituição que estava nos estágios finais de desintegração. O grau com o qual a mobilização popular, tanto livre quanto escrava, havia sobrecarregado o processo legislativo pode ser visto no que não se tornou parte da lei final. Agora o partido conservador desejava aceitar a emancipação imediata de acordo com as condições tradicionais das experiências das abolições. Queria que o projeto de lei incluísse a indenização monetária à moda de todos os sistemas europeus desde a emancipação britânica colonial dos escravos de 1833 até a de Porto Rico, em 1873. De fato, depois da promulgação da emancipação, os fazendeiros reivindicaram uma indenização de cerca 20 milhões de libras pelos 725 mil escravos que estavam no registro dos escravos brasileiros em 1887. Essa quantia era, talvez não por

---

[96] Conrad, op. cit., p.251-2.

coincidência, exatamente a mesma que fora dada cinquenta anos antes aos donos de escravos britânicos coloniais por seus 750 mil escravos.

Como seus predecessores, de Sonthonax, em São Domingos, às Cortes, na Espanha, os senhores brasileiros desejavam prolongar as obrigações de trabalho de seus ex-escravos. Queriam que os escravos fossem forçados a trabalhar para seus senhores na próxima colheita, que fossem obrigados a permanecer em seus *municípios* por seis anos e que fossem punidos por vagabundagem com trabalho compulsório. A maioria liberal na Câmara, de maneira realista e bem-sucedida, insistiu que a escravidão teria de terminar sem nenhuma obrigação residual. O projeto de lei declarava simplesmente a extinção imediata e incondicional da instituição. E foi aprovado pela legislatura em cinco dias em vez dos cinco meses de discussão do projeto da Lei Rio Branco. A rapidez da aprovação está aparentemente mais próxima da rapidez da aprovação revolucionária francesa do 16 do pluvioso do ano II (4 de fevereiro de 1794), bem mais do que dos debates prolongados da Lei Rio Branco. Todas as regulamentações foram eliminadas. O comitê responsável pela condução do projeto de lei na legislatura dispensou todos os requerimentos procedimentais, até mesmo a impressão do projeto de lei para permitir que ele fosse votado no dia seguinte, 13 de maio de 1888. Os poucos apoiadores da escravidão que aceitaram o projeto de lei incondicional mostraram que eles se limitaram simplesmente a concordar com a realidade. Da perspectiva do partido conservador, a tarefa real da legislatura era a de tentar acabar com "a insubordinação, o tumulto, a perturbação do trabalho *e tudo* o mais" que fosse necessário à lei e à ordem.[97]

Fora do parlamento, a aprovação acabou como a abolição tinha começado: com comemorações. As festas começaram assim que o projeto de lei foi apresentado, em 8 de maio de 1888, e continuaram a cada estágio da aprovação da "Lei Áurea". Mesmo assim, a enorme mobilização popular, que floresceu fora das instituições escravistas e que estava determinada a manter essas instituições à margem da tomada de decisão, não

---

97 Conrad, op. cit., p.257-8; p.270-6.

conseguiu alterar dramaticamente o sistema político dominado pela elite. As demandas dos líderes radicais abolicionistas pela "democratização do solo" por meio de uma divisão das grandes propriedades fracassaram. Em termos de direitos políticos, os recém-libertados não tiveram mais êxito para obter acesso ao sufrágio que a esmagadora maioria da velha população livre. Os brasileiros não conseguiram sequer o acesso temporário ao voto, que os libertos dos Estados Unidos usufruíram por pouco tempo depois da Guerra Civil. Tampouco os cubanos foram capazes de ganhar esse direito de voto pela participação militar nos movimentos revolucionários entre a década de 1870 e a independência nacional, durante o último terço do século XIX. A queda de Dom Pedro II por um *coup d'état* militar em 1889 estabeleceu uma república conservadora com um sufrágio apenas ligeiramente menos restrito que o do último sistema eleitoral do Império, o de 1881.[98]

Em termos econômicos, os negros foram logo em seguida marginalizados pela enorme migração do trabalho europeu. Socialmente, uma "nova infusão de sangue" foi concebida para integrar mais firmemente um Brasil "branqueado" à civilização europeia. Da perspectiva de suas vidas individuais e coletivas mais oprimidas como escravos, até mesmo os marginalizados homens e mulheres recém-libertados podiam ainda imaginar a nova condição como uma oportunidade real para maior independência, para a mobilidade e para o progresso potencial. Da perspectiva dos abolicionistas ultramarinos, mais afastados da luta brasileira cotidiana pela existência, o aspecto mais significativo da abolição foi visto como o ato final da emancipação no Novo Mundo e o ato de abertura da abolição no Velho Mundo.

Em sua encíclica, que congratulava os brasileiros pelos avanços da abolição da escravidão no país, o papa Leão XIII referiu-se aos "novos caminhos" e aos "novos empreendimentos comerciais assumidos nas terras da África", onde homens "votados ao apostolado" deviam se esforçar para descobrir qual a melhor forma de garantir a segurança e a liberdade dos

---

98 Andrews, *Afro-Latin America, 1800-2000*, p.113.

escravos.[99] Na própria África, observa David Brion Davis, ocorreu uma comemoração da emancipação brasileira na pequena colônia britânica de Lagos. A ilha tinha se tornado o lar de mais de 3 mil *emancipados* afro-brasileiros que colonizaram o enclave britânico perto de Yorubaland, na Nigéria. Em consequência da notícia da emancipação no outro lado do Atlântico, uma comemoração de seis dias foi organizada. Ela se iniciou com uma missa solene na catedral e terminou com um carnaval. O comitê de emancipação brasileiro da localidade agradeceu o governo britânico pelos privilégios usufruídos pelos colonos, pelos esforços dos filantropos para abolir o tráfico estrangeiro de escravos e pela emancipação britânica de escravos. O governador da colônia expressou sua confiança de que os repatriados de Lagos, cujo número aumentou com a emancipação brasileira, "se tornariam um 'contingente formidável' para ajudar a libertar o continente africano".[100] O governador britânico aludiu apenas seletivamente à longa presença britânica na costa da África. Mas sua observação de que uma nova fase da abolição já tinha começado na África era correta.

---

99 *In Plurimus*, Encíclica do papa Leão XIII, 5 maio 1888, To the Bishops of Brazil, art.20.
100 D. B. Davis, *Slavery and Human Progress*, p.298-9, e Miers, *Britain and the Ending of the Slave Trade*, p.49-50 e 159.

13
A Emancipação no Velho Mundo, da década de 1880 à de 1920

Exatamente um século depois das primeiras grandes movimentações abolicionistas na Grã-Bretanha, a escravidão foi legalmente abolida pela Lei Áurea, do Brasil. Contudo, na ampla faixa do Velho Mundo, que se estende da costa atlântica da África até os extremos orientais do mundo do Oceano Índico, a instituição da escravidão permanecia intacta e robusta.[1] Quando as Américas foram fechadas aos africanos escravizados, nas décadas de 1850 e 1860, a instituição estava alcançando sua extensão máxima dentro da África.[2] Como foi observado no Capítulo 10,

---

1   Ver, inter alia, M. A. Klein (Ed.), *Breaking the Chains:* Slavery, Bondage and Emancipation in Modern Africa and Asia; Campbell (Ed.), *The Sctruture of Slavery in Indian Ocean Africa and Asia*; Alpers, Campbell e Salman (Eds.), *Slavery and Resistance in Africa and Asia; Abolition and its Aftermath in Indian Ocean Africa and Asia*; e Temperley (Ed.), *After Abolition*. Também é muito útil a análise de M. A. Klein, Slavery, the International Labour Market and the Emancipation of Slaves in the Nineteenth Century, *Slavery and Abolition*, p.197-220.
2   Sobre a diminuição da importância da escravidão na Indonésia a partir do início do século XIX, ver Reid, The Decline of Slavery in Nineteenth-Century Indonesia, M. A. Klein (Ed.), op. cit., p.64-

o Congresso Antiescravista Mundial havia sido informado da existência de 6 a 8 milhões de escravos na Índia. Outro escritor contemporâneo elevou os números à altura dos 16 milhões ou de cerca de um décimo da população do subcontinente. Naquele momento, a Índia provavelmente retinha mais pessoas no *status* servil do que qualquer outra unidade política do mundo.

A escravidão no Velho Mundo não só foi maior e mais generalizada do que sua correspondente do Novo Mundo, mas também mais diversificada. Na Índia, o *status* servil assumia formas variadas, algumas hereditárias e algumas temporárias, que foram classificadas sob a rubrica de escravidão. Os homens e mulheres cativos ocupavam uma ampla gama de empregos, desde as ocupações análogas às do Novo Mundo na agricultura, na indústria e nos trabalhos domésticos até as que não tinham paralelo nas Américas, como eunucos, concubinas, cortesãs e oficiais militares. Eles ainda eram recrutados por meio dos negócios inter-regionais com escravos, que garantiam a sobrevivência da instituição. Provavelmente, houve um aumento do emprego de marinheiros escravos durante o segundo terço do século XIX. Com exceção dos marinheiros dos navios britânicos, os escravos e os libertos do Oceano Índico setentrional "provavelmente constituíram a maioria das tripulações dos grandes e pequenos navios costeiros e oceânicos" até a década de 1880. Dessa forma, muitos escaparam dos piores efeitos potenciais da escravidão, mas a combinação entre a mobilidade e o confinamento em que se encontravam ajuda a explicar o uso ininterrupto deles até o último quartel do século XIX.[3]

82; esp. p.69-77. Sobre a África e as Américas, ver Manning, *Slavery and African Life*, p.23; sobre a Índia, ver Kumar, Colonialism, Bondage, and Caste in British India, M. A. Klein, op. cit., p.112-130; Temperley, The Delegalization of Slavery in British India, Temperley (Ed.), op. cit., p.169-87, esp. 177; e Temperley, *British Antislavery*, p.94; sobre a Tailândia, ver Feeny, The Demise of Corvée and Slavery in Thailand, 1782-1913, M. A. Klein (Ed.), op. cit., p.83-111. Ver também M. A. Klein, The Emancipation of Slaves in the Indian Ocean, Campbell (Ed.), *Abolition and its Aftermath*, p.198-218, esp. 199-200.

3   Ver Ewald, Crossers of Sea: Slaves, Freedmen and other Migrants in the Northwestern Indian Ocean, c. 1750-1914, *American Historical Review*, p.69-91, esp. 77 e 90.

O tráfico transatlântico de escravos caracterizou-se por sua relativa estabilidade no que diz respeito a seu volume total durante a primeira metade do século XIX, por sua queda acentuada entre 1850 e 1865 e, finalmente, por seu desaparecimento, em 1870. No Velho Mundo, Olivier Pétré-Grenouille estima que o total do tráfico oriental (*traite orientale*) de longa distância através do deserto do Saara subiu de 9 mil por ano, no século XVIII, para 43 mil por ano no século XIX – uma "verdadeira explosão" da migração sob coerção. No Império Otomano, o tráfico de escravos parece ter alcançado seu pico durante o terceiro quartel do século XIX. Ehud Toledano estima seu volume, excluindo o tráfico interno do Egito, em aproximadamente 11 mil cativos por ano. Na década de 1860, quando o tráfico atlântico de escravos estava sendo proibido, o Egito recebeu 25 mil escravos a cada ano, o que representava cinco vezes mais que a média da década anterior. No último quartel do século, a distribuição dos escravos pode ter sido alterada em um ou outro setor, mas a continuidade do sistema não deu sinais de declínio dramático. O fim do tráfico transatlântico de escravos acarretou transformações da escravidão, mas não foi uma ameaça à eliminação imediata da instituição.[4]

Profundamente embutida na África, a escravidão demonstrou persistência e vigor durante e após o último quartel do século XIX. Em muitas áreas, os historiadores têm estimado que os escravos perfaziam de um quinto a metade da população total – de Madagascar ao noroeste da África.[5] Às vésperas da era da intensificação do imperialismo euro-

---

4　Pétré-Grenouilleau, *Les traits négrières*, p.149, e cap3. (Ver também a nota 86.) Sobre a África, ver inter alia, Lovejoy, *Transformations in Slavery*; Getz, *Slavery and Reform in West Africa*: Toward Emancipation in Nineteenth-Century Senegal and the Gold Coast, cap.2. Sobre o Império Otomano, ver Toledano, *The Ottoman Slave Trade and its Suppression*, p.90.

5　Ver Campbell, Unfree Labour and the Significance of Abolition in Madagascar, c. 1825-97, id. (Ed.), op. cit., p.66-82; e M. A. Klein (1998), *Slavery and Colonial Rule in French West Africa*, Richardson, Across the Desert and the Sea: Trans-Saharan and Atlantic Slavery, 1500-1900, *The Historical Journal*, p.195-204. Schroeter, Slave Markets and Slavery in Moroccan Urban Society, *Slavery and Abolition*, p.185-213, "conservadoramente" estima a importação de escravos só para o Marrocos entre 1874 e 1894 em 100 mil, sem incluir os mortos em raides e os vendidos no sul do Saara. Sterling Joseph Coleman, Jr., Gradual Abolition or Immediate Abolition of Slavery: The Political, Social and Economic Quandary of Emperor Haile Selassie I, *Slavery and Abolition*, p.65-82, estima a população escrava etíope no início do século XX em cerca de 2 milhões de um total de 10 milhões. Martin Klein observa que os escravos frequentemente compunham mais de 2/3 das populações (ou

peu, a escravidão estava se expandindo na África subsaariana. Mesmo no auge do tráfico transatlântico de escravos, a maioria dos africanos escravizados era provavelmente retida na África. Dada a preponderância dos escravos homens entre os que eram exportados, "números enormes de mulheres e de meninas devem ter sido absorvidos antes da partida do resto".[6] O processo de exclusão gradual do tráfico de escravos de áreas costeiras específicas durante a primeira metade do século XIX, bem como sua supressão relativamente repentina durante o terceiro quartel, reforçaram a tendência de acumulação de escravos na África. O exemplo da Costa de Ouro depois da abolição do tráfico britânico de escravos foi emblemático de um desenvolvimento mais geral. A queda acentuada nos preços dos escravos uma década depois das abolições anglo-americanas de 1807 tornou a posse de escravos mais acessível aos fazendeiros e traficantes que não faziam parte da elite. A expansão das grandes lavouras de dendê por volta do fim da década de 1830 abriu espaço para que os escravos exercessem um papel ainda maior na economia. A despeito de os preços aumentarem ocasionalmente, o trabalho escravo ainda era mais barato e mais disponível que o assalariado.

As abolições anglo-americanas, em vez de acabar com a escravidão, facilitaram a mercantilização da agricultura e promoveram a integração do trabalho servil em um sistema capitalista de produção na África, que prosseguiu até que a terceira geração do século XX estivesse bem avançada.[7] Novos produtos contribuíram para a expansão da escravidão nas áreas desenvolvidas pela agricultura. Na Guiné, a produção de amendoim

---

quase proporções caribenhas) em algumas zonas da África Ocidental. Eles também eram a mais importante forma de riqueza na Guiné (*Slavery and Colonial Rule in French West Africa*, 3, p.157). No mundo do Oceano Índico, os escravos totalizavam de 1/4 a 1/3 da população da Tailândia nos meados do século XIX. (Feeny, op. cit., p.83-111 e 96, Table 3.8.)

6   M. A. Klein (1998), op. cit., 1, p.39-41. Durante as últimas seis décadas do tráfico atlântico de escravos, as mulheres adultas constituíam 1/6 dos cativos em comparação com mais de 1/4 durante o século XVIII. Durante essas mesmas seis décadas finais, 2/3 dos cativos eram homens, um pouco mais do que durante o século anterior. Eltis e Engerman, Was the Slave Trade Dominated by Men?, *Journal of Interdisciplinary History*, p.237-57, Table I, p.241.

7   Getz, op. cit., p.41: "a venda interna de escravos, anteriormente destinados à escravidão doméstica e de linhagens, facilmente se expandiu para incorporar o emprego de escravos na agricultura depois de 1807".

dominou o tráfico costeiro até o início da explosão da borracha, por volta de 1880, e contou com uma transição econômica relativamente suave quando a intervenção imperial suprimiu o tráfico de escravos. Como Martin Klein conclui, "a demanda por escravos dentro da África era alta e cresceu ainda mais ao longo do século".[8]

Na costa oriental da África ocorreu a mesma sequência. Nos meados do século XIX, os Omani que migravam para a ilha de Zanzibar dominaram quase completamente o mercado mundial de cravo-da-índia, uma lavoura à qual eles nunca haviam se dedicado antes da abolição britânica do tráfico transatlântico de escravos. O sistema de grande lavoura do cravo alcançou seu ponto mais alto no terceiro quartel do século XIX, antes de novas pressões britânicas para suprimir o tráfico de escravos. Da mesma forma que no Senegal e no oeste da Costa do Ouro, Zanzibar aproveitou a flexibilidade da escravidão em resposta à mudança das oportunidades nos mercados internacionais capitalistas. Durante as décadas de 1850 e 1860, a produção do coco e outros itens tropicais aumentou a diversificação da economia escravista. A agricultura em expansão demandava "um número realmente enorme de escravos". No começo da década de 1870, Zanzibar e seus satélites costeiros desenvolviam-se em verdadeiras sociedades de grandes lavouras. A produtividade dos escravos tornara-se a principal preocupação dos fazendeiros. A trajetória da expansão de Zanzibar prognosticou novos encorajamentos para a instituição da escravidão.[9]

O envolvimento no mercado capitalista mundial também fomentou a penetração de longa distância do tráfico de escravos. A fronteira de negócios com escravos moveu-se para o interior da África: vale do Zambezi, Bechuanalândia, Buganda, Angola, Congo, Sudão e Etiópia. Em todas essas áreas, os raides para obtenção de escravos intensificaram-se durante o terceiro quartel do século XIX.[10] Antes de serem os princi-

---

8 M. A. Klein (1998), op. cit., p.53 e 144. As projeções mais recentes de Patrick Manning mostram uma subida acentuada dos negócios com escravos nos meados do século XIX. (Comunicação pessoal, 5 jun. 2008.)
9 Cooper, *Plantation Slavery on the East Coast of Africa*, cap.2.
10 Ver especialmente os ensaios de Miers e Roberts (Eds.), *The End of Slavery in Africa*.

pais instrumentos da dominação imperial europeia, no fim do século XIX, as armas de fogo foram instrumentos dos negócios muçulmanos com escravos. Martin Klein descreve o terceiro quartel do século XIX como o da geração mortal da "revolução das armas". Entre 1848 e 1872, os exércitos europeus estavam substituindo os fuzis de um tiro, com carregamento pela culatra, pelos fuzis de repetição. Essas armas mais novas fluíram inexoravelmente para a África até o Congresso de Bruxelas de 1890. Em áreas sem acesso barato e fácil ao mercado mundial, os mercadores e fundadores de Estados podiam vender escravos para comprar novas armas e acumular receita. Nos mercados do Sudão, os cativos frequentemente constituíam o grosso do valor comercializável e tributável das exportações.[11]

Os apelos à religião adicionaram uma base racional ideológica ao ciclo tóxico da expansão da escravidão por armas letais. Nas áreas da fronteira muçulmana, o argumento a favor da *jihad* era usado com maior frequência. A ligação entre a guerra e a escravização fora introduzida de forma oportunista no início do imperialismo europeu. As primeiras guerras europeias de conquista do Sudão adotaram, algumas vezes, a distribuição tradicional da pilhagem de homens e mulheres como uma forma de recompensar seus recrutas africanos. Esses métodos coexistiram com a fundação de "vilas de liberdade", criadas como refúgios de escravos fugitivos. Assim, os negócios com escravos tornaram-se parte do modo europeu de guerrear no Sudão até a efetivação da conquista, na década de 1890.

Muitos historiadores da África do fim do século XIX relatam detalhadamente o pico do raide para obtenção de escravos e o tráfico no fim do século XIX.[12] E também observam a presença de centenas de milhares ou de milhões de escravos em várias regiões africanas no começo da "Partilha da África", que abrangia mais de 1 milhão em Buganda na

---

11 M. A. Klein (1998), op. cit., cap.2, p.42-58 e 5; e Roberts, The End of Slavery in the French Sudan, 1905-1914, Miers e Roberts (Eds.), op. cit., p.282-307, esp. 283-4.
12 Miers e Roberts (Eds.), op. cit., p.122; 256; 433 e 441, e Lovejoy, op. cit., referem-se à escravização africana no século XIX em termos de "alta repentina", "pico", "intensificação", "aspecto maciço contínuo" e até de "explosão" no fim da era pré-colonial. Lovejoy, op. cit., p.155-62.

década de 1870, quase 3 milhões na África Ocidental francesa e entre 1 milhão e 2,5 milhões no Califado de Sokoto na época da conquista colonial. No início de 1900, as caravanas podiam promover migrações forçadas de até 50 mil por ano através de Angola. As regiões não desenvolvidas do interior da Rodésia e de Angola eram reservatórios de vítimas escravizáveis.[13] As estimativas sobre os africanos escravizados no século XIX parecem comparáveis em magnitude às das maiores economias escravistas das Américas na década de 1850. A proporção de escravos na maioria das sociedades africanas em que a instituição medrou parece ter sido tão alta ou mais alta do que foi no Brasil, em Cuba ou nos Estados Unidos antes da emancipação. Quaisquer que fossem as diferenças entre as instituições nos dois lados do Atlântico, a escravidão africana parecia estar menos ameaçada do que suas equivalentes nas Américas durante o século seguinte a 1775. Como Paul Lovejoy conclui, às vésperas da investida imperial europeia, a ordem social africana estava mais firmemente enraizada na escravidão do que nunca.[14]

Isso não quer dizer que as lutas locais contra a escravização não fossem contínuas na África. Houve resistência constante nos séculos XVIII e XIX.[15] Como nas Américas antes das abolições, o resultado acumulado desses eventos é outra evidência de que somente a resistência escrava não minaria a instituição da escravidão antes da dominação europeia na África. De fato, a intrusão europeia limitada não encorajou significativamente a expansão do tráfico de escravos durante a geração que se seguiu ao fim do tráfico atlântico de escravos.

Sem a pressão exógena do abolicionismo, pode-se imaginar apenas um caminho – que seria muito mais longo – para o declínio da escravidão. A consolidação do Estado muçulmano poderia ter reduzido a zona das populações vulneráveis à escravização, mas vale a pena relembrar

---

13 Heywood, Slavery and Forced Labor in the Changing Political Economy of Central Angola, 1850-1949, Miers e Roberts (Eds.), op. cit., p.415-36, esp. 420-1.
14 Lovejoy, op. cit., p.252.
15 Ver Rashid, A Devotion to the Idea of Liberty at Any Price: Rebellion and Antislavery in the Upper Guinea Coast in the Eighteenth and Nineteenth Century, Diouf (Ed.), *Fighting the Slave Trade: West African Strategies*, p.132-51.

que a devoção islâmica não protegia indivíduos e grupos na turbulenta fronteira de negócios com escravos. É também possível imaginar que o crescimento contínuo desses negócios poderia ser interrompido pelas crises genocidas de despovoamento, análogas à caça excessiva que diminuiu o volume do tráfico de marfim na África Oriental nos fins do século XIX.

O século das emancipações europeias e anglo-americanas colocou o problema da escravidão na agenda do imperialismo europeu. Isso não significa que o antiescravismo ou a ideologia humanitária na Europa tenham exercido o papel principal no estímulo à invasão política europeia da África tanto no norte quanto no sul do Saara. Talvez até mesmo a responsabilidade pela eliminação da instituição da escravidão nessas partes do continente africano sob soberania europeia tenha frequentemente feito os governos britânicos e franceses hesitarem em expandir sua própria soberania e responsabilidade moral. Talvez a característica notável do relacionamento euro-africano por mais de meio século depois da abolição do tráfico britânico de escravos tenha sido a relutância das burocracias coloniais europeias setentrionais em erodir a linha que separava as ordens sociais europeias das africanas. A concentração britânica no tráfico de escravos envolvera altos custos para reduzir o fluxo de africanos ao Novo Mundo e para distribuir os recapturados na África e nas Américas. Durante a segunda metade do século XIX, os fazendeiros das antigas colônias escravistas britânicas e holandesas recorreram principalmente aos trabalhadores contratados asiáticos. França e Portugal imperiais patrocinaram a aquisição de escravos africanos e os converteram em trabalhadores "livres" contratados por períodos específicos. Durante a segunda metade do século XIX, esses "aprendizes" africanos involuntários não representavam mais um fluxo muito importante de migração transcontinental. Cerca de 150 mil desses trabalhadores cativos deixaram o continente africano entre 1850 e 1900. No mesmo período, um número quase dez vezes maior de escravos africanos foi enviado para áreas dominadas por não europeus.[16]

---

16 Lovejoy, op. cit., p.151-6; e Pétré-Grenouilleau, op. cit., p.148-56.

Até o fim do século XIX, os europeus tenderam a evitar complicações ao se relacionarem com os governantes africanos e os donos de escravos, esquivando-se do envolvimento direto em questões da escravidão ou das relações entre senhor e escravo. Depois do breve alvoroço do ativismo no pico da agitação antiescravista do início da década de 1840, o governo britânico fortaleceu de modo geral a distinção entre as áreas que estavam diretamente sob a soberania britânica e as que tinham o *status* de protetorados ou governos independentes. Antes do último quartel do século XIX, portanto, as principais nações europeias estavam pouco dispostas a expandir suas jurisdições para muito além das áreas tropicais que já haviam adquirido nos fins das guerras napoleônicas.[17] Até mesmo na África do Sul, os britânicos não se mostraram dispostos a suprimir a escravização e o tráfico em Natal, na fronteira de sua Colônia do Cabo. Os pioneiros bôeres que escaparam da soberania britânica e foram para Transorangia, Natal e Transvaal participaram de raides em busca de gado e escravos para acelerar a ocupação. Algumas vezes, eles reconheceram ter travado guerra contra os zulus com o propósito de capturar escravos. Embora o Congresso do Rio Sand (1852), entre o governo britânico e os bôeres do Transvaal, proibisse a escravidão ao norte do Vaal, os raides às comunidades africanas aumentaram dramaticamente daí em diante. Os apelos coloniais aos funcionários do Cabo não obtiveram resposta. O sistema de aprendizado britânico fora instituído principalmente para servir de ponte para a transição da escravidão à liberdade nas colônias de grandes lavouras. Ele era mantido nas repúblicas bôeres no fim do século XIX, sujeitando os africanos a sequestros militares, vendas e distribuição. Assim, a prática do sistema de saque pela França no noroeste da África foi precedida pelas práticas dos bôeres no sudeste.[18]

Na costa da África Ocidental, as normas burocráticas coloniais limitaram a soberania aos enclaves britânicos e franceses da Costa do Ouro,

---

17 Fyfe, *A History of Sierra Leone*.
18 Eldredge e Morton (Eds.), *Slavery in South Africa*, cap.7-9. De acordo com a estimativa de cativos entre 1731 e 1869 feita por Fred Morton (p.255, Table 10.2), parece que, no período depois de 1840, o número de cativos dobrou antes de chegar a um fim, por volta de 1870.

Serra Leoa e Senegal. Elas também reduziram a interferência no tráfico de escravos e na escravidão. Mesmo durante a fase abolicionista mais ativista da Grã-Bretanha, por volta de 1840, o primeiro-ministro autorizou uma campanha para expandir os tratados contra o tráfico de escravos com a condição absoluta de que eles não reivindicassem anexação territorial.[19] Algumas vezes, os magistrados britânicos da costa adquiriram jurisdição informal para arbitrar disputas que envolviam escravos entre os Estados africanos vizinhos, mas eram continuamente lembrados de seus limites. Eles não podiam usar a lei inglesa para abolir a instituição. Na Grã-Bretanha, os membros do parlamento fizeram moções periódicas para que alguns ou todos se retirassem dos povoamentos. O interesse pela África Ocidental provavelmente alcançou seu ponto mais baixo do século XIX em 1865, com a recomendação de um Comitê Parlamentar Seleto da África Ocidental sobre a saída da costa da África Ocidental, exceto Serra Leoa, o ponto principal de desembarque dos cativos resgatados do tráfico de escravos.

Todos os governos franceses exerceram coação similar depois de abolir a escravidão pela segunda vez, em 1848. A colônia do Senegal era formada por duas ilhas-base, Saint Louis e Gorée, mais alguns fortes ao longo da costa e do Rio Senegal. Na época da emancipação francesa, em 1848, metade da população da colônia era formada por escravos. Na esteira desse decreto, os funcionários coloniais franceses temiam a fuga maciça de escravos das regiões circunvizinhas e uma ruptura das relações tanto com os traficantes muçulmanos quanto com as elites guerreiras. Em Paris, o ministro das Colônias mobilizou-se imediatamente para impedir essa possibilidade e recusou refúgio aos escravos de fora. Daí em diante, a incorporação das vilas vizinhas foi acompanhada de uma recusa de estender a linha do "solo livre" para todos os seus habitantes. A posse de escravos foi proibida apenas para os cidadãos franceses e somente eles seriam penalizados pelas violações. Os "súditos" donos de escravos mantiveram seus direitos de propriedade como donos de

---

19   Fyfe, op. cit., p.217.

escravos. Os filhos dos ex-escravos ou os escravos estrangeiros foram entregues às famílias – um tráfico que prosseguiu até 1904. Nos povoamentos contíguos recém-adquiridos, como Dakar, o cumprimento da lei antiescravista teve de esperar a estabilização da Terceira República, no fim da década de 1870.

Os burocratas locais também desenvolveram práticas que abriam espaço para o discreto descumprimento das políticas metropolitanas que poderiam causar distúrbios aos governos coloniais, que eram controlados por funcionários sobrecarregados e diminutas forças policiais. Os agentes coloniais consideravam-se amortecedores das demandas "irrealistas" da Europa, que eram periodicamente desencadeadas por ondas de informações embaraçosas acerca da persistência da escravidão nas colônias. Na década de 1880, "a habilidade dos europeus na África para manter a agenda imperial estava baseada na capacidade de ludibriar". O governo francês, efetuando um recuo napoleônico em relação à emancipação, estava disposto até mesmo a "desanexar" o território na periferia das colônias francesas da África Ocidental para impedir que houvesse pressão metropolitana por uma ação mais rigorosa contra a escravidão ou contra o tráfico de escravos. Pouco depois da fronteira do Senegal, na Gâmbia controlada pelos britânicos, os escravos eram "ainda debitados e creditados" na contabilidade dos traficantes "sob o título de gado".[20] Até o fim da década de 1870, no lado francês, a expansão do comércio levou à maior importação de trabalho escravo da história do Senegal.

Na ausência de pressões de fora, o capitalismo euro-africano e a escravidão africana expandiram-se concomitantemente. Durante as seis décadas seguintes a 1815, as ambições territoriais francesas no continente limitaram-se ao norte da África. Para os agentes coloniais, era sempre fácil responder às pressões metropolitanas por mudança social. Eles notaram que as necessidades políticas, os interesses das populações nativas e os tratados negociados obrigavam os franceses a obedecerem os acordos do *status quo* com os donos de escravos.

---

20 M. A. Klein (1998), op. cit., p.35-6.

Da mesma foram que ocorreu com os principais sistemas escravistas nas Américas, o maior ataque contra a escravidão na África foi lançado no pico da vitalidade econômica e do poder social da instituição. As principais iniciativas para o desmantelamento do sistema na África no último quartel do século XIX, como no Atlântico do século XVIII, dependeram inicialmente do desenvolvimento contínuo da sociedade civil e da opinião pública europeias. Deixadas com os meios a seu alcance, as burocracias europeias preferiam os paradigmas coloniais de ação que evitassem a possibilidade de ataques diretos ou radicais à instituição, como será discutido mais adiante. Antes da década de 1870, portanto, a cautela exibida pelos governos metropolitanos e por seus agentes ultramarinos prognosticava que os agentes coloniais raramente estariam na vanguarda do processo de libertação, fosse na África, fosse no mundo do Oceano Índico. E os habitantes livres não europeus dessas áreas só excepcionalmente constituíam agentes catalisadores do antiescravismo ou do abolicionismo político.

O governo britânico e seus agentes coloniais reconheceram um aspecto importante da escravidão no oriente, que a distinguia da variante do Novo Mundo. Nos países afro-asiáticos caracterizados pela pobreza profunda e pela ausência de uma rede estatal de bem-estar social, a instituição da escravidão teve frequentemente uma dimensão voluntária. A venda de si mesmo, a venda de crianças e as complexidades dos laços familiares eram obstáculos formidáveis à emancipação, mesmo quando o período da dominação europeia estava bem avançado. Havia certeza de que a escravidão seria gradualmente extinta quando a morte física por inanição pudesse originar da separação entre os senhores e seus cativos ou concubinas. Às vésperas da quase abolição, na década de 1840, um comissário da lei britânica descreveu a escravidão no subcontinente como a "*Poor Law*[21] indiana". Na África, especialmente em certos lugares durante os tempos de instabilidade ou de escassez de alimentos, algumas formas de escravidão também poderiam ser um refúgio para enfrentar

---

21 *Poor Law* era a lei de assistência social inglesa, que, apesar de sucessivas reformas, manteve o mesmo nome dos fins da Idade Média até o primeiro quartel do século XX. (N.T.)

outras formas de dificuldade. O fato de o concubinato ter continuado até muito depois do fim da sustentação legal a esse *status* mostrava seu poder de sobrevivência como uma alternativa à fuga ou ao abandono.[22]

Escravidão oriental

Os europeus também encontraram barreiras ideológicas formidáveis às políticas que implicavam na abolição de uma instituição que alguns acreditavam ter sido determinada pela ordem cósmica ou divina. Os muçulmanos do fim do século XIX certamente desenvolveram algumas teorias que tinham paralelo com as desenvolvidas no discurso europeu durante o século que antecedeu ao das leis abolicionistas. Uma das linhas de argumento mais frutíferas era a interpretação de afirmações e comentários do *Qur'an* relativas às afirmações de Maomé e do "Espírito do Islã" que, como os da cristandade, sempre tinham em mente o definhamento gradual da escravidão. Da mesma forma que a apologética cristã anterior sobre a duração da escravidão entre os fiéis, as palavras de Maomé encorajavam ao menos uma melhoria da condição dos escravos dentro do islã e o fim da instituição, com o triunfo da fé. As respostas iniciais às inovadoras políticas antiescravistas europeias rapidamente deram distinção à salvação pela fé. O que quer que fosse feito para preservar a escravidão nas terras muçulmanas era culpa dos muçulmanos e não do *Qur'an*.[23]

Novas críticas muçulmanas à escravidão começaram a surgir no último terço do século XIX. Algumas das contestações mais vigorosas emergiram como resposta direta às crescentes críticas feitas pelos europeus à sanção islamita da escravidão. Quando esses críticos muçulmanos se dirigiram às audiências britânicas, no início da década de 1870, o *status* legal da escravidão no *Raj* já tinha sido severamente minado. Como foi

---

22 Para mais discussões, ver Engerman, Slavery, Freedom and Sen, Appiah e Bunzl (Eds.), *Buying Freedom*: The Ethics and Economics of Slave Redemption; e Engerman, *Slavery, Emancipation and Freedom*, p.23-5.
23 Clarence-Smith, Islam and the Abolition of the Slave Trade and Slavery in the Indian Ocean, Campbell (Ed.), op. cit., p.137-49, e id., *Islam and the Abolition of Slavery*, cap.10, Rationalism.

observado no Capítulo 10, o Congresso Mundial Antiescravista de 1840 havia divulgado estimativas da existência de 6 a 8 milhões de escravos na Índia. Outro contemporâneo estimou o número total nos protetorados britânicos e principados em quase 16 milhões. De qualquer maneira, esses números tornavam a instituição da escravidão indiana maior do que a de todo o Novo Mundo. Quando os muçulmanos começaram a responder aos discursos antiescravistas britânicos, o Código Penal Indiano de 1860, baseado na Lei V, de 1843, ilegalizou o rapto ou o tráfico de escravos na Índia governada pelos britânicos. Para os muçulmanos do Raj, não houve a necessidade premente de assumir uma posição a favor ou contra o antiescravismo. Mesmo assim, o sistema legal estava começando a condenar pessoas pela violação do estatuto antiescravista. Ainda havia notícias de raides de escravização fora das fronteiras do controle britânico, e a escravidão doméstica continuava a existir nos principados nas décadas de 1870 e 1880, apesar de sua ilegalidade.[24]

O propósito inicial dos muçulmanos ao participar do discurso ocidental sobre a escravidão era o de refutar as acusações de que as sociedades islâmicas seriam incapazes de participar no antiescravismo moderno. Em Londres, eles refutaram a acusação de que as sociedades islâmicas eram inerentemente incapazes de participar da variante antiescravista da modernidade. Saiyid Ahmad Khan e Sayyid Ameer Ali, dois indianos muçulmanos que residiam na Grã-Bretanha e que tinham formação jurídica, começaram cautelosamente a abordar a questão. De maneira significativa, nenhum dos escritores mencionou a Índia em suas investidas iniciais. Seus escritos eram defesas apologéticas da exegese corânica, e não argumentos abertamente abolicionistas. Ambos recorreram a fontes ocidentais para demonstrar a atitude relativamente progressista do islã medieval em relação à escravidão, em comparação com as atitudes dos greco-romanos ou dos escritos cristãos antigos. Eles também evitaram responder às caracterizações ocidentais da escravidão feminina e do concubinato entre os muçulmanos. Como seus contemporâneos do

---

24 Kumar, op. cit., p.121-3; e Temperley, The Delegalization of Slavery in British India, Temperley (Ed.), op. cit., p.169-87.

Império Otomano e muitos da Índia britânica, a maioria dos escritores muçulmanos evitava entrar em detalhes sobre a escravidão doméstica e a representava como uma forma benigna de servidão. Mesmo assim, um dos escritores, Saiyid Ahmad, tratou da questão do recrutamento violento e sustentou que o *Qu'ran* proibia a escravidão e que a escravização de cativos de guerra era inerentemente não islâmica. Ele também lançou o olhar para além da Índia ao expressar sua vergonha pelo fato de que as escravas eram vendidas "como vacas" na Arábia.[25]

No Império Otomano, um envolvimento muçulmano sério com as ideias abolicionistas ocidentais também se intensificou no último quartel do século XIX. Do mesmo modo que muitos dos modernistas indianos aqui referidos, a questão era igualmente tratada em gêneros altamente hermenêuticos ou literários. Mesmo os "jovens otomanos" politizados consideravam a abolição uma questão marginal.[26] O que parece claro é que, mesmo na década de 1870, a discussão do antiescravismo dentro das terras dominadas pelos muçulmanos estava no nível pré-político do mundo atlântico do século anterior. O componente associativo que constituíra a mobilização política do sentimento antiescravista no mundo anglo-americano um século antes ainda estava ausente. Quando Saiyid Ahmad publicou sua condenação em urdu em vez de em inglês, que seria menos acessível, ela foi saudada por uma efusão de tratados, de *fatwas* e de artigos de jornais que contestaram virulentamente a asserção de que o *Qu'ran* não apoia a escravização em uma guerra legítima. Um *'ulama* de Meca emitiu uma *fatwa* de infidelidade contra Ahmad. Nenhum dos *'ulamas* do Império Otomano respondeu a seu desafio de discutir o significado dos "versos de liberdade" do *Qu'ran*.[27]

A ausência de um foco concreto na escravização e na escravidão contemporâneas no discurso muçulmano é ainda mais flagrante. Na maior parte das vezes, os debatedores ofereciam uma pletora de argu-

---

25 Powell, Indian Muslim Modernists and the Issue of Slavery in Islam, Chatterjee e Eaton (Eds.), *Slavery and South Asian History*, p.262-86, citação em p.275-6; e Toledano, Ottoman Concepts of Slavery in the Period of Reform, 1830s-1880s, M. A. Klein (Ed.), op. cit., p.37-63.
26 Ver Toledano, op. cit., p.46-53.
27 Powell, op. cit., p.273-80.

mentos baseados na exegese de textos sagrados ou legais. Esses escritos tendiam a ser defesas da fé, em vez de chamados à ação contra a escravidão propriamente dita.[28] Não houve equivalente literário para a efusão de imagens lancinantes da brutalidade da captura; nenhum relato detalhado do tráfico árabe de escravos; nenhuma grande tentativa de organizar relatórios estatísticos de seu custo em vidas e da separação das famílias; nenhuma descrição detalhada das mulheres vendidas, nas palavras de Saiyid Ahmad, "como vacas nos mercados"; nenhum registro das listas de preços das caravanas de mercadores sobre as várias categorias de seres humanos, discriminados por idade, raça, gênero ou condições de saúde; e nenhuma descrição detalhada das matanças dos deficientes ou da mutilação e morte envolvida na produção de eunucos. Não houve uma efusão de poesia dedicada a individualizar as experiências dos escravos que tivessem sobrevivido ao suplício de um raide e do transporte através do deserto ou do oceano e da "acomodação" a seu novo ambiente. Não houve autobiografias altamente divulgadas de escravos que conseguiram escapar da instituição nem algum equivalente visual ao navio negreiro "Brooks". Não houve uma imprensa popular equivalente para divulgar os casos nos tribunais que envolviam a crueldade dos senhores ou a escravização ilegal.

Pode-se argumentar mais ainda a respeito das diferenças. Acima de tudo, as normas da sociedade civil não parecem ter encorajado a formação das organizações coletivas antiescravistas locais, muito menos um movimento social mais amplo. As mesmas *jihads* que provocaram maciços levantes de escravos geralmente acabavam dando continuidade à prática da escravização dos recém-vencidos pelos novos vitoriosos.[29] A única associação antiescravista mencionada por Clarence-Smith em seu exaustivo estudo acerca do islã e da abolição alude a um tácito "clube dos 'príncipes maometanos mais avançados'". A própria existência dessa organização informal data de meados da década de 1920, meio sécu-

---

28 Clarence-Smith, op. cit.
29 M. A. Klein (1998), op. cit., p.51, sobre a lógica interconectada dos raides, do tráfico e do uso de escravos.

lo depois da pressão diplomática europeia sobre o tráfico de escravos e sobre a escravidão nos mundos muçulmano e do Oceano Índico. Dada a exclusividade e o caráter elusivo de seus associados e a ausência de outras formações associativas, Clarence-Smith foi hábil em concluir que "continua obscuro o momento em que as elites seculares muçulmanas realmente se viraram contra o cativeiro".[30]

A página relativamente árida da atividade coletiva antiescravista provavelmente não derivou de restrições impostas por governantes muçulmanos autoritários. O governante da Tunísia, determinado a implementar a abolição na década de 1840, empregou uma mistura de retórica religiosa tradicional e europeia moderna para tornar ilegal a instituição da escravidão. Pelo edito do bei de 1846, o "tratamento inumano" dos oprimidos era contrário ao espírito da *shari'a*, à necessidade de dispensar justiça ao fraco e aos múltiplos caminhos para a manumissão sancionados pela lei islâmica. O edito também incluía um apelo destacado aos imperativos do "bem comum". As fugas frequentes de escravos para consulados estrangeiros em resposta aos decretos preparatórios anteriores constituíram um desafio à autoridade e à soberania tunisianas. Assim, a primeira legislação abolicionista importante no mundo muçulmano ecoou a fundamentação lógica abolicionista para a emancipação com base nos princípios da humanidade, religião, justiça e política.

Além da esfera governamental, havia claramente uma relativa escassez de atividade coletiva contra a instituição da escravidão.[31] A atividade associativa era permitida legalmente nas áreas muçulmanas da Índia britânica e dentro de um governo em que a própria escravidão já havia sido proscrita legalmente. É altamente improvável que o Raj britânico tivesse levantado obstáculos à formação de organizações abolicionistas, fossem elas muçulmanas, hindus ou cristãs, que desejassem estimular o antiescravismo em áreas fora da jurisdição britânica. Os elementos ideológicos estavam lá. Os organizacionais não.

---

30 Clarence-Smith, op. cit., p.128.
31 Montana, *Transaharan Slave Trade*, p.166-170.

Os argumentos de Saiyid Ahmad contra a escravidão espalharam-se rapidamente do norte da Índia à Ásia Ocidental. Meca emitiu uma *fatwa* contra o autor. Mesmo nas províncias muçulmanas setentrionais da Índia, a discussão sobre a escravidão apoiou o islã com defesas altamente escolásticas. A tentativa que Saiyid Ahmad fez de estimular um amplo debate sobre a escravidão em Istambul em um jornal árabe radical foi igualmente malsucedida. O "*ulama* do Império Otomano foi convidado a responder, mas não aceitou o convite", menos ainda organizou um grupo antiescravista em Istambul. Os intelectuais de Istambul criticaram a escravidão em livros de ficção, peças de teatro e poemas, mas uma campanha para abolir as variedades predominantes e mais penosas da escravidão otomana "nunca foi contemplada pelos proponentes ocidentais da abolição".[32]

Tão significativa quanto a ausência da atividade antiescravista coletiva entre as elites muçulmanas é a escassez de evidência sobre as mobilizações antiescravistas dentro das fileiras da população muçulmana livre como um todo. Inúmeros conflitos foram gerados pelas iniciativas europeias e pelas reações dos próprios escravos às oportunidades de agir proporcionadas por essas iniciativas, que serão tratadas adiante. É claro que havia escassas possibilidades políticas para os homens livres, sem mencionar as mulheres.

O principal contraste entre o tráfico de escravos do Novo e do Velho Mundo era que as mulheres jovens e as meninas constituíam a maioria das vítimas na órbita do Velho Mundo. A proporção de escravas traficadas subiu no período moderno e totalizou até três quartos das exportações de seres humanos do século XIX do mundo muçulmano. A expansão do tráfico de longa distância, das migrações e das conquistas nos fins do século XIX também aumentou a demanda de serviço e de outras obrigações. Uns poucos escritores criticaram o concubinato e sua

---

32 Powell, op. cit., p.273-4; e Toledano, op. cit., M. A. Klein (Ed.), op. cit., p.58. Sobre a influência dos radicais sul-asiáticos nas partes do mundo muçulmano dominadas pela Rússia, ver Clarence-Smith, op. cit., p.210-1. A maioria dos reformistas nas áreas de domínio do czar não confrontou diretamente a escravidão.

conexão com a escravidão. Contudo, essas discussões sobre a alteração do *status* das mulheres ofereceu poucas aberturas às próprias mulheres.[33]

A diferença de oportunidades para a mobilização popular antiescravista foi incontestavelmente evidente na cruzada antiescravista lançada pelo cardeal Lavigerie, o arcebispo da Argélia e fundador, na África, da missão Padres Brancos. Antes de 1888, as hierarquias católicas da Europa nunca haviam encorajado a mobilização do clero, tampouco das massas contra a escravidão. Apenas uns poucos meses depois da abolição da escravidão no Brasil, o último reduto da instituição no mundo ocidental, Lavigerie lançou uma campanha na Europa para obter apoio. Caracteristicamente, ele apelou à opinião pública, "a verdadeira rainha do mundo de hoje".[34] Com o rápido apoio que recebeu do papa Leão XIII, fez conferências para multidões em Londres e Bruxelas. E organizações de apoio foram fundadas em países com grande quantidade de católicos ou em países predominantemente católicos: França, Bélgica, Alemanha, Suíça, Espanha, Portugal, Áustria, Itália e Haiti.

A emergência desse conjunto amplo de associações antiescravistas continentais parecia ecoar a formação do abolicionismo britânico exatamente um século antes. Aparentemente, o antiescravismo tinha deixado de ser o domínio dos não conformistas protestantes e dos radicais seculares. Como um movimento pan-europeu, esse reavivamento antiescravista foi um desapontamento. Ele se dividiu em linhas nacionais e sectárias e em consequência de o cardeal tentar manter firmemente a liderança do movimento em mãos católicas. Depois de 1888, as iniciativas antiescravistas na França foram geralmente tomadas por católicos conservadores, e não por radicais anticlericais. Lavigerie visionava o movimento como uma cruzada de conquista da África pela cristandade, embora ele não identificasse o islã como defensor intransigente da escravidão. Em 1888, ele declarou que o *Qu'ran* não "impõe a escravidão, mas apenas a permite [...] [colocando] a libertação dos cativos no topo da lista de

---

[33] Clarence-Smith, op. cit., p.197-8 e 209. Sobre outros ataques ao concubinato, ver Powell, op. cit., p.274, e Campbell, Introduction, id. (Ed.), op. cit., p.16-8.
[34] Miers, *Britain and the Ending of the Slave Trade*, p.202.

atos de misericórdia".³⁵ De qualquer maneira, o ataque a uma instituição ainda legal e ideologicamente preservada dentro do mundo muçulmano pressagiava uma nova fronteira nítida entre as duas religiões no pico da partilha europeia da África, incluindo a de seu norte predominantemente muçulmano.

A campanha de Lavigerie culminou com uma conferência internacional em Bruxelas sobre a escravidão africana, em 1889. O Congresso de Bruxelas de 1890 batizou o antiescravismo como o padrão-ouro da civilização ocidental. Agora, a contínua tolerância à escravidão sob qualquer bandeira europeia havia se tornado tanto um embaraço como uma oportunidade. O antiescravismo rápida e retroativamente tornara-se um fundamento racional para a dominação do continente africano. Todas as nações signatárias das decisões do Congresso se comprometeram a tomar providências imediatas para eliminar o tráfico de escravos dentro de suas jurisdições imperiais. E também concordaram em promover o fim gradual da instituição. Os governantes muçulmanos de Zanzibar, da Pérsia e do Império Otomano também foram convidados a participar. Já que a instituição ainda era legal em seus reinos, todos foram pressionados a assinar o protocolo final. O embaixador otomano defendeu a "escravidão moderada" no Império. O representante persa não participou para evitar "compromissos problemáticos", especialmente sobre o suprimento de eunucos.

Fora de Bruxelas, a cruzada de Lavigerie também estimulou uma vigorosa defesa da variante de escravidão do islã. A mobilização dos Estados europeus aumentou a inquietação entre alguns intelectuais, mas o sentimento antiescravista muçulmano não se transformou em um movimento para minar a instituição. Shafik Ahmad, um egípcio educado na França, estimulou um longo debate na imprensa egípcia e estrangeira com *L'esclavage au point de vue musulman* (A escravidão do ponto de vista muçulmano),³⁶ que foi rapidamente traduzido para o árabe, o turco e o urdu. Ahmad permanecia leal à crença na *jihad* contra os infiéis como

---

35 Clarence-Smith, op. cit., p.17; e Renault, *Le Cardinal Lavigerie*, p.566.
36 (Cairo, 1890.)

um meio legal de escravização. Em resposta à campanha antiescravista de Lavigerie e ao Congresso de Bruxelas, nenhum grupo muçulmano passou para o outro lado para tentar lançar uma *jihad* a favor da continuidade da instituição. Nesse aspecto, ao que parece, mais uma vez, a sociedade civil muçulmana não seria facilmente mobilizada contra a escravidão como uma instituição legítima. Nem tampouco o mundo islâmico era singular a esse respeito. A partir do fim do século XIX, a situação das sociedades afro-asiáticas fora do islã era praticamente a mesma das que estavam dentro de sua órbita de poder. Ainda havia pouca evidência de qualquer movimento autóctone antiescravista entre os afiliados ao hinduísmo, ao budismo ou a qualquer das religiões subsaarianas. Assim sendo, é para a novidade da pressão das intrusões europeias e de suas reverberações que devemos lançar o primeiro olhar para explicar o alcance oriental dos movimentos abolicionistas e de libertação no meio século entre 1875 e 1925, quando o imperialismo ocidental estava atingindo seu apogeu.[37]

---

37 Ver Toledano, op. cit., M. A. Klein (Ed.), op. cit., p.49-53. Vale a pena notar que Toledano (p.49) "sublinha" o "sugestivo sussurro dos Jovens Otomanos sobre a escravidão", similar aos "Sons do silêncio" a que Marques se referiu sobre as atitudes portuguesas iniciais comparadas com a pressão sempre presente dos seus interlocutores britânicos. A descrição de Feeny em op. cit., p.83-111, enfatiza a ação do monarca (acima de tudo, do rei Chulalongkorn) em um processo iniciado com outros propósitos, que incluíam a preservação da independência nacional. A conversão de cativos de guerra escravizados em súditos comuns era necessária às reivindicações de jurisdição sobre as pessoas que residiam na Tailândia para evitar a perda de soberania. Feeny não faz menção à atividade interna coletiva no processo. As mobilizações contra os donos de escravos geralmente emergiam de outras reações às iniciativas europeias ou antieuropeias. De uma perspectiva global, concentrar-se nas raízes religiosas do abolicionismo ou antiabolicionismo do fim do século XIX pode levar a equívocos tanto em relação à escravidão nas sociedades muçulmanas quanto em relação à mesma nas sociedades cristãs. Além de repetir na análise a tentação de importar dualismos ocultos de condenação ou de defesa religiosa, essa concentração retira a atenção dos estímulos historicamente condicionados e a desloca do comportamento coletivo e da ação política para os textos milenares que, por si sós, nunca haviam engendrado o ataque à escravidão. Corremos o risco de tentar explicar uma variável (antiescravismo) por uma constante – um texto fundamentalista. Essa mesma advertência, é claro, aplica-se ao abolicionismo no Novo Mundo do início do século XIX. Diferentes governos e grupos cristãos desenvolveram diferentes atitudes relativas às agendas abolicionistas. Isso nos alerta para o princípio de que mobilizações contra a escravidão não emergiram automaticamente na agenda do pensamento religioso ou da pregação. As denominações protestantes não conformistas, como os metodistas e batistas, foram pioneiras na mobilização abolicionista coletiva na América inglesa; em outra parte dela, antes da Guerra Civil, eles se tornaram defensores bíblicos da escravidão no Novo Mundo. Dentro da tradição católica, em nenhum lugar da cristandade latina, tanto no Velho quanto no Novo Mundo, houve um movimento contra a escravidão durante séculos depois do ataque cáustico de Las Casas à escravidão ameríndia. Em um sentido mais amplo, o detalhe mais significativo

A África negra

O que dizer, então, das iniciativas antiescravistas europeias, geralmente reconhecidas como as mais desorientadoras forças exógenas de ataque à escravidão no mundo afro-asiático dos fins do século XIX? Já observamos que, entre 1825 e 1875, os europeus hesitaram muito em expandir a dominação sobre as sociedades escravistas ou em eliminar dramaticamente a instituição da escravidão na Afro-Ásia. Na década de 1840, a intensidade do ataque à escravidão indiana em particular teve de diminuir por duas razões adicionais. Primeiro, os abolicionistas esperavam que a forma das relações de trabalho da Índia Oriental rebaixasse os preços do algodão norte-americano produzido por escravos; eles estavam extremamente conscientes de que os sulistas dos Estados Unidos rapidamente veriam as vantagens da adoção do bordão abolicionista de que os migrantes contratados pelas colônias britânicas estavam submetidos a "uma nova forma de escravidão". Segundo, naquele momento de pico da influência abolicionista, em 1838-1845, a mais alta prioridade do movimento antiescravista britânico era reprimir o tráfico atlântico de escravos.

Cinquenta anos depois, no auge do imperialismo europeu, os governos europeus preocupavam-se com outras questões quando reconsideravam dar continuidade ao antiescravismo. O desmantelamento do tráfico atlântico de escravos e a emancipação dos escravos coloniais haviam

---

sobre o fim da escravidão no Velho Mundo é a evidência de que as formações religiosas e políticas tradicionais raramente desenvolveram formações antiescravistas coletivas no assalto à escravidão como propriedade. As formações políticas não europeias começaram a insistir na escravidão como uma ofensa fundamental à dignidade dos seus povos quando suas reivindicações de respeito mundial puderam ser refeitas como movimentos nacionalistas anti-imperiais ou antiocidentais que demandavam mudança ou independência com razões universalistas. A mobilização de Ghandi na África do Sul contra a discriminação racial depois de 1875 foi iniciada por um indiano que havia sido diplomado advogado na Inglaterra, tendo, portanto, sido formado em Direito Britânico. A campanha inicial para a libertação das mulheres na China também emergiu dentro dos enclaves imperiais ocidentais de Hong Kong e Shanghai. Como em épocas anteriores na Europa, as práticas baseadas em gênero na maioria das sociedades afro-asiáticas prejudicaram a emergência das sociedades abolicionistas populares antes do início do século XX. (Ver, inter alia, Jaschok e Miers, *Women and Chinese Patriarchy:* Submission, Servitude, and Escape; Chatterju, *Gender, Slavery and Law in Colonial India*; Chatterjee, Abolition by Denial: the South Asian Example, Campbell (Ed.), op. cit., p.150-68; Toledano, op. cit., p.37-63, M. A. Klein (Ed.), op. cit.; e Miers e Roberts (Eds.), op. cit.

exigido sacrifícios públicos econômicos e financeiros. Durante as seis décadas nas quais a Grã-Bretanha esteve à frente da Europa na repressão ao tráfico de escravos e na emancipação de escravos (1807-1867), o abolicionismo tinha custado a seus cidadãos metropolitanos 1,8% da renda nacional. Desembolsar quantias como essa para a "experiência grandiosa" da Grã-Bretanha era um fardo que estava além dos sonhos mais delirantes de sociedades como as da Espanha, de Portugal ou do Brasil. Essas quantias também estavam fora de cogitação para os legisladores de antes da Guerra Civil, para os contribuintes e para os eleitores norte-americanos, mesmo que, no fim das contas, eles tivessem de pagar mais para eliminar a instituição com a guerra. Para os governos europeus que tencionavam fazer uma partilha para obter o máximo de possessões imperiais durante o último quartel do século XIX, um cenário britânico era inconcebível. Na África e na Ásia, os europeus assumiram o controle de populações escravas muitas vezes numericamente superiores às libertadas nas Américas. Historicamente, os escravos do Velho Mundo tinham sido criados por instituições que os europeus não haviam apoiado ou sancionado. Finalmente, em termos econômicos, as lições acumuladas com as libertações coloniais (durante a metade do século entre a emancipação britânica, na década de 1830, e as abolições ibero-americanas, na década de 1880) não tinham sido propriamente encorajadoras.

Muita coisa foi dita sobre a ligação fundamental entre a industrialização capitalista da Europa e a transformação do trabalho europeu em um sistema de trabalho livre assalariado. O imperialismo capitalista seria supostamente a premissa da superioridade moral universal e da eficiência econômica do trabalho assalariado. Ao mesmo tempo, os ineficientes escravos do Velho Mundo "podiam ser convertidos em sóbrios trabalhadores autodisciplinados".[38] Na realidade, meio século de grandes e pequenas

---

38 Ver D. B. Davis, inter alia, *The Problem of Slavery in the Age of Revolution*, p.242. Sobre a hegemonia da "ideologia do trabalho livre" e sua aplicação aos mundos africanos e do Oceano Índico, ver Cooper, *From Slaves to Squatters:* Plantation Labor and Agriculture in Zanzibar and Coastal Kenya, 1890-1925, p.26; Campbell, Introduction, id. (Ed.), *Abolition and its Aftermath*, p.2. Antes da emancipação britânica, os abolicionistas, embora não fossem fazendeiros ou economistas, garantiam aos fazendeiros que a emancipação imediata significava custos mais baixos com o tra-

experiências no Novo e no Velho Mundo convenceu os europeus de que havia necessidade de alguma coerção para recrutar e manter uma força de trabalho nas áreas tropicais subdesenvolvidas. Pouco importa se eles construíram esse argumento em termos de povos atrasados ou de curvas negativas de oferta de trabalho, uma vez que a lógica dos argumentos era idêntica. As Leis dos Patrões e Empregados da Inglaterra foram o modelo para as relações de trabalho depois da emancipação na Índia britânica, na África do Sul, no Caribe e em partes da Ásia na esteira das emancipações de escravos entre a década de 1830 e a de 1870.

Como um princípio econômico universal, a ideologia do trabalho livre não era consensual na sociedade britânica entre os fazendeiros, os economistas, os parlamentares e os capitalistas. O profundo desapontamento com a rápida transição da escravidão para a liberdade nas colônias britânicas tinha adicionado uma dimensão racial persistente às dificuldades para pôr fim aos sistemas de trabalho forçado.[39] No entanto, mesmo que tivessem elucidado os termos raciais ou econômicos por volta do fim do século XIX, tanto os que eram a favor quanto os que eram contra o imperialismo salientaram as grandes dificuldades e os custos potenciais

---

balho e lucros mais altos. D. B. Davis, *Human Progress*, p.222. Havia vários componentes dessa ideologia. O trabalho livre era supostamente mais eficiente porque era mais altamente motivado que o dos escravos; os escravos constituíam um custo fixo e grandemente imobilizado. No entanto, o aspecto mais importante dessa ideologia estava na representação de que o trabalho livre não era considerado como imediatamente superior ao trabalho forçado. O famoso discurso de Adam Smith sobre a superioridade do trabalho livre tinha vindo com uma advertência temporal: "Eu acredito", escreveu ele, "que o trabalho feito por homens livres se torna mais barato *no fim* do que o realizado por escravos" (Smith, *Wealth of Nations*, v.I, p.70 (ênfase minha). Robert Fogel e Gavin Wright identificaram aí um axioma que estaria muito mais profundamente embutido nas mentes de historiadores futuros do que estava nas dos senhores e dos governantes. Fogel aponta para a difundida "suposição de que a produtividade é necessariamente virtuosa". Wright analisa a suposição abolicionista de que "o trabalho escravo era improdutivo porque o açoite era um incentivo ineficaz". Ambas as suposições, alternativamente ou em conjunto, reforçaram a premissa historiográfica da superioridade do trabalho livre. Ver Drescher, *The Mighty Experiment*, cap. 2-12; Fogel, *Without Consent or Contract*, p.409-11; Fogel, *The Slavery Debates*, p.29-44; Wright, *Slavery and American Economic Development*, p.2-6. De fato, na própria Grã-Bretanha, durante a era da emancipação do Novo Mundo, os empregadores recorreram frequentemente às Leis dos Patrões e Empregados para fazer cumprir por meio de penas judiciais contratos de trabalho coercitivos e para encarcerar trabalhadores rurais pelo não cumprimento do serviço. Isso durou até as vésperas da Partilha da África (Steinfeld, *Coercion, Contract, and Free Labor in the Nineteenth Century*).

39 Drescher, op. cit., p.217-23.

de qualquer transição para a liberdade. Para o anti-imperialista J. A. Hobson, no fim do século, havia apenas duas forças econômicas genuínas que podiam fazer a mão de obra efetuar "trabalho constante e contínuo" – a pressão da população sobre a terra ou a pressão das "novas necessidades" e um crescente padrão de consumo. Desgraçadamente, como Smith havia aludido, essas "forças naturais" operavam muito vagarosamente.[40]

O ímpeto para eliminar a escravidão na África não derivou da avidez dos homens de negócios nem dos burocratas para usar a abolição a fim de aumentar a produtividade do trabalho. Na geração anterior a 1880, o crescimento econômico da África subsaariana frequentemente ocorrera par a par com a oferta crescente de escravos. O fim do tráfico transatlântico de escravos para as Américas depois de 1850 garantira uma maior oferta potencial de trabalho na África. Antes da expansão francesa no interior africano, durante a década de 1880, os funcionários coloniais franceses continuavam hostis ao trabalho livre ou ao trabalho dos libertos. Poucos esperavam alguma mudança na produtividade com as emancipações. Já na década de 1880, os agentes coloniais franceses voltavam o olho cego para a importação de crianças escravas em suas colônias.[41]

A expansão britânica na Costa do Ouro, no início da década de 1870, tornou-se o arauto e o modelo da Partilha da África na década seguinte. Na Costa do Ouro, o governo britânico não promoveu a emancipação com o propósito de acelerar o desenvolvimento econômico, nem antes nem depois da primeira expansão real para o interior da África, em 1873. Na Grã-Bretanha, a ideologia do trabalho livre estava em seu ponto mais baixo em relação à África Ocidental. "Os administradores europeus de empreendimentos nos trópicos continuavam convencidos de que algum tipo de trabalho forçado ainda era necessário." Eles não podiam mais defender um retrocesso à escravidão, mas estavam tão propensos quanto antes a visionar o desenvolvimento dentro de uma moldura que, de alguma forma, contemplasse o cumprimento coercitivo dos contratos de trabalho de longo prazo. Acima de tudo, o governo britânico opunha-se

---
40 Hobson, *Imperialism*, p.255.
41 Miers e Roberts (Eds.), op. cit., Introduction, p.14, que cita um trabalho de Martin Klein de 1986.

completamente a fazer a ligação entre qualquer plano de desenvolvimento econômico e a expansão territorial britânica. Agora, qualquer ampliação da soberania britânica implicava a ampliação do princípio do solo livre. Para os interesses locais comerciais e industriais na costa, o peso da evidência indica a indiferença prevalecente ou a oposição a qualquer interferência nas relações existentes entre senhor e escravo fora da zona da jurisdição britânica.[42]

Em muitos aspectos, portanto, o poder do antiescravismo estava em refluxo na Grã-Bretanha no fim do terceiro quartel do século XIX. A atividade abolicionista mais enérgica da Grã-Bretanha depois de 1807 derivara de sua hegemonia marítima, incontestada sete décadas depois da batalha de Trafalgar. Sua missão imperial nos primeiros três quartos do século XIX havia sido suprimir o tráfico marítimo de escravos, primeiro no Atlântico e depois nas redes mediterrâneas e do Oceano Índico.

Em 1870, o tráfico transatlântico havia terminado, e a patrulha naval atlântica fora encerrada. No Mediterrâneo e no Oceano Índico, a Grã-Bretanha continuou a negociar uma série de tratados com os governantes muçulmanos que inibiam ou proibiam progressivamente a participação de seus países no tráfico oriental de escravos. Em 1822, uma fronteira que limitava o tráfico marítimo de escravos fora estabelecida no Oceano Índico. Uma nova "linha Moresby" foi negociada com o sultão de Muscat (mais tarde, Zanzibar). Ele concordou em restringir as exportações de escravos africanos à zona "muçulmana" do oceano. Como muitos governantes muçulmanos subsequentes, o sultão considerou essas demandas como intrusões nas atividades legítimas de seus súditos muçulmanos. Ele até fez seus súditos orarem para que os ocidentais "caíssem em si".[43] Sob a ameaça de um bloqueio britânico, o sultão proibiu novas

---

42 Dumett e Johnson, Britain and the Suppression of Slavery in the Gold Coast Colony, Ashanti, and the Northern Territories, ibid., p.71-116, esp. 107; e Curtin, *The Image of Africa*, p.450-4. Citação na p.451. Como uma alternativa à coerção penal, a taxação direta a ser paga pelos salários (originalmente sugerida nos planos de emancipação para as Índias Ocidentais) foi exercida em Natal, Serra Leoa e na Costa do Ouro. O imposto era tão difícil de coletar na Costa do Ouro que foi abandonado mais de uma década antes da segunda guerra anglo-ashanti, em 1873-74.

43 Clarence-Smith, op. cit., p.123.

exportações de escravos do continente e fechou os mercados públicos de escravos na ilha de Zanzibar. Além disso, concordou em providenciar proteção judicial para os escravos libertos. As embarcações britânicas obtiveram o direito de vistoriar todas as embarcações que carregassem sua bandeira. A posse de escravos foi proibida a todos os súditos britânicos da Índia que residissem em seu reino. Em troca dessas concessões, o Egito, menos aberto à limitação do tráfico de escravos, foi obrigado a devolver os fortes que havia tomado do sultão. Assim, a Grã-Bretanha tornou-se o árbitro de nações não europeias com ambições imperiais na costa da África Oriental.[44]

O decreto contra o tráfico de escravos do xá iraniano de 1848 oferece uma evidência mais flagrante da pequenez do papel das pressões internas populares ou da elite nessas primeiras iniciativas abolicionistas nas terras do Oriente Médio. O decreto do xá tratava de forma astuciosa a questão da legitimidade religiosa ou moral. Ele formulou o decreto como prova de gratidão pessoal ao *chargé d'affaires* britânico – coronel Francis Farrant –, visando recompensar os préstimos do oficial como instrutor do exército iraniano: "Que eles [seus súditos] não tragam mais negros por mar, apenas por terra. Autorizo isso somente por causa de Farrant, que muito me agrada".[45] O governo britânico também havia sido pressionado por meio da publicidade feita pela Sociedade Antiescravista e por questionamentos parlamentares sobre o tráfico de escravos no Oceano Índico. A supremacia mundial marítima da Grã-Bretanha continuava a dar-lhe tanto o papel de agente primordial quanto o de árbitro da atividade contra o tráfico de escravos. Somente a França fazia objeção a essa extensão da vigilância britânica sobre as embarcações do Oceano Índico que navegavam sob bandeiras europeias.

Em outros aspectos, o ímpeto da atividade britânica havia visivelmente desacelerado poucos anos depois dos dias de arrebatamento do Congresso Antiescravista. Os abolicionistas certamente não estavam

---

44 Miers, op. cit., p.91-2.
45 Mirzai, The 1848 Abolitionist *Farman*. A step towards ending the slave trade in Iran, Campbell (Ed.), op. cit., p.94-102, esp. 99.

mais em posição de concentrar números recordes de simpatizantes nas reuniões públicas e nas petições para ampliar a definição do tráfico de escravos a fim de incluir a servidão por contrato. O trabalho contratado da Índia era designado oficialmente como voluntário, não como um "novo tipo de tráfico de escravos". O fluxo de migrantes contratados para as ex-colônias escravistas da Grã-Bretanha atingiu o pico nas décadas de 1860 e 1870. Isso serviu para limitar o poder do movimento antiescravista em dois aspectos. O fluxo de trabalho novo gradualmente reverteu o declínio das exportações de açúcar na maior parte do Caribe britânico. E, em termos globais, os abolicionistas estavam reduzidos a repetir o "mais vago dos lugares-comuns sobre a maior eficiência do trabalho livre", sem serem capazes de especificar como uma economia de trabalho assalariado funcionaria ou onde ela havia funcionado até então.[46]

A difícil transição da escravidão para o trabalho livre no Hemisfério Ocidental teve um impacto profundo nos projetos de mudanças institucionais análogas no oriente. O resultado da "experiência grandiosa" da Grã-Bretanha dramaticamente revertera as ligações casuais anteriores entre o trabalho livre e o livre-comércio. A abertura do mercado britânico a todos os produtores de açúcar nos fins da década de 1840 havia causado uma profunda crise econômica nas colônias britânicas e uma expansão rápida e muito abrangente das grandes lavouras cubanas e brasileiras, que ainda operavam com o trabalho escravo. Em 1833, a Grã-Bretanha havia adicionado 20 milhões de libras a seu débito nacional para indenizar os donos de escravos britânicos de suas colônias. Daí em diante, ninguém na Grã-Bretanha sonhava em exigir que seus legisladores e contribuintes adicionassem somas incalculavelmente maiores para pagar os donos de escravos africanos ou asiáticos do Velho Mundo. Em uma formulação que foi incessantemente repetida pelos agentes coloniais britânicos durante três gerações depois de 1833, os custos do derrama-

---

[46] Ver Cooper, op. cit., p.39; Drescher, op. cit., p.172-3 e Northrup (1985), *Indentured Labor in the Age of Imperialism, 1834-1922*, p.159-160, Table A.2. Em termos globais, a década de 1860 assinalou também o pico do emprego de trabalhadores contratados nas colônias francesas e espanholas, bem como nas do Peru. O Suriname holandês, a África e o Oceano Pacífico contribuíram para a demanda de trabalho contratado na década de 1870.

mento de sangue e do caos que se seguiriam à emancipação imediata e total das miríades de escravos que estavam sob a soberania britânica poderiam abalar irreparavelmente a autoridade imperial nas colônias afetadas. Invadir os lares e os haréns da escravidão doméstica oriental, que haviam sido edificados sobre leis, tradições e religiões antigas, seria algo semelhante à insanidade política.[47]

No oriente, a proscrição progressiva da instituição da escravidão na Índia tornara-se o modelo genérico para a emancipação no Novo Mundo, o que os historiadores têm chamado de "modelo indiano de abolição".[48] A despeito de alguns indianos contemporâneos donos de escravos terem considerado a Lei V, de 1843, como a "visão do apocalipse", a transição na Índia transcorreu ainda mais suavemente do que a emancipação amplamente anunciada e mais dramática dos escravos das Índias Ocidentais britânicas.[49] Mansfield e a burocracia imperial indiana não podiam pedir mais que isso. Não houve sequer incidentes disseminados de resistência, como a greve coletiva que comemorou a emancipação dos escravos na noite de 1º de agosto de 1834. A estrutura da sociedade civil da Índia foi responsável pela falta de interesse em relação ao evento, tanto quanto pelo caráter furtivo da implementação da emancipação. No subcontinente, o consenso da elite a respeito da hierarquia e do respeito espalhava-se pela linha divisória muçulmano-hindu. Nenhum conflito coletivo relacionado com a mudança ocorreu dentro das fileiras dos donos de escravos ou entre eles e os grupos sociais situados no espectro do cativeiro e da dominação. As violações abertas às leis *shari'a* ou hindu sobre o cativeiro certamente provocariam um retrocesso coletivo e generalizado. A proscrição também significava que as ambiguidades das posições servis ainda permaneceriam embutidas dentro do campo da lei consuetudinária. Como foi observado antes, o aplicação da lei foi reforçada em 1860, quando o Código Penal Indiano tornou o tráfico e o sequestro de escravos para venda passível de punição com a prisão do transgressor. Como a Lei V,

---

47 Drescher, op. cit., cap.11-2.
48 Temperley, *British Antislavery*, cap.5.
49 Chatterjee, *Gender, Slavery and Law in Colonial India*, p.213-4.

essa legislação não gerou rupturas. As leis dificultaram o favorecimento dos senhores pelos funcionários, mas tanto as cortes quanto os agentes coloniais deixaram o equilíbrio de poder nas mãos dos empregadores. A versão indiana das Leis dos Patrões e Empregados, na forma de uma Lei de Quebra de Contrato do Trabalhador, foi posta em prática um ano antes da criminalização da posse de escravos. Isso abriu as portas para o cumprimento penal do cativeiro por dívida. A Índia seguiu o caminho judicial progressivo para a emancipação gradual.[50]

Quase todos os agentes imperiais do Velho Mundo aderiram a essa suposta distinção entre a escravidão ocidental nas grandes lavouras ocidentais e a servidão doméstica oriental. Essa distinção exerceu um papel especialmente importante ao limitar a intrusão do Estado imperial nas relações de gênero dentro da administração doméstica. A aceitação generalizada do concubinato afetou a formulação de políticas em relação às mulheres e às meninas no âmbito das relações familiares. Depois do levante contra o domínio britânico, em 1857-1858, os agentes coloniais tornaram-se particularmente cautelosos em intervir nas atividades domésticas. Assim, mesmo depois da aprovação das sanções penais, em 1860, um funcionário britânico do alto escalão referiu-se ao tráfico de meninas como algo "parecido com a escravidão, embora talvez não seja exatamente como ela".[51]

No longo prazo, os magistrados relutariam em aplicar a lei às separações das jovens de suas famílias, mesmo quando a pobreza ou a escassez de comida levavam as famílias a vender suas filhas para a prostituição e para o concubinato. A maioria das partes não europeias do Império Britânico não contava com a rede de instituições das "leis dos pobres" inglesas, que oferecia assistência social básica e abrigo para o indigente. Como Gyan Prakash conclui, embora

---

50 Kumar, op. cit., p.112-30.
51 Chatterjee, op. cit., p.154.

o governo britânico tivesse implantado o discurso da liberdade e feito o trabalho livre se parecer como uma condição humana natural, a liberdade continuava assediada pela não liberdade

– o cativeiro por dívida e a prostituição infantil.[52]

A quase ausência da ação coletiva na Índia é tão surpreendente quanto o registro da negação e da ambiguidade. Uma aceitação tácita das diferenças da pobreza, da religião, das leis e da estrutura social da Índia fortaleceu a premissa de que a escravidão "doméstica" no oriente demandou mais paciência e discrição do que no ocidente. A questão da política antiescravista foi reaberta na costa ocidental da África em 1873-1874. Quando a Grã-Bretanha anexou seu primeiro território de tamanho considerável no interior da Costa do Ouro, a memória das "experiências" imperiais ocidentais e orientais recentes estava muito presente nas mentes dos formuladores de políticas.

O governo imediatamente teve de dar atenção às preocupações do lóbi antiescravista metropolitano sobre o destino dos escravos dentro dos novos limites da jurisdição britânica colonial. Durante uma geração, os arquivos do Ministério Colonial tinham refletido a opinião de que a "escravidão doméstica existiu desde tempos imemoriais como uma instituição social na Costa do Ouro, bem como em outras partes da África". Os agentes coloniais descreveram a escravidão da África Ocidental como a forma mais branda assumida pela instituição desde sempre. Nenhuma trégua podia ser dada ao desumano tráfico de escravos. Contudo, com a escravidão propriamente dita era diferente. O testemunho exemplar do abolicionista Richard Madden foi invocado para evidenciar a função da instituição como abrigo da miséria para os trabalhadores livres independentes da África. "Economicamente", concluiu Madden, "a condição de um escravo da Costa do Ouro pode ser, em algumas circunstâncias, até mesmo vantajosa se for comparada com a do trabalhador livre". Antes de 1874, os agentes britânicos seguiram de perto o precedente Mansfield,

---

52 Prakash, Terms of Servitude: The Colonial Discourse on Slavery and Bondage in India, M. A. Klein (Ed.), op. cit., p.131-49.

formalizado por lorde Stowell em 1827. Os ex-escravos residentes no solo livre deveriam voltar ao *status* de escravos se retornassem ao território escravista além dos limites da jurisdição britânica.

A expansão britânica inicial no interior da África Ocidental foi o resultado de um conflito surgido a partir de uma invasão *ashanti* da região costeira, em 1873-1874. Não foi a consequência de políticas defendidas pelos interesses econômicos ou políticos nem na África nem na metrópole.[53] As anexações britânicas tencionavam não só bloquear as fontes *ashantis* de armamento como também evitar que os franceses ampliassem sua esfera de influência ao longo da costa. Depois da anexação, o Ministério Colonial percebeu que teria de alinhar a política com a presença controversa da escravidão, que agora estava sob jurisdição formal britânica. O modelo da Índia Ocidental de emancipação imediata com indenização foi rapidamente descartado. A pressão parlamentar forçou a outorga imediata de regulamentações contra o tráfico de escravos e a favor da emancipação gradual. Uma vez mais, a proscrição foi a alternativa óbvia: não houve "perturbação alguma nas relações de trabalho". Os contratos não eram necessários. Os escravos que silenciosamente continuaram a servir eram considerados "contentes". "Não houve agitação e indenização alguma", mas, na visão oficial, a emancipação "foi muito mais completa do que em qualquer outro país e afetou mais milhões de homens do que na Índia Ocidental e na América juntas".[54] Como Mansfield tinha dito um século antes, "eu desejaria que todos os senhores pensassem que eram livres e que todos os negros pensassem que não eram, porque ambos se comportariam melhor". A saída da instituição da escravidão ocorreria de pessoa para pessoa.

Não se pode deixar de lado o fato de que, décadas antes da guerra ashanti, a sociedade civil africana estava reagindo ao desenvolvimento imperial britânico. O decreto inicial da abolição, sem o acompanhamento de limites definidos e de procedimentos, causou pânico entre os donos de escravos. Significativamente, eles reagiram com petições tanto para os

---

53 Dumett e Johnson, op. cit., Miers e Roberts (Eds), op. cit., p.78-9.
54 Ibid., fol.376.

funcionários locais quanto para Londres. A campanha antiabolicionista foi, entre outras coisas, um esforço no sentido de proteger o trabalho servil que os beneficiava e de reclamar uma indenização futura pelos possíveis prejuízos. Qualquer que fosse a decisão do Ministério Colonial, o processo de emancipação indenizada da Índia Ocidental era familiar às elites da África Ocidental. Essas elites também sabiam do papel que as petições tinham exercido na transformação da esfera pública britânica em geral e, em particular, na instituição da escravidão britânica. Merece destaque que um dos documentos africanos enviado às autoridades coloniais tenha sido uma petição de senhoras.[55]

Tampouco a sociedade civil da Costa do Ouro se restringiu aos antiabolicionistas. Como nas sociedades latino-americanas, muitos membros da elite da Costa do Ouro se convenceram de que a abolição era inevitável. Eles se encolerizaram exatamente pelo fato de o governo britânico estar adotando o rumo ambíguo e quase ilusório do modelo indiano. O pacote da emancipação não oferecia a indenização para facilitar a transição, nem uma rede de lugares de refúgio para os quais os escravos pudessem escapar. O governo britânico não oferecia aos escravos alternativas econômicas nem apoio social para que se aproveitassem das regulamentações da libertação. Isso ajuda a explicar o fracasso da reação de um grande número de escravos à abolição.[56]

No que diz respeito ao raide e ao tráfico, os britânicos rapidamente reafirmaram suas orientações políticas. Atacaram os mercados de escravos terrestres em 1874. Nos fins da década de 1880, os magistrados afirmavam que haviam eliminado as vendas públicas de escravos e processado os negociantes onde quer que tivessem sido descobertos. Tirado

---

55 Ver o importante artigo de K. O. Akurang-Parry, "A Smattering of Education" and Petitions as Sources: A Study of African Slaveholders Responses to Abolition in the Gold Coast Colony, 1874-75, *History in Africa*, p.39-60. Ele demonstra como a *intelligentsia* da Costa do Ouro utilizou as petições como parte do repertório dos métodos constitucionais britânicos para apresentar as petições antiabolicionistas aos funcionários britânicos. Seus métodos incluíram petições de mulheres. Suas demandas pela abolição indenizada podem ter encorajado a decisão do governo britânico de evitar qualquer uso na África do precedente da Índia Ocidental de 1833.
56 Akurang-Parry, We Shall Rejoice to see the Day when Slavery Shall Cease to Exist: *The Gold Coast Times*, The African Intelligentsia, and Abolition in the Gold Coast, *History in Africa*, p.19-42.

dos locais públicos, o tráfico de escravos fragmentou-se em operações clandestinas de pequena escala.

Como na Índia, o regulamento da emancipação da Costa do Ouro, de 1874, não foi consistentemente aplicado. Houve amplas variações de um distrito para outro. A escravidão não era mais legal, mas os funcionários não tinham plenos poderes para interferir nas relações entre os senhores e os escravos. Os escravos tinham de iniciar uma ação jurídica ou apresentar queixas contra a coação violenta ou a crueldade. Quando se dava um pouco de publicidade ao regulamento, os escravos frequentemente relutavam em registrar queixas contra seus senhores por conta da vulnerabilidade econômica em que ficariam no caso da separação. Alguns meses antes de o regulamento ser promulgado, um funcionário do *Foreign Office* declarou que se a população escrava não se emancipasse de acordo com as regras liberais da libertação "não será por erro nosso".[57] Dado o forte elemento dependência/assistência social na servidão *akan* e as ameaças poderosas de ostracismo e de retaliação contra os que já estavam integrados à comunidade, os escravos raramente apresentavam os casos aos tribunais. A cultura de desaprovação coletiva à delação de vizinhos era aparentemente mais poderosa que a hostilidade à dependência coercitiva.

Assim como na Índia, a maioria dos escravos que se sentiram capazes de escolher a liberdade obteve-a sem intervenção judicial ou legal. Os que tinham sido escravizados recentemente aproveitaram-se da proscrição para voltar para casa ou para permanecer como agricultores arrendatários na vizinhança de seus antigos senhores. No fim das contas, surgiram vilas livres de ex-escravos, mas elas continham apenas uma pequena fração da população escrava. A variedade de oportunidades econômicas permaneceu pequena, e o novo investimento de capital europeu foi de proporções modestas. Em 1900, depois de uma geração completa da emancipação na Costa do Ouro, os assalariados que trabalhavam para os europeus constituíam apenas 5% da força de trabalho masculina

---

57 PRO CO 879/6, fol.206v. E. Farfield, *Downing Street*, 19 mar. 1874.

adulta.⁵⁸ Na Costa do Ouro, portanto, como na Índia, não houve fuga em massa para a liberdade, provavelmente refletindo o fluxo modesto de forasteiros escravizados na região antes da anexação britânica. Em 1874, as principais inovações do modelo indiano feitas pela Grã-Bretanha em Gana foram a proscrição do cativeiro por dívida e pela penhora e a adição de uma cláusula do "ventre livre" ao regulamento. De 1º de janeiro de 1875 em diante, qualquer um que nascesse ou entrasse na Costa do Ouro estava legalmente livre.

Quando a expansão multinacional europeia na África se intensificou, na década de 1880, a adoção do precedente indiano, de baixo custo e de baixo risco, já era a política inquestionavelmente escolhida. A sequência de eventos da Partilha da África deixa bastante claro que a atenção à escravidão africana foi a consequência imprevista – e não a causa – das divisões europeias de pilhagem territorial. A primeira conferência internacional sobre a África ocorreu em Berlim em 1884-1885. Seu objetivo principal era formalizar o processo de determinação dos limites da dominação, não a emancipação. A criação de um novo império ultramarino alemão e a aceleração simultânea das ambições militares francesas na África foram sinais claros de que a era do domínio britânico incontestado fora da Europa tinha acabado. França e Alemanha lançaram novas iniciativas na África Ocidental e na Oriental. O rei Leopoldo, da Bélgica, obteve a jurisdição sobre o Congo. No estrangeiro, o movimento de navios de guerra da Europa continental pelo Canal de Suez mostrava aos governantes não europeus que a marinha britânica não era mais a única presença no Oceano Índico. As iniciativas abolicionistas britânicas deixaram de ser uma questão de negociações calmas entre os grupos de pressão britânicos, os ministérios do governo, os agentes coloniais e os interesses comerciais.

Durante a conferência de Berlim, a imprensa britânica observou que os termos de poder tinham claramente se deslocado do contexto

---

58 Dumett e Johnson, op. cit., p.84-92.

hegemônico britânico para um contexto multipolar.[59] Às vésperas do encontro, o governo britânico decidiu fazer pressão a favor de uma cláusula contra o tráfico de escravos no acordo final. Isso reafirmaria a posição da Grã-Bretanha como guardiã do bem-estar da África. Com a longa experiência nas complicações que surgiriam em casa em consequência dos compromissos com a emancipação imediata, os britânicos procuraram restringir suas obrigações a seu próprio compromisso central contra o tráfico de escravos.

O documento final, ratificado em Berlim, proibiu com todas as letras o tráfico marítimo de escravos e condenou vagamente o tráfico terrestre. Os diplomatas britânicos e, evidentemente, todos os demais signatários, conscientemente evitaram qualquer compromisso para abolir a escravidão. Até que a partilha aumentasse as apostas à ameaça de extensão para a África das barreiras europeias ao livre-comércio, o problema da emancipação dos escravos era mais uma razão para resistir à expansão territorial do que para iniciá-la. Se a Grã-Bretanha anexar qualquer território, avisou lorde Selborne, "o principal funcionário judiciário da Grã-Bretanha, a escravidão deve deixar de existir".[60]

Somente depois da Conferência de Bruxelas, em 1889-1890, iniciada depois da mobilização de Lavigerie, a eliminação de todo o tráfico de escravos foi formalizada como uma obrigação imperialista. A Lei de Bruxelas de 1890 deixou os procedimentos contra a instituição da escravidão propriamente dita a critério de cada nação imperial. O governo britânico limitou-se à sua fórmula do Velho Mundo. Logo o próprio lóbi antiescravista britânico sancionou formalmente a transição gradual, ao associar as iniciativas antiescravistas com o que causaria "a menor perturbação às populações árabe e escrava". O tráfico de escravos estava proibido daí em diante, e quaisquer direitos derivados das reivindicações à propriedade de pessoas não seriam mais executáveis nos tribunais.

---

59 Louis, The Berlin Congo Conference and the (non-) Partition of Africa, 1884-1885, Louis, *Ends of British Imperialism:* The Scramble for Empire, Suez and Decolonization: Collected Essays, p.75-126, esp. 78-9.
60 Louis, op. cit., p.116.

O *status* das concubinas foi substituído pela categoria de esposas. Foram tomadas providências para que, em casos de crueldade, elas se libertassem dos ex-senhores nos tribunais. O documento – primeiro pronunciamento de amplitude europeia sobre as atitudes capitalistas relativas ao trabalho não europeu – mostrou pouca confiança no que tem sido chamado de ideologia do trabalho livre. Nada foi feito para proibir as barreiras ao deslocamento de trabalhadores. A legislação colonial teria liberdade para desencorajar a indolência e a independência dos trabalhadores com o recurso das leis da vagabundagem e da aplicação de penalidades pelo não cumprimento dos contratos.[61]

No fim da década de 1890, as emancipações quase simultâneas em Zanzibar, na costa da África Oriental, e no oeste da Nigéria setentrional mostraram a confluência de suposições e de ideias. Frederick Lugard, o arquiteto da emancipação na Nigéria setentrional, já tinha servido na África Oriental. Ele concordava firmemente com os emancipadores de Zanzibar quanto a que o modelo indiano deveria prevalecer. A experiência da Índia Ocidental foi rejeitada como despótica e nefasta. Para a abolição do *status* escravista na Nigéria setentrional, em 1897, Lugard acrescentou uma cláusula do "ventre livre" em 1901.

Para assegurar a continuidade do trabalho, Lugard ordenou aos agentes residentes que fizessem o máximo esforço para desencorajar a "declaração massiva de 'liberdade'" ou o abandono das fazendas pelos trabalhadores. Mais uma vez, o ideal era que os escravos obtivessem a liberdade individualmente, ao longo do tempo, em tribunais islâmicos e pela compra de si mesmos ou pelo resgate feito por terceiros. Nesse ínterim, o deslocamento dos africanos ocidentais, como o dos orientais, podia ser contido pelas leis da vagabundagem, pelas leis dos patrões e empregados, bem como pelo acesso restrito à terra. Como nas emancipações do Oceano Índico, a questão das concubinas e das escravas foi cuidadosamente separada dos outros aspectos da emancipação. As separações das mulheres de seus senhores/cônjuges foram tratadas como

---

61 Cooper, op. cit., p.41, 235-48.

movimentos nas famílias, "um desejo de deixar um marido ou homem [...] para viver com outro".[62]

Entre as outras potências coloniais, a francesa tinha a mais forte tradição de estender o princípio de liberdade a suas colônias ultramarinas. Embora o Segundo Império (1852-1870) não tivesse anulado a segunda emancipação francesa, de 1848, ele reduziu seus benefícios. Com a falta de trabalho de africanos recapturados e de indianos contratados em suas antigas colônias escravistas, os governos franceses autorizaram a compra com redenção de escravos na África para suprir esta falta com trabalhadores contratados (*engagés*). Embora os peritos legais franceses fizessem uma distinção cuidadosa entre esses trabalhadores cativos que poderiam recusar a deportação e os escravos que não poderiam, essa política encorajou os negociantes africanos de escravos a escravizar os cativos e entregá-los na costa.

Os franceses só puseram fim à prática depois que um acordo anglo-francês permitiu aos fazendeiros franceses adquirir trabalhadores contratados nos portos da Índia britânica sob as mesmas regras que regiam o recrutamento britânico. O suprimento de trabalho indiano continuou a fluir nos trópicos franceses na década de 1880, sob a Terceira República. Dentro da África, a escravidão foi mantida com a aquiescência oficial francesa. O governador do Senegal estabeleceu uma distinção legal, aprovada em Paris, que permitia aos "súditos" não franceses reterem seus escravos no "solo livre" francês. As autoridades francesas expulsavam escravos fugitivos de senhores africanos simpatizantes e sancionavam o sistema de aprendizagem para crianças trazidas para as colônias por seus senhores. Os funcionários franceses esforçavam-se para manter essas práticas dúbias sem atrair a atenção pública da metrópole.[63] O padrão só foi interrompido quando metropolitanos proeminentes expuseram as violações individuais dos princípios franceses. Prejudicadas por um lóbi abolicionista pouco ativo, as iniciativas antiescravistas tornaram-se mais

---

62 Lovejoy e Hogendorn, *Slow Death for Slavery*, cap.3.
63 M. A. Klein (1998), op. cit., cap.2. Northrup, Freedom and Indentured Labor in the French Caribbean, 1848-1900, Eltis (Ed.), *Coerced and Free Migrations:* Global Perspectives, p.204-28.

esporádicas. Com o advento da Terceira República, em 1870, as antigas colônias escravistas francesas voltaram a ter representação na legislatura metropolitana. Os deputados negros que visitaram a África francesa conseguiram criar embaraços ao parlamento a respeito da tolerância da escravidão no Senegal. No Senado francês, Victor Schoelcher expunha continuamente as contradições entre os princípios metropolitanos e as práticas burocráticas. Essas contradições mantiveram o padrão das violações rotineiras, pontuadas por episódios de denúncias no parlamento e na imprensa. Até Schoelcher se sentiu constrangido com o argumento de que a justiça determinava que os tratados franco-africanos que limitavam a interferência na escravidão fossem honrados.[64]

Como no caso dos Estados Unidos, uma onda dramática de expansão territorial perturbou o equilíbrio político entre a ideologia e a escravidão na África Ocidental francesa. A expansão repentina da dominação francesa na África nas décadas de 1880 e 1890 aprofundou a brecha entre os compromissos do antiescravismo metropolitano e a administração colonial. A conquista francesa do oeste do Sudão foi efetuada por um pequeno número de oficiais franceses que conduziam forças de combate predominantemente africanas. Os comandantes atuaram com fundos operacionais restritos e linhas de suprimentos estendidas. Os africanos foram largamente recrutados pelas promessas de saques, e a forma principal de riqueza negociável consistia de escravos. Como os governantes muçulmanos que os precederam, os franceses aprenderam rapidamente as vantagens de reverter a relação entre os conquistadores e os conquistados. Os comandantes recrutavam cativos e os pagavam com outros cativos. Conforme a ocasião, as mulheres podiam ser libertadas ou redistribuídas. Assim, a própria conquista era análoga à conquista de uma última grande onda pré-colonial de raide de escravização, que já era endêmica na região. Um exército africano, recrutado e organizado de acordo com métodos africanos e armas europeias, criou "o período mais sangrento e muito mais horrível do que qualquer outro no Sudão". Como

---

[64] M. A. Klein (1998), op. cit.; cap.8, e Conklin, *A Mission to Civilize*: The Republican Idea of Empire in France and West Africa, 1895-1930, p.96.

na revolução haitiana, ambos os lados agiram com brutalidade implacável. Só houve uma redução dramática dos raides de escravização com a conquista da região e a remoção dos rivais da dominação francesa.[65]

Na década de 1880 e no começo da de 1890, enquanto a França estava perplexa com os sucessivos relatos de vitórias rápidas e fáceis na África, as preocupações antiescravistas tiveram uma prioridade muito mais baixa que o sucesso militar. Em 1900, o Estado francês dominou mais territórios no noroeste e no centro da África do que Napoleão havia dominado no começo do século. É óbvia a razão de a tolerância francesa à escravidão ter sido nítida durante a conquista. Mesmo no calor de suas campanhas, no entanto, os generais franceses estavam sempre conscientes do potencial antiescravista do sucesso militar. Em 1886, para resolver problemas de logística dos suprimentos, os militares começaram a criar vilas próximas aos postos militares, mesmo com a oposição dos chefes aliados. Os escravos que fugiam de governantes inimigos podiam refugiar-se nessas "vilas da liberdade" em troca de seus serviços como trabalhadores ou combatentes. Os militares franceses distribuíam a eles ração para uns poucos meses e permitiam que a usassem um ou dois dias da semana para cuidar do próprio sustento. Para a maioria dos escravos fugitivos, a permanência nessas áreas de refúgio duraria até que a restauração da segurança os capacitasse a ir avante. Na condição de trabalhadores dos franceses, seus salários podiam ser usados a fim de obterem o necessário para a compra da liberdade.[66]

Na própria França, a legislatura nunca debateu uma moção formal para abolir a escravidão em seus novos reinos coloniais. No entanto, um debate parlamentar a respeito de Madagascar, em 1896, anunciou a mais ativa política metropolitana posterior à conquista. Todos os legisladores concordaram que a aquisição francesa de uma região estava vinculada ao término da escravidão. Todos concordaram que a França tinha de proceder com cautela. Não houve apoio generalizado para um decreto revolucionário de emancipação imediata sob os auspícios da Terceira Re-

---

65 M. A. Klein (1998), op. cit., cap.5.
66 M. A. Klein (1998), op. cit., p.84-8; e Conklin, op. cit., p.96.

pública. Os deputados da esquerda e do centro, no entanto, censuraram a única tentativa do governo de adiar qualquer iniciativa imediata. A obtenção da liberdade pessoal estava inquestionavelmente unida à missão imperial francesa. O governo foi impelido a assumir uma ação orientada para a emancipação. Como na Índia, no entanto, argumentou-se que a pobreza generalizada deixara a massa dos 400 mil escravos estimados (um quinto da população da ilha) sem recursos econômicos. Eles foram obrigados a permanecer com seus ex-senhores ou a se tornar arrendatários que pagavam o dono da terra com uma fração do cultivo.[67]

Quase toda a área da África adquirida pelos Estados europeus esteve submetida a uma sequência que foi da supressão do raide de escravos à supressão mais moderada do tráfico de escravos até a postergada proscrição da própria instituição. Em cada caso, a supressão do raide de escravos foi o pré-requisito mais urgente da nova atividade econômica, tornando-se a justificativa *prima facie* para a invasão e para a conquista. A Alemanha, a mais nova estreante no empreendimento imperialista, comportou-se tal como seus predecessores. A conquista efetiva da Alemanha na África Ocidental teve início por volta de 1890. A intervenção contra o raide e o tráfico de escravos foi rápida e brutal. Em uma década, o raide em grande escala, bem como o sequestro e o tráfico de escravos no atacado começaram a minguar.[68] No norte de Camarões, onde a ocupação continuava incompleta, o governo alemão estava despreparado para acelerar o desenvolvimento, enquanto os governantes locais continuaram a acumular escravos pelos raides e pelo tráfico.[69]

Na proscrição do raide de escravos, a posição internacional e os motivos humanitários coincidiam muito claramente. Nem a segurança nem o poder do Estado podiam coexistir com os níveis de violência criados por um conflito predatório. A segurança das propriedades e a mobilidade eram pré-requisitos para o desenvolvimento econômico. Contudo,

---

67 Campbell, op. cit., p.76-7; e Klein, Emancipation, p.207; ambos Campbell (Ed.), op. cit. Sobre a política francesa na Indochina entre 1877 e 1897, ver ibid., p.207.
68 Deutsch, *Emancipation without Abolition in German East Africa*, p.170.
69 Miers, *Slavery in the Twentieth Century*, p.41.

na transição mais dilatada da escravidão para a liberdade os incentivos econômicos de curto e longo prazos caminhavam em direções diferentes. A única menção às condições dos trabalhadores contratados na Lei do Congresso Internacional de Bruxelas de 1890 foi a injunção de que os signatários deveriam garantir a legalidade dos contratos para o serviço a ser prestado pelo trabalho. A porta ficou escancarada para os recrutamentos de trabalho patrocinados pelo Estado. No caso notório do Estado Livre do Congo, o rei Leopoldo, da Bélgica, usou as diretivas da Lei de Bruxelas para estabelecer postos para o recrutamento de trabalho. Todas as terras "vazias" foram desapropriadas. Sem contar com os recursos financeiros do tesouro oficial de um Estado europeu, o rei rapidamente estabeleceu um sistema de trabalho forçado. Apelando para a Lei de Bruxelas, ele defendeu essa política como uma medida humanitária cujo objetivo era desenvolver incentivos ao trabalho estável na África. As empresas foram autorizadas a iniciar expedições punitivas para recrutar trabalhadores. Os governantes e as comunidades africanas foram forçados a fornecer comida, combustível, carregadores e trabalho gratuito aos administradores e concessionários. Um sistema terrorista de captura de reféns, de espancamentos e de mutilação garantiu que os trabalhadores recrutados atingissem suas cotas de produção de produtos básicos exportáveis prefixadas pelo Estado. Nesse caso, a mudança do raide de escravos para o recrutamento de trabalhadores foi uma distinção sem qualquer diferença. No caso do Estado Livre do Congo, o modo de conscrição forçada parecia seguir o fluxo contínuo das práticas dos antigos traficantes de escravos de Zanzibar até o novo regime. Os chefes preenchiam suas cotas de conscrição com os fracos, os que não tinham família e os que não tinham amigos, inclusive com seus próprios reservatórios de escravos e prisioneiros de guerra. Desapareceu a fronteira entre os libertos e os soldados das milícias. Crianças que eram muito jovens para trabalhar foram arrebanhadas, enviadas a "campos escolares" e treinadas para a milícia ou para a força de trabalho. Grandes projetos governamentais, como a construção de ferrovias, também recorreram à conscrição.

O sistema era tão cruel e brutal que foram necessárias pressões exógenas para trazer à luz suas atrocidades. Inicialmente, os missionários apoiaram o estabelecimento do Estado Livre do Congo para promover a ampliação de suas próprias organizações na África Central. Além disso, eles não se uniram para fazer oposição às autoridades, mesmo depois de a condição de súditos do Estado ter-se tornado clara. Em vez disso, a maior mobilização contra o sistema de trabalho do Congo se desenvolveu vagarosamente a partir de uma campanha de palestras missionárias britânicas que trazem à lembrança as reuniões para a emancipação das primeiras décadas do século XIX. Os não conformistas britânicos reconstituíram o vínculo organizacional na popular Associação para a Reforma do Congo. Os debates parlamentares sobre os frequentes relatórios das atrocidades culminaram com a campanha eleitoral britânica de 1906. A campanha da Associação para a Reforma do Congo felizmente coincidiu com uma onda de mobilização popular na Grã-Bretanha a respeito de questões religiosas; foi o último toque das trombetas da velha base popular antiescravista. Em novembro de 1908, o rei Leopoldo curvou-se à pressão internacional e doméstica ao transferir o Estado Livre do Congo para a Bélgica.[70]

Embora a escala de atrocidades no Congo tivesse diminuído, os mecanismos de taxação e de trabalho compulsório estavam à beira de um sistema brutal de trabalho forçado. Os projetos de obras públicas e de empreendimentos privados que empregavam trabalhadores conscritos expandiram-se para outras áreas, notavelmente na África Equatorial francesa, nas ilhas atlânticas portuguesas e em Moçambique.[71] Nas colônias portuguesas, as pressões metropolitanas e a vigilância foram menos eficientes do que nas zonas francesas e britânicas. Depois da abolição da escravidão na África portuguesa, em 1878, novas formas de cativeiro floresceram até o fim do século XIX. O centro de Angola tornou-se um reservatório de trabalho tanto para o Estado Livre do Congo quanto para

---

70 Ver Grant, *A Civilized Savegery*: Britain, cap.2. A transferência do Congo para o domínio nacional belga em 1908 produziu mudanças lentas sob a pressão internacional. O cumprimento dos decretos da abolição foi desigual em consequência do medo de deslocamentos sérios do mercado de trabalho. Northrup, The Ending of Slavery in the Eastern Belgian Congo, Miers e Roberts (Eds.), op. cit., p.462-89.
71 Ver Miers, op. cit., p.51-3; p.153-41.

o venerável sistema português de grandes lavouras nas ilhas atlânticas do Golfo da Guiné. Os habitantes ovimbundos, que tinham atuado como compradores e traficantes antes da conquista portuguesa, agora se viam obrigados a vender seus próprios títeres e escravos aos recrutadores. Os portugueses simplesmente criaram um novo reservatório de trabalho forçado ao tornar imprecisa a linha entre as populações livres e as dependentes.

Em 1920, o governo português não distinguia mais entre os ovimbundos escravizados e os livres. Houve uma deterioração das condições de trabalho, de tratamento, de remuneração e de imobilidade em relação às que predominaram no sistema escravista anterior. O trabalho por dívida expandiu-se a fim de obter novos recrutas para o reservatório de mão de obra. Um sistema de trabalho forçado patrocinado pelo Estado estava plenamente institucionalizado no primeiro terço do século XX. No fim da Segunda Guerra Mundial, os ovimbundos tinham expectativas de vida mais baixas e maior ruptura da família do que no sistema social pré-português. Estava assentado o alicerce para os levantes desesperados e devastadores que ocorreriam entre as décadas de 1960 e 1980.[72]

No começo do século XX, a Grã-Bretanha e a França eram as duas nações imperiais que contavam com os mais poderosos grupos de pressão antiescravistas metropolitanos. Ambas também tinham acumulado o maior número de escravos ultramarinos em seus domínios. E os escravos em suas jurisdições foram capazes de agir de forma mais decisiva e rápida para alterar o *status* em que se encontravam. Como já foi indicado, às vésperas da invasão britânica ao califado de Sokoto, a área continha uma das maiores populações escravas do mundo. A conquista britânica da área começou em 1897 e foi efetivamente completada com a criação de um Protetorado da Nigéria Setentrional, em 1900. Lugard, o Alto Comissário, imediatamente fez a região saber que o tráfico de escravos

---

72 Ver Heywood, op. cit., p.415-36. No Congo e em Angola, o processo da abolição apresentou uma similaridade marcante com a descrição de M. I. Finley do fim da escravidão no Império Romano. Ela foi desencadeada mais pela deterioração do *status* dos camponeses do que pela melhoria dos escravos. Ver Finley (1980), *Ancient Slavery and Modern Ideology*, cap.4.

e a escravidão estariam sujeitos ao controle estatal. Em 1903, Lugard declarou que o raide de escravos em larga escala havia sido eliminado, e os mercados de escravos foram fechados; os negócios com escravos foram confinados às áreas de fronteira, menos facilmente submetidas ao controle colonial. Esses negócios prosseguiram até 1920.

No que diz respeito à escravidão como instituição, a política oficial no norte da Nigéria seguiu o modelo indiano. O *status* legal da escravidão foi abolido. Os escravos não foram impedidos de deixar seus senhores, mas a partida era desencorajada e obstruída para que não houvesse ruptura maciça no sistema social e econômico. A administração colonial julgou necessário advertir os missionários britânicos residentes a "não encorajar, e menos ainda suscitar, qualquer iniciativa dos escravos de abandonar seus senhores".[73] As expectativas abolicionistas parecem ter sido estimuladas na esfera das operações britânicas até mesmo durante o processo da conquista militar. O surgimento da Companhia Real Britânica do Níger em uma área era um sinal para os escravos de que eles podiam fugir. Ao anunciar subsequentemente que estava providenciando um santuário para os fugitivos, a Companhia forneceu um precedente que Lugard com certeza não poderia renegar publicamente. Os escravos tiraram plena vantagem da oportunidade de uma política proclamada de conquista sob a bandeira da libertação.[74]

Em 1900, quando assumiu seu posto na África Ocidental, Lugard enfrentou uma crise com a fuga de escravos. Um agente britânico havia passado por seu distrito e dito aos habitantes que eles eram livres e que as pessoas não podiam mais ser escravizadas. As comunidades de fugitivos resistiram às tentativas de convencimento para que retornassem a seus antigos senhores ou até mesmo para as comunidades de cativos. Algumas autoridades britânicas apressaram-se em tentar fixar alguma linha fronteiriça de limitações. Permitiram que os senhores mantivessem escravos "domésticos" sob custódia e sancionaram o *status* de escravo se os mercados de escravos fossem fechados. Em uma rebelião liderada

---

73 Lovejoy e Hogendorn, op. cit., p.33-4.
74 Ibid., p.33-8.

pelos mahdis (1905-1906), os britânicos estavam dispostos a obrigar os que se aliaram com os rebeldes mahdis a voltar à escravidão como tática terrorista contra uma futura resistência. Com uma estratégia similar à de Cromwell mais de dois séculos antes, a ação foi eficiente. Incidentes administrativos de massacre e de rescravização evidentemente deveriam ser apagados dos relatórios destinados ao consumo metropolitano.

Hogendorn e Lovejoy estimam que pelo menos 2 mil escravos, aproximadamente um décimo da população escrava, participaram de um grande êxodo durante a década seguinte à da conquista britânica. A maioria parece ter sido de cativos recentes, que provavelmente seriam bem recebidos por suas famílias e comunidades de origem, se elas ainda existissem. O tamanho do êxodo é provavelmente um testemunho da escala do ambiente do tráfico e do raide de escravos no califado de Sokoto nos anos anteriores aos da invasão europeia. É também evidência de uma das possibilidades criadas pelas intrusões europeias para ação dos escravos. É preciso comparar as dezenas de milhares de escravos que anualmente fugiram no norte da Nigéria com as dezenas de milhares de escravos ainda escravizados nas terras fronteiriças entre Angola e o norte da Rodésia na mesma década.[75]

Um êxodo ainda mais dramático ocorreu no Sudão, ocupado pelos franceses. Ele não se iniciou, como na Nigéria britânica, com a desordem da conquista. Inicialmente, os franceses, como seus inimigos africanos, consideravam a redistribuição de seres humanos como parte de seus planos de batalha:

> O exército francês era parte dessa selvageria tanto quanto qualquer outro, e seus agentes africanos frequentemente exploravam o poder francês de acumular riqueza e escravos.[76]

O ataque francês à instituição da escravidão começou apenas depois do fim da conquista, com a imposição de um governo civil e de priori-

---

75 Ibid., p.61-2; e Heywood, op. cit., p.421.
76 M. A. Klein (1998), op. cit., p.125; e o cap 8 de forma geral.

dades metropolitanas, em 1900. Uma coalizão de esquerda, formada por radicais, socialistas e republicanos moderados, unidos pelo caso Dreyfus, subira ao poder em 1899. Por alguns anos, ela ofereceu à França uma experiência singular de estabilidade e de continuidade de políticas. Sua orientação republicana radical teve impacto na política colonial. Ela estava comprometida com um ataque sistemático à escravidão.[77]

Em 1903, um novo governador-geral da África Ocidental francesa, Ernest Roume, tomou medidas para desenvolver uma política coerente sobre a emancipação no Sudão. Como na Afro-Ásia britânica, seu plano não oferecia fundos de indenização aos senhores e nenhum fundo de assistência social aos escravos. Roume não aceitou tomar como ponto de partida uma lei do "ventre livre". Isso reconheceria a existência da escravidão em um território que já estava sob a soberania da república francesa. Agora a escravidão havia se tornado algo tão constrangedor no léxico ocidental que impunha obstáculos à eliminação legislativa gradual. A proscrição parecia a estratégia mais segura, mais barata e menos nociva. Todas as futuras vendas de pessoas deveriam ser proibidas. Como em outros lugares, alguns aspectos da servidão estariam isentos da interferência legal. Isso incluía a "autoridade costumeira dos maridos sobre as mulheres e sobre os menores e qualquer serviço voluntário prestado em troca do alívio da miséria". Isso daria continuidade à dimensão de assistência social privada da velha instituição, ao mesmo tempo que evitaria que o Estado assumisse novas obrigações financeiras massivas.[78]

O decreto de 1905 sobre a escravidão reproduziu a estratégia de Mansfield. Ele aboliu apenas a venda, a doação e a troca de pessoas. É claro que o impacto efetivo do decreto teve um alcance muito maior que sua linguagem cautelosa. O Estado colonial nem reconheceria a instituição da escravidão tampouco devolveria os escravos fugitivos a seus senhores. Os contratos constituiriam o novo nexo entre os compradores,

---

77 Conklin, op. cit., p.94-106.
78 M. A. Klein (1998), op. cit., p.136. Sobre o *status* normativo da escravidão como um constrangimento ao *status* civilizado, ver Salman, *The Embarrassment of Slavery*: Controversies over Bondage and Nationalism in the American Colonial Philippines, p.14-7.

os emprestadores e os patrões. Da mesma forma que nas proscrições anteriores, a escravidão não podia mais ser reforçada pela sanção legal do recrutamento e de sua prática.

Os próprios escravos do Sudão começaram a implementar a nova política em uma escala que nem Mansfield e Granville Sharp, nem quaisquer de seus descendentes judiciais e abolicionistas, poderiam ter imaginado. Na primavera de 1905, um êxodo começou no oeste do Sudão, em Banamba, uma vila fundada na década de 1840. Por meio século, ela fora o mercado de escravos mais importante do Sudão e o principal centro de distribuição de sal e cavalos da região.[79] Além de ser o ponto central da escravidão no Sudão, o lugar também detinha a população mais desenraizada da região. Nos cinco anos seguintes, os escravos de todas as partes do Sudão retornaram em massa para suas casas. Centenas de milhares começaram a reconstruir as comunidades arrasadas. O resultado, como relata Martin Klein, foi o colapso de grande parte do sistema de trabalho anterior à conquista da África Ocidental francesa.

Temendo um colapso total da ordem pública, o governador-geral ordenou que as tropas que estavam em Banamba detivessem os fugitivos e entrassem em acordo com os líderes do movimento de deserção. Os senhores usaram a oportunidade para capturar crianças e bens pessoais. William Merlaud-Ponty, o principal funcionário no Sudão, decidiu apoiar os escravos. Ele ordenou que as autoridades protegessem os escravos que quisessem deixar seus senhores. Passes foram emitidos para todos que desejassem partir. A fuga em massa continuou de forma notavelmente ordeira. À medida que a notícia da nova política se propagava, o movimento crescia e espalhava-se. As pessoas das regiões que ainda eram vulneráveis aos raides juntaram-se à migração dos escravizados. Os movimentos em grande escala prosseguiram durante uma década, até que houve sucessivas privações às vésperas da Primeira Guerra Mundial.

As partidas autorizadas foram uma reversão notável do consenso de três gerações de burocratas de que a partida em massa de escravos acarreta-

---

79 M. A. Klein (1998), op. cit., p.55.

ria o caos ou a revolução. As tropas francesas estavam muito concentradas, de modo que não puderam impedir alguns casos de violência cometida pelos senhores, mas a ação coletiva era muito ampla para ser contida. Os escravos previamente ajuntados pelos chefes aliados, pelos agentes coloniais e soldados africanos desapareceram repentinamente. Até mesmo a usual diferenciação por gênero que dava aos senhores/maridos autoridade sobre suas mulheres foi ameaçada. Confrontado com uma crise depois da outra, o governo colonial francês também tentou estabelecer alguns novos limites. Foi decidido que os "documentos de liberdade" dados a uma escrava não tinham efeito sobre suas obrigações matrimoniais e não implicavam na diminuição dos direitos conjugais masculinos. No mesmo espírito da decisão do caso Somerset, os franceses permitiram a existência das "vilas da liberdade" – coletividades de fugitivos que surgiram provisoriamente durante o êxodo, embora não lhes dessem praticamente qualquer ajuda. A despeito do temor de desintegração social, Ponty lembrava aos comandantes locais que lhes cabia garantir a liberdade pessoal dos antigos escravos. Para o governo, ele destacava o caráter ordeiro da migração e a disposição dos ex-escravos de trabalhar por conta própria.

O resumo final de Ponty sobre a grande migração foi uma defesa do resultado em termos econômicos e humanitários. A instituição da escravidão, ele enfatizou, não foi, de fato, nem abolida, tampouco tolerada:

> Não há mais servos nem escravos [...] Frequentemente, restava [o escravo], mas sob as condições de um contrato. A liberdade repentinamente dada ou retomada de forma alguma o constrangia. Ele retornaria calmamente à sua terra natal ou ofereceria seu trabalho em nossas cidades ou em nossas oficinas.[80]

Houve dificuldades em muitas áreas, mas, em geral, as reverberações econômicas negativas parecem ter sido temporárias até mesmo onde elas foram registradas. Uma instituição civil europeia comum no Sudão seria

---

80 Citado em ibid., p.167, escrito pelo governador-geral Ponty, 13 jan. 1913. Esse relato foi retirado principalmente de Klein.

ironicamente imobilizada durante o êxodo. A separação entre o Estado francês e a Igreja Católica atingiu seu clímax em 1905. A consequente retirada dos recursos financeiros públicos concedidos aos missionários significou que lhes faltariam recursos para alimentar os migrantes exatamente quando eles mais precisavam. A convergência de movimentos antiescravistas seculares e religiosos naufragou com os conflitos metropolitanos.

Em termos econômicos, o êxodo dos antigos escravos não foi nem encorajado nem apoiado em razão do desenvolvimento capitalista. Geralmente, o governo colonial desconfiava do capitalismo industrial, que apoiava tanto os direitos de propriedade dos nativos quanto as determinações dos tratados. Por motivos internos, políticos e internacionais, o Estado metropolitano queria remover o estigma do apoio estatal à escravidão. O governo francês esperava promover o mínimo possível de mudanças na África, restringindo-se apenas às necessárias para atingir esse objetivo. No fim das contas, os que exaltavam a criação de um mercado de trabalho livre manifestaram-se depois do fato, quando o desastre total previsto não ocorreu.

No Sudão, mais que em qualquer outra parte, foram os escravos que forneceram coletivamente o catalisador para a abertura do mercado de trabalho.[81] Na África Ocidental francesa, como em outros lugares, a escravidão teve uma morte lenta. Quando a Grande Guerra eclodiu, em 1914, apenas uma fração da população havia abandonado suas ocupações. Todos os demais freios à liberdade total – gênero, fome, pobreza, propriedade limitada da terra fértil ou dificuldade de acesso a ela e resistência da elite – prejudicaram o ritmo da transformação. Depois da Primeira Guerra Mundial, o aumento da dependência aos chefes foi seguido de uma desconfiança crescente ao mercado de trabalho. Um segmento importante da elite europeia continuava a acreditar que a condição para o desenvolvimento econômico na África Ocidental era a sujeição dos africanos ao trabalho sob coerção. Esse segmento permanecia muito próximo da perspectiva dos formuladores de políticas da África portuguesa

---

81 Ibid., p.176-7.

e da Bélgica. Na África Ocidental francesa, o trabalho forçado continuou a ser usado para desenvolver a infraestrutura e a agricultura comercial da região – estradas de ferro, canais, estradas e grandes lavouras. Eventualmente, as elites afrouxaram os controles sobre os antigos escravos em todos os lugares, mas o êxodo dramático de até 900 mil escravos na África Ocidental francesa do início do século XX não eliminou definitivamente a escravidão nesta área antes de o fazer no resto do continente. Já no século XXI, a República Islâmica da Mauritânia continuou a relatar que a escravidão como propriedade perdurava dentro de suas fronteiras.[82] O árduo caminho para a emancipação na Mauritânia sublinha o contraste geral entre a escravidão no Velho e no Novo Mundo, ilustrado inicialmente pelo caso da Índia. Sistemas de relações de trabalho e de relações domésticas parecidos com o escravista persistiram na Índia muito depois da proscrição ou da proibição dos direitos de propriedade sobre pessoas. Em algumas áreas, a instituição estava embutida em um emaranhado de outras formas de coação. A miséria, a identidade coletiva, a pobreza econômica, a dependência conjugal, os papéis dos gêneros e os direitos sobre a prole criavam constrangimentos para que as pessoas se separassem de senhores e maridos.[83]

A escravidão e a Liga das Nações

De modo geral, a morte lenta da escravidão na África subsaariana foi seguida pela morte igualmente lenta dos sistemas alternativos de trabalho

---

82 Ibid., p.173, e Miers, op. cit., p.418.
83 R. R. Madden foi um abolicionista que criticou injuriosamente os donos de escravos jamaicanos que maltratavam os aprendizes. Ele foi virulentamente acusado de espalhar as doutrinas revolucionárias em Cuba. E se comportou mais cautelosamente quando foi enviado à Costa do Ouro pelo primeiro-ministro Russell, em 1841. Lá, trinta anos mais tarde, enfrentou o mesmo problema que havia enfrentado antes com as ofertas de liberdade. Quando disse aos escravos de Acra, na Costa do Ouro, que eles eram livres pela Lei da Rainha, eles lhe perguntaram se "a Rainha lhes daria algo para comer, senão eles prefeririam permanecer como escravos". A resposta dos escravos ecoou nos relatórios burocráticos durante gerações (Ver PRO#CO 879/6 *Gold Coast, History of Settlement*, impresso pelo *Colonial Office*, mar. 1874, folhas 196-8).

forçado e pela diminuição das coações às mulheres na vida familiar. As conquistas europeias e os sistemas de trabalho forçado sob a direção dos europeus, que se seguiram à era dos raides e da escravização antes da década de 1880, adiaram os benefícios da abolição do tráfico de escravos em algumas áreas para muito além do primeiro quartel do século XX. Em outras áreas, no entanto, a crescente segurança dada pelo governo imperial abriu a porta para os êxodos massivos registrados na África Ocidental britânica e francesa e para o movimento menos dramático dos escravos que estavam fora tanto do *status* legal de escravos quanto do confinamento local.[84]

Da perspectiva do mercado mundial, ainda parece impossível calcular o impacto compósito da abolição do tráfico de escravos e da emancipação sobre a produtividade do trabalho e sobre a produção das safras africanas voltadas para o mercado durante o meio século que vai de 1880 a 1930. A instituição mais difusa da escravidão doméstica provavelmente erodiu de maneira mais lenta e com o menor impacto mensurável no mercado mundial. Até mesmo as áreas de escravidão comercial na África provavelmente não ofereceram aos senhores as vantagens produtivas das turmas de escravos das grandes lavouras das Américas. A escravidão se transformou para responder ao mercado mundial antes da abolição somente em alguns lugares ao longo das principais rotas de tráfico.[85] De fato, em algumas partes do continente, como no sul da África Central, a emancipação formal dos escravos combinada com os recrutamentos fizeram os antigos senhores regredirem ao trabalho sob coação. O trabalho forçado para obras públicas permaneceu uma prerrogativa a que muitos Estados coloniais relutaram em renunciar durante muito tempo.

---

84 Ver, por exemplo, Cooper, op. cit., esp. cap. 6, com respeito a Zanzibar e às costas do Quênia; Deutsch, op. cit., cap.7, sobre a África Ocidental alemã; Cassanelli, The Ending of Slavery in Italian Somalia: Liberty and the Control of Slavery, Miers e Roberts (Eds.), op. cit., cap.10, sobre a Somália italiana. Para os indianos, o trabalho contratado também constituía um meio de mobilidade social e geográfica, responsável por até 28 milhões de migrações principalmente para os trópicos entre 1846 e 1932. Ver K. Davis, *The Population of India and Pakistan*, p.98-9.

85 Lovejoy, op. cit., p.285.

Por volta do fim do primeiro quartel do século XX, a nova Liga das Nações estava preparada para consagrar um consenso coletivo que "progressivamente" asseguraria o desaparecimento do *"status* ou da condição de uma pessoa sobre a qual são exercidos qualquer um ou todos os poderes ligados ao direito de propriedade".[86] O próprio Tratado da Liga das Nações não incluiu uma declaração de direitos humanos ou uma condenação da escravidão. Ele apenas obrigou moralmente os membros a "garantir a condição justa e humanitária ao trabalho de homens, mulheres e crianças" e o "tratamento justo" aos nativos das nações coloniais. O Tratado de Versalhes também prometera que essas nações se esforçariam para promover a convergência das condições de trabalho da Europa com as das colônias.

Em 1925, a Liga das Nações estava pronta para formular um acordo formal sobre a abolição da escravidão. Fora da Grã-Bretanha, a pressão não governamental era geralmente fraca. O aumento da extensão do acordo para incluir o trabalho forçado estava fora de questão. A oposição dos governos com amplos sistemas de trabalho forçado, tais como o do Congo Belga e o da África portuguesa, deixava claro que seria difícil obter a concordância até mesmo sobre as cláusulas mais frouxas do rascunho do acordo. Os Estados Unidos também só aceitariam o acordo com reservas. Alguns dos estados sulistas continuavam a empregar o trabalho forçado prisional. Uma vez mais, em deferência às "complexidades" da autoridade e da dependência em muitas sociedades, o concubinato não foi incluído como uma questão para ser resolvida no acordo. Qualquer signatário imperial teria permissão para isentar partes de seus territórios de algumas obrigações.[87]

Após as discussões preliminares, foi tomada a decisão de se começar a reforma da instituição pela recusa ao reconhecimento do *status* legal da escravidão e pela eliminação da instituição com base em cada caso.

---

86 Miers, op. cit., p.123.
87 Ibid., p.122-8. Os franceses permaneceram fiéis à tradição secular que mantinham e recusaram-se, em princípio, a designar o tráfico ultramarino de escravos como pirataria ou a permitir um direito mútuo de busca. Os britânicos também estavam hesitantes. O trabalho forçado era empregado na Índia e em Burma.

Assim, o "modelo indiano" de proscrição alcançou seu ponto culminante na Convenção sobre a Escravidão da Liga das Nações. O consenso de que a abolição completa não seria possível "com uma penada", devido ao temor de piorar a condição dos nativos, foi equilibrado pela observação de que o raide de escravos e o tráfico marítimo de escravos tinham sido dramaticamente reduzidos em uma única geração. Das dezenas de milhares de escravos traficados anualmente além da África subsaariana durante o último quartel do século XIX, o volume do tráfico de escravos havia caído precipitadamente em 1925. Com a proibição formal da Etiópia em 1923, o mundo inteiro tinha sido fechado como fonte legal para o tráfico de escravos.[88]

Os relatórios da Liga das Nações sobre a própria escravidão tenderam a pôr em foco (mais estreitamente) o Saara, o Sudão, a Etiópia, as vizinhanças da península árabe, o Golfo Persa e as áreas do sul e sudeste da Ásia. Os signatários aderiram ao acordo com um estado de espírito que considerava o documento como a maior demarcação do desaparecimento progressivo e gradual de todas as formas de servidão involuntária. Anteriormente, no século XX, os abolicionistas britânicos reconheceram que o acordo consensual sobre o desmantelamento da instituição da escravidão criava oportunidades para direcionar a atenção internacional para outras formas de coerção e exploração simplesmente por sua identificação como formas disfarçadas de escravidão. Em certo sentido, isso marcou outra ampliação da definição de cativeiro, como quando Arthur Young ou Adam Smith contaram dezenove escravos para cada vinte habitantes do mundo. A porta nunca havia sido fechada às extensões metafóricas do tráfico de escravos ou da escravidão. A escravidão "assalariada", o tráfico de escravas "brancas" para prostituição e a escravidão "sexual" de concubinas asiáticas foram os candidatos iniciais à inclusão. No entanto,

---

88 Ver Greenidge, *Slavery*, p.49. Os censos do tráfico de escravos para as terras muçulmanas parecem não ter ido além da primeira década do século XX. Ver, inter alia, Pétré-Grenouilleau, op. cit., p.144-56, e os dois censos de Ralph Austen sobre o tráfico islâmico de escravos em *Slavery and Abolition*, v.9, n.3, 1988, p.21-44; e *Slavery and Abolition*, v.13, n.1, 1992, p.214-48. Dos 4 a 5 milhões, quase a metade supostamente iria residir no reino do imperador etíope Haile Selassie. Ver Coleman Jr., op. cit., p.65-82. Para a lista das leis antiescravistas do século XX, ver Ziskind, *Emancipation Acts*.

à medida que o antiescravismo se tornava o padrão-ouro internacional da civilização no início do século XX, os tropos da escravidão e do tráfico de escravos passaram a ser mais amplamente empregados do que nunca.[89]

Uma visão igualmente poderosa da escravidão na perspectiva mundial emergiu na década de 1920. O consenso liderado pelo ocidente sobre a proscrição da instituição designou a escravidão como um "resíduo", confinado às áreas não ocidentalizadas do mundo. A história da abolição podia agora ser escrita em perfeita congruência com a marcha do progresso humano e moral liderada pelo ocidente. A separação da escravidão como um fenômeno distintivamente não ocidental foi reforçada com a criação e a missão da Organização Internacional do Trabalho (OIT). O artigo 421 do Tratado de Versalhes comprometera todos os signatários a aderirem a todos os tratados que protegessem o trabalho em seus domínios sem governo próprio. O compromisso fora imediatamente institucionalizado em 1919, com a fundação da OIT. Contudo, nas discussões que antecederam o tratado sobre a escravidão, os governos não puderam concordar com a inclusão de todas as formas de trabalho colonial forçado que estavam dentro de suas alçadas. A suposição do retrocesso da curva de oferta de trabalho entre os "povos atrasados" informou todas as discussões a respeito da transição do trabalho escravo para o trabalho livre assalariado. O relatório preliminar do tratado limitou-se, significativamente, a recomendar a promoção da propriedade privada e da produção camponesa.

Esse sentido de separação geográfica e de distância temporal preservou a noção profundamente imbuída de que os 4 a 5 milhões de escravos estimados que restavam no mundo ainda estavam "além da linha" da civilização. A noção teve impacto real sobre os que eram considerados isolados em um mundo sombrio, se bem que estreito, que se estendia do Golfo Persa à Etiópia. A pressão da Grã-Bretanha para que houvesse uma ampliação do tratado, que incluiria o trabalho forçado como uma prática análoga à escravidão na década de 1920, foi de encontro à oposição unida

---

89 Para o início do século XX, ver Grant, op. cit.; para o fim do século XX e começo do século XXI, ver Bales, *Disposable People*: New Slavery in the Global Economy.

das outras principais nações que tinham colônias na África – França, Bélgica, Itália e Portugal. Todas elas tinham várias práticas que poderiam ser atacadas por essa determinação. Os limites conceituais entre o trabalho no mundo não colonial e no mundo colonial permaneceram intactos. A própria OIT abordou o trabalho forçado principalmente como um fenômeno colonial e uma extensão da luta internacional contra a escravidão. Durante a recuperação econômica da década de 1920, a demanda por trabalho não estava sendo atendida pelos mercados de trabalho assalariado. Os padrões internacionais de trabalho desenvolvidos pela OIT tomaram como referência as sociedades ocidentais industrializadas, e sua "cláusula colonial" concedia aos governos dessas sociedades o direito de excluir alguns ou todos esses padrões de trabalho em seus territórios ultramarinos. A OIT procurou expor os abusos coercivos como um desincentivo à educação dos nativos sobre "as vantagens do trabalho". Ao mesmo tempo, seu diretor aceitou a opinião de que os "hábitos do trabalho livre" estavam mais ausentes entre os fazendeiros da África do que entre os do mundo autogovernado. Apenas o governo britânico apoiou a abolição imediata do trabalho forçado, pelo menos nas empresas privadas. A "exceção ultramarina" permaneceu amplamente em seu devido lugar entre as guerras mundiais. O resultante Tratado sobre o Trabalho Forçado, de 1930, somente comprometeu os governos a pôr fim ao trabalho forçado público no "menor período possível", sem nenhuma data prefixada para seu término. Ele também reforçou a distinção entre o trabalho forçado e a escravidão, esperando proteger os trabalhadores do "mundo industrial" da competição com as forças de trabalho coloniais desorganizadas.[90]

Em um sentido, o estatuto normativo do antiescravismo foi reafirmado mais globalmente do que nunca no Comitê dos Peritos sobre a Escravidão da Liga das Nações. No fim da década de 1920, havia também uma suposição muito difusa de que a trajetória da escravidão já estava em direção à sua rápida extinção. As aceitações nacionais do acordo de 1926 foram, portanto, comemorativas e antecipatórias. Os franceses re-

---

90 Miers, op. cit., p.103; p.115; p.145-8; e Maul, The International Labour Organization and the Struggle against Forced Labour from 1919 to the Present, *Labor History*, p.477-500.

lembraram o decreto de emancipação dos escravos de 1848 e enterraram em uma sepultura comum o grande levante de São Domingos de 1791, a emancipação revolucionária radical de 1794 e a restauração da escravidão por Napoleão em 1802. Os portugueses, que foram os pioneiros dos impérios ultramarinos da Europa, converteram sua história de 500 anos de escravização em uma "política civilizadora" de 500 anos de "irmandade cristã com os povos nativos". Contudo, os séculos de contribuições de Portugal para o tráfico atlântico de escravos e para a escravidão ultramarina foram tratados como incidentais, limitados e "fortuitos". A reconstrução da história imperial de Portugal como uma narrativa antiescravista parecia ser particularmente uma autopurificação, porque ela foi feita no meio de outro escândalo sobre o emprego do trabalho forçado na África pelos portugueses.

Em um sentido mais amplo, no entanto, a reconstrução dos portugueses foi tão somente a versão flagrante de um realinhamento moral mais genérico das relações da Europa com a instituição da escravidão. Todas as nações imperiais da Europa, de uma forma ou de outra, poliram suas histórias imperiais de modo a parecerem missões civilizatórias. Se Portugal agora declarava que havia trabalhado durante meio milênio com o que aceitara somente ontem, aqui também havia um precedente bíblico: "E os últimos serão os primeiros". Qual diplomata em Genebra negaria a volta do filho pródigo quando a própria escravidão já era quase história?

Parte 4: A reversão

14
A reversão na Europa

Em 1933, o centenário da emancipação dos escravos das colônias britânicas foi celebrado como um triunfo nacional e imperial. Hull, a cidade natal de Wilberforce, foi o local designado para a comemoração. Uma grande procissão cívica, liderada pelo prefeito de Hull e por uma multidão de dignitários e descendentes do libertador, desfilou pela cidade, passando pelo lugar onde ele nascera e por sua escola secundária, cujos alunos aguardavam a passagem do cortejo. O arcebispo de York consagrou as atividades, acompanhado pelos hinos e *spirituals* de corais formados por negros e brancos. As bandeiras de cinquenta nações foram desfraldadas simultaneamente diante de dezenas de milhares de espectadores. O jornal *The Times* registrou os eventos de Hull sob o título "Centenário de Wilberforce".[1]

Para os historiadores mais influentes da Inglaterra, a emancipação havia elevado toda a humanidade a um plano moral mais alto. A expansão de proporções globais do antiescravismo era a mais pura evidência do progresso humano. Os historiadores nunca se cansaram de repetir a

---

1 Ver *The Times* (Londres), 25 e 29 mai. 1833, e 2, 4, 5 e 9 ago. 1933.

descrição de William Lecky, segundo a qual a luta contra a escravidão está "entre as três ou quatro páginas virtuosas da história das nações". Os beneficiários também foram evocados: os escravos da Índia Ocidental, que haviam devotadamente se reunido no topo de um morro na véspera da libertação para esperar o nascer do sol da liberdade, e os nativos da África, incapazes de saber, em 1833, que a expansão imperial britânica ocasionaria a morte lenta da instituição no próprio "coração das trevas".[2] Aqui, mais que em qualquer outro lugar da historiografia da escravidão, está o evento divisor de águas da interpretação progressista da história. No entanto, se o olho de um eventual leitor se afastasse das colunas do *The Times* que descreviam as comemorações em Hull, veria relatos sobre judeus que estavam sendo obrigados a efetuar tarefas simbolicamente degradantes nas ruas da Alemanha. No mesmo momento em que dezenas de milhares de pessoas estavam reunidas em Hull, dezenas de milhares de outras estavam se preparando em Nuremberg para marchar sob outras bandeiras, a fim de participar do primeiro comício do partido nazista desde a ascensão de Hitler ao poder.

O Gulag soviético

Noutra parte da Europa, já havia sido iniciado, sistemática e maciçamente, um recuo em relação ao trabalho livre em um país que nominalmente levara a classe trabalhadora ao poder supremo – a União Soviética. Depois de gozar um momento supremo de triunfo, com a ratificação do Tratado sobre a Escravidão da Liga das Nações, em 1926, a campanha europeia contra a escravidão passava agora por um grave revés. Se a Liga das Nações definira a escravidão como o *status* ou a condição de uma pessoa sobre a qual são exercidos os direitos de propriedade, os soviéticos pareciam estar reabrindo em uma escala massiva a questão do trabalho forçado pelo caminho legal do trabalho penal, que ainda era universal-

---

[2] Lecky, *A History of European Morals*, v.I, p.153; Drescher, The Historical Context of British Abolition, Richardson (Ed.), *Abolition and its Aftermath*, p.3-24.

mente permitido. Em fevereiro de 1931, a Câmara dos Lordes britânica debateu o reaparecimento do "trabalho escravo" em regiões remotas da União Soviética.[3]

O início da década de 1930 abriu um novo capítulo na história da coerção. Em 1926, a União Soviética não estava filiada à Liga das Nações e recusara-se a participar do acordo antiescravista. Mesmo assim, sua autoidentificação como um Estado fundado na supremacia da classe trabalhadora foi institucionalizada em sua penologia. Entre os penologistas, havia um amplo consenso internacional, no início do século XX, de que os sistemas prisionais reformariam e reabilitariam os presos especialmente pelo trabalho. A literatura penal soviética enfatizava que tinha o objetivo de preparar os criminosos para a "vida comunitária" por meio do trabalho compulsório e do esclarecimento educacional. A punição disciplinar devia ser administrada sob regras severas e sem coerção física ou tortura. Os membros da "classe laboriosa" mereciam consideração especial e deviam ser enviados às colônias agrícolas com um regime menos restritivo, que oferecesse processos acelerados de libertação. As colônias deviam tornar-se centros de aprendizagem para os camponeses de suas regiões. Contudo, na difícil situação econômica da década seguinte à da revolução, o sistema foi incapaz de cumprir as tarefas mais básicas de sua missão penal progressista.[4]

Paralelamente a esse sistema penal normativo, um segundo sistema já havia sido criado durante a Guerra Civil russa. Ele estava sob a autoridade da polícia secreta (sucessivamente, Cheka, em 1918; OGPU, em 1922; NKVD, em 1934; e MVD, em 1946). Seus campos de confinamento estavam localizados nas áreas mais remotas e inóspitas da Rússia. Foi essa instituição que evoluiu para os Campos da Administração Principal ou Estatal, ou o Gulag. O trabalho forçado estava destinado a ser punitivo. Invertendo ironicamente o velho problema sobre a indução aos hábitos

---

3   Ver D. B. Davis, *Slavery and Human Progress*, p.313-4, que cita os *Parliamentary Debates* (Lords), 5ª série, v.39, col.842-67.
4   Wimberg, *Replacing the Shackles*: Soviet Penal Theory, Policy and Practice, 1917-1930, Ph.D. Dissertation, cap.1.

do trabalho livre, a coerção reformaria os hábitos de trabalho da classe alta congenitamente ociosa. Antes, o governo soviético havia adotado o princípio de que as prisões deveriam ser "escolas de trabalho" para a classe ociosa de cavalheiros acostumados a viver "sem ocupação". Em uma sociedade afligida pela escassez de capital e escassez de receita pública, houve também pesadas pressões fiscais para se criar um sistema correcional que se empenharia em pagar seu próprio custo. O uso do trabalho forçado limitou-se inicialmente às madeireiras e à indústria da pesca no Campo Slovetsky de Destino Especial (SLON), no norte, que fora especificamente planejado para isolar os contrarrevolucionários.

A primeira grande onda de crescimento do Gulag surgiu na esteira do primeiro Plano Quinquenal (1928-1932) de Stalin. Vitorioso dentro do partido, em 1928, Stalin consolidou uma economia controlada pelo governo para administrar "a experiência social e econômica mais importante do século XX".[5] Ela envolvia uma variante do conceito de "acumulação primitiva do capital" de Karl Marx, ou seja, a transferência dos "excedentes" da agricultura para prover o capital destinado ao financiamento da industrialização. Isso significava que os camponeses tinham de estar preparados para tolerar padrões de vida mais baixos, sem prejuízo da produção agrícola. As intervenções estatais, e não a comercialização dos produtos agrícolas, seriam a prioridade suprema. Quer fossem ou não realistas as esperanças originais de que a reestruturação dramática da agricultura (a coletivização) proporcionaria facilmente a obtenção do excedente, Stalin estava convencido desde o início de que a força e a punição seriam necessárias para obtê-lo. A coletivização forçada provocou uma guerra rural contra a política soviética. O resultado foi uma enorme destruição de bens. A decisão de Stalin de que os *kulaks* – a "classe inimiga" – não seriam admitidos nas novas fazendas coletivas assegurou que haveria também um desenraizamento massivo e um deslocamento de trabalhadores agrícolas. As ondas de prisões e de deportações incluí-

---

5   Gregory, *The Political Economy of Stalinism:* Evidence from the Soviet Secret Archives.

ram notáveis dos vilarejos, especialistas burgueses e membros do partido comunista, identificados como inimigos da revolução.⁶

O aparecimento repentino de centenas de milhares de camponeses legalmente criminalizados e desenraizados abriu novas possibilidades. Como muitos outros economistas políticos do século XIX, Karl Marx subscrevera o axioma da superioridade genérica do trabalho assalariado sobre o trabalho forçado. Contudo, ele também abrira espaço para uma exceção nas zonas coloniais de fronteira.⁷

Para muitos economistas ocidentais, o problema da terra abundante e do clima inóspito tornava irrelevante a potencial superioridade do trabalho livre em muitas áreas do mundo. Na zona ártica, o governo pós-revolucionário soviético deparou-se com o mesmo problema que os governos colonizadores tinham encontrado anteriormente nos trópicos. Tanto os migrantes livres europeus quanto as populações residentes não estavam sempre dispostos a participar da produção mercantil contínua de produtos básicos exportáveis. Uma força de trabalho soviética, espi-

---

6   "Quando a cabeça é decapitada, você não chora pelo cabelo [...] Os *kulaks* podem ser admitidos nas fazendas coletivas? É claro que é errado admitir o *kulak* nas fazendas coletivas. É errado porque ele é o maldito inimigo do movimento *kolkhoz*." Discurso de Stalin à Academia Comunista, publicado no *Pravda*, 29 dez. 1929 (citado em R. W. Davies, *The Socialist Offensive:* The Collectivization of Agriculture, v.I), 197-8; e Gregory, op. cit., p.43. Sobre a fundamentação da lógica econômica de Stalin para estabelecer prisões para o uso massivo do trabalho forçado, ver também Solomon, Jr. Soviet Penal Policy, 1917-1934: A Reinterpretation, *Slavic Review*, p.195-217.

7   Khlevniuk, *History of the Gulag:* From Collectivization to the Great Terror, p.9-12; Marx, *Capital*, v.I, cap.14. No *Capital*, Marx escolheu a Austrália para ilustrar a necessidade capitalista de trabalho forçado para o desenvolvimento inicial de áreas longínquas e esparsamente povoadas. Um século antes do estabelecimento do Gulag soviético, a Austrália dependera da força de trabalho de condenados do Império Britânico. Marx usou o relato feito por Edward Wakefield sobre a desastrosa experiência do "sr. Peel" de transportar 3 mil homens, mulheres e crianças livres da classe trabalhadora para Swan River, na Austrália. Quando chegaram, "o sr. Peel ficou sem um empregado para fazer a sua cama ou levar água do rio para ele" (Marx, ibid., v.I, p.766, que cita Wakefield, *England and America:* A Comparison of the Social and Political State of Both Nations (v.2, p.33). Além disso, Marx seguiu as conclusões genéricas de Wakefield: "Nos países civilizados, o trabalhador, embora seja livre, é por natureza dependente dos capitalistas; nas colônias essa dependência precisa ser criada por meios artificiais" (ibid, p.779). A Austrália desenvolveu um sistema de lavoura de açúcar com trabalhadores contratados provenientes das ilhas do Oceano Pacífico em Queensland na segunda metade do século XIX e foi a primeira colônia britânica a proibir a imigração não europeia no começo do século XX. Ver Graves, Colonialism, Indentured Labour Migration in the Western Pacific, 1840-1915, *Colonialism and Migration: Indentured Labour before and after Slavery*, p.237-59; e Engerman, Servants to Slaves to Servants: Contract Labour and European Expansion, ibid., p.263-94.

caçada sucessivamente pelas estratégias estatais de coletivização, pelos expurgos do partido, pelo deslocamento étnico e pela volta dos prisioneiros de guerra, esteve sujeita ao deslocamento forçado e ao trabalho árduo. Esse "exército de reserva de trabalho", produzido politicamente, ofereceu uma oportunidade econômica imprevista. Como foi observado em um documento burocrático interno, "a história do Gulag é a história da colonização e da exploração industrial das regiões remotas do Estado". No contexto do início dos anos 1930, a exploração industrial de regiões remotas e inóspitas, mas ricas em recursos, poderia basear-se nessa repentina e inesperada boa fortuna de trabalho. Membros da sociedade cuja presença constituiria, em outros aspectos, riscos à segurança agora podiam ser convertidos ao trabalho disciplinado e rentável "além da (nova) linha".[8]

Houve algumas diferenças importantes entre as formas mais antigas da instituição da escravidão e o *status* dos prisioneiros soviéticos. Os particulares não tinham acesso à propriedade pessoal dos soviéticos confinados; por analogia, estes últimos estavam mais próximos dos escravos daqueles que governavam o Estado. Os soviéticos também não foram incorporados aos vínculos familiares, com relações formalmente reconhecidas de concubinato ou de esposas secundárias. Uma pessoa não podia ser classificada como membro do Gulag a partir do "dia de seu nascimento" nem antes dos 12 anos de idade. O requisito de uma sentença individual pelos atos criminais significava que o *status* não era herdado, como o do cativeiro vitalício de um servo, mas o desenrolar do processo era uma questão à parte. Tampouco, é claro, a União Soviética jamais criou instituições como as que foram criadas pelos nazistas, nas quais o assassinato premeditado em massa era uma das atividades principais.[9]

---

8   Ver inter alia, Gregory, An Introduction to the Economics of the Gulag, Gregory e Lazarev (Eds.), *The Economics of Forced Labor:* The Soviet Gulag, p.4.
9   Swianiewicz, em *Forced Labour and Economic Development: An Enquiry into the Experience of Soviet Industrialization*, esboçou quatro modos pelos quais o sistema soviético se diferenciou em relação ao *status* das pessoas das instituições escravistas anteriores. O *status* dos trabalhadores forçados soviéticos não era vitalício. Era limitado temporalmente por sentenças individuais específicas. O trabalhador nunca estava sujeito a se tornar propriedade privada, porque a propriedade privada dos meios de produção tinha sido abolida, embora o aluguel e a alocação de trabalhadores a indústrias

As colônias do arquipélago Gulag ofereceram inicialmente as mesmas vantagens carcerárias que as ilhas isoladas do Caribe do século XVII. Elas garantiram o isolamento dos cativos em zonas de alto risco para fugitivos. Em termos econômicos, a concentração de trabalho em regiões remotas oferecia lucros pela remuneração dos trabalhadores a taxas mais próximas das de subsistência do que daquelas costumeiramente aplicadas ao trabalho livre em outras partes da União Soviética. Da mesma forma que nos sistemas anteriores de trabalho prisional no Atlântico, a servidão penal foi inicialmente uma fonte móvel de trabalho forçado. Em um aspecto importante, no entanto, o trabalho forçado soviético foi mais parecido com o da África subsaariana. A "acumulação primitiva" de sua força de trabalho era mais barata do que na América. Ela era o subproduto de atividades legais que eram orientadas contra grandes números de inimigos políticos visados.

Como na África, o processo envolveu uma destruição enorme de capital humano, ou sua má aplicação. O desenraizamento de alguns dos fazendeiros mais bem-sucedidos da sociedade tornou suas habilidades menos eficientes em um novo ambiente muito rigoroso. Isso também pode ter custado para a sociedade muito mais redução de capital humano do que o que poderia ter sido ganho pela obtenção de metais comercializáveis ou de madeira para os mercados nacional ou internacional. Ao tratar as populações do Gulag como uma herança inesperada não diferenciada de capital humano excedente, o Estado não se empenhou

---

específicas fossem amplamente praticados. A prole dos trabalhadores forçados não era alocada ao *status* pelo nascimento, embora sua "origem social" impusesse alguns desafios às suas oportunidades de vida. Finalmente, e o mais importante para o destino da instituição no longo prazo, a escravidão era oficialmente rejeitada como uma formação social pré-comunista, regressiva até pelos padrões do sistema capitalista burguês anterior. Essa foi claramente a principal razão de os conceitos de reeducação para a reintegração socialista terem sempre permanecido um alvo formal do sistema. É também claramente uma razão para o grande esforço despendido a fim de manter em segredo os sistemas de recrutamento e de tratamento de trabalhadores forçados. O desmantelamento do Gulag não requereu a reversão dos princípios públicos que fundaram a União Soviética. Solzhenitsyn, *The Gulag Archipelago, 1918-1958*, v.II (Parte III), p.154 e cap.17, The Kids. Sobre a diferença crucial entre a magnitude das instalações nazistas destinadas ao assassinato em massa e o Gulag soviético, ver Wheatcroft, The Scale and Nature of German and Soviet Repression and Mass Killings, 1930-1945, *Europe-Asia Studies*, p.1319-53.

em avaliar os custos de oportunidade da economia e da sociedade civil, acessíveis por menos terror arbitrário e coercivo.

A economia sob controle do governo era menos tentada a fazer cálculos sobre o valor alternativo potencial de sua força de trabalho. O dono de escravos particulares nas Américas, "encaixado em uma economia de mercado", tinha de recorrer aos cálculos baseados no mercado para fazer uso de seus escravos. Considerando os parâmetros políticos do regime soviético, assim como seus mecanismos internos de controle, o tempo era de essencial importância:

> Diminuir o ritmo [da industrialização] significa ficar para trás [...] A velha Rússia [...] em razão de seu atraso [...] era constantemente derrotada pelos *Khans* mongóis, pelos beis turcos [...] pelos capitalistas britânicos e franceses. Derrotados em razão do atraso [...] nós estamos cinquenta ou cem anos atrás dos países avançados. Precisamos compensar esse atraso em dez anos. Ou fazemos isso ou eles nos esmagarão.[10]

No início de sua emergência como um sistema de campo de trabalho, no início da década de 1930, a liderança soviética ainda era fortemente sensível ao poder econômico e político ocidental. O poder mundial "avançado" estava centrado naquelas áreas da Europa Ocidental e dos Estados Unidos, que tinham liderado a expansão do trabalho livre individual. A reação à pressão da Europa Ocidental ainda era visível na inauguração do Gulag. As informações sobre o sistema de campo de trabalho estimularam um debate parlamentar britânico em 1931. A notícia da prisão em massa e da transferência dos camponeses para a indústria madeireira foi um alvo particular da diplomacia ocidental. No verão de 1930, os Estados Unidos limitaram as importações soviéticas e, em particular, baniram a madeira. Outros países impuseram sanções similares.

A primeira reação soviética foi limitar o fluxo de informações e, ao mesmo tempo, negar o uso do trabalho de presos pelas indústrias

---

10 Bullock, *Hitler and Stalin*: Parallel Lives, p.276.

de exportação. Além disso, foram excluídos os prisioneiros que faziam o carregamento de navios estrangeiros. Todos os contatos com os representantes dos inspetores de países estrangeiros e com os capitães de embarcações estrangeiras foram interrompidos. Todos os indicativos de emprego de prisioneiros na indústria madeireira foram removidos ou ocultados. Uma campanha contra a burguesia foi organizada para enfatizar a superioridade geral da organização socialista do trabalho. O governo soviético apontava eficientemente para o crescente desemprego nos países capitalistas e para a existência continuada da escravidão em alguns dos impérios europeus. Stalin estava suficientemente preocupado com a campanha estrangeira contra o trabalho forçado para dar explicações pessoais sobre a refutação oficial do "Trabalho Forçado", feita em março de 1931 por V. M. Molotov, no Sexto Congresso Soviético. Esse relatório insistia que todos os 1,1 milhão de trabalhadores da indústria madeireira eram livres. Os 60 mil prisioneiros dos outros empreendimentos regionais "teriam inveja do trabalho e das condições de vida dos prisioneiros de nossas regiões setentrionais". Em 1932, o código de trabalho soviético foi reformado para proibir a participação de prisioneiros e dos outros sentenciados ao trabalho obrigatório na produção de mercadorias destinadas à exportação.[11]

Daí em diante, o instável equilíbrio de poder de um mundo que avançava para o conflito global provocou uma redução da crítica internacional ao trabalho forçado na União Soviética. Em 1941, a invasão alemã da Rússia e a declaração de guerra de Hitler aos Estados Unidos praticamente silenciaram a crítica ocidental às políticas de trabalho soviéticas. O vice-presidente dos Estados Unidos, Henry Wallace, foi convidado a visitar uma grande instalação Gulag no Círculo Ártico. Em sua visita a Kolyma – um importante campo ártico de mineração de ouro –, em 1944, ele não sabia que fazia uma excursão a um complexo presidiário. No auge da aliança russo-norte-americana, o vice-presidente condenou qualquer crítica radical ao modo russo de vida como uma tentativa cri-

---

11   Khlevniuk, op. cit., p.28-30.

minosa de incitar o conflito entre os dois aliados.¹² Depois da invasão da Rússia pela *Wehrmacht*, a revolução industrial soviética demonstrou que a ditadura de Stalin era superior ao complexo industrial-militar alemão. Por volta do fim da Segunda Guerra Mundial, os soviéticos, como as sociedades afro-asiáticas anteriores, não podiam ser pressionados externamente para mudar suas políticas relativas ao trabalho forçado. Agora, o trabalho forçado era considerado um paredão contra as pressões das sociedades que haviam sido pioneiras na restrição do trabalho escravo não europeu. Para impedir uma ameaça burguesa, o Estado soviético estabeleceu um vasto sistema restritivo a seus próprios cidadãos. Em 1939, os contratos de trabalho dos trabalhadores livres de fora do Gulag foram aumentados para prazos de cinco anos. No ano seguinte, uma lei não só fixou os trabalhadores às suas empresas como também criou punições criminais para preguiça, ausência de disciplina, faltas excessivas e embriaguez. Mais do que nos regimes de trabalhadores contratados do século XIX, os trabalhadores estavam sujeitos a pagar com seus corpos por uma variedade de infrações de seus (não mais consensuais) contratos. Somente em 1956, a liderança pós-stalinista abandonou efetivamente a "vara" em favor da "cenoura" para a força de trabalho de fora do Gulag.¹³

A característica notável do sistema de trabalho forçado foi sua expansão a despeito de todos os eventos desestabilizadores da geração entre 1930 e o início da década de 1950. Ele constituiu um processo revolucionário contínuo na direção do trabalho sob coerção. Depois que o exército de reserva de trabalho foi criado pelo esforço de coletivização, o sistema foi ajustado para se adequar às novas ondas tumultuosas causadas pelo Grande Terror de 1937-1938, pela expansão para o ocidente em 1939-1940, pelas ofensivas alemãs de 1941-1943, pela segunda expansão para o ocidente em 1944-1945 e pela era da reconstrução, entre 1946 e a morte de Stalin.

---

12 Applebaum, *Gulag:* A History, p.444.
13 Sokolov, Forced Labor in Soviet Industry: The End of the 1930s to the Mid-1950s: An Overview, Gregory e Lazarev (Eds.), op. cit., p.24-38.

Afora o trabalho forçado em geral, no complexo Gulag os números de prisioneiros flutuaram de 200 mil, no começo da década de 1930, a dez vezes mais, no início da década de 1950.[14] Em parte para responder à ameaça alemã, as populações que eram visadas para o Gulag tornaram-se mais identificadas pela etnicidade, muito mais dramaticamente ainda depois da invasão alemã de 1941. A partir do momento em que a União Soviética começou a expandir suas fronteiras ocidentais em direção à Polônia, aos Países Bálticos e à Romênia, entre 1939 e 1940, uma crescente proporção de estrangeiros foi confinada no Gulag. Sua composição mudou ainda mais rapidamente depois da invasão alemã. O número de prisioneiros caiu durante os anos de guerra, mas novos campos foram criados para os prisioneiros de guerra e para os mais de 2 milhões de cidadãos de grupos étnicos suspeitos deportados, potencialmente simpáticos aos invasores.[15] O trabalho, identificado mais do que nunca como a dimensão central da atividade humana, foi intensificado no Gulag. Os campos destinados estritamente à punição disciplinar funcionaram de forma análoga aos campos de punição da Alemanha. As provisões para a alimentação também eram proporcionais à produtividade, em uma hierarquia nutricional que se baseava no desempenho. Em 1944, além de suas próprias organizações industriais, a administração do Gulag "alugou" o trabalho de mais de 900 mil prisioneiros a outros comissariados.[16]

O Gulag, no entanto, foi menos significativo para a economia de guerra soviética que o sistema de trabalho forçado da Alemanha nazista;

---

14 Applebaum, op. cit., Apêndice: How Many?, p.578-86. Um dos setores mais exemplares de trabalho forçado ilustra o dinamismo do sistema. Em todo *oblast* [divisão administrativa e territorial] de Perm, um centro florestal, a população de trabalhadores forçados era de menos de 7.500 no início da década de 1930. As populações dos campos de trabalho da região chegariam a quase 34.500 pessoas em 1938 e a 44 mil às vésperas da guerra. No fim da Segunda Guerra Mundial, 80 mil prisioneiros foram retidos nos campos de Perm, recém-renomeada Molotov. Pouco antes da época da anistia de Kruschev, de 1956, o número tinha subido para 112 mil. Ver Pallot, Forced Labour for Forestry: The Twentieth Century History of Colonisation and Settlement in the North of Perm *oblast*, *Europe-Asia Studies*, p.1055-63, esp. 1061.
15 Polian, *Against Their Will:* The History and Geography of Forced Migrations in the USSR, p.313, Table 19.
16 Barnes, All for the Front, All for Victory!: The Mobilization of Forced Labor in the Soviet Union during World War Two, *International Labor and Working Class History*, p.245.

produziu apenas uma média de 1,9% do produto nacional bruto de 1941 a 1943, bem abaixo de sua proporção em relação à força de trabalho. Portanto, em vez de ser de vanguarda, ele era um setor retrógrado do "milagre do armamento soviético" na produção para a guerra nos anos decisivos de 1942-1943. O milagre chegou com o enorme sacrifício da população civil, tanto de fora quanto de dentro do Gulag, e "centenas de milhares, se não milhões de pessoas morreram de fome como resultado da guerra".[17] Durante a geração seguinte a 1930, o número de migrações forçadas internas sob o controle soviético foi igual ao número de migrantes transatlânticos forçados em um período dez vezes mais longo.

Embora os fundamentos lógicos iniciais para a criação do trabalho forçado fossem políticos e punitivos, o número enorme de pessoas desenraizadas sugeriu rapidamente que elas poderiam ser empregadas para suprir as necessidades econômicas. Isso facilitou a abertura de regiões remotas, que não eram atraentes a trabalhadores não forçados. Os forçados podiam ser explorados até os extremos da fome, do frio e da exaustão. Eles serviram como um fator dissuasivo à ação e ao discurso dissidente e aliviaram a pressão sobre os suprimentos esparsos de consumo e alojamento da população não prisioneira. Os fracassos poderiam ser postos de lado sem a prestação de contas à sociedade mais ampla. Além do mais, os iniciadores do sistema foram encorajados por um número de sucessos aparentes no início da década de 1930, quando o ritmo da industrialização tinha prioridade sobre as demais considerações econômicas.[18]

Às vésperas da invasão alemã, em 1941, havia cerca de 2,3 milhões de pessoas em todas as divisões do Gulag, sem contar os milhões de ex--internos e milhões de outros que tinham sido indiciados e condenados, mas que não foram colocados dentro do sistema. Em algumas áreas, o sistema parecia ter obtido sucesso. Em 1941, o NKVD forneceu entre 12 e

---

17 Comparar ibid., p.245, e Tooze (2007), *Wages of Destruction:* The Making and Breaking of the Nazi Economy, p.588-9. Foi realmente "Tudo pelo fronte, tudo pela vitória!". De acordo com Povel Polian, 5,9 milhões de pessoas estiveram sujeitas às migrações internas forçadas e outras 6 milhões foram afetadas por migrações internacionais forçadas. Ver Polian, op. cit., p.312-3.

18 Khlevniuk, The Economy of the OGPU, NKVD, and MVD of the USSR, 1930-1953, Gregory e Lazarev (Eds.), op. cit., p.43-66.

13% de toda a madeira soviética. O trabalho forçado em algumas indústrias de extração provou ser mais barato do que o trabalho não forçado, especialmente nas áreas inóspitas. Várias vezes durante sua existência, o Gulag foi responsável por até 20% do trabalho de construção, 35% a 45% da produção do níquel e do cobre, 70% do estanho da União Soviética, 60 a 80% de seu ouro e virtualmente todo diamante e platina.[19]

Enorme quantidade de trabalho, no entanto, foi despendida em projetos remotos de construção e de infraestrutura, que nunca produziram qualquer desenvolvimento mensurável confirmado. Os planejadores e administradores do sistema de trabalho forçado estavam preocupados com os custos humanos agregados e com os lucros de suas operações. Se eles atribuíram pouco valor à liberdade perdida pelos indivíduos, tinham de estar preocupados com a mortalidade e a morbidade, exceto quando – como ocorreu durante o Grande Terror – ondas de prisioneiros estimulavam a percepção de que havia reservatórios ilimitados de recrutas, sem custos e superabundantes. Como ocorrera no Caribe três séculos antes, altas concentrações de trabalho forçado pareciam seguras nos lugares onde o ambiente natural proibitivamente aumentava os riscos de fuga. Algumas vezes, o desenvolvimento da infraestrutura tinha o efeito impremeditado de elevar os custos da segurança.[20]

Em alguns aspectos, o Gulag aproximou-se de uma forma corporativa de posse de escravos. Em um regime que proibia estritamente a venda privada de trabalho humano, os trabalhadores do Gulag eram contratados por empregadores de fora. O governo havia assegurado o direito de contratar trabalho mesmo em uma economia geralmente hostil em relação a qualquer forma de aluguel. A receita produzida por esses trabalhadores aumentou de 11%, em 1941, para 25%, em 1950, do total da produção do Gulag. Há pouca evidência de que essa contradição tenha provocado qualquer pressão social ampla contra o Gulag. O Gulag estava encaixado no aparato coercivo mais amplo do regime stalinista. O terror

---

19   Gregory, op. cit., p.8, Figure 1.2: Gulag Labor, Investment and Production as Percentages of the Total Economy e Khlevniuk, *The History of the Gulag*, p.328-38.
20   Lazarev, Conclusions, Gregory e Lazarev (Eds.), op. cit., cap.10.

em si exacerbava as divisões entre os condenados e os não condenados, especialmente quando se voltava para classes, nacionalidades ou grupos religiosos visados. Durante o período stalinista, não surgiu qualquer movimento fora do Gulag para fazer campanha a favor de sua contração.

No que diz respeito à abolição da instituição trabalho forçado, o equilíbrio dos números é revelador. A virada em direção ao desmantelamento do sistema de trabalho forçado soviético ocorreu em seu zênite demográfico e econômico. O investimento pessoal de Stalin nos mecanismos de repressão e na questão econômica do trabalho escravo garantiu que, no fim de sua vida, a população prisional alcançasse oficialmente dez vezes o número que ela tivera no fim do primeiro Plano Quinquenal, em 1932. Em 1952, o Ministério dos Assuntos Internos, que geria o Gulag, controlava 9% do investimento de capital da economia. A dedicação do governante soviético à organização e à questão econômica do trabalho forçado significava que seu último Plano Quinquenal exigia o dobro do investimento baseado no Gulag entre 1951 e 1955.[21]

A decisão de começar o desmantelamento do Gulag veio de cima. Stalin morreu em 5 de março de 1953. Um dia depois da consolidação do novo governo, o chefe da MVD, Lavrenty Beria, enviou ao Comitê Central o projeto de um decreto de anistia. Ele pedia a libertação de cerca de um milhão de prisioneiros do Gulag e também propunha reduzir pela metade os prazos dos que permaneceriam nos campos. Em três meses, foram libertados 1,5 milhão de prisioneiros, ou 60% da população do Gulag.

A reviravolta não veio de fora, nem se iniciou como reação à agitação de porções significativas de setores da sociedade. Tampouco foi feita sob o impacto de uma ameaça internacional, como as que haviam incitado a legislatura francesa a decretar a emancipação colonial em 1794. A discussão da política foi cuidadosamente mantida dentro das paredes da burocracia da MVD. A partir do fim de 1940, a administração havia tentado converter os prisioneiros do Gulag em uma força de trabalho "exilada".

---

21 Applebaum, op. cit., p.570.

Os planos burocráticos foram desenvolvidos para regimes de transição. Como os "aprendizes" do século XIX, "os novos exilados" ocupariam um *status* jurídico na metade do caminho que separava os presos do Gulag dos trabalhadores livres.[22] As questões morais nunca foram oferecidas como um motivo para efetuar as mudanças propostas. A administração do Gulag estava principalmente procurando, às apalpadelas, um meio mais eficiente de manter os prisioneiros ao mesmo tempo em que atingia satisfatoriamente seus objetivos comuns de produção. O argumento burocrático predominante para considerar a contração foi o de que o dispêndio do sistema superava os resultados de sua produção.

Fora do aparato burocrático, foi dentro do Gulag, e não na sociedade soviética, que emergiu a maior pressão popular a favor da contração do sistema. Antes do início da década de 1950, a resistência coletiva dentro do arquipélago Gulag era extremamente rara. Como em muitos outros sistemas de trabalho forçado, o Gulag teve seu levante emblemático em um momento oportuno em termos militares. No começo de 1942, a União Soviética havia detido o avanço nazista em Moscou. Três milhões de soldados do Exército Vermelho estiveram à beira da morte por inanição nos campos nazistas. Nesse momento, um levante em massa explodiu no extremo norte, no campo de "trabalho correcional" de Vorkuta. Demorou mais de um mês de conflito armado para que a NKVD reprimisse o levante. Daí em diante, as autoridades reforçaram a vigilância e, em seguida, executaram "medidas operativas profiláticas" de prevenção. Como na maioria dos outros sistemas de coerção, o levante ("Ust-Usa") de Vorkuta foi uma raridade nos anais do Gulag.[23] Esse caso isolado só constitui efetivamente um arauto do declínio do sistema em retrospectiva.

Foi em seguida à morte de Stalin e à concessão da anistia que a disciplina interna do Gulag começou a ser maciçamente desafiada em todo o sistema de campo de trabalho. Como Tocqueville observou,

---

22 Ver Tikhonov, The End of the Gulag, Gregory e Lazarev (Eds.), op. cit., p.67-73.
23 Applebaum, op. cit., p.404-7; e Smith, *All for the Front*, p.250-1.

quando se vai de mal a pior, não é sempre que se cai na revolução. O que ocorre mais frequentemente é que um povo que tem suportado as leis mais opressivas sem se queixar, como se não as sentisse mais, as rejeita violentamente quando o peso diminui.[24]

A libertação dramática de 60% da população do campo exacerbou os ressentimentos dos que permaneceram encarcerados. Houve a eclosão de grandes greves. O governo reagiu com a repressão militar e com a melhoria do tratamento. Isso certamente refreou o crescimento do Gulag. O dobre fúnebre dos sinos teve de aguardar o discurso secreto de Nikita Kruschev no XX Congresso do Partido Comunista, em fevereiro de 1956. Nos dez meses que se seguiram à intervenção de Kruschev, 617 mil prisioneiros foram reabilitados. Nunca mais houve uma tentativa de reavivar os campos em uma escala stalinista. Finalmente, o governo soviético tomou providências para realinhar seu sistema penal com o dos demais Estados ocidentais. Nos meados da década de 1970, a Anistia Internacional relatou que aproximadamente 10 mil prisioneiros ainda estavam encarcerados nos dois campos "políticos" soviéticos remanescentes.[25]

A escravidão racial da Alemanha

O império nazista alemão, e não a União Soviética, demonstrou com quanta rapidez e solidez a trajetória do trabalho livre do século XIX podia ser revertida. Na Europa Ocidental, a incorporação de civis a uma força

---

24 Tocqueville, *The Old Regime and the Revolution*, p.222.
25 Applebaum, op. cit., p.528. Uma década depois, em 1986, Michael Gorbachev concedeu o perdão geral a todos os prisioneiros políticos soviéticos. Para referências sobre a onda de levantes em 1953-1954, ver Latkoviskis, Baltic Prisoners in the Gulag Revolts of 1953, *Lituanus*, p.4-39, e Barnes, In a Manner Befitting Soviet Citizens: An Uprising in the Post-Stalin Gulag, *Slavic Review*, p.823-50. O aspecto notável de Kengir foi a moderação das demandas dos prisioneiros, enunciadas por um ex-oficial do Exército Vermelho, com faixas que diziam "Vida longa à Constituição soviética!". O levante terminou com um acordo negociado, que não garantiu a vida da meia dúzia de líderes, mas resultou em reformas substanciais nos anos seguintes.

de trabalho legalmente coagida havia praticamente desaparecido séculos antes do início da ascensão do abolicionismo organizado. Na altura dos meados do século XIX, o trabalho forçado era raro até em relação ao trabalho temporário dos prisioneiros de guerra. Somente 10 mil soldados confederados capturados nos Estados Unidos foram obrigados a trabalhar durante a Guerra Civil. Uma década depois, os planos militares prussianos para forçar os prisioneiros de guerra franceses a trabalhar só foram aplicados a uma pequena fração de cativos.

As enormes mobilizações militares e a grande duração da Primeira Guerra Mundial expandiram dramaticamente o uso do trabalho forçado cativo. Entre 7 e 8,5 milhões de prisioneiros de guerra detidos na Alemanha e na Áustria-Hungria entre 1914 e 1918 foram forçados a trabalhar. A Rússia agiu de forma similar com mais de 2 milhões de austro-húngaros e alemães capturados. A França e a Grã-Bretanha, com muito menos cativos, também obrigaram dezenas de milhares de prisioneiros de guerra a trabalhar. A maioria dos beligerantes permaneceu dentro das diretrizes da Convenção de Haia de 1907 para o estado de guerra, que haviam sido assinadas pelas nações envolvidas no conflito militar.[26] O governo alemão, no entanto, violando a Convenção de Haia, começou a usar de forma massiva o trabalho forçado de civis inimigos quase desde o início da guerra. Tendo o controle de grandes faixas do território inimigo e sendo afligido pela escassez de trabalho, o governo alemão invocou a doutrina de necessidade militar para, em primeiro lugar, recrutar civis na frente de combate oriental e, depois, na ocidental.

Em 1914, com a deflagração das hostilidades, as autoridades alemãs proibiram os trabalhadores agrícolas poloneses de voltar para casa depois da colheita e gradualmente estenderam as restrições a outros trabalhadores. A pressão para abrir uma mobilização similar de trabalho no ocidente foi intensificada quando os trabalhadores agrícolas poloneses da Alemanha foram proibidos de se transferirem para o setor industrial enquanto a guerra durasse. Já em 1916, os civis dos territórios ocupa-

---

26 Spoerer e Fleischacker, Forced Laborers in Nazi Germany: Categories, Numbers and Survivors, *Journal of Interdisciplinary History*, p.169-204.

dos estavam sendo deportados para a Alemanha. As forças de ocupação transportaram pelo menos 34 mil poloneses, incluindo 5 mil trabalhadores judeus da área de Lodz. As autoridades alemãs descobriram que as deportações para o trabalho forçado despertavam mais ódio e maior resistência que todas as dificuldades econômicas impostas à população das áreas do leste. Milhares de prisioneiros de guerra russos que haviam fugido e de guerrilheiros tornaram inseguras grandes áreas sob ocupação.[27]

A necessidade de trabalho desencadeada pela mobilização de mais de 3 milhões de alemães para o serviço militar produziu a mesma pressão para obter trabalhadores substitutos no ocidente. Em meados de 1916, a força militar e os industriais alemães insistiam que 700 mil trabalhadores da Bélgica estariam disponíveis para "o mercado doméstico". O governo estava consciente de que a ação na Bélgica poderia criar mais dificuldades fora do país do que as mobilizações no leste. Os norte-americanos estavam ajudando a transportar víveres para a população civil belga em consequência do bloqueio aliado da Alemanha. Moritz von Bissing, o governador-geral alemão da Bélgica ocupada, protestou contra o deslocamento à força de trabalhadores estrangeiros para a Alemanha ao argumentar que se tratava de uma violação sem precedente do Direito Internacional "em um Estado civilizado". A observação do governador-geral foi desconsiderada. Tanto os funcionários civis quanto os militares defendiam a deportação como uma necessidade militar que ultrapassava as obrigações alemãs para com o Direito Internacional. Mesmo depois da guerra, o primeiro-ministro alemão, Bethmann-Hollweg, que admitira a violação, nunca lamentou a providência.[28]

De qualquer maneira, a deportação alemã de belgas enfrentou muito mais obstáculos que a de trabalhadores poloneses. A ajuda internacional havia diminuído o desejo dos belgas desempregados de procurar trabalho

---

27 Herbert, *Hitler's Foreign Workers:* Enforced Foreign Labor in Germany Under the Third Reich, p.18-9 e 170; e I. V. Holt, *Absolute Destruction:* Military Culture and the Practices of War in Imperial Germany, p.243-8.
28 Ibid., p.236 e 241.

na Alemanha. Do começo ao fim, sua implementação foi considerada um desastre até mesmo por seus iniciadores. Em fevereiro de 1917, quando novas deportações foram suspensas, 70% dos 55 mil belgas deportados ainda estavam agrupados em campos de confinamento. Má nutrição, maus-tratos, higiene escassa e provisões inadequadas produziram altas taxas de mortalidade e de invalidez permanente. A opinião pública negativa e a reação entre os trabalhadores alemães constituíram o maior obstáculo para a continuidade efetiva do programa. Nas palavras do historiador alemão Gerhard Ritter, o

> esquema todo tinha a aparência de transportes regulares de escravos e de mercado de escravos, que não podia ser alterada pela mitigação dos comandantes locais bem-intencionados.[29]

As repercussões internacionais foram igualmente custosas. Além das nações aliadas, houve protestos também dos Estados neutros, do papado e de cidadãos particulares. Nenhuma questão contribuiu mais para aumentar o isolamento diplomático alemão ou para fazer com que a opinião norte-americana se voltasse contra a Alemanha. E isso no momento crucial em que o primeiro-ministro alemão havia lançado uma iniciativa de paz e o exército alemão estava prestes a adotar uma política de ação de guerra submarina irrestrita contra os navios dos Estados Unidos. A opinião pública alemã e os protestos do Reichstag uniram-se para colocar o governo sob uma enorme e bem-sucedida pressão para reverter sua política de migração forçada. O governo alemão recorreu a uma estratégia alternativa. Os salários na Bélgica foram diminuídos e os incentivos materiais para o deslocamento voluntário de belgas para a Alemanha foram aumentados até o fim da guerra.[30] Apesar da interrupção da migração forçada, centenas de milhares de civis belgas e franceses foram recrutados para o trabalho forçado nos territórios ocupados pelos

---

29 Citações de Herbert, op. cit., p.25; e Ritter, *The Sword and the Scepter:* The Problem of Militarism in Germany, v.III, p.369.
30 Herbert, op. cit., p.21-2; I. V. Holt, op. cit., p.240-1.

alemães. Essas novas violações do Direito Internacional seriam adicionadas à conta das reparações francesas e belgas no fim da guerra.

No conjunto, a experiência alemã com o trabalho forçado civil foi considerada um desastre tático. Ficou claro que o complexo de requerimentos administrativos, policiais e logísticos só poderia ter sucesso se métodos mais brutais fossem implementados sistematicamente em uma vasta escala. Quando os nazistas chegaram ao poder na Alemanha, em 1933, não pareciam estar dispostos a repetir as experiências de trabalho forçado em larga escala. Evidentemente, a ideologia nazista atribuía uma superioridade natural à raça ariana e à sua propensão para exercer a dominação. Outros grupos, especialmente os eslavos, eram considerados naturalmente servis. Eles eram "*Untermenschen*",[31] destinados pela "natureza" ao trabalho físico não especializado. No início da década de 1930, Hitler reiterou sua indiferença ideológica à identificação normativa entre o antiescravismo e a civilização. No começo dessa década, declarou que "a cultura humana não pode mais ser desenvolvida sem a criação de uma certa forma moderna de cativeiro ou, digamos, da escravidão".[32]

Como foi observado, isso não significava que o governo dominado pelos nazistas objetivasse criar uma classe de escravos desde o seu início. Apesar das premissas hierárquicas de sua ideologia e da degradação simbólica dos judeus empregados para limpar as ruas da Alemanha, a criação de uma força de trabalho forçado não estava na agenda política nazista quando o partido se consolidou no poder. O alvo imediato de Hitler era "proteger o direito ao trabalho dos nossos compatriotas alemães (*Volksgenossen*)" e impedir que imigrantes estrangeiros ocupassem os postos de trabalho. Com o desemprego alemão – 6 milhões de trabalhadores desocupados – durante todo o tempo do pico da Depressão, o primeiro discurso registrado de Hitler prometeu um programa de quatro anos para salvar os camponeses da pobreza e acabar com o pesadelo de três anos de desemprego dos trabalhadores alemães. Por ora, o foco estava no trabalho para os trabalhadores: "Para cada trabalhador seu trabalho".

---

31 "Sub-humanos". (N. T.)
32 Herbert, *Forced Labor*, p.45.

Apenas privadamente, para a liderança militar e para o Ministério, Hitler reafirmava seu objetivo, em um prazo mais longo, de adquirir um novo *Lebensraum* (espaço vital) no Leste Europeu e de priorizar o rearmamento a fim de conquistar esse espaço. Daí em diante, quando houvesse um conflito futuro entre todas as demais demandas econômicas e as militares, estas últimas teriam prioridade. Em

> termos macroeconômicos, o Terceiro Reich deslocou uma porcentagem maior de recursos nacionais para o rearmamento do que qualquer outro regime capitalista da história. Sua única rival nessa empreitada foi a União Soviética stalinista.[33]

A combinação entre a preocupação com o desemprego e com a "poluição pelo sangue estrangeiro" significava que não havia mais trabalhadores legais estrangeiros (230 mil) na Alemanha em 1936 do que houvera cinco anos antes, às vésperas da Depressão. A presença no longo prazo de trabalhadores agrícolas sazonais poloneses tinha sido detida, em primeiro lugar, pela Depressão e, depois, pelo governo nazista. Uma vez que a crise imediata de desemprego foi resolvida, as prioridades de longo prazo de Hitler começaram a emergir. Dois anos depois, as taxas de desemprego baixaram ao mesmo nível em que se encontravam no período mais próspero da República Weimar. No entanto, a Alemanha ainda possuía um padrão de vida que representava somente a metade do padrão dos Estados Unidos e dois terços do da Grã-Bretanha. Para Hitler, a única saída para a pobreza relativa estava na expansão – na criação de uma Alemanha tão grande quanto o continente norte-americano. Somente dentro desse espaço vital (*Lebensraum*) a Alemanha poderia alcançar as proporções entre terra e agricultores iguais às dos Estados Unidos ou do Canadá. Somente no Leste Europeu a Alemanha poderia encontrar território contíguo suficiente para suas necessidades de expansão. E so-

---

33 Ver Tooze (2008), The Economic History of the Nazi Regime, Kaplan (Ed.), *Nazi History*, p.180 e Table 2 The Arms Race – 1933-1945, ibid., p.181. Ver também id. (2007), op. cit., cap.2 e p.48, Figure 1.

mente as forças militares alemãs poderiam adquirir esse pré-requisito para a prosperidade e para o poder.

Entre janeiro de 1933 e as vésperas da crise de Munique, a alocação de recursos do regime para as forças militares subiu de menos de 1% para quase 20% da produção nacional. O resultado final foi a emergência, na Alemanha, de uma força de trabalho estrangeira imprevista e sob coação. Em 1938, a Alemanha cruzou a fronteira de uma nova situação. Uma economia de pleno emprego estava sofrendo com a aguda escassez de trabalho, e o desemprego afetava apenas 1% da força de trabalho. Em resposta, o regime emitiu um decreto pelo qual se provia de poderes gerais de recrutamento de trabalho. Os trabalhadores poderiam ser utilizados em trabalhos específicos durante o tempo necessário. Em 1939, mais de 1,3 milhão de trabalhadores tinham sido submetidos ao trabalho compulsório. A força militar também estava se expandindo exponencialmente. Antes de 1945, mais de 12 milhões de homens seriam conscritos às forças armadas.[34]

Em 1938, a liderança também acreditava estar sob a ameaça de uma crise nacional de mantimentos. Atribuindo o colapso do ânimo da população alemã na Primeira Guerra Mundial à fome, o governo estava disposto a tomar providências mais radicais ainda para evitar a possibilidade de outra crise de mantimentos. Uma solução óbvia à escassez de trabalho agrícola foi a expansão do tradicional recrutamento de trabalhadores poloneses pela agricultura alemã. Em contraposição a essa escolha, havia dois temores. À preocupação perene com a segurança interna foi adicionada a nova ameaça ideológica à "pureza racial", envolvida por uma inundação de estrangeiros e de inevitáveis relações sexuais entre os indesejáveis e os arianos. Por definição, os poloneses eram considerados adições indesejáveis à raça alemã.

A solução para essas preocupações sistêmicas surgiu da combinação da importação coercitiva brutal com o aumento da subordinação hierárquica do trabalho estrangeiro. O evento decisivo ocorreu em seguida

---

34 Spoerer e Fleischacker, op. cit., p.184.

à rápida conquista da Polônia, em setembro de 1939. A obrigação geral dos poloneses de trabalhar foi prescrita nos meses que se seguiram à ocupação. Um pacote de decretos que regulava as condições de trabalho e de vida dos poloneses enviados à Alemanha viria a ser o protótipo para os trabalhadores civis deslocados do Leste Europeu. Na Alemanha, os trabalhadores seriam rigorosamente diferenciados por nacionalidade e estariam sujeitos a um sistema de vigilância e de repressão. O sistema fez a mediação entre as demandas institucionais do *Schutzstaffel*[35] (Esquadrão de Proteção) e de suas organizações afiliadas para garantir não só a pureza racial e a subserviência, como também as demandas crescentes do Estado para o uso massivo de trabalho estrangeiro. Os graus apropriados de tratamento seriam assinalados por um distintivo, que foi uma antecipação das marcas subsequentes – a "estrela judaica" e outras formas de estigmatização. Os poloneses foram proibidos de ter acesso ao transporte público, bem como aos locais religiosos e culturais da Alemanha. Atos sexuais inter-raciais eram crimes capitais. Os salários dos trabalhadores poloneses foram fixados a taxas mais baixas que os dos trabalhadores alemães. Na própria Polônia, o trabalho voluntário para os empregadores poloneses era considerado como perda total para a economia imperial, já que os poloneses "poderiam alcançar de três a quatro vezes o nível de produção que conseguiam realizar na Polônia sob a administração alemã".[36] Inicialmente, o governo preferiu o recrutamento voluntário para baixar os custos de segurança da arrebanhadura e da vigilância. Na primavera de 1940, no entanto, as metas alemãs de transferir meio milhão de poloneses para o Reich estavam 60% abaixo da previsão. Então, o novo Governo Geral da Polônia ordenou a imposição do trabalho compulsório para todas as faixas etárias entre 25 e 35 anos de idade e, em seguida, atribuiu cotas a cada localidade. A partir daí, o processo degenerou-se em medidas "exemplares" de terrorismo e de arrebanhadura. O padrão continuaria e se intensificaria.

---

35 Conhecido pela sigla: "SS". (N. T.)
36 Herbert, op. cit., p.82.

Durante os cinco anos entre 1939 e 1944, aproximadamente 13,5 milhões de estrangeiros trabalharam na Alemanha, 12 milhões deles involuntariamente. Sob todos os aspectos, a mais próxima analogia com o trabalho escravo alemão pode ser encontrada na escravidão romana antiga. Roma fez demandas militares pesadas e contínuas a seus cidadãos para as guerras de conquista, sempre em expansão. Esse processo ofereceu oportunidades abundantes para a escravização dos inimigos derrotados, bem como lucros provenientes do aluguel dos escravizados. Essa mesma combinação de escravizibilidade com lucratividade ressurgiu completamente desenvolvida no coração da Europa do século XX.[37] A quantidade de trabalhadores europeus importados à força pela Alemanha nesses cinco anos corresponde à de africanos transportados para o Novo Mundo pelo tráfico atlântico de escravos entre meados do século XV e meados do século XIX. A taxa de crescimento do sistema foi sem precedentes. Às vésperas da invasão alemã da União Soviética, em 1941, a Alemanha já empregava 1,2 milhão de prisioneiros de guerra, majoritariamente franceses, e 1,3 milhão de trabalhadores "civis", majoritariamente poloneses. No outono de 1944, o número chegou a 8,1 milhões de trabalhadores estrangeiros, incluindo 2 milhões de prisioneiros de guerra (quase a metade formada por soviéticos) e 6 milhões de civis.

O furor alemão corroía, de modo crescente, a linha que separava os cativos militares "privilegiados" e seus inimigos raciais. Durante o curso da guerra, 885 mil franceses, italianos e poloneses foram transferidos para o *status* civil. No ano final da guerra, os trabalhadores estrangeiros foram responsáveis por mais de 20% da força de trabalho germânica, incluindo mais de um terço de seus trabalhadores na indústria de armamentos e quase a metade de sua força de trabalho na agricultura. Assim, os 11 milhões de alemães em armas, espalhados da Noruega ao Magrebe e do Atlântico ao Volga, tinham como contrapeso um exército de trabalhadores de mais de 13 milhões de estrangeiros. A *Wehrmacht*

---

37 Spoerer e Fleischhacker, op. cit., p.200. Sobre Roma, ver Sheidel, The Comparative Economics of Slavery in the Greco-Roman World, Dal Lago e Katsari (Eds.), *Slave Systems Ancient and Modern*, p.105-26.

recorria cada vez mais aos adolescentes e aos trabalhadores das fábricas, ao passo que perdia, entre junho de 1941 e maio de 1944, 60 mil vidas por mês nos combates.[38]

Ao estabelecer esse uso massivo do trabalho forçado, a liderança nazista explicitamente rejeitava o *éthos* antiescravista, que parecia muito seguro desde vinte anos antes. A ideologia nazista negava que o progresso humano ou a civilização necessitavam da abolição da escravidão e da restrição ao trabalho forçado. Ao contrário, Hitler tinha afirmado que uma cultura superior precisava ser construída sobre o trabalho escravo e servil das raças insuficientemente talentosas. Quando ficou claro, em 1942, que a Alemanha teria de depender do uso do trabalho forçado no longo prazo para ter a esperança da vitória final, Himmler não teve papas na língua em uma reunião dos principais líderes da SS:

> Se não enchermos nossos campos com escravos – aqui tenciono dizer as coisas com muita firmeza e muita clareza –, com trabalhadores escravos, que construirão nossas cidades, nossas vilas, nossas fazendas sem qualquer atenção a quaisquer perdas, por conseguinte, até mesmo depois de anos de guerra, nós não teremos dinheiro suficiente para sermos capazes de equipar os [novos] povoamentos [alemães] de modo que os que pertencem realmente ao povo germânico possam viver lá [no Leste Europeu] e firmar as raízes da primeira geração.

Os escravos eram claramente bens, mesmo que gradualmente perdessem valor ao produzir renda, e substitutos de outras formas de investimento de capital.[39]

Muito antes de chegar ao poder, Hitler havia delineado a visão de que o povoamento ariano alemão poderia promover um rearranjo demográfico no leste, pelo qual quaisquer populações que permanecessem na região proporcionariam trabalho escravo aos colonizadores alemães. Entre a conquista da Polônia e as preparações para a invasão da União

---

38 Ver Tooze (2007), op. cit., p.517; e Spoerer e Fleischhacker, op. cit., tables 4 e 5.
39 Ibid., p.473.

Soviética, 180 mil alemães haviam ocupado terras polonesas. Os judeus expulsos foram concentrados em guetos urbanos. Os poloneses foram expulsos das terras, e milhões foram recrutados para trabalhar na Alemanha ou para o trabalho forçado no solo que fora polonês.[40] Nos fins de 1941, a previsão de um conflito longo e mortal na União Soviética tornou imperativo o recurso ao trabalho russo. Mas, naquele momento, teve de ser visionada a possibilidade de uma força de trabalho segregada e degradada até mesmo além dos decretos referentes ao trabalho polonês de 1940. Os russos deveriam ser identificados por distintivos, recolhidos em locais com cercas de arame farpado, forçados a trabalhar em turmas, alimentados com menos mantimentos que os fornecidos aos demais cativos, reservados para as tarefas de trabalho mais baixas e tratados brutalmente. Quaisquer que fossem as concessões feitas na prática para satisfazer os requisitos econômicos, o contrapeso era a brutalidade e a degradação, que eram consideradas apropriadas aos *untermenschen* – o segmento da humanidade estúpido, servil e sem energia.

A distribuição institucional definitiva dos trabalhadores estrangeiros abrangia uma ampla variação de *status*, marcada por critérios étnicos, raciais e outros. Cerca de um trabalhador em cada doze tinha acesso a um contrato limitado, seguridade social, segurança no trabalho, tempo de lazer e benefícios adicionais similares aos dos trabalhadores alemães. Uma segunda camada tinha menor mobilidade, mas tinha acesso a proteções legais relativas às condições de vida e de trabalho. Um terceiro nível não tinha meios para reclamar sobre as condições de tratamento e estava sujeito ao tratamento terrorista e arbitrário no trabalho ou nas instituições disciplinares especiais e nos campos da SS.[41] As diferenças de *status* e de tratamento eram baseadas na identidade racial, de acordo com a definição nazista: origem ocidental ou oriental, prisioneiros de guerra ou civis e cidadãos de Estados amigos ou inimigos. Himmler articulou novamente de forma clara o desdém ideológico que informava o *status* dos trabalhadores do mais baixo nível. Depois de Stalingrado, quando

---

40 Ibid., p.180 e 464.
41 Ferencz, *Less than Slaves:* Jewish Forced Labor and the Quest for Compensation.

Goebbels tentou mitigar alguns dos efeitos contraprodutivos da imagem antirrussa difundida pela propaganda, Himmler continuou insistindo em tratar os russos como uma "massa estúpida destituída de sentimentos". No que lhe dizia respeito, se as 10 mil mulheres russas morressem instantaneamente de exaustão nas obras de construção, a relevância do fato só teria impacto sobre a tarefa em execução. Essa perspectiva teórica se tornaria uma realidade empírica antes do término da guerra.[42]

Assim, o contexto político exerceu um papel importante nos graus de tratamento dos trabalhadores. Os eslavos (poloneses e russos), cujos governos haviam se engajado na resistência militar ativa à Alemanha, foram destinados ao degrau mais baixo da escravidão. Os croatas eslavos e os eslovacos, alinhados com o Reich, foram colocados na camada mais privilegiada. Os italianos foram transferidos das categorias mais privilegiadas para as menos privilegiadas da noite para o dia, depois da queda temporária de Mussolini e da tentativa de seus sucessores de afastar a Itália do Eixo. A disciplina alemã rapidamente compensaria o tratamento "privilegiado" que os trabalhadores italianos haviam usufruído na Alemanha. Outros grupos começaram e acabaram no fundo da hierarquia de desprezo nazista. Os prisioneiros de guerra ocidentais continuaram a ser tratados conforme as convenções internacionais, o que estava de acordo com a mesma ameaça de retaliação que anteriormente ajudara a dissuadir os monarcas europeus de escravizar os súditos uns dos outros dos dois lados do Atlântico. Dois grupos étnicos, os judeus e os ciganos, eram "menos que escravos". O valor potencial do trabalho de ambos foi superado pela recomendação ideológica da aniquilação em massa, mesmo depois que a necessidade de trabalhadores se tornou aguda. Os judeus e os ciganos eram grupos sem um Estado. E o caso deles demonstrou como era difícil evitar o *status* mais degradado e o mais brutal tratamento quando não havia um Estado Nacional para interceder a favor de grupos nessa condição.

---

42   Herbert, op. cit., p.279.

Evidentemente, os escravos não eram simplesmente mandados para o Reich. Muitos prisioneiros de guerra soviéticos foram convertidos em *"Hiwis"* (*Hilfswillege*, ou auxiliares) da força militar alemã, especialmente depois de 1942. O tenente-coronel Schettler afirmou que metade dos escravos era então usada pelas próprias tropas. Uma parte era mantida como *leibsklaven*, isto é, escravos pessoais; outros eram usados na construção de estradas, quartéis, redes de suprimentos e nas ferrovias. É provável que o número de bielorrussos que foram transformados em trabalhadores forçados na Bielorrússia seja o mesmo número dos que foram deportados para a Alemanha. As solicitações de trabalhadores pelas tropas de campo e pelos grupos do exército diminuíram o fluxo de trabalhadores forçados para a própria Alemanha.[43]

Por outro lado, as trabalhadoras enviadas do leste para serem empregadas domésticas na Alemanha causaram uma boa impressão "racial" e foram vistas como candidatas à incorporação no *Volk*. Por conta própria, muitos soldados retornavam ao Reich com um empregado doméstico russo. Hitler decidiu que os alemães teriam de reconsiderar "nosso conhecimento escolar", porque havia muitos ucranianos loiros de olhos azuis que "poderiam ser descendentes camponeses de tribos alemãs que nunca tinham migrado". Mesmo assim, um decreto oficial de setembro de 1942 destacou os riscos à segurança e ao *Volk* representados pelo uso de empregados domésticos soviéticos. Embora eles tivessem de parecer tão "alemães" quanto possível, deviam ser mantidos em aposentos separados e subordinados aos empregados domésticos alemães para evitar a emergência de um "sentimento de solidariedade". Muitas donas de casa alemãs preferiam meninas russas porque elas eram menos arrogantes, preguiçosas e promíscuas. Acima de tudo, elas eram de baixo custo – podiam ser mantidas no trabalho sem férias, ter somente umas poucas horas de folga por semana e fazer as tarefas mais sujas e pesadas.[44]

---

43 A informação nesse parágrafo foi trazida à minha atenção por meu colega Christopher Gerlach. Mais detalhes podem ser encontrados no seu estudo a respeito da Rússia Branca sob a ocupação alemã. *Kalkulierte Morde:* Die Deutsche Wirtschafts-und Vernichtungspolitik in Weissrussland 1941-1944, p.480-501 e 831.
44 Herbert, op. cit., p.188-9.

O fato de os trabalhadores estrangeiros de dentro da Alemanha terem sido classificados de acordo com uma ampla gama de vantagens e desvantagens oferece-nos um modelo de *status* servil que, em alguns aspectos, era mais parecido com as complexidades da escravidão do Velho Mundo do que com as do Novo Mundo. De qualquer forma, há analogias significativas entre a instituição nazista do trabalho forçado e os sistemas escravistas clássicos. A primeira está contida nos processos de recrutamento e de distribuição. No Leste Europeu, o decreto do trabalho compulsório a todos os trabalhadores poloneses tornou possível a conscrição de todos eles pela imposição de cotas aos governos locais ou por raides diretos a alvos individuais. Um levantamento dos trabalhadores de uma fábrica de armamentos feito em maio de 1942 mostrou que apenas 42 dos 27 mil trabalhadores tinham se apresentado voluntariamente para o emprego. Grandes raides para obter trabalhadores estiveram em curso à medida que se intensificavam as pressões acumuladas pelas perdas militares alemãs e por um novo recrutamento.

Isso claramente refletia as condições do recrutamento militar alemão: já no outono de 1941, a *Wehrmacht* tinha chegado ao "fundo do poço" de seu reservatório tradicional de grupos de determinadas faixas etárias. Em 1942, o recrutamento militar chegou aos grupos dos adolescentes, e até mesmo os adolescentes mal podiam substituir perdas militares da magnitude que estavam ocorrendo. Os trabalhadores da indústria de armamento, que antes eram dispensados do serviço militar, passaram a ser recrutados. As mulheres, que não haviam sido amplamente mobilizadas antes de 1942, eram insuficientes para compensar a combinação entre as perdas aceleradas e as crescentes demandas da produção. A Alemanha precisava de milhões de novos trabalhadores. Nos fins de 1942, raides em larga escala se tornavam uma característica regular da ação policial do governo geral da Polônia. Uma escola comercial estatal polonesa foi cercada durante as aulas:

> Os jovens, meninos e meninas, foram colocados de forma indiscriminada em vagões de mercadorias e transportados sem roupas de frio e sem comida para um acampamento na Cracóvia.

Em alguns raides, crianças com menos de dezessete anos de idade, "fracas e completamente incapacitadas para o trabalho pesado", foram incluídas nos transportes. De qualquer modo, foram transportadas para outros locais. Hans Frank, o governador-geral da Polônia, reclamou que a brutalidade no emprego de poloneses para o trabalho no Reich era considerada um cativeiro implacável, com suas marcações com distintivos, restrições ao movimento, proibições ao casamento e ao contato sexual com alemãs, má alimentação, roupas inadequadas, altas taxas de mortalidade e campos de trabalho penais.[45]

Mais para o leste, a situação frequentemente se repetia de forma mais draconiana. Antes mesmo da derrota desastrosa da *Wehrmacht* em Stalingrado, no inverno de 1943, os habitantes soviéticos robustos já eram deportados. Em algumas regiões, eram constantemente incluídos tanto jovens quanto velhos, mulheres grávidas e deficientes. Escolas e vilas eram cercadas, e todos os seus frequentadores e moradores, aprisionados; reféns eram tomados em represália às tentativas de fuga ou aos ataques de militantes. Essas ações logo deixaram de ser medidas terroristas isoladas, concebidas para aumentar o número de recrutas voluntários relutantes. Tornaram-se "a *regra* e foram usualmente a única maneira de obter qualquer trabalhador que fosse".[46] Em algumas áreas, tornou-se uma política oficial queimar as propriedades rurais dos que se recusavam a trabalhar, e os membros da família podiam ser colocados em campos de trabalho para induzir os fugitivos à obediência.

A busca de trabalho em toda a Europa levou Gauluter Fritz Sauckel, nomeado general plenipotenciário, para a mobilização do trabalho (GBA) em 1942, a expandir a faixa etária dos possíveis trabalhadores. Pela primeira vez em séculos, crianças europeias foram desarraigadas às dezenas de milhares para serem empregadas no trabalho servil. A "Operação Feno" tinha dois objetivos: trabalho e assistência social. Cinquenta mil crianças, a partir de dez anos de idade, foram recrutadas para trabalhar nas fábricas

---

45   Tooze (2007), op. cit., p.513-5; e Herbert, *Forced Labor*, p.200 e 321.
46   Herbert, *Forced Labor*, p.280.

de armamentos. Sua captura pela *Wehrmacht* impediria que o inimigo formasse reforços e reduziria sua "força biológica no longo prazo".⁴⁷

Embora os pelotões de recrutamento de Sauckel fossem pan-europeus, a *Wehrmacht* forçou evacuações massivas de civis enquanto batia em retirada da Rússia em 1943 e 1944. A analogia com as práticas de escravização do passado foi percebida tanto pelos perpetradores quanto por seus alvos. Os comandantes das patrulhas que faziam os raides chamavam-nos habitualmente de *razzias*, um termo usado pelos muçulmanos que faziam raides de escravização na África. As *razzias* de judeus poloneses para obtenção de trabalho forçado também ofereciam oportunidades para a satisfação dos alemães. Elas foram iniciadas em 1939, nas primeiras semanas da ocupação da Polônia, e estenderam-se pela Europa ao longo dos cinco anos seguintes.⁴⁸

As analogias com as formas anteriores de escravidão vêm à mente sem esforço. Um oficial alemão descreveu os raides no leste como uma atividade que empregava todos os recursos anteriormente usados pelos caçadores árabes de escravos na África. Anne Frank viu a arrebanhadura de judeus em Amsterdã como análoga ao tratamento dos "escravos do passado". Primo Levi lembrava-se da pergunta do oficial responsável pela operação de embarque no trem para Auschwitz: *Wieviel Stück* (Quantas peças)? E lembrava-se, também, da resposta dada prontamente pelo cabo: 650 "peças", uma nomenclatura que ecoava um termo empregado pelos traficantes portugueses para designar os africanos escravizados durante

---

47 Ibid., p.281.
48 Ver especialmente Browning, *Nazi Policy, Jewish Workers, German Killers*, p.60 e 133. Sobre as caçadas humanas e *razzias* na Bielorrússia, ver Gerlach, *Kalkulierte Morde*, p.469-73. Sobre as *razzias* e outras formas de recrutamento nas áreas italianas ocupadas depois da rendição italiana aos aliados, ver Herrenmenschen und Badoglioschweine, *Italienische Militaerinternierte in Deutscher Kriegsgefangenschaft 1943-1945*: Erinnerungen von Attilio Buldini um Gigina Querzé Aufgezeichnet von C. V. Schminck-Gustavus. Os alemães também alternaram *razzias* e requisições de cotas na Polônia. O recrutamento para o trabalho na Alemanha somou mais de 1,6 milhão de cidadãos poloneses e mais centenas de milhares foram postos para trabalhar dentro do próprio governo-geral. Mais de 3 milhões de pessoas foram importadas da União Soviética para o Reich. Para um detalhamento numérico por nacionalidade/etnicidade, ver o artigo de Mark Spoerer antes citado.

mais de quatro séculos. As vítimas não judaicas proporcionaram analogias similares às do tráfico de escravos.[49]

Depois de Stalingrado, a propaganda alemã procurou melhorar cada vez mais o desempenho dos trabalhadores com *slogans* pan-europeus contra a ameaça bolchevista. Alguns industriais promoveram uma variedade de incentivos positivos para melhorar as condições de trabalho e de vida. De 1943 em diante, as autoridades nazistas, agora sob enorme pressão para aumentar a produção, atribuíram um valor mais alto ao trabalho estrangeiro. Perto do fim da guerra, houve discussões sobre se seria mais produtivo manter os trabalhadores franceses na França ou transferi-los para o Reich. Ações diferentes frequentemente operavam com objetivos contrários. Até mesmo na Europa Ocidental, Sauckel continuou a reunir agentes, homens e mulheres franceses e italianos, que andavam à caça de pessoas por um bom salário, como na velha prática do *shangai*.[50] Dos 5 milhões de trabalhadores levados à Alemanha, Sauckel concluiu, menos de 200 mil (4%) tinham entrado voluntariamente.[51] O radicalismo e a brutalidade do processo de recrutamento se intensificavam à medida que a situação militar se deteriorava.

Houve uma diferença fundamental entre o antigo sistema de recrutamento de trabalho forçado do Atlântico e o da Alemanha nazista. Os governantes europeus que desenvolveram o sistema atlântico de escravos consideravam a maior parte das planícies tropicais e subtropicais das Américas como terras ricas e subpovoadas. Os europeus que desenvolveram a Nova Ordem na Europa nazista consideravam a maior parte das terras ao leste da Alemanha como superpovoadas e, ao mesmo tempo, mal povoadas. Hitler sempre considerou a presença da população judaica dentro das fronteiras da Alemanha uma situação racial intolerável e perigosa. As ocupações sucessivas da Áustria, Boêmia, Morávia e Polônia centuplicavam os problemas com a poluição racial ao incorporar nú-

---

49 Ver Rich, *Hitler's War Aims:* The Establishment of the New Order, p.326-32; p.342-3; *The Diary of Anne Frank:* The Critical Edition, p.265; 273 e 316; Levi, *Survival in Auschwitz:* The Nazi Assault on Humanity, 16; e *Hitler's Secret Conversations,* 1941-1944, esp. jun.-dez. 1941, p.4 e 57.
50 Prática de embriagar pessoas e deixá-las inconscientes para embarcá-las como marinheiros. (N. T.)
51 Herbert, op. cit., p.277.

meros enormes de judeus e poloneses, o que encorajou crescentemente planos extensos para solucioná-los. A suposição mais fundamental do planejamento territorial nazista de 1939 em diante foi a de que a incorporação do território ao leste da Alemanha exigiria a remoção da vasta maioria de seus habitantes. Já em 1940, os planejadores alemães desenvolveram um programa demográfico sem precedentes para a Polônia, o qual previa a expulsão, no médio prazo, de 7,5 milhões de poloneses.[52]

Essa visão foi expandida exponencialmente no planejamento da "Operação Barbarossa", contra a União Soviética, em 1940-1941. Os projetos do Plano Geral para o leste, e suas variantes, concentraram-se tanto na eliminação quanto na escravização de sua população nativa. Os planos refletiam a visão de Hitler da Rússia, que a tinha na conta de equivalente à fronteira norte-americana. Seu solo fértil e seus recursos naturais abundantes seriam a base para a dominação alemã do continente eurasiático e da expansão contínua da raça ariana. Os planos alemães de invasão também presumiam que todos os russos que permanecessem vivos mesmo depois da conquista trabalhariam somente sob compulsão. Consideravam que a ideia eslava de liberdade era compreendida somente como o direito de se lavar nos dias de festa. Assim como os "peles-vermelhas" da América do Norte desapareceram, analogamente, os russos também desapareceriam.[53]

Bem antes da invasão da Rússia, os alemães idealizaram um processo duplo de deportações. Inicialmente, acompanhando o novo povoamento a ser realizado por centenas de milhares de alemães etno-raciais das regiões fronteiriças do leste além da Alemanha, haveria a deportação de um milhão de pessoas desses territórios poloneses, as quais seriam imediatamente incorporadas ao Reich. Todos os planejadores, tanto os militares quanto os não militares, presumiam a derrota rápida e total da União Soviética em outra ofensiva *Blitzkrieg*. Sem preocupações, eles visionavam a remoção de dois terços a sete oitavos dos poloneses, russos e ucranianos, bem como de toda a população judaica. Muitas dessas

---

52 Ver Browning, op. cit., p.12-3.
53 *Hitler's Secret Conversations, 1941-1944*, esp. jun.-dez. 1941, p.4 e 57.

pessoas não deveriam ser expulsas ou escravizadas, mas aniquiladas pela inanição – o que Christian Gerlach denomina de "Plano da Fome".[54]

A população que originalmente habitava esses territórios tinha, então, dois déficits. Sua inferioridade racial ameaçava a pureza do povoamento ariano; suas "bocas inúteis" ameaçavam a saúde nutricional dos consumidores alemães. Os dois problemas poderiam ser resolvidos com dois planos genocidas: a expulsão e a subsequente destruição dos judeus europeus e de mais de 30 milhões de eslavos. No todo, a pontaria nazista mirava 11 milhões de judeus, o que incluía, como Hitler disse ao grande mufti de Jerusalém em novembro de 1941, "a destruição do grupo judaico que residia na esfera árabe sob a proteção da nação britânica".[55] As projeções alemãs mais "realistas" estimaram o número de vítimas indicadas em 45 milhões de pessoas. Embora houvesse também uma grande necessidade de trabalhadores servis judeus, o destino deles estava encaixado em um sistema de referência geral que envolvia a deportação, a inanição, a esterilização e o assassinato em massa, ao lado da coerção e da exploração. Nos momentos das "seleções" em massa dos judeus, os mais hábeis ou fortes eram, ao menos temporariamente, preservados. A taxa de mortalidade sem precedentes em suas fileiras revelou que, em vez da exploração econômica, o objetivo principal era a destruição. Dos mais de 3 milhões de judeus na Polônia no fim de 1941, 90% estavam mortos no final do ano seguinte. Dos sobreviventes, 90% morreram no fim de 1943.

Durante o início da invasão da União Soviética, os russos também foram vistos pelas lentes do aniquilamento extrínseco e da excrescência racial. Dos 3.350.000 prisioneiros de guerra capturados pelos alemães, entre junho de 1941 e o início da segunda ofensiva alemã, em 1942, ape-

---

54 Gerlach, *Krieg, Ernährung, Völkermord*: Forschungen zur Deutschen Vernichtungspolitik im Zweiten Weltkrieg, p.13-30.
55 Browning, op. cit., p.23-4; p.49-50; Tooze (2007), op. cit., cap.14; e Weinberg, The Allies and the Holocaust, Berenbaum e Peck (Eds.), *The Holocaust and History: The Known, The Disputed, the Re-examined*, p.480-91, esp. 489. Mesmo a crescente crise do suprimento de trabalho de 1941-1944 interrompeu apenas brevemente a alta prioridade de aniquilação total dos judeus europeus. (Herbert: Labour and Extermination: Economic Interest and the Primacy of *Weltanschauung* in National Socialism. *Past and Present*, p.144-95.

nas 167 mil cativos, ou 5% do grupo original, chegaram a ser usados como trabalhadores.[56]

Até mesmo quando as prioridades alemãs favoreceram a mobilização do trabalho escravo, na primavera de 1942, a aniquilação dos judeus foi acelerada. Como Adam Tooze observa, qualquer trabalho braçal que pudesse ser indicado para os judeus era preterido a favor dos objetivos raciais: "O Holocausto pode ter custado a vida de pelo menos 2,4 milhões de trabalhadores potenciais". Os campos de concentração acrescentaram outras 1,1 milhão de perdas de trabalhadores potenciais às taxas de mortalidade, 800 mil de não judeus. Levando isso tudo em consideração, a adição de 2,4 milhões de mortes de cativos não judeus aos 2,4 milhões de potenciais trabalhadores judeus e prisioneiros de guerra soviéticos, inicialmente deixados para morrer de fome, significa que quase 7 milhões de trabalhadores potenciais foram perdidos pela economia de guerra alemã. Um Estado com um apetite de trabalho forçado maior do que todos os sistemas coloniais anteriores em todas as Américas destruiu muito mais trabalhadores potenciais em quatro anos do que os que foram perdidos no trânsito atlântico de africanos durante o curso de quatro séculos. A máquina nazista de guerra privou-se de mais trabalhadores potenciais do que os que foram desembarcados pelos negociantes transatlânticos de escravos durante o século de pico do tráfico de escravos (1750-1850).[57] Além do que conta a história dos números da mortalidade, todas as pessoas que ficaram presas nesse vórtice letal de políticas raciais e de trabalho tiveram de enfrentar a indiferença diária do regime ao valor de suas vidas individuais e do bem-estar. Uma proporção substancial da população da Europa (judeus, ciganos e poloneses) não teve chance de alterar seu *status*. O mesmo vale para a maioria dos russos, a menos que lhes fosse permitido entrar no serviço militar sob o comando do general Vlasov, ou em outras formações militares. Como trabalhadores, eles não tinham qualquer direito à proteção legal concernente às condições de trabalho e não podiam apelar para qualquer autoridade pública ou

---

56 Browning, op. cit., p.86 e 257.
57 Comparar Tooze (2007), op. cit., p.522-3 e o *Transatlantic Slave Database*, 2.ed.

privada sobre o tratamento que lhes era imposto. Seus corpos estavam à disposição dos outros. Os judeus e os ciganos têm sido apropriadamente caracterizados como menos que escravos, porque a sobrevivência individual deles não era objeto de qualquer interesse de seus detentores da SS.[58]

Nos últimos estágios da guerra, novos planos de trabalho foram desenvolvidos para usar o trabalho servil a fim de maximizar a produção de armas. A combinação entre trabalho e assassinato em massa atingiu seu apogeu durante o ano final da guerra. Na primavera de 1944, centenas de milhares de judeus húngaros foram arrebanhados e enviados para as câmaras de gás e os crematórios de Auschwitz. Ao mesmo tempo, o desespero pela escassez de trabalho exigiu uma reversão parcial da política dos dois anos anteriores. Os cativos judeus foram mais uma vez importados como trabalhadores escravos pelo próprio Reich. Dezenas de milhares deles foram enviados para projetos de armamentos de alta prioridade na Alemanha.

Dentro desse fluxo e refluxo de deportações, aniquilações e escravizações, o trabalho estrangeiro forçado da Alemanha, como seus predecessores no sistema atlântico, seguiu alguns princípios elementares do regime econômico clássico.[59] A produtividade do trabalho forçado continuou muito mais alta dentro do Reich do que em qualquer outro lugar da Europa invadida. Até seu fim, nenhum membro importante do governo jamais questionou a necessidade do recrutamento brutal de trabalhadores do leste. Não foi manifestada nenhuma dúvida sobre a evacuação efetuada pela *Wehrmacht* de centenas de milhares de europeus no curso de sua retirada do leste para a área do Reich, que rapidamente encolhia. Dado o uso avassalador do trabalho forçado depois de 1941, foram frequentemente levantadas questões sobre como os trabalha-

---

58 Ver Spoerer e Fleischhacker, p.173-4; e Ferencz, op. cit. A partir de 1942, os judeus dentro do Reich foram substituídos por outros grupos de trabalhadores estrangeiros o mais cedo possível. (Allen, *The Business of Genocide:* The SS, Slave Labor and the Concentration Camps, p.150-2). Um pouco além das fronteiras do próprio Reich, os planejadores da SS montaram planos para um complexo de trabalho escravo permanente em Auschwitz-Birkenau, que estava cercado por um complexo de instalações satélites para vários projetos de produção e agrícolas.

59 Tooze (2007), op. cit., p.518-28.

dores importados deveriam ser tratados. Inicialmente, a consideração predominante seguiu as hierarquias raciais pressupostas pela ideologia nazista, modificadas para os prisioneiros de guerra ocidentais e para o alinhamento das nacionalidades que estavam a favor ou contra o império nazista.

As ordens iniciais que reservavam à polícia e à SS o castigo corporal dos trabalhadores estrangeiros na indústria alemã tiveram de ser modificadas pela necessidade da disciplina *in loco* e para impedir a interrupção no fluxo da produção. Uma reunião com gerentes da Krupp assegurou às forças repressivas que nenhum grau de coerção era excessivo e que qualquer trabalhador alemão poderia agir para aplicar a disciplina "quando um porco russo precisasse ser castigado".[60] Os mineiros de carvão foram explicitamente autorizados a punir os trabalhadores estrangeiros. Os procedimentos ainda tiveram de ser negociados entre a SS e os gerentes das indústrias. Se a brutalidade do espancamento desmoralizasse os demais trabalhadores, o empregador poderia pedir que as punições fossem realizadas em outro local, para prevenir a diminuição da produtividade. Como em outros regimes escravistas, a exploração sexual foi desenfreada. As trabalhadoras do leste tinham de fazer sexo com os comandantes dos campos alemães, ou com seus superiores, para obter pão no mercado negro de provisões. As punições incluíam espancar o rosto com tábuas cravejadas de pregos. Molhar os cativos com água de mangueira no tempo frio diante de todos os presos era uma alternativa permitida para aumentar a disciplina.

Os graus de coerção variavam de acordo com a tarefa ou com o ritmo do projeto. Perto do fim da guerra, uma instalação subterrânea de armamento foi construída em tempo recorde e com o recorde de custo humano. A fábrica de foguete V-2 foi provavelmente o único sistema moderno de armas que infligiu mais mortes em sua construção do que no uso do armamento. A construção precisava de 50 mil prisioneiros que trabalhassem em turnos de 72 horas. As seleções diárias da capacidade

---

60 Herbert, op. cit., p.322-3; Tooze (2007), op. cit., p.530.

de trabalho eram feitas por um guarda que percorria as fileiras de prisioneiros de ponta a ponta, espancando um a um antes da convocação. Os que conseguiam ficar de pé eram passíveis de serem usados; "os que caíam no chão estavam praticamente mortos". O terror absoluto foi acrescentado para desencorajar qualquer sinal de diminuição do empenho. Como o diretor de projeto Kammler afirmou: quando os prisioneiros simulavam debilidade, "[eu] deixava trinta enforcados pelo tratamento especial [*Sonderbehandlung*]. Desde os enforcamentos, as coisas ficaram um pouco mais dentro da ordem".[61]

A divisão do trabalho reforçou os interesses da administração pela produção e separou os trabalhadores qualificados "privilegiados" desesperados dos não qualificados, desprotegidos e desesperados. Quanto aos projetos especiais, a divisão do trabalho combinou a eficiência da produção com o extermínio pelo trabalho. Os prisioneiros que realizavam trabalhos qualificados eram tratados como fatores de produção valiosos. Eles recebiam provisões extras e menos espancamentos. Aqueles de pouca habilidade, que formavam grupos maiores nas brigadas de incêndio, usando baldes, ou que carregavam lixo com carrinhos de mão, eram obrigados a trabalhar até a exaustão, sendo sumariamente mortos sem cerimônia e imediatamente substituídos.[62]

Nesse setor da economia e nesse estágio da guerra, as propensões mais extremas do sistema escravista nazista tornaram-se evidentes. A principal vantagem da SS era sua capacidade de abastecer os clientes industriais e os recursos para seus próprios campos com um fluxo contínuo de novos prisioneiros. Os supervisores da SS realizavam "seleções" regulares para eliminar os trabalhadores cuja capacidade produtiva caísse abaixo dos níveis desejados. Nem os empregadores nem a estrutura de comando político tinham motivo para reclamar. A força de trabalho de um campo de concentração não era um reservatório de pessoas preenchido lentamente até a borda, mas sim um fluxo rápido de seres humanos intercambiáveis. A tarefa da SS não era fornecer pessoas, mas manter um

---

61 Hans Kammler, um gerente, citado em Allen, op. cit., p.225.
62 Browning, op. cit., p.102.

fluxo agregado de pessoas.⁶³ Na construção desesperada de fábricas de "armas milagrosas", que poderiam "inverter a maré" da guerra, a variável mais escassa não era terra, capital ou trabalho, mas sim tempo. Como o superintendente econômico Albert Speer observou, o fator crucial na construção das instalações subterrâneas do V-2 foi que os administradores da SS "as concluíram no quase impossível curto período de dois meses". Vocês as transformaram, ele disse aos gerentes da SS, "em uma fábrica que não tem equivalente na Europa e que continua sem igual até mesmo nas concepções norte-americanas".⁶⁴

Contudo, foi necessário fazer um acordo pavloviano entre a ideologia e o pragmatismo com a massa maior dos trabalhadores estrangeiros que não trabalhavam na construção das armas "milagrosas". Alguns administradores instituíram um sistema que foi chamado de "alimentação por desempenho". Eles separaram os trabalhadores do leste em uma hierarquia de produtividade. Os que alcançavam um nível médio de desempenho recebiam toda a provisão escassa que lhes cabia. Os que tinham um desempenho abaixo da média recebiam menos que os níveis normais. A comida disponível destinava-se a favorecer os trabalhadores que, conforme os cálculos, garantiriam o melhor retorno por caloria consumida. Essa forma de seleção pelo trabalho era uma forma mais lenta de degeneração pelo trabalho.

Por mais indiferente que fosse com as vidas das pessoas, a SS nunca as considerou sem valor. As negociações entre a SS e o diretor da I. G. Farben⁶⁵ fizeram arranjos, em Auschwitz, que colocaram os membros da nova força de trabalho dentro da órbita da Convenção sobre a Escravidão de 1926 da Liga das Nações, que tinha o escravo como "uma pessoa sobre a qual era exercido qualquer um dos poderes ligados ao direito de propriedade". O direito de alugar corpos a preços fixos estava implícito

---

63 Tooze (2007), op. cit., p.533.
64 Allen, op. cit., p.223. Esse era apenas o "lindo" resultado que Speer prometera ao "se comunicar com o [próprio] Reichsführer da SS, Himmler". (Speer para Hans Kammler, 17 dez. 1943.)
65 Conglomerado de indústrias químicas da Alemanha. (N. T.)

nos acordos feitos em Berlim e em *in loco* desde a primavera de 1941. Os aspectos financeiros foram facilmente resolvidos:

> seria feito um pagamento diário de 3 RM [marcos] para os trabalhadores sem qualificação e de 4 RM por dia para os trabalhadores qualificados a cada prisioneiro. Isso inclui tudo, transporte, comida etc. e nós [a I. G. Farben] não teremos nenhum outro gasto com os prisioneiros, exceto um pequeno bônus (cigarros etc.) que será dado como incentivo.

No mesmo pacote do acordo, uma propriedade da SS de Himmler, a Corporação DESt, que explorava as minas de areia e de saibro arenoso, também fixou as cotas de entrega de tijolos para as fábricas controladas pela SS. Os corpos dos trabalhadores estavam tão completamente à disposição da SS quanto a areia, o saibro e as minas.[66]

Tendo o contrato à mão, a SS começou a se desenvolver. As instalações destinadas aos confinados, inicialmente prisioneiros de guerra soviéticos, eram sinistramente parecidas com as de um navio negreiro. Cada "quarto de dormir" tinha o mesmo "espaço de um grande caixão, ou a cubagem de uma cova rasa". Uma latrina estava disponível para cada 7 mil presos, os quais, dessa forma, frequentemente atravessavam a vau os tanques de fezes. A criação de um reservatório durável de trabalho estava embutida no plano de invasão do leste. Seu autor, o geógrafo Konrad Meyer, enfatizou que uma germanização dependia, absolutamente, dos projetos capitais que requeressem "turmas de trabalho de prisioneiros de guerra e de trabalhadores estrangeiros". A abundância deles seria plenamente utilizada por uma geração depois da vitória. Na década inicial, foi visionado que essa força de trabalho escravo perfaria 450 mil pessoas. O terceiro Plano Quinquenal usaria 300 mil; o quarto, 150 mil; o quinto, 90 mil. Himmler previu um sistema no qual a maior parte do trabalho básico da reorganização seria exercida por escravos reunidos em grandes acantonamentos.[67]

---

66 Ver Dwork e Pelt, *Auschwitz 1270 to the Present*, p.208; 265-8.
67 Ibid., p.308-9. Para um sumário do uso em grupo de trabalho estrangeiro forçado pela Siemens e da sua ideia de que esta instituição seria durável, ver Roth, Zwangsarbeit, Siemens-Konzern (1938-

A SS estabeleceu o preço do aluguel em cinco *zlotis* por cabeça para todos os trabalhadores arrendados. Na indústria, o saldo dos pagamentos feitos para a SS pelos administradores era aparentemente vantajoso para o empregador. Mesmo com todos os gastos gerais com segurança e com a substituição dos prisioneiros incapacitados pelos novos, os cativos aparentemente continuavam mais lucrativos ou acessíveis ao uso do que o trabalho dos não confinados – tão lucrativos, na verdade, que o governo tentou retirar uma parte de seu lucro "excedente". O sistema de emprego do trabalhador do leste rapidamente se expandiu.

Em geral, a produtividade dos trabalhadores do leste atingiu de 60 a 100% da média alemã. Nos locais de trabalho onde a ameaça de execução iminente foi adicionada aos incentivos usuais, a produção do trabalho escravo pôde até mesmo exceder as médias alemãs do trabalho livre. A despeito das reduções de provisões, os trabalhadores judeus, em um estabelecimento, atenderam a todos os desejos dos alemães em mais de 100%. Durante alguns períodos de varredura para o extermínio, os judeus esforçaram-se de forma extraordinária para evitar que fossem selecionados para a morte por meio da intensificação do trabalho. Um observador de 1943 relatou a profundidade da internalização da ligação entre o trabalho e a vida. Quando um oficial da SS apreendeu uma menina judia de três anos de idade para deportá-la a um centro de massacre, ela implorou por sua vida "mostrando-lhe suas mãos e explicando, em vão, que podia trabalhar".[68]

À medida que o restante da força estrangeira de trabalho forçado se expandia, houve um aumento da produtividade média. Como de costume, o fim do sistema de trabalho estrangeiro sob coerção não proveio de uma diminuição da produtividade do trabalho nem nos locais de trabalho industrial, nem na agricultura da Alemanha. Quaisquer que fossem os custos elevados impostos aos administradores pelas leis de trabalho racial ou pela rotatividade rápida, o desempenho dos trabalhadores cati-

---

1945), Kainenburg (Ed.), *Konzentrationslager und Deutsche Wirtschaft 1939-1945*, p.149-68. Sobre as condições a bordo dos navios negreiros, ver *inter alia*, Rediker, *The Slave Ship*, cap.9.
68 Hilberg, *The Destruction of the European Jews*, v.2, p.529; e Browning, op. cit., p.134.

vos soviéticos também aumentou acentuadamente em 1943 e manteve-se alto até a devastação provocada pelos bombardeios no verão de 1944.[69]

O colapso do sistema de trabalho nazista, em 1945, obviamente resultou da convergência dos ataques das forças militares aliadas com a devastação da infraestrutura da Alemanha. Quando surgiram os primeiros sinais do colapso, no verão de 1944, a reação do governo alemão foi dar a mais alta prioridade à indústria de armamentos. Para atender às demandas da produção, a disciplina foi intensificada, como vimos. Até mesmo a grande campanha para eliminar a presença judaica no Reich foi revertida no ano final da guerra. Dos 500 mil judeus deportados da Hungria, a partir da primavera de 1944, mais de um quarto foi imediatamente eliminado nas seleções em Auschwitz e em outros lugares. Os demais foram prioritariamente utilizados nos locais de construção dos subterrâneos de Kammler. Perto do fim da guerra, o trabalho escravo tornou-se mais crucial do que nunca no setor de suprimento militar da economia. Em 1944, um terço da força de trabalho em armamentos *Wehrmacht* era estrangeira.[70]

A intensificação da disciplina e do recrutamento foi em vão. A partir de meados de 1944, o bombardeio aliado provocou uma queda da produção de armamentos. O declínio desse setor privilegiado refletiu no colapso progressivo da estrutura econômica da Alemanha. O fim do sistema foi principalmente determinado pela força externa. O sistema de trabalho forçado durou até a chegada das forças aliadas na Alemanha, em abril de 1945. Até então, os trabalhadores forçados europeus da Alemanha seguiram muito de perto o padrão que fora estabelecido aos escravos no sistema atlântico. Tanto no Novo quanto no Velho Mundo, a maior parte da resistência assumiu a forma de ação individual: simulação de doença, roubos, tráfico, automutilação e evasão. Geralmente, esses atos individuais de resistência não estavam interligados e não constituíam uma ameaça sistêmica ao sistema nazista de operação ou de disciplina.

---

69 Herbert, op. cit., p.323; Tooze (2007), op. cit., p.537-8.
70 Tooze (2007), op. cit., p.640.

O absenteísmo e a fuga assumiam a forma de ações individuais ou de pequenos grupos contra as restrições e a brutalidade das autoridades.[71]

Conforme aumentava o número de trabalhadores estrangeiros na Alemanha, os relatos de trabalhadores desaparecidos foram suficientes para criar um novo desafio à segurança interna. Nos fins de 1943, o número de trabalhadores desparecidos estabilizou-se em torno de 45 mil por mês. A catalogação oficial dos ausentes, no entanto, incluiu trabalhadores voluntários "ocidentais" que ultrapassaram o período permitido de férias em casa ou não retornaram à Alemanha. Herbert estima que cinco de cada seis trabalhadores que partiram foram incluídos como fugitivos. Em geral, os trabalhadores do leste não tinham o privilégio de deixar seus empregos por qualquer motivo. Para os da distante União Soviética, as chances de fuga bem-sucedida e de regresso ao lar eram especialmente diminutas. As maiores fontes de ausentes eram as dos trabalhadores que procuravam se juntar aos outros membros da família empregados em outros lugares no Reich, as dos que tentavam fugir das zonas de raides aéreos ou as dos que procuravam escapar da punição pela tortura nos "Campos de Educação pelo Trabalho" disciplinares. As 500 mil ausências registradas por ano impediam o funcionamento constante das empresas e, no caso dos armamentos, até mesmo acarretavam a redução da velocidade da produção. Mas elas não constituíram uma ameaça política séria ao regime nazista ou uma ameaça econômica à organização do trabalho forçado.[72]

Como o sistema foi formado no contexto de um assalto simultâneo a muitos grupos étnicos da Europa, os nazistas também temiam que houvesse levantes politicamente organizados de civis ou de prisioneiros de guerra. Em particular, a ameaça de cidadãos soviéticos "bolchevizados" era citada para justificar o tratamento rotineiramente brutal dado a esse grupo. Aparentemente, a população civil da vizinhança também ficou preocupada com um levante em massa. Até 1944, no entanto, foram raros os casos efetivos de resistência organizada estrangeira. Ao que parece, as

---

71 Herbert, op. cit., p.326-8.
72 Ibid., p.341-4.

condições debilitantes da vida cotidiana e o aparato de terror foram suficientes para desencorajar as tentativas de resistência armada em grande escala. Da mesma forma que ocorrera com os sistemas correspondentes africanos, as diferenças étnicas e as hierarquias raciais estruturadas nos campos pela nutrição e pela disciplina também ajudaram a desencorajar a solidariedade coletiva. Nenhuma onda de resistência de importância, violenta ou passiva, perturbou o crescimento do sistema de trabalho forçado na época em que ele se movia em direção a seu apogeu numérico. Já no fim da primavera de 1944, os grupos identificados como ameaçadores limitaram-se a manter contatos locais.[73]

Em seu extremo, nos campos sob a direção da SS, o regime de inanição lenta serviu para reduzir a vida cotidiana à questão elementar da sobrevivência. Como Primo Levi observou em Auschwitz, em Lager cada homem estava sozinho, e a luta pela vida foi "reduzida a seu mecanismo primordial". Os "salvos" foram os que encontraram nichos que asseguravam a "provisão normal". Evitava-se o contato com os "afogados", que "não tinham um método secreto de organização" para se manterem vivos e, menos ainda, para ação coletiva. A ligação com os poderosos era mais importante que a ligação com os impotentes. Dentro do Reich, a resistência organizada ao trabalho permaneceu em uma escala muito pequena e foi descentralizada quase até o fim. Como David Geggus observou sobre os antigos levantes de escravos no Caribe, a determinante principal dos modos e da frequência da resistência coletiva foi o contexto político e militar. Nos campos alemães, o "aparato policial infiltrado de informantes e de terror" funcionava melhor dentro de um contexto no qual poucos estrangeiros acreditavam na iminência de uma derrota alemã.[74]

Com a combinação entre os ataques da União Soviética no leste e o sucesso das nações ocidentais na Itália e na França nos meados de 1944, a Gestapo começou a relatar a existência de resistência organizada na maioria das grandes cidades do Reich. Até mesmo depois do aumento relatado das organizações de resistência na primavera de 1944, apenas 2.700

---

73   Ibid., p.351.
74   Levi, op. cit., cap.9, The Drowned and the Saved, esp. p.87-92.

ativistas, entre os milhões de trabalhadores, foram identificados e presos. Não fica claro se a Gestapo subestimou ou não as ameaças coletivas feitas pelos trabalhadores não eslavos. Embora os relatórios da Gestapo geralmente atribuíssem um maior grau de politização aos trabalhadores soviéticos, nunca foi recomendada a restrição à sua importação por motivos de segurança. Os trabalhadores estrangeiros também estavam cientes de que os pequenos levantes locais não alteravam e não alterariam a política nazista. Como Christopher Browning observa, o levante dos judeus no gueto de Varsóvia, em abril de 1943, abalou efetivamente Himmler. O efeito do levante, no entanto, foi reforçar sua noção de que a presença judaica era a causa mais letal da subversão.[75] A eliminação radical dos judeus, portanto, tinha de ser acelerada. Na Alemanha, em geral, é provável que os trabalhadores do leste estivessem conscientes do destino letal de 200 mil residentes de Varsóvia, em consequência do levante de agosto de 1944. Na esteira da supressão dos residentes, 600 mil deportados passaram por uma seleção alemã antes do fim do ano.

A propaganda aliada explicitamente encorajava uma política de resistência passiva e de fuga em vez do desafio armado e da revolução. Quaisquer tentativas de ação coletiva massiva eram consideradas arriscadas e fúteis. Quando os aliados se aproximavam da Alemanha, em setembro de 1944, o general Eisenhower fez um discurso pelo rádio aos trabalhadores estrangeiros que estavam na Alemanha. Ele não fez nenhum apelo para a revolta armada. Em vez disso, aconselhou os trabalhadores estrangeiros a abandonar o trabalho quando fosse possível, a boicotar os informantes e a não aceitar que a Gestapo "os provocassem para a ação não organizada".[76] A ameaça dos trabalhadores estrangeiros pode ter tido algum efeito desestabilizador sobre o sistema do trabalho escravo, mas também teve um efeito bem documentado sobre as forças de segurança, cada vez mais desesperadas. Aparentemente, elas decidiram cobrar um preço alto dos que ainda estavam em seu poder. Os deslocamentos nas Marchas da Morte e as execuções feitas à beira das

---

75 Browning, op. cit., p.82-3.
76 Herbert, op. cit., p.351-7.

estradas não produziram nem a simpatia generalizada nem o protesto da população civil alemã das redondezas. Nos últimos meses da guerra, não houve tentativas de levantes em grande escala dos trabalhadores estrangeiros do Reich. Os oficiais alemães, que viam os trabalhadores soviéticos como revolucionários primitivos e inatos, consideravam que lhes competia evitar levantes de uma população ao mesmo tempo servil e politizada.

A dispersão massiva dos trabalhadores, que começou efetivamente no outono de 1944, resultou mais dos bombardeios dos aliados do que das exortações aliadas. Números crescentes de trabalhadores estrangeiros sem teto, sem provisões e sem empregos tentaram desesperadamente encontrar refúgio nas ruínas das antigas cidades. Procuravam o sustento em face da redução cada vez maior da oferta de alimentos. A Gestapo, por sua vez, procurava os fugitivos. Tornando-se tão descentralizada quanto seus alvos, as forças alemãs de segurança efetuaram indistintamente execuções sumárias de desertores e de estrangeiros. É impossível estimar o número de execuções nas semanas finais da guerra entre os 7 milhões de "estrangeiros" não alemães que se movimentavam dentro das fronteiras de uma Alemanha colapsante.[77]

Em maio de 1945, um dos maiores e mais letais sistemas de aniquilação, de migração forçada e de dominação jamais criado por um Estado ocidental desintegrou-se juntamente com o próprio Estado. O sistema se desenvolvera com a ausência de qualquer esfera pública capaz de mitigar, e muito menos de desafiar, um sistema de trabalho que se expandira no ritmo de uma *blitzkrieg* entre 1939 e 1944. O fato de que não houve vozes abolicionistas na Alemanha nazista não causa surpresa, dada a relação de sua sociedade civil com o Estado. Os argumentos da burocracia sobre o melhoramento da nutrição ou do tratamento eram invariavelmente moldados em termos produtivistas. Eles tinham de prometer modos mais eficientes de contribuir para a elevação da produtividade ou de extrair mais rendimentos por caloria ou por pessoa. As fundamentações lógicas

---

77   Ibid., p.381.

produtivistas, até mesmo as provenientes do escritório de Speer, sempre encontraram fortes contracorrentes de ressentimento. O pessoal do baixo escalão administrativo oferecia resistência à melhoria das condições dos estrangeiros raciais. Os relatórios da Gestapo registraram a hostilidade civil aos melhoramentos desenvolvidos em alguns dos locais de trabalho. Quanto mais alguns gerentes tentavam aumentar a produção dos trabalhadores estrangeiros com base no princípio de quantidade de alimentos por desempenho, mais intensamente as redes de segurança de guardas, agentes e informantes trabalhavam para manter os princípios da hierarquia racial.[78]

Os sumários da Gestapo sobre o sentimento público alemão notavam que a aceitação popular dos trabalhadores do leste como *Untermenschen* sub-humanos estava bem consolidada nos setores militares e civis antes da invasão da União Soviética. Daí em diante, as avaliações alemãs da segurança notaram o medo generalizado dos alemães de usar povos estrangeiros dentro do Reich. O ressentimento aumentou proporcionalmente às dificuldades decorrentes dos raides de bombardeio em 1943 e 1944. As execuções sumárias foram consideradas apropriadas para os "habitantes dos pântanos do leste". As pressões para ligar a melhoria da nutrição com o desempenho enfrentaram a oposição dos funcionários dos campos no plano local. Eles foram apoiados pela "opinião generalizada" de que o furto de comida não era um crime, "já que é preferível que os 'sub-humanos' passem fome em vez dos alemães".[79]

Os líderes do regime não tinham superestimado a memória da fome da Primeira Guerra Mundial. Os relatórios de segurança registraram demandas públicas de que qualquer redução nas provisões alemãs corresponderia a mais reduções nas já baixas provisões dos trabalhadores estrangeiros. O *slogan* "Antes que a Alemanha passasse fome seria a vez dos outros povos", atribuído a Hitler, foi repetido por toda a Alemanha. A mesma perspectiva induziu os alemães a excluir os trabalhadores estran-

---

78 Ibid., p.205-31; Browning, op. cit., p.88; Allen, op. cit., p.15-6.
79 Herbert, op. cit., p.156; p.320-6.

geiros dos abrigos de raides aéreos e a deixá-los desabrigados, em consequência da oferta cada vez menor de proteção contra os bombardeios.[80]

Algumas comparações podem servir para colocar em perspectiva o papel das atitudes alemãs. Em relação aos trabalhadores estrangeiros, a política nazista diferiu de alguns outros programas raciais de grande escala por causa de seu maior impacto público sobre a população alemã como um todo. Durante a maior parte da guerra, o Reich tentou manter, de certo modo, em segredo para a população alemã os detalhes do assassinato em massa dos judeus da Europa. Os eufemismos oficiais para o extermínio físico indicavam uma relutância extrema para tornar a aniquilação publicamente conhecida. Os graus "saber" e "não saber" permitiram aos alemães filtrar os rumores de acordo com a consciência e a preferência de cada um.

Somente na fase final, durante as longas Marchas da Morte de judeus dentro da Alemanha, a indiferença civil ao destino das vítimas revelou-se plenamente. Apesar de atos ocasionais de compaixão individual, os alemães que testemunharam o movimento dos condenados famintos muito frequentemente os insultavam, atiravam-lhes pedras e participavam do massacre dos cativos desfalecidos. Seus guardas não teriam dificuldades para manter a distância racial prescrita. A essa altura, a indiferença alemã ao sofrimento e à morte dos judeus reforçou a hostilidade geral e a indiferença ao destino dos estrangeiros tidos como responsáveis pelos sofrimentos dos alemães. Os trabalhadores estrangeiros não judeus que estavam na Alemanha não eram deportados para campos isolados, como no Gulag. Importados para o Reich e onipresentes na vida cotidiana da população, esses estrangeiros foram usados em cada cidade grande e em todo o interior. Eles eram alojados em bairros alemães e colocados para trabalhar nas propriedades agrárias e nas fábricas ao lado dos proprietários e dos trabalhadores alemães. Muito antes da invasão final dos exércitos aliados, "a atitude da população alemã foi decisiva para determinar

---

80   Tooze (2007), op. cit., p.542-4.

se o programa de emprego do estrangeiro seria um sucesso, de acordo com os desejos da liderança".[81]

Essa não era apenas uma questão de ódios antigos. Em muitos casos, a transformação das atitudes públicas foi extrema. Em 1939, o *Sicherheitsdienst* (Serviço de Segurança) via sua missão como o reverso de uma atitude "muito favorável" do clero católico romano e de um segmento da população para com os trabalhadores poloneses. Já em 1940, o regime acreditava que tinha conseguido estabelecer um divisor de águas senhor-servo seguro entre os trabalhadores alemães e os poloneses e no meio da população alemã em geral. Não houve protestos sérios contra essa política racial. A acelerada mudança de posição de alemães para as forças militares e a de civis e prisioneiros de guerra estrangeiros para os locais de trabalho reforçaram a hierarquia racial por meio da atribuição funcional de trabalhos desagradáveis e subalternos aos estrangeiros. O influxo de prisioneiros de guerra soviéticos nos meses iniciais da operação Barbarossa reforçou a tendência ao desprezo racial muito antes de o Exército Vermelho mudar a maré militar de forma decisiva contra o *Wehrmacht*. No conjunto, os alemães mostraram pouca preocupação com o destino dos estrangeiros e aceitaram a alocação geral do Reich de dar um *status* inferior ao *Ostarbeiter* (trabalhadores do leste). A designação deles como um grupo sem direitos tornou-se um fato aceito da vida cotidiana. Os relatos das avaliações policiais do sentimento particular registraram uma aceitação tácita alemã da desigualdade nacional e racial.[82]

A ausência virtual de protesto público contra a segregação, antes da guerra, e a degradação da judiaria alemã, antes da "Solução Final", foi análoga, pelo menos a esse respeito, à redução estatutária de milhões de trabalhadores estrangeiros a escravos e a "menos que escravos". Dentro

---

81 Herbert, op. cit., p.394 (ênfase minha). Ver também Goldhagen, *Hitler's Willing Executioners:* Ordinary Germans and the Holocaust, cap.13-4.
82 Herbert, op. cit., p.394-6. O estudo sistemático da privação dos direitos civis dos trabalhadores, feita de modo gradual e depois acelerada, começou com Roth, I. G. Auschwitz, Normalitat oder Anomalie eines kapitalistischen Entwicklungssprunges?, *Hamburger Stiftung zür Förderung von Wissenschaft und Kultur*. Meus agradecimentos a Karsten Voss por sua pesquisa historiográfica sobre esse assunto.

das várias instituições do Estado alemão não houve nenhuma discussão ampla das implicações da legislação que autorizava a imposição do trabalho forçado sobre populações nacionais inteiras. A legislação implicitamente violava alguns dos acordos internacionais que regiam a escravidão e o trabalho forçado. A rejeição implícita de meio século de convenções internacionais contra a escravidão, depois da Lei de Bruxelas de 1890, é notável. Durante a Primeira Guerra Mundial, o governo alemão havia discutido as implicações de sua violação do Direito Internacional quando se empenhou em utilizar civis belgas no Reich. A deportação deles para a Alemanha durante o inverno de 1916-1917 mobilizou um protesto interno e internacional suficiente para forçar o término dessa política. Contudo, as forças militares alemãs conseguiram manter suas políticas de importação sob coerção e de trabalho forçado no leste somente quando foram confrontadas pelo protesto público. Isso ocorreu apesar dos protestos no Reichstag e da resistência substancial da população visada na Polônia. Aparentemente, o protesto generalizado dos Estados neutros (e dos Estados Unidos, potencialmente beligerantes) induziu o governo imperial a interromper as deportações da Europa Ocidental. No leste, não houve uma mobilização dos neutros do ocidente a favor da população polonesa, antes ou depois da agitação belga, a despeito do fato de que as arrebanhaduras na Polônia ocasionaram resistência muito mais violenta do que haviam ocasionado na Bélgica. No início do século XX, justamente quando os europeus consideravam o trabalho forçado mais apropriado para os africanos do que para eles próprios, a opinião geral alemã considerava o trabalho forçado mais apropriado para europeus orientais do que para os ocidentais na deflagração da Grande Guerra, em 1914.[83]

Até mesmo essa fronteira de imunidade relativa podia ser rapidamente deslocada sob a pressão das circunstâncias. Durante a Primeira Guerra Mundial, o trabalho forçado foi implementado de forma menos dramática na França, ocupada pelos alemães. Assim, pode ser que o controle militar total, na ausência da mobilização pública ou da pressão

---

83 Holt, op. cit., p.236-42; Herbert, op. cit., p.20-4.

externa, fosse suficiente para garantir uma imposição bem-sucedida do trabalho forçado. No fim das contas, tal como na colonização das Américas, foi a presença do poder externo de retaliação que impediu a redução de alguns conterrâneos europeus à servidão. Sem os mecanismos da mobilização pública e da fiscalização, somente a condenação moral de um sistema não poderia efetuar o fim de novos sistemas de cativeiro para os civis europeus.

Depois de uma geração, as ações institucionais para discutir questões públicas internas não existiam mais na Alemanha. Mesmo os Estados não beligerantes da Europa, a imprensa, os parlamentos e os corpos diplomáticos da Suécia, Suíça, Espanha e até o Vaticano permaneceram virtualmente calados a respeito do desenvolvimento dos projetos massivos de deportação, coerção e aniquilação antes das ofensivas soviéticas e ocidentais bem-sucedidas, durante o verão de 1944. O "ponto de inflexão" fica muito bem ilustrado pelas deportações, aniquilações e escravização de judeus húngaros. O silêncio foi também a reação às deportações iniciais de judeus de áreas rurais da Hungria, durante a primavera de 1944.

De repente, o protesto explodiu contra o segundo estágio, destinado a estender a "Solução Final" à capital húngara, no verão e outono de 1944. Entre essas duas reações estão as formidáveis séries de vitórias soviéticas no leste e o desembarque bem-sucedido dos aliados na França. As campanhas da imprensa continental contra a "fase dois" começaram no fim de junho de 1944. Em julho, houve protestos diplomáticos das legações suíça, sueca, espanhola e do Vaticano em Budapeste, reforçados pela ameaça de retaliação aérea dos Estados Unidos. A fase final interrompida nunca foi inteiramente implementada antes da tomada da capital húngara, em janeiro de 1945, pelo Exército Vermelho.

O desenvolvimento do sistema de trabalho forçado da Alemanha também nos permite reconsiderar a relação entre raça e escravidão em uma perspectiva comparativa. Na criação dos códigos escravistas do Novo Mundo, herdados dos códigos do Direito Civil, foi constituída a base primordial para a definição das relações. A escravidão tornou-se lentamente racial e africana apenas no decorrer dos três séculos seguintes a 1450. No caso da Alemanha nazista, a diferenciação racial definiu as populações potencialmente escravizáveis antes das sucessivas expansões alemãs. Nos dois curtos anos entre 1939 e 1941, a liderança nazista alemã qualificou grupos que potencialmente totalizavam quase a metade da população da Europa como candidatos à coerção, à deportação e à eliminação. O recurso à coerção era frequentemente uma concessão pragmática a essas duas últimas opções.

Em ambos os hemisférios, do fim do século XVIII ao início do século XX, abolicionistas, revolucionários e imperialistas atacaram de forma semelhante os sistemas escravistas diante de uma crescente aceitação das ideologias racistas codificadas pela cor. Em contraste, os criadores do sistema de trabalho europeu da Alemanha não operavam no contexto da expansão das práticas tradicionais costumeiras. Também não presumiam que o mundo de fora do poder imediato que eles exerciam aceitaria seus padrões de escravizibilidade. A liderança nazista foi absolutamente revolucionária nesse ponto. Seus membros autodefiniam-se como inovadores e gestores de uma política que somente eles mesmos tiveram a vontade de criar. E compreenderam que teriam de pagar o custo de suas instituições de trabalho forçado e de aniquilação em massa com suas próprias vidas.[84] Aos olhos de seus inimigos, seus vastos complexos de trabalho tinham tão pouca legitimidade que não houve necessidade de nenhuma declaração ou um decreto dos Aliados para destruí-los. A maioria dos antigos gestores fez o máximo possível para desaparecer. A maioria dos trabalhadores retornou às suas casas ou entrou em campos de pessoas desalojadas assim que as tropas Aliadas apareceram.

O legado imediato do sistema de trabalho forçado alemão foi sua classificação como crime contra a humanidade, uma frase que já havia sido empregada pelos abolicionistas. Seu legado de longo prazo foi o estabelecimento de um precedente para reparações pelo emprego do trabalho forçado. Em Nuremberg, no julgamento dos crimes de guerra de Fritz Sauckel, o "czar do trabalho" de Hitler, o tribunal não teve dúvida de que a maioria dos trabalhadores estrangeiros levados para a Alemanha tinha

---

84 Drescher, The Atlantic Slave Trade and the Holocaust, *From Slavery to Freedom*, cap.10.

sido tratada como escravos. O juiz Robert Jackson, membro da Suprema Corte norte-americana, considerou que a forma de deportação desses trabalhadores talvez tivesse sido "a mais horrível e extensa operação de escravidão da história". Uma das principais alegações de Sauckel para se desculpar foi a de que ele havia chamado a atenção de Hitler para o fato de que o recrutamento do trabalho de civis violava o Direito Internacional. A própria diretriz de Sauckel sobre o *status* dos trabalhadores seguiu o raciocínio sobre a relação custo-benefício, adotado pela maioria dos oficiais alemães, referente à baixa produtividade de "escravos subalimentados, doentes, ressentidos, desesperançados e cheios de ódio".[85]

Ásia e África

O sistema de trabalho forçado alemão constituiu um dos mais dramáticos exemplos do ressurgimento do trabalho forçado no segundo terço do século XX, embora estivesse longe de ser o único. A Segunda Guerra Mundial produziu pressões análogas para a mobilização do trabalho conscrito pelos outros principais combatentes. Na Ásia e nas ilhas do Oceano Pacífico, o governo japonês forçou milhares de estrangeiros a prestar serviços por períodos indefinidos de tempo. Uma das características mais distintivas do trabalho forçado em tempo de guerra na Ásia foi a conscrição sistemática de mulheres para prestar serviços sexuais. Sob a rubrica de "mulheres de consolo", as forças militares japonesas estenderam o sistema por toda sua florescente "Esfera de Coprosperidade Asiática Oriental".

O sistema de estação de consolo expandiu-se rapidamente depois do "estupro" de Nanjing. Os comandantes do exército estavam menos preo-

---

[85] Ver Sprecher, *Inside the Nuremberg Trial:* A Prosecutor's Comprehensive Account, v.I, p.162; e Persico, *Nuremberg:* Infamy on Trial, p.164. Como consequência dos julgamentos de Nuremberg, os defensores alemães dos que foram condenados por "crimes econômicos" casualmente se referiram ao "programa de trabalho escravo" e "trabalhadores escravos estrangeiros". (Ver Dix, *The Judgements of the Nuremberg: German Views of the War Trials*, p.160-76, esp. 167). Nenhum desses colaboradores estava preocupado em distinguir o trabalho estrangeiro alemão da escravidão.

cupados com a degradação violenta das vítimas do que com a incitação potencial à resistência, provocada pela violação em massa da população civil chinesa. Os números estimados de mulheres recrutadas para a prostituição variam de 80 mil a 200 mil, das quais talvez 80% fossem coreanas. O restante consistia de taiwanesas, chinesas, filipinas, indonésias e malásias. Tanto o recrutamento quanto o tratamento parecem ter sido separados pela nacionalidade. As coreanas e as taiwanesas, sob o domínio japonês desde muito tempo, eram mais proficientes na língua e na cultura japonesas. Elas eram obtidas por meios menos violentos e reservadas aos mais altos oficiais. Nas zonas ocupadas consideradas hostis, as mulheres de 15 a 18 anos de idade eram geralmente detidas em complexos militares por períodos de até seis meses. A condição delas se aproximava muito do *status* de escravo, mesmo que por períodos limitados.[86] Um padrão similar foi seguido nas zonas de guerrilha das Filipinas. As forças militares japonesas recorreram ao sequestro e ao cativeiro nas guarnições por períodos variados. A atitude de seus libertadores costumava ser menos hostil às que haviam sido forçadas ao serviço sexual, e não ao trabalho, e submetidas por seus aspectos raciais predominantes. O governo de ocupação dos Estados Unidos raramente mostrou interesse em mover ações contra o sistema de mulheres de consolo como atividade criminal. Ele processou os operadores de um bordel militar que tinha forçado mulheres holandesas ao serviço sexual na Indonésia e os japoneses que haviam mantido bordéis no território dos Estados Unidos em Guam. No próprio Japão, o governo dos Estados Unidos mostrou pouca vontade de processar qualquer japonês, exceto os de mais altas patentes.

Os projetos japoneses de trabalho forçado, embora fossem menos notórios, abrangeram muito mais habitantes das áreas ocupadas ao longo da Ásia Oriental e do sudeste asiático. Um levantamento das áreas de ocupação do Japão contabiliza o número total de sobreviventes do trabalho forçado da China, das Índias Orientais, da Coreia, de Burma e da Tailândia em 18 milhões. A China sozinha totalizou dois terços

---

86 Tavaka, *Japan's Comfort Women:* Sexual Slavery and Prostitution during World War II and the U. S. Occupation.

dessa estimativa. Centenas de milhares de coreanos e chineses foram deportados para as minas de carvão japonesas. Números similares foram empregados fora do Japão, em Sacalina e no Pacífico Sul. Muito mais de 100 mil pessoas, incluindo crianças, foram recrutadas para a construção de estradas de ferro em Burma e Java.[87]

Enquanto os Estados Unidos entravam na Segunda Guerra Mundial com uma vasta capacidade de trabalho não empregado graças ao legado da Grande Depressão, as demandas por trabalho forçado que afligiam a Alemanha, o Japão e a União Soviética também reverberaram dentro do Império Britânico. A África tornou-se um reservatório para a mobilização militar e civil em larga escala; boa parte do novo exército britânico na África era formada por não combatentes, recrutados especificamente para o trabalho militar geral ou para tarefas correspondentes. Na África, a transição foi menos dramática do que em outros lugares. O trabalho forçado ainda era amplamente empregado em toda a África colonial às vésperas do conflito, embora nas colônias britânicas ele operasse grandemente pelo Direito Consuetudinário. Portanto, cada governo colonial tinha liberdade de ação para manter suas próprias práticas de emprego. Embora a legislação de emergência tivesse sido aprovada com a deflagração da guerra, partes substanciais de sua economia interna continuaram a operar, no início, de acordo com as linhas do livre mercado.

De qualquer maneira, a conscrição civil em grande escala para a produção em tempo de guerra, especialmente a de empresas particulares, foi uma tendência. A conscrição civil foi usada primeiramente na África oriental, em 1940-1941, e espalhou-se pelas colônias meridionais, ocidentais e estrangeiras à medida que a guerra se intensificava. As pressões contrárias muitas vezes limitaram sua implementação. As decisões imperiais de permitir o trabalho forçado na África Oriental foram severamente criticadas na Câmara dos Comuns em março de 1942, especialmente o

---

87 Gruhl, *Imperial Japan's World War Two 1931-1945*, p.107-12 e p.144, Table 9.2, Allied Asian-Pacific War Severely Affected Casualties e W. D. Smith, Beyond The Bridge on the River Kwai: Labor Mobilization in the Greater East Asia Co-Prosperity Sphere, *International Labor and Working Class History*, p.219-38.

uso desses trabalhadores nas propriedades rurais particulares europeias. Tanto o parlamento quanto o Ministério Colonial continuaram a receber relatórios com críticas e insistiram em garantias adicionais de proteção a essa força de trabalho sob coerção. Nas minas de estanho da Nigéria, as severas condições dos trabalhadores em consequência da má qualidade dos alojamentos, da inadequação dos alimentos e dos serviços médicos e, especialmente, a evidência de alta mortalidade resultaram na deserção massiva e nas demandas parlamentares pelo término da coerção. O governo foi obrigado a responder a essas demandas e tentou melhorar as condições de trabalho e bem-estar.

Uma segunda fonte de limitação foi o potencial dos trabalhadores localmente recrutados para obter o apoio da comunidade a fim de evadir, desertar ou fugir para outras colônias ou para a África do Sul. Por outro lado, algumas vezes, o medo de antagonizar os proprietários europeus de minas de material vital para as forças militares garantiu a capitulação do Estado aos pedidos de perpetuação do trabalho compulsório, para além das circunstâncias emergenciais que tinham justificado sua introdução.[88]

Em outras zonas imperiais, a tradição do emprego de trabalho forçado já era mais difundida antes da guerra. Durante a guerra, a prática foi sancionada pelos regimes coloniais italianos, belgas, portugueses e franceses. Contudo, foi a África Ocidental francesa que se tornou o local do término mais dramático do trabalho forçado da África Ocidental no fim da guerra. Depois do colapso da Terceira República, em 1940, o regime de Vichy recorreu ao trabalho colonial forçado a níveis sem precedentes. Os gaulistas, por sua vez, mantiveram o sistema quando assumiram o controle da África Ocidental. A reconstituição do governo metropolitano em 1944-1945 ofereceu uma nova oportunidade para uma mudança fundamental. Em outubro de 1945, os africanos, com direitos civis limitados, foram convidados a eleger representantes que participariam da elaboração do projeto de uma nova constituição francesa. Em

---

88 Killingray, Labour Mobilisation in British Colonial Africa for the War Effort, 1939-46, Killingray e Rathbone (Eds), *Africa and the Second World War*, p.68-96; e Johnson, Settler Farmers and Coerced African Labour in Southern Rhodesia, 1936-1946, *Journal of African History*, p.111-28.

fevereiro de 1946, um grupo de delegados africanos, liderados por Felix Houphët-Boigny, da Costa do Marfim, tomou a iniciativa de apresentar uma resolução que demandava o fim definitivo do sistema de trabalho forçado na África:

> Milhões de homens (*sic*) nos enviaram aqui e nos deram um mandato preciso para lutar com toda nossa força para abolir a escravidão que ainda é praticada na África negra por homens, funcionários públicos e civis, que são traidores da França e de sua nobre missão civilizatória.

A retórica antiescravista foi seguida por um conciso projeto de lei formal que afirmava que "o trabalho forçado ou obrigatório está proibido da forma mais absoluta nos territórios ultramarinos". A lei foi aprovada sem discussões pelos deputados metropolitanos.[89]

Por trás da pequena delegação africana responsável pela moção estava uma grande e vigorosa sociedade civil ultramarina. Antes que a resolução fosse proposta, uma greve de dois meses havia começado em Dakar, o principal porto da África Ocidental francesa. Os funcionários franceses só poderiam resolver a paralisação se tratassem os grevistas como modernos trabalhadores industriais. Os próprios fazendeiros africanos tinham formado uma nova rede para recrutar trabalhadores fora do sistema dos fazendeiros coloniais, que ainda dependia do trabalho forçado apoiado pelo Estado. A mobilização rural africana foi a contraparte da organização do trabalho urbano em Dakar. A emergente organização da sociedade civil africana ajudou a dissipar os argumentos metropolitanos para manter um sistema diferente de relações de trabalho na África Ocidental baseado na hierarquia implícita de civilização.[90]

---

89 Cooper, et al. *Beyond Slavery*: Explorations of Race, Labor, and Citizenship in Post-emancipation Societies, p.137-8.
90 Ver Cooper, op. cit., p.134-43, e id., The Senegalese General Strike of 1946 and the Labor Question in French Africa, *Canadian Journal of African Studies*, p.162-215. Sobre o contexto mais amplo da convergência do trabalho africano e dos movimentos de independência, ver Cooper, *Decolonization and African Society:* The Labor Question in French and British Africa, p.65.

A demanda por igualdade de cidadania dos membros do império francês, agora com o nome de União Francesa, ocorreu em um momento de profunda mudança no equilíbrio das "grandes potências". A Europa que emergiu da derrota das nações do Eixo também afetou o papel da Europa Ocidental no antiescravismo do pós-guerra. Como a monarquia francesa restaurada depois da derrota de Napoleão, a independência da França e de seu império fora restabelecida por exércitos estrangeiros. Em um mundo em que o equilíbrio do poder militar se deslocara para a dominação bipolar União Soviética-Estados Unidos, a França precisava desesperadamente de seu império ultramarino para ocupar uma posição de participante ativo no plano global. Também a Grã-Bretanha, que fora por muito tempo a principal apoiadora do antiescravismo internacional, emergiu no cenário mundial como um participante ativo. A diminuição do poder da Grã-Bretanha no início da Guerra Fria e as mobilizações anticolonialistas extraeuropeias alteraram os parâmetros da discussão da escravidão.

Em 1948, a primeira delegação nas Nações Unidas a propor a condenação da escravidão "em todos os seus aspectos" na nova Declaração Universal dos Direitos Humanos foi a da União Soviética. Houve suspeitas de que os soviéticos assumiram a dianteira para retaliar as declarações ocidentais contra o sistema de trabalho forçado da Rússia, que alcançava seu apogeu demográfico nesse momento, e para questionar a posição moral dos governos árabes aliados com um governo britânico que acabara de se livrar do mandato palestino. Por conseguinte, ambos os polos da Guerra Fria tinham interesse em reafirmar o consenso internacional antiescravista. No artigo 4, a escravidão tornou-se a primeira condição humana a ser especificamente condenada como uma violação dos direitos humanos. Na atmosfera pesadamente politizada das Nações Unidas, as discussões sobre a escravidão facilmente se alastraram e se tornaram ataques ao colonialismo, ao racismo e ao *apartheid*. Esses ataques podiam racionalizar a oposição dos países nos quais ainda persistiam outras formas de "condições similares às dos escravos", como no Gulag comunista.[91]

---

91   Miers, *Slavery in the Twentieth Century*, cap.18-21.

Em seu modo tradicional, o governo britânico manteve suas táticas de pressão, mas em um tom mais baixo. Sua influência global estava rapidamente se desvanecendo. Os bolsões de escravidão nas colônias do sul da Ásia tornaram a Grã-Bretanha vulnerável à mesma acusação de hipocrisia que havia sido feita contra sua posição antiescravista por mais de um século e meio. Os tradicionais alvos centrais do antiescravismo, o tráfico africano de escravos e a escravidão na África do Norte e no Oriente Médio foram lentamente eliminados ou reduzidos de forma gradativa durante a geração que se seguiu à Segunda Guerra Mundial. Outras mudanças no Oriente Médio também contribuíram para impedir a ação antiescravista. A corrida à riqueza petrolífera causou um breve reavivamento do tráfico de escravos e da escravidão dentro e fora da esfera tradicional da influência britânica na península árabe. Foi apenas nas décadas de 1960 e 1970 que o "constrangimento da escravidão" induziu a Arábia Saudita e os protetorados britânicos no Iêmen, Aden, Muscat e Oman a promulgarem decretos para abolir a instituição sem confrontar diretamente as questões da sanção *shari'a* da instituição. A riqueza petrolífera também tornou mais exequível que nunca a substituição dos escravos africanos por formas alternativas de trabalho estrangeiro. Na década de 1970, a escravidão havia desaparecido do espectro das formas legalmente sancionadas de trabalho na península arábica.[92]

Se a riqueza do pós-guerra sustentou brevemente a escravidão na península arábica, a pobreza e a guerra sustentaram-na por mais tempo na África. O derradeiro caso foi o da Mauritânia, onde a escravidão tinha sido legalmente proibida pelo decreto-geral francês da África Ocidental de 1905. Em 1974, o mundo ficou chocado com o decreto de abolição da escravidão do governo mauritano, que continha uma cláusula de indenização futura. Em 1980, a agora República Islâmica da Mauritânia ilegalizou novamente a escravidão como propriedade, mas a cética Sociedade Antiescravista identificou sua sobrevivência quatro anos mais tarde, quando um novo governo mauritano solicitou ajuda econômica para completar a transição. Embora a constituição da Mauritânia ga-

---

92 Miers, op. cit., cap.20.

rantisse todos os direitos humanos, seus tribunais, usando a lei *shari'a*, continuaram a reconhecer os direitos de um senhor sobre o serviço de seu ex-escravo. Em alguns outros Estados sob dominação muçulmana, as práticas de casamento e de concubinato, que tinham absorvido as energias dos governos coloniais europeus durante um século e meio, continuaram a preocupar os grupos de direitos humanos, agora mais sensíveis que antes à discriminação de gênero. Na África oriental e meridional, o aumento dos conflitos armados pós-coloniais provocou a ressurgência da escravidão como propriedade no Sudão e no sul da África.[93]

Na maioria dos casos, no entanto, a diminuição das velhas formas do tráfico intercontinental de escravos e a proscrição ou o abandono da escravidão como propriedade em todas as partes do mundo estimularam uma atenção crescente às condições de trabalho ou às relações de gênero que podem ser assemelhadas à escravidão ou levar a condições parecidas com as dos escravos. Esse fenômeno surgiu onde o tráfico de escravos e a escravidão já haviam se tornado objeto de condenação popular e legal. No último quartel do século XX, o antiescravismo se tornou o padrão-ouro da civilização em todo o planeta. Quase dois séculos antes, a exploração de crianças, de trabalhadores e de mulheres na Grã-Bretanha do início da industrialização começara a ser ligada à popularização da condição precária dos escravos ultramarinos. No fim do século XX, os grupos de direitos humanos institucionalizados, tanto as organizações governamentais quanto as não governamentais (ONG), debateram-se com as implicações de estender o termo "escravidão" para condições análogas: a exploração de crianças para trabalho, prestação de serviço pornográfico e militar; o casamento feminino forçado e a prestação de serviço sexual comercial; a mutilação genital feminina; o cativeiro por dívida; o tráfico de migrantes ilegais; e o abuso de refugiados – todas elas práticas similares às escravistas, que já haviam sido arroladas nas Convenções sobre a Escravidão de 1926 e 1956.[94]

---

93 Ibid., p.418-23.
94 Fact Sheet n.14, *Contemporary Forms of Slavery* (publicado pela 1ª vez pelo Ministério do Alto Comissário pelos Direitos Humanos, Genebra, jun. 1991).

Nesse aspecto, as ONG continuaram a estender o conceito de escravidão a práticas que ultrapassam os limites de uma instituição outrora definida como captura, venda ou uso de pessoas e de seus descendentes, legalmente colocados à disposição de outras pessoas, instituições ou governantes. Se dar o nome de escravos aos que estão na posição dessas vítimas da coerção nem sempre as aliviou, isso efetivamente levou a tentar localizá-las, contá-las e a auxiliá-las. Em consequência, formas recém-designadas de escravidão têm levado a novas estimativas globais: de 10 a 30 milhões de homens, mulheres e crianças explorados e ainda presos a condições servis durante uma parte da vida ou por toda a vida. Incorporando todas essas variantes de exploração, pode-se concluir que os ciclos de coerção similar à escravidão prosseguem incessantemente depois de mais de dois séculos de mobilização popular, de revolução, de legislação internacional e de exposição na mídia. O que consola, no entanto, é que tem havido uma massiva mudança da proporção da humanidade presa às instituições servis até mesmo da perspectiva desses padrões contemporâneos expandidos. Vale lembrar que, às vésperas da era da revolução, os escritores costumavam calcular que dezenove de cada vinte habitantes do planeta não eram livres. O que consola é que as estimativas dos que estão agora em um cativeiro similar à escravidão são menos de um em cada cem. Contra a coerção, o sucesso nunca é definitivo, mas, no começo do século XXI, a escravidão está, em um cômputo milenar, mais uma vez em retrocesso.

15
Os ciclos fatuais e contrafatuais

Durante os últimos cinco séculos, a escravidão ajudou a transformar o mundo enquanto o mundo transformava a escravidão. Nos meados do século XV, quando os europeus se lançam nas explorações marítimas, a escravidão existia nas sociedades altamente estratificadas de todos os continentes. Suas variantes em geral se distinguiam umas das outras pelas grandes diferenças geográficas e culturais. Separadas por oceanos, as duas grandes massas continentais da terra estavam isoladas, e entre elas não havia trocas muito significativas. Os relatos iniciais dos viajantes intercontinentais que passaram por ambas fortalecem a noção de que em todos os lugares havia grandes grupos que viviam em condições extremas de vulnerabilidade e dominação. Mais tarde, nos fins do século XVIII, os geógrafos europeus identificaram inesgotáveis povos escravizáveis em cada uma das grandes subdivisões do planeta. Em proporções variadas, a escravização deles deriva da guerra e do cativeiro, do nascimento, da miséria e da punição criminal. A justificativa racional da instituição também se baseava nesse sentimento de universalidade.

Nos fins do século XV, alguns habitantes do noroeste da Europa notaram com clareza a ausência dessa instituição no pequeno canto da Terra em que viviam. Identificaram a situação em que se encontravam como um fenômeno excepcional, sem quaisquer implicações imediatas para a instituição da escravidão além de seus reinos. As pessoas que saíam dessas zonas de segurança sabiam muito bem que estavam sujeitas à escravização. O "princípio da liberdade" de suas próprias sociedades parecia ser o resultado de um processo raramente marcado por grandes convulsões sociais. A "revolução" peculiar por que passaram se mantinha como "um dos pontos mais obscuros da história moderna", conforme as palavras de Adam Smith.

Durante os três séculos que se seguiram a 1450, o sentimento de excepcionalidade dos europeus a esse respeito foi reforçado pelos movimentos intercontinentais massivos de populações humanas. Como os Estados que estavam nas bordas do Atlântico formaram impérios marítimos e acumularam domínios fora da Europa, suas extensões imperiais tornaram-se profundamente envolvidas com a expansão dos sistemas escravistas. As colônias patrocinadas pelos europeus nos mundos atlântico e índico transformaram a escravidão em uma das mais ricas atividades econômicas da terra. Exceto nelas, em nenhum outro lugar havia arquipélagos de imigração sob coerção convertidos em eficientes organizações de produção. Em nenhuma outra parte havia uma abundância de produtos básicos entregues rapidamente em lugares distantes a um número crescente de consumidores.

Depois de dois séculos de concorrência implacável, os escravos foram axiomaticamente considerados integrantes da riqueza e do poder de todos os impérios que se estendiam pelos oceanos Atlântico e Índico. No século XIX, os europeus e seus governantes tentaram estabelecer ou desenvolver novas zonas de escravidão. Os incentivos econômicos para expandir a escravidão do Novo Mundo foram fortalecidos por suas experiências no Velho Mundo. Em todos os lugares, da África Ocidental ao Japão e no sul da Índia, os europeus encontraram formas de escravidão. E integraram homogeneamente seus próprios povoamentos, suas feitorias e seus impérios marítimos a esses sistemas de escravidão mais antigos.

Os europeus não encontraram, em parte alguma do sul e do oriente, redes de trabalho ou sistemas sociais que os levassem a questionar o juízo sobre a ubiquidade da instituição, formado durante suas explorações seiscentistas.

Durante o último quartel do século XVIII, a escravidão esteve, pela primeira vez, sob um contínuo ataque coletivo. Com o mais agudo sentimento da diferença entre suas povoações domésticas e as que estavam "além da linha", os europeus tornaram-se os pioneiros no questionamento de uma ou outra faceta do sistema. No fim das contas, a estrutura dicotômica real dos impérios europeus transoceânicos desafiou a estrutura transcontinental. Os discursos e os movimentos antiescravistas desenvolveram-se como contramovimentos, que questionavam tanto a expansão quanto a moralidade da instituição. As áreas mais intimamente ligadas à dinâmica econômica e aos bem-sucedidos sistemas de escravidão sofreram o assalto inicial, muito bem sustentado em termos ideológicos, sociais e políticos. Além do mais, à medida que o antiescravismo se espalhava de uma área para outra, a instituição não mostrou sinal de vacilar como um sistema que podia competir com sucesso com qualquer outro sistema de trabalho alternativo que a substituísse. De fato, em um império depois de outro, o início da investida contínua à escravidão ocorreu quando o sistema estava no pico de seu desempenho histórico.

Por isso, o desafio do antiescravismo, fosse ele violento ou não, teria de ser formidável. Os desafiadores formavam fileiras de estadistas e intelectuais europeus e americanos, pessoas ricas e pobres, homens e mulheres, homens livres e escravos, descendentes de africanos e de europeus ou de ambos os grupos. O desenvolvimento do antiescravismo foi muito desigual. Em algumas regiões, houve grandes mobilizações civis, em outras, elas foram pequenas ou na maioria das vezes minúsculas. As mobilizações políticas dos diferentes impérios raramente foram coordenadas. A resistência às iniciativas antiescravistas também foi grande. Uma das mais caras crenças dos abolicionistas do século XIX, a da ineficiência natural da escravidão, era tristemente despropositada. A concordância que havia sobre a inerente ineficiência econômica natural do trabalho escravo foi profundamente afetada. Durante cerca de um século, o pessimismo que persistiu entre a maioria dos donos de escravos foi reforçado em consequência do mau desempenho das economias que experimentaram a abolição.

Os avanços e os recuos do antiescravismo raramente foram coordenados de uma zona imperial para a próxima. Mesmo assim, o primeiro grande ciclo de desafio e de reação (a "era da revolução") reorganizou e definiu com nitidez as fronteiras entre a escravidão e o solo livre. As primeiras órbitas imperiais que experimentaram o choque dos desafios antiescravistas foram também as primeiras a fixar o princípio da liberdade em seus mitos regionais e nacionais – o Direito Consuetudinário inglês, a Declaração de Independência norte-americana, a Declaração dos Direitos do Homem e do Cidadão francesa e as constituições da América espanhola. As memórias de séculos de investimento político e econômico na escravidão foram sepultadas nas histórias do desinvestimento político, militar ou econômico do período ulterior.

Os desafios ocasionaram misturas desiguais de violência e não violência, e os resultados foram igualmente desiguais. Na Europa, a Grã-Bretanha tornou-se a nação e o Estado mais envolvido no apoio contínuo à ação contra a escravidão além das fronteiras formais de seu próprio império. As mobilizações dos abolicionistas britânicos contra o tráfico negreiro atingiram todos os continentes já na década de 1810. Depois disso, o poder econômico e naval capacitou a Grã-Bretanha a aumentar com êxito as coações internacionais contra o tráfico atlântico de escravos até a bem-sucedida conclusão da política, na década de 1860. A essa altura, a longa campanha contra o tráfico no Oceano Índico estava em bom andamento.

Nas terras americanas, os novos Estados independentes espanhóis e anglo-americanos começaram consecutivamente a proibir a futura importação de escravos africanos entre 1807 e a década de 1860. Como a maior parte do sistema de grandes lavouras do Novo Mundo requeria ininterruptas importações da África para manter e aumentar suas populações escravas, o fim dessa fonte de abastecimento condenou tais sistemas à relativa estagnação ou ao declínio. A supressão da instituição, entre as décadas de 1770 e 1880, ocorreu frequentemente dentro de um contexto de mobilizações violentas para outros fins: guerras entre impérios e nações ou guerras internas nos impérios e nas nações. Na América Latina, somente o Brasil efetuou a emancipação sem a concomitante violência revolucionária, civil ou internacional. Por coincidência, a última grande mobilização abolicionista pela emancipação nas Américas ocorreu exatamente um século depois da primeira grande mobilização abolicionista na Europa.

A vitória normativa do antiescravismo tornou-se evidente no pináculo da dominação política europeia ultramarina. A onda do imperialismo europeu, formada na década de 1880, contou formalmente com o assentimento internacional. A existência da escravidão além da linha das nações soberanas "civilizadas" tornou-se o portão moral da dominação, e o antiescravismo tornou-se o padrão-ouro da civilização. Em seus domínios no Hemisfério Oriental, as nações imperiais preferiam agir contra a escravidão fora da esfera pública que havia movimentado o antiescravismo na Europa e no Novo Mundo. No entanto, quando elas se movimentaram para desmantelar essa forma de escravidão, tenderam a agir rapidamente somente contra os aspectos mais disruptivos da instituição, como os raides para obtenção de escravos e a comercialização pública destes. Elas abordaram a instituição indiretamente e com muita cautela. Nas sociedades africanas e asiáticas, os escravos estavam localizados nos centros de riqueza e poder da elite e no interior de seus espaços familiares. Eram eunucos e concubinas, mas também soldados, funcionários, criados, lavradores e artesãos. A instituição da escravidão estava embutida em sociedades com uma pequena quantidade de redes de associações civis e de assembleias políticas. Os poderes imperiais mostraram pouco desejo de incentivar o crescimento de organizações civis e políticas autônomas do tipo das que haviam conduzido os mais poderosos movimentos escravistas no mundo atlântico. Certamente, eles não desejavam, em absoluto, reproduzir os riscos sociais das emancipações ocidentais vindas de baixo, tampouco os custos financeiros das emancipações indenizadas vindas de cima.

Logo depois da última grande redistribuição do território imperial europeu, que se seguiu à Primeira Guerra Mundial, foi criado o Conselho da Escravidão da Liga das Nações, em 1926. Nos meados da década de 1920, a escravidão estava relegada a regiões cada vez menores da África e da Ásia e ao inventário dos flagelos antigos que estavam em vias de desaparecimento. Contudo, o segundo quarto do século XX trouxe recordações traumáticas de que as devastadoras formas massivas de trabalho sob coerção poderiam emergir de novo em qualquer lugar, mesmo na Europa, ou seja, no continente que havia inicialmente sido identificado como o coração do princípio de liberdade. Ela poderia ser reinstituída em contextos de populações abundantes e escassas. A criação do Gulag demonstrou que a degradação extrema e o trabalho sob coerção poderiam ocorrer dentro de uma sociedade comprometida com a supremacia do trabalho e com o acesso da classe trabalhadora ao poder. Na Europa nazista, evidentemente, o antiescravismo foi observado com desprezo por um sistema político que se fundamentava no repúdio radical à igualdade humana. Novos governantes da Europa proclamavam que a escravidão era necessária para a consecução de suas culturas superiores. Por um breve momento, quase toda a Europa foi forçada a oferecer corpos para o império escravista mais rapidamente desenvolvido em toda a história humana. Fora da Europa, a Segunda Guerra Mundial também estimulou a expansão do trabalho sob coerção em grandes zonas afro-asiáticas exploradas.

Afora os ciclos fatuais da escravidão, o significado da crítica antiescravista e de suas realizações também merece ser objeto de atenção. Na ausência de uma agenda global, os mais exitosos assaltos contra a escravidão em todos os lugares continuaram a ser contrabalançados por expansões compensatórias em quaisquer outros lugares. Trabalhadores legalmente contratados por prazo determinado e trabalhadores livres assalariados estavam usualmente em segundo ou terceiro lugar entre as melhores alternativas para os que desejavam recrutar a mão de obra necessária às economias baseadas em grandes propriedades agrícolas. Como David Eltis convincentemente argumenta em relação ao tráfico de escravos, o fluxo transatlântico irrestrito de imigrantes africanos coagidos excedeu ao de europeus livres durante a maior parte do século XIX. Milhões teriam de ser adicionados aos desenraizados, aos traumatizados e aos perdidos durante o trânsito de milhões de africanos, cujos destinos estão registrados no *Banco de Dados do Tráfico Transatlântico de Escravos*.

Ao número virtual de um comércio atlântico irrestrito, outros milhões teriam de ser acrescentados se a supressão do tráfico "oriental" de escravos também tivesse sido protelada. Além do mais, quaisquer que fossem os custos humanos reais da Partilha da África, podemos apenas tentar imaginar um mundo no qual as comportas do imperialismo, nos fins do século XIX, fossem escancaradas antes que o antiescravismo se tornasse uma norma europeia hegemônica. Então, acrescente-se a isso tudo o que a "revolução dos armamentos" e os novos meios de transporte baratos dos fins do século XIX teriam criado naquele continente século XX adentro.

Dificilmente poderíamos deixar de lado o número virtual de uma instituição intacta na África colonial dos fins do século XIX. Meio século de atraso na cronometragem das emancipações de escravos do Novo Mundo teria tido consequências globais devastadoras no século XX. Se a Confederação Sulista tivesse conseguido se separar da União, os custos prováveis de seus escravos teriam sido tomados como equivalentes aos dos escravizados em qualquer outro lugar. A perpetuação do maior Estado escravista do mundo certamente diminuiria as pressões por emancipações rápidas fora da América do Norte. Mesmo sem o expansionismo de uma Confederação escravista, as restantes economias latino-americanas baseadas na escravidão racial poderiam facilmente perdurar ao logo do século XX.

Apenas três gerações depois da supressão do tráfico transatlântico e da abolição da escravidão nos Estados Unidos, a própria Europa foi reorganizada a partir da hierarquia racial institucionalizada. O programa de seus governantes incluía às claras a eliminação e a escravização das raças inferiores. Tal como era, a Alemanha foi capaz de tentar exercer a dominação sobre a Eurásia. Que impacto os dois principais governos escravistas do Novo Mundo poderiam ter na história do século XX depois da emergência e da expansão de um Estado europeu institucionalmente organizado para a escravização em massa e para a aniquilação?

A estimativa do possível impacto de robustas sociedades escravistas do Novo Mundo no ressurgimento da escravidão no Velho Mundo poderia contar com muitos resultados contingentes para ser contrafatualmente convincente. De qualquer modo, podemos ao menos admitir como hipótese que a existência das principais sociedades escravistas das Américas do século XIX, e talvez as do mundo afro-asiático, dificilmente seria suficiente para conter o crescimento do racismo europeu durante o meio século do "mais forte imperialismo", da década de 1880 à de 1930. Qualquer Estado autoritário hierárquico que aparecesse no Velho Mundo, fosse na Europa, na África ou no Extremo Oriente, certamente teria atraído a atenção ou, pelo menos, despertado a neutralidade benevolente de seus equivalentes das Américas. Haveria muito menos Novo Mundo livre em vigor para corrigir os erros do Velho Mundo.

Nesse sentido, depois de um século de existência, as realizações globais do antiescravismo deixaram dois legados indeléveis. No curso do primeiro século e meio (de 1770 até a década de 1920), ele destruiu ou restringiu severamente uma instituição que havia devastado e abreviado a vida de dezenas de milhões de seres humanos em dois hemisférios; nos meados do século XX, ele foi bem-sucedido ao reafirmar que a escravidão estava no topo da lista das práticas condenadas pela Declaração Universal dos Direitos Humanos. Por mais de sessenta anos, a revivificação da escravidão foi mantida além dos limites dos sonhos de qualquer movimento contemporâneo ou da ambição de qualquer Estado. De modo retórico, a escravidão permanece como uma má escolha para qualquer movimento ou para qualquer governo que procure mobilizar sentimentos contra práticas de exploração e de dominação coercitiva em qualquer lugar do mundo. E a história da redução da escravidão permanece como um modelo de empreendimento comparativo para todos os que desejam ampliar o campo dos direitos humanos.

Referências[1]

A[LLEN], W[illiam]. *The Duty of Abstaining from ... West India Produce...* January 12, 1792. London: 1792.

ADDERLEY, R. M. *New Negroes from Africa*: Slave Trade Abolition and Free African Settlement in the Nineteenth-Century Caribbean. Bloomington: Indiana University Press, 2006.

ADELMAN, J. *Sovereignty and Revolution in the Iberian Atlantic*. Princeton: Princeton University Press, 2006.

AKURANG-PARRY, K. O. We Shall Rejoice to See the Day when Slavery Shall Cease to Exist: *The Gold Coast Times*, The African Intelligentsia, and Abolition in the Gold Coast. *History in Africa*, v.31, 2004.

_____. "A Smattering of Education" and Petitions as Sources: A Study of African Slaveholders Responses to Abolition in the Gold Coast Colony, 1874-75. *History in Africa*, n.27, 2000.

ALLEN, M. T. *The Business of Genocide*: The SS, Slave Labor and the Concentration Camps. Chapel Hill: University of North Carolina Press, 2002.

ALLEN, R. B. Licentious and Unbridled Proceedings: The Illegal Slave Trade to Mauritius and the Seychelles During the Early Nineteenth Century. *Journal of African History*, n.42, 2001.

---

1   As informações entre colchetes são acréscimos desta edição brasileira. (N. E.)

ALLEN, R. B. *Slaves, Freedmen and Indentured Servants in the British Caribbean*. Philadelphia: University of Pennsylvania Press, 1988.

ALPERS, E.; CAMPBELL, G.; SALMAN. M. (Eds.). *Slavery and Resistance in Africa and Asia*; *Abolition and its Aftermath in Indian Ocean Africa and Asia*. London: Routledge, 2007.

ANDREWS, G. R. *Afro-Latin America 1800-2000*. New York: Oxford University Press, 2004.

_____. *Afro-Argentines in Buenos Aires, 1800-1900*. Madison: University of Wisconsin Press, 1980.

AÑOVEROS, J. M. G. *El pensamiento y los argumentos sobre la esclavitud en Europa en el siglo XVI y su aplicación a los indios americanos y a los negros africanos*. Madrid: Consejo Superior de Investigaciones Científicas, 2000.

ANSTEY, R. The Pattern of British Abolitionism in the Eighteenth and Nineteenth Centuries. In: BOLT, C.; DRESCHER, S. (Eds.). *Anti-Slavery, Religion and Reform*. Folkstone: Dawson, 1980.

_____. *The Atlantic Slave Trade and British Abolition 1760-1810*. Atlantic Highlands (NJ): Humanities Press, 1975.

APPLEBAUM, A. *Gulag*: A History. New York: Random House, 2003.

ARISTÓTELES. *The Politics of Aristotle*. Trad.: Ernest Barker. Oxford: Clarendon Press, 1948.

ARMITAGE, D. John Locke, Carolina, and the Two Treatises of Government. *Political Theory*, v.35, n.5, out. 2004.

ASIEGBU, J. U. J. *Slavery and the Politics of Liberation, 1787-1861*: A Study of Liberated African Emigration and British Anti-Slavery Policy. New York: Africana Publishing Corporation, 1969.

ATLAS MARITIMUS and Commercialis, or, a general view of the world... London: James and John Knapton, 1728.

AUSTEN, R. A. The Mediterranean Islamic Slave Trade out of Africa: A Tentative Census. *Slavery and Abolition*, v.13, n.1, 1992.

_____. The 19th Century Islamic Trade from East Africa (Swahili and Red Sea Coasts): A Tentative Census. *Slavery and Abolition*, v.9, n.3, 1988.

_____. *African Economic History*: Internal Development and External Dependency. London: James Currey, 1987.

AYLMER, G. E. Slavery Under Charles II: The Mediterranean and Tangier. *English Historical Review*, v.144, n.456, 1999.

BAKER, J. H. Personal Liberty under the Common Law. In: DAVIS, R. W. (Ed.). *The Origins of Modern Freedom in the West*. Stanford: Stanford University Press, 1995.

BALES, K. *Disposable People*: New Slavery in the Global Economy. Berkeley: University of California Press, 1999/2004.

BARKER, A. J. *Slavery and Antislavery in Mauritius, 1810-1833*: The Conflict Between Economic Expansion and Humanitarian Reform under British Rule. New York: St. Martin's Press, 1996.

_____. *The African Link*: British Attitudes to the Negro in the Era of the Atlantic Slave Trade, 1550-1807. London: Frank Cass, 1978.

BARMAN, R. *Citizen Emperor*: Pedro II and the Making of Brazil, 1825-1891. Stanford: Stanford University Press, 1999. [Ed. bras.: *Imperador cidadão*: D.Pedro II e a construção do Brasil, 1825-1891. São Paulo: Unesp, no prelo.]

BARNES, S. A. In a Manner Befitting Soviet Citizens: An Uprising in the Post-Stalin Gulag. *Slavic Review*, v.64, n.4, 2005.

_____. All for the Front, All for Victory!: The Mobilization of Forced Labor in the Soviet Union during World War Two. *International Labor and Working Class History*, n.58, 2000.

BECKLES, H. McD. Emancipation by Law or War? Wilberforce and the 1816 Barbados Slave Rebellion. In: RICHARDSON, D. (Ed.). *Abolition and its Aftermath*: The Historical Context. London: Frank Cass, 1985.

BEHRENDT, S. D.; ELTIS, D.; RICHARDSON, D. The Costs of Coercion: African Agency in the Pre-modern Atlantic World. *Economic History Review*, v.54, n.3, 2001.

BELL, D. A. *The First Total War*: Napoleon's Europe and the Birth of Warfare as We Know It. Boston: Houghton Mifflin, 2007.

BELZ, H. *The Webster-Hayne Debate on the Nature of the Union*: Selected Documents. Indianapolis: Liberty Fund, 2000.

BENDER, T. (Ed.). *The Antislavery Debate*: Capitalism and Abolition as a Problem in Historical Interpretation. Berkeley: University of California Press, 1992.

BENEZET, A. *A Short Account of that Part of Africa Inhabited by the Negroes*. Philadelphia: 1762.

BENNASSAR, B.; BENNASSAR, L. *Les Chrétiennes d'Allah*: L'histoire extraordinaire des renégats – XVIe et XVIIe siècles. Paris: Perrin, 1957.

BENOIT, J. L'indemnité coloniale de Saint-Domingue et la question des repatries. *Revue Historique*, v.246, n.2, 1971.

BENOT, Y. The Chains of Slave Insurrections in the Caribbean, 1789-1791. In: DORIGNY, M. (Ed.). *The Abolitions of Slavery from L. F. Sonthonax to Victor Schoelcher, 1793, 1794, 1848*. New York: Berghahn Books, 2003.

_____. *La Révolution Française et la fin des colonies*. Paris: La Découverte, 1998.

_____. Bonaparte et la Démence Coloniale (1799-1804). In: MARTIN, M. L.; YACOU, A. (Eds.). *Mourrir pour les Antilles*: Indépendance nègre ou l'esclavage (1802-1804). Paris: Éditions Caribéennes, 1991.

BENTON, L. *Law and Colonial Cultures*: Legal Regimes in World History. New York: Cambridge University Press, 2002.

BENTON, W. E.; GRIMM, G. (Eds.). *The Judgements of the Nuremberg*: German Views of the War Trials. Dallas: Southern Methodist University Press, 1955

BERGAD, L. W. *The Comparative Histories of Slavery in Brazil, Cuba, and the United States*. New York: Cambridge University Press, 2007.

_____. et al. *The Cuban Slave Market, 1790-1880*. New York: Cambridge University Press, 1995.

BERLIN, I. *Many Thousands Gone*: The First Two Centuries of Slavery in North America. Cambridge: Harvard University Press, 1998.

BERNARD, J. Original Themes of Voluntary Moralism: The Anglo-American Reformation of Manners. In: HALTTUNEM, K.; PERRY, L. (Eds.). *Moral Problems in American Life*: New Perspectives in Cultural History. Ithaca: Cornell University Press, 1998.

BETHELL, L. *Brazil, Empire and Republic, 1822-1930*. Cambridge: Cambridge University Press, 1989.

_____. *The Abolition of the Brazilian Slave Trade*: Britain, Brazil and the Slave Trade Question 1807-1869. Cambridge: Cambridge University Press, 1970. [Ed. bras.: *Abolição do tráfico de escravos no Brasil* – A Grã-Bretanha, o Brasil e a questão do tráfico de escravos. Rio de Janeiro: Expressão e Cultura/Edusp, 1976.]

BETHELL, L.; CARVALHO, J. M. Brazil from Independence to the Middle of the Nineteenth Century. BETHELL, L. (Ed.). *The Cambridge History of Latin America, From Independence to c. 1870*. v.3. [Ed. bras.: *História da América Latina*: da Independência até 1870. São Paulo: Imprensa Oficial/Edusp/Funag, 2001. v.III.]

BLACK, E. *The Association*: British Extraparliamentary Political Organization, 1769-1793. Cambridge: Harvard University Press, 1963.

BLACKBURN, R. *The Making of New World Slavery*: From the Baroque to the Modern 1492-1800. London: Verso, 1997. [Ed. bras.: *A construção do escravismo colonial*: do barroco ao moderno (1492-1800). Rio de Janeiro: Record, 2002.]

_____. *The Overthrow of Colonial Slavery, 1776-1848*. London: Verso, 1988. [Ed. bras.: *A queda do escravismo colonial* – 1776-1848. Rio de Janeiro: Record, 2002.]

BLACKETT, R. *Building an Antislavery Wall*: Black Americans in the Atlantic Abolitionist Movement 1830-1860. Ithaca: Cornell University Press, 1989.

BLAKELY, A. *Blacks in the Dutch World*: The Evolution of Racial Imagery in a Modern Society. Bloomington: Indiana University Press, 1993.

BLANCHARD, P. *Under the Flags of Freedom*: Slave Soldiers and the Wars of Independence in Latin America. Pittsburgh: University of Pittsburgh Press, 2008.

_____. *Slavery and Abolition in Early Republican Peru*. Wilmington: Scholarly Resources, 1992.

BLASSINGAME, J. W. (Ed.). *The Frederick Douglass Papers. Speeches, Debates and Interviews*. New Haven: Yale University Press, 1979-1992. 5v.

BLAUFARB, R. The Western Question: The Geopolitics of Latin American Independence. *American Historical Review*, v.112, n.3, 2007.

BLOME, R. *A Geographical Description of the Four Parts of the World, Taken from... the Famous Monsieur Sanson... also a Treatise of Travel*. London: 1670-1683 (1645).

_____. *The Merchants Mappe of Commerce*. London: 1638.

BLUMENTHAL, D. G. *Implements of Labor, Instruments of Honor*: Muslim, Eastern and Black African Slaves in Fifteenth-Century Valencia. PhD thesis, University of Toronto, n.951, 2000.

BOLSTER, W. J. *Black Jacks*: African American Seamen in the Age of Sail. Cambridge: Harvard University Press, 1997.

BOULE, P. H. Racial Purity of Legal Clarity? The Status of Black Residents in Eighteenth-Century France. *Journal of the Historical Society*, v.6, n.1, mar. 2006.

BOXER, C. R. *Race Relations in the Portuguese Colonial Empire, 1415-1825*. Oxford: Clarendon Press: 1963. [Ed. bras: *Relações raciais no império colonial* português. Rio de Janeiro: Tempo Brasileiro, 1967.]

BRADLEY, J. *Religion, Revolution and English Radicalism*: Nonconformity in Eighteenth Century Politics and Society. Cambridge University Press, 1990.

BRADLEY, K. *Slavery and Society at Rome*. New York: Cambridge University Press, 1994.

BRADLEY, P. *Slavery, Propaganda and the American Revolution*. Jackson, MS: University Press of Mississippi, 1998.

BRAUDE, B. Michelangelo and the Curse of Ham: From Typology of Jew-Hatred to a Genealogy of Racism. In: BENDER, P. D.; TAYLOR, G. (Eds.). *Writing Race Across the Atlantic World*. London: Palgrave, 2005.

BROOKES, G. S. *Friend Anthony Benezet*. London: Oxford University Press, 1937.

BROWN, C. L. The British Government and the Slave Trade: Early Parliamentary Enquiries, 1713-1783. In: FARRELL, S.; UNWIN, M.; WALVIN, J. (Eds.). *The British Slave Trade*: Abolition, Parliament and People. Edinburgh: Edinburgh University Press, 2007.

_____. *Moral Capital*: Foundations of British Abolitionism. Chapel Hill: University of North Carolina Press, 2006.

BROWNING, C. *Nazi Policy, Jewish Workers, German Killers*. Cambridge: Cambridge University Press, 2000.

BUCKLEY, R. N. *Slaves in Red Coats*: The British West India Regiments, 1795-1815. New Haven: Yale University Press, 1979.

BUESCU, M. Regional Inequalities in Brazil During the Second Half of the Nineteenth Century. In: BAIROCH, P.; LEVY-LEBOYER, M. (Eds.). *Disparities in Economic Development Since the Industrial Revolution*. New York: St. Martin's Press, 1981-1985.

BULLOCK, A. *Hitler and Stalin*: Parallel Lives. New York: Random House, 1991.

BURIN, E. *Slavery and the Peculiar Solution*: A History of the American Colonization Society. Gainesville: University Press of Florida, 2005.

BURNARD, T. R. Prodigious Riches: The Wealth of Jamaica before the American Revolution. *Economic History Review*, v.54, n.3, 2001.

BUSH, J. A. The British Constitution and the Creation of American Slavery. In: FINKELMAN, P. (Ed.). *Slavery and the Law*. Madison: Madison House, 1997.

BYNKERSHOEK, van C. *Quaestionum Juris Publici*. Tradução de 1737 e edição de Tenny Frank. Libre Duo. Oxford, 1930. 2v.

CABANIS, A.; MARTIN, M. L. L'Independence d'Haiti devant l'opinion publique française sous le consulat et l'empire: ignorance et malentendus. In: MARTIN, M. L.;

YACOU, A. *Mourir pour les Antilles*: independence nègre ou l'esclavage, 1802-1804. Paris: Éditions Caribéennes, 1991.

CAMPBELL, G. *The Sctruture of Slavery in Indian Ocean Africa and Asia*. London: Frank Cass, 2004.

_____. Unfree Labour and the Significance of Abolition in Madagascar, c. 1825-97. In: _____. (Ed.). *Abolition and its Aftermath in Asia and the Indian Ocean World*. London: Frank Cass, 2004.

_____. (Ed.). Introduction. In: _____. (Ed.). *Abolition and its Aftermath* in Asia and the Indian Ocean World. London: Frank Cass, 2004.

_____.; ALPERS, E. A. Introduction: Slavery, Forced Labour and Resistance in Indian Ocean Africa and Asia. In: CAMPBELL, G.; ALPERS, E. A.; SALTMAN, M. (Eds.). *Slavery and Abolition*, v.25, n.2, ago. 2004.

CAMPBELL, G.; MIERS, S.; MILLER, J. (Eds.). *Women and Slavery*. Athens (OH): Ohio University Press, 2007-2008. 2v.

CAMPBELL, J. *Candid and Impartial Considerations on the Nature of the Sugar Trade*. London: 1763.

CAPP, B. *Cromwell's Navy:* The Fleet and the English Revolution, 1648-1660. Oxford: Clarendon Press, 1989.

CARLTON, C. *Going to the Wars*: The Experience of the British Civil Wars 1638-1651. London: Routledge, 1992.

CARRETTA, V. *Equiano the African*: Biography of a Self-Made Man. Athens (GA): University of Georgia Press, 2005.

_____. (Ed.). *Unchained Voices*: An Anthology of Black Authors in the English-Speaking World of the Eighteenth Century. Lexington: University Press of Kentucky, 1996.

_____.; LOVEJOY, P. E.; SENSBACH, J. Olaudah Equiano, The South Carolinian? A Forum. *Historically Speaking*, v.VII, n.3, jan.-fev. 2006.

CARRINGTON, S. H. H. *The Sugar Industry and the Abolition of the Slave Trade, 1775-1810*. Gainesville: University Press of Florida, 2002.

_____. *The British Caribbean during the American Revolution*. Dordrecht: Foris Publications, 1988.

CARTER, M. *Servants, Sidars and Settlers*: Indians in Mauritius, 1834-1874. New York: Oxford University Press, 1995.

CARTER, S. B. et al. (Eds.). *Historical Statistics of the United States*: Government and International Relation. v.5. Cambridge: Cambridge University Press, 2006.

CASSANELLI, L. V. The Ending of Slavery in Italian Somalia: Liberty and the Control of Slavery. In: MIERS, S.; ROBERTS, R. (Eds.). *The End of Slavery in Africa*. Madison: University of Wisconsin Press, 1988.

CASTILHO, C. T. *Abolitionism Matters*: The Politics of Antislavery in Pernambuco, Brazil, 1869-1888. Ph.D. Dissertation, University of California, Berkeley, 2008.

CATTERALL, H. T. (Ed.). Cartwright's Case (Rushworth, 1569). *Judicial Cases Concerning American Slavery and the Negro*. v.I. Washington: Carnegie Institution of Washington, 1926-1937. 5v.

CHARTER, K. Black People in England, 1660-1807. In: FARRELL, S.; UNWIN, M.; WALVIN, J. (Eds.). *The British Slave Trade*: Abolition, Parliament and People. Edinburgh: Edinburgh University Press, 2007.

CHATERJEE, I. Abolition by Denial: the South Asian Example. In: CAMPBELL, G. (Ed.). *Abolition and its aftermath in Indian Ocean Africa and Asia*. London: Frank Cass, 2004.

_____. *Gender, Slavery and Law in Colonial India*. New Delhi: Oxford University Press, 2002.

CHILD, J. *A New Discourse of Trade*. London: John Everingham, 1698.

CHOQUETTE, L. *Frenchmen into Peasants*: Modernity and Tradition in the Peopling of French Canada. Cambridge (MA): Harvard University Press, 1997.

CHRISTIE, I. R. *Wilkes, Wyvell and Reform*: The Parliamentary Reform Movement in British Politics, 1760-1785. London: Macmillan, 1962.

CLARENCE-SMITH, W. G. *Islam and the Abolition of Slavery*. Oxford: Oxford University Press, 2006.

_____. Islam and the Abolition of the Slave Trade and Slavery in the Indian Ocean. In: CAMPBELL, G. (Ed.). *Abolition and its aftermath in Indian Ocean Africa and Asia*. London: Frank Cass, 2004.

_____.; AUSTEN, R. *The Economics of the Indian Ocean Trade in the Nineteenth Century*. London: Routledge, 1989.

CLARK, P. *British Clubs and Societies, 1580-1800*. Oxford: Clarendon Press, 2002.

CLARKSON, T. *The History of the Rise, Progress and Accomplishment of the Abolition of the African Slave-Trade by the British Parliament*. London: Longman, Hurst, Ress and Orme, 1808. 2v.

_____. *The True State of the Case, Respecting the Insurrection at St. Domingo*. Ipswich: J. Bush, 1792.

_____. *Essai sur les désavantages politiques de la traite des nègres em deux parties... Precede de l'extrait de l'essai sur le commerce de l'espèce humaine, du meme autheur, traduit de l'Anglais par M. Gramagnac*. Neufchâtel, 1789.

_____. *Essay on the Impolicy of the African Slave Trade*. London: J. Phillips, 1788.

COATES, T. J. *Convicts and Orphans*: Forced and State-Sponsored Colonizers in the Portuguese Empire 1550-1775. Stanford: Stanford University Press, 2001.

COBBET'S PARLIAMENTARY HISTORY. v.18, 15 out. 1775, London: Bagshaw, 1806.

COLEMAN JR., S. J. Gradual Abolition or Immediate Abolition of Slavery: The Political, Social and Economic Quandary of Emperor Haile Selassie I. *Slavery and Abolition*, v.29, n.1, 2008.

COLLEY, L. *Captives*. New York: Pantheon Books, 2002.

_____. *Britons*: Forging the Nation 1707-1837. New Haven: Yale University Press, 1992.

COLQUHOUN, P. *Treatise on the Wealth, Power and Resources of the British Empire*. London: J. Mawman, 1815.

CONKLIN, A. L. *A Mission to Civilize*: The Republican Idea of Empire in France and West Africa, 1895-1930. Stanford: Stanford University Press, 1997.

CONRAD, R. E. (Ed.). *Children of God's Fire*: A Documentary History of Slavery in Brazil. Princeton: Princeton University Press, 1983.

_____. *The Destruction of Brazilian Slavery 1850-1888*. Berkeley: University of California Press, 1972. [Ed. bras.: *Os últimos anos da escravatura no Brasil*. Rio de Janeiro: Civilização Brasileira, 1975.]

CONSIDERATIONS ADDRESSED TO PROFESSORS OF CHRISTIANITY. London: 1792.

CONWAY, S. *The British Isles and the War of American Independence*. Oxford: Oxford University Press, 2000.

COOPER, F. *Plantation Slavery on the East Coast of Africa*. Portsmouth: Heinemann, 1997.

_____. *Decolonization and African Society: The Labor Question in French and British Africa*. New York: Cambridge University Press, 1996.

_____. The Senegalese General Strike of 1946 and the Labor Question in French Africa. *Canadian Journal of African Studies*, v.24, 1990.

_____. *From Slaves to Squatters*: Plantation Labor and Agriculture in Zanzibar and Coastal Kenya, 1890-1925. New Haven: Yale University Press, 1980.

_____. et al. *Beyond Slavery: Explorations of Race, Labor, and Citizenship in Post--emancipation Societies*. Chapel Hill: University of North Carolina Press, 2000.

CORWIN, A. F. *Spain and the Abolition of Slavery in Cuba, 1817-1886*. Austin: University of Texas Press, 1967.

COSTA, E. V. *Crowns of Glory, Tears of Blood*: The Demerara Slave Rebellion of 1823. New York: Oxford University Press, 1997. [Ed. bras.: *Coroas de glória, lágrimas de sangue*: a rebelião dos escravos de Demerara em 1823. São Paulo: Companhia das Letras, 1998.]

_____. *The Brazilian Empire*: Myths and Histories. Chicago: Dorsey, 1985.

_____. The Portuguese African Slave Trade: A Lesson in Colonialism. *Latin American Perspectives*, v.12, n.1, 1985.

_____. *Da senzala à colônia*. São Paulo: Livraria Editora Ciências Humanas, 1982.

COUPLAND, R. *Wilberforce*: A Narrative. London: Colline, 1945.

CRATON, M. *Testing the Chains*: Resistance to Slavery in the British West Indies. Ithaca: Cornell University Press, 1982.

CRATON, M.; WALVIN, J.; WRIGHT, D. (Eds.). *Slavery, Abolition and Emancipation*. London: Longman, 1976.

CURTIN, P. D. *The Atlantic Slave Trade*: A Census. Madison: University of Wisconsin Press, 1969.

_____. Epidemiology and the Slave Trade. *Political Science Quartely*, v.83, 1966.

_____. *The Image of Africa*: British Ideas and Actions, 1780-1850. Madison (WI): University of Wisconsin Press, 1964.

DAGET, S. A Model of the French Abolitionist Movement and its Variations. In: BOLT, C.; DRESCHER, S. *Anti-Slavery, Religion, and Reform*. Folkestone (U. K. and Hamden CT): Dawson: Archon, 1980.

DAL LAGO, E.; KATSARI, C. (Eds.). *Slave Systems*: Ancient and Modern. Cambridge: Cambridge University Press, 2008.

DAVIES, C. S. L. Slavery and Protector Somerset: The Vagrancy Act of 1547. *Economic History Review*, v.1-3, 1966.

DAVIES, R. W. *The Socialist Offensive:* The Collectivization of Agriculture. Cambridge: Harvard University Press, 1980.

DAVIS, D. B. Blacks: Damned by the Bible. *New York Review of Books*, 16 nov. 2006.

_____. *Inhuman Bondage:* The Rise and Fall of Slavery in the New World. New York: Oxford University Press, 2006.

_____. *Slavery and Human Progress*. New York: Oxford University Press, 1984.

_____. The Idea of Progress and the Limits of Moral Responsibility. In: _____. *Slavery and Human Progress*. New York: Oxford University Press, 1984.

_____. American Slavery and the American Redution. In: BERLIN, I.; HOFFMAN, R. *Slavery and Freedom in the Age of Revolution*. Charlottesville (VA): University Press of Virginia, 1983.

_____. *The Problem of Slavery in the Age of Revolution*. Ithaca (NY): Cornell University Press, 1975.

_____. *The Problem of Slavery in Western Culture*. Ithaca: Cornell University Press, 1958. (Ed. rev.: Oxford University Press, 1988.) [Ed. bras.: *O problema da escravidão da cultura ocidental*. Rio de Janeiro: Civilização Brasileira, 2001.]

DAVIS, K. Sovereign Subjects, Feudal Law, and the Writing of History. *Journal of Medieval and Early Modern Studies*, v.36, n.2, 2006.

_____. *The Population of India and Pakistan*. Princeton: Princeton University Press, 1951.

DAVIS, R. C. *Christian Slaves, Muslim Masters*: White Slavery in the Mediterranean, the Barbary Coast, and Italy, 1500-1800. New York: Palgrave Macmillan, 2003.

_____. Counting European Slaves on the Barbary Coast. *Past and Present*, v.172, 2001.

DAVIS, R. *The Industrial Revolution and British Overseas Trade*. Leicester: Leicester University Press, 1979.

DEAN, W. *The Industrialization of São Paulo, 1880-1945*. Austin: University of Texas Press, 1969. [Ed. bras.: *A industrialização em São Paulo, 1880-1945*. São Paulo: Difel, 1971.]

DEBBASCH, Y. *Couler et liberté*: Le jeu du critère ethnique dans un ordre juridique esclavagiste. Paris: Dalloz, 1967.

DEBIEN, G. *Les colons de Saint-Domingue et la Révolution Française*: Essai sur le Club Massiac (août 1789-août 1792). Paris: A. Colin, 1953.

DENEVAN, W. N. (Ed.). *The Native Population of the Americas in 1492.* 2.ed. Madison: University of Wisconsin Press, 1992.

DEUTSCH, J.-G. *Emancipation without Abolition in German East Africa c. 1884-1914* Athens (OH): Ohio University Press, 2006.

DILLON, M. *Slavery Attacked: Southern Slaves and their Allies.* Baton Rouge: Louisiana State University Press, 1990.

DIXON, P. F. *The Politics of Emancipation: The Movement for the Abolition of Slavery in the British West Indies, 1807-1833.* Ph.D., Oxford University, 1971.

DIXON, W. *Diary of a Visit to Scotland*, January 5th-March 19th, 1792.

DOHM, C. W. *On the Civic Improvement of the Jews.* 1781.

DONOGUE, J. Radical Republicanism in England, America, and the Imperial Atlantic, 1624-1661. Ph. D. Thesis, University of Pittsburgh, 2005.

DORIGNY, M. Mirabeau and the Societé des Amis des Noirs: Which Way to Abolish Slavery? In: _____. (Ed.). *The Abolitions of Slavery from L. F. Sonthonax to Victor Schoelcher, 1793, 1794, 1848.* New York: Berghahn Books, 2003.

DORSEY, J. C. *Slave Traffic in the Age of Revolution*: Puerto Rico, West Africa and the non-Hispanic Caribbean. Gainesville: University Press of Florida, 2003.

DRESCHER, S. Public Opinion and Parliament in the Abolition of the Slave Trade. In: FARRELL, S.; UNWIN, M.; WALVIN, J. (Eds.). *The British Slave Trade: Abolition, Parliament and People.* Edinburgh: Edinburgh University Press: 2007.

_____. Women's Mobilization in the Era of Slave Emancipations: Some Comparisons. In: SKLAR, K. K. et al. *Women's Rights and Transatlantic Antislavery in the Era of Emancipation.* New Haven: Yale University Press, 2007.

_____. Women's Mobilization in the Era of Slave Emancipation: Some Anglo-French Comparisons. In: SKLAR, K. K.; STEWART, J. B. (Eds.). *Sisterhood and Slavery.* New Haven: Yale University Press, 2006.

_____. The Fragmentation of Atlantic Slavery and the British Intercolonial Slave Trade. In: JOHNSON, W. (Ed.). *The Chattel Principle*: Internal Slave Trades in the Americas. New Haven: Yale University Press, 2004.

_____. White Atlantic? The Choice for African Slave Labor in the Plantation Americas. In: ELTIS, D.; LEWIS, F. D.; SOKOLOFF, K. L. (Eds.). *Slavery in the Development of the Americas.* New York: Cambridge University Press, 2004.

_____. *The Mighty Experiment*: Free Labor *versus* Slavery in British Slave Emancipation. New York: Oxford University Press, 2002.

_____. Jews and New Christians in the Atlantic Save Trade. In: BERNARDINI, P.; FIERING, N. (Eds.). *The Jews and the Expansion of Europe to the West, 1450-1800.* New York: Berghahn Books, 2001.

_____. *From Slavery to Freedom*: Comparative Studies in the Rise and Fall of Atlantic Slavery. New York: NYU Press, 1999.

_____. The Atlantic Slave Trade and the Holocaust: A Comparative Analysis. In: _____. *From Slavery to Freedom*: Comparative Studies in the Rise and Fall of Atlantic Slavery. New York: New York University Press, 1999.

_____. The Long Goodbye: Dutch Capitalism and Antislavery in Comparative Perspective. In: _____. *From Slavery to Freedom*: Comparative Studies in the Rise and Fall of Atlantic Slavery. New York: NYU Press, 1999.

_____. Moral Issues. In: DRESCHER, S.; STANLEY, L. E. (Eds.). *A Historical Guide to World Slavery*. New York: Oxford University Press, 1998.

_____. Capitalism and Slavery After Fifty Years. *Slavery and Abolition*, v.18. n.3, 1997.

_____. Whose Abolition?: Popular Pressure and the Ending of the British Slave Trade. *Past and Present*, n.143, maio 1994.

_____. People and Parliament: The Rhetoric of the British Slave Trade. *Journal of Interdisciplinary History*, v.20, n.4 (primavera de 1990).

_____. Manumission in a Society Without Slave Law. *Slavery and Abolition*, v.10, n.3, 1989.

_____. The Slaving Capital of the World: Liverpool and National Opinion in the Age of Revolution. *Slavery and Abolition*, v.9, n.2, set. 1988.

_____. Brazilian Abolition in Comparative Perspective. *Hispanic American Review*, v.68, n.3, 1988. [Ed. bras.: A abolição brasileira em perspectiva comparativa, *História Social* (Unicamp), n.2, 1995.]

_____. *Capitalism and Antislavery*: British Mobilization in Comparative Perspective. New York: Oxford University Press, 1987.

_____. The Great Escape: The Migration of Female Indentured Servants from British India to Surinam, 1873-191. In: RICHARDSON, D. *Abolition and its Aftermath*: The Historical Context of British Abolition. London: Frank Cass, 1985.

_____. The Historical Context of British Abolition. In: RICHARDSON, D. (Ed.). *Abolition and its Aftermath*: The Historical Context of British Abolition. London: Frank Cass, 1985.

_____. Public Opinion and Parliament in the Abolition of the Slave Trade. In: WALVIN, J. (Ed.). *Slavery and British Society*. London: Macmillan, 1982.

_____. Cart Whip and Billy Roller: Antislavery and Reform Symbolism in Industrializing Britain. *Journal of Social History*, n.15, 1981.

_____. Two Variants of Anti-Slavery: Religious Organization and Social Mobilization in Britain and France, 1780-1870. In: BOLT, C.; DRESCHER, S. *Anti-Slavery, Religion, and Reform*. Folkestone (U. K. and Hamden CT): Dawson/Archon, 1980.

_____. *Econocide*: British Slavery in the Era of Abolition. Pittsburgh: University of Pittsburgh Press, 1977.

_____. (Ed.). *Tocqueville and Beaumont on Social Reform*. New York: Harper and Row, 1968.

_____. *Dilemmas of Democracy*. Pittsburg: University of Pittsburgh Press, 1968.

_____. Civilizing and Insurgency: Two Variantes of Slave Revolts. In: DRESCHER, S.; EMMER, P. C. (Eds.). *Who Abolished Slavery?* Slave Revolts and Abolitionism. (No prelo).
_____. *Tocqueville and England.* Cambridge: Harvard University Press, 1964.
DUBOIS, L. *A Colony of Citizens*: Revolution and Slave Emancipation in the Slave Caribbean 1787-1804. Chapel Hill: University of North Carolina Press, 2004a.
_____. *Avengers of the New World.* London: Belknap Press, 2004b.
DUFFY, M. *The Younger Pitt.* New York: Longman, 2000.
_____. *Soldiers, Sugars and Sea-power*: The British Expeditions to the West Indies and the War Against Revolutionary France. Oxford: Clarendon Press: 1997.
_____. The French Revolution and British Attitudes to the West Indian Colonies. In: GASPAR, D. B.; GEGGUS, D. P. (Eds.). *A Turbulent Time:* The French Revolution and the Greater Caribbean. Bloomington (IN): Indiana University Press, 1997.
DUMETT, R.; JOHNSON, M. Britain and the Suppression of Slavery in the Gold Coast Colony, Ashanti, and the Northern Territories. In: MIERS, S.; ROBERTS, R. (Eds.). *The End of Slavery in Africa.* Madison: University of Wisconsin Press, 1988.
DUNN, R. S. *Sugar and Slaves*: The Rise of the Planter Class in the English West Indies 1624-1714. New York: W. W. Norton, 1972.
DWORK, D.; PELT, R. J. van. *Auschwitz 1270 to the Present.* New York: W. W. Norton, 1996.
EDDY, J. J. *Britain and the Australian Colonies, 1818-1831*: The Technique of Government. Oxford: Clarendon Press, 1969.
EDWARDS, J. (Ed.). *The Jews in Western Europe 1400-1600.* Manchester: Manchester University Press, 1994.
EHRARD, J. Slavery before the Moral Conscience of the French Enlightenment: Indifference, Unease, Revolt. In: DORIGNY, M. (Ed.). *The Abolitions of Slavery from L. F. Sonthonax to Victor Schoelcher, 1793, 1794, 1848.* New York: Berghahn Books, 2003.
EHRMAN, J. *The Younger Pitt*: The Years of Acclaim. New York: E. P. Dutton, 1969.
EINHORN, S. L. *American Taxation American Slavery.* Chicago: University of Chicago Pres, 2007.
EISENBERG, J. Cultural Encounters, Theoretical Adventures: The Jesuit Missions to the New World and the Justification of Voluntary Slavery. *History of Political Thought*, v.XXIV, n.3, 2003.
EISENBERG, P. L. A mentalidade dos fazendeiros no congresso agrícola de 1878. In: AMARAL, J. R. do (Ed.). *Modos de produção e realidade brasileira.* Petrópolis: Vozes, 1980.
EKMAN, E. Sweden, the Slave Trade and Slavery 1784-1847. *Revue Française d'histoire d'outre-mer*, v.62, 1975.
ELDREDGE, E. A. Slave Raiding Across the Cape Frontier. In: ELDREDGE, E. A.; MORTON, F. (Eds.). *Slavery in South Africa*: Captive Labor on the Dutch Frontier. Boulder: Westview Press, 1994.
_____; MORTON, F. (Eds.). *Slavery in South Africa*: Captive Labor on the Dutch Frontier. Boulder: Westview Press, 1994.

ELTIS, D. A *Reassessment of the Supply of African Slaves to the Americas*. Trabalho apresentado à American Historical Association, Philadelphia, 2006.

_____. Introduction. In: ELTIS, D.; LEWIS, F. D.; SOKOLOFF, K. L. (Eds.). *Slavery in the Development of the Americas*. New York: Cambridge University Press, 2004.

_____. Free and Coerced Migrations from the Old World to the New. In: ELTIS, D. (Ed.). *Coerced and Free Migration*: Global Perspectives. Stanford: Stanford University Press, 2002.

_____. *The Rise of African Slavery in the Americas*. New York: Cambridge University Press, 2000.

_____. The Slave Economies of the Caribbean: Structure, Performance, Evolution and Significance. In: KNIGHT, F. W. (Ed.). *General History of the Caribbean III*, The Slave Societies of the Caribbean. London: Unesco Publishing, 1997.

_____. Europeans and the Rise and Fall of African Slavery in the Americas: an Interpretation. *American Historical Review*, v.98, 1993.

_____. *Economic Growth and the Ending of the Transatlantic Slave Trade*. New York: Oxford University Press, 1987.

_____. Free and Coerced Transatlantic Migrations: Some Comparisons. *American Historical Review*, v.88, n.2, 1983.

_____. *The Transatlantic Slave Trade*: A Reassessment Based on the Second Edition of the Transatlantic Slave Trade Database. (Manuscrito).

_____. et al. *Transatlantic Slave Trade Database*. 2.ed. [s.d.]

_____; ENGERMAN, S. L. Was the Slave Trade Dominated by Men? *Journal of Interdisciplinary History*, v.23, n.2, 1992.

ELTIS, D.; LEWIS, F. D.; RICHARDSON, D. Slave Prices, the African Slave Trade, and Productivity in the Caribbean 1674-1807. *Economic History Review*, v.58, n.4, 2005.

EMMER. P. C. *The Dutch Slave Trade, 1500-1850*. Trad. de Chris Emery. New York: Berghahn Books, 2006.

_____. Jesus Christ Was Good but Trade was Better: An Overview of the Transit Trade in the Dutch Antilles, 1634-1795. In: PAQUETTE, L.; ENGERMAN, S. L. (Eds.). *The Lesser Antilles in the Age of European Expansion*. Gainesville: University Press of Florida, 1996.

ENGERMAN, S. L. *Slavery, Emancipation and Freedom*: Comparative Perspectives. Baton Rouge: Louisiana State University Press, 2007.

_____. Slavery, Freedom and Sen. In: APPIAH, K. A.; BUNZL, M. (Eds.). *Buying Freedom*: The Ethics and Economics of Slave Redemption. Princeton: Princeton University Press, 2007.

_____. Servants to Slaves to Servants: Contract Labour and European Expansion. In: *Colonialism and Migration*: Indentured Labour before and after Slavery. Dordrecht: M. Nijhoff, 1986.

_____; HIGMAN, B. W. The Demographic Structure of the Caribbean Slave Societies in the Eighteenth and Nineteenth Centuries. In: KNIGTH, F. W. (Ed.). *Slave Societies of the Caribbean*. London: Unesco, 1997.

ENNAJI, M. *Serving the Master*: Slavery and Society in Nineteenth-Century Morocco. New York: St. Martin's Press, 1999.

EPSTEIN, S. *Speaking of Slavery*: Color, Ethnicity and Human Bondage in Italy. Ithaca: Cornell University Press, 2001.

ERDEM, Y. K. *Slavery in the Ottoman Empire and its Demise, 1800-1909*. New York: St. Martin's Press, 1996.

EWALD, J. J. Crossers of Sea: Slaves, Freedmen and other Migrants in the Northwestern Indian Ocean, c. 1750-1914. *American Historical Review*, v.105, n.1, 2002.

FAROGHI, S. *Subjects of the Sultan*: Culture and Daily Life in the Ottoman Empire. London: I. B. Taurus, 2000.

FARRELL, S. The Slave Trade, Parliamentary Politics and the Abolition Act of 1807. In: FARRELL, S.; UNWIN, M.; WALVIN, J. (Eds.). *The British Slave Trade*: Abolition, Parliament and People. Edinburgh: Edinburgh University Press, 2007.

FAUST, D. G. *The Ideology of Slavery*: Proslavery Thought in the Antebellum South, 1830-1860. Baton Rouge: Louisiana State University Press, 1981.

FEENY, D. The Demise of Corvée and Slavery in Thailand, 1782-1913. In: KLEIN, M. A. (Ed.). *Breaking the Chains*: Slavery, Bondage and Emancipation. Madison: University of Wisconsin Press, 1993.

FEHRENBACHER, D. E.; MCAFEE, W. M. (Ed.). *The Slaveholding Republic*: An Account of the United States Government's Relation to Slavery. New York: Oxford University Press, 2001.

FERENCZ, B. B. *Less than Slaves*: Jewish Forced Labor and the Quest for Compensation. Cambridge: Harvard University Press, 1979.

FERGUSON, M. *Subject to Others*: British Women Writers and Colonial Slavery, 1670-1834. New York: Routledge, 1992.

FERNÁNDEZ, L. M. The Havana Anglo-Spanish Mixed Commission for the Suppression of the Slave Trade and Cuba's *Emancipados*. *Slavery and Abolition*, v.16, n.2, 1999.

FERRER, A. *Insurgent Cuba*: Race, Nation and Revolution, 1868-1898. Chapel Hill: University of North Carolina Press, 1999.

FICK, C. E. The French Revolution in Saint Domingue: a Triumph or a Failure? In: GASPAR, D. B.; GEGGUS, D. P. (Eds.). *A Turbulent Time*: The French Revolution and the Caribbean. Bloomington: Indiana University Press, 1997.

_____. *The Making of Haiti*: The Saint Domingue Revolution from Below. Knoxville: University of Tennessee Press, 1990.

FINLEY, M. *Ancient Slavery and Modern Ideology*. New York: Viking Press, 1980. (Edição ampliada, 1998.) [Ed. bras.: *Escravidão antiga e ideologia moderna*. Rio de Janeiro: Graal, 1991.]

_____. Slavery. *International Encyclopedia of the Social Sciences*. New York: 1968.

FISHER, A. *A Precarious Balance*: Conflict, Trade and Diplomacy on the Russian-Ottoman Frontier. Istanbul: Isis Press, 1999.

FISHER, H. J. *Slavery in the History of Muslim Black Africa*. New York: New York University Press, 2001.

FLADELAND, B. Our Cause Being One and the Same: Abolitionists and Chartists. In: WALVIN, J. (Ed.). *Slavery and British Society*. London: Macmillan, 1982.

FOGEL, R. W. *The Fourth Great Awakening and the Future of Egalitarianism*. Chicago: University of Chicago Press, 2003.

_____. *The Slavery Debates*: 1952-1990 – A Retrospective. Baton Rouge: Louisiana State University Press, 2003.

_____. *Without Consent or Contract*: Evidence and Methods. New York: W. W. Norton, 1999.

_____. Revised Estimates of the U. S. Slave Trade and the Native-Born Share of the Black Population. In: FOGEL, R. W. et al. *Without Consent or Contract*: Evidence and Methods. New York: W. W. Norton & Company, 1992.

_____. *Without Consent or Contract*: The Rise and Fall of American Slavery. New York: W. W. Norton, 1989.

_____.; ENGERMAN, S. L. *Time on the Cross*: The Economics of American Negro Slavery. Boston: Little Brown, 1974; 2.ed. New York: W. W. Norton, 1989.

FOGEL, R. W.; GALANTINE, R. A.; MANNING, R. L. (Eds.). *Without Consent or Contract*: Evidence and Methods. Nova York: W. W. Norton, 1992.

FONER, E. *Reconstruction*: America's Unfinished Revolution 1863-1877. New York: Perennial Classics, 2002.

_____. *Nothing but Freedom*: Emancipation and its Legacy. Baton Rouge: Louisiana State University Press, 1983.

FORBES, R. P. *The Missouri Compromise and its Aftermath*: Slavery and the Meaning of America. Chapel Hill: University of North Carolina Press, 2007.

FOX-GENOVESE, E.; GENOVESE, E. D. *The Mind of the Master Class*: History and Faith in the Southern Worldview. New York: Cambridge University Press, 2005.

FRANK, A. *The Diary of Anne Frank*: The Critical Edition. New York: Doubleday, 1987.

FRANKLIN, G. *An Answer to the Reverend Mr. Clarkson's Essay*. London, 1789. (Rpt. Fisk University Library, 1969.)

_____. *Observations Occasioned by the Attempts made in England to Effect the Abolition of the Slave Trade...* Londres, 1789.

FREDRICKSON, G. M. *Racism*: A Short History. Princeton: Princeton University Press, 2003.

_____. *The Black Image in the White Mind*. New York: Harper and Row, 1972.

_____. *The Black Image in the White Mind*: The Debate on Afro-American Character and Destiny, 1817-1914. Middletown (CT): Wesleyan University Press, 1971.

FREEDMAN, P. *The Origins of Peasant Servitude in Medieval Catalonia*. New York: Cambridge University Press, 1991.

FREEHLING, W. W. *The South vs. The South*. New York: Oxford University Press, 2001.

_____. *The Reintegration of American History*: Slavery and the Civil War. New York: Oxford University Press, 1994.

_____. *The Road to Disunion*: Secessionists at Bay 1776-1854. New York: Oxford University Press, 1990.

FREY, S. R. *Water From the Rock*: Black Resistance in a Revolutionary Age. Princeton: Princeton University Press, 1991.

FRUTTA, E. Purity of Blood and Nobility in Colonial Mexico: the Formation of a Noble lore, 1571-1700. *Jahrbuch für Geschichte Lateinamerikas*, v.39, 2002.

FUENTE, A. de la. Slave Law. *Law and History Review*, v.22, n.2, 2004.

FULLER LETTERBOOK, v.I, n.20, 20 fev. 1788, Duke University Library.

FURNEAUX, R. *William Wilberforce*. London: Hamilton, 1974.

FYFE, C. *A History of Sierra Leone*. London: Oxford University Press, 1962.

GALENSON, D. W. *White Servitude in Colonial America*: An Economic Analysis. Cambridge (UK): Cambridge University Press, 1984.

GALLAND, A. *Histoire de l'esclavage d'un marchand de la ville de Cassis, à Tunis*. Paris: Éditions de la Bibliothèque, 1993.

GALLAY, A. *The Indian Slave Trade*: The Rise of the English Empire in the American South, 1670-1717. New Haven: Yale University Press, 2002.

GAMBER, F. The Public Sphere and the End of American Abolitionism, 1833-1870. *Slavery and Abolition*, v.28, n.3, 2007.

GARREC, E. Le. Le Débat sur l'abolition de la traite des Noirs en France (1814-1831): Un reflet de l'évolution politique, économique et culturelle de la France. Mémoire de Maîtrise d'Histoire contemporaine. Université Bretagne-Sud, 2002-3.

GARRIGUS, J. D. *Before Haiti*: Race and Citizenship in French Saint-Domingue. New York: Palgrave Macmillan, 2006.

GARRISON, W. L. *Thoughts on African Colonization*. 1832.

GAUTHIER, F. *Triomphe et mort du droit naturel en Révolution 1789-1795-1802*. Paris: PUF, 1992.

GEE, A. *The British Volunteer Movement 1794-1814*. Oxford: Clarendon Press, 2003.

GEGGUS, D. P. *Haitian Revolutionary Studies*. Bloomington (IN): Indiana University Press, 2002.

_____. (Ed.). *The Impact of the Haitian Revolution in the Atlantic World*. Columbia (SC): University of South Carolina Press: 2001.

_____. Slave Resistance in the Spanish Caribbean in the mid-1709s. In: GASPAR, D. B.; GEGGUS, D. P. (Eds.). *A Turbulent Time*: The French Revolution and the Caribbean. Bloomington: Indiana University Press, 1997.

_____. Slavery, War and Revolution in the Greater Caribbean, 1789-1815. In: GASPAR, D. B.; GEGGUS, D. P. (Eds.). *A Turbulent Time*: The French Revolution and the Greater Caribbean. Bloomington (IN): Indiana University Press, 1997.

_____. The Slaves and Free Coloreds of Martinique during the Age of the French and Haitian Revolutions: Three Moments of Resistance. In: PAQUETTE, L.; ENGERMAN, S. L. (Eds.). *The Lesser Antilles in the Age of European Expansion*. Gainesville: University Press of Florida, 1996.

_____. Racial Equality, Slavery, and Colonial Secession during the Constituent Assembly. *American Historical Review*, v.94, n.5, 1989.

_____. The Enigma of Jamaica in the 1790s: New Light on the Causes of Slave Rebellions. *William and Mary Quarterly*, v.44, n.2, abr. 1987.

_____. Haiti and Abolitionists: Opinion, Propaganda and International Politics in Britain and France, 1804-1832. In: RICHARDSON, D. (Ed.). *Abolition and its Aftermath*: The Historical Context 1790-1916. London: Frank Cass, 1985.

_____. British Opinion and the Emergence of Haiti, 1791-1805. In: WALVIN, J. (Ed.). *Slavery and British Society*. London: Macmillan, 1982.

GELLMAN, D. N. *Emancipating New York*: The Politics of Slavery and Freedom 1777-1827. Baton Rouge: Louisiana State University Press, 2006.

GENOVESE, E. D. *The Slaveholders' Dilemma*: Freedom and Progress in Southern Conservative Thought, 1820-1860. Columbia (SC): University of South Carolina Press, 1992.

_____. *From Rebellion to Revolution*: Afro-American Slave Revolts in the Making of the New World. Baton Rouge: Louisiana University Press, 1981; 2. ed., Baton Rouge: Louisiana University Press, 1989. [Ed. bras.: *Da rebelião à revolução*: as revoltas de escravos negros nas Américas. São Paulo: Global, 1983.]

GERLACH, C. *Kalkulierte Morde*: Die Deutsche Wirtschafts-und Vernichtungspolitik in Weissrussland 1941-1944. Hamburg: Hamburger Edition, 1999.

_____. *Krieg, Ernährung, Völkermord*: Forschungen zur Deutschen Vernichtungspolitik im Zweiten Weltkrieg. Berlin: 1998.

GETZ, T. R. *Slavery and Reform in West Africa*: Toward Emancipation in Nineteenth--Century Senegal and the Gold Coast. Athens (OH): Ohio University Press, 2004.

GHACHEM, M. W. The Trap of Representation: Sovereignty, Slavery, and the Road to the Haitian Revolution. *Historical Reflections/Reflexions Historiques*, v.29, n.1, 2003.

GIBSON, E. *Thomas Clarkson*: A Biography. Houndmills: Macmillan, 1989.

GODINHO, V. M. Portuguese Emigration. EMMER, P. C.; MÖRNER, M. (Eds.). *European Expansion and Migration*: Essays on the Intercontinental Migration – Africa, Asia and Europe. New York: Berg, 1992.

GOLDBERG, P. J. P. What was a Servant. In: CURRY, A.; MATTHEW, E. *Concepts and Patterns of Service in the Later Middle Ages*. Rochester (NY): The Boydell Press, 2000.

GOLDENBERG, D. M. *The Curse of Ham*: Race and Slavery in Early Judaism, Christianity and Islam. Princeton: Princeton University Press, 2003.

GOLDHAGEN, D. *Hitler's Willing Executioners*: Ordinary Germans and the Holocaust. New York: Knopf, 1996.

GOLDIN, C. The Economics of Emancipation. In: FOGEL, R. W.; ENGERMAN, S. L. (Eds.). *Without Consent or Contract*. New York: Norton, 1992. 2v.

GOSLINGA, C. *The Dutch in the Caribbean and Surinam, 1791/5-1942*. Assen: Van Gorcum, 1990.

_____. *The Dutch in the Caribbean and on the Wild Coast 1580-1680*. Gainesville: University of Florida Press, 1971.

GRADEN, D. T. *From Slavery to Freedom in Brazil*: Bahia, 1835-1900. Albuquerque: University of New Mexico Press, 2006.

GRAHAM, R. Another Middle Passage? The Internal Slave Trade in Brazil. In: JOHNSON, W. (Ed.). The *Chattel Principle*: Internal Slaves Trades in America. New Haven (CT): Yale University Press, 2004.

_____. *Patronage and Politics in Nineteenth-Century Brazil*. Stanford: Stanford University Press, 1990.

_____. The Vintem Riot and Political Culture: Rio de Janeiro, 1880. *Hispanic American Historical Review*, v.60, n.3, 1980.

_____. *Britain and the Onset of Modernization in Brazil*. Londres: Cambridge University Press, 1968. [Ed. bras.: *Grã-Bretanha e o início da modernização no Brasil*. São Paulo: Brasiliense, 1973.]

_____. Causes for the Abolition of Negro Slavery in Brazil: An Interpretive Essay. *Hispanic American Historical Review*, v.46, n.2, maio 1966.

GRANT, K. *A Civilized Savagery*: Britain. New York: Routledge, 2005.

GRANVILLE SHARP LETTERBOOK, York Minster Library.

GRAVES, A. Colonialism, Indentured Labour Migration in the Western Pacific, 1840-1915. In: *Colonialism and Migration*: Indentured Labour before and after Slavery. Dordrecht: M. Nijhoff, 1986.

GREEN, W. A. *British Slave Emancipation*: The Sugar Colonies and the Great Experiment, 1830-1865. Oxford: Oxford University Press, 1976.

GREENIDGE, C. W. W. *Slavery*. London: Allen and Unwin, 1958.

GREEN-PEDERSEN, S. E. Denmark's Ophaevelse af Negerslavhandelen. *Arkiv*, v.3, n.1, 1969.

GREGORY, P. R. *The Political Economy of Stalinism*: Evidence from the Soviet Secret Archives. New York: Cambridge University Press, 2004.

_____. An Introduction to the Economics of the Gulag. In: GREGORY, P. R.; LAZAREV, V. (Eds.). *The Economics of Forced Labor*: The Soviet Gulag. Stanford: Hoover Institution Press, 2003.

GRIMSTED, D. *American Mobbing, 1828-1861*: Toward Civil War. New York: Oxford University Press, 1998.

GRUHL, W. *Imperial Japan's World War Two 1931-1945*. New Brunswick (NJ): Transaction Publishers, 2007.

GURNEY, J. J. *A Winter in the West Indies*: Described in Familiar Letters to Henry Clay of Kentucky. New York: Press of M. Day, 1840.

HAKAM, E. Y. *Slavery in the Ottoman Empire and its Demise, 1800-1909*. London: Macmillan, 1996.

HALL, C. *Civilising Subjects*: Colony and Metropole in the English Imagination, 1830-1867. Chicago: University of Chicago Press, 2002.

HALL, N. A. T. *Slave Society in the Danish West Indies*: St. Thomas, St. John, St. Croix. In: HIGMAN, B. W. (Ed.). Baltimore: Johns Hopkins University Press, 1992.

HALPERN, J. C. The Revolutionary Festivals and the Abolition of Slavery in Year II. In: DORIGNY, M. (Ed.). *The Abolitions of Slavery from L. F. Sonthonax to Victor Schoelcher, 1793, 1794, 1848*. New York: Berghahn Books, 2003.

HAMMOND, J. C. *Slavery, Freedom and Expansion in the Early American West*. Charlottesville: University Press of Virginia, 2007.

HANSARD'S PARLIAMENTARY DEBATES, VIII (1806-07).

HARLING, P. *The Waning of Old Corruption*: The Politics of Economical Reform in Britain, 1779-1846. Oxford: Oxford University Press, 1996.

HEERS, J. *The Barbary corsairs*: warfare in the Mediterranean, 1480-1580. Pennsylvania: Stackpole Books, 2003.

HELG, A. *Liberty and Equality in Caribbean Colombia, 1770-1835*. Chapel Hill: University of North Carolina Press, 2004.

_____. A Fragmented Majority: Free "Of all Colors"... in Caribbean Colombia during the Haitian Revolution. In: GEGGUS, D. P. *The Impact of the Haitian Revolution in the Atlantic World*. South Carolina: University of South Carolina Press, 2001. p.160-1.

HELLIE, R. Migration in Early Modern Russia, 1480-1780. In: ELTIS, D. (Ed.). *Coerced and Free Migration*: Global Perspectives. Stanford: Stanford University Press, 2002.

_____. *Slavery in Russia 1450-1725*. Chicago: University of Chicago Press, 1982.

HENIGE, D. *Numbers From Nowhere*: The American Indian Contact Population Debate. Norman: University of Oklahoma Press, 1998.

HERBERT, U. *Hitler's Foreign Workers:* Enforced Foreign Labor in Germany Under the Third Reich. Trad. de William Templer. Cambridge: Cambridge University Press, 1997.

_____. Labour and Extermination: Economic Interest and the Primacy of *Weltanschauung* in National Socialism. *Past and Present*, n.138, 1993.

HERNDON, W. L. *Exploration of the Valley of the Amazon*. New York: Groove Press, 2000.

HESS, J. M. *Germans, Jews and the Claims of Modernity*. New Haven: Yale University Press, 2002.

HEUMAN, G. Riots and Resistance in the Caribbean at the Moment of Freedom. In: TEMPERLEY, H. (Ed.). *After Abolition*: Emancipation and its Discontents. Londres: Frank Cass, 2000.

HEYWOOD, L. M. Slavery and Forced Labor in the Changing Political Economy of Central Angola, 1850-1949. In: MIERS, S.; ROBERTS, R. (Eds.). *The End of Slavery in Africa*. Madison: University of Wisconsin Press, 1988.

HEYWOOD, L. M.; THORNTON, J. K. *Central Africans, Atlantic Creoles, and the Foundations of the Americas, 1585-1660*. New York: Cambridge University Press, 2007.

HEZSER, C. *Jewish Slavery in Antiquity*. Oxford: Oxford University Press, 2005.

HILBERG, R. *The Destruction of the European Jews*. Edição definitiva. New York: Holmes and Meier, 1985. 3v.

HILL, A. *After Baptizatus*: or, the Negro Turn'd Christian. London: 1702.

HILL, L. Diplomatic Relations between the United States and Brazil. Durham: Duke University Press, 1932.

HISTORICAL STATISTICS OF THE UNITED STATES. New York: Cambridge University Press, 2006. 5v.

HISTORICAL STATISTICS OF THE UNITED STATES. Washington, D. C.: U. S. Bureau of the Census, 1976. 2v.

HITLER'S SECRET CONVERSATIONS, 1941-1944. New York: Farrar, Strauss and Young, 1953.

HOBSON, J. A. *Imperialism*. London: Allen & Unwin, 1938.

HOLLIS, P. Anti-slavery and British Working-Class Radicalism in the Years of Reform. In: BOLT, C.; DRESCHER, S. (Eds.). *Anti-Slavery, Religion and Reform*. Folkstone: Dawson, 1980.

HOLT, I. V. *Absolute Destruction*: Military Culture and the Practices of War in Imperial Germany. Ithaca: Cornell University Press, 2005.

HOLT, M. F. *The Political Crisis of the 1850s*. New York: Norton, 1983.

HOLT, T. C. *The Problem of Freedom*: Race Labor and Politics in Jamaica and Britain, 1832-1938. Baltimore: John Hopkins University Press, 1992.

HORTON, J. O.; HORTON, L. E. *In Hope of Liberty*: Culture, Community, and Protest Among Northern Free Blacks, 1700-1860. New York: Oxford University Press, 1997.

HOWARD, W. S. *American Slavers and the Federal Law, 1837-1862*. Berkeley: University of California Press, 1963.

HOWELL'S STATE TRIALS. v.20. London: T. C. Hansard, 1809-1828.

HUNT, A. N. *Haiti's Influence on Antebellum America*: Slumbering Volcano in the Caribbean. Baton Rouge: Louisiana State University Press, 1988.

HUNWICK. Black Slaves in the Mediterranean World: Introduction to a Neglected Aspect of the African Diaspora. *Slavery and Abolition*, v.13, n.1, 1992.

IN PLURIMIUS, Encyclical of Pope Leo, 5 may 1888, To the Bishops of Brazil. [Ed. bras.: Leão XIII, *Sobre a abolição da escravatura – Carta aos Bispos do Brasil*. Petrópolis, Vozes, 1987.]

INIKORU. J. *Africans and the Industrial Revolution*. New York: Cambridge University Press, 2002.

INNES, J. Legislation and Public Participation 1760-1830's. In: LEMMINGS, D. (Ed.). *The British and their Laws in the Eighteenth Century*. Woodbridge: Boydell Press, 2005.

IRELAND, O. S. Germans Against Abolition: A Minority's View in Revolutionary Pennsylvania. *Journal of Interdisciplinary History*, v.3, n.4, 1973.

ISRAEL, J. I. *Radical Enlightenment*: Philosophy and the Making of Modernity, 1650-1750. New York: Oxford University Press, 2001.

ISSAC, E. Genesis, Judaism and the "Sons of Ham". *Slavery and Abolition*, v.1, 1980.

ISSAC, R.; WILBERFORCE, S. (Eds.). *The Life of William Wilberforce*. Londres: 1838. 5v.

ITAYIENNE, E. La normalisation des relations Franco-Hatiennes (1825-1838). *Outre-Mers. Revue d'Histoire*, v.90, n.2, 2003.

IZECKSOHN, V. Reform and State-Building in Brazil and the United States: Slavery, Emancipation and Decision-Making Processes in the Paraguayan and Civil Wars (1861-1870). Ph. D. Dissertation, University of New Hampshire, 2001.

JACKSON, M. *Let This Voice Be Heard*: Anthony Benezet, Father of Atlantic Abolitionism. Philadelphia: University of Pennsylvania Press: 2009.

JASCHOK, M.; MIERS, S. (Eds.). *Women and Chinese Patriarchy*: Submission, Servitude, and Escape. Hong Kong/Londres: Kong University Press, 1994.

JEFFREY, J. R. *The Great Silent Army of Abolitionism*. Chapel Hill: University of North Carolina Press, 1998.

JENNINGS, J. *The Business of Abolishing the British Slave Trade 1803-1807*. London: Frank Cass, 1997.

JENNINGS, L. C. *French Anti-Slavery*: The Movement for the Abolition of Slavery in France, 1802-1848. New York: Cambridge University Press, 2000.

JOHNSON, D. Settler Farmers and Coerced African Labour in Southern Rhodesia, 1936-1946. *Journal of African History*, v.13, n.1, 1992.

JONES, G. F. *The Georgia Dutch*: from the Rhine and Danube to the Savannah, 1733-1783. Athens (GA): University of Georgia Press, 1992.

JORDAN, W. D. *White over Black*: American Attitudes Toward the Negro, 1550-1812. Chapel Hill: The University of North Carolina Press, 1968.

JORDI, M. M. Abolicionismo y Resistencia a la abolicion en la España del siglo XIX. *Anuario de Estudios Americanos*, n.43, 1986.

JUPP, P. *Lord Grenville 1759-1834*. Oxford: 1985.

KENNEDY, M. *The Jacobin Club of Marseilles, 1790-1794*. Ithaca: Cornell University Press, 1973.

KHLEVNIUK, O. V. *The History of the Gulag*: From Collectivization to the Great Terror. New Haven: Yale University Press, 2004.

_____. The Economy of the OGPU, NKVD, and MVD of the USSR, 1930-1953. In: GREGORY, P. R.; LAZAREV, V. (Eds.). *Economics of Forced Labor*: the Soviet Gulag. Stanford: Hoover Institution Press, 2003.

KIELSTRA, P. M. The Politics of Slave Trade Suppression in Britain and France, 1814-1848. London: Macmillan Press, 2000.

KILLINGRAY, D. Labour Mobilization in British Colonial Africa for the War Effort, 1939-46. In: KILLINGRAY, D.; RATHBONE, R. (Eds.). *Africa and the Second World War*. New York: St. Martin's Press, 1986.

KING, C. R. (Ed.). *The Life and Correspondence of Rufus King*. New York: 1895-1896.

KINGSLEY, D. *The Population of India and Pakistan*. Princeton (NJ): Princeton University Press, 1951.

KIPLE, K. F.; EVANS, K. C. After the Encounter: Disease and Demographics in the Lesser Antilles. In: PAQUETTE, L.; ENGERMAN, S. L. (Eds.). *The Lesser Antilles in the Age of European Expansion*. Gainesville: University Press of Florida, 1996.

KITTLESON, R. A. *The Practice of Politics in Postcolonial Brazil*. Pittsburgh: University of Pittsburgh Press, 2006.

KLEIN, H. S. *The Atlantic Slave Trade*. New York: Cambridge University Press, 1999. [Ed. bras.: *O tráfico de escravos no Atlântico*. Ribeirão Preto, SP: *Funpec*, 2004.]

KLEIN, M. A. The Emancipation of Slaves in the Indian Ocean. In: CAMPBELL, G. (Ed.). *Abolition and its Aftermath in Indian Ocean Africa and Asia*. London: Frank Cass, 2004.

_____. *Slavery and Colonial Rule in French West Africa*. Cambridge: Cambridge University Press, 1998.

_____. Slavery, the International Labour Market and the Emancipation of Slaves in the Nineteenth Century. *Slavery and Abolition*, v.15, n.2, 1994.

_____. (Ed.). *Breaking the Chains*: Slavery, Bondage and Emancipation in Modern Africa and Asia. Madison: University of Wisconsin Press, 1993.

KNIGHT, J. *The State of the Island of Jamaica*. London: 1726.

KOLAPO, F. J. Military Turbulence, Population Displacement on a Slaving Frontier of the Sokoto Caliphate: Nupe c. 1810-1857. Ph. D. Dissertation, York University, 1999.

KOLCHIN, P. In Defense of Servitude: American Proslavery and Russian Proserfdom Arguments, 1780-1860. *American Historical Review*, v.85, n.4, 1980.

KULIKOFF, A. Uprooted Peoples: Black Migrants in the Age of the American Revolution. In: BERLIN, I.; HOFFMAN, R. (Eds.). *Slavery and Freedom in the Age of the American Revolution*. Charlottesville: University Press of Virginia, 1983.

KUMAR, D. Colonialism, Bondage, and Caste in British India. In: KLEIN, M. A. *Breaking the Chains*: Slavery, Bondage, and Emancipation in Modern Africa and Asia. Madison: University of Wisconsin Press, 1993.

KUPPERMAN, K. O. Errand to the Indies: Puritan Colonization from Providence Island to the Western Design. *William and Mary Quarterly*, v.45, n.1, 1998.

_____. *Providence Island, 1630-1641*. New York: Cambridge University Press, 1993.

LACHANCE, P. Repercussions of the Haitian Revolution in Louisiana. In: GEGGUS, D. P. *The Impact of the Haitian Revolution in the Atlantic World*. South Carolina: University of South Carolina Press, 2001. p.160-1.

LAGUERRE, M. S. *Military and Society in Haiti*. Knoxville: University of Tennessee Press, 1993.

LAMBERT, D. The Counter-Revolutionary Atlantic: White West Indian Petitions and Proslavery Networks. *Social and Cultural Geography*, n.6, jun. 2005.

LANDERS, J. *Black Society in Spanish Florida*. Urbana: University of Illinois Press, 1999.

LANDES, D. S. *The Wealth and Poverty of Nations*: Why Some Are so Rich and Some so Poor. New York: W. W. Norton, 1998.

LASSO, M. Race War and Nation in Caribbean Gran Colombia, Cartagena, 1810-1832. *American Historical Review*, v.111, n.2, 2006.

LATKOVISKIS, L. Baltic Prisoners in the Gulag Revolts of 1953. *Lituanus*, v.51, n.3, 2005.

LECKY, W. E. H. A. *A History of European Morals*. 6.ed. 1884. London: 1869. 2v.

LENTZ, T. Bonaparte, Haiti et l'echec colonial du régime consulaire. *Outre-Mers*, v.90, n.2, 2003.

LERNER, G. *The Majority Finds Its Past*. New York: Oxford University Press, 1980.

LEVI, P. *Survival in Auschwitz*: The Nazi Assault on Humanity. Trad. de Stuart Wolf. New York: Macmillan, 1993.

LEVINE, B. *Spirit of '48*: German Immigrants, Labor Conflict and the coming of the Civil War. Urbana: University of Illinois Press, 1992.

LEWIS, B. *Race and Slavery in the Middle East*: An Historical Enquiry. New York: Oxford University Press, 1992.

_____. *Race and Color in Islam*. New York: Harper and Row, 1971.

LOCKE. J. *Two Treatises of Government*. HOLLIS, T. (Ed.). London: [s.n.], 1764.

LOCKHART, J.; SCHWARTZ, S. B. *Early Latin America*: A History of Colonial Spanish America and Brazil. New York: Cambridge University Press, 1983.

LOMBARDI, J. V. *The Decline and Abolition of Negro Slavery in Venezuela 1820-1854*. Westport: Greenwood, 1971.

LOUIS, W. R. The Berlin Congo Conference and the (non-) Partition of Africa, 1884-1885. In: _____. *Ends of British Imperialism*: The Scramble for Empire, Suez and Decolonization: Collected Essays. Londres: I. B. Tauris, 2006.

LOVE, J. P. Political Participation in Brazil, 1881-1969. *Luso-Brazilian Review*, v.7, n.2, 1970.

LOVEJOY, P. E. The Initial "Crisis of Adaptation": the Impact of British Abolition on the Atlantic Slave Trade in West Africa 1808-1820. In: LAW, R. (Ed.). *From Slave Trade to Legitimate Commerce*: Commercial Transition in Nineteenth-Century West Africa. Cambridge: Cambridge University Press, 1995.

_____. *Transformations in Slavery*: A History of Slavery in Africa. New York: Cambridge University Press, 1983.

_____.; HOGENDORN, J. S. *A Slow Death for Slavery*: The Course of Abolition in Northern Nigeria, 1897-1936. Cambridge: Cambridge University Press, 1993.

LOVEJOY, P. E.; RICHARDSON, D. British Abolition and its Impact on Slave Prices along the Atlantic Coast of Africa, 1783-1850. *Journal of Economic History*, v.55, n.1, 1995.

LÖWENSTEIN, O. Do Ourselves Credit and Render a Lasting Service to Mankind: British Moral Prestige, Humanitarian Intervention, and the Barbary Pirates. *International Studies Quarterly*, n.47, 2003.

LOYD, C. *The Navy and the Slave Trade*: The Suppression of the African Slave Trade in the Nineteenth Century. London: Longmans/Green, 1949.

MACHADO, M. H. P. T. From Slave Rebels to Strikebreakers: The Quilombo of Jabaquara and the Problem of Citizenship in Late Nineteenth-Century Brazil. *Hispanic American Historical Review*, v.86, n.2, 2006.

_____. *O plano e o pânico*: os movimentos sociais na década da abolição. Rio de Janeiro: Editora UFRJ; Edusp, 1994.

_____. *Crime e escravidão*. São Paulo: Brasiliense, 1987.

MACLEOD, M. J. *Spanish Central America*: A Socioeconomic History, 1520-1720. Berkeley: University of California Press, 1973.

MADDISON, A. *The World Economy*: A Millennial Perspective. Paris: OECD, 1991.

MAGDOL, E. *The Antislavery Rank and File*: A Social Profile of the Abolitionist Constituency. New York: Greenwood, 1986.

MANNING, P. *Slavery and African Life*: Occidental, Oriental, and African Slave Trades. New York: Cambridge University Press, 1990.

MARKOFF. J. *The Abolition of Feudalism*. University Park: Pennsylvania State University Press, 1996.

MARMON, S. E. Domestic Slavery. _____. (Ed.). *Slavery in the Islamic Middle East*. Princeton: M. Wiener, 1999.

MARQUES, J. P. *The Sounds of Silence*: Nineteenth-Century Portugal and the Abolition of the Slave Trade. New York: Berghahn Books, 2006.

MARTINEZ, M. E. The Black Blood of New Spain: *Limpieza de Sangre*, Racial Violence, and Gendered Power in Early Colonial Mexico. *William and Mary Quarterly*, v.51, 2004.

MARX, K. *Capital*. Moscow: Foreign Languages Publishing, 1961-1962. 3v.

MASON, M. *Slavery and Politics in the Early American Republic*. Chapel Hill: University of North Carolina Press, 2006.

_____. Slavery Overshadowed: Congress Debates Prohibiting the Atlantic Slave Trade to the United States, 1806-1807. *Journal of the Early Republic*, v.20, n.1, 2000.

MASSELMAN. G. *The Cradle of Colonialism*. New Haven: Yale University Press, 1963.

MATAR, N. The Last Moors: Maghariba in Early Eighteenth-Century England. *Journal of Islamic Studies*, v.14, n.1, 2003.

_____. Muslims in Seventeenth-Century England. *Journal of Islamic Studies*, v.8, n.1, 1997.

MATTHEWS, G. *Caribbean Slave Revolts and the British Abolitionist Movement*. Baton Rouge: Louisiana State University Press: 2006.

MAUL, R. D. The International Labour Organization and the Struggle against Forced Labour from 1919 to the Present. *Labor History*, v.48, n.4, 2007.

MAXWELL, J. F. *Slavery and the Catholic Church*. Rose (for) the Anti-Slavery Society for the Protection of Human Rights, 1975.

MAYER, H. *All on Fire*: William Lloyd Garrison and the Abolition of Slavery. New York: St. Martin's Press, 1998.

MCCAHILL, M. W. *Order and Equipoise*: The Peerage and the House of Lords, 1783-1806. London: Royal Historical Society, 1978.

MCCUSKER, J. J. The Rum Trade and the Balance of Payments of the Thirteenth Continental Colonies, 1650-1775. Ph. D. Dissertation, 1970. Appendix B.

MCKINLEY, P. M. *Pre-Revolutionary Caracas*: Politics, Economy and Society 1777-1811. Cambridge: Cambridge University Press, 1985.

MEDINA, C. B. Caught Between Rivals: the Spanish-American Maroon Competition for Captive Indian Labor in the Region of Esmeraldas During the late Sixteenth and Early Seventeenth Centuries. *Americas*, v.63, n.1, 2006.

MEILLASSOUX, C. *The Anthropology of Slavery*: The Womb of Iron and Gold. Chicago: University of Chicago Press, 1991. [Ed. bras.: *Antropologia da escravidão:* o ventre de ferro e dinheiro. Rio de Janeiro: Zahar, 1995.]

MELLO, P. C. de. Expectation of Abolition and Sanguinity of Coffee Planters in Brazil, 1871-1881. In: FOGEL, R. W.; ENGERMAN, S. L. (Eds.). *Without Consent or Contract*. New York: Norton, 1992. 2v.

MENARD, R. R. Transitions to African Slavery in British America, 1630-1730: Barbados, Virginia and South Carolina. *Indian Historical Review*, v.15, 1988-1989.

_____. From Servants to Slaves: The Transformation of the Chesapeake Labor System. *Southern Studies*, v.16, 1977.

_____; SCHWARTZ, S. B. Why African Slavery? Labor Force Transitions in Brazil, Mexico, and Carolina Lowcountry. In: BINDER, W. (Ed.). *Slavery in the Americas*. Konigshausen and Neumann, 1993.

MERRILL, W. M. *I Will Be Heard! 1822-1835*. Cambridge (MA): Harvard University Press, 1971.

MIDGLEY, C. *Women Against Abolition*: The British Campaigns, 1780-1870. Londres: Routledge, 1992.

MIERS, S. *Slavery in the Twentieth Century*: The Evolution of a Global Problem. New York: Rowman & Littlefield, 2003.

_____. Slavery to Freedom in Sub-Saharan Africa: Expectations and Realities. In: TEMPERLEY, H. (Ed.). *After Slavery*: Emancipation and its Discontents. Londres: Frank Cass, 2000.

_____. *Britain and the Ending of the Slave Trade*. London: Longman, 1975.

_____.; KOPYTOFF, I. (Eds.). *Slavery in Africa*: Historical and Anthropological Perspectives. Madison: University of Wisconsin Press, 1977.

MIERS, S.; ROBERTS, R. (Eds.). *The End of Slavery in Africa*. Madison: University of Wisconsin Press, 1988.

MILLER, J. C. *Way of Death*: Merchant Capitalism and the Angolan Slave Trade, 1730-1830. Madison (WI): University of Wisconsin Press, 1988.

MILLER, W. L. *Arguing About Slavery*: The Great Battle in the United States Congress. New York: Knopf, 1996.

MIRZAI, B. A. The 1848 Abolitionist *Farman*. A step towards ending the slave trade in Iran. In: CAMPBELL, G. (Ed.). *Abolition and its aftermath in Indian Ocean Africa and Asia*. London: Frank Cass, 2004.

MITCHELL, S. R. *British Historical Statistics*. Cambridge: Cambridge University Press, 1988.

MITTON, S. H. The Free World Confronted: The Problem of Slavery and Progress in American Foreign Relations, 1833-1844. Ph. D. Thesis, Louisiana State University, 2005.

MODENA, L. *History of the Present Jews Throughout the World* [Historia dei riti Ebraice]. London: [s.n.], 1650.

MOLLOY, C. *De Jure Maritimo et Navale*: or, a Treatise of Affaires Maritime and of Commerce. London: 1682.

MONTANA, I. M. *The trans-Saharan Slave Trade, Abolition of Slavery and Transformations in the North African Regency of Tunis*, 1759-1846. York: York University, 2007.

MONTESQUIEU, C. L. de Secondat de. *De l'esprit des lois*. Paris: 1950-55.

MOOGK, P. *La Nouvelle France*: The Making of French Canada – a Cultural History. East Lansing: Michigan State University Press, 2000.

MOREL, G. R. The Sugar Economy in the Sixteenth Century. In: SCHWARTZ, S. B. (Ed.). *Tropical Babylons*: Sugar and the Making of the Atlantic World, 1450-1680. Chapel Hill: University of North Carolina, 2004.

MORGANN. M. *Plan for the Abolition of Slavery in the West Indies*. London: 1772.

MÖRNER, M. *Race Mixture in the History of Latin America*. Boston: Little Brown, 1967.

MOTA, A. T. da. Some Aspects of Portuguese Colonization and Sea Trade in West Africa in the 15th and 16th Centuries. *African Studies Program*. Bloomington (IN): African Studies Program, 1978.

MURRAY, D. R. *Odious Commerce*: Britain, Spain and the Abolition of the Cuban Slave Trade. Cambridge: Cambridge University Press, 1980.

NABUCO, J. O *abolicionismo*. Londres: Typographia de Abraham Kingdon e Ca., 1883.

NADER, H. Desperate Men, Questionable Acts: The Moral Dilemma of Italian Merchants in the Spanish Slave Trade. *Sixteenth Century Journal*, v.33, n.2, 2002.

NASH, G. B.; SODERLUND, J. R. *Freedom by Degrees*: Emancipation in Pennsylvania and its Aftermath. New York: Oxford University Press, 1991.

NEEDELL, J. D. *The Party of Order*: The Conservatives, the State, and Slavery in the Brazilian Monarchy, 1831-1871. Stanford: Stanford University Press, 2006.

_____. The Abolition of the Brazilian Slave Trade in 1850: Historiography, Slave Agency and Statesmanship. *Journal of Latin American Studies*, n.33, 2001.

NEVINS, A. *Ordeal of the Union*. New York: Scribner, 1947.

NICHOLLS, D. *From Dessalines to Duvalier*: Race, Colour and National Independence in Haiti. New Brunswick (NJ): Rutgers University Press, 1996.

NORTH, D. C. *The Economic Growth of the United States 1790-1860*. New York: Norton, 1966.

NORTHRUP, D. Freedom and Indentured Labor in the French Caribbean, 1848-1900. In: ELTIS, D. (Ed.). *Coerced and Free Migrations*: Global Perspectives. Stanford: Stanford University Press, 2002.

_____. *Indentured Labor in the Age of Imperialism, 1834-1922*. Cambridge: Cambridge University Press, 1992.

_____. *Indentured Labor in the Age of Imperialism, 1834-1922*. New York: Cambridge University Press, 1985.

NYE, R. B. *Fettered Freedom*: Civil Liberties and the Slavery Controversy 1830-1860. East Lansing: Michigan State University Press, 1963.

O'SHAUGHNESSY, A. J. *An Empire Divided*: The American Revolution and the British Caribbean. Philadelphia: University of Pennsylvania Press, 2000.

OHLINE, H. A. Politics and Slavery: The Issue of Slavery in National Politics. Ph. D Thesis, University of Missouri, 1969.

OLDFIELD, J. R. *Popular Politics and British Anti-Slavery*: The Mobilization of Public Opinion Against the Slave Trade, 1787-1807. Manchester (UK): Manchester University Press, 1995.

OLWELL, R.; TULLY, A. (Eds.). *Culture and Identities in Colonial British America*. Baltimore: John Hopkins University Press, 2006.

OOSTENDIE, G. *Fifty Years Later*: Antislavery, Capitalism and Modernity in the Dutch Orbit. Pittsburgh: University of Pittsburgh Press, 1996.

PALLOT, J. Forced Labour for Forestry: The Twentieth Century History of Colonisation and Settlement in the North of Perm oblast. *Europe-Asia Studies*, v.54, n.7, 2002.

_____. Revolutionary Saint-Domingue in the Making of Territorial Louisiana. In: GASPAR, D. B.; GEGGUS, D. P. (Eds.). *A Turbulent Time*: The French Revolution and the Greater Caribbean. Bloomington (IN): Indiana University Press, 1997.

_____. *Sugar Is Made with Blood*: The Conspiracy of La Escalera and the Conflict between Empires over Slavery in Cuba. Middletown: Wesleyan University Press, 1988.

PAQUETTE, R. L.; EGERTON, D. R. Of Facts and Fables: New Light on the Denmark Vesey Affair. *The South Carolina Historical Journal*, v.105, n.1, 2004.

PARKER, G. *Sucess is Never Final*. New York: Basic Books, 2002.

PATER, C. A. *Karlstadt as the Father of the Baptist Movements*: The Emergence of Lay Protestantism. Toronto: University of Toronto Press, 1984.

PATTERSON, O. *Freedom in the Making of Western Culture*. New York: Basic Books, 1991.

_____. *Slavery and Social Death*: A Comparative Study. Cambridge (MA): Harvard University Press, 1982. [Ed. bras.: *Escravidão e a morte social*: um estudo comparativo. São Paulo: Edusp, 2008.]

PEABODY, S. *"There Are No Slaves in France"*: The Political Culture of Race and Slavery in the Ancien Regime. New York: Oxford University Press, 1996.

PELLEW, G. *The Life and Correspondence of Henry Addington, Viscount Sidmouth.* London: 1847. 3v.

PELTERET, D. A. *Slavery in Early Medieval England*: From the Reign of Alfred until the Twelfth Century. Rochester: Boydell Press, 1995.

PENNELL, C. R. *Piracy and Diplomacy in Seventeenth-Century North Africa.* Rutherford: Associated Presses, 1989.

PERSICO, J. E. *Nuremberg*: Infamy on Trial. New York: Viking Press, 1994.

PETLEY, C. *A Madness Overrunning the Whole World*: Reactions to Abolitionism and the Decline of the British Planter Class. (Manuscrito.)

PÉTRÉ-GRENOUILLEAU, O. Abolitionisme et democratization. _____ (Ed.). *Abolir l'esclavage*: un réformisme à l'épreuve France, Portugal, Suisse, XVIIIe-XIXe. Rennes: Presses Universitaire de Rennes, 2008.

_____. *Les traites négrières*: Essai d'histoire globale. Paris: Gallimard, 2004.

_____. *Les négoces maritimes français XVIIe-XXe siècle*. Paris: Belin, 1997.

POE, M. T. *"A People Born to Slavery"*: Russia in Early Modern European Ethnography. Ithaca: Cornell University Press, 2000.

POLIAN, P. *Against Their Will*: The History and Geography of Forced Migrations in the USSR. New York: Central European University Press, 2004.

POSTLETHWAYT, M. *The Universal Dictionary of Trade and Commerce.* London: 1751; 1766 e 1774.

POSTMA, J.; ENTHOVEN, V. (Eds.). *Riches from Atlantic Commerce*: Dutch Transatlantic Trade and Shipping 1585-1817. Leiden: Brill, 2003.

POTTER, D. M. Processes of Exiting the Slave Systems: A Typology. In: DAL LAGO, E.; KATSARI, C. (Eds.). *Slave Systems*: Ancient and Modern. Cambridge: Cambridge University Press, 2008.

_____. *The Impending Crisis*: America before the Civil War, 1848-1861. New York: Harper Perennial, 1977.

POWELL, A. A. Indian Muslim Modernists and the Issue of Slavery in Islam. In: CHATTERJEE, I.; EATON, R. M. (Eds.). *Slavery and South Asian History.* Bloomington: Indiana University Press, 2006.

PRAKASH, G. Terms of Servitude: The Colonial Discourse on Slavery and Bondage in India. In: KLEIN, M. A. (Ed.). *Breaking the Chains*: Slavery, Bondage, and Emancipation in Modern Africa and Asia. Madison: University of Wisconsin Press, 1993.

PRELIMINARY REPORT ON THE EIGHT CENSUS. Washington, D. C.: 1862.

PRICE, R. (Ed.). *Maroon Societies*: Rebel Slave Communities in the Americas. Baltimore: The John Hopkins University Press, 1996.

PRO [*Public Record Office*] Fo84 540, *Slave Trade.* fols.103-4.

PUBLIC ADVERTISER. London, 13 jun. 1772; 21 jan. 1785; 7 jul. 1787.

PUBLICATION OF GUIANA'S PLANTATION... with an Answer to Objections of Feare of the Enemie. London: 1632.

PYBUS, C. *Epic Journeys of Freedom*: Runaway Slaves of the American Revolution and Their Global Quest for Liberty. Boston: Beacon Press, 2006.

_____. Jefferson's Faulty Math: The Question of Slave Defections in the American Revolution. *William and Mary Quarterly*, 3rd ser.LXII, v.2, abr. 2005.

QUENUM, A. *Les églises chrétiennes et la traite atlantique du XVe au XIXe siècle*. Paris: Karthala, 1993.

QUINNEY, V. Decisions on Slavery the Slave-Trade and Civil Rights for Negroes in the Early French Revolution. *Journal of Negro History*, v.55, n.2, 1970.

_____. The Committee on Colonies of the French Constituent Assembly, 1789-1791. Ph. D. Dissertation, University of Wisconsin, 1967.

RADELL, D. R. The Indian Slave Trade and Population of Nicaragua during the Sixteenth Century. In: DENEVAN, W. M. (Ed.). *The Native Population of the Americas in 1492*. Madison: University of Wisconsin Press, 1976.

RANSOM, R. L. *Conflict and Compromise*: The Political Economy of Slavery, Emancipation, and the American Civil War. New York: Cambridge University Press, 1989.

RASHID, I. A Devotion to the Idea of Liberty at Any Price: Rebellion and Antislavery in the Upper Guinea Coast in the Eighteenth and Nineteenth Century. In: DIOUF, S. A. (Ed.). *Fighting the Slave Trade*: West African Strategies. Athens (OH): Ohio University Press, 2003.

RAWLEY, J. A. London's Defense of the Slave Trade 1787-1807. *Slavery and Abolition*, v.14, n.2, 1993.

RAYNAL, G. T. *History of the Two Indies*. Burlington (VT): Ashgate, 2006.

_____. *Histoire philosophique et politique des etablissements et du commerce des Européens dans les deux Indes*. Geneva: Pellet, 1780. 4v.

REDIKER, M. *The Slave Ship*: A Human History. New York: Viking Press, 2007. [Ed. bras.: *O navio negreiro*: uma história humana. São Paulo: Companhia das Letras, 2011.]

RÉGENT, F. *Esclavage, métissage, liberté*: la Revolution Française en Guadeloupe 1789-1802. Paris: Bernard Grasset, 2004.

REIS, J. J. *Slave Rebellion in Brazil*: The Muslim Uprising of 1835 in Bahia. Baltimore: Johns Hopkins University Press, 1993. [Ed. bras.: *Rebelião escrava no Brasil* – a história do levante dos malês 1835. São Paulo: Brasiliense, 1986.]

RENAULT, F. *Le Cardinal Lavigerie*. Paris: Fayard, 1992.

RICE, C. D. *The Scots Abolitionists 1833-1861*. Baton Rouge: Louisiana State University Press, 1981.

RICH, N. *Hitler's War Aims*: The Establishment of the New Order. New York: Norton, 1974. 2v.

RICHARDS, L. L. *Gentlemen of Property and Standing*: A Study of Northern Anti-Abolition Mobs. New York: Oxford University Press, 1970.

RICHARDSON, D. The Ending of the British Slave Trade in 1807: The Economic Context. In: FARRELL, S.; UNWIN, M.; WALVIN, J. (Eds.). *The British Slave Trade*: Abolition, Parliament and People. Edinburgh: Edinburgh University Press, 2007.

_____. Across the Desert and the Sea: Trans-Saharan and Atlantic Slavery, 1500-1900. *The Historical Journal*, v.38, n.1, 1995.

_____. Shipboard Revolts, African Authority, and the Atlantic Slave Trade, *William and Mary Quarterly*, 3rd ser.LXVIII, v.1, 2001.

RIEMERSMA, J. C. *Religious Factors in Early Dutch Capitalism 1550-1650*. The Hague: Mouton, 1967.

RIEU-MILLAN, M. L. *Los diputados americanos en las Cortes de Cadiz (igualdad o independencia)*. Madrid: CSIC, 1990.

RITTER, G. *The Sword and the Scepter*: The Problem of Militarism in Germany. Trad.: Heinz Norden. Coral Gables (FL): University of Miami Press, 1969. 4v.

ROBERTS, R. The End of Slavery in the French Sudan, 1905-1914. In: _____; MIERS, S. (Eds.). *The End of Slavery in Africa*. Madison: University of Wisconsin Press, 1988.

ROBERTSON, D. *Denmark Vesey*. New York: Alfred A. Knopf, 1999.

ROCHELL, L. M. Bonds over Bondage: British Opposition to the Annexation of Texas. *Journal of the Early American Republic*, n.19, 1999.

RODGERS, N. *Ireland, Slavery and Anti-Slavery*: 1612-1865. New York: Palgrave Macmillan, 2007.

RODRÍGUEZ O., J. E. *The Independence of Spanish America*. New York: Cambridge University Press, 1998.

ROTH, K.-H. I. G. Zwangsarbeit in Siemens-Konzern (1938-1945). In: KAINENBURG, H. (Ed.). *Konzentrationslager und Deutsche Wirtschaft 1939-1945*. Opladen: Leske and Bushich, 1996.

_____. Auschwitz, Normalitat oder Anomalie eines kapitalistischen Entwicklungssprunges?. In: *Hamburger Stiftung zür Förderung von Wissenschaft und Kultur*. Hamburg: VSA – Verlag, 1991.

RUGEMER, E. The Problem of Emancipation: The United States and Britain's Abolition of Slavery. Ph. D. Dissertation, Boston College, 2005.

RUSSELL-WOOD, A. J. Iberian Expansion and the Issue of Black Slavery: Changing Portuguese Attitudes, 1440-1770. *American Historical Review*, v.83, n.1, 1978.

RYDAN, D. *West Indian Slavery and British Abolition, 1783-1807*. New York: Cambridge University Press, 2009.

SALERNO, A. *Sister Societies*: Women's Antislavery Organizations in Antebellum America. De Kalb: Northern Illinois University Press, 2005.

SALMAN, M. *The Embarrassment of Slavery*: Controversies over Bondage and Nationalism in the American Colonial Philippines. Berkeley: University of California Press, 2001.

SALMORAL, M. L. *Los Codigos negros de America Española*. Madrid: Alcalá de Henares, 1996.

SANCHEZ-ALBORNOZ, N. (Ed.). *The Economic Modernization of Spain 1830-1930*. New York: New York University Press, 1987.

SANDERSON, F. E. The Liverpool Abolitionists. In: ANSTEY, R.; HAIR, P. E. H. (Eds.). *Liverpoool, the African Slave Trade, and Abolition*. Historic Society of Lancashire and Cheshire/Occasional Series, 1976.

SAUNDERS, A. C. de C. M. The Depiction of Trade as War as a Reflection of Portuguese Ideology and Diplomatic Strategy in West Africa, 1441-1556. *Canadian Journal of History*, v.17, n.2, 1982.

SCHAMA, S. *Rough Crossings*: Britain, and the Slaves of the American Revolution. New York: Harper Collins, 2006. [Ed. bras.: *Travessias difíceis*: Grã-Bretanha, os escravos e a Revolução Americana. São Paulo: Companhia das Letras, 2011.]

SCHMIDT-NOWARA, C. *Empire and Antislavery*: Spain, Cuba and Puerto Rico, 1833-1874. Pittsburgh: Pittsburgh University Press, 1999.

SCHORSCH, J. *Jews and Blacks in the Early Modern World*. New York: Cambridge University Press, 2004.

SCHROETER, D. J. Slave Markets and Slavery in Moroccan Urban Society. *Slavery and Abolition*, v.13, n.1, abr. 1992.

SCHÜLLER, K. From Liberalism to Racism: German Historians, Journalists, and the Haitian Revolution from the Late Eighteenth to the Early Twentieth Centuries. In: GEGGUS, D. (Ed.). *The Impact of the Haitian Revolution in the Atlantic World*. Columbia (SC): University of South Carolina Press, 2001.

SCHWARTZ, S. B. *Sugar Plantations in the Formation of Brazilian Society*: Bahia, 1550-1835. New York: Cambridge University Press, 1985. [Ed. bras.: *Segredos internos*: engenhos e escravos na sociedade colonial – 1550-1835. São Paulo: Companhia das Letras, 1988.]

SCHWEININGER, L. (Ed.). *The Southern Debate over Slavery; Volume I*: Petitions to Southern Legislatures, 1778-1864. Urbana: University of Illinois Press, 2001.

SCOTT, R. *Slave Emancipation in Cuba, 1860-1899*. Princeton: Princeton University Press, 1985.

SEIJAS, T. The Portuguese Slave Trade to Spanish Manila: 1580-1640. *Itinerario*, v.32, n.1, 2008.

SEMMEL, S. *Napoleon and the British*. New Haven: Yale University Press, 2004.

SENG. A Liminal State. In: MARMON, S. E. (Ed.). *Slavery in the Islamic Middle East*. Princeton: M. Wiener, 1999.

SEWELL, W. H. *A Rhetoric of Bourgeois Revolution*: The Abbé Sieyès and *What is the Third Estate?*. Durham (NC): Duke University Press, 1994.

SHAPIRO, G.; MARKOFF, J. *Revolutionary Demands*: A Content Analysis of the *Cahiers de Doleances* of 1789. Stanford (CA): Stanford University Press, 1998.

SHEIDEL, W. The Comparative Economics of Slavery in the Greco-Roman World. In: DAL LAGO, E.; KATSARI, C. (Eds.). *Slave Systems Ancient and Modern*. New York: Cambridge University Press, 2008.

SHELLER, M. *Democracy after Slavery*: Black Publics and Peasant Radicalism in Haiti and Jamaica. Gainesville: University Press of Florida, 2000.

_____. Quasheba, Mother, Queen, Black Women's Public Leadership and Political Protest in Post-emancipation Jamaica, 1834-1865. *Slavery and Abolition*, v.19, n.3, dez. 1998.

SHERMAN, W. L. *Forced Native Labor in Sixteenth-Century Central America*. Lincoln: University of Nebraska Press, 1979.

SHYLLON, F. *Black Slaves in Britain*. London: Oxford University Press, 1974.

SIDBURY, J. Early Slave Narratives and the Culture of the Atlantic Market. In: GOULD, E. H.; ONUF, P. S. (Eds.). *Empire and Nation*: The American Revolution in the Atlantic World. Baltimore: Johns Hopkins University Press, 2005.

SIMPSON, C. M. *A Good Southerner*: The Life of Henry A. Wise of Virginia. Chapel Hill: University of North Carolina Press, 1985.

SLENES, R. W. The Brazilian Internal Slave Trade, 1850-1888: Regional Economics, Slave Experience and the Politics of Peculiar Market. In: JOHNSON, W. (Ed.). *The Chattel Principle*. New Haven: Yale University Press, 2004.

_____. The Demography and Economics of Brazilian Slavery, 1850-1888. Ph. D. Dissertation, 1975.

SMITH, A. *An Inquiry into the Nature and Causes of the Wealth of Nations*. Indianapolis: Liberty Fund, 1981.

_____. *Wealth of Nations*. Indianapolis: Liberty Fund, 1979.

SMITH, W. D. Beyond The Bridge on the River Kwai: Labor Mobilization in the Greater East Asia Co-Prosperity Sphere. *International Labor and Working Class History*, v.58, 2000.

SOKOLOV, A. Forced Labor in Soviet Industry: The End of the 1930s to the Mid-1950s: An Overview. In: GREGORY, P. R.; LAZAREV, V. (Eds.). *The Economics of Forced Labor*: The Soviet Gulag. Stanford: Stanford University Press, 2003.

SOLOMON JR., P. H. Soviet Penal Policy, 1917-1934: A Reinterpretation. *Slavic Review*, v.39, n.2, 1980.

SOLZHENITSYN, A. I. *The Gulag Archipelago, 1918-1958*. Bounder (CO): Westview Press, 1998. 3v.

SOME OBSERVATIONS WHICH MAY CONTRIBUTE to Afford a Just Idea of the Nature, Importance and Settlement of our New West India Colonies. London: 1764.

SPENCE, P. *The Birth of Romantic Radicalism*: War, Popular Politics and English Radical Reformism, 1800-1815. Aldershot: Scolar Press, 1996.

SPOERER, M.; FLEISCHHACKER, J. Forced Laborers in Nazi Germany: Categories, Numbers and Survivors. *Journal of Interdisciplinary History*, v.33, n.2, 2002.

SPRECHER, D. A. *Inside the Nuremberg Trial*: A Prosecutor's Comprehensive Account. Lanham (MD): University Press of America, 1999. 2v.

ST. JAMES'S CHRONICLE. 25-27 mar. 1788.

STAUFFER, J. *The Black Hearts of Men*: Radical Abolitionists and the Transformation of Race. Cambridge (MA): Harvard University Press, 2002.

STEIN, R. L. *The French Slave Trade in the Eighteenth Century and Old Regime Business*. Madison: University of Wisconsin Press, 1979.

STEINER, P. Slavery and French Economists, 1750-1830. In: DORIGNY, M. (Ed.). *The Abolitions of Slavery from L. F. Sonthonax to Victor Schoelcher, 1793, 1794, 1848*. New York: Berghahn Books, 2003.

STEINFELD, R. J. *Coercion, Contract, and Free Labor in the Nineteenth Century*. New York: Cambridge University Press, 2001.

_____. *The Invention of Free Labor*: The Employment Relation in English and American Law and Culture, 1350-1870. Chapel Hill: University of North Carolina Press, 1991.

STEPHEN, J. *The Opportunity, or Reasons for an Immediate Alliance with St. Domingo*. London: Hatchard, 1804.

_____. *Crisis of the Sugar Colonies*. London: J. Hatchard, 1802.

STEPHEN, Sir G. *Anti-Slavery Recollections*: in a Series of Letters Addressed to Mrs. Beecher Stowe. London: 1853.

SUBRAHMANYAM, S. Slaves and Tyrants: Dutch Tribulations in Seventeenth-Century Mrauk-U. *Journal of Early Modern History*, v.1, n.3, 1997.

SUMMERHILL, W. R. *Order Against Progress: Government, Foreign-Investment, and Railroads in Brazil, 1854-1913*. Stanford: Stanford University Press, 2004.

SWAISLAND, C. The Aborigines Protection Society, 1837-1909. In: TEMPERLEY, H. (Ed.). *After Abolition*: Emancipation and its Discontents. Londres: Frank Cass, 2000.

SWEET, J. H. The Iberian Roots of American Racist Thought. *William and Mary Quarterly*, v.54, n.1, 1997.

SWIANIEWICZ, S. *Forced Labour and Economic Development*: An Enquiry into the Experience of Soviet Industrialization. London: Oxford University Press, 1965.

TADMAN, M. The Interregional Slave Trade in the History and Myth-Making of the U.S. South. In: JOHNSON, W. (Ed.). *The Chattel Principle*. New Haven: Yale University Press, 2004.

TAKAKI, R. T. *A Pro-Slavery Crusade*: The Agitation to Reopen the African Slave Trade. New York: Free Press, 1971.

TARRADE, J. *Le commerce colonial de la France à la fin de l'Ancien Regime*: L'évolution du régime de l'exclusif de 1763 à 1789. Paris: PUF, 1972. 2v.

TARROW, S. *Power in Movement*: Social Movements Collective Action and Politics. New York: Cambridge University Press, 1994.

TAVACA, Y. *Japan's Comfort Women*: Sexual Slavery and Prostitution during World War II and the U. S. Occupation. London: Routledge, 2002.

TAYLOR, A. C. Amazonian Western Margins (1500-1800). In: SOLOMON, F.; SCHWARTZ, S. B. (Eds.). *The Cambridge History of the Native Peoples of the Americas*, v.3. Cambridge (UK): Cambrigde University Press, 1998.

TEMPERLEY, H. The Delegalization of Slavery in British India. _____. (Ed.). *After Abolition*: Emancipation and its Discontents. London: Frank Cass, 2000.

_____. *White Dreams Black Africa*: The Antislavery Expedition to the Niger. New Haven: Yale University Press, 1991.

_____. *British Anti-Slavery*. London: Longman, 1972.

THE BLACK ABOLITIONIST PAPERS. Chapel Hill: University of North Carolina Press, 1985. 5v.

THE PAPERS OF JOHN C. CALHOUN. Columbia (SC): University of South Carolina Press, 1990.

THOMAS, D. *An Historical Account of the Rise and Growth of the West-India Colonies and of the Great Advantages they are to England*. London: 1690.

THOMAS, N. Slavery in Medieval Japan. *Monumenta Nipponica*, v.59, n.4, 2004.

THOMPSON, A. D. *Flight to Freedom*: African Runaways and Maroons in the Americas. Kingston (Jamaica): University of West Indies Press, 2006.

THORNTON, J. "I am the Subject of the King of Congo": African Political Ideology in the Haitian Revolution. *Journal of World History*, v.4, 1993.

_____. *Africa and the Africans in the Making of the Atlantic World*. New York: Cambridge University Press, 1992.

_____. African Soldiers in the Haitian Revolution. *Journal of Caribbean History*, v.25, n.1-2, 1991.

TIERNEY, B. Freedom and the Medieval Church. In: DAVIS, R. W. (Ed.). *The Origins of Modern Freedom in the West*. Stanford: Stanford University Press, 1995.

TIKHONOV, A. The End of the Gulag. In: Gregory, P. R.; LAZAREV, V. (Eds.). *The Economics of Forced Labor*: The Soviet Gulag. Stanford: Hoover Institution Press, 2003.

TILLY, C. *Popular Contention in Great Britain 1758-1834*. Cambridge (MA): Harvard University Press, 1995.

_____. Social Movements and National Politics. In: BRIGHT, C.; HARDING, S. (Eds.). *Statemaking and Social Movements*: Essays in History and Theory. Ann Arbor: University of Michigan Press, 1984.

TISE, L. E. *Proslavery*: A History of the Defense of Slavery in America, 1701-1840. Athens (GA): University of Georgia Press, 1987.

TOCQUEVILLE, A. *Democracy in America*. Trad. de Arthur Goldhammer. New York: Library of America, 2004.

_____. *The Old Regime and the Revolution*. Trad. de Alan S. Kahan. Chicago: University of Chicago Press, 1998.

_____. *De la démocratie en Amérique*. Paris: Gallimard, 1992. (Coll. Bibliothèque de la Pléiade).

_____. On the Emancipation of Slaves, 1843. In: DRESCHER, S. (Ed.). *Tocqueville and Beaumont on Social Reform*. New York: Harper and Row, 1968.

TOLEDANO, E. F. *As if Silent and Absent*: Bonds of Enslavement in the Islamic Middle East. New Haven: Yale University Press, 2007.

_____. Ottoman Concepts of Slavery in the Period of Reform, 1830s-1880s. In: KLEIN, M. A. (Ed.). *Breaking the Chains*: Slavery, Bondage and Emancipation. Madison: University of Wisconsin Press, 1993.

_____. *The Ottoman Slave Trade and its Suppression: 1840-1890*. Princeton: Princeton University Press, 1982.

TOOZE, A. The Economic History of the Nazi Regime. CAPLAN, J. (Ed.). *Nazi History*. Oxford: Oxford University Press, 2008.

_____. *Wages of Destruction*: The Making and Breaking of the Nazi Economy. New York: Viking Press, 2007.

TOPLIN, R. B. *The Abolition of Brazilian Slavery in Brazil*. New York: Athenaeum, 1972.

TRUDEL, M. *L'Esclavage au Canada français*: histoire et conditions de l'esclavage. Québec: Presses Universitaires, 1960.

TURLEY, D. *The Culture of English Antislavery, 1780-1860*. London: Routledge, 1991.

TURNER, M. *Slaves and Missionaries*: The Disintegration of Jamaican Slave Society, 1787-1834. Kingston (Jamaica): University Press of the West Indies, 2000.

_____. (Ed.). *From Chattel Slaves to Wage Slaves*. The Dynamics of Labour Bargaining in the Americas. Bloomington (IN): Indiana University Press, 1995.

TYRELL, A. The "Moral Radical Party" and the Anglo-Jamaican campaign for the abolition of the Negro apprenticeship system. *English Historical Review*, v.99, n.392, 1984.

_____. Women's Mission and Pressure Group Politics in Britain (1825-60). *Bulletin of the John Rylands University Library*, n.60, 1980-1981.

UPTON. *De Officio Militari*. Ed. E. Bysshe. London: 1654.

USQUE, S. *Consolation for the Tribulations of Israel*. Trad. de Martin A. Cohen. Philadelphia: Jewish Publication Society of America, 1977.

VAN DOAL, J.; HEERTJE, A. *Economic Thought in the Netherlands*: 1650-1950. Aldershot, Avebury, 1992.

VAN GOSSE. 'As a Nation, the English Are Our Friends': The Emergence of African American Politics in the British Atlantic World, 1772-1861. *American Historical Review*, v.113, n.4, 2008.

VARGA, J. J. Ransoming Ottoman Slaves from Munich (1688). In: DAVID, G.; FODOR, P. (Eds.). *Ransom Slavery along the Ottoman Borders*: Early Fifteenth to Early Eighteenth Centuries. Leiden: Brill, 2007.

VATTEL. *Le droit des gens, ou principles de la loi naturelle*. London: 1758.

VERLINDEN, C. Orthodoxie et esclavage au bas moyen age. *Melanges Eugène Tisserant*. v.2. Vaticano: Biblioteca Apostolica Vaticana, 1964.

VINK, M. 'The World's Oldest Trade', Dutch Slavery and the Slave Trade in the Indian Ocean in the Seventeenth Century. *Journal of World History*, v.14, n.2, 2003.

WAKEFIELD, E. G. *England and America*: A Comparison of the Social and Political State of Both Nations. London: 1833.

WALKER, D.; WILENTZ, S. (Eds.). *Appeal… to the Coloured Citizens of the World but in Particular, and Very Expressly, to Those of the United States of America*. Ed. rev. New York: Hill and Wang, 1999.

WALKER, T. Slaves or Soldiers? African Conscripts in Portuguese India, 1857-1860. In: CHATTERJEE, I.; EATON, R. M. (Eds.). *Slavery and South Asian History*. Bloomington: Indiana University Press, 2007.

WALVIN, J. *An African's Life*: The Life and Times of Olaudah Equiano 1745-1797. Londres: Cassell, 1998.

_____. Abolishing the Slave Trade: Anti-Slavery and Popular Radicalism, 1776-1807. In: EMSLEY, C.; WALVIN, J. (Eds.). *Artisans, Peasants and Proletarians, 1760-1860*. Londres: Croom Helm, 1985.

WARD, J. R. The Profitability of Sugar Planting in the British West Indies, 1650-1834. *Economic History Review*, v.31, 1978.

WATSON, A. Seventeenth-Century Jurists, Roman Law, and the Law of Slavery. In: FILKELMAN, P. (Ed.). *Slavery and the Law*. Madison: Madison House, 1997.

WEINBERG, G. The Allies and the Holocaust. In: BERENBAUM, M.; PECK, A. J. (Eds.). *The Holocaust and History*: The Known, The Disputed, the Re-examined. Bloomington (IN): Indiana University Press, 1998.

WEISS, G. Back from Barbary: Captivity, Redemption and French Identity in the Seventeenth and Eighteenth-Century Mediterranean. Ph. D. Thesis, 2003.

WELCH, B. Tocqueville on Democracy after Abolition: Slaves, Subjects and Citizens. *The Tocqueville Review*, v.XXVII, n.2, 2006.

_____. Tocqueville on Fraternity and Fraticide. In: *The Cambridge Companion to Tocqueville*. New York: University of Pittsburgh Press, 2006.

WHEATCROFT, S. The Scale and Nature of German and Soviet Repression and Mass Killings, 1930-1945. *Europe-Asia Studies*, v.48, n.8, 1996.

WHEELER, A. L. *Indian Slavery in Colonial Times*. New York: Columbia University Press, 1913.

WHEELER, R. *The Complexion of Race*: Categories of Difference in Eighteenth-Century British Culture. Philadelphia: University of Pennsylvania Press, 2000.

WHITE, I. *Scotland and the Abolition of Black Slavery*, 1756-1838. Edinburgh: Edinburgh University Press: 2006.

WHITNEY, R. The Political Economy of Abolition: The Hispano-Cuban Elite and Cuban Slavery, 1868-1873. *Slavery and Abolition*, v.13, n.2, ago. 1992.

WHYTE, I. *Scotland and the Abolition of Black Slavery, 1756-1838*. Edinburgh: Edinburgh University Press, 2006.

WIECEK, W. M. *Somerset*: Lord Mansfield and the Legitimacy of Slavery in the Anglo--American World. *University of Chicago Law Review*, v.42, 1974.

WILBERFORCE. *A letter on the abolition of the slave trade*: addressed to the freeholders and other inhabitants of Yorkshire. T. Cadell and W. Davies, 1807.

WILLIAMS, E. *Capitalism and Slavery*. Chapel Hill (NC): University of North Carolina Press, 1944. [Ed. bras.: *Capitalismo e escravidão*. Rio de Janeiro: Companhia Editora Americana, 1975.]

WILLIS, J. R. (Ed.). *Slaves and Slavery in Muslin Society*. v.I. London: F. Cass, 1985.

WILSON, E. G. *Thomas Clarkson*: A Biography. London: Macmillan, 1989.

WIMBERG, M. E. *Replacing the Shackles*: Soviet Penal Theory, Policy and Practice, 1917-1930. Ph. D. Dissertation, University of Pittsburgh, 1996.

WINCH, J. *A Gentleman of Color*: The Life of James Forten. New York: Oxford University Press, 2002.

WISE, S. M. *Though the Heavens May Fall*: The Landmark Trial that Led to the End of Human Slavery. Cambridge (MA): Da Capo Press, 2005.

WISEMAN, Sir R. The Law of Laws, on the Excellency of the Civil Law Above all other Humane Laws Whatever, Showing of How Great Use and Necessity the Civil Law is to this Nation. London: 1686.

WOOD, B. *The Origins of American Slavery*: Freedom and Bondage in the English Colonies. New York: Hill and Wang, 1997.

WOOD, M. *Slavery, Empathy, and Pornography*. Oxford: Oxford University Press, 2002.

WRIGHT, G. *Slavery and American Economic Development*. Baton Rouge: Louisiana State University Press, 2006.

WRIGHT, R. M.; CUNHA, M. C. Southern, Coastal and Northern Brazil (1580-1890). In: SOLOMON, F.; SCHWARTZ, S. B. (Eds.). *The Cambridge History of the Native Peoples of the Americas*. v.3. Cambridge (UK): Cambrigde University Press, 1998.

WRIGLEY, E. A.; SCHOFIELD, R. S. *The Population History of England 1541-1871*: A Reconstruction. New York: Cambridge University Press, 1981.

YAREMA, A. E. *American Colonization Society*: An Avenue to Freedom? Lanham (MD): University Press of America, 2006.

YOUNG, A. *Political Essays Concerning the Present State of the British Empire*. London: W. Strahan & T. Cadell, 1772.

ZAESKE, S. *Signatures of Citizenship*: Petitioning, Antislavery and Women's Political Identity. Chapel Hill: University of North Carolina Press, 2003.

ZILVERSMIT, A. *The First Emancipation*: The Abolition of Slavery in the North. Chicago: University of Chicago Press, 1967.

ZISKING, D. *Emancipation Acts*: Quintessential Labor Laws. Los Angeles: Litlaw Foundation, 1993.

ZYSBERG, A. *Les galériens*: vies et destinés de 60.000 forçats sur les galères de France, 1680-1748. Paris: Éditions du Seuil, 1987.

Índice

A

Aberdeen, George Hamilton Gordon, 300, 331, 446, 453, 454
Adams, John (presidente), 175, 183, 187
Adams, John Quincy (presidente), 188, 191n.43, 194, 427, 439, 446, 451, 456
Addington, Henry (primeiro-ministro), 316
Adelman, Jeremy, 285
África
    alternativas para o trabalho escravo africano, 62-81
    "Partilha da África", 538, 556n.38, 557, 567, 661   tráfico interno de escravos, 413, 424, 513, 514
    e tráfico de escravos transoceânico, 49-55
África do Sul, 27, 96, 317, 337, 383, 385, 386, 420, 541, 554n.37, 556, 648
África Ocidental, 40n.8, 46, 53, 72, 90, 103, 116, 278, 301, 337, 346n.1, 536n.5, 539, 541, 542, 543, 557, 563, 564, 565, 567, 571, 573, 577, 579, 580, 582, 583, 584, 648, 649, 651, 656
Agostinho, Santo, 10
Ahmad, Shafik, 552
Alemanha
    Alemanha Nazista, 603, 624, 638, 643
    colônias africanas, 146, 287
    escravidão racial, 127, 179, 211 n. 10, 608-645, 661
    solução do "problema judeu" (anos 1770), 114-5
    "além da linha", natureza da escravidão, 91-104
"ar livre", *Ver* "princípio da liberdade"
Alexandre I (Rússia), 332
Alexandre VI (papa), 87
Ali, Sayyid Ameer, 546
alternativas para o trabalho escravo africano, 62-81
América Central, 59, 271, 458

Ameríndios, 42, 89, 90, 111. *Ver também* nativos americanos
Amiens, Paz de (1802), 316, 323
Amis des Noirs, Société des (Sociedade dos Amigos dos Negros), 212, 213n.13, 215, 216, 228, 235, 243, 245, 247, 340, 398
Analyse des papiers anglais (Análise de artigos de jornais ingleses), 212
Andrada e Silva, José Bonifácio de, 282
Anglicanos, 303, 356
Angola, 26, 88n.10, 276, 288, 346n.1, 382, 537, 539, 575, 576n.72, 578
Anstey, Roger, 310, 320, 321n.58
Antuérpia, Países Baixos, 31, 94, 95
Araujo, Nabuco de, 509
Argel, bombardeamento de (1816), 333, 334
Argentina, 387, 410
Aristóteles, 10
Arkansas, 196, 424
Artieda, Diego de, 62
Ashburton (lorde), 447
Associação para a Reforma do Congo
Austen, Ralph, 22, 54n.35, 586n.88
Ayala, Balthazar de, 17
Azurara, Gomes Eannes de, 83

B

Bahamas, 444
Bahia, 277, 278, 283, 289, 411, 412, 511, 513, 516
Barbados, 67, 76, 100, 102, 107, 112, 173, 327, 328, 329, 358, 368, 371, 378
batismo dos escravos, 97
Batistas, 303, 351, 355, 356, 370, 553n.37
Benezet, Anthony, 114, 144, 149, 150, 151, 153, 156, 298
Bento, Antonio, 527

Berbice (holandesa), levante de escravos (1763), 164, 360
Beria, Lavrenty, 606
Berlim, conferência internacional sobre a África (1884-1885), 567
Bethmann-Hollweg (primeiro-ministro), 610
BFASS, 377 *ver* Sociedade Antiescravista Britânica e Estrangeira
Biassou, Georges, 227
Bíblia, 93
Birmingham, Inglaterra, 304, 353, 354, 364
Bissing, Moritz Von, 610
Blackburn, Robin, 293n.4, 485
Blackstone, William, 141
Blome, Richard, 100, 101
Bodin, Jean, 32
Bóeres, 385-6, 541
Bolivar, Simon, 340
Boltzius, Johann Martin, 103
Bonaparte, Napoleão, 64, 233, 234, 235, 265, 399, 400
Bonnet, Jean, 46
Boston, 152, 193, 196, 202, 418, 426n.16, 433
Boston Gazette, 145
Brasil
abolicionismo, 8, 41, 49, 66, 121n.73, 138, 150, 154n.50, 201, 203, 291-341, 349-76, 520, 522
Constituição de 1824, 503
Manifesto da Independência, 282
sociedade abolicionista, 250, 397, 419, 522
Brooks, Preston, 465
Brown, Chistopher, 156, 294n.4, 296
Browning, Christopher, 637
Buchanan, James (presidente), 449, 457, 465

Buenos Aires, 240, 263, 388n.18
Bulas papais, 87, 117
Buren, Martin Van (presidente), 427, 451
Burke, Edmund, 168, 169, 306, 310
Butler, Pierce, 183
Buxton, Charles, 409
Buxton, Thomas Fowell, 349, 395

C

Calhoun, John C., 200n.59, 425, 427, 428, 429, 443, 445, 446, 447, 454, 455, 456, 487
Califórnia, 461
Camarões, 573
Canadá, 60, 61n.52, 74n.68, 84, 85, 188, 194, 337, 378, 517, 518n.81, 613
Caracas, Venezuela, 260, 264, 265, 267
Carleton, Sir Guy, 177
Carolina, 61, 103, 107, 108, 109, 182, 184
Carolina do Sul, 107n.45, 154n.50, 166, 168, 178, 183, 190, 191, 197, 202n.61, 203, 243, 417, 420, 424, 450, 454, 465, 467, 471n.82
Cartistas, 393, 394
caso Somerset (1772), 140, 141, 143, 144, 145, 146, 147, 148, 149, 150, 156, 158, 167, 184, 188, 200, 305, 375, 383, 447, 462, 581
Castelar, Emilio, 483
Castlereagh (ministro das relações exteriores), 323, 324, 326, 335
Catalunha, revolta camponesa, 12, 485
Ceará, Brasil, 515, 517, 520, 523, 526
Céspedes, Carlos, 490
Charter, Kathy, 137
Chavannes, Jean-Baptiste, 221
Chile, 84, 85, 126, 263, 265, 271, 387
Christian Observer (Grã-Bretanha), 365
Christophe, Henri, 237, 245, 246

Clarence-Smith, William, 548, 549
Clarkson, Thomas, 154n.50, 157, 192, 193, 212, 215, 216, 219, 247, 298, 299, 302, 303, 307, 308, 309, 311, 312, 313, 314, 326, 351n.6, 358, 361, 378, 390, 407
Clemente V, 16
clima e escravidão africana, 110-21
Clinton, Henry (general), 176
Cobbett, William, 322, 353, 366, 367n.26
Código Negro, 135, 258, 263n.12, 435
 Ver também França, Códigos Negros
Código Penal indiano (1860), 382, 546, 562
Código Rural (Haiti), 234
Colbert, Jean-Baptiste, 17, 32
Colômbia, 262, 268, 274
Colombo, Cristóvão, 54, 55n.36, 56, 62, 87, 91, 159
Colônia do Cabo, 96, 337, 386, 453, 541
Comitê de Ação, 354, 367, 370, 419, 431
Comitê de Londres, 212, 213, 216, 247, 302, 303, 307, 310, 311, 312, 313, 314, 320, 324
Companhia das Índias Ocidentais (WIC), holandesa, 94-8, 301
Companhia das Índias Orientais (VOC), 73, 301, 381
Companhia Real Africana, 101, 108
concubinagem, 41
Condorcet, Marquês de, 211
Confederação, 157, 182, 301, 467, 468, 469, 481, 527
Congresso Antiescravista de Mulheres Norte-Americanas, 439
Congresso Antiescravista Mundial (1840), 378, 379, 534
Congresso de Bruxelas (1889-1890), 538, 552, 553
Congresso de Viena, 323, 326, 332, 334n.76, 335

Congresso do Rio Sand (1852), 541
Congresso Norte-Americano de
    Sociedades Abolicionistas, 186, 187,
    192
Conrad, Robert, 512, 514
Conspiração Escalera, 404, 406, 477
Constituições Fundamentais (Carolina),
    108
contrafatual, 78n.73, 154 e 155n.50
Convenção de Haia, (1907), 609
conversão, 12, 18, 43, 55, 57, 58, 60, 63n.53,
    70, 76, 86, 90, 96, 98, 180, 296, 309,
    391, 430, 553n.37
Convertidos (cristãos-novos), 18, 45, 69,
    86, 97, 555, 598, 620, 656
Corpus Juris Civis, ver Direito Romano
corsários berberes, 37
corso, 37, 41, 42, 45, 46, 72, 334
Costa do Ouro, 104, 537, 541, 557, 558n.42,
    563, 565, 566, 567, 583n.83
Creole, motim do (1841), 446
cristãos ortodoxos, 17
Cromwell, Oliver, 18, 67, 75, 76, 112, 148,
    149n.42, 578
Cropper, James, 354
Coutinho, Azeredo, 285, 286n.55
Cuba, 116, 128, 206, 224, 239, 242,
    243n.57, 256, 258, 260, 261, 265, 270
    271, 286n.55, 403, 405, 409, 411, 414,
    415, 449, 452, 455, 457, 468, 475-98,
    505, 506, 507, 515, 539, 583n.83
Cugoano, Ottobah, 142, 309
Curaçao, 234
Curtin, Philip, 113
Cutler, Nathaniel, 103

D

Davis, David Brion, 6, 10, 115, 154n.50,
    337n.79, 369, 531

Dean, John, 307
Debates Lane, 430
Declaração dos Direitos do Homem e do
    Cidadão, 215, 658
Declaração Universal dos Direitos
    Humanos, 650, 662
Decreto de 16 do pluvioso (1794), 230,
    234, 235
d'Eu, (conde), 510
Delgrés, Louis, 233
Demerara, 239, 323, 359, 360, 361,
    362, 363, 364, 365n.23, 366,
    367n.26, 368, 369, 397, 425, 513,
    525
Dessalines, Jean Jacques, 232n.40, 234,
    241, 245, 258
Dickson, William, 311, 312
Diderot, Denis, 113
Dinamarca, 134, 206, 237, 387, 396, 397
Direito Romano, 12, 13, 16, 24, 85, 89, 91,
    93, 106n.43, 445
doença, 47, 112n.56, 113, 634
Douglas, Stephen, 463, 466
Douglass, Frederick, 375, 458
Dundas, Henry, 143
Dunmore (governador da Virginia), 169,
    170

E

Economist (Londres), 414
Edinburgh Review, 326, 364
Egito, 22, 104, 535, 559
Eisenhower, general, 637
Elizabeth (Inglaterra), 105
Eltis, David, 27, 65, 74, 75, 164n.4,
    240n.52, 402, 660
Emmer, Pieter, 31, 400
Engerman, Stanley, 347
Equador, 274, 282n.49, 284, 285, 289, 387

Equiano, Olaudah (também Gustavus Vassa), 309, 313, 425
Escócia, 76, 77, 101n.34, 143, 311, 312
escravidão, definição, 5
    Liga das Nações, 387, 583-9, 594, 595, 631, 660
    Locke, John, 107, 108, 109
escravidão muçulmana, 392n.26
escravidão transoceânica, desenvolvimento da, 49-55
Espanha
    Código de 1789, 258, 259
    Cortes (Cádiz, 1810), 265, 266, 286, 478, 481, 482, 484, 488, 495, 512, 529
    emancipação, 488, 489
    expulsão dos judeus (1492), 19
    Junta de Informacion de Ultramar, 486
    proibição de escravização (1652), 62
    reconquista da, 12
    regime de *casta*, 128
    Sociedade Abolicionista, 482, 487
Estado Livre do Congo, 574, 575
Estados Unidos
    Artigos da Confederação, 182, 183, 187
    Congresso Continental, 153, 168, 175, 178, 182, 286
    Constituição, 4n.2, 188, 196, 218, 301, 434, , 444, 459, 470, 472, 506
    Declaração de Independência, 133, 153, 174, 182, 184, 191, 197, 198, 203, 205, 215, 418, 658
    Guerra Civil, 179, 186, 300, 395, 405, 442, 449, 451, 468, 469, 470, 472, 476, 477, 478, 479, 481, 486, 493, 494, 498, 506, 514, 530
    Lei de Abolição do Tráfico de Escravos (1807), 190, 191
    Lei do Escravo Fugitivo, 462, 463
    Revolução, 161-204, 205-53, 294, 309, 327, 442

Etheridge, Emerson, 450
Etiópia, 537, 586, 587
Evangélicos, 299, 303, 356
Expedição ao Níger, 396

F

Farrant, Francis (coronel), 559
Fehrenbacher, Don, 185, 446
Fernando e Isabel (Espanha), 87
Filipe II (Espanha), 17, 18, 63, 71, 90
Filipinas, 62, 63, 646
Finley, Moses, 8, 21, 24
Florida, 113, 194, 259, 341, 388n.18, 444
Fogel, Robert, 347, 556n.38
Forten, James, 199, 202
Fox, Charles James, 306, 310, 314
França
    Assembleia Constituinte, 219, 220, 222, 265, 286
    cahiers de doléances, 213
    Códigos Negros, 93, 470
    colônias africanas, 146, 287
    restauração da escravidão (1802), 234, 235, 243, 589
Frank, Anne, 623
Frank, Hans, 622
Franklin, Benjamin, 144, 185, 186
Freedmen's Bureau, 470
Freedom's Journal, 202, 203n.62
Freehling, William, 198n.55, 203, 434
Frey, Sylvia, 176
Fromageau, Germain, 93
fronteiras da escravidão, 134, 437
Fuller, Stephen, 306

G

Gâmbia, 543
Gana, 567

Garrison, William Loyd, 199n.58, 374, 418, 419, 426, 436
Gascoyne, general, 321
Gazeta da Tarde (Brasil), 520
Geggus, David, 163, 223, 232, 239, 253n.72, 636
George III (Inglaterra), 175
Geórgia, 102, 184, 301, 388n.18
Geórgia (estado dos EUA), 166, 182
Gerlach, Christian, 626
Giddings, Joshua, 447
Gladstone, Jack, 324n.63, 361, 385
Glover, Joshua, 462
Goebbels, Josef, 619
Goodrich (secretário colonial), 335
Grã-Bretanha
    Abolicionismo, 284
    alternativas para o trabalho escravo africano, 62-81
    antiabolicionistas, 93
    códigos escravistas, 16, 91, 127, 643
    Companhia Real Britânica do Níger, 577
    constituição, 143, 241
    emancipação, 318, 335, 345-76, 397, 398, 420, 424, 425, 427, 431, 437, 452, 457, 528, 531, 555
    Lei da Emancipação, 381, 384, 419, 425
    Lei da Reforma de 1832, 355
    Lei de 1833, 354, 395
    Lei V (1843), 381, 382, 546, 561, 562
    Marinha Real, 279, 287, 330
    movimento antissacarino, 313-4
    Movimento Britânico de Voluntários, 298
    Projeto da Abolição (1807), 322
    Projeto de Registro, 328
    Ver também Inglaterra
"guerra justa", 13, 37, 56, 66, 68
Graham, Richard, 504
Gregoire, Abbé, 247
Gregório XVI (papa), 387
Grenville, Richard Temple (lorde), 301, 320, 321
Grimke, Angela, 439
Guadalupe, 208, 229, 230, 231, 232n.40, 233, 262, 339, 399
Guerra ashanti, 564
Guerra Batista (Jamaica), 239, 364n.22, 367, 369, 370
Guerra dos Sete Anos, 112, 154n.50, 294n.4
Guerra Fria, 650
Guiana, 99, 154, 206, 208, 210, 239, 317, 318
Guiné, 71, 114, 536, 576
Gulag, União Soviética, 7, 594-608, 640, 650, 660
Gurney, Joseph, 427, 428
Guerra Mundial, Primeira, 580, 582, 609, 614, 639, 642, 659
Guerra Mundial, Segunda, 576, 602, 603n.14, 645, 647, 651, 660

H

Haiti, 200n.59, 203, 208, 233, 234, 236, 238, 241, 242, 243, 244, 246, 247, 248, 249, 252, 253, 255, 259, 262, 265, 266, 271, 317, 319, 321, 334n.76, 336, 337, 339, 340, 348, 373, 378, 387, 397, 402, 423, 437, 456, 551
Hammond, James Henry, 420, 421, 423, 437
Hargrave, Francis, 119
Harrison, William, 30
Harrison, William Henry (presidente), 452
Hartley, David, 171
Hayne, Robert, 417

Hellie, Richard, 38
Henrique III (França), 92
Herbert, Ulrich, 635
Heyrick, Elizabeth, 350, 364, 418
Himmler, Heinrich, 617, 618, 619, 632, 637
Hispaniola, 56, 57, 212
Hitler, Adolf, 594, 601, 612, 613, 617, 610, 624, 626, 639, 644, 645
    Ver também Alemanha, Alemanha Nazista
Hobson, J.A., 557
Hogendorn, Jan, 346n.1, 578
Holt (Chefe de Justiça), 110, 135
Hugo, Victor, 482
Hugues, Victor, 229, 230, 231, 233, 234, 339, 491
Hutchinson, Thomas, 147
Hutt, William, 408, 409, 410, 414

I

Ibéria, 13, 15, 16, 19, 25, 31, 37, 69, 79, 85-91, 127, 335
    Ver também Portugal
ideologia do trabalho livre, 382, 555n.38, 556, 557, 569
ideologia nazista, 612, 617, 629
Ignace, Joseph, 233
Igreja Católica Romana
    Inquisição, 28, 43
    jesuítas, 59, 60, 90
    Lei Canônica, 93
    papas, 87
    ver também Lavigerie, Bulas papais
Igreja Reformada Holandesa, 98
Igrejas Protestantes Reformadas (Europa), 96-7
Ilha da Providência, 100
Ilhas Canárias, 57, 87
Illinois, 195, 196, 341, 463

indenização da emancipação
    Brasil, 518, 519n.83, 531
    britânica, 318, 335, 345-76, 397, 398
    Cuba, 494
    francesa, 346, 397, 399
    Haiti, 340
in favorum libertas (princípio do Direito Consuetudinário), 107
Inglaterra
    Direito Consuetudinário, 12, 105, 106n.43, 107, 109, 110, 135, 140, 141, 158, 170, 295, 647, 658
    Guerra Civil, 8n.8, 18, 75, 76, 179, 186, 188, 274, 300, 395, 421, 422, 441, 449, 468, 472, 494, 527
    Sociedade para Efetuar a Abolição do tráfico de Escravos, 302
    Ver também Grã-Bretanha
Irlanda, 77, 101n.34
Islã
    shari'a, 15, 24, 29, 549, 561, 651, 652
    Ver Qur'an, 545, 551
Itália, 8, 35, 46, 47, 206, 528, 551, 588, 619, 636
ius gentium (a lei de todos os povos), 89, 93

J

Jackson, Andrew (presidente), 434, 451, 456
Jackson, Robert, 645
Jamaica, 81, 95, 102, 106, 154n.50, 168, 173, 237, 239, 242, 243n.57, 261, 268, 270, 299, 306, 327, 364n.22, 367, 368, 370n.32, 372, 394, 397, 402, 404, 425, 452, 477, 513, 525
Japão, 63n.53, 646, 647, 656
Java (holandesa), 337, 382, 647
Jihad, 15, 21, 29, 43n.14, 347n.1, 538, 552, 553
João, D. (Portugal), 19, 281

Johnson, Samuel, 167
jornais, 136, 140, 145, 146, 150, 180, 212, 251, 289, 295, 296, 300, 301, 304, 308, 314, 322, 351, 412, 436, 480, 504, 505, 520, 522, 547
Jornal do Comércio, 412
Julius II (papa), 87

K

Kammler, Hans, 630, n.61
Karlstad, Andreas, 35, 36, 37
Khan, Saiyid Ahmad, 546
Kielstra, Paul, 247, 324
King, William, 454, 455n.61
Klein, Martin, 535n.5, 537, 538, 580
Knibb, William, 370
Knight, caso (1778), 143, 153
Knight, James, 110, 111
Kruschev, Nikita, 603, n.14, 608

L

La Rochefoucauld-Liancourt, duque de, 215
Lafayette, Marquês de, 210
Lagos, 83, 458, 531
Lanjuinais, Jean-Denis, 218
Las Casas, Bartolomé de, 59, 88, 153, 553
Las Siete Partidas (direito escravista espanhol), 16, 25
Lavigerie (cardeal, arcebispo da Argélia), 551, 552, 553, 568
Leahy, coronel, 361, 363
Leão XIII, (papa), 530, 551
Lecky, William, 594
Lei Aberdeen de 1845, 414
Lei da Emancipação de 1880, 495, 496
lei da mordaça, Câmara dos Representantes dos EUA, 4n.2, 437, 438, 439, 445, 452
Lei de Quebra de Contrato do Trabalhador, 562
Lei Kansas-Nebraska de 1854, 463, 464, 466
Lei Moret de 4 de julho de 1870, 489
Lei Rio Branco (Brasil), 503, 505, 510, 511, 512, 513, 514, 516, 523, 525, 529
Leis dos Patrões e Empregados, 14, 382, 556, 556n.38, 562, 569
Leopoldo (Bélgica), 567, 574, 575
Lerner, Gerda, 436
Levanta malê, 277, n.38, 278, 411, 513,
Levi, Primo, 623, 636
Libertador, 418
Liga das Nações, 387, 583-9, 594, 595, 631, 660
    Comitê dos Peritos sobre a Escravidão, 588
    Tratado sobre a Escravidão (1926), 594
Lincoln, Abraham (presidente), 463, 466, 467, 468, 469, 470, 489, 520
Lisboa, Portugal, 90, 279, 281, 282
Liverpool (lorde), 188
Locke, John, 107, 108, 109
Louisiana
    Compra da Louisiana, 189, 195, 196, 197
Lovejoy, Paul, 539, 578
Lugard, Frederick, 569, 576, 577
Luis XIII (França), 93
Luís XIV (França), 17, 64, 73, 79, 92
Luis XVI (França), 208, 210, 247
Luis XVIII (França), 246, 248
Lundy, Benjamin, 435
Luther, Martin (Maryland), 184
Lyttelton, William, 168

M

Madagascar, 63, 338, 535, 572

Madden, Richard, 563
Madison, James (presidente), 184
Magrebe, 21, 22, 38, 41, 45, 46, 47, 48, 71, 111, 278, 334, 338, 616
Maine, 197, 435, 463
"maldição de Cam", 117, 118
Molloy, Charles, 105
Manchester, petição (1787), 304, 308, 311
Mansfield (lorde), 119, 138, 140, 141, 142, 144, 145, 146, 147, 149, 152, 188, 384, 445, 561, 563, 564, 579, 580
  Ver também caso Somerset
Manuel (Portugal), 70-1
Marques, João Pedro, 284
Marrocos, 3, 37, 44, 85, 535n.5
Marshall, John (Chefe de Justiça), 445
Martinica, 208, 223, 228, 229, 339
Marx, Karl, 596, 597
Maryland, 150, 166, 169, 179, 184, 403, 424, 434
Massachusetts, 100, 147, 152, 179, 183, 191, 202, 432
  Associação Geral dos Homens de Cor de Massachusetts, 202
Maurício, 292, 337, 348n.2, 378, 384, 385
Mauritânia, 583, 651
Mediterrâneo, 5, 8, 10, 14, 15, 18, 21, 22, 26, 33, 36-49, 52, 56, 58, 65, 105, 214, 389, 558
meio do caminho (*Middle Passage*), 33n.59, 85, 163, 164n.4, 276, 339, 472, 516
Merlaud-Ponty, William, 581
Metodistas, 303, 351, 355, 356, 553n.37
México, 54, 57, 62, 63, 111, 189, 194, 242, 265, 266, 387, 388, 444, 449, 451, 453, 454, 458, 459, 460, 461
Meyer, Konrad, 632
Michaelis, Johann David, 115, 162
Midgley, Claire, 308
Mirabeau (conde), 218, 219

Missouri
  Acordo do Missouri, 198, 201, 202n.61, 434, 453, 459, 462, 463
Mitton, Stephen, 427
Moçambique, 276, 382, 575
Modelo indiano de abolição, 561
Modena, Leone da, 19
Moïse (general), 233
Molina, Luis de, 89, 90
Molotov, V. M., 601, 603n.14
Monarquia Bourbon (França), 246, 488
Montesquieu, Charles de Secondat, Barão de, 112, 113, 120
Monthly Review, 308
Morris (governador da Pensilvânia), 183, 184, 187
Morse, Jedediah
Moscou, 607. Ver Rússia
mulheres, abolicionismo
  Brasil, 520
  Espanha, 285, 480, 511
  Estados Unidos, 194, 430
  França, 250, 483, 511
  Grã-Bretanha, 284, 287, 326
Mussolini, 619

N

Napoleão, 64, 233, 234, 235, 265, 399, 400.
  Ver Bonaparte, Napoleão
Narváez, 260
nativos americanos, 50, 55-62, 99, 127n.2, 164, 378
Necker, Jaques, 213
Needell, Jeffrey, 513, 514n.74
New Hampshire, 166, 167, 179
Nicarágua, 59
Nicolau V (papa), 86
Nigéria, 531, 569, 577, 578, 648
North (primeiro-ministro), 150, 297

Nova Granada, 260, 262, 265, 266
Nova Inglaterra, 100, 148, 149, 152, 155, 156, 158, 180, 182, 301, 422
Nova York, 166, 177, 179, 180, 181, 186, 193, 256n.2, 465
Novo México, 461

O

O Abolicionista (Brasil), 519-20
O'Connel, Daniel, 352, 353
Ogé, Vicent, 219, 221, 222
Oldfield, John, 302
Oostende (Habsburgos, Países Baixos), 206
Organização Internacional do Trabalho (OIT), 587, 588

P

Países Baixos, 18, 31, 32, 46, 48, 73, 94, 96, 98, 134, 135, 164, 206, 234, 292, 301, 400, 454
Palmerston, Henry John Temple (lorde), 387, 388, 389, 390, 403, 406, 409, 410, 415, 444, 446, 449, 453
Papillon, Jean François, 227
Paraguai, 507, 510
Paris (1783), Tratado de, 323
Partido da Liberdade, 456
Partido Republicano, 466, 502
Paulo III (papa), 44
Paulo, São, 10, 36n.1, 501, 516, 517, 523n.89, 524, 526, 528
Pedro, D. (Brasil), 282
Pedro II, D. (Brasil), 503, 506, 507, 510, 530
Pensilvânia
    Sociedade dos Amigos, 156n.51, 180, 186, 355
    Sociedade pela Abolição, 185, 186, 301
Peru, 57, 111, 260, 269, 274, 560n.46

Petições
    Brasil, 511, 520
    Espanha, 485
    Estados Unidos, 4, 133
    França, 133, 267, 398
    Grã-Bretanha, 150, 214, 216, 287, 352
    Suécia, 397, 433n.29z
    Ver também lei da mordaça; mulheres, abolicionismo
Pensilvânia, 103n.38, 179, 180, 183, 185, 186, 301, 460, 488, 494, 510
Pétion, Alexandre, 222, 245
Pétré-Grenouilleau, Olivier, 8n.8, 40n.7, 53n.34, 54n.35, 247n.61, 535
Pikens, Francis, 425
pirataria, 22, 37, 45, 284, 332, 335, 388, 389, 445, 585n.87
Pitt, William (primeiro-ministro), 298, 299, 300, 306, 310, 316, 319
Police des Noirs, 132, 133, 139
Polk, James K. (presidente), 456, 460
Polverel, Etienne, 226, 230
Pombal, marquês de (Portugal), 146
Porto Rico, 128, 259, 260, 265, 271, 346n.1, 402, 403, 475-98, 515, 528
Portugal
    alternativas para o trabalho escravo africano, 62-81
    colônias africanas, 146, 287
    e tráfico de escravos transoceânico, 49-56, 85-91
    Mesa de Consciência, 90
Postlethwayt, Malachy, 104, 105
Prakash, Gyan, 562
    Ver também caso Somerset
"princípio da liberdade", 31, 129, 145, 656
Projeto de Lei da Abolição Estrangeira, 240, 320
propriedade (*chattel*), o escravo como, xiin.3

protestantes, 69, 73, 93, 96, 97, 170, 340, 398, 551, 553n.37
protestantismo, 17, 204n.65, 430
Prússia, 134, 387
puritanos, 149
Pybus, Cassandra, 176

Q

Quacres, 99n.30, 149, 151, 155, 156, 186, 216, 288, 297, 298, 302, 303, 309 334
Qur'an, 545, 551

R

Raleigh, Sir Walter, 105
Ramsay, James, 298n.13, 299, 309
Raynal, Abbé G. T., 119, 120, 121, 210
Rebelião de Bussa (Barbados), 327, 328
Resoluções Empreendedoras, 445, 446, 447
Revoluções
    Franco-Americana, 256
    Império Espanhol, 255-75
    Império Português, 275-89
    Norte-Americana, 74n.68, 148, 154n.50, 155, 157, 268, 291
Rhode Island, 107, 109, 148, 179, 301
Richardson, James, 3, 4
Ritter, Gerhard, 611
Roberts, Lewes, 101
Robespierre, Maximillian, 222
Roscoe, William, 322
Roume, Ernest, 579
Rugemer, Edward, 427
Russell (primeiro-ministro), 409, 583n.83
Rússia, 11, 37, 43, 119, 237, 332, 387, 454, 550n.32, 595, 600, 601, 602, 609, 633, 625, 650
    Ver também Gulag

S

Sá Nogueira de Figueiredo, Bernardo, 388
Saco, José Antonio, 403, 477
Saint Christopher (também St. Kitts), 72
Saint Pierre, Martinica, 223, 224
Salvador, 277, 278, 513. *Ver* Bahia
Sancho, Ignatius, 309
São Bartolomeu (sueca), 397
São Martinho, 234, 400
São Paulo, 10, 36n.1, 501, 516, 517, 523n.89, 524, 526, 528
São Tomé, 19, 25, 52, 53, 66, 67, 288
Sauckel, Fritz, 622, 623, 624, 644, 645
Schettler (tenente-coronel), 620
Schmidt-Nowara, Christopher, 480
Schorsch, Jonathan, 19
Schwartz, Stuart, 277, 283
Scott, Dred, 465, 466
Segundo Grande Despertar, 430, 483
Selborne (lorde), 568
Senegal, 51, 537, 542, 570, 571
Seward, William, 468
shari'a (lei sagrada do Islã), 15, 24, 29, 549, 561, 651, 652
Sharp, Graville, 138, 139, 144, 149, 150, 151, 155, 157, 299, 580
Sharpe, Samuel, 368
Schoelcher, Victor, 399, 571
    Ver também caso Somerset
Sierra Leone, 514n.17
Sínodo de Dordrecht, 96
sistema de aprendizado
    Britânico, 373, 384, 541
    Francês, 400
    Holandês, 401
sistema de *encomienda*, 25
Slenes, Robert, 347
Smith, Adam, 5, 30, 102n.36, 111, 114, 210, 339, 427, 556n.38, 586, 656

Smith, John (missionário), 191n.43, 360, 361, 362
Smith, Thomas, 30
Sociedade Abolicionista Sueca, 397
Sociedade Antiescravista Britânica, 351, 377, 404
Sociedade Antiescravista Britânica e Estrangeira (BFASS), 377
Sociedade Antiescravista Feminina da Filadélfia, 432
Sociedade Antiescravista Hibérnica, 352
Sociedade Antiescravista Norte-americana (ASS), 431, 432
Sociedade de Colonização Norte-Americana (ACS), 198, 198 n.57
Sociedade de Londres, 395
Sociedade dos Amigos, 156n.51, 180, 186, 355. *Ver* quacres
Sociedade Emancipacionista de Edimburgo, 419
Sociedade Francesa pela Abolição da Escravidão, 398
Sociedade Livre de Economia Política e a Academia de Jurisprudência e Legislação, 482
Sociedade para Efetuar a Abolição do Tráfico de Escravos, 302. *Ver* Comitê de Londres
Sociedade pela Informação Constitucional, 314
Sociedade pela Manumissão (Nova York), 180, 181
Société de La Morale Chrétienne (Sociedade da Moralidade Cristã), 250, 340
Société des Amis des Noirs, 212
Société des Colons Américains, 219
"solo livre" conceito, 30. *Ver* "princípio de liberdade"
"solo livre", 129, 155 n. 50, 200, 337, 341, 345, 462, 520, 542, 570. *Ver* "princípio da liberdade"
Sonthonax, Léger-Felicité, Comissário, 226, 228, 230, 234, 529
Speer, Albert, 631, 639
Stalin, 596, 597n.6, 601, 602, 606, 607 *Ver também* Gulag
Stamford, conde de, 18, 75
Stanley (lorde), 373
Stephen, George, 354
Stephen, James, 240, 279, 327, 348, 354
Steuart, Charles, 138, 141. *Ver* caso Somerset
Steuart, James, 113
Stowell (lorde), 564
Sturge, Joseph, 354
Sudão, 278, 537, 538, 571, 578, 579, 580, 581, 582, 586, 652
Sumner, Charles, 465
Suriname, 239, 382, 400, 401, 560n.46

T

Talleyrand, 246
Tallmadge, James, 196
Tânger, 17, 48
Território Noroeste (EUA), 195
Tertre, Jean Baptiste du, 88
Texas, 387, 437, 439, 451, 452, 453, 454, 456, 457, 458, 461
Thompson, George, 419, 420, 432, 433, 435
Thornton, John, 24, 25, 53, 225n.32
Times (Londres), 403
Tocqueville, Alexis de, 200n.59, 204n.65, 251, 374, 375, 426n.16, 428, 429, 431, 607
Toledano, Ehud, 535
Tordesilhas (1494), Tratado de, 87

Toussaint Louverture, François
Dominique, 228, 231, 232n.40, 258, 319, 491
trabalhadores contratados
da Ásia, 61, 540
da Índia, 560n.46, 570
trabalho de condenados, 597n.7
trabalho prisional, 599 *Ver* trabalho de condenados
Tratado sobre o Trabalho Forçado de 1930, 588
Trinidad, 206, 317, 318, 323
Trípoli, 37, 42
Tunis, 46n.21, 390, 391
Tunísia, 37, 46, 391n.23, 549
Turgot, Anne-Robert, 210
Turnbull, David, 403, 404, 452
Tyler, John (presidente), 452, 454, 456

U

União Soviética, 594, 595, 598, 599, 601, 603, 605, 607, 608, 613, 616, 618, 623, 625, 626, 635, 636, 639, 647, 650. *Ver* Gulag
Uruguai, 271, 285, 387, 499
Usselinx, William, 95, 99
Utah, 461

V

Valência, 19, 27
Vassa, Gustavus, 309. *Ver* Equiano, Olaudah
Vattel, Emmerich de, 99
Venezuela, 256n.2, 259, 260, 262, 263, 264, 267, 268, 274, 387
Versalhes, Tratado de, 585, 587

Vesey, Denmark, 197, 202n.61
Virginia, 100, 106, 110, 135, 150, 151, 152, 168, 169, 176, 183, 305, 369, 403, 424, 434, 439n.37, 446, 448, 465, 466, 477
Virginia Gazette, 145
Vizcarrondo, Julio, 482, 483
Vlasov (general), 627

W

Walker, David, 202, 203, 426
Wallace, Henry (vice-presidente), 601
Warville, Brissot de, 216, 228
Washington, D.C., 199, 391, 427, 440, 447, 454, 462, 481, 506
Washington, George (presidente), 176, 208
Washington, Madison, 446
Webster, Daniel, 202, 203, 426
Wellington (duque e primeiro-ministro), 601
Westmoreland, conde de, 415
Wheatley, Phyllis, 309
Wilberforce, William, 241, 284, 299, 306, 307, 308, 310, 311, 312, 313, 314, 316, 320, 321n.58, 322, 323, 327, 328, 329, 348, 349, 356, 358, 483, 593
Wilmot, David (disposição de Wilmot), 460, 461, 463
Wise, Henry A., 448

Y

Young, Arthur, 81, 118, 119, 586

Z

Zanzibar, 338, 537, 552, 558, 559, 569, 574, 584n.84

Sobre o livro

Formato: 16 x 23 cm
Mancha: 27,5 x 49 paicas
Tipologia: Minion Pro 11/15
Papel: Off-white 75 g/m² (miolo)
　　　Supremo 300 g/m² (capa)
1ª edição: 2011

Equipe de realização

ASSISTENTE EDITORIAL
Olivia Frade Zambone

EDIÇÃO DE TEXTO
Monalisa Neves (copidesque)
Renata Gonçalves e Elisa Andrade Buzzo (preparação de original)
Bárbara Borges, Beatriz Camacho, Mariana Vitale e Vivian Matsushita (Revisão)

CAPA
Estúdio Bogari

EDITORAÇÃO ELETRÔNICA
Estúdio Bogari

IMPRESSÃO E ACABAMENTO
Hawaií Gráfica e Editora